KB165533

클라우드 환경에서 활용하는 **모던 배치 처리**

스프링배치 완벽가이드 2/e

Definitive Guide to
Spring Batch, Second Edition

클라우드 환경에서 활용하는 **모던 배치 처리**

스프링배치
완벽가이드 2/e

Definitive Guide to
Spring Batch, Second Edition

마이클 미넬라 지음　서경석·김성윤·이승룡 옮김

i!i
에이콘

 에이콘출판의 기틀을 마련하신 故 정완재 선생님 (1935-2004)

내 딸 에디슨에게

아빠가 이번 일을 해낸다면 넌 어떤 일이라도 해낼 수 있을 거야.

스프링 배치^{Spring Batch}는 제가 간접적으로 관여했던 최초의 오픈소스 프로젝트였습니다. 첫 번째 자녀는 어떤 의미에서 항상 특별하다고 생각하는데, 스프링 배치도 제게 비슷한 존재였습니다. 스프링 배치를 뱃속에 품고 있던 기간은 생각했던 것보다 조금 더 길었습니다. 결국 쥐보다 코끼리에 가까웠지만, 항상 잘 동작했고 부모에게 자랑거리였습니다. 우리는 스프링 배치에 관한 책임이 있었으며, 결국 출산을 해서 양육을 해야 했습니다. 기억하기로는 1.0의 출시가 계속 미뤄졌던 데는 두 가지 이유가 있었습니다. 하나는 서비스 기능의 품질이 실제로 현장에서 사용되기에 괜찮은지 확인해야 한다는 것이었고 다른 이유는 API 설계에 대한 관리 수준이었습니다. 어차피 실수는 피할 수 없었지만, 적어도 인생의 좋은 출발은 끊었다고 말할 수 있을 것 같습니다.

스프링 배치의 계보를 살펴보면 당연히 전 세계의 많은 비즈니스 기능의 길고 반복적인 발명과 재발명에서 비롯됐음을 알 수 있을 것입니다. 2006년 처음 봤던 코드는 롭 하롭^{Rob Harrop}이 영국 런던의 한 은행에서 컨설팅을 할 때 만들었던 작은 프로토타입이었습니다. 이 프로토타입은 스프링 배치의 일부분에서 분리돼 다른 프로젝트에 공유된 이후 최종적으로 스프링 리트라이^{Spring Retry}에 도달했습니다. 스프링 배치의 나머지 부분과 상태 머신지향 세계관은 액센츄어^{Accenture}와의 협력에서 비롯됐습니다. 그 당시부터 모두를 나열하기에는 너무 많은 기여자가 있지만, 특히 루카스 워드^{Lucas Ward}는 초기 또 다른 부모이자 주요 보호자로 언급할 만합니다. 또한 로버트 카사니키^{Robert Kasanicky}와 댄 가레트^{Dan Garrette}가 2008년 스프링 배치 1.0을 성공적으로 출시하기까지 많은 노력을 기울인 것을 기억합니다.

또한 2010년 스프링 배치 2.0을 출시할 때 "청크^{chunk}" 개념 도입, 분산 처리, 병렬 처리, 자바 5의 새로운 언어 기능을 지원하는 기능을 도입하는 데 중요한 역할을 했습니다. 저는 여전히 루카스가 웨인의 세계를 선행 기술로 인용하면서 "우리는 그것을 '청크'라고 부를 수 없다"고 말하는 것을 들을 수 있지만, 더 나은 이름을 생각해내지 못해 결국 그 용어가 고착됐습니다. 청크는 함께 처리할 아이템item의 그룹으로, 효율성과 확장성을 높일 수 있는 훌륭한 기회를 제공합니다. 스프링 배치 2.0은 꽤 오랫동안 최신 기술이었으며 JSR-352 사양과 관련된 일이 시작되면서 JSR-352 사양에 반영됐습니다. 액센츄어의 웨인 룬드Wayne Lund는 초기부터 스프링 배치 프로젝트에 참여했고 JSR-352 전문가 그룹에도 참여했으며 현재 피보탈에서 플랫폼 아키텍트로 일하고 있습니다.

이 책을 쓴 마이클 미넬라Michael Minella는 당시 젊은 터키인이었습니다. 마이클은 전문가 그룹에서는 물론 실생활에서도 스프링 배치를 많이 사용했으며 실제로 관련된 책을 집필했습니다. 2012년 스프링 팀에 합류했을 때는 마침 스프링 배치 3.0 릴리스 작업을 시작할 때였습니다. 그래서 "@EnableBatchProcessing" 애너테이션 및 XML 구성을 자바 구성으로 전환하는 작업을 함께할 수 있었습니다. 미넬라는 신속하게 프로젝트 리더를 맡아 3.x 버전을 거쳐 자바 8 기반인 4.0 버전까지 프로젝트를 이끌었고, 일부 새로운 플루언트 스타일fluent-style의 구성 빌더를 추가했습니다. 스프링 클라우드 데이터 플로우Spring Cloud Data Flow와의 연계와 분산 처리의 산업화도 이 기간에 발생했습니다. 2018년 초, 마무드 벤 하신Mahmoud Ben Hassine이 새로운 프로젝트의 공동 리더로 합류했으며, 미넬라가 프로젝트를 주도하고 많은 사용자의 피드백을 주의 깊게 경청하도록 돕고 있습니다.

이 글을 쓰는 시점에 스프링 배치는 막 열 살이 됐고 자랑스러운 새로운 부모를 뒀습니다. 아니면 부모가 아닌 다른 관계일까요? 잘 모르겠습니다. 어쨌든 노부모이거나 조부모이거나 그들은 스프링 배치의 모습과 새로운 보호자를 동일하게 자랑스러워합니다. 배치 처리가 사라지지는 않을 듯하기에 스프링 배치는 앞으로 몇 년 동안 더 많은 것을 제공할 것입니다. 이 모든 움직임이 앞으로 기대됩니다.

2019년 런던

데이브 시어 Dave Syer, 스프링 배치 창시자

마이클 미넬라^{Michael Minella}

18년 이상의 전문적인 지식과 경험이 있는 소프트웨어 엔지니어이자 저자이며 강사이다. 피보탈^{Pivotal}의 스프링 배치^{Spring Batch}와 스프링 클라우드 태스크^{Spring Cloud Task} 프로젝트를 총괄하는 소프트웨어 엔지니어링 디렉터이기도 하다. 또한 JSR−352^{Java Batch} 전문가 그룹에도 참여했다. 자바 챔피언^{Java Champion}, 자바원 락스타^{JavaOne Rockstar}이며 다양한 자바 콘퍼런스에서 국제적으로 강연을 하고 있다.

평상시 업무 외에 정규 팟캐스트 OffHeap(www.javaoffheap.com)에서 활동하고 있다. 또한 정보보안 주제도 열심히 공부하고 있다. 사진(https://500px.com/michael160)과 목공이 취미이며, 삶에서 가장 중요한 일은 에리카의 남편이자 에디슨의 아버지로서의 일이다.

감사의 글

첫 번째 책을 쓰고 나서 지금까지 되돌아보면 많은 변화가 있었습니다. 그중 많은 부분이 제 경력에 중대한 영향을 미쳤고, 스프링 배치와 관련된 이 두 번째 책을 쓸 수 있게 됐습니다. 제게 영향을 준 분들께 이 자리를 빌려 감사의 마음을 작게나마 전하고 싶습니다.

먼저 데이브 시어에게 감사의 마음을 전합니다. 그는 제가 지난 6년 이상에 걸쳐 관리자를 맡아 2권의 책을 쓸 수 있도록 해준, 스프링 배치 프레임워크의 창시자이며 존경하는 오픈소스 전문가입니다. 되돌아보면 첫 번째 책을 쓴 직후에 견본을 주기 위해 그를 만났습니다. 배치 처리(JSR-352)와 관련된 JSR^{Java Specification Request}을 작성하기 위한 JCP^{Java Community Process}의 노력에 대해 말해줬으며, 이를 듣고 감사를 전하고 싶은 다음 사람이 떠올랐습니다.

팀원 중 한 명이자 이 책의 기술 편집자 중 한 명인 웨인 룬드^{Wayne Lund}는 제가 지금 위치에 올 수 있도록 큰 도움을 줬습니다. JSR-352 전문가 그룹에서 스프링 배치와 관련된 경험을 바탕으로 자바 배치 사양의 설계 개선을 위해 만나 함께 작업했습니다. JSR에서 작업하는 동안 웨인은 스프링 팀이 스프링 배치 프로젝트의 새로운 리더를 찾고 있다는 것을 알려줬고 관심이 있는지 물었습니다. 저는 지금까지도 기술을 잘 알지 못하는 가족과 친구들의 대부분이 스프링 팀에 합류하라는 요청이 얼마나 큰 의미인지 이해하기 어려울 거라고 생각합니다. 저는 스프링 엔지니어링 팀에서 일하는 것보다 더 행복한 직업을 가진 적이 없습니다. 웨인, 처음부터 믿어주고 지속적인 지원을 해줘서 감사합니다.

또한 피보탈의 제 관리자인 브라이언 뒤솔트^{Brian Dussault}에게도 감사드립니다. 저는 경력을 쌓는 동안 많은 훌륭한 관리자와 함께 일하는 특권을 누렸습니다. 그중 많은 관리자와 함께 일하거나 곧 다시 함께 일하게 될 수도 있을 것입니다. 그러나 누구도 브라이언만큼 저를 지원해주고 신뢰해준 사람은 없었습니다. 흔히 사람들은 회사를 떠나는 것이 아니라 관리자를 떠난다고 말합니다. 만약 그렇다면 브라이언과 아주 오랫동안 함께할 수 있을지도 모릅니다.

또 다른 두 그룹에도 감사드리고 싶습니다. 첫 번째는 에이프레스^{APress} 출판사 팀입니다. 스티브 앵글린^{Steve Anglin}과 마크 파워스^{Mark Powers}는 이 긴 집필 과정 동안 놀랍도록 저를 이해해줬습니다. 제가 함께 작업하기 가장 쉬운 저자는 아니었을 것입니다. 하지만 그들을 편집자로 둔 것은 제겐 행운입니다. 집필 과정 전반에 걸쳐 그들의 지속적인 지원이 없었다면 불가능했을 것입니다. 두 번째로 기술 편집자인 펠리페 구티에레즈^{Felipe Guiterrez}에게도 감사드립니다. 그의 리뷰와 격려는 최종 결과물에 큰 차이를 가져왔습니다.

무엇보다도 우리 가족. 책을 써본 사람이라면 누구라도 그 과정이 관련된 모든 사람에게 부담을 준다는 것을 알고 있습니다. 저자는 저술하는 데 시간, 에너지 및 감정을 쏟습니다. 저자도 인간이라, 세 가지 자원은 한정돼 있습니다. 이런 상황에서 책을 집필하는 데 필요한 도움을 주는 이는 바로 우리 가족입니다. 사려 깊은 열정, 끝없는 호기심, 자상한 성격으로 매일 저에게 영감을 주는 딸 에디슨^{Addison}. 그리고 정말로 이 책을 만드는 역경을 헤쳐 나가게 해준 아내 에리카^{Erica}. 그녀의 꾸준한 격려와 지원이 없었다면 도중에 포기했을 것입니다. 둘 다 제게 세상 전부나 마찬가지입니다. 감사합니다.

기술 감수자 소개

웨인 룬드 Wayne Lund

액센츄어의 글로벌 아키텍처 그룹에서 일하던 스프링 배치 창시자 중 한 명으로, 자바원 2007에서 자바 커뮤니티에 스프링 배치를 제공했다. 액센츄어에서 마스터 기술 아키텍트 Master Technology Architect를 맡아, 고객이 JEE를 추상화한 경량 프레임워크를 선호하는 최적의 플랫폼으로 스프링을 채택하도록 지원하는 OSS 프로젝트를 주 업무로 하는 글로벌 아키텍처 그룹에서 일했다. VM웨어 VMWare가 스프링을 인수한 후 판매 채널에서 스프링 소스, 래빗MQ RabbitMQ, 젬파이어 Gemfire 및 기타 OSS 경량 프레임워크를 지원하는 vFabric 그룹(현재 피보탈 서비스의 일부)에 합류했다. 현재 피보탈 데이터 서비스의 어드바이저리 플랫폼 아키텍트 Advisory Platform Architect로 일하고 있으며, 스프링 데이터 플로우(스프링 클라우드 스트림, 스프링 클라우드 태스크 및 스프링 배치), 스프링 클라우드 스트림, 래빗MQ 및 카프카 Kafka와 메시징을 포함하는 스프링 지원 데이터 제품에 관한 솔루션 제공을 지원하고 있다.

펠리페 구티에레즈 Felipe Gutierrez

멕시코공과대학Instituto Tecnologico y de Estudios Superiores de Monterrey Campus Ciudad de Mexico에서 컴퓨터공학 학사와 석사 학위를 취득한 솔루션 소프트웨어 아키텍트다. 20년 이상의 다양한 IT 경험을 보유하고 있으며 정부, 소매, 의료, 교육, 은행과 같은 여러 산업 분야의 기업을 위한 프로그램을 개발했다. 현재 클라우드 파운드리Cloud Foundry PAS/PKS, 스프링 프레임워크, 스프링 클라우드 네이티브 애플리케이션Spring Cloud Native Applications, 그루비Groovy 및 래빗MQ 등의 기술을 전문으로 하는 피보탈의 플랫폼 및 솔루션 아키텍트로 일하고 있다. 이전에는 노키아Nokia, 애플Apple, 레드박스Redbox, 퀄컴Qualcomm 같은 대기업의 솔루션 아키텍트로 근무했다. 에이프레스 출판사에서 출간한 『Spring Boot Messaging』(2017), 『Introducing Spring Framework』(2014)의 저자이기도 하다.

옮긴이 소개

서경석(scienboy@gmail.com)

IT 기업에서 오픈소스 기반의 미들웨어 솔루션 개발 및 컨설팅 업무를 하고 있는 개발자이자 컨설턴트이다. 자바를 기반으로 하는 다양한 프로젝트에 참여했으며, 오픈소스 기반의 기업용 프레임워크 개발과 모니터링 솔루션 개발에 관심이 많아 관련 업무를 수행했다.

김성윤

21세기 직전부터 애플리케이션 개발자, 소프트웨어 아키텍트로 활동하다가 현재는 시민의 일상을 뒷받침하는 대형 시스템을 운영하고 있다. 무엇이든 손으로 직접 해봐야 직성이 풀리며, 운영 중인 업무에서 매일같이 발생하는 거대 데이터를 적절히 활용하는 방법에 관심이 많다.

이승룡

오픈플랫폼 개발자 커뮤니티^{OPDC}에서 에반젤리스트로 활동하고 있다. 책을 좋아한다.

지금도 보이지 않는 어딘가에서 열심히 동작하는 배치 처리는 일반 사용자가 직접 접하기 어려운 까닭에 낯설 수도 있습니다. 하지만 배치 처리는 현대 IT 시스템에서 필수적이고 어디에나 존재하며 누구나 간접적으로 경험합니다. 예를 들어 우리는 주기적으로 이메일을 받기도 하며 매일 특정 시간에 수행되는 은행 정산 배치 처리 등으로 인해 온라인 은행 서비스를 이용할 수 없다는 메시지를 볼 수도 있습니다. 이러한 배치 처리는 목적에 따라 다르기는 하지만 지정된 시각에 수행돼야 하고, 엄청난 양의 데이터를 제한된 시간 내에 완료해야 하며, 처리에 실패했다면 별도의 후속 처리를 해야 하기도 합니다. 대량 데이터를 처리하는 까닭에 성능도 최적화해야 합니다. 스프링 배치를 사용하는 이유는 바로 이러한 다양한 사항을 고려한 배치 처리를 매우 효율적으로 만들 수 있기 때문입니다.

스프링 배치는 배치 처리를 개발할 때 고려해야 하는 많은 개념과 기능을 제공합니다. 단순한 시나리오부터 미션 크리티컬한 시나리오까지 수많은 상황에 대응할 수 있습니다. 그러나 배치라는 분야의 특성상 개념이 생소하기도 하고 참고할 수 있는 자료가 스프링 프레임워크에 비해 많지는 않습니다. 이러한 상황에서 스프링 배치 개발팀의 리더가 직접 저술한 이 책은 매우 유용합니다. 기초 개념의 이해부터 클라우드 네이티브를 활용하는 수준까지 폭넓은 내용을 접할 수 있습니다. 또한 시나리오 기반의 다양한 예제는 책의 내용을 이해하는 데 도움을 주는 것은 물론이고 기업에서 필요한 수준의 배치 처리를 개발하는 데 실제로 활용할 수도 있을 것입니다. 배치 처리에 스프링 배치를 사용하는 것을 고려하고 있다면 이 책을 통해서 더욱 쉽고 효율적으로 사용할 수 있게 될 것이라고 확신합니다.

차례

예제 코드 다운로드

이 책에 사용된 소스 코드는 에이프레스 깃허브 저장소(https://github.com/Apress/def-guide-spring-batch)와 에이콘출판사의 깃허브 저장소(https://github.com/AcornPublishing/definitive-spring-batch)에서 다운로드할 수 있다.

오탈자

한국어판의 정오표는 에이콘출판사 도서정보 페이지 http://www.acornpub.co.kr/book/definitive-spring-batch에서 찾아볼 수 있다.

문의

한국어판에 관한 질문이 있다면 에이콘출판사 편집 팀(editor@acornpub.co.kr)이나 옮긴이의 이메일로 문의하길 바란다.

1장

배치와 스프링

최신 기사를 읽다 보면 배치 처리^{batch processing}와 관련된 주제를 거의 찾기 어렵다. 가장 큰 규모의 자바 콘퍼런스의 내용을 훑어보더라도 배치 처리 주제와 관련된 강연은 사실상 전무하다. 반면 콘퍼런스 룸에는 스트림 처리를 배우려는 참석자로 가득하다. 데이터 과학^{data science}과 관련된 내용은 많은 사람들을 불러 모은다. REST 등 웹 기반 시스템에 중점을 둔 클라우드 네이티브 애플리케이션을 설명하는 블로그 게시물의 조회수가 가장 많다. 그러나 이 모든 것 안쪽에는 여전히 배치가 있다.

은행에서 생성되는 거래명세서와 퇴직연금명세서는 모두 배치 처리를 이용해 생성된다. 단골 쇼핑몰에서 쿠폰이 포함된 이메일을 받은 적이 있는가? 아마도 배치 처리를 통해 전송됐을 것이다. 심지어 세탁기 수리 기사가 여러분의 집에 방문하는 순서조차 배치 처리로 결정된다. 아마존^{Amazon}과 같은 사이트에서 연관 상품을 추천하는 데이터 과학 모델도 배치 처리로 생성된다. 빅데이터 작업을 조정하는 일도 마찬가지로 배치가 담당한다. 요즘은 트위터에서 뉴스를 접한다. 또한 구글은 검색 결과를 표출하려고 페이지를 갱신하는데 걸리는 시간조차 너무 길다고 여긴다. 유튜브는 하룻밤 새 누군가를 유명인으로 만들 수도 있다. 이런 시대에 왜 배치 처리가 필요한가?

배치 처리를 이용하면 좋은 몇 가지 이유가 있다.

- 필요한 모든 정보를 원하는 즉시 받아 볼 수는 없다. 배치 처리를 이용하면 실제 처리가 시작되기 전에 필요한 정보를 미리 수집할 수 있다. 월별 은행 거래명세서를 예로 들어보자. 거래가 이뤄질 때마다 바로 월별 거래명세서를 인쇄해내는 것이 합리적일까? 월말까지 기다려서 한 번에 거래 내역을 조사하는 것이 더 합리적이다.

- 때로는 사업적으로 도움이 된다. 대부분의 사람들은 구매 버튼을 클릭하자마자 온라인으로 구입하려는 상품이 배송 트럭에 실렸으면 하겠지만, 이는 소매업자에게 최선이 아닐 수도 있다. 고객이 마음을 바꿔 주문을 취소할 때, 아직 배송하기 전이라면 훨씬 더 저렴한 비용으로 취소할 수 있다. 고객에게 몇 시간을 더 주면서 배치로 배송을 처리하면 소매업자는 많은 돈을 절약할 수 있다.

- 자원을 더 효율적으로 활용할 수 있다. 데이터 과학 분야의 사례가 좋은 예다. 일반적으로 데이터 모델 처리는 두 단계로 나뉜다. 첫 번째 단계는 모델의 생성이다. 모델을 생성하려면 대량 데이터를 수학적으로 집중 처리해야 하므로 시간이 많이 걸릴 수 있다. 두 번째 단계는 생성된 모델을 놓고 새로운 데이터를 평가하거나 점수를 매기는 것이다. 두 번째 단계는 매우 빠르다. 따라서 첫 번째 단계에서는 스트리밍 시스템이 사용할 데이터 모델을 외부에서 배치 처리를 수행해 생성하고, 두 번째 단계에서는 스트리밍 시스템이 해당 결과를 실시간으로 사용하게 하는 것이 합리적이다.

이 책은 스프링 배치$^{Spring\ Batch}$ 프레임워크를 활용하는 배치 처리를 다룬다. 1장에서는 배치 처리의 역사를 알아보고, 배치 잡^{Job} 개발의 어려움을 살펴본다. 또한 자바와 스프링 배치를 사용해 배치를 개발해야 하는 필요성을 알아본 후, 마지막으로 스프링 배치 프레임워크의 개요 및 기능을 개략적으로 살펴본다.

배치 처리의 역사

배치 처리의 역사를 살펴보는 것은, 실제로 컴퓨터의 역사를 살펴보는 것과 같다.

1951년 당시 유니백^{UNIVAC}은 상업적으로 생산된 최초의 컴퓨터였다. 이 시기 이전의 컴퓨터는 특정한 기능만 수행하도록 설계된 맞춤형 기계였다(1946년 미군은 2017년 기준으로 약 5백만 달러의 비용을 들어 포탄 궤도를 계산하는 일을 애니악이라는 이름을 가진 컴퓨터가 처리하게 했다). 유니백은 5,200개의 진공관으로 구성됐고, 무게는 14톤 이상이었으며, 2.25MHz의 엄청난 속도로(아이폰 7은 2.34GHz 프로세서를 가지고 있다) 테이프 드라이브에서 로딩된 프로그램을 실행했다. 당시 기준으로 처리 속도가 매우 빨랐던 유니백은 상업적으로 이용 가능한 최초의 배치 프로세서로 여겨졌다.

역사를 좀 더 상세히 살펴보기 전에, 배치 처리가 무엇인지 정확히 정의해야 한다. 여러분이 개발하는 대부분의 애플리케이션은 사용자와 상호작용한다. 예를 들면 웹 페이지의 링크를 클릭하거나, 식thick 클라이언트[1]가 제공하는 양식에 맞춰 정보를 입력하거나 미들웨어를 통해 메시지를 수신하거나, 휴대전화나 태블릿 앱을 손가락으로 터치하도록 개발한다. 반면 배치 처리는 이런 유형의 애플리케이션과 완전히 다르다. 이 책의 목적이기도 한 배치 처리는, 상호작용이나 중단 없이 유한한 양의 데이터를 처리하는 것으로 정의한다. 배치 처리가 일단 시작되면 아무런 개입 없이 어떤 형태로든 완료된다.

큰 변화인 고급 언어high-level language의 등장까지 컴퓨터와 데이터 처리의 발전에 4년이 걸렸다. 고급 언어는 IBM 704 컴퓨터에서 동작하는 리스프Lisp 및 포트란Fortran과 함께 처음 소개됐지만, 이후에 배치 처리 세계를 평정한 것은 코볼COBOL, Common Business Oriented Language 이었다. 1959년에 최초로 개발된 이래 1968년, 1974년, 1985년, 2002년, 2014년에 지속적으로 개선된 코볼은 여전히 현대 비즈니스에 필요한 배치 처리를 수행하고 있다. 2012년 ComputerWorld[2] 설문 조사에 따르면, 설문에 응한 기업 중 53% 이상이 새로운 업무 개발에 코볼을 사용했다고 응답했다. 같은 조사에서 코볼 개발자의 평균 연령이 45세에서 55세 사이로 나타난 것도 흥미롭다.

코볼에는 약 25년 동안 IT 분야에서 널리 채택된 중요한 변화가 적용되지 못했다.[3] 자바Java 와 닷넷.NET 같은 신기술이 선호되면서 코볼 및 관련 기술을 가르치는 학교의 수는 크게 줄어들었다. 코볼을 실행하는 하드웨어는 비싸며, 사용할 수 있는 리소스는 점점 부족해지고 있다.

---

1   각종 애플리케이션을 내장해 서버에 보관되는 공유 데이터 관리 이외의 처리를 수행하는 클라이언트다(참고: 한국정보통신 기술협회(TTA) 정보통신용어사전). – 옮긴이

2   http://www.computerworld.com/article/2502430/data-center/cobol-brain-drain--survey-results.html

3   코볼 2002(객체지향 코볼 포함) 및 2014에 개정이 있었지만, 그 이전 버전보다도 훨씬 적게 받아들여졌다.

배치 처리가 메인프레임 컴퓨터에서만 이뤄지는 것은 아니다. 앞서 언급했던 이메일은 아마도 메인프레임이 아닌 서버에서 실행된 배치 처리를 통해 전송됐을 것이다. 그리고 여러분이 선호하는 패스트푸드 체인의 POS^point-of-sale 단말기에 데이터를 내리는 것도 배치가 담당한다. 그러나 메인프레임에서 수행되는 배치 처리와 C++ 및 유닉스^UNIX 환경 같은 곳에서 사용되는 배치 처리 사이에는 상당한 차이가 있다. 두 배치 처리는 각기 환경에서 실행되는 비즈니스에 맞춰 개발됐으며 공통점이 거의 없다. 코볼이 배치 처리를 평정한 이후 새로운 도구나 기술의 변화가 거의 없었다. 유닉스 서버상에서 사용자가 개발한 처리나 마이크로소프트사(社)의 윈도우^Windows 서버상에서 예약된 태스크를 크론 잡^cron job 을 사용해 실행시킬 수 있긴 했지만, 업계에서 인정하는 새로운 배치 처리용 도구는 없었다.

2007년 액센츄어^Accenture사는 자사의 풍부한 메인프레임 및 배치 처리 경험을 바탕으로, 오픈소스 프레임워크를 만들고자 Interface21(현재 피보탈^Pivotal사의 일부가 된 스프링 프레임워크의 창시자)과 파트너십을 맺었다. 협업 결과 수년 동안 액센츄어 아키텍처의 골격이 되던 개념에 영감을 받아[4], JVM에서 동작하는 배치 처리의 사실상 표준이 될 수 있었다.

액센츄어는 오픈소스 세계에 공식적으로 진출하기 위해[5], 자사의 배치 처리 전문 지식에 스프링의 인기와 기능을 결합해 견고하고 사용하기 쉬운 프레임워크를 만들기로 결심했다. 2008년 3월 말에 스프링 배치^Spring Batch 1.0.0이 출시됐다. 이 프레임워크는 자바 세계에서 배치 처리에 대한 최초의 표준 기반 접근 방식을 제공했다.

약 1년 후인 2009년 4월 스프링 배치의 버전이 2.0.0이 되면서, 지원하는 JDK가 1.4에서 1.5로 교체됐으며, 프레임워크에 청크 기반^chunk-based 처리, 개선된 구성 옵션, 다양한 확장성 옵션 등의 기능이 추가됐다. 2014년 봄에 출시된 3.0.0 버전은 새로운 자바 배치 표준인 JSR-352를 구현했다. 마지막으로 버전 4.0.0은 이 책이 출판되기 직전에 출시됐는데, 스프링 부트^Spring Boot 세계에서 자바 기반 구성^java-based configuration을 받아들였다.[6]

4　사용된 참조 아키텍처는 『Netcentric and Client/Server Computing: A Practical Guide』(Anderson Consulting, 1999)라는 책에서 나왔다. 주요 컴포넌트에는 스케줄링, 재시작/복구, 배치 밸런싱, 리포팅, 드라이버 프로그램(잡), 배치 로깅 시스템 등이 있다.

5　https://www.cnet.com/news/accenture-jumps-into-open-source-in-a-big-way/

6　이 책을 번역하는 시점에 스프링 배치 최신 버전은 4.3.2이다. – 옮긴이

배치가 직면한 과제

일반적으로 우리에게 식 클라이언트 또는 웹 앱 같은 GUI 기반 프로그래밍과 관련된 문제는 익숙하다. 보안 문제, 데이터 유효성 검증^(validation), 사용자 친화적인 오류 처리, 예측할 수 없는 사용 패턴으로 인한 리소스 사용률 급상승(이 말이 무슨 의미인지 알아보려면 트위터에서 유명한 내용의 링크를 여러분의 블로그에 넣어 포스팅해보기 바란다) 등, 이 모든 것들은 어떠한 사용자가 여러분의 소프트웨어를 사용한다면 고려해야 하는 문제다.

그러나 배치는 다르다. 앞서 배치 처리는 사용자가 추가로 개입하지 않아도 특정 완료 지점까지 실행될 수 있다고 언급했다. 그래서 GUI 애플리케이션이 가지는 대부분의 문제가 배치에게는 더 이상 유효하지 않다. 물론 보안도 고려해야 하고 데이터 유효성 검증도 필요하지만, 사용량 급증 문제와 사용자 중심의 에러 처리 문제는 배치 처리 시에 예측 가능하거나 적용하지 않아도 된다. 처리 부하를 예측하고 그에 맞게 설계할 수 있기 때문이다. 확실한 로그와 피드백용 알림만을 사용해 신속하고 정확하게 에러를 발생하면 된다. 알림을 받은 기술 지원 담당자가 어떤 오류든 해결할 것이기 때문이다.

이처럼 배치 세계에서는 모든 것이 쉽게 처리될 수 있으므로 더 이상의 다른 문제는 없지 않을까? 환상을 깨서 유감이지만 배치 처리에 관련된 문제에는 일반적인 소프트웨어 개발에 고려해야 하는 문제에 배치 특유의 특성이 섞여 있다. 소프트웨어 아키텍처는 공통적으로 사용성^(usability), 유지 보수성^(maintainability), 확장성^(scalability) 등 여러 속성을 가지고 있다. 배치 처리에서는 이러한 속성들이 기존과는 다른 측면으로 관련돼 있다.

먼저 세 가지 속성인 사용성, 유지 보수성, 기능 확장성^(extensibility)은 서로 관련이 있다. 배치에는 신경 써야 할 사용자 인터페이스가 없다. 그러므로 배치에서 말하는 사용성은 예쁜 GUI나 멋진 애니메이션과 관계가 없다. 배치 처리에서 사용성은 코드에 관한 것이다. 즉, 오류 처리 및 유지 보수성과 관련 있다. 공통 컴포넌트를 쉽게 확장해 새로운 기능을 추가할 수 있는가? 기존 컴포넌트를 변경할 때 시스템 전체에 미치는 영향을 알 수 있도록 단위 테스트가 잘 마련돼 있는가? 잡이 실패할 때 디버깅에 오랜 시간을 소비하지 않고 언제, 어디서, 왜 실패했는지 알 수 있는가? 이런 것들이 배치 처리에 영향을 미치는 사용성 측면의 모든 요소이다.

다음은 확장성scalability이다. 현실을 점검해보자. 하루에 100만 명의 사용자가 방문하는 웹사이트에서 마지막으로 작업했던 때가 언제인가? 10만 명은 어떠한가? 솔직하게 말해보자. 기업에서 개발한 대부분의 사이트에 그렇게 많은 사용자가 방문하지는 않는다. 그러나 기업이 밤새 100만 건 이상의 트랜잭션을 처리하는 배치를 갖고 있는 것은 그리 드문 일은 아니다. 웹 페이지를 불러오는 데 평균적으로 8초가 걸린다고 생각해보자.[7] 배치를 이용한 트랜잭션 처리가 같은 시간만큼 걸린다고 하면 10만 개의 트랜잭션을 처리하는 데 9일 이상(100만 건인 경우 3개월 이상)이 소요된다. 이는 요즘 기업이 사용하는 그 어떠한 시스템에도 실용적이지 않다. 요컨대 배치가 처리할 수 있어야 하는 규모는 과거에 여러분이 개발했던 웹(또는 식 클라이언트) 애플리케이션보다 몇 자리 수 이상 큰 경우가 많다.

셋째는 가용성availability이다. 다시 말하지만, 배치에서의 가용성은 여러분에게 익숙한 웹(또는 식 클라이언트) 애플리케이션에서의 가용성과 다르다. 배치 처리는 일반적으로 항상 실행되는 것이 아니다. 사실 배치 처리 시에는 보통 약속이 정해져 있다. 대부분의 기업은 필요한 리소스(하드웨어, 데이터 등)를 언제 사용할 수 있는지 알고 있는 상태에서 주어진 시간에 잡이 실행되도록 예약한다. 예를 들어 퇴직연금명세서를 만들어야 한다고 생각해보자. 하루 중 언제라도 잡을 수행할 수 있겠지만, 계좌 잔액을 계산하는 데 펀드의 종가를 사용하려면 주식 시장이 마감된 이후에 수행하는 것이 가장 좋을 것이다. 필요할 때 바로 배치 처리를 수행할 수 있는가? 허용된 시간 내에 잡을 수행함으로써 다른 시스템에 영향을 미치지 않게 할 수 있는가? 이러한 질문을 비롯한 여러 다른 질문은 배치 시스템의 가용성에 영향을 준다.

마지막으로 보안을 고려해야 한다. 일반적으로 배치 세계에서 보안은 시스템을 해킹하고 침입하는 사람에 초점을 맞추고 있지 않다. 배치 처리에서 보안의 역할은 데이터를 안전하게 저장하는 것이다. 민감한 데이터베이스 필드는 암호화돼 있는가? 실수로 개인 정보를 로그로 남기지는 않는가?

외부 시스템으로의 접근은 어떠한가? 자격증명이 필요하며 적절한 방식으로 보안을 유지하고 있는가? 데이터 유효성 검증도 보안의 일부다. 일반적으로 처리 중인 데이터는 이미 검사

---

7   https://think.storage.googleapis.com/docs/mobile-page-speed-new-industry-benchmarks.pdf

된 데이터이기는 하지만 여전히 규칙을 준수하는지 확인해야 한다.

보다시피 배치 처리를 개발하는 데는 기술적으로 해결해야 하는 많은 과제가 있다. 시스템의 규모가 대부분 매우 크다는 것부터 보안 문제에 이르기까지 배치는 모든 것을 가지고 있다. 이런 점이 배치 처리를 개발하는 재미 중 하나이기도 하다. 여러분이 최신 자바스크립트 JavaScript 프런트엔드 프레임워크를 디버깅하는 것보다 기술적인 문제를 해결하는 데 더 중점을 둔다면 말이다. 이때 드는 궁금증은, 메인프레임에 구성된 기존 인프라를 사용하는 것과 새로운 플랫폼을 채택하는 데 따르는 모든 위험을 고려했을 때 왜 자바로 배치를 수행하는가이다.

왜 자바로 배치를 처리하는가?

조금 전까지 나열했던 모든 과제를 가지고 있는 배치 처리 개발 시, 자바와 스프링 배치 같은 오픈소스 도구를 선택하는 이유는 무엇인가? 배치 처리 개발에 자바 및 오픈소스를 사용해야 하는 6가지 이유로, 유지 보수성, 유연성, 확장성, 개발 리소스, 지원, 비용을 생각할 수 있다.

먼저 유지 보수성을 살펴보자. 배치 처리를 생각할 때는 유지 보수를 고려해야 한다. 배치 처리 코드는 일반적으로 다른 애플리케이션 코드보다 수명이 훨씬 길다. 그 어떤 사용자도 배치 코드를 볼 수 없기 때문이다. 현재 유행이나 스타일을 유지해야 하는 웹 또는 클라이언트 애플리케이션과 달리, 배치 처리는 숫자를 처리하고 정적 출력을 만들어낸다. 배치 처리가 제 역할을 수행하는 동안에 대부분의 사람들은 그 일의 결과를 이용하기만 한다. 그러므로 큰 위험 없이 쉽게 수정할 수 있도록 코드를 작성해야 한다.

스프링 프레임워크를 살펴보자. 스프링은 테스트 용이성testability이나 추상화abstractions와 같은 몇 가지 이점을 얻을 수 있도록 설계됐다. 스프링 프레임워크의 의존성 주입을 통해 객체 간 결합을 제거할 수 있고, 스프링 포트폴리오가 제공하는 추가 테스트 도구를 사용하면 유지 보수 시 발생할 수 있는 위험을 최소화하는 강력한 테스트 스위트를 구축할 수 있다. 스프링과 스프링 배치의 동작 방식을 깊게 파고들지 않더라도, 스프링은 파일 및 데이터베이스

I/O와 같은 작업을 선언적으로 수행할 수 있는 기능을 제공한다. 그러므로 JDBC 코드를 직접 작성하거나 자바의 파일 I/O API를 다루는 악몽을 감수할 필요가 없다. 또한 스프링 배치는 트랜잭션 및 커밋 횟수와 같은 것들을 애플리케이션에 제공하므로, 처리가 어디까지 진행됐는가라든가 실패 시 무슨 일을 해야 하는지 관리할 필요가 없다. 이런 기능은 스프링 배치와 자바가 제공하는 유지 보수성 측면에서의 이점 가운데 일부다.

유연성은 자바와 스프링 프레임워크를 사용해야 하는 또 다른 이유다. 메인프레임 세계에서는 코볼COBOL을 사용하거나 고객 정보 제어 시스템CICS을 사용하는 것이 전부다. 배치 처리가 가능한 또 다른 일반적인 플랫폼은 유닉스UNIX에서 동작하는 C++이다. 업계에서 통용되는 배치 처리 프레임워크가 없기 때문에, 이는 결국 환경에 맞춰 일일이 개발한 해결책에 불과하다. 메인프레임이나 C++/UNIX 방식은 배포를 위한 JVM의 유연성과 스프링 배치의 기능들을 제공하지 않는다. 유닉스 계열 또는 윈도우 운영체제가 탑재된 서버, 데스크탑 또는 메인프레임에서 배치 처리를 실행하고 싶은가? 아무 문제없다. 애플리케이션 서버, 도커Docker 컨테이너, 클라우드에 배포하고 싶은가? 필요에 맞는 것을 선택하면 된다. 신thin WAR, 팻fat JAR, 또는 새로운 무언가가 나온다면? 어떤 것이든 스프링 배치를 사용하면 된다.

그러나 자바의 "한 번 작성해 어디에서든 실행한다WORA, Write Once, Run Anywhere"라는 특성이 스프링 배치가 제공하는 유연성의 전부는 아니다. 유연성의 또 다른 측면은 시스템 간 코드를 공유할 수 있는 능력이다. 웹 애플리케이션에서 이미 테스트 및 디버깅된 서비스를 배치 처리에서 동일하게 바로 사용할 수 있다. 실제로, 다른 플랫폼에 종속돼 동작하던 업무 로직을 재사용할 수 있다는 것은 플랫폼 전환 시에 누릴 수 있는 가장 큰 장점 중 하나다. POJO[8]로 업무 로직을 구현하면(문자 그대로 자바를 사용해 개발함을 의미), 해당 로직을 웹 애플리케이션이나 배치 처리에서 사용할 수 있다.

또한, 스프링 배치의 유연성은 자바로 작성된 배치 처리를 확장할 수 있는 능력에도 영향을 미친다. 배치 처리를 확장하는 방안을 살펴보자.

---

8 일반적인 자바 객체를 의미하며, 마틴 파울러(Martin Fowler)가 레베카 파슨스(Rebecca Parsons), 조쉬 멕켄지(Josh MacKenzie)와 함께 2000년 9월 콘퍼런스에서 연설을 준비하는 동안에 이 용어를 만들었다. https://www.martinfowler. com/bliki/POJO.html에서 원작자의 말을 읽어보길 바란다. – 옮긴이

- **메인프레임**: 메인프레임에서는 확장성을 위한 용량 증설이 제한된다. 병렬로 작업을 수행하는 유일한 방법은 단일 하드웨어 내에서 전체 프로그램을 병렬로 실행하는 것이다. 이 방식은 병렬 처리용 관리 코드를 작성하고 유지 보수해야 하며, 이로 인해 오류 처리나 플랫폼 간 상태 관리 등에 어려움이 발생한다. 게다가 단일 머신 자원에 의한 제약이 생긴다.

- **커스텀 처리**: 자바를 사용하더라도 아무것도 없이 처음부터 기능을 만들어 가기는 어렵다. 먼저, 대량 데이터 처리에 적합한 확장성과 안정성을 얻기는 매우 어렵다. 메인프레임에서와 마찬가지로 부하 분산을 위한 코딩이 필요하다는 동일한 문제도 안고 있다. 또한 여러 물리 장비나 가상 컴퓨터로 배치 처리를 분산하려고 할 때 인프라스트럭처가 복잡해진다. 분산 환경에서 어떻게 통신할지노 고민해야 한다. 데이터 안정성도 문제다. 커스텀하게 작성된 워커 중 하나가 중단되면 어떻게 될까? 계속해서 문제점을 더 말할 수 있다. 그렇다고 해내지 못할 것이라고 말하는 것은 아니지만, 배치처리에 필요한 기능을 새로 만들기보다는 기존에 잘 만들어진 기능을 사용하고, 그 대신 업무 로직을 작성하는 데 시간을 들이는 것이 더 나을 것이다.

- **자바와 스프링 배치**: 자바는 앞서 언급했던 대부분의 문제를 처리할 수 있는 기능을 갖고 있지만, 이 기능을 유지 보수가 가능하도록 구성하기는 매우 어렵다. 하지만 스프링 배치가 이 문제를 해결한다. 단일 서버 내의 단일 JVM에서 배치 처리를 수행하기를 원하는가? 문제없다. 사업이 성장함에 따라 이제는 청구 계산 작업을 5개의 서로 다른 노드로 나눠 밤새 완료해야 하는가? 이 또한 가능하다. 한 달에 한 번 리소스 사용량이 급증하므로, 그날은 클라우드 리소스를 사용해 확장할 수 있기를 원하는가? 마찬가지다. 데이터 신뢰성은 어떠한가? 몇 가지 주요 원칙을 염두에 두고 몇 가지 구성을 하기만 하면 여러분은 완전히 처리된 트랜잭션 커밋 건수와 롤백 건수를 얻을 수 있다.

스프링 배치 프레임워크 및 관련 에코 시스템을 자세히 살펴보면, 이들이 잘 설계되고 검증된 해결책을 제시함으로써 앞서 살펴본 배치 처리를 괴롭히는 문제를 완화시킬 수 있음을 알수 있다. 1장에서 지금까지 자바 및 오픈소스를 이용해 배치 처리를 해야 하는 기술적 이유를 설명했다. 그러나 기술적인 이유로만 자바와 오픈소스를 선택해야 하는 것은 아니다. 시스템을 코딩하고 유지 보수할 수 있는 적합한 개발 인력을 찾는 것도 중요하다. 앞서 언급했 듯이 배치 처리 코드는 여러분이 현재 개발 중인 웹 애플리케이션보다 수명이 훨씬 더 긴 경향이 있다. 그래서 관련 기술을 이해하는 사람을 찾는 것이 기술 자체만큼 중요하다. 스프링 배치는 매우 인기 있는 스프링 프레임워크를 기반으로 한다. 스프링의 규칙을 따르며, 스프링의 도구와 다른 스프링 기반 애플리케이션을 사용한다. 또한 스프링 부트^{Boot}의 일부다. 따라서 스프링을 다뤄 본 경험이 있는 모든 개발자는 최소한의 학습 노력으로 스프링 배치를 선택할 수 있다. 그런데 자바, 특히 스프링과 관련된 필요한 인력을 잘 구할 수 있을까?

자바를 이용해 어떤 작업을 할 때 자주 따져 볼 점 중 하나는 커뮤니티 지원이 가능한가 여부다. 스프링 프레임워크 제품군과 관련해 깃허브^{Github}나 스택오버플로^{StackOverflow} 등에 활발한 대규모 온라인 커뮤니티가 잘 갖춰져 있다. 스프링의 패밀리인 스프링 배치 프로젝트도 관련된 성숙한 커뮤니티가 있다. 소스 코드에 접근할 수 있다는 굉장한 이점과 비용을 지불하면 기술 지원을 받을 수 있다는 점, 여기에 더해 막강한 커뮤니티가 있다는 점 때문에 스프링 배치는 더욱 매력적이다.

마지막으로 비용을 생각해보자. 소프트웨어 프로젝트를 진행하면 거의 대부분 하드웨어, 소프트웨어 라이선스, 급여, 컨설팅 비용, 지원 계약 등 여러 비용이 발생한다. 그에 비해 스프링 배치는 비용 대비 가장 큰 효과를 발휘할 뿐만 아니라 전체적으로 가장 저렴한 솔루션이다. 클라우드 리소스와 오픈소스 프레임워크를 사용한다면 개발 급여, 지원 계약, 인프라 비용만 반복적으로 들기 때문에 다른 옵션을 선택했을 때 들어가는 반복적인 라이선스 비용 및 하드웨어 지원 계약보다 훨씬 더 저렴하다.

스프링 배치를 사용해야 하는 근거는 확실하다. 스프링 배치를 사용하는 것은 기술적으로 가장 괜찮은 길이며 가장 비용 효율적인 방법이기도 하다. 영업 전략으로 충분하다. 이제 스프링 배치가 무엇인지 정확히 이해해보자.

스프링 배치의 기타 사용 사례

지금쯤 메인프레임을 스프링 배치로 교체하는 것이 좋을지 고민하고 있을 것이다. 끊임없이 마주하게 되는 여러 프로젝트를 생각해보면 코볼로 작성된 레거시 프로젝트를 다른 환경으로 전환하는 일은 자주 있는 일이 아니다. 그러므로 스프링 배치 프레임워크가 기존 코볼 배치를 대체하는 데에만 유용하다면 실제 프로젝트에서는 크게 유용한 프레임워크라고 할 수 없을 것이다. 그러나 스프링 배치 프레임워크는 다른 많은 사례에도 도움이 될 수 있다.

스프링 배치의 가장 일반적인 사용 사례는 아마도 ETL(추출^{extract}, 변환^{transform}, 적재^{load}) 처리일 것이다. 한 형식에서 다른 형식으로 데이터를 전환하는 작업은 엔터프라이즈 데이터 처리에서 많은 부분을 차지한다. 스프링 배치의 청크 기반 처리 및 압도적인 확장 기능은 ETL 워크로드에 자연스럽게 들어맞는다.

또 다른 사용 사례는 데이터 마이그레이션이다. 시스템을 재구축할 때에도 일반적으로 기존 형식의 데이터를 새 형식에 맞게 마이그레이션한다. 이러한 사례에서 위험한 점은, 마이그레이션 작업이 제대로 테스트가 안 될 수도 있으며, 일반적인 개발 절차를 따르면 당연히 포함됐을 무결성 제어 기능이 빠진 일회성 솔루션을 만들게 될 수 있다는 것이다. 반면 스프링 배치의 기능을 검토해보면 스프링 배치가 이러한 사례에 적합하다는 것을 알 수 있다. 스프링 배치는 간단한 배치 잡을 기동하고 수행하는 데 많은 코딩이 필요 없으며, 데이터 마이그레이션을 수행할 때 당연히 포함해야 할 기능임에도 대부분 제대로 구현하지 않는 커밋 횟수 측정이나 롤백 기능 등을 제공한다.

스프링 배치의 세 번째 일반적인 사용 사례는 병렬 처리가 필요할 때다. 칩 제조업체가 무어^{Moore}의 법칙의 한계에 맞닥뜨리게 되면서, 개발자가 앱 성능을 지속적으로 향상시키는 유일한 방법은 단일 작업을 더 빨리 처리하는 것이 아니라 더 많은 작업을 병렬로 처리하는 것임을 깨닫게 됐다. 그 결과 병렬 처리를 지원하는 많은 프레임워크가 최근 출시됐다. 아파치 스파크$^{Apache Spark}$, 얀^{YARN}, 그리드게인^{GridGain}, 해즐캐스트^{Hazlecast} 등과 같은 대부분의 빅데이터 플랫폼은 최근 멀티 코어 프로세서와 클라우드로 사용 가능한 한 수많은 서버를 활용하려 했다. 그러나 아파치 스파크와 같은 프레임워크를 사용하려면 알고리즘 또는 데이터 구조에 맞게 코드와 데이터를 변경해야 한다. 스프링 배치는 멀티 코어 또는 멀티 서버에 처리를 분산하는 기능을 제공하며(그림 1-1에서 마스터/워커 스텝 구성을 볼 수 있음), 웹 애플리케이션에서 사용하는 것과 동일한 객체 및 데이터 소스에 접근하는 기능도 제공한다.

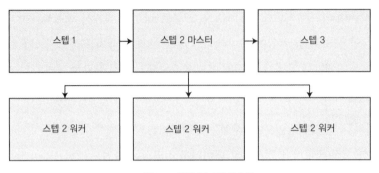

▲ 그림 1-1 병렬 처리의 단순화

워크로드를 조정하는 데에도 스프링 배치를 자주 사용한다. 일반적으로 기업의 배치 처리에 단 하나의 스텝만 존재하지는 않으며, 분리된 많은 스텝을 조정해야 한다. 어떤 파일을 로드한 다음에 해당 데이터를 이용해 두 가지 독립적인 처리를 수행하고, 뒤이어 결과를 하나로 내보낼 수도 있다. 스프링 배치는 이러한 태스크를 아주 잘 조정한다. 예를 들어 스프링 클라우드 데이터 플로우Spring Cloud Data Flow와 스프링 배치를 사용한 "컴포즈 태스크composed task" 처리는 좋은 예다. 여기서 스프링 배치는 다른 기능을 실행하기 위해 스프링 클라우드 데이터 플로우를 호출하며, 무엇을 수행했고 무엇을 수행해야 하는지 추적한다. 그림 1-2는 스프링 클라우드 데이터 플로우가 제공하는 드래그 앤 드롭 사용자 인터페이스로 "컴포즈 태스크"를 구성하는 모습이다.

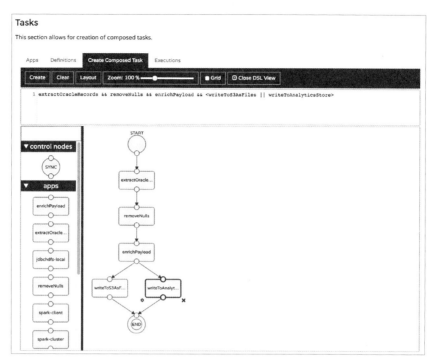

▲ 그림 1-2 스프링 클라우드 데이터 플로우를 사용해 태스크 조정하기

마지막으로 무중단 처리 또는 상시 데이터 처리를 살펴보자. 시스템이 완전히 일정하거나 또는 거의 일정하게 데이터를 입력받는 사례는 많다. 데이터 누락을 방지하려면 데이터가 들어오는 속도에 맞게 받아져야 하지만, 해당 데이터 처리 시에는 받아들인 데이터를 한 번에 처리할 청크 단위로 모아서 배치 처리를 하는 것이 성능면에서 더 나을 수 있다(그림 1-3 참조). 스프링 배치는 신뢰할 수 있고 확장 가능한 방식으로 이런 유형의 처리를 가능하게 하는 도구를 제공한다. 프레임워크의 기능을 사용하면 큐queue에서 메시지를 읽은 뒤, 청크 단위로 배치 처리를 수행하는 과정을 끝없이 반복할 수 있다. 따라서 이러한 솔루션을 처음부터 개발해야 하는 복잡한 상황을 이해할 필요 없이 대량 데이터 처리량을 늘릴 수 있다.

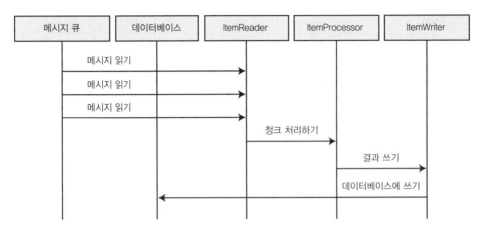

▲ 그림 1-3 처리량 향상을 위해 메시지를 배치로 처리하기

그림 1-3에서 볼 수 있듯이 스프링 배치는 메인프레임의 처리와 유사한 처리 작업을 할 수 있게 설계됐지만, 그 밖의 다양한 개발 문제를 단순화할 때도 사용할 수 있는 프레임워크다. 배치가 무엇이며 왜 스프링 배치를 사용해야 하는지와 관련된 모든 것을 살펴봤으니, 마지막으로 프레임워크 자체를 살펴보자.

스프링 배치 프레임워크

스프링 배치 프레임워크는 일반적인 배치 패턴 및 패러다임을 구현하는 표준 기반 방법으로, 액센츄어사와 스프링소스^{SpringSource}사 간의 협업으로 개발됐다.

스프링 배치에는 데이터 유효성 검증, 출력 포매팅, 복잡한 비즈니스 규칙을 재사용 가능한 방식으로 구현하는 기능, 대규모 데이터셋 처리 기능이 구현돼 있다. 이 책의 예제를 살펴볼 때 스프링에 대해 잘 알고 있다면 스프링 배치를 잘 이해할 수 있을 것이다.

그림 1-4처럼 프레임워크를 개략적으로 살펴보는 것부터 시작해보자.

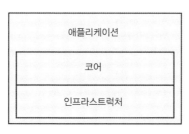

스프링 배치는 레이어^{layer} 구조로 조립된 세 개의 티어^{tier}로 이뤄져 있다. 가장 바깥쪽에 애플리케이션 레이어가 있으며, 배치 처리 구축에 사용되는 모든 사용자 코드 및 구성이 이 레이어에 포함된다. 업무 로직, 서비스 등은 물론 잡 구조화와 관련된 구성까지도 애플리케이션 레이어에 포함된다. 애플리케이션 레이어가 최상위에 있는 것이 아니라, 다른 두 레이어인 코어 레이어와 인프라스트럭처 레이어를 감싸고 있음을 주목하기 바란다.

그 이유는 개발자가 개발하는 내부분의 코드가 코어 레이어와 함께 동작하는 애플리케이션 레이어지만, 때로는 커스텀 리더^{reader}나 커스텀 라이터^{writer}와 같이 인프라스트럭처의 일부를 만들기도 하기 때문이다.

애플리케이션 레이어는 다음 레이어인 코어 레이어와 상호작용하는 데 대부분의 시간을 소비한다. 코어 레이어에는 배치 도메인을 정의하는 모든 부분이 포함된다. 코어 컴포넌트의 요소에는 잡^{Job} 및 스텝^{Step} 인터페이스와 잡 실행에 사용되는 인터페이스 즉, JobLauncher 및 JobParameters 등이 있다.

이 모든 것의 밑에는 인프라스트럭처 레이어가 있다. 어떤 처리를 수행하려면 파일, 데이터베이스 등으로부터 읽고 쓸 수 있어야 한다. 잡 수행에 실패한 이후 재시도될 때 어떤 일을 수행할지를 다룰 수 있어야 한다. 이러한 부분은 공통 인프라스트럭처로 간주되며, 프레임워크의 인프라스트럭처 컴포넌트 내에 들어 있다.

일반적으로 스프링 배치가 스케줄러이거나 스케줄러를 가지고 있다고 많이 오해하지만 그렇지 않다. 프레임워크 내에는 주어진 시간에 또는 주어진 이벤트에 따라 잡이 실행되도록 스케줄링하는 기능이 없다. 간단한 크론(cron) 스크립트부터 쿼츠(Quartz) 또는 컨트롤-M(Control-M)과 같은 엔터프라이즈 스케줄러에 이르기까지 잡을 구동시키는 여러 방법이 있지만 프레임워크 내에 존재하지는 않는다. 잡을 구동시키는 방법은 4장에서 알아본다.

스프링 배치의 일부 기능을 살펴보자.

스프링으로 잡 정의하기

배치 처리에는 다양한 도메인 특화 개념이 있다. 잡은 중단이나 상호작용 없이 처음부터 끝까지 실행되는 처리이다. 잡은 여러 개의 스텝이 모여 이뤄질 수 있다. 각 스텝에는 관련된 입력과 출력이 있을 수 있다. 스텝이 실패했을 때 반복 실행할 수도 있고 못할 수도 있다. 잡의 플로우^{flow}는 조건부일 수 있다(예를 들어 수익을 계산하는 스텝이 \$1,000,000 이상의 수익을 반환할 때만 보너스 계산 스텝을 실행하는 경우). 스프링 배치는 자바를 이용해 이런 개념을 정의하는 클래스, 인터페이스, XML 스키마, 자바 구성 유틸리티를 제공함으로써, 이러한 문제들을 적절히 나누고 스프링 유경험자에게 익숙한 방식으로 서로 연결한다. 예를 들어 예제 1-1은 자바 구성 클래스에 구성한 기본적인 스프링 배치 잡을 보여준다. 이 예제는 여러분이 스프링에 대한 기본적인 이해가 있다는 전제하에, 아주 빠르게 선택할 수 있는 배치 처리의 뼈대다.

▼ 예제 1-1 스프링 배치 잡 정의 예제

```
@Bean
public AccountTasklet accountTasklet() {
    return new AccountTasklet();
}

@Bean
public Job accountJob() {
    Step accountStep =
        this.stepBuilderFactory
            .get("accountStep")
            .tasklet(accountTasklet())
```

```
            .build();

    return this.jobBuilderFactory
            .get("accountJob")
            .start("accountStep")
            .build();
}
```

예제 1-1의 구성 내에 두 개의 빈^{Bean}이 작성됐다. 첫 번째 빈은 `AccountTasklet`이다. `AccountTasklet`은 커스텀 컴포넌트로써, 스텝이 동작하는 동안에 비즈니스 로직을 수행한다. 스프링 배치는 `AccountTasklet`이 완료될 때까지 단일 메서드(execute 메서드)를 반복해서 호출하는데, 이때 각각은 새 트랜잭션으로 호출된다.

두 번째 빈은 실제 스프링 배치 잡이다. 이 빈 정의 내에서는 팩토리가 제공하는 빌더를 사용해, 조금 전에 정의했던 `AccountTasklet`을 감싸는 스텝 하나를 생성한다. 그런 다음에 잡 빌더를 사용해 스텝을 감싸는 잡을 생성한다. 스프링 부트^{Spring Boot}는 애플리케이션 기동 시에 이 잡을 찾아내 자동으로 실행시킨다.

잡 관리하기

어떤 데이터가 한 번만 처리되고 다시는 처리되지 않도록 자바 프로그램을 작성할 수 있다. 그러나 절대로 실패해서는 안 되는 처리 대상이 있다면 좀 더 견고한 접근 방식이 필요하다. 재실행을 위해 잡의 상태를 유지하고, 트랜잭션을 관리해 잡 수행 실패 시 데이터 무결성을 유지하며, 추세 분석을 위해 과거 잡 실행의 성능 메트릭^{metric}을 저장하는 기능은 엔터프라이즈 배치 시스템이 갖춰야 할 기능이다. 이러한 기능은 스프링 배치에 포함돼 있으며, 대부분 기본으로 동작하게 돼 있다. 개발자가 배치 처리를 개발할 때는 성능 및 요구 사항에 맞게 최소한의 조정만 하면 된다.

로컬 및 원격 병렬화

이전 절에서 논의한 것처럼, 배치 잡의 규모를 확장할 수 있어야 한다는 필요성은 모든 엔터프라이즈 배치 솔루션에 필수적이다. 스프링 배치는 다양한 방법으로 이를 해결하는 기능을 제공한다. 각 커밋 간격^{commit interval}내의 처리를 스레드 풀에서 가져온 자체 스레드에서 처리하는 단순한 스레드 기반 방식을 시작으로 병렬 청크/스텝 처리, 원격 청크 처리, 파티셔닝 기능을 포함하며, 모든 스텝을 병렬로 실행하기, 파티셔닝을 통해 원격 마스터로부터 작업 단위를 제공받는 워커의 그리드를 구성하기 등 스프링 배치와 관련 에코 시스템은 다양한 옵션을 제공한다.

I/O 표준화하기

복잡한 형식의 플랫^{flat} 파일, XML 파일(XML은 스트림으로 변환되므로 전체 파일이 로드되지 않는다), 데이터베이스 또는 NoSQL 저장소 내에 저장돼 있는 데이터를 읽거나 파일이나 XML에 데이터를 쓰는 일은 간단한 구성만으로 수행할 수 있다. 개발자의 코드 내에 존재하는 파일이나 데이터베이스 입력/출력 기능과 같은 로직을 추상화하는 기능은 스프링 배치로 작성된 잡의 유지 보수를 수월하게 만들어준다.

나머지 스프링 배치 에코 시스템

스프링 포트폴리오 내의 대부분의 프로젝트가 그렇듯이 스프링 배치는 동떨어져 있지 않으며, 다른 프로젝트를 확장하고 보완해 더욱 강력한 솔루션을 제공하는 에코 시스템의 일부다. 스프링 배치와 함께 동작하는 포트폴리오의 다른 프로젝트는 다음과 같다.

스프링 부트

2014년에 소개된 스프링 부트^{Spring Boot}는 스프링 애플리케이션의 개발과 관련된 다양한 의견을 수렴했다. 스프링 애플리케이션 개발 방식의 사실상 표준인 스프링 부트는 배치를 포함한 모든 스프링 워크로드를 쉽게 패키징, 배포, 실행할 수 있는 기능을 제공한다. 또한 스프링 클라우드^{Spring Cloud}가 제공하는 클라우드 네이티브 환경에서 중요한 역할을 한다. 따라서 스프링 부트는 이 책에서 배치 애플리케이션을 개발하는 기본 방법이 될 것이다.

스프링 클라우드 태스크

스프링 클라우드 태스크^{Spring Cloud Task}는 스프링 클라우드^{Spring Cloud}의 하위 프로젝트이며, 클라우드 환경에서 한정된 태스크를 실행하는 여러 기능을 제공한다. 스프링 클라우드 태스크는 유한한 워크로드를 대상으로 하는 프레임워크로써 배치 처리와 잘 통합된다. 스프링 클라우드 태스크는 정보성 메시지(잡의 시작/종료, 스텝의 시작/종료 등)를 제공하는 기능과 배치 잡을 동적으로 확장하는 기능(스프링 배치가 직접 제공하는 정적인 방법을 대신하는 기능)을 포함해, 스프링 배치의 다양한 확장 기능을 제공한다.

스프링 클라우드 데이터 플로우

자체적인 배치 처리 프레임워크를 만든다는 것은 이미 스프링 배치가 제공하던 성능, 확장성, 안정성을 가진 기능을 처음부터 다시 개발해야 된다는 것만 의미하는 것이 아니다. 잡의 시작, 중지나 이전 잡의 실행 통계를 보는 등의 일을 하려면 관리 및 조정 도구 같은 것도 필요하다. 그러나 스프링 배치를 사용한다면 앞에서 언급한 모든 기능뿐만 아니라 스프링 클라우드 데이터 플로우^{Spring Cloud Data Flow} 프로젝트와 같은 새로운 기능을 사용할 수 있다. 스프링 클라우드 데이터 플로우 프로젝트는 클라우드 플랫폼(클라우드 파운드리^{CloudFoundry}, 쿠버네티스^{Kubernetes} 또는 로컬)에서 마이크로서비스를 오케스트레이션하는 도구다. 배치 애플리케이션을 마이크로서비스로 개발하면 스프링 클라우드 데이터 플로우를 사용해 동적으로 배포할 수 있다.

스프링의 모든 기능

스프링 배치가 가진 여러 인상적인 특징 가운데 가장 큰 장점으로 꼽을 수 있는 것은 스프링 기반으로 구축됐다는 점이다. 스프링 기반으로 엔터프라이즈 배치 처리를 구축한다면 스프링은 의존성 주입, AOP^{Aspect-Oriented Programming}, 트랜잭션 관리, 일반적인 작업(JDBC, JMS, 전자 메일 등)을 위한 템플릿/헬퍼 등 개발자에게 필요한 모든 기능을 제공한다.

이처럼 스프링 배치는 개발자에게 많은 것을 제공한다. 스프링 프레임워크의 검증된 개발 모델, 확장성, 관리 애플리케이션, 안정성을 가진 기능 등은 독자가 스프링 배치를 통해 배치 처리를 빠르게 수행할 수 있게 해준다.

이 책의 진행 방식

지금까지 배치 처리와 스프링 배치가 무엇이며 왜 사용해야 하는지 알아봤으니 어서 빨리 코드를 살펴보면서 스프링 배치 프레임워크로 배치 처리를 구축하는 데 가장 중요한 요소를 배우고 싶을 것이다. 2장에서는 배치 잡 영역을 살펴보고 이미 사용하기 시작한 몇 가지 용어(잡과 스텝 등)를 정의한 후, 첫 번째 스프링 배치 프로젝트의 초기 구성 과정을 알아본다. 또한 "Hello, World!" 배치 잡을 작성함으로써 컴퓨터 과학 분야에서의 통과 의례를 준수할 것이며, 잡을 실행할 때 어떤 일이 발생하는지 살펴볼 것이다.

이 책의 주요 목표 중 하나는 스프링 배치 프레임워크의 동작 방식을 면밀히 살펴보는 것뿐만 아니라, 이런 도구를 실제 예제에 적용하는 방법도 보여주는 것이다. 3장에서는 10장에서 구현할 프로젝트의 요구 사항과 기술적인 아키텍처를 다룬다.

이 책의 예제 코드는 깃허브[Github]에 있다. 이 책을 사용해 작업할 때, 해당 저장소를 내려받아 참고하기 바란다. https://github.com/Apress/def-guide-spring-batch[9]에서 찾을 수 있다.

요약

1장에서는 배치 처리의 역사를 살펴봤다. 또한 배치 처리 개발자가 마주치는 몇 가지 문제를 살펴봤으며, 이런 과제를 극복하려면 자바 및 오픈소스 기술을 사용해야 함을 알아봤다. 마지막으로 고수준의 컴포넌트와 기능을 검토하면서 스프링 배치 프레임워크를 개략적으로 알아봤다. 이제 여러분 스스로가 어떤 상황에 처해 있는지 잘 파악해야 하며, 그 문제에 대처할 수 있는 도구가 스프링 배치에 존재한다는 것을 이해해야 한다. 이제는 스프링 배치 사용법을 배우는 일만 남았다. 그럼 시작해보자.

---

9   에이콘출판사의 깃허브 저장소(https://github.com/AcornPublishing/definitive-spring-batch)에서도 다운로드할 수 있다.

2장

스프링 배치

컴퓨터를 조립하는 일은 어렵지 않다. 어느 정도 숙련되면 컴퓨터를 조립할 수 있지만 각 컴퓨터 부품의 기능과 해당 부품이 컴퓨터 내부에서 어떻게 조립돼야 하는지를 이해한다면 훨씬 더 쉬울 것이다. 컴퓨터를 잘 모르는 사람에게 컴퓨터 부품을 주고 조립하라고 하면 잘 하지 못할 것이다.

엔터프라이즈 자바 세계에서는 서로 다른 분야더라도 한 분야에서 익힌 개념을 기반으로 다른 쪽의 내용을 쉽게 이해할 수 있는 경우가 많다. 한 가지 예로 대부분의 웹 프레임워크에서 공통적으로 사용하는 MVC 패턴이 있다. 특정 MVC 프레임워크를 알고 난 이후에는 다른 MVC 프레임워크를 사용하더라도 서로 다른 문법적 차이만 이해하면 된다. 그러나 배치 프레임워크의 종류는 많지 않다. 그래서 배치 프레임워크의 분야가 조금은 생소할 수 있다. 잡job이나 스텝step이 무엇인지 모를 수도 있다. ItemReader와 ItemWriter가 어떻게 연관돼 있는지, Tasklet이 무엇인지 알고 있는가?

2장은 위에서 언급한 질문에 답을 한다. 2장에서는 다음과 같은 주제를 살펴본다.

- **배치 아키텍처:** 이 절에서 배치 처리 구성과 관련된 내용을 조금 더 상세히 살펴보고, 책의 나머지 장에서 사용하는 용어를 정의한다.

- **프로젝트 초기 구성**: 실제로 실습해보면서 배운다. 이 책에서는 스프링 배치 프레임워크가 어떻게 동작하는지 예제를 통해 설명하고, 코드를 따라 작성해볼 수 있는 기회를 제공한다. 이 절에서는 메이븐^{Maven} 기반으로 스프링 배치 프로젝트의 초기 구성 방법을 살펴본다.
- **Hello, World!**: 열역학 제1법칙은 에너지 보존과 관련된 이야기이다. 제1운동법칙은 외력이 작용하지 않는 한 정지 상태의 물체가 정지 상태를 유지한다는 것을 다룬다. 컴퓨터 과학의 첫 번째 법칙은 여러분이 배우는 새로운 기술이 무엇이든 해당 기술을 사용해 "Hello, World!" 프로그램을 작성해야 한다는 것이다. 우리는 그 법칙을 준수할 것이다.
- **잡^{job} 실행하기**: 당장은 첫 번째 잡이 어떻게 실행되는지 명확하게 알기 어려우므로 잡 실행 방법과 기본 파라미터 전달 방법을 살펴본다.

이러한 주제를 머릿속에 남겨둔 채 잡이 무엇인지 알아보자.

배치 아키텍처

1장 마지막에서는 스프링 배치 프레임워크의 세 가지 레이어인 애플리케이션^{application} 레이어, 코어^{core} 레이어, 인프라스트럭처^{infrastructure} 레이어를 설명하는 데 약간의 시간을 들였다. 애플리케이션 레이어는 개발자가 개발한 코드를 나타내며, 대부분 코어 레이어와 상호작용을 한다. 코어 레이어는 배치 영역을 구성하는 실제적인 여러 컴포넌트로 이뤄져 있다. 마지막으로 인프라스트럭처 레이어는 `ItemReader` 및 `ItemWriter`를 비롯해, 재시작과 관련된 문제를 해결할 수 있는 클래스와 인터페이스를 제공한다.

2.1절에서는 스프링 배치 아키텍처를 자세히 살펴보고, 1장의 마지막에서 언급한 일부 개념의 정의를 알아본다. 그런 다음 배치 처리의 핵심인 확장성 및 스프링 배치의 강력한 기능을 알아본다. 마지막으로 배치를 관리하는 옵션을 알아보고, 스프링 배치에 관한 궁금한 점을 이 책에서 찾는 방법을 설명한다. 먼저, 코어 레이어의 컴포넌트를 살펴보면서 배치 처리 아키텍처를 알아보자.

잡과 스텝

그림 2-1은 잡의 기본 개념을 보여준다. 자바나 XML을 사용해 구성된 배치 잡은, 상태를 수집하고 이전 상태에서 다음 상태로 전환된다. 개념적으로 스프링 배치 잡은 상태 기계^{state machine}에 지나지 않는다. 스프링 배치에서 가장 일반적으로 상태를 보여주는 단위가 스텝이므로, 스텝을 중심으로 먼저 살펴본다.

업무 시간 이후에 고객의 은행 계좌를 처리하는 사례를 보면, 스텝 1에서는 다른 시스템에서 수신한 거래 정보 파일을 읽어와 데이터베이스에 저장한다. 스텝 2에서는 모든 입금 정보를 계좌에 반영한다. 마지막으로 스텝 3에서는 모든 출금 정보를 계좌에 반영한다. 그림 2-1에서 볼 수 있는 이 예제 잡은 고객 계좌에 거래 내역을 반영하는 전체 절차를 보여준다.

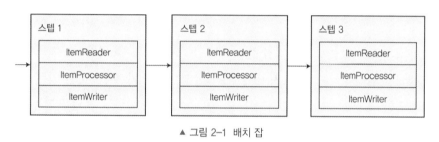

▲ 그림 2-1 배치 잡

개별 스텝을 각각 자세히 살펴보면, 각 스텝은 잡을 구성하는 독립된 작업의 단위라는 것을 알 수 있다. 스텝에는 태스크릿^{tasklet} 기반 스텝과 청크^{chunk} 기반 스텝이라는 두 가지 주요 스텝 유형이 있다. 그중에 태스크릿 기반 스텝의 구조가 더 간단하다. 태스크릿 기반 스텝을 사용하고 싶으면 Tasklet을 구현하면 되는데, 스텝이 중지될 때까지 exeute 메서드가 계속 반복해서(execute 메서드를 호출할 때마다 독립적인 트랜잭션이 얻어짐) 수행된다. 태스크릿 기반 스텝은 초기화, 저장 프로시저 실행, 알림 전송 등과 같은 잡에서 일반적으로 사용된다.

청크 기반 스텝은 구조가 약간 더 복잡하며, 아이템 기반의 처리에 사용한다. 각 청크 기반 스텝은 ItemReader, ItemProcessor, ItemWriter라는 3개의 주요 부분으로 구성될 수 있다. 스텝이 3개의 부분으로 구성된다가 아닌 구성될 수 있다고 말한 것에 주의하자. 이는 ItemProcessor가 필수는 아니기 때문이다. ItemReader와 ItemWriter만으로 구성해 스텝을 실행할 수도 있다(이러한 스텝은 데이터 마이그레이션 잡에 일반적으로 사용됨). 표 2-1에서는 앞서 살펴본 개념의 실제 구현으로써, 스프링 배치가 제공하는 인터페이스를 볼 수 있다.

▼ 표 2-1 배치 잡을 구성하는 인터페이스

인터페이스	설명
org.springframework.batch.core.Job	ApplicationContext 내에 구성되는 잡 객체
org.springframework.batch.core.Step	ApplicationContext 내에 구성되는 스텝을 나타내는 객체
org.springframework.batch.core.step.tasklet.Tasklet	트랜잭션 내에서 로직이 실행될 수 있는 기능을 제공하는 전략(strategy) 인터페이스
org.springframework.batch.item.ItemReader⟨T⟩	스텝 내에서 입력을 제공하는 전략 인터페이스
org.springframework.batch.item.ItemProcessor⟨T⟩	스텝 내에서 제공받은 개별 아이템(Item)에 업무 로직, 검증 등을 적용하는 역할을 하는 인터페이스
org.springframework.batch.item.ItemWriter⟨T⟩	스텝 내에서 아이템을 저장하는 전략 인터페이스

스프링의 잡 구조화 방법이 가진 장점 중 하나는 각 스텝이 서로 독립적으로 처리될 수 있도록 분리했다는 점이다. 각 스텝은 자신에게 필요한 데이터를 가져와 필요한 업무 로직을 수행하고 적절한 위치에 데이터를 기록한다. 이처럼 스텝을 분리함으로써 많은 기능을 제공할수 있다.

- **유연성**Flexibility: 복잡한 로직을 가진 복잡한 작업 플로우flow를 구성할 때 개발자가 직접 재사용이 가능한 형태로 구현하기는 어렵다. 반면 스프링 배치는 개발자가 재사용이 가능하게 구성할 수 있도록 여러 빌더 클래스를 제공한다. 이처럼 자바 API를 사용해 배치 애플리케이션을 구성하는 방식은 예전부터 사용해오던 XML을 통해 구성하던 방식과 더불어 매우 강력한 도구다.
- **유지 보수성**Maintainability: 각 스텝의 코드는 이전 스텝이나 다음 스텝과 독립적이므로 다른 스텝에 거의 영향을 미치지 않으면서 쉽게 각 스텝의 단위 테스트, 디버그, 변경을 할 수 있다. 이렇게 독립적으로 분리된 스텝은 여러 잡에서 재사용될 수도 있다. 5장에서 살펴보겠지만 스텝 역시 스프링 빈이므로 스프링의 다른 빈처럼 재사용할 수 있다.
- **확장성**Scalability: 잡 내에 존재하는 독립적인 스텝은 확장 가능한 다양한 방법을 제공한다. 예를 들어 스텝을 병렬로 실행할 수 있다. 하나의 스텝 내에서 처리할 일을 여

러 스레드에 나눔으로써 해당 스텝의 코드를 병렬로 실행할 수 있다. 이러한 기능을 사용해 코드의 변경을 최소화하면서도 업무의 확장성에 대한 요구 사항을 충족할 수 있다.

- **신뢰성**^{Reliability} : 스프링 배치는 스텝의 여러 단계(ItemWriter를 통한 읽기, ItemProcessor를 통한 처리 등)에 적용할 수 있는 강력한 오류 처리 방법을 제공하는데, 예외 발생 시 해당 아이템의 처리를 재시도^{retry}하거나 건너뛰기^{skip}하는 등의 동작을 수행할 수 있다.

잡 실행

잡이 실행될 때 스프링 배치의 많은 컴포넌트는 탄력성^{resiliency}을 제공하기 위해 서로 상호작용을 한다. 이와 관련된 여러 배치 컴포넌트를 개략적으로 살펴보고 서로 어떻게 상호작용하는지 살펴보자.

스프링 배치 아키텍처 내에서 공유되는 주요 컴포넌트인 JobRepository부터 알아보자. 그림 2-2에 표시된 JobRepository 컴포넌트는 다양한 배치 수행과 관련된 수치 데이터(시작 시간, 종료 시간, 상태, 읽기/쓰기 횟수 등)뿐만 아니라 잡의 상태를 유지 관리한다. JobRepository는 일반적으로 관계형 데이터베이스를 사용하며 스프링 배치 내의 대부분의 주요 컴포넌트가 공유한다.

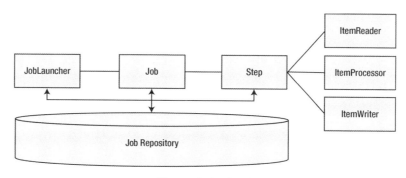

▲ 그림 2-2 잡 컴포넌트 및 관계

다음으로 JobLauncher를 알아보자. JobLauncher는 잡을 실행하는 역할을 담당한다. JobLauncher는 Job.execute 메서드를 호출하는 역할 이외에도, 잡의 재실행 가능 여부 검증(모든 잡을 재시작할 수 있는 것은 아님), 잡의 실행 방법(현재 스레드에서 수행할지 스레드 풀을 통해 실행할지 등), 파라미터 유효성 검증 등의 처리를 수행한다. JobLauncher가 이러한 처리 중에 어떤 처리를 수행할지는 개발자가 구현하기에 따라 달라진다. 스프링 부트 환경이라면 스프링 부트가 즉시 잡을 시작하는 기능을 제공하므로, 일반적으로 직접 다룰 필요가 없는 컴포넌트다. 이와 관련된 내용은 3장에서 알아본다.

잡을 실행하면 해당 잡은 각 스텝을 실행한다. 각 스텝이 실행되면 JobRepository는 현재 상태로 갱신된다. 즉, 실행된 스텝, 현재 상태, 읽은 아이템 및 처리된 아이템 수 등이 모두 JobRepository에 저장된다.

잡과 스텝의 처리 방식은 매우 유사하다. 잡은 구성된 스텝 목록에 따라 각 스텝을 실행한다. 여러 아이템으로 이뤄진 청크의 처리가 스텝 내에서 완료될 때, 스프링 배치는 JobRepository 내에 있는 JobExecution 또는 StepExecution을 현재 상태로 갱신한다. 스텝은 ItemReader가 읽은 아이템의 목록을 따라간다. 스텝이 각 청크를 처리할 때마다, JobRepository 내 StepExecution의 스텝 상태가 업데이트된다. 현재까지의 커밋 수, 시작 및 종료 시간, 기타 다른 정보 등이 JobRepository에 저장된다. 잡 또는 스텝이 완료되면, JobRepository 내에 있는 JobExecution 또는 StepExecution이 최종 상태로 업데이트된다.

조금 전에 여러 번 언급했던 JobExecution과 StepExecution이 무엇이며 서로 어떤 관련이 있는지 살펴보자. 그림 2-3은 이들 컴포넌트 간의 관계를 보여준다. JobInstance는 스프링 배치 잡의 논리적인 실행logical execution이다. JobInstance는 "잡의 이름"과 "잡의 논리적 실행을 위해 제공되는 고유한 식별 파라미터 모음"으로써 유일하게 존재한다. 거래명세서를 생성하는 statementGenerator라는 이름을 가진 잡을 예로 들면, statementGenerator 잡이 다른 파라미터로 실행될 때마다 새로운 JobInstance가 생성된다. 예를 들어 statement Generator를 실행할 때 2017년 5월 7일 날짜를 파라미터로 전달하면 새 JobInstance가 생성된다.

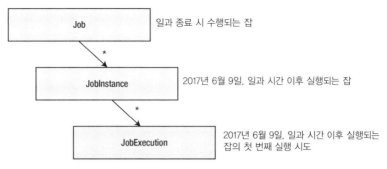

JobExecution은 스프링 배치 잡의 실제 실행^{execution}을 의미한다. 잡을 구동할 때마다 매번 새로운 JobExecution을 얻게 된다. 어쩔 때는 새로운 JobInstance를 얻지 못할 수 있다. 실패한 잡을 재시작해보면 이에 대한 확실한 예를 볼 수 있다. 잡을 처음 실행하면 새로운 JobInstance 및 JobExecution을 얻는다. 실행에 실패한 이후 다시 실행하면, 해당 실행은 여전히 동일한 논리적 실행(파라미터가 동일함)이므로 새 JobInstance를 얻지 못한다. 그 대신 두 번째 실제 실행을 추적하기 위한 새로운 JobExecution을 얻을 것이다. 이처럼 JobInstance는 여러 개의 JobExecution을 가질 수 있다.

마지막으로 StepExecution은 스텝의 실제 실행^{execution}을 나타낸다. 반면 StepInstance라는 개념은 존재하지 않는다. 일반적으로 JobExecution은 여러 개의 StepExecution과 연관된다.

병렬화

가장 단순한 배치 처리 아키텍처는 잡 내의 스텝을 처음부터 끝까지 순서대로 단일 스레드에서 실행하는 것이다. 그러나 스프링 배치는 실 사례에 필요한 다양한 병렬화 방법을 제공한다(11장에서 이러한 방법을 자세히 알아본다). 잡을 병렬화하는 방법에는 다중 스레드 스텝을 통한 작업 분할, 전체 스텝의 병렬 실행, 비동기 ItemProcessor/ItemWriter 구성, 원격 청킹, 파티셔닝 이 다섯 가지 방법이 있다.

다중 스레드 스텝

병렬화하는 첫 번째 방법은 다중 스레드 스텝^{multithreaded step}을 이용해 잡을 나누는 것이다. 스프링 배치에서 잡은 청크^{chunk}라는 블록 단위로 처리되도록 구성되며, 각 청크는 각자 독립적인 트랜잭션으로 처리된다. 일반적으로 각 청크는 연속해서 처리된다. 10,000개의 레코드가 있을 때 커밋 수를 50개로 설정했다면, 잡은 레코드 1부터 50까지를 처리한 다음에 커밋하고, 다시 51에서 100까지 처리하고 커밋하며, 이 과정을 10,000 레코드가 모두 처리될 때까지 반복한다. 스프링 배치를 사용하면 작업을 병렬로 실행해 성능을 향상시킬 수 있다. 이 작업에서 세 개의 스레드를 사용하도록 변경하면 그림 2-4와 같이 처리량을 이론적으로 3배 늘릴 수 있다.

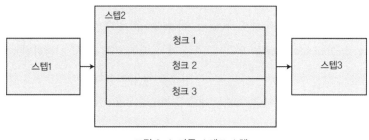

▲ 그림 2-4 다중 스레드 스텝

병렬 스텝

병렬화하는 두 번째 방법은 그림 2-5와 같이 스텝을 병렬로 실행하는 것이다. 입력 파일의 데이터를 읽어오는 한 개의 스텝과 데이터베이스에 저장하는 일을 하는 한 개의 스텝이 있지만 서로 관련이 없다고 가정해보자. 파일 하나를 전부 불러와 저장을 완료하기까지 다른 파일의 처리를 미루고 기다려야 할까? 당연히 기다릴 필요가 없으므로 이 예제는 병렬 스텝 처리 기능을 사용하는 전형적인 예라고 볼 수 있다.

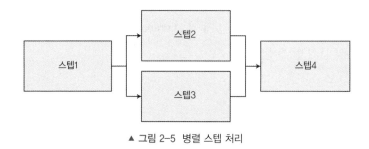

▲ 그림 2-5 병렬 스텝 처리

비동기 ItemProcessor/ItemWriter

어떠한 사례에서는 스텝 내의 `ItemProcessor`에 병목현상이 발생할 수 있다. 예를 들어 `ItemReader`가 제공하는 데이터를 가공하기 위해 복잡한 수학 계산을 수행하거나 원격 서비스를 호출해야 할 수도 있다. 이럴 때 일부 스텝을 병렬화하는 기능이 유용할 수 있다. `SynchonousItemProcessor`는 `ItemProcessor`가 호출될 때마다 동일한 스레드에서 실행하게 만들어주는, `ItemProcessor` 구현체의 데코레이터^{decorator}이다. `AsynchronousItem Processor`는 `ItemProcessor` 호출 결과를 반환하는 대신, 각 호출에 대해 `java.utilcon current.Future`를 반환한다. 현재 청크 내에서 반환된 `Future` 목록은 `AsynchronousItem Writer`로 전달된다. `AsynchronousItemWriter`는 이 상황에서 스텝 내에서 실제로 사용해야 하는 `ItemWriter`의 데코레이터인데, `Future`를 이용해 실제 결과를 얻어낸 후 이를 위임 `ItemWriter`에 전달한다.

원격 청킹

이번과 다음에 살펴볼 두 가지 병렬화 방식을 사용하면 여러 JVM에 처리를 분산할 수 있다. 이전의 모든 예제에서 처리는 단일 JVM에서 실행됐으므로 확장성 측면에서 한계가 있다. 처리의 일부분을 여러 JVM을 통해 수평으로 확장할 수 있도록 기능을 향상하면 많은 요구 사항을 만족시킬 수 있다.

첫 번째 원격 처리 방식은 원격 청킹^{remote chunking}이다. 이 방식에서 입력은 마스터 노드에서 표준 `ItemReader`를 사용해 이뤄진다. 그런 다음 입력은 지속 가능한 통신 형식(예: 래빗MQ 또는 액티브MQ와 같은 메시지 브로커)을 통해 메시지 기반 POJO로 구성된 원격 워커 `ItemProcessor`로 전송된다. 처리가 완료되면 워커는 업데이트된 아이템을 다시 마스터로 보내거나 직접 기록한다. 이 방법은 마스터에서 데이터를 읽고 원격 워커에서 처리한 다음 다시 마스터에게 전송하므로, 네트워크 사용량이 매우 많아질 수 있다는 점에 유의해야 한다. 이 방식은 실제 처리에 비해 I/O 비용이 적은 시나리오에 적합하다.

파티셔닝

스프링 배치 내에서 병렬화를 할 수 있는 마지막 방법은 그림 2-6에서 볼 수 있는 파티셔닝이다. 스프링 배치는 원격 파티셔닝(마스터 및 원격 워커를 사용) 및 로컬 파티셔닝(워커의 스레드 사용)을 모두 지원한다. 원격 파티셔닝과 원격 청킹의 두 가지 주요 차이점은 원격 파티셔닝을 사용하면 내구성 있는 통신 방법이 필요하지 않으며 마스터는 워커의 스텝 수집을 위한 컨트롤러 역할만 한다는 것이다. 이 경우 각 워커의 스텝은 독립적으로 동작하며 마치 로컬로 배포된 것처럼 동일하게 구성된다. 유일한 차이점은 워커의 스텝이 자신의 잡 대신 마스터 노드로부터 일을 전달받는다는 점이다. 모든 워커가 각각 맡은 일을 완료하면 마스터 스텝이 완료된 것으로 간주된다. JobRepository가 분산된 작업의 상태를 알지 못하는 원격 청킹 방식과 다르게, JobRepository가 복제된 작업이 없고 모든 작업이 완료됐음을 보장하기 때문에 내구성 있는 지속적인 통신이 필요없다.

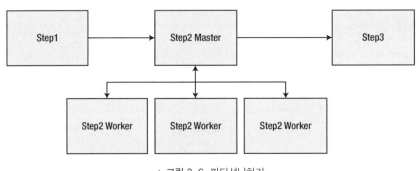

▲ 그림 2-6 파티셔닝하기

문서

이 책을 읽는 독자께 감사의 마음을 전하며, 오픈소스 프로젝트의 문서도 이 책만큼이나 훌륭하다고 생각한다. 우리는 스프링 배치 프로젝트 문서에 많은 내용을 담으려고 했으며, 스프링 배치 잡을 실행할 때 프레임워크 내의 여러 많은 개념을 어떻게 적용할 수 있는지 실습할 수 있도록 모든 예제를 만들려고 노력했다. 표 2-2는 프레임워크에 포함된 예제 목록과 그 기능을 보여준다.

배치 잡	설명
adhocLoopJob	JMX를 통한 엘리먼트를 노출시키고 백그라운드 스레드에서 잡을 실행(메인 JobLauncher 스레드 대신)하는 무한 루프 잡
amqpExampleJob	잡의 입력 및 출력 데이터 처리에 AMQP를 사용하는 잡
beanWrapperMapper SampleJob	파일에서 읽어들인 입력의 유효성 검증뿐만 아니라 해당 데이터를 도메인 객체의 필드에 매핑하는 두 개의 스텝을 가진 잡
compositeItemWriter SampleJob	하나의 스텝에는 하나의 리더와 하나의 라이터만 존재할 수 있지만 CompositeWriter를 사용해 여러 개의 라이터를 사용할 수 있도록 구성한 잡
customerFilterJob	유효하지 않은 고객을 필터링하기 위해 ItemProcessor를 사용하는 잡으로, StepExecution의 filterCount 필드도 업데이트함
delegatingJob	이 잡에서는 ItemReaderAdapter를 사용해 입력 데이터를 읽어들이는데, ItemReaderAdapter는 내부적으로 데이터 읽기 동작을 POJO로 만들어진 객체에 위임함
footballJob	축구 통계 잡. 이 잡은 선수 데이터와 게임 데이터가 들어 있는 입력 파일 두 개를 로딩한 이후에, 선수 및 게임에 대한 엄선된 요약 통계 정보를 생성해 로그 파일에 기록함
groovyJob	그루비(Groovy, 동적 JVM 언어임)를 사용해 파일을 압축하고 해제하는 스크립팅을 하는 잡
HeaderFooterSample	콜백을 사용해 출력에 헤더와 푸터를 렌더링하는 기능이 추가된 잡
hibernateJob	스프링 배치 리더와 라이터는 기본적으로 하이버네이트(Hibernate)를 사용하지 않지만, 하이버네이트를 잡에 통합하는 잡
infiniteLoopJob	무한 루프 잡으로 중지 및 재시작 시나리오 예제 잡
ioSampleJob	구분자로 구분된(delimited) 파일이나 고정 너비(fix-width) 파일, 다중 레코드, XML, JDBC 통합을 포함하는 서로 다른 다양한 I/O 처리의 예를 제공하는 잡
jobSampleJob	잡에서 다른 잡을 실행하는 잡
loopFlowSample	결정 태그를 사용해 프로그래밍 방식으로 실행 플로우를 제어하는 잡
mailJob	각 아이템의 출력으로써 SimpleMailMessageItemWriter를 사용해 이메일을 보내는 잡
multilineJob	여러 파일 레코드의 그룹을 하나의 아이템으로 다루는 잡
multilineOrder	여러 줄을 입력으로 받아들일 수 있도록 확장된 잡으로 커스텀 리더를 사용해 여러 줄의 중첩 레코드 파일을 읽으며 표준 라이터를 사용해 여러 줄을 출력하는 잡
parallelJob	다중 스레드 스텝이 레코드를 스테이징 테이블로 읽어들이는 잡

partitionFileJob	MultiResourcePartitioner를 사용해 파일의 모음을 병렬로 처리하는 잡
partitionJdbcJob	여러 파일을 각각 병렬로 처리하는 대신 데이터베이스의 레코드 수를 나누어 병렬 처리를 수행하는 잡
restartSampleJob	잡 처리 중에 가짜 예외를 발생시키고 해당 오류 발생 잡을 재시작할 때 잡이 중단된 곳부터 다시 시작하는 잡
retrySample	스프링 배치가 아이템을 처리할 때 처리를 포기하고 에러를 던지기 전까지 어떻게 아이템 처리를 여러 번 시도할 수 있는지 확인할 수 있는 흥미로운 로직을 가진 잡
skipSampleJob	tradeJob 예제를 기반으로 하는 잡으로, 이 잡에서는 레코드 중 하나가 유효성 검증에 실패하고 건너뜀(skip)
taskletJob	스프링 배치의 가장 기본적인 사용법인 Tasklet을 사용하는 잡으로, 기존에 존재하는 객체의 메서드를 MethodInvokingTaskletAdapter를 사용해 태스크릿으로 동작하게 만들어주는 잡
tradeJob	실제 시나리오를 모델링하는 잡으로, 세 개의 스텝을 가진 이 잡은 거래 정보를 데이터베이스로 가져와 고객 계좌를 갱신하며 보고서를 생성함

프로젝트 초기 설정

지금까지 스프링 배치를 사용해야 하는 이유를 살펴보고 프레임워크의 여러 컴포넌트를 알아봤다. 이제부터는 배치 프레임워크를 사용하는 예제 코드를 상세하게 살펴본다.

2장에서는 최초로 배치 잡을 구현해본다. 필요한 스프링 파일을 내려받는 방법과 스프링 배치 프로젝트의 초기 설정 과정을 알아본다. 그런 다음 잡을 구성하고 스프링 배치 버전의 "Hello, World!"를 코딩한다. 마지막으로 명령행에서 배치 잡을 시작하는 방법을 배운다.

스프링 배치 내려받기

배치 처리 개발 환경을 구성하려면 우선 스프링 배치 프레임워크가 필요하다. 깃허브에서 코드를 가져오는 방법, 메이븐^{Maven} 또는 그레이들^{Gradle}을 사용하는 등 여러 방법이 있다. 그러나 이 책은 스프링 부트 기반의 배치 잡에 중점을 두므로, 스프링 이니셜라이저^{Initializer}부터 살펴본다. 스프링 이니셜라이저는 일련의 검증된 의존성으로 구성된 프로젝트의 뼈대를 생성할 수 있도록 스프링 팀이 제공하는 서비스다.

스프링 이니셜라이저를 사용하려면, 이니셜라이저와 직접적인 연동을 지원하는 IDE(스프링 툴 스위트Spring Tool Suite나 인텔리제이IntelliJ가 있음) 또는 웹 브라우저 중 하나가 필요하다. 각각의 방식을 살펴보자. 앞으로 이 책에서 제공하는 예제는 아무 작업도 이뤄지지 않은 깨끗한 스프링 부트 기반 프로젝트를 사용하는 것으로 가정한다.

웹사이트

스프링 이니셜라이저 웹사이트를 사용하려면, 그림 2-7처럼 브라우저를 통해 https://start. spring.io 사이트에 접속한다. 이 웹사이트는 프로젝트와 관련된 몇 가지 기본적인 파라미터를 정의할 수 있도록 UI를 제공한다.

- **빌드 시스템**: 이 책을 쓰는 시점에 메이븐과 그레이들 모두 지원된다.
- **언어**: 스프링이 강력하게 지원하는 언어인 자바, 그루비, 코틀린 중에서 하나를 스프링 이니셜라이저에서 선택할 수 있다.
- **스프링 부트 버전**: 스프링 부트의 버전마다 일부 기능이 다르므로, 스프링 이니셜라이저는 사용할 버전을 선택할 수 있게 해준다.
- **아티팩트 그룹과 ID**: 원하는 아티팩트 그룹과 ID가 설정된 POM 또는 gradle.build 파일을 생성할 수 있다.
- **의존성**: 프로젝트에 포함시킬 스프링 부트 스타터를 지정할 수 있다.

▲ 그림 2-7 start.spring.io의 기본 설정 화면

스프링 이니셜라이저 사이트의 기본 설정 UI는 의존성을 추가하는 두 가지 방법을 제공한다. 원하는 의존성이 있다면 오른쪽 ADD DEPENDENCIES 버튼을 클릭한 후 검색 영역에서 검색할 수 있으며, 어떤 의존성이 필요한지 모른다면 바로 하단에서 사용할 수 있는 의존성 목록을 확인해 선택할 수 있다. 이 책의 모든 프로젝트에서는 최소한 배치 스프링 부트 스타터를 사용할 것이다.

모든 필요한 데이터를 입력했으면 "GENERATE CTRL + 엔터" 버튼을 클릭하자. 개발자가 코드를 추가할 수 있도록 준비된 전체 프로젝트의 기본 구성 zip 파일이 다운로드된다. 이제 이 프로젝트를 사용하는 IDE로 임포트해 개발을 시작해보자.

스프링 툴 스위트

스프링 툴 스위트^{STS, Spring Tool Suite}는 스프링 팀이 유지 관리하는 이클립스^{Eclipse} 기반의 IDE로, 스프링 프레임워크 및 마이크로 서비스 개발에 사용할 수 있는 추가 기능을 제공한다. 직접 다운로드하거나 기존에 설치된 이클립스에 플러그인을 추가할 수 있다. https://

spring.io/tools의 스프링 웹사이트에서 무료로 내려받을 수 있다.

STS가 설치된 상태에서 File > New > Spring Starter Project 메뉴를 선택하면 그림 2-8과 같이 기본 설정 창이 나타난다.

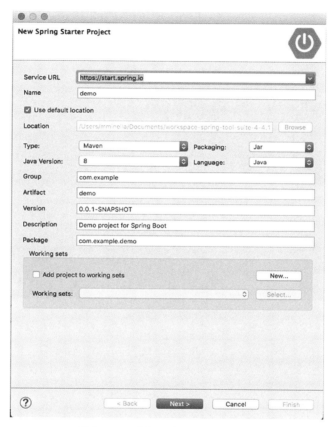

▲ 그림 2-8 스프링 툴 스위트 프로젝트 설정 기본값

웹사이트와 이 창의 차이점은 서비스 주소(웹사이트와 마찬가지로 https://start.spring.io를 사용함), 프로젝트를 배치할 로컬 위치, 이클립스의 워킹 셋working set 설정 부분이다. 이 창에서 값을 넣어 구성한 다음에 하단의 Next 버튼을 클릭한다. 그러면 웹사이트에서 의존성을 선택하던 방식과 유사하게 프로젝트에 포함시킬 스프링 부트 스타터를 선택할 수 있는 창으로 이동한다. 필요한 의존성을 선택하고 Finish를 클릭하면 STS가 새 프로젝트를 다운로드해 가져온다.

인텔리제이 IDEA

인텔리제이[IntelliJ] IDEA는 널리 사용되는 또 다른 IDE로써, 스프링 이니셜라이저를 사용하는 것과 유사한 사용성을 제공하며 스프링 기능과 잘 통합된다. IDEA가 설치된 상태에서 **File > New > Project...** 메뉴를 선택하면 대화 상자의 왼쪽에 **Spring Initializr**라는 항목이 표시된다. 선택하면 그림 2-9와 같은 화면이 나타난다.

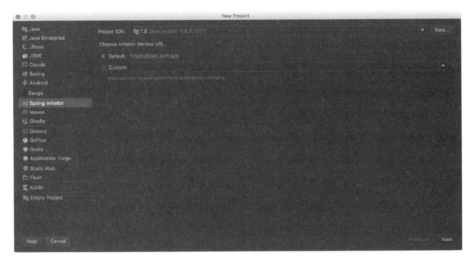

▲ 그림 2-9 인텔리제이 IDEA 프로젝트의 기본적인 초기 구성

해당 창에서 기본값을 사용할 수 있다. **Next**를 클릭하자. 이번에는 웹사이트에서 사용할 수 있는 옵션이 제공된다. 입력을 완료했다면 **Next**를 클릭하자. 다음 화면은 스프링 이니셜라이저 인스턴스에서 사용 가능한 다른 스프링 부트 스타터를 표시한다. 원하는 옵션을 선택했으면 **Next**를 클릭하자. 마법사의 마지막 화면에서 프로젝트 이름과 설치 경로를 선택할 수 있다. 원하는 값을 입력하고 완료를 클릭하면 IDEA는 적절한 프로젝트를 내려받는다.

Hello, World! 법칙

컴퓨터 과학에서 'Hello, World!' 법칙은 명확하다. 새로운 기술을 배울 때마다 해당 기술을 사용해 "Hello, World!" 프로그램을 작성해야 한다. 예제 전체를 이해하지 못해도 괜찮다. 3장부터 각 부분을 자세히 살펴볼 것이다.

Hello, World 스프링 배치 잡을 시작하려면 새 프로젝트를 만들어야 한다. 앞 절에서 소개한 방식 중에서 선호하는 방식을 사용해 새 프로젝트를 작성하면 되는데, 새 프로젝트를 'hello-world'라는 이름으로 생성하자. 스프링 이니셜라이저에서 마법사를 진행하면서 각 항목의 값을 다음과 같이 지정한다.

- Group ID: io.spring.batch

- Artifact ID: hello-world

- Build System: Maven

- Language: Java 8+2

- Packaging: Jar

- Version: 0.0.1-SNAPSHOT

- Spring Boot Version: 2.3.7

- Dependencies: Batch, H2, and JDBC

배치 의존성은 꼭 필요하다. JobRepository로 H2 인메모리 데이터베이스를 사용한다. 마지막으로 데이터베이스 지원(DataSource 등)을 위해 JDBC를 추가한다. 프로젝트를 IDE로 임포트한 후에 그림 2-10과 같은 프로젝트 구조를 유지해야 한다.

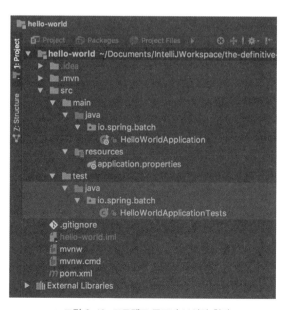

▲ 그림 2-10 프로젝트 구조가 보여야 한다.

임포트한 프로젝트에서 몇 가지 다른 부분을 볼 수 있다. 실제로 스프링 이니셜라이저 프로젝트는 네 가지 주요 부분으로 구성된다.

1. 빌드 시스템(책 전체에서 메이븐을 사용하지만 다른 빌드 시스템을 사용해도 된다)
2. 스프링 부트를 부트스트랩하기 위한 소스 파일(/src/main/java/your/package/name/HelloWorldApplication.java)
3. 컨텍스트가 잘 동작하는지 확인하기 위해 간단히 부트스트랩해보는 테스트 파일(/src/test/java/your/package/name/HelloWorldApplicationTests.java)
4. 애플리케이션 구성을 위한 application.properties 파일(/src/main/resources에 위치함)

이 hello-world 프로젝트에서는 **HelloWorldApplication** 클래스에 중점을 두고 살펴본다. 예제 2-1은 첫 번째 배치 잡을 실행하는 전체 코드다.

▼ 예제 2-1 "Hello, World!" 잡의 코드

```
@EnableBatchProcessing
@SpringBootApplication
public class HelloWorldApplication {

    @Autowired
    private JobBuilderFactory jobBuilderFactory;

    @Autowired
    private StepBuilderFactory stepBuilderFactory;

    @Bean
    public Step step() {
        return this.stepBuilderFactory.get("step1")
                        .tasklet(new Tasklet() {
                            @Override
                            public RepeatStatus execute(StepContribution contribution,
                                                        ChunkContext
                                                        chunkContext) {
                        System.out.println("Hello, World!");
                        return RepeatStatus.FINISHED;
                    }
            }).build();
```

```
    }

    @Bean
    public Job job() {
        return this.jobBuilderFactory.get("job")
                            .start(step())
                            .build();
    }

    public static void main(String[] args) {
        SpringApplication.run(HelloWorldApplication.class, args);
    }
}
```

예제 2-1의 코드를 보면 익숙해 보일 수도 있다. 이 코드는 실제로 2장 앞부분의 '잡과 스텝'
절에서 논의했던 내용을 보여주는 자바 코드다. 세분화해서 보면 HelloWorldApplication
클래스에 추가된 세 가지 주요 부분이 있는데, @EnableBatchProcessing 애너테이션, Job
BuilderFactory 및 StepBuilderFactory 주입, 스텝 및 잡 정의가 그것이다.

코드의 위에서부터 아래로 살펴볼 때 가장 먼저 보이는 @EnableBatchPocessing 애너테이션
부터 알아보자. 스프링 배치가 제공하는 이 애너테이션은 배치 인프라스트럭처를 부트스트
랩하는 데 사용된다. 이 애너테이션이 배치 인프라스트럭처를 위한 대부분의 스프링 빈 정의
를 제공하므로 다음과 같은 컴포넌트를 직접 포함시킬 필요는 없다.

- JobRepository: 실행 중인 잡의 상태를 기록하는 데 사용됨
- JobLauncher: 잡을 구동하는 데 사용됨
- JobExplorer: JobRepository를 사용해 읽기 전용 작업을 수행하는 데 사용됨
- JobRegistry: 특정한 런처 구현체를 사용할 때 잡을 찾는 용도로 사용됨
- PlatformTransactionManager: 잡 진행 과정에서 트랜잭션을 다루는 데 사용됨
- JobBuilderFactory: 잡을 생성하는 빌더
- StepBuilderFactory: 스텝을 생성하는 빌더

보다시피 이 애너테이션 하나가 많은 도움을 준다. 또한, 데이터 소스 DataSource도 제공돼야

한다는 한 가지 요구 사항이 더 있다. JobRepository와 PlatformTransactionManager는 필요에 따라 데이터 소스를 사용할 수도 있다. 스프링 부트는 클래스 패스에 존재하는 HSQLDB를 사용해 이를 처리한다. 스프링 배치는 구동 시에 HSQLDB를 감지해 내장 데이터 소스를 생성한다.

클래스 코드에서 좀 더 아래로 내려가보면, @SpringBootApplication 애너테이션이 있다. 이 애너테이션은 실제로 @ComponentScan과 @EnableAutoConfiguration을 결합한 메타 애너테이션이다. 이 애너테이션은 데이터 소스뿐만 아니라 스프링 부트 기반의 적절한 자동 구성을 만들어 준다.

클래스 정의가 끝난 이후에, 스프링 배치가 제공하는 두 개의 빌더(하나는 잡을 빌드하고 다른 하나는 스텝을 빌드함)를 자동와이어링한다. 각 빌더는 @EnableBatchProcessing 애너테이션을 적용함으로써 자동으로 제공되므로, 해당 애너테이션을 적용하여 스프링이 각 빌더를 주입하게 만들기만 하면 된다.

다음으로 스텝을 만든다. 이 잡은 단일 스텝으로 구성되므로 간단하게 스텝 이름만 지정한다. 스텝은 스프링 빈으로 구성됐으며, 이 간단한 예제에서는 두 가지 요소인, 이름 및 태스크릿Tasklet만 필요하다. 인라인으로 작성된 태스크릿은 잡 내에서 실제 일을 수행한다. 이 예에서는 System.out.println("Hello, World!")을 호출한 다음에 RepeatStatus.FINISHED를 반환한다.

RepeatStatus.FINISHED를 반환한다는 것은 태스크릿이 완료됐음을 스프링 배치에게 알리겠다는 의미이다. 이 밖에 RepeatStatus.CONTINUABLE을 반환할 수도 있다. 이 경우에 스프링 배치는 태스크릿을 다시 호출한다. 다시 수행됐을 때에도 RepeatStatus.CONTINUABLE을 반환한다면 영원히 멈추지 않고 수행된다.

스텝을 구성했으니, 이제 이 스텝을 사용해 잡을 작성할 수 있다. 앞에서 언급했듯이 잡은 하나 이상의 스텝으로 구성된다. 이 예에서는 하나의 스텝만 존재한다. 스텝을 작성할 때와 유사한 방식으로, JobBuilderFactory를 사용해 잡을 구성한다. 잡 이름과 해당 잡에서 시작할 스텝을 구성한다. 이 예제를 위해 해야 할 작업은 이제 끝났다.

이렇게 모든 구성을 완료함으로써 첫 번째 스프링 배치 잡 정의가 끝났다! 이제 실제로 실행해보자.

잡 실행하기

배치 예제의 구성은 완료했다. 이제 잡을 빌드하고 실행해보자. 컴파일을 하려면(maven을 사용한다고 가정) 프로젝트의 최상위 경로에서 mvn clean package를 실행한다. 빌드가 완료되면 잡을 실행해본다. 기본적으로 스프링 부트는 구성된 ApplicationContext 내에서 찾은 모든 잡을 구동 시에 실행한다. 동작 방식을 변경할 필요가 있다면 프로퍼티를 사용해 다르게 구성할 수도 있다.

지금은 기본 동작 방식대로 동작하기를 원하므로, 별도의 구성 없이 프로젝트의 target 디렉터리로 이동해 java -jar hello-world-0.0.1-SNAPSHOT.jar를 실행한다. 그러면 스프링 부트가 잡을 구동하는 데 필요한 나머지 작업을 수행할 것이다.

잡을 실행한 이후에 전통적인 스프링 부트 스타일의 출력 결과(멋진 ASCII 아트가 약간 포함돼 있음)를 주의 깊게 보면, 간단한 "Hello, World!" 문자열(대략 23번째 줄 정도)을 볼 수 있다.

```
2020-12-26 22:33:11.266  INFO 93940 --- [           main]
o.s.batch.core.job.SimpleStepHandler     : Executing step: [step1]
Hello, World!
2020-12-26 22:33:11.370  INFO 93940 --- [           main] o.s.b.c.l.support.
SimpleJobLauncher       : Job: [SimpleJob: [name=job]] completed with the following
parameters: [{}] and the following status: [COMPLETED]
```

축하한다! 이로써 첫 번째 스프링 배치 잡을 실행했다. 실제로 어떤 일이 일어났을까? 스프링 부트에는 JobLauncherCommandLineRunner라는 컴포넌트가 있다. 이 컴포넌트는 스프링 배치가 클래스 경로에 있다면 실행 시에 로딩되며, JobLauncher를 사용해 Application Context에서 찾아낸 모든 잡을 실행한다. 메인 메서드에서 스프링 부트를 부트스트랩할 때 ApplicationContext가 생성되고, JobLauncherCommandLineRunner가 실행됐으며 잡이 수행됐다.

잡은 첫 번째 스텝을 실행했다. 이때 트랜잭션이 시작됐으며, Tasklet이 실행됐고, 결과가 JobRepository에 갱신됐다. JobRepository에 저장된 종료 결과가 어떤 영향을 주는지 이 책의 후반부에 자세히 살펴볼 것이다.

요약

2장에서는 스프링 배치를 간단히 살펴봤다. 잡과 스텝이 무엇인지, JobRepository를 통해 상호작용하는 배치 영역을 살펴봤다. 배치 개념을 자바로 매핑하는 기능, 강력한 병렬화 방법, 공식 문서(바로 사용할 수 있는 예제 잡 목록을 포함)를 포함해 프레임워크의 다양한 기능을 배웠다.

그리고 "Hello, World!" 스프링 배치를 만들어봤다. 또한 스프링 이니셜라이저를 사용하는 다양한 방법을 배웠다. 프로젝트 초기 설정을 하고, 자바로 잡을 생성했으며, 잡을 실행했다.

2장까지는 스프링 배치가 할 수 있는 일을 살짝 살펴봤다. 3장에서는 이 책의 후반부에서 구축할 예제 애플리케이션을 설계해보고, 스프링 배치를 사용하지 않는다면 개발자가 스스로 해결했어야 하는 문제를 어떻게 스프링 배치가 해결해주는지 전체적으로 살펴본다.

3장

예제 잡 애플리케이션

이 책은 스프링 배치의 다양한 기능이 어떻게 동작하는지 설명하는 데 그치지 않고 해당 기능의 자세한 사용 예를 보여주는 데 그 목적이 있다. 각 장에는 각 기능의 동작 방식을 보여주는 다양한 예제가 포함돼 있다. 그러나 해당 예제는 개별 개념이나 기술을 쉽게 이해할 수 있게 설계된 것이어서, 실제 사례에서 해당 기술이 어떻게 동작하는지 보여주기엔 적합하지 않을 수 있다. 그래서 10장에서는 실제 시나리오를 기반으로 하는 예제 애플리케이션을 만들 것이다.

선택한 시나리오는 실제 시나리오를 간소화한 것으로 이해하기 쉽게 단순화했지만, 스프링 배치를 사용해볼 만큼 충분히 복잡하다. 은행 거래명세서는 일반적인 배치 처리 예제다. 매일 밤 수행되는 배치 처리는 지난 달 거래 정보를 사용해 거래명세서를 생성한다. 예제로 만들 배치 처리는 기존 계좌에 거래 내역을 적용한 후 각 계좌별로 거래명세서를 생성한다. 이 예제로 여러 가지 주요 배치 개념을 살펴볼 것이다.

- **다양한 입력 및 출력 방식**: 스프링 배치의 가장 중요한 기능 중 하나로, 다양한 소스를 대상으로 데이터의 입/출력을 처리하는 잘 추상화된 입출력 기능을 들 수 있다. 은행 거래명세서 잡은 일반적인 텍스트 파일인 플랫 파일flat file과 데이터베이스에서 입력을 받는다. 또한 플랫 파일과 데이터베이스에 출력한다. 이 잡에서 다양한 리더Reader

와 라이터^{Writer}를 사용할 것이다.

- **오류 처리**: 배치 처리를 유지 보수하면서 겪는 최악의 상황은 배치 처리 중 오류가 발생해 이를 해결하라는 전화를 받는 것이다. 이런 일은 꼭 새벽 2시에 일어나곤 한다. 그러므로 강력한 오류 처리 능력은 필수적이다. 거래명세서 생성 처리 예제는 로깅, 오류가 있는 레코드 건너뛰기, 로직 수행 중 오류 발생 시 해당 로직 재시도하기 등 다양한 시나리오를 다룬다.

- **확장성**: 실제로 배치 처리는 많은 양의 데이터를 처리할 수 있어야 한다. 이 책의 뒷부분에서는 스프링 배치의 확장성 관련 기능을 사용해 실제로 수백만 명의 고객 정보를 처리할 수 있도록 배치 처리를 튜닝하는 방법을 다룬다.

배치 잡을 개발하려면 먼저 개발에 필요한 여러 요구 사항을 수집해야 할 것이다. 요구 사항을 정의할 때 사용자 스토리$^{user story}$를 사용할 것이므로, 다음 절에서는 애자일 개발 프로세스를 전반적으로 살펴본다.

애자일 개발 이해하기

10장에서 개발할 배치 처리의 개별 요구 사항을 3장에서 상세히 살펴보기에 앞서 조금 더 시간을 들여 요구 사항을 분석하는 데 사용할 기법을 알아보자. IT 업계에는 애자일 프로세스에 관한 다양한 의견이 분분하다. 그러므로 사전에 애자일 프로세스를 알고 있었더라도 이에 의존하지 말고 이 책에서 사용할 애자일과 개발 프로세스의 개념을 확립하는 일부터 시작해보자.

애자일 프로세스와 대부분의 애자일 프로세스 변형은 공통적으로 다음과 같은 12가지 테넌트를 가지고 있다.

- 고객 만족은 동작하는 소프트웨어를 고객에게 빠르게 전달함으로써 얻어진다.
- 개발 단계에 관계없이 변경을 환영하라.
- 동작하는 소프트웨어를 자주 배포하라.
- 비즈니스 담당자와 개발자는 매일 함께 일해야 한다.

- 동기가 부여된 구성원으로 프로젝트를 구성하라. 구성원에게 필요한 도구를 제공하고 작업을 완수할 것이라고 믿어라.
- 얼굴을 맞대고 이뤄지는 의사 교환이 가장 효과적이다.
- 동작하는 소프트웨어가 진척도의 가장 중요한 척도다.
- 지속 가능한 개발을 장려하라. 팀원 전원이 개발 속도를 꾸준하게 유지할 수 있어야 한다.
- 우수한 기술력과 좋은 설계 능력을 갖추도록 지속적으로 노력하라.
- 불필요한 작업을 없애 낭비를 최소화하라.
- 자기 조직화Self-organizing된 팀이 최고의 요구 사항, 아키텍처, 설계를 만들어낸다.
- 팀은 정기적으로 어떻게 개선할지 결정하고 이를 반영한다.

익스트림 프로그래밍XP, Extreme Programming, 스크럼Scrum 또는 그밖의 변형된 어떤 형태를 사용하는가 하는 문제는 중요하지 않다. 중요한 점은 이 12가지 원칙이 동일하게 적용된다는 것이다.

모든 사례에 위에서 언급한 원칙을 반드시 모두 적용해야 하는 것은 아니다. 이 책을 보면서 혼자 공부하는 사람은 얼굴을 맞대고 직접 의사소통하라는 원칙을 적용하기 어려울 것이다. 또한 혼자서 예제를 사용해 작업할 것이므로 팀의 동기부여와 관련된 원칙도 적용할 수 없다. 그 반면 적용할 수 있는 부분도 있다. 예를 들어 동작하는 소프트웨어를 빠르게 배포할 수는 있다. 이 원칙은 책 전반에 걸쳐 적용할 수 있을 것이다. 애플리케이션의 조그만 기능을 별도로 만들고, 단위 테스트를 통해 잘 동작하는지 검증한 후, 해당 기능을 애플리케이션에 추가함으로써 원칙을 따를 수 있다.

예외적인 상황에도 애자일 원칙은 모든 개발 프로젝트에 견고한 프레임워크를 제공하며, 이 책에서도 최대한 많은 원칙을 적용해볼 것이다. 예제 잡의 요구 사항을 문서화하는 방법(사용자 스토리)을 살펴보며 어떻게 애자일 원칙을 적용할지 알아보자.

사용자 스토리로 요구 사항 포착하기

사용자 스토리^{User Story}는 요구 사항을 문서화하는 애자일 방법이다. 사용자 스토리는 사용자가 원하는 애플리케이션의 기능을 기록하는 것으로, 사용자가 시스템과 상호작용하는 방법을 개발 팀에 전달하고 해당 상호작용의 테스트 가능한 결과를 기록하는 데 목적이 있다. 사용자 스토리에는 세 가지 주요 부분이 있다.

- **제목**^{title}: 제목은 스토리의 내용과 관련된 단순하고 간결한 설명이어야 한다. "거래 파일 내 정보를 적재한다", "인쇄 파일을 생성한다"와 같은 스토리 제목이 좋은 예다. 제목은 GUI와 관련된 내용으로 한정되지는 않는다. GUI가 없다고 해서 사용자 간에 상호작용할 수 없는 것은 아니기 때문이다. GUI가 없을 때 사용자는 문서로 만드는 배치 처리이거나 통신해야 할 (즉 인터페이스해야 할) 특정 외부 시스템이다.

- **내러티브**^{narrative}: 내러티브는 사용자 스토리로 문서화하려는 상호작용을 사용자 관점에서 간단히 설명한 것이다. 일반적으로 "Y 상황에서, X가 무언가를 수행하고, 어떤 다른 일이 발생한다"와 같은 형식을 갖는다. 다음 절에서는 배치 처리에 사용할 스토리 접근 방법을 순전히 기술적인 측면으로만 살펴볼 것이다.

- **인수 기준**^{acceptance criteria}: 인수 기준은 스토리의 완료 여부를 판단하는 데 사용할 수 있는 테스트 가능한 요구 사항이다. 앞 문장에서 중요한 부분은 테스트 가능^{testable}하다는 부분이다. 인수 기준을 유용하게 사용하려면 어떤 방식으로든 검증할 수 있어야 한다. 즉, 주관적인 요구 사항이 아니라 개발자가 "네, 그렇습니다" 또는 "아니오, 그렇지 않습니다"라고 말할 수 있는 객관적인 항목이어야 한다.

범용 리모컨과 관련된 사용자 스토리를 예로 살펴보자.

- **제목**: 텔레비전 켜기
- **내러티브**: 사용자는 텔레비전, 수신기, 케이블 박스를 끈 상태에서 범용 리모컨의 전원 버튼을 누를 수 있다. 그러면 리모컨은 텔레비전, 수신기, 케이블 박스의 전원을 켜고 텔레비전 쇼를 보도록 구성한다.

- 인수 기준:
  - 범용 리모컨에 전원 버튼이 있다.
  - 사용자가 전원 버튼을 누르면 다음과 같이 동작한다.
    1. 텔레비전 전원이 켜진다.
    2. AV 수신기 전원이 켜진다.
    3. 케이블 박스 전원이 켜진다.
    4. 케이블 박스는 187 채널로 설정될 것이다.
    5. AV 수신기는 SAT 입력으로 설정될 것이다.
    6. TV는 비디오 1 입력으로 설정될 것이다.

위 사용자 스토리는 "텔레비전 켜기"라는 제목으로 시작하는데, 해당 제목은 짧지만 내용을 잘 설명하고 있다. 그다음에 내러티브로 이어진다. 위 예에서 내러티브는 사용자가 전원 버튼을 누를 때 발생하는 상황을 설명한다. 마지막으로 인수 기준에는 개발자 및 QA^{Quality Assurance} 담당자가 사용할 수 있는 테스트 가능한 요구 사항이 나열돼 있다. 각 기준은 개발자가 쉽게 검사할 수 있는 항목이다. 개발자는 개발된 시스템을 대상으로 인수 기준에 적힌 "이렇게 해야 한다"나 "이렇게 하면 안 된다"라는 항목을 보면서 "예" 또는 "아니요"를 말할 수 있다.

사용자 스토리(USER STORY) 유스케이스(USE CASES)와의 차이

유스케이스는 또 다른 익숙한 형태의 요구 사항 문서이며 사용자 스토리와 유사하게 행위자(actor) 중심적이다. 유스케이스는 RUP(Rational Unified Process)의 문서화 양식으로, 행위자와 시스템 간의 상호작용의 모든 측면을 문서화할 때 사용한다. 이때문에 지나치게 문서 중심적(문서를 위한 문서를 작성하게 됨)이고 포맷도 비대해져 인기를 잃게 됐으며, 애자일 개발에서는 유스케이스 대신 사용자 스토리를 사용하게 됐다.

사용자 스토리는 개발 주기에서 시작 지점에 해당한다. 개발 주기의 나머지에서 사용하는 몇 가지 다른 도구를 계속 살펴보자.

테스트 주도 개발로 설계하기

테스트 주도 개발[TDD, Test-Driven Development]은 또 다른 애자일 실천 방식이다. TDD를 사용한다면 개발자는 실패하는 테스트를 먼저 작성한 이후에 코드를 구현해 테스트를 통과시킨다. TDD(테스트 우선 개발이라고 부르기도 한다)는 개발자들이 코드를 작성하기 전에 무엇을 코드화하려고 하는지 생각하도록 설계됐으며, 이로써 개발자의 생산성을 높이고 디버거를 적게 사용하며 더 깨끗한 코드를 만들 수 있다는 것이 입증됐다.

TDD의 또 다른 장점은 테스트가 실행 가능한 문서 역할을 한다는 점이다. 유지 보수가 잘 이뤄지지 않아 오랫동안 현행화되지 않는 사용자 스토리나 다른 형태의 문서와 달리, 자동화된 테스트는 지속적인 코드 유지 보수 활동 중 하나로써 항상 최신화된다. 코드 조각이 어떻게 동작하는지 이해하고 싶다면 전체적인 시나리오 아래에서 코드를 개발한 개발자의 의도에 맞게 작성된 단위 테스트를 살펴보면 된다.

TDD가 여러 장점을 가졌음에도 이 책에서 많이 사용하지는 않는다. TDD는 개발 시에 사용할 수 있는 훌륭한 도구이긴 하지만 동작 방식을 설명하는 데 최선은 아니다. 그래도 13장에서 JUnit, Mockito, 스프링의 테스트 기능과 같은 오픈소스 도구를 사용해 단위 테스트부터 기능 테스트에 이르기까지 모든 유형의 테스트 방식을 살펴볼 것이다.

버전 관리 시스템 사용하기

반드시 필요한 것은 아니지만 모든 개발에 소스 관리 시스템을 사용하는 것이 좋다. 깃[git]이나 깃허브[Github], 또는 그 외 어떤 다른 형태의 버전 관리 시스템[Version-Control System]을 사용하든지 상관없이 소스 관리 시스템이 제공하는 기능은 프로그래밍의 생산성을 높이는 데 필수적이다.

"한 번 배우고 버릴 코드의 소스 관리를 해야 할 이유가 있을까?"라고 생각할 수도 있다. 오히려 이 점이 소스 관리를 하는 가장 강력한 이유라고 생각한다. 버전 관리 시스템을 사용하면 개발 시 어떤 시도를 하더라도 걱정하지 않아도 되는 안전망이 생긴다. 잘 동작하는 코드를 커밋한다. 그다음에 동작하지 않을지도 모르는 변경을 가해보자. 변경한 코드가 잘 작동하면 새 버전을 커밋하고 그렇지 않다면 아무 피해 없이 이전 버전으로 롤백할 수 있다. 버전 관리 시스템을 사용하지 않고 새로운 기술을 공부했던 기억을 떠올려보자. 잘 동작하던 이전 작업의 복사본을 만들어 두지 않아서 오류가 생긴 코드를 버리지 못하고 디버깅에 매달렸던 경험이 떠오를 수도 있다. 버전 관리 시스템을 사용함으로써 골치 아픈 일을 줄이고 실수는 통제된 환경에서 발생하도록 하는 것이 좋다.

좋은 개발 환경에서 작업하기

애자일 환경 개발에 사용할 수 있는 도구는 무수히 많다. 적절한 IDE를 스스로 확보하기 바란다. 이 책에서는 어떤 IDE를 사용하든지 상관없으므로 IDE별 장단점을 알아보지 않는다. 그럼에도 반드시 좋은 IDE를 확보하고 단축키 등 IDE 사용법을 확실히 배워 두자.

신기술을 배우면서 많은 시간을 들여 CI$^{Continuous\ Integration}$ 환경을 구축하는 것이 이상할지 모르겠지만, 개인적인 개발에 사용할 수 있도록 평소 사용할 수 있는 CI를 하나 갖추는 것도 좋을 것이다. 현재 취미로 개발하는 위젯이 언제 큰 주목을 받게 될지 알 수 없긴 하지만, 언젠가 해당 위젯이 갑자기 주목을 받게 된 이후 개발이 한창 이뤄지는 시점에서야 비로소 소스 관리와 CI 환경을 구축하고 싶지는 않을 것이기 때문이다. CI 환경을 설정하는 많은 방법이 존재한다. 깃허브와 같은 서비스를 사용할 때 선택할 수 있는 방법 한 가지는 트래비스 CI$^{Travis\ CI}$(https://travis-ci.org/)라는 또 다른 클라우드 서비스를 사용하는 것이다. 트래비스는 깃허브와 완벽히 통합할 수 있도록 웹후크^{webhook} API를 제공하므로, 프로젝트에서 CI를 활성화하는 데 필요한 간단한 구성만 제공하면 된다.

은행 거래명세서 잡의 요구 사항 이해하기

스프링 배치를 배울 때 권장되는 개발 절차를 살펴봤으므로, 이제는 이 책에서 개발할 것이 무엇인지 살펴보자. 그림 3-1은 온라인으로 확인할 수 있는 월별 은행 거래명세서다. 일반적으로 많은 사람이 온라인으로 거래명세서를 받기는 하지만, 예제 배치 잡에서는 인쇄된 거래명세서를 사용한다.

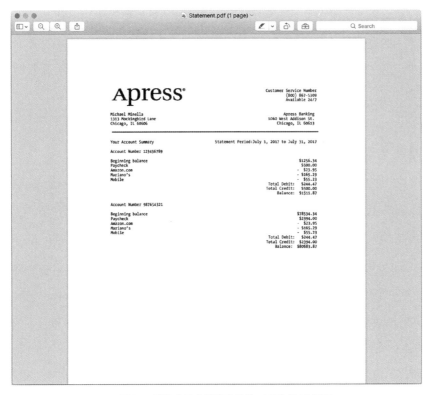

▲ 그림 3-1 양식에 맞게 작성된 은행 거래명세서 인쇄물

거래명세서가 어떻게 만들어졌는지 분석해보면 실제로 두 부분으로 이뤄졌음을 알 수 있다.
첫 번째 부분은 실제 계좌와 거래 정보가 담긴 두 번째 부분을 인쇄하는 데 사용되는 깔끔한
서식에 불과하다. 다음 페이지에 나올 그림 3-2에 표시된 두 번째 부분은 이 책에서 만들어
낼 결과물이다.

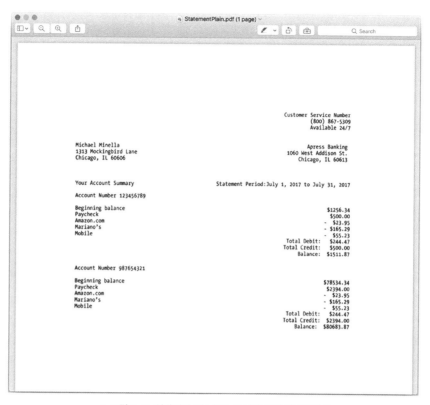

▲ 그림 3-2 일반적인 텍스트로 작성된 은행 거래명세서

일반적으로 거래명세서는 다음과 같은 과정으로 생성된다. 배치 처리는 일반 텍스트 파일보다는 좀 더 세부 정보가 포함된 인쇄용 파일을 생성한다.[1] 이 인쇄 파일은 텍스트를 거래명세서 서식 용지에 인쇄하는 프린터로 전송돼 최종 거래명세서를 생성한다. 인쇄 파일을 만드는 일은 스프링 배치 작업의 일부분이며, 이 작업을 포함해 배치 처리가 수행하는 기능 전체는 다음과 같다.

1. 제공된 입력 파일을 기반으로 고객 정보 갱신하기
2. 데이터베이스에 저장된 모든 고객의 거래 정보 가져오기
3. 계좌 잔액으로 계좌 정보 갱신하기
4. 지난 한 달 동안의 은행 계좌 파일 인쇄하기

---

1   배치 처리가 인쇄용 PDF 파일을 생성할 수도 있지만 해당 내용은 이 책의 범위를 벗어난다.

각 기능에 어떤 세부 기능이 포함돼 있는지 살펴보자. 먼저 갱신해야 하는 기존 고객 정보가 담긴 고객 플랫 파일을 잡에 제공한다. 예를 들어 고객의 주소가 변경됐을 수 있다. 그러면 이 플랫 파일에는 갱신할 해당 주소의 세부적인 정보가 담긴다. 배치 잡은 이 파일을 읽어서 데이터베이스의 기존 고객 데이터를 갱신한다.

배치 잡에 필요한 다음 기능은 모든 고객의 거래 정보를 가져오는 기능이다. 거래 정보 데이터는 XML 파일 형태로 제공되며 기존에 사용하던 데이터베이스에 추가로 저장할 것이다.

거래 정보를 가져온 후에는 고객의 현재 잔액을 기록해두는 계좌 테이블을 갱신한다. 이 잔액 정보를 사용하면 현재 잔액을 알고 싶을 때 모든 거래를 처음부터 다시 계산할 필요가 없다.

모든 데이터베이스 갱신이 완료되면 고객 정보, 거래 목록, 계좌의 요약 정보로 이뤄진 인쇄 파일을 추출할 수 있다.

위 기능 목록은 스프링 배치로 실세계의 문제를 해결하는 방법을 전체적으로 볼 수 있게 하는 데 목적이 있다. 현재 살펴보는 시나리오에 필요한 배치와 유사한 배치 처리 개발을 도와주는 스프링 배치의 여러 기능을 이 책 전반에 걸쳐 배울 것이다. 10장에서는 다음과 같은 사용자 스토리가 설명하는 요구 사항을 만족하는 배치 잡을 구현할 것이다.

고객 정보 갱신하기: 배치 처리로 고객 정보를 가져와 기존 고객 레코드를 갱신한다. 인수 기준은 다음과 같다.

- 배치 잡은 CSV 기반의 고객 정보 갱신 파일을 읽는다.
- 유형에 맞게 고객 레코드 갱신이 이뤄진다(각 유형마다 자체 레코드 형식이 있다).
  - a. 레코드 유형 1은 이름 변경을 나타낸다.
  - b. 레코드 유형 2는 메일 주소 변경을 나타낸다.
  - c. 레코드 유형 3은 연락처 정보 변경을 나타낸다.

레코드 유형은 다음과 같다.

레코드 유형 1

항목 이름	필수 여부	포맷
레코드 타입 ID	True	\d
고객 ID	True	\d{9}
고객 이름(First Name)	False	\w+
고객 중간 이름(Middle Name)	False	\w+
고객 성(Last Name)	False	\w+

레코드 유형 1에 해당하는 레코드의 예는 다음과 같다.

1,123456789,John,Middle,Doe

레코드 유형 2

항목 이름	필수 여부	포맷
레코드 타입 ID	True	\d
고객 ID	True	\d{9}
주소 1	False	\w+
주소 2	False	\w+
도시	False	\w+
주	False	\w{2}
우편번호	False	\d{5}

레코드 유형 2에 해당하는 레코드의 예는 다음과 같다.

2,123456789,123 4th Street,Unit 5,Chicago,IL,60606

레코드 유형 3

항목 이름	필수 여부	포맷
레코드 타입 ID	True	\d

고객 ID	True	\d{9}
이메일 주소	False	\w+
집 전화번호	False	\d{3}-\d{3}-\d{4}
휴대전화번호	False	\d{3}-\d{3}-\d{4}
사무실 전화번호	False	\d{3}-\d{3}-\d{4}
알림 기본 설정	False	\d

레코드 유형 3에 해당하는 레코드의 예는 다음과 같다.

```
3,123456789,foo@bar.com,123-456-7890,123-456-7890,123-456-7890,2
```

유효성 검증 오류가 있는 레코드는 추후 유효성 검증 및 재처리를 위해 오류 파일에 기록돼야 한다.

거래 정보 가져오기: XML 형식의 입력 파일로 제공된 새로운 모든 거래 정보를 배치 처리로 가져온다. 인수 기준은 다음과 같다.

- 처리 시 XML 파일로 작성된 거래 정보를 읽는다.
- 각 거래 정보는 거래 테이블에 새 레코드로 생성된다.
- 파일의 각 레코드에는 다음과 같은 필드가 있다.

항목 이름	필수 여부	포맷
거래 ID	True	\d{9}
계좌 ID	True	\d{9}
입금	False	\d+\.\d{2}
출금	False	\d+\.\d{2}
타임스탬프	False	yyyy-MM-dd HH:mm:ss.ssss

거래 파일 내의 데이터의 예는 다음과 같다(각 레코드에 입금 또는 출금 금액이 채워짐).

```
<transactions>
    <transaction>
        <transactionId>123456789</ transactionId>
        <accountId>987654321</accountId>
        <description>Paycheck</description>
        <credit>500.00</credit>
        <debit/>
        <timestamp>2017-07-20 15:38:57.480</timestamp>
    </transaction>
    ...
</transactions>
```

계좌 테이블에 거래 정보 갱신하기: 배치 처리로 계좌 테이블의 최신 잔액 정보를 갱신한다. 인수 기준은 다음과 같다.

- 계좌 테이블에는 잔액 필드가 있으며, 이 필드는 가장 최근에 가져온 모든 거래 정보를 사용해 갱신된다.

거래명세서 헤더 인쇄: 배치 처리로 각 페이지 상단에 헤더를 인쇄한다. 헤더는 고객 및 은행의 일반적인 정보를 보여준다. 인수 기준은 다음과 같다.

- 헤더는 고객 이름과 주소를 제외하고는 정적인 문자열이다.
- 다음은 Michael Minella라는 이름을 가진 고객의 이름과 주소를 포함하는 헤더의 예다.

```
                                          Customer Service Number
                                          (800) 867-5309
                                          Available 24/7

Michael Minella                           Apress Banking
1313 Mockingbird Lane                     1060 West Addison St.
Chicago, IL 60606
```

계좌 요약 정보 인쇄하기: 모든 계산이 완료된 이후에 배치 처리로 고객별 계좌 요약 정보를 인쇄한다. 이 요약 정보는 고객 계좌의 개요를 보여준 뒤 해당 계좌의 총 금액을 구성하는 내역 목록을 보여준다.

- 이 처리가 이뤄지면 고객별로 파일이 하나씩 생성된다.

- 요약 정보는 다음과 같이 완전한 한 줄로 시작하며,

```
Your Account Summary                              Statement Period:<BEGIN_DATE> to <END_DATE>
```

여기서 BEGIN_DATE는 계좌 테이블의 마지막 거래명세서 작성일 바로 다음 날짜이고, END_DATE는 잡이 실행되는 날짜다. 요약 제목 뒤에는 고객의 보유한 각 계좌에 해당하는 헤더 행이 위치한다.

- 계좌 헤더 다음 줄에는 계좌의 거래 목록이 표시된다.
- 거래 목록 다음 줄에는 명세서 기간 내에 총 입금 금액과 총 출금 금액이 표시된다.
- 마지막으로 계좌에 남아 있는 현재 잔액이 표시된다.
- 고객이 가진 각 계좌의 계좌 헤더, 거래 목록, 잔액 정보 줄이 계속 반복된다.
- 고객이 계좌 하나를 가지고 있을 때의 결과 예는 다음과 같다.

```
Your Account Summary                          Statement Period: 07/20/2017 to 08/20/2017

Account Number 123456789

Beginning balance                                                         $1256.34
Paycheck                                                                   $500.00
Amazon.com                                                               -  $23.95
Mariano's                                                                - $165.29
Mobile                                                                   -  $55.23
                                                           Total Debit:    $244.47
                                                           Total Credit:   $500.00
                                                               Balance:   $1511.87
```

위 예는 요구 사항을 만족한다. 지금은 헷갈린다 하더라도 괜찮다. 다음 절에서 스프링 배치를 사용해 이 거래명세서를 처리하는 방법을 간략하게 알아본다. 그런 다음 이 책의 나머지 부분에서 실제로 배치 처리가 동작하는 데 필요한 다양한 부분을 어떻게 구현하는지 배운다.

배치 잡 설계하기

앞서 언급했듯이 이 프로젝트의 목표는 실제 사례를 가지고 스프링 배치가 제공하는 기능을 사용해 강력하고 확장 가능하며 유지 가능한 솔루션을 만드는 것이다. 이 목적을 달성하고자 지금 살펴보는 예제에는 헤더 사용하기, 다중 파일 형식 가져오기, 서브 헤더를 사용한 복잡

한 출력하기처럼 조금은 복잡해 보일 수 있는 요소를 포함하고 있다. 이를 구현하는 데 필요한 기능은 스프링 배치가 정확하게 제공한다. 이제 잡과 스텝을 살펴보면서 이 배치를 어떻게 구성하는지 알아보자.

잡의 처리 흐름

거래명세서를 생성하는 배치 처리를 구현하고자 4개의 스텝을 가진 잡 하나를 만든다. 그림 3-3은 이 배치 처리의 잡 흐름을 보여준다. 각 스텝은 다음 절에서 설명한다.

▲ 그림 3-3 은행 거래명세서 잡 흐름

고객 데이터 가져오기

잡을 시작하려면 먼저 갱신할 고객 정보를 가져온다. 플랫 파일에 포함된 이 데이터는 앞에서 언급한 것처럼 3가지 종류의 레코드 유형으로 구성된 복잡한 형식으로 작성돼 있다. 스프링 배치는 스텝 내에서 사용하는 단일 파일에 담겨 있는 여러 레코드 형식을 처리할 수 있는 기능을 제공한다. 데이터를 읽을 수 있다면, 쓰기 처리할 때 오류를 최소화하도록 ItemProcessor를 사용해 데이터 유효성을 검증한다. 그런 다음 적절한 ItemWriter 구현체를 사용해 레코드 유형에 따라 적절하게 데이터를 갱신한다. 예제 3-1은 이 스텝 내에서의 작업에 사용하는 입력 예다.

▼ 예제 3-1 고객 입력 파일

```
2,3,"P.O. Box 554, 6423 Integer Street",,Provo,UT,10886
2,65,"2374 Aliquet, Street", ,Bellevue,WA,83841
3,73,Nullam@fames.net,,1-611-704-0026,1-119-888-1484,4
2,26,985 Malesuada. Avenue,P.O. Box 585,Aurora,IL,73863
2,23,686-1088 Porttitor Avenue,,Stamford,CT,89593
1,36,Zia,,Strong
2,60,313-8010 Commodo St.,,West Jordan,UT,26634
```

2,17,"P.O. Box 519, 3778 Vel Rd.",,Birmingham,AL,36907

거래 정보 데이터 가져오기

고객 데이터를 가져온 후에는 거래 데이터를 가져온다. 스프링 배치는 강력한 `ItemReader` 및 `ItemWriter` 구현체를 제공하므로, 이 스텝에서는 XML을 읽은 뒤 데이터베이스에 기록 하는 구현체를 사용할 수 있다. 이 스텝에서도 앞 스텝과 마찬가지로 입력 값을 검증한 뒤 잘라낸 각 거래 레코드를 데이터베이스에 저장한다. 예제 3-2은 거래 XML 파일의 입력 예다.

▼ 예제 3-2 거래 정보 입력 파일

```xml
<?xml version="1.0" encoding="UTF-8" ?>
<transactions>
        <transaction>
                <transactionId>1</transactionId>
                <accountId>15</accountId>
                <credit>5.62</credit>
                <debit>1.95</debit>
                <timestamp>2017-07-12 12:05:21</timestamp>
        </transaction>
        <transaction>
                <transactionId>2</transactionId>
                <accountId>68</accountId>
                <credit>5.27</credit>
                <debit>6.26</debit>
                <timestamp>2017-07-23 16:28:37</timestamp>
        </transaction>
...
</transactions>
```

현재 잔액 계산하기

거래 데이터를 가져온 뒤에는 계좌 테이블의 잔액도 갱신해야 한다. 잔액은 온라인 계좌 서 비스를 위해 미리 계산해 갱신하며, 갱신된 잔액은 거래명세서 생성 시에도 사용한다. 이를 위해 드라이빙 쿼리 패턴(추후 설명한다)으로 각 계좌 내 거래 레코드를 순서대로 가져와서 해당 거래 레코드가 현재 잔액에 미치는 영향을 계산한다. 그런 다음 계좌 테이블의 잔액을 갱신한다.

월별 고객 거래명세서 생성하기

마지막 스텝이 가장 복잡하다. 이 스텝에서는 고객의 거래명세서를 포함하는 인쇄 파일을 계좌당 하나씩 생성한다. 이 스텝도 드라이빙 쿼리 패턴으로 현재 잔액을 계산했던 것과 비슷하게 동작한다. 먼저 `ItemReader`를 사용해 데이터베이스에서 고객 데이터를 읽어온다. 그 뒤 각 거래명세서 작성에 필요한 모든 데이터를 추가하는 일을 담당하는 `ItemProcessor`에게 해당 고객 데이터를 보낸다. 그리고 최종적으로 필요한 모든 데이터의 추가가 완료된 아이템을 파일 기반 `ItemWriter`에게 전달한다. 이처럼 스프링 배치가 제공하는 구현체를 활용하면 최소한의 커스텀 코드만 사용하더라도 거래명세서 생성에 필요한 모든 요구 사항을 해결할 수 있다.

이 모든 것이 이론상으로 훌륭하게 들리지만 여전히 많은 세부 내용은 미해결인 채로 남겨져 있다. 그래도 괜찮다. 이 책의 나머지 부분에서는 예외 처리, 재시작/재시도 로직, 확장성 문제 해결과 같은 사항을 검토할 뿐만 아니라, 배치 처리 중에 이러한 기능이 어떻게 구현되는지 살펴보는 데 시간을 할애할 것이다. 다만 이런 것들을 배우기 전에 미리 숙지해야 할 마지막 항목이 있다. 바로 데이터 모델이다. 데이터 모델은 이 시스템 구성 방법을 명확하게 하는 데 도움이 될 것이다. 한번 살펴보자.

데이터 모델 이해하기

데이터는 모든 애플리케이션의 핵심이며, 업무에서 사용할 데이터 모델을 살펴보는 것은 시스템 작동 방식을 이해하는 데 좋은 방법이다. 이 절에서는 예제 애플리케이션에서 사용하는 데이터 모델을 살펴본다.

그림 3-4는 예제 배치 처리에 필요한 애플리케이션 테이블을 간략하게 나타낸 것이다. 이 그림에서 볼 수 있는 다이어그램에는 해당 배치 잡을 실행하는 데 필요한 모든 테이블이 포함돼 있지는 않다. 이 다이어그램으로 표현하지 않은 추가적인 테이블은 4장에서 살펴볼 것이다.

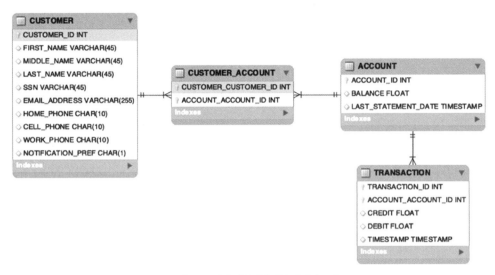

▲ 그림 3-4 예제 애플리케이션 데이터 모델

예제 애플리케이션은 Customer, Account, Transaction, CustomerAccount라는 네 개의 테이블을 사용한다. 테이블 내용을 보면 거래명세서 생성에 해당 필드가 모두 사용되진 않는다는 것을 알 수 있다. 입금 합계와 출금 합계처럼 처리 도중에 계산해야 하는 항목들이 존재한다. 이를 제외하면 데이터 모델이 상대적으로 명확하게 보일 것이다.

- Customer : 이 테이블의 레코드에는 고객별로 고객 이름 및 연락처 정보를 비롯한 모든 고객 정보가 포함된다.
- Account : 이 테이블에는 모든 고객의 계좌 정보가 저장된다. 예제의 목적에 맞게 각 계좌 정보는 계좌번호와 현재 잔액을 가지고 있다.
- CustomerAccount : 이 테이블은 조인 테이블이다. 하나의 계좌에 많은 고객이 연관될 수 있고 한 명의 고객도 많은 계좌를 가질 수 있으므로, 이 테이블을 사용해 둘 사이의 다대다 관계를 해결한다.
- Transaction : 이 테이블에는 계좌에서 발생한 모든 거래 정보가 저장된다.

요약

3장에서는 애자일 개발 프로세스 및 이를 배치 개발에 적용하는 방법을 알아봤다. 또한 이 책에서 만들 예제 애플리케이션을 대상으로 사용자 스토리를 사용해 요구 사항을 정의했다. 이 시점부터 책의 내용은 "스프링 배치가 무엇이며 왜 사용해야 하는가"에서 "스프링 배치를 어떻게 사용해야 하는가"로 전환된다.

4장에서는 스프링 배치의 잡과 스텝의 개념을 자세히 살펴볼 것이다. 또한 여러 구체적인 예제도 살펴볼 것이다.

4장

잡과 스텝 이해하기

2장에서는 배치 잡^{Job}을 처음 만들어봤다. 잡과 스텝^{Step} 구성을 알아보고 잡을 실행했으며 JobRepository로 사용할 데이터베이스를 구성했다. 또한 "Hello, World!" 예제를 사용해 스프링 배치의 잡과 스텝이 무엇인지 개략적으로 살펴봤다. 4장에서는 훨씬 더 깊은 수준으로 잡과 스텝을 알아본다. 스프링 배치 프레임워크에서 잡과 스텝이 무엇인지를 배우는 것부터 시작해보자.

4장에서는 잡과 스텝을 실행했을 때 진행되는 과정을 자세히 살펴본다. 여기에는 잡과 스텝 실행에 필요한 구성을 읽어들이는 것과 구성의 유효성 검증, 잡과 스텝이 종료될 때까지의 전반적인 과정을 포함한다. 그런 다음 일부 코드를 자세히 파고들면서 잡과 스텝의 다양한 구성 방법을 살펴보고 모범 사례를 배운다. 마지막으로, 스프링 배치 처리 시 서로 다른 여러 배치 컴포넌트가 다양한 스코프 간에 어떻게 데이터를 전달할 수 있는지 알아본다.

4장에서 스텝과 관련된 내용을 자세히 살펴볼 때 스텝의 가장 큰 부분을 차지하는 리더와 라이터는 다루지 않는다. 대신 7장과 9장에서 스프링 배치에서 사용할 수 있는 입력과 출력 기능을 설명한다. 4장에서 각 스텝의 I/O 측면을 최대한 간단하게만 다루기 때문에 잡의 스텝과 관련된 내용에 집중할 수 있을 것이다.

잡 소개하기

현대의 개발자는 엔터프라이즈 환경에서 다양한 유형의 워크로드를 접한다. 웹 애플리케이션, 통합 애플리케이션, 빅 데이터 및 기타 여러 애플리케이션은 모두 공통적인 패러다임을 갖고 있다. 그중 하나는 애플리케이션이 사용자에게 비즈니스 가치를 제공할 때 어떠한 논리 흐름이 필요하다는 점이다. 예를 들어 어떤 웹 애플리케이션은 사용자가 장바구니에 품목을 추가하고, 배송 주소를 입력하며, 지불 정보를 선택한 후에, 최종적으로 주문 내역을 확인하는 것과 같은 장바구니 흐름을 가지고 있다. 또 다른 통합된 형태의 애플리케이션에서 어떤 메시지는 논리 흐름의 끝에 도달할 때까지 여러 변환기라든가 필터 등을 통과할 수도 있다.

잡은 이러한 흐름과 유사하다. 이 책에서는 잡을 처음부터 끝까지 독립적으로 실행할 수 있는 고유하며 순서가 지정된 여러 스텝의 목록이라고 정의한다. 이 정의를 다음과 같이 세분화하면 잡을 더 잘 이해할 수 있다.

- **유일하다**: 스프링 배치의 잡은 코어 스프링 프레임워크를 사용한 빈 구성 방식과 동일하게 자바나 XML을 사용해 구성하며, 구성한 내용을 재사용할 수 있다. 동일한 구성으로 필요한 만큼 잡을 실행할 수 있다. 잡을 여러 번 실행하려고 동일한 잡을 여러 번 정의할 필요가 없다.
- **순서를 가진 여러 스텝의 목록이다**[1]: 장바구니 흐름의 예제로 돌아가보면 스텝의 순서가 중요하다는 것을 알 수 있다. 사용자가 배송지 주소를 적지 않았다면 주문 내역을 확인할 수 없다. 또, 장바구니가 비어 있다면 결제 처리를 실행할 수 없다. 이처럼 잡에서 스텝의 순서는 중요하다. 또 다른 예로 거래 정보를 시스템 내로 불러오기 전에는 고객의 거래명세서를 생성할 수 없다. 거래 내용을 잔액에 적용할 때까지 계좌의 잔액을 계산할 수 없다. 이처럼 모든 스텝을 논리적인 순서대로 실행할 수 있도록 잡을 구성한다.
- **처음부터 끝까지 실행 가능하다**: 1장에서 "배치 처리는 어떠한 완료 상태에 도달할 때까지 추가적인 상호작용 없이 실행하는 처리이다"라고 정의했다. 즉, 잡은 외부 의존

---

[1] 대부분의 잡은 순서가 지정된 스텝 목록으로 구성되지만, 스프링 배치는 스텝을 병렬로 실행하거나 조건에 따라 스텝을 선택적으로 실행할 수 있는 기능을 제공한다. 이러한 특징은 나중에 알아본다.

성 없이 실행할 수 있는 일련의 스텝이다. 예를 들어 특정 디렉터리 내에 처리할 파일이 수신되기를 세 번째 스텝이 기다리도록 잡을 구성하지 않는다. 대신에 파일이 도착했을 때 잡을 시작한다.

- **독립적이다**: 각 배치 잡은 외부 의존성의 영향을 받지 않고 실행할 수 있어야 한다. 그렇다고 잡이 의존성을 가질 수 없다는 것을 의미하지는 않는다. "Hello, World" 같은 단순한 잡을 제외하면 실제 잡 중에 외부 의존성이 없는 잡은 많지 않다. 그러나 잡은 이러한 의존성을 관리할 수 있어야 한다. 만약 파일이 없다면 오류를 자연스럽게 처리할 것이며 파일이 전달될 때까지 기다리지 않는다. 잡의 실행은 스케줄러와 같은 것이 책임진다. 대신 잡은 자신이 처리하기로 정의된 모든 요소를 제어할 수 있다.

그림 4-1에서 볼 수 있듯이, 배치 처리는 실행시에 사용할 수 있는 모든 입력을 받아들여 실행된다. 이때 배치 실행 중에는 사용자가 처리에 관여하는 부분이 없다. 다음 스텝은 이전 스텝이 완료된 이후에 실행된다. 스프링 배치에서 잡의 다양한 기능을 사용할 수 있노록 구성하는 방법을 자세히 알아보기 전에 잡 실행의 생명주기를 살펴보자.

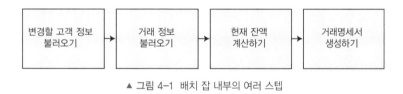

▲ 그림 4-1 배치 잡 내부의 여러 스텝

잡의 생명주기 따라가보기

잡의 실행은 생명주기대로 진행된다. 이 생명주기와 관련된 지식은 개발자가 잡을 구조화하고 실행 시에 발생하는 상황을 이해하는 데 중요하다. 잡을 정의할 때 실제로 하는 일은 잡과 관련된 청사진을 제공하는 것이다. 자바 클래스 코드의 작성이 JVM에서 인스턴스를 생성하는 청사진을 정의하는 일인 것처럼, 잡의 정의는 스프링 배치가 잡의 인스턴스를 생성하는 데 필요한 청사진이다.

잡의 실행은 잡 러너^{job runner}에서 시작된다. 잡 러너는 잡 이름과 여러 파라미터를 받아들여 잡을 실행시키는 역할을 한다. 스프링 배치는 두 가지 잡 러너를 제공한다.

- CommandLineJobRunner: 이 잡 러너는 스크립트를 이용하거나 명령행에서 직접 잡을 실행할 때 사용한다. CommandLineJobRunner는 스프링을 부트스트랩하고, 전달받은 파라미터를 사용해 요청된 잡을 실행한다.
- JobRegistryBackgroundJobRunner: 스프링을 부트스트랩해서 기동한 자바 프로세스 내에서 퀴츠^{Quartz}나 JMX 후크와 같은 스케줄러를 사용해 잡을 실행한다면, 스프링이 부트스트랩될 때 실행 가능한 잡을 가지고 있는 JobRegistry를 생성한다. JobRegistryBackgroundJobRunner는 JobRegistry를 생성하는 데 사용한다.

CommandLineJobRunner와 JobRegistryBackgroundJobRunner(이 두 러너는 org.spring framework.batch.core.launch.support 패키지 내에 존재함)는 스프링 배치가 제공하는 두 개의 잡 러너다. 이와 별개로 스프링 부트는 JobLauncherCommandLineRunner를 사용해 잡을 시작하는 또 다른 방법을 제공한다. 이 CommandLineRunner 구현체는 별도의 구성이 없다면 기본적으로 ApplicaitonContext에 정의된 Job 타입의 모든 빈을 기동 시에 실행한다. 이 책에서 다루는 모든 예제 잡은 이 메커니즘을 사용해 실행된다.

사용자가 스프링 배치를 실행할 때 잡 러너를 사용하긴 하지만, 잡 러너는 프레임워크가 제공하는 표준 모듈이 아니다. 또, 각 시나리오마다 서로 다른 구현체가 필요하기 때문에 프레임워크가 JobRunner라는 인터페이스를 별도로 제공하지는 않는다(굳이 인터페이스를 만들어내려고 스프링 배치가 제공하는 두 개의 잡 러너를 살펴보면 공통적으로 사용하는 메서드가 main 메서드 밖에 없다). 실제로 프레임워크를 실행할 때 실제 진입점은 잡 러너가 아닌 org.springframe work.batch.core.launch.JobLauncher 인터페이스의 구현체다.

스프링 배치는 org.springframework.batch.core.launch.support.SimpleJobLauncher라는 단일 JobLauncher만 제공한다. CommandLineJobRunner와 JobLauncherCommand LineRunner 내부에서 사용하는 이 클래스는 요청된 잡을 실행할 때 코어 스프링의 Task Executor 인터페이스를 사용한다. 어떻게 구성하는지는 잠시만 살펴보면 알 수 있는데, 스프링에서 org.springframework.core.task.TaskExecutor를 구성하는 방법에 여러 가지가

있다는 점에 주목하자. `org.springframework.core.task.SyncTaskExecutor`를 사용한다면 잡은 JobLauncher와 동일한 스레드에서 실행된다. 별도의 스레드에서 잡을 실행하는 또 다른 방식도 있다.

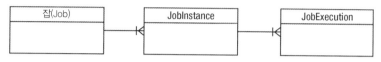

▲ 그림 4-2 잡(Job), JobInstance, JobExecution 간의 관계

배치 잡이 실행되면 `org.springframework.batch.core.JobInstance`가 생성된다. JobInstance는 잡의 논리적 실행을 나타내며 두 가지 항목으로 식별되는데, 하나는 잡 이름 이고 다른 하나는 잡에 전달돼 실행 시에 사용되는 식별 파라미터다. 잡의 실행과 잡의 실행 시도는 다른 개념이다. 예를 들어 매일 실행될 것으로 예상되는 잡이 있을 때 잡 구성은 한 번만 할 것이다. 그리고 (예를 들어 날짜와 같은) 매일 새로운 파라미터를 잡에게 전달해 실행함 으로써 새로운 JobInstance를 얻을 수 있을 것이다. 이때 각 JobInstance는 성공적으로 완 료된 JobExecution이 있다면 완료된 것으로 간주된다.

노트   JobInstance는 한 번 성공적으로 완료되면 다시 실행시킬 수 없다. JobInstance는 잡 이름과 전달된 식별 파라미터로 식별되므로, 동일한 식별 파라미터를 사용하는 잡은 한 번만 실행할 수 있다.

잡 실행을 시도할 때 스프링 배치가 JobInstance의 상태를 어떻게 알아내는지 궁금할 것이 다. 4장에서 더 자세히 살펴보겠지만, JobRepository가 사용하는 데이터베이스에 BATCH_ JOB_INSTANCE라는 테이블이 있다. 나머지 테이블은 이 테이블을 기반으로 파생된다. Job Instance를 식별할 때는 BATCH_JOB_INSTANCE와 BATCH_JOB_EXECUTION_PARAMS 테이블을 사용한다(BATCH_JOB_INSTANCE.JOB_KEY의 실체는 잡 이름과 식별 파라미터의 해시 값이다).

JobExecution은 잡 실행의 실제 시도를 의미한다. 잡이 처음부터 끝까지 단번에 실행 완료 됐다면 해당 JobInstance와 JobExecution은 단 하나씩만 존재한다. 첫 번째 잡 실행 후 오 류 상태로 종료됐다면, 해당 JobInstance를 실행하려고 시도할 때마다 새로운 JobExecution 이 생성된다. 이때 JobInstance에는 동일한 식별 파라미터가 전달된다. 스프링 배치가 잡을 실행할 때 생성하는 각 JobExecution은 BATCH_JOB_EXECUTION 테이블의 레코드로 저장된다. 또, JobExecution이 실행될 때의 상태는 BATCH_JOB_EXECUTION_CONTEXT 테이블에 저장된다. 잡에서 오류가 발생하면 스프링 배치는 이 정보를 이용해 올바른 지점에서부터 다시 잡을 시작할 수 있다.

잡 구성하기

이론은 이 정도면 충분하다. 몇 가지 코드를 살펴보자. 이 절에서는 잡을 구성하는 다양한 방법을 설명한다. 2장에서 언급했듯이 스프링과 마찬가지로 스프링 배치도 XML이나 자바를 이용해 구성한다. 앞으로 살펴볼 예제에서는 자바 구성을 사용할 것이다.

잡의 기본 구성

먼저 간단한 스프링 배치 잡을 작성해보자. 이 잡의 기능은 2장의 HelloWorld 잡과 동일하지만, 모든 코드를 단일 클래스에 작성해 잡을 단순화했다. 또한 인메모리 데이터베이스를 JobRepository로 사용하지 않는다. 실행과 관련된 일부 기능을 살펴보려면 데이터가 지속적으로 유지돼야 하기 때문이다. 이 예제에서 MySQL을 사용하는 데 JDBC를 지원하는 어떠한 데이터베이스를 사용해도 무방하다.

스프링 이니셜라이저Spring Intializr에서 batch, jdbc, mysql과 같은 의존성을 선택하고 나머지는 모두 기본값을 적용해 새 프로젝트를 생성하는 것부터 시작한다. 일단 프로젝트의 이름을 Chapter04로 하겠다. 새 프로젝트를 IDE로 불러온 후에 두 가지 작업을 수행해야 한다. 첫 번째는 스프링 부트가 제공하는 application.properties에 데이터베이스 연결 프로퍼티를 구성하는 것이다. 예제 4-1은 필요한 프로퍼티이다.

▼ 예제 4-1 application.properties

```
spring.datasource.driverClassName=com.mysql.cj.jdbc.Driver
spring.datasource.url=jdbc:mysql://localhost:3306/spring_batch
spring.datasource.username=root
spring.datasource.password=p@ssw0rd
```

```
spring.batch.initialize-schema=always
```

예제 4-1에서는 MySQL 드라이버를 사용하는 데이터 소스^{DataSource}를 생성하도록 스프링 부트를 구성했으며, 로컬 MySQL 인스턴스에 접근할 수 있도록 적절한 자격 증명 설정도 했다. 또한 데이터베이스에 배치 스키마가 존재하지 않는다면 자동으로 배치 스키마를 생성하도록 애플리케이션을 구성했다.[2]

데이터베이스 구성이 끝났다면 이제 애플리케이션 코드를 작성해보자. 예제 4-2는 이후 논의에 사용할 간단한 HelloWorld 잡이다.

▼ 예제 4-2 HelloWorld.java

```
...
@EnableBatchProcessing
@SpringBootApplication
public class HelloWorldJob {

    @Autowired
    private JobBuilderFactory jobBuilderFactory;

    @Autowired
    private StepBuilderFactory stepBuilderFactory;

    @Bean
    public Job job() {
        return this.jobBuilderFactory.get("basicJob")
                    .start(step1())
                    .build();
    }

    @Bean
    public Step step1() {
        return this.stepBuilderFactory.get("step1")
                    .tasklet((contribution, chunkContext) -> {
                        System.out.println("Hello, world!");
```

---

2   이렇게 구성하면 스프링 부트는 항상 배치 스키마를 생성하려고 시도한다. 만약 이미 스키마가 존재한다면 이 시도가 실패하는데, 그렇다 하더라도 기본 설정에 따라 이 실패는 무시되며 이후 과정이 문제 없이 진행된다.

4장_ 잡과 스텝 이해하기   97

```
                          return RepeatStatus.FINISHED;
                  }).build();
      }

      public static void main(String[] args) {
          SpringApplication.run(HelloWorldJob.class, args);
      }
  }
```

처음으로 구성한 부분은 @EnableBatchProcessing 애너테이션을 추가한 부분이다. 이 애너
테이션은 애플리케이션 내에서 한 번만 적용하면 되며, 2장에서 설명했던 것처럼 배치 잡 수
행에 필요한 인프라스트럭처를 제공한다. 그다음에 @SpringBootApplication 애너테이션을
적용해 마법처럼 스프링 부트를 부트스트랩한다. 기본적으로 스프링 부트는 이 애너테이션
이 적용된 클래스를 구성 클래스로 간주하므로 @Configuration 애너테이션을 명시적으로
추가할 필요가 없다. 스프링 부트를 사용할 때 대부분은 클래스패스 스캔을 통해 @Spring
BootApplication이 적용된 클래스를 선택한다.

클래스 선언을 한 후에 JobBuilderFactory와 StepBuilderFactory가 자동와이어링이 되도
록 구성한다. 이 두 팩토리는 JobBuilder와 StepBuilder 인스턴스를 각각 생성하며,
JobBuilder와 StepBuilder가 실제로 스프링 배치 잡과 스텝을 생성하는 데 사용된다. 두 팩
토리가 자동와이어링된 상태에서 빈 이름이 지정된 Job 타입의 잡을 정의한다. 이 팩토리 메
서드는 완전하게 구성된 스프링 배치 잡을 반환한다. 잡 자체는 스프링 배치가 제공하는 빌
더를 통해 구성된다. 즉, JobBuilderFactory.get 메서드를 호출하면서 잡 이름을 전달하면
JobBuilder를 얻을 수 있으며, 이 빌더를 사용해 잡을 구성할 수 있다. 이 잡은 하나의 스텝
만을 가지므로, 시작할 스텝을 하나 지정한 후에 JobBuilder.build()를 호출해 실제 잡을
생성한다.

마지막으로 스텝 빈을 정의한다. Step 타입을 반환하는 메서드를 작성하고 메서드 내에서
stepBuilderFactory를 사용해 스텝 구성을 한다. get 메서드를 호출하면서 스텝 이름을 전
달하면 StepBuilder가 반환되며 이 빌더를 사용해 스텝을 정의할 수 있다. 예제에서 사용하
는 스텝은 태스크릿을 사용하므로 Tasklet 구현체로써 람다 코드를 전달한다. 이 예제에서

Tasklet은 간단히 System.out.println을 수행한 이후에 완료됐음을 반환한다. 이처럼 태스크릿을 구성한 뒤에는 build()를 호출해 구성을 완료한다. 이 클래스의 마지막은 모든 스프링 부트 애플리케이션이 갖고 있는 main 메서드의 내용처럼 스프링을 부트스트랩하는 코드다.

잡 구성의 90%는 스텝의 구성 및 한 스텝에서 다음 스텝으로의 전이^{transitions}와 관련된 구성이며, 4장의 뒷부분에서 관련 내용을 다룬다.

잡 파라미터

앞에서 JobInstance가 잡 이름 및 잡에 전달된 식별 파라미터로 식별된다는 내용을 몇 번 언급했다. 또한 동일한 식별 파라미터를 사용해 동일한 잡을 두 번 이상 실행할 수 없다는 점도 배웠다. 만약 다시 실행했다면 org.springframework.batch.core.launch.JobInstanceAlreadyCompleteException을 전달받으므로 잡을 다시 수행하려면 파라미터를 변경해야 한다는 것을 알게 될 것이다. 실제로 동일한 파라미터로 잡을 두 번 실행해보면 이렇게 처리되는 것을 볼 수 있다. 애플리케이션을 빌드한 다음에 java -jar target/Chapter04-0.0.1-SNAPSHOT.jar foo=bar와 같은 명령으로 잡을 최초에 한 번만 실행하면 예제 4-3에 표시된 것처럼 평범한 로그 내용을 볼 수 있다.

▼ 예제 4-3 최초로 파라미터를 전달해 잡을 실행한 결과

```
. . .
2020-12-27 20:24:41.043  INFO 105356 --- [          main] o.s.b.a.b.JobLauncherApplication
Runner : Running default command line with: [foo=bar]
2020-12-27 20:24:41.189  INFO 105356 --- [          main] o.s.b.c.l.support.SimpleJob
Launcher     : Job: [SimpleJob: [name=basicJob]] launched with the following parameters:
[{foo=bar}]
2020-12-27 20:24:41.276  INFO 105356 --- [          main] o.s.batch.core.job.SimpleStep
Handler     : Executing step: [step1]
Hello, world!
2020-12-27 20:24:41.334  INFO 105356 --- [          main] o.s.b.c.l.support.SimpleJob
Launcher     : Job: [SimpleJob: [name=basicJob]] completed with the following parameters:
[{foo=bar}] and the following status: [COMPLETED]
. . .
```

이 상황에서 동일한 명령을 다시 실행하면 예제 4-4와 같이 매우 다른 결과를 얻을 수 있다.

▼ 예제 4-4 동일한 파라미터로 두 번 이상 잡 실행을 시도했을 때 발생하는 결과

```
2020-12-27 20:35:15.146  INFO 104736 --- [              main] o.s.b.a.b.JobLauncherApplication
Runner : Running default command line with: [foo=bar]
2020-12-27 20:35:15.274  INFO 104736 --- [              main]
ConditionEvaluationReportLoggingListener :

Error starting ApplicationContext. To display the conditions report re-run your application
with 'debug' enabled.
2020-12-27 20:35:15.278 ERROR 104736 --- [              main] o.s.boot.SpringApplication        :
Application run failed

java.lang.IllegalStateException: Failed to execute CommandLineRunner
    at org.springframework.boot.SpringApplication.callRunner(SpringApplication.java:789)
    [spring-boot-2.3.7.RELEASE.jar:2.3.7.RELEASE]
. . .

Caused by: org.springframework.batch.core.repository.JobInstanceAlreadyCompleteException: A
job instance already exists and is complete for parameters={foo=bar}.  If you want to run
this job again, change the parameters.
    at org.springframework.batch.core.repository.support.SimpleJobRepository.createJob
    Execution(SimpleJobRepository.java:135) ~[spring-batch-core-4.2.5.RELEASE.jar:
    4.2.5.RELEASE]
. . .
```

이 시점에서 어떻게 잡에 파라미터를 전달하는지 궁금할 것이다. 스프링 배치는 잡에 파라미터를 전달할 수 있게 해줄 뿐만 아니라 잡 실행 전에 파라미터를 자동으로 증가시키거나[3] 검증할 수도 있게 해준다. 어떻게 잡에 파라미터를 전달하는지 살펴보자.

잡에 파라미터를 전달하는 방법은 사용자가 잡을 어떻게 호출하는지에 따라 달라진다. 잡 러너의 기능 중 하나가 바로 잡 실행에 필요한 `org.springframework.batch.core.JobParameters` 객체를 생성해 `JobInstance`에 전달하는 것이다. 명령행에서 잡을 시작할 때와 쿼

---

3   JobInstance를 보면 증가하는 파라미터를 갖는 것이 타당해 보인다. 예를 들어 잡이 실행되는 날짜가 파라미터 중 하나라면 파라미터 증분기(incrementer)를 사용해 자동으로 처리할 수 있다.

츠^{Quartz} 스케줄러에서 잡을 시작할 때의 파라미터를 전달하는 방식이 서로 다르기 때문에 이는 당연하다. 지금까지 스프링 부트의 JobLauncherCommandLineRunner를 사용해왔으므로 이 러너를 기준으로 파라미터 전달 방법을 알아보자.

JobLauncherCommandLineRunner에 파라미터를 전달하는 것은 이전 예제에서 명령행으로 key=value 쌍을 전달했던 것처럼 간단하다. 예제 4-5는 지금까지 잡을 호출할 때 잡에 파라미터를 전달했던 방법을 보여준다.

▼ 예제 4-5 CommandLineJobRunner에 파라미터 전달하기

```
java -jar demo.jar name=Michael
```

예제 4-5에서는 name이라는 파라미터 하나를 전달한다. 사용자가 배치 잡에게 파라미터를 전달하면 잡 러너는 JobParameters 인스턴스를 생성하는데, 해당 인스턴스는 잡이 전달받는 모든 파라미터의 컨테이너 역할을 한다.

노트　스프링 배치의 JobParameters는 스프링 부트의 명령행 기능을 사용해 프로퍼티를 구성하는 것과 다르다. 따라서 ─ 접두사를 사용해 잡 파라미터를 전달하면 안 된다.
또한 스프링 배치의 JobParameters는 시스템 프로퍼티와도 다르므로 명령행에서 ─D 아규먼트를 사용해 배치 애플리케이션에 전달해서도 안 된다.

JobParameters는 java.util.Map<String, JobParameter> 객체의 래퍼^{wrapper}에 불과하다. 이 예제에서는 파라미터의 값으로 문자열을 전달했지만, 실제로 해당 Map의 값은 org. springframework.batch.core.JobParameter 인스턴스이다. 이는 타입 때문이다. 스프링 배치는 파라미터의 타입을 변환하는 기능을 제공하며, 변환된 타입에 맞는 JobParameter의 접근자를 제공한다. 파라미터의 타입을 long으로 지정하면 java.lang.Long 타입처럼 사용할 수 있다. String, Double, java.util.Date 타입도 기본적으로 지원한다. 타입 변환 기능을 사용하려면 예제 4-9에서 볼 수 있듯이 파라미터 이름 뒤에 괄호를 쓰고 그 안에 파라미터의 타입을 명시해 스프링 배치에게 알려주면 된다. 스프링 배치에서 해당 타입 이름은 모두 소문자여야 한다.

```
java -jar demo.jar executionDate(date)=2020/12/27
```

잡에 전달한 파라미터를 확인하고 싶다면 JobRepository를 살펴보면 된다. JobRepository
의 데이터베이스 스키마에는 BATCH_JOB_EXECUTION_PARAMS 테이블이 있다. 예제 4-6의 예
제 애플리케이션을 실행한 다음에 이 테이블을 조회해보면 표 4-1에서와 같은 내용을 볼 수
있다(long_val 및 double_val 칼럼을 제외해 간략하게 보이도록 했다).

▼ 표 4-1 BATCH_JOB_EXECUTION_PARAMS 테이블의 내용

JOB_EXECUTION_ID	TYPE_CD	KEY_NAME	STRING_VAL	DATE_VAL	IDENTIFYING
1	DATE	executionDate		2020-12-27 00:00:00	Y

지금까지는 식별 파라미터가 JobInstance를 식별하는 데 사용되도록 지정했다. 이는 다시
말해 식별에 사용되지 않는 파라미터도 있음을 의미한다. 그리고 실제로도 존재한다. 스프
링 배치 2.2 버전부터 잡 파라미터를 전달할 때 해당 파라미터가 JobInstance 식별에 사용
되도록 할지의 여부를 표시할 수 있는 기능이 추가됐다. 이는 예를 들어 JobInstance를 식
별하는 데 실행 날짜를 사용하는 잡이 있다면 실행 날짜는 식별 파라미터로 사용해야겠지만,
매번 잡을 실행할 때마다 여러 조건에 따라 런타임에 변경될 수 있는 다른 파라미터는 수정
하기를 원하는 상황(예를 들어 입력 파일 이름 변경하기 등)일 때 유용하다. 특정 잡 파라미터가
식별에 사용되지 않게 하려면 예제 4-7처럼 접두사 "-"를 사용한다.

▼ 예제 4-7 특정 잡 파라미터가 식별에 사용되지 않도록 지정하기

```
java -jar demo.jar executionDate(date)=2020/12/27 -name=Michael
```

예제 4-7에서 executionDate라는 잡 파라미터가 식별에 사용되도록 "-" 접두어를 사용하
지 않았으므로, 해당 파라미터는 잡을 실행했을 때 새 JobInstance를 생성할지 기존 Job
Instance를 사용할지 여부를 결정하는 데 사용될 것이다. 반면 name 파라미터는 식별에 사용되
지 않는다. executionDate가 2020/12/27인 첫 번째 잡 실행이 실패하면 동일한 execution

Date를 사용해 잡을 다시 실행할 수 있는데, name의 값을 John으로 변경하더라도 스프링 배치는 기존 JobInstance를 기반으로 새 JobExecution을 생성한다.

잡 파라미터에 접근하기

이제 배치 잡에게 파라미터를 전달하는 방법을 알게 됐다. 그렇다면 해당 파라미터에 어떻게 접근할 수 있을까? ItemReader, ItemProcessor, ItemWriter 및 Tasklet 인터페이스를 살펴보면 모든 메서드가 JobParameters 인스턴스를 파라미터로 전달받지는 않는다는 점을 알 수 있다. 파라미터에 접근하는 위치에 따라 서로 다른 몇 가지 방식을 선택할 수 있다.

- ChunkContext: HelloWorld 태스크릿을 보면 execute 메서드가 두 개의 파라미터를 전달받는 것을 볼 수 있다. 첫 번째 파라미터는 org.springframework.batch.core.StepContribution으로, 아직 커밋되지 않은 현재 트랜잭션에 대한 정보(쓰기 수, 읽기 수 등)를 가지고 있다. 두 번째 파라미터는 ChunkContext 인스턴스다. 이 인스턴스는 실행 시점의 잡 상태를 제공한다. 또한 태스크릿 내에서는 처리 중인 청크와 관련된 정보도 갖고 있다. 해당 청크 정보는 스텝 및 잡과 관련된 정보도 갖고 있다. 짐작할 수 있듯이 ChunkContext에는 JobParameters가 포함된 org.springframework.batch.core.scope.context.StepContext의 참조가 있다.
- 늦은 바인딩^{Late binding}: 스텝이나 잡을 제외한 프레임워크 내 특정 부분에 파라미터를 전달하는 가장 쉬운 방법은 스프링 구성을 사용해 주입하는 것이다. JobParameters는 변경할 수 없으므로 부트스트랩 시에 바인딩하는 것이 좋다.

예제 4-8은 ChunkContext를 사용해 JobParameters에 접근하는 방법의 예이며, name 파라미터를 사용해 출력하도록 로직을 수정한 HelloWorld 잡이다.

▼ 예제 4-8 스프링 구성을 사용해 JobParameters에 접근하기

```
...
@EnableBatchProcessing
@SpringBootApplication
public class HelloWorldJob {
```

```java
@Autowired
private JobBuilderFactory jobBuilderFactory;

@Autowired
private StepBuilderFactory stepBuilderFactory;

@Bean
public Job job() {
    return this.jobBuilderFactory.get("basicJob")
                    .start(step1())
                    .build();
}

@Bean
public Step step1() {
    return this.stepBuilderFactory.get("step1")
                    .tasklet(helloWorldTasklet())
                    .build();
}

@Bean
public Tasklet helloWorldTasklet() {

    return (contribution, chunkContext) -> {
                String name = (String) chunkContext.getStepContext()
                        .getJobParameters()
                        .get("name");

                System.out.println(String.format("Hello, %s!", name));
                return RepeatStatus.FINISHED;
        };
}

public static void main(String[] args) {
    SpringApplication.run(HelloWorldJob.class, args);
}
}
```

스프링 배치는 JobParameter 클래스의 인스턴스에 잡 파라미터를 저장하는데, getJobPara
meters()를 호출하는 방식으로 잡 파라미터를 가져오면 Map<String, Object>가 반환된다.

그래서 예제처럼 타입 캐스팅이 필요하다.

예제 4-9는 스프링의 늦은 바인딩으로 JobParameters 코드를 참조하지 않고도 잡 파라미터를 컴포넌트에 주입하는 방법을 보여준다. 예제에서는 스프링 EL^{Expression Language}을 사용해 값을 전달한다. 한편 늦은 바인딩으로 구성될 빈은 스텝이나 잡 스코프를 가져야 한다.

▼ 예제 4-9 늦은 바인딩을 사용해 잡 파라미터 얻어오기

```
...
@EnableBatchProcessing
@SpringBootApplication
public class HelloWorldJob {

    @Autowired
    private JobBuilderFactory jobBuilderFactory;

    @Autowired
    private StepBuilderFactory stepBuilderFactory;

    @Bean
    public Job job() {
        return this.jobBuilderFactory.get("basicJob")
                        .start(step1())
                        .build();
    }

    @Bean
    public Step step1() {
        return this.stepBuilderFactory.get("step1")
                        .tasklet(helloWorldTasklet(null))
                        .build();
    }

    @Bean
    public Tasklet helloWorldTasklet(
            @Value("#{jobParameters['name']}") String name) {

        return (contribution, chunkContext) -> {
                    System.out.println(String.format("Hello, %s!", name));
                    return RepeatStatus.FINISHED;
```

```
                };
        }

        public static void main(String[] args) {
                SpringApplication.run(HelloWorldJob.class, args);
        }
}
```

이 빈(늦은 바인딩을 허용)에 스텝 스코프를 적용한 버전을 예제 4-10에서 볼 수 있다.

▼ 예제 4-10 스텝 스코프 빈 구성

```
...
@StepScope
@Bean
public Tasklet helloWorldTasklet(
        @Value("#{jobParameters['name']}") String name) {

    return (contribution, chunkContext) -> {
            System.out.println(String.format("Hello, %s!", name));
            return RepeatStatus.FINISHED;
        };
}
...
```

스프링 배치에 포함된 이 커스텀 스텝 스코프와 잡 스코프를 사용하면 늦은 바인딩 기능을 쉽게 사용할 수 있다. 이 스코프 각각의 기능은 스텝의 실행 범위(스텝 스코프)나 잡의 실행 범위(잡 스코프)에 들어갈 때까지 빈 생성을 지연시키는 것이다. 이렇게 함으로써 명령행 또는 다른 소스에서 받아들인 잡 파라미터를 빈 생성 시점에 주입할 수 있다.

잡에게 파라미터를 전달하고 이를 사용할 수 있도록 제공하는 기능 외에, 스프링 배치 프레임워크에 내장된 두 가지 파라미터 특화 기능을 다음 절에서 설명한다. 첫 번째는 파라미터 유효성 검증 기능이며, 두 번째는 주어진 파라미터를 각 잡 실행 시마다 증가시키는 기능이다. 파라미터 유효성 검증을 먼저 알아보자.

잡 파라미터 유효성 검증하기

소프트웨어는 외부에서 입력을 받아들일 때마다 그 값이 예상대로 유효한지 확인하는 것이 좋다. 웹 환경에서는 클라이언트 측의 자바스크립트^{JavaScript}뿐만 아니라 서버 측의 다양한 프레임워크를 사용해 사용자 입력을 검증하는데, 배치 파라미터의 검증도 이와 다르지 않다. 다행히도 스프링 배치는 잡 파라미터를 매우 쉽게 검증할 수 있게 해준다. org.spring framework.batch.core.JobParametersValidator 인터페이스를 구현하고 해당 구현체를 잡 내에 구성하면 된다. 예제 4-11은 스프링 배치의 잡 파라미터 유효성 검증기^{Validator}의 예를 보여준다.

▼ 예제 4-11 a.csv 파일의 유효성을 검증하는 파라미터 유효성 검증기

```
...
public class ParameterValidator implements JobParametersValidator {

    @Override
    public void validate(JobParameters parameters) throws JobParametersInvalidException {
        String fileName = parameters.getString("fileName");

        if(!StringUtils.hasText(fileName)) {
            throw new JobParametersInvalidException("fileName parameter is missing");
        }
        else if(!StringUtils.endsWithIgnoreCase(fileName, "csv")) {
            throw new JobParametersInvalidException("fileName parameter does " +
                                    "not use the csv file extension");
        }
    }
}
```

위 예제에서 validate 메서드를 볼 수 있다. 이 메서드의 반환 타입이 void이므로 JobParametersInvalidException이 발생하지 않는다면 유효성 검증을 통과했다고 판단한다. 이 예제에서는 fileName 파라미터가 없거나 파라미터 값이 .csv로 끝나지 않으면 예외가 발생되며 잡이 실행되지 않는다.

예제 4-11처럼 파라미터 유효성 검증기를 직접 구현할 수도 있겠지만, 스프링 배치는 모든

필수 파라미터가 누락없이 전달됐는지 확인하는 유효성 검증기인 org.springframe
work.batch.core.job.DefaultJobParametersValidator를 기본적으로 제공한다. 이 유효
성 검증기를 사용하려면 앞서 커스텀 유효성 검증기를 구성했던 것과 동일한 방식으로 구성
하면 된다. DefaultJobParametersValidator에는 requiredKeys와 optionalKeys라는 두 가
지 선택적인 의존성이 있다. 둘 다 문자열 배열로써 파라미터 이름 목록이 담기는데, 각각
필수 파라미터 목록과 필수가 아닌 파라미터 목록을 의미한다. 예제 4-12는 DefaultJob
ParametersValidator의 구성 예다.

▼ 예제 4-12 DefaultJobParametersValidator 구성

```
...
@Bean
public JobParametersValidator validator() {
    DefaultJobParametersValidator validator = new DefaultJobParametersValidator();

    validator.setRequiredKeys(new String[] {"fileName"});
    validator.setOptionalKeys(new String[] {"name"});

    return validator;
}
…
```

예제 4-12에서는 DefaultJobParametersValidator에 fileName이 필수 파라미터로 구성돼
있다. 따라서 fileName을 잡 파라미터로 전달하지 않고 잡을 실행하려고 시도하면 유효성 검
증에 실패한다. 필수가 아닌 옵션 키인 name도 구성했다. 이렇게 하면 이 잡에 전달할 수 있
는 두 가지 파라미터는 fileName과 name이다. 그 외 다른 파라미터 변수가 전달되면 유효성
검증에 실패한다. 옵션 키가 구성돼 있지 않고 필수 키만 구성돼 있다면, 필수 키를 전달하
기만 하면 그 외 어떤 키의 조합을 전달하더라도 유효성 검증을 통과한다. DefaultJob
ParametersValidator는 파라미터 존재 여부를 제외한 다른 유효성 검증을 수행하지는 않는
다. 더 강력한 유효성 검증이 필요하다면 JobParametersValidator를 용도에 맞게 직접 구
현해야 한다.

이 두 가지 유효성 검증기를 사용하려면 잡에 해당 유효성 검증기를 사용하도록 구성해야 한

다. 4장에서 작성했던 HelloWorld 예제로 돌아가서 JobParametersValidators를 잡에 추가하면 스프링 배치가 잡 시작 시에 유효성 검증을 수행한다. 그러나 이때 작은 문제가 있다. 두 개의 유효성 검증기를 사용하고 싶지만 유효성 검증기 구성에 사용하는 JobBuilder의 메서드는 하나의 JobParameterValidator 인스턴스만 지정하게 돼 있다. 다행히 스프링 배치는 이런 사례에 사용할 수 있는 CompositeJobParametersValidator를 제공한다. 예제 4-13은 CompositeJobParametersValidator를 사용해 원하는 두 개의 유효성 검증기를 사용할 수 있도록 변경된 잡 구성이다.

▼ 예제 4-13 JobParameters의 유효성 검증을 수행하도록 구성된 잡

```
...
@EnableBatchProcessing
@SpringBootApplication
public class HelloWorldJob {

    @Autowired
    private JobBuilderFactory jobBuilderFactory;

    @Autowired
    private StepBuilderFactory stepBuilderFactory;

    @Bean
    public CompositeJobParametersValidator validator() {
        CompositeJobParametersValidator validator =
                new CompositeJobParametersValidator();

        DefaultJobParametersValidator defaultJobParametersValidator =
                new DefaultJobParametersValidator(
                        new String[] {"fileName"},
                        new String[] {"name"});

        defaultJobParametersValidator.afterPropertiesSet();

        validator.setValidators(
                Arrays.asList(new ParameterValidator(),
                        defaultJobParametersValidator));

        return validator;
```

```
        }

        @Bean
        public Job job() {
                return this.jobBuilderFactory.get("basicJob")
                                .start(step1())
                                .validator(validator())
                                .build();
        }

        @Bean
        public Step step1() {
                return this.stepBuilderFactory.get("step1")
                                .tasklet(helloWorldTasklet(null, null))
                                .build();
        }

        @StepScope
        @Bean
        public Tasklet helloWorldTasklet(
                        @Value("#{jobParameters['name']}") String name,
                        @Value("#{jobParameters['fileName']}") String fileName) {

                return (contribution, chunkContext) -> {

                                System.out.println(
                                        String.format("Hello, %s!", name));
                                System.out.println(
                                        String.format("fileName = %s", fileName));

                        return RepeatStatus.FINISHED;
                };
        }

        public static void main(String[] args) {
                SpringApplication.run(HelloWorldJob.class, args);
        }
}
```

이 애플리케이션을 빌드한 후에는 필수 파라미터인 filename 없이 실행하거나 fileName 파라미터의 형식이 잘못됐다면 (파일 이름이 csv로 끝나지 않는 경우) 예외가 발생하고 잡이 실행되지 않는다. 예제 4-14에서 java -jar target/Chapter04-0.0.1-SNAPSHOT.jar 명령을 실행했을 때의 결과를 볼 수 있다.

▼ 예제 4-14 JobParameters 유효성 검증에 실패했을 때 출력 결과

```
. . .
2020-12-27 21:01:41.149  INFO 101708 --- [           main] o.s.b.a.b. JobLauncherApplication
Runner : Running default command line with: []
2020-12-27 21:01:41.209  INFO 101708 --- [           main]
ConditionEvaluationReportLoggingListener :

Error starting ApplicationContext. To display the conditions report re-run your application
with 'debug' enabled.
2020-12-27 21:01:41.216 ERROR 101708 --- [           main] o.s.boot.SpringApplication
:
Application run failed

java.lang.IllegalStateException: Failed to execute ApplicationRunner
    at org.springframework.boot.SpringApplication.callRunner(SpringApplication.java:789)
    [spring-boot-2.3.7.RELEASE.jar:2.3.7.RELEASE]
    at
. . .
Caused by: org.springframework.batch.core.JobParametersInvalidException: fileName parameter
is missing
    at com.example.Chapter04.batch.ParameterValidator.validate(ParameterValidator.java:33)
    ~[classes/:na]
    at org.springframework.batch.core.job.CompositeJobParametersValidator.validate(Composite
JobParametersValidator.java:49) ~[spring-batch-core-4.2.5.RELEASE.jar:4.2.5.RELEASE]
    at
. . .
```

동일한 코드를 필수 파라미터만 전달해 수행하면 잡은 실행되지만 태스크릿 내에서 Hello를 출력해야 하는 System.out이 null을 출력한다. java -jar target/Chapter04-0.0.1-SNAPSHOT.jar fileName=foo.csv name=Michael처럼 두 파라미터를 모두 제공해야 모든 것이 예상대로 동작한다. 예제 4-15는 모든 잡 파라미터가 제공됐을 때 볼 수 있는 최종 출력을 보여준다.

```
. . .
2020-12-27 21:07:57.090  INFO 103432 --- [        main] o.s.b.a.b. JobLauncherApplication
Runner : Running default command line with: [fileName=foo.csv, name=Michael]
2020-12-27 21:07:57.252  INFO 103432 --- [        main] o.s.b.c.l.support.SimpleJob
Launcher     : Job: [SimpleJob: [name=basicJob]] launched with the following parameters:
[{name=Michael, fileName=foo.csv}]
2020-12-27 21:07:57.343  INFO 103432 --- [        main] o.s.batch.core.job.SimpleStep
Handler    : Executing step: [step1]
Hello, Michael!
fileName = foo.csv
2020-12-27 21:07:57.474  INFO 103432 --- [        main] o.s.b.c.l.support.
SimpleJobLauncher       : Job: [SimpleJob: [name=basicJob]] completed with the following
parameters: [{name=Michael, fileName=foo.csv}] and the following status: [COMPLETED]
. . .
```

잡 파라미터 증가시키기

지금까지는 주어진 식별 파라미터 집합으로 잡을 단 한 번만 실행할 수 있다는 제약 아래에서 실행해왔다. 지금까지 책의 예제를 따라왔다면, 예제 4-4에서와 같이 동일한 파라미터를 사용해 동일한 잡을 두 번 수행했을 때 예외가 발생하는 것을 볼 수 있었을 것이다. 그러나 이를 피할 간단한 방법이 있다. 바로 JobParametersIncrementer를 사용하는 것이다.

org.springframework.batch.core.JobParametersIncrementer는 잡에서 사용할 파라미터를 고유하게 생성할 수 있도록 스프링 배치가 제공하는 인터페이스이다. 매 실행 시에 타임스탬프를 추가할 수도 있다. 매 실행 시마다 파라미터를 증가시켜야 하는 다른 업무 로직이 있을 수도 있다. 스프링 배치 프레임워크는 이 인터페이스의 구현체 하나를 제공하며, 이 구현체는 기본적으로 파라미터 이름이 run.id인 long 타입 파라미터의 값을 증가시킨다.

예제 4-16은 4장에서 지금까지 만들어오던 잡에 JobParametersIncrementer의 참조를 추가하도록 구성하는 방법을 보여준다.

```
...
@Bean
public CompositeJobParametersValidator validator() {
    CompositeJobParametersValidator validator =
                new CompositeJobParametersValidator();

    DefaultJobParametersValidator defaultJobParametersValidator =
                new DefaultJobParametersValidator(
                            new String[] {"fileName"},
                            new String[] {"name", "run.id"});

    defaultJobParametersValidator.afterPropertiesSet();

    validator.setValidators(
                Arrays.asList(new ParameterValidator(),
                    defaultJobParametersValidator));

    return validator;
}

@Bean
public Job job() {
    return this.jobBuilderFactory.get("basicJob")
                .start(step1())
                .validator(validator())
                .incrementer(new RunIdIncrementer())
                .build();
}
...
```

이 예제 잡에 RunIdIncrementer를 적용하려면 잡 구성 작업 외에 추가 구성이 필요하다. 또한 RunIdIncrementer를 도입하면서 새로 추가해야 하는 파라미터를 JobParameters Validator에 추가해야 한다.

JobParametersIncrementer를 구성한 이후에는(이 예제에서는 프레임워크가 제공하는 org. springframework.batch.core.launch.support.RunIdIncrementer를 사용함), 예제 4-17처럼 전달된 동일한 파라미터를 사용해 원하는 만큼 잡을 수행할 수 있다.

```
java -jar target/Chapter04-0.0.1-SNAPSHOT.jar fileName=foo.csv name=Michael
```

실제로 잡을 실행해보자. 잡을 3~4회 수행한 후 BATCH_JOB_EXECUTION_PARAMS 테이블의 데이터를 보면서 스프링 배치가 세 개의 파라미터를 어떻게 사용해 잡을 실행하는지 확인해보기 바란다. 세 개의 파라미터는 Michael이란 문자열 값을 가진 name 파라미터, foo.csv라는 문자열 값을 가진 fileName 파라미터, long 타입의 값을 가진 run.id 파라미터다. run.id의 값은 매번 변경되며 예제 4-18에 표시된 것처럼 각 실행마다 1씩 증가한다.

▼ 예제 4-18 세 번의 잡 실행 이후에 RunIdIncrementer의 결과

```
mysql> select job_execution_id as id, type_cd as type, key_name as name, string_val, long_
val, identifying from spring_batch.batch_job_execution_params;
+----+--------+----------+------------+----------+-------------+
| id | type   | name     | string_val | long_val | identifying |
+----+--------+----------+------------+----------+-------------+
| 1  | STRING | name     | Michael    | 0        | Y           |
| 1  | LONG   | run.id   |            | 1        | Y           |
| 1  | STRING | fileName | foo.csv    | 0        | Y           |
| 2  | STRING | name     | Michael    | 0        | Y           |
| 2  | STRING | fileName | foo.csv    | 0        | Y           |
| 2  | LONG   | run.id   |            | 2        | Y           |
| 3  | STRING | name     | Michael    | 0        | Y           |
| 3  | STRING | fileName | foo.csv    | 0        | Y           |
| 3  | LONG   | run.id   |            | 3        | Y           |
+----+--------+----------+------------+----------+-------------+
9 rows in set (0.00 sec)
```

앞에서 잡 실행 시마다 타임스탬프를 파라미터로 사용할 수 있다는 사실을 언급했다. 이런 방식은 하루에 한 번 실행되는 잡에 사용하는 것이 일반적이다. 이 방식을 사용하려면 JobParametersIncrementer를 직접 구현해야 한다. 구성 및 실행 방법은 이전과 동일하다. 다만 RunIdIncrementer를 사용하는 대신 예제 4-19에서 볼 수 있듯이 DailyJobTimestamper를 사용한다.

▼ 예제 4-19 DailyJobTimestamper.java

```
...
public class DailyJobTimestamper implements JobParametersIncrementer {
  @Override
  public JobParameters getNext(JobParameters parameters) {

    return new JobParametersBuilder(parameters)
      .addDate("currentDate", new Date())
      .toJobParameters();
  }
}
```

새 증분기^{incrementer}를 만들었다면 잡에 추가해야 한다. 그리고 기존에 사용하던 RunIdIn
cremeter를 제거한 후에 새 증분기가 사용하는 파라미터인 currentDate를 새로 추가하도
록 파라미터 유효성 검증 기능을 변경해야 한다. 예제 4-20은 변경된 잡 구성이다.

▼ 예제 4-20 DailyJobTimestamper를 사용하도록 변경된 잡

```
@EnableBatchProcessing
@SpringBootApplication
public class HelloWorldJob {

    @Autowired
    private JobBuilderFactory jobBuilderFactory;

    @Autowired
    private StepBuilderFactory stepBuilderFactory;

    @Bean
    public CompositeJobParametersValidator validator() {
        CompositeJobParametersValidator validator =
                new CompositeJobParametersValidator();

        DefaultJobParametersValidator defaultJobParametersValidator =
                new DefaultJobParametersValidator(
                        new String[] {"fileName"},
                        new String[] {"name", "currentDate"});

        defaultJobParametersValidator.afterPropertiesSet();
```

```java
        validator.setValidators(
                Arrays.asList(new ParameterValidator(),
                        defaultJobParametersValidator));

        return validator;
}

@Bean
public Job job() {
        return this.jobBuilderFactory.get("basicJob")
                .start(step1())
                .validator(validator())
                .incrementer(new DailyJobTimestamper())
                .build();
}

@Bean
public Step step1() {
        return this.stepBuilderFactory.get("step1")
                .tasklet(helloWorldTasklet(null, null))
                .build();
}

@StepScope
@Bean
public TasklethelloWorldTasklet(
                @Value("#{jobParameters['name']}") String name,
                @Value("#{jobParameters['fileName']}") String fileName) {

        return (contribution, chunkContext) -> {

                System.out.println(
                        String.format("Hello, %s!", name));
                System.out.println(
                        String.format("fileName = %s", fileName));

                return RepeatStatus.FINISHED;
        };
}
```

```
    public static void main(String[] args) {
        SpringApplication.run(HelloWorldJob.class, args);
    }
}
```

일단 빌드가 완료되면 이전에 수행했듯이 java -jar target/Chapter04-0.0.1-SNAPSHOT.
jar fileName=foo.csv name=Michael과 같은 명령으로 이 잡을 실행시킬 수 있다. 예제 4-21
에서 새로운 JobParameterIncrementer를 사용한 결과를 볼 수 있다.

▼ 예제 4-21 DailyJobTimestamper를 사용했을 때 BATCH_JOB_EXECUTION_PARAMS

```
mysql> select job_execution_id as id, type_cd as type, key_name as name, string_val as
s_val, date_val as d_val, identifying from spring_batch.batch_job_execution_params;
+----+--------+-------------+---------+---------------------+-------------+
| id | type   | name        | s_val   | d_val               | identifying |
+----+--------+-------------+---------+---------------------+-------------+
| 1  | STRING | name        | Michael | 1969-12-31 18:00:00 | Y           |
| 1  | DATE   | currentDate |         | 2019-01-16 16:40:55 | Y           |
| 1  | STRING | fileName    | foo.csv | 1969-12-31 18:00:00 | Y           |
+----+--------+-------------+---------+---------------------+-------------+
3 rows in set (0.00 sec)
```

잡 파라미터가 프레임워크의 중요한 부분이라는 것은 분명하다. 잡 파라미터는 런타임 시 잡
에 특정한 값을 지정할 수 있게 해준다. 또한 잡 실행을 고유하게 식별하는 데 사용된다. 이
책에서는 잡 파라미터를 잡 실행 날짜 구성 및 오류 파일 재처리와 같은 일을 할 목적으로 자
주 사용한다. 이제 잡에 적용할 수 있는 또 다른 강력한 기능인 잡 리스너를 살펴보자.

잡 리스너 적용하기

모든 잡은 생명주기를 갖는다. 실제로 스프링 배치에서는 거의 모든 측면에서 생명주기가 잘
정의돼 있다. 이를 바탕으로 스프링 배치는 생명주기의 여러 시점에 로직을 추가할 수 있는
기능을 제공한다. 잡 실행과 관련이 있다면 JobExecutionListener를 사용할 수 있다. 이 인
터페이스는 beforeJob과 afterJob의 두 메서드를 제공한다. 이 두 콜백 메서드는 잡 생명주

기에서 가장 먼저 실행되거나 가장 나중에 실행된다. 다음과 같은 다양한 사용 사례에 이러한 콜백을 활용할 수 있다.

- **알림**: 스프링 클라우드 태스크^{Spring Cloud Task}[4]는 잡의 시작이나 종료를 다른 시스템에 알리는 메시지 큐 메시지를 생성하는 JobExecutionListener를 제공한다.
- **초기화**: 잡 실행 전에 준비해둬야 할 뭔가가 있다면 beforeJob 메서드가 해당 로직을 실행하기에 좋은 곳이다.
- **정리**^{Cleanup}: 많은 잡이 실행 이후에 정리 작업을 수행한다(파일을 삭제하거나 보관하는 작업 등). 이 정리 작업은 잡의 성공/실패에 영향을 미치지 않지만 실행돼야 한다. afterJob은 이러한 일을 처리하기에 완벽한 곳이다.

잡 리스너를 작성하는 두 가지 방법이 있다. 첫 번째는 org.springframework.batch.core. JobExecutionListener 인터페이스를 구현하는 방법이다. 이 인터페이스는 beforeJob과 afterJob이라는 두 메서드를 가지고 있다. 각각은 JobExecution을 파라미터로 전달받아 실행되며, 이름으로 추측할 수 있듯이 잡이 실행되기 전과 실행된 후에 각각 실행된다. afterJob 메서드에서 주목해야 할 한 가지 중요한 점은 이 메서드가 잡의 완료 상태에 관계없이 호출된다는 것이다. 그러므로 잡의 종료 상태에 따라 어떤 일을 수행할지 결정할 수도 있다. 예제 4-22에서는 잡 실행 전후에 해당 잡과 관련된 정보를 출력하며 잡 종료 시에는 해당 잡의 상태도 출력하는 간단한 리스너의 예제를 볼 수 있다.

▼ 예제 4-22 JobLoggerListener.java

```
...
public class JobLoggerListener implements JobExecutionListener {

    private static String START_MESSAGE = "%s is beginning execution";
    private static String END_MESSAGE =
                "%s has completed with the status %s";

    @Override
```

---

4   이 책의 뒷부분에서 스프링 클라우드 태스크와 관련된 자세한 내용을 알아본다.

```
public void beforeJob(JobExecution jobExecution) {
        System.out.println(String.format(START_MESSAGE,
                    jobExecution.getJobInstance().getJobName()));
    }

@Override
public void afterJob(JobExecution jobExecution) {
        System.out.println(String.format(END_MESSAGE,
                    jobExecution.getJobInstance().getJobName(),
                    jobExecution.getStatus()));
    }
}
```

이 새로운 리스너를 사용하도록 잡을 구성하려면 예제 4-23에서 볼 수 있듯이 JobBuilder
의 listener 메서드를 호출하면 된다.

▼ 예제 4-23 JobLoggerListener를 사용하는 잡

```
...
@Bean
public Job job() {

    return this.jobBuilderFactory.get("basicJob")
                .start(step1())
                .validator(validator())
                .incrementer(new DailyJobTimestamper())
                .listener(new JobLoggerListener())
                .build();
}
...
```

변경된 코드를 실행하면 스프링 배치는 잡 내의 처리를 시작하기 전에 beforeJob 메서드를
자동으로 호출하고, 잡 내의 처리가 완료되면 afterJob 메서드를 호출한다. 예제 4-24에서
변화된 출력을 볼 수 있다.

```
. . .
2020-12-27 21:38:25.257  INFO 104828 --- [        main] o.s.b.a.b.JobLauncherApplication
Runner   : Running default command line with: [fileName=foo.csv, name=Michael]
2020-12-27 21:38:25.418  INFO 104828 --- [        main] o.s.b.c.l.support.SimpleJob
Launcher    : Job: [SimpleJob: [name=basicJob]] launched with the following parameters:
[{name=Michael, currentDate=1609072705342, fileName=foo.csv}]
basicJob is beginning execution
2020-12-27 21:38:25.501  INFO 104828 --- [        main] o.s.batch.core.job.SimpleStep
Handler    : Executing step: [step1]
Hello, Michael!
fileName = foo.csv
basicJob has completed with the status COMPLETED
2020-12-27 21:38:25.648  INFO 104828 --- [        main] o.s.b.c.l.support.SimpleJob
Launcher    : Job: [SimpleJob: [name=basicJob]] completed with the following parameters:
[{name=Michael, currentDate=1609072705342, fileName=foo.csv}] and the following status:
[COMPLETED]
. . .
```

최근의 스프링 배치에서 모든 다른 것들도 마찬가지겠지만, 스프링이 특정 목적으로 구현할 인터페이스를 제공한다면 구현 작업을 더 편리하게 만들어주는 애너테이션이 존재할 것이다. 리스너를 생성하는 일도 마찬가지다. 스프링 배치는 리스너 용도로 사용하는 @Before Job과 @AfterJob 애너테이션을 제공한다. 예제 4-25에서 애너테이션을 적용한 모습을 보여주는데, 이전과의 유일한 차이점은 JobExecutionListener 인터페이스를 구현할 필요가 없다는 것이다.

▼ 예제 4-25 JobLoggerListener.java

```
...
public class JobLoggerListener {

    private static String START_MESSAGE = "%s is beginning execution";

    private static String END_MESSAGE = "%s has completed with the status %s";

    @BeforeJob
    public void beforeJob(JobExecution jobExecution) {
```

```
        System.out.println(String.format(START_MESSAGE,
                jobExecution.getJobInstance().getJobName()));
    }

    @AfterJob
    public void afterJob(JobExecution jobExecution) {
        System.out.println(String.format(END_MESSAGE,
                jobExecution.getJobInstance().getJobName(),
                jobExecution.getStatus()));
    }
}
```

애너테이션을 사용하면 구성 방법이 약간 달라진다. 스프링 배치에서 이 리스너를 잡에 주입하려면 래핑을 해야 한다. 래핑에는 예제 4–26에 나타난 것처럼 JobListenerFactoryBean을 사용한다. 이처럼 리스너를 적용한 예제의 실행 결과는 이전 실행 결과와 동일하다.

▼ 예제 4–26 BatchConfiguration.java 내에 잡 리스너 구성하기

```
...
@Bean
public Job job() {

    return this.jobBuilderFactory.get("basicJob")
                .start(step1())
                .validator(validator())
                .incrementer(new DailyJobTimestamper())
                .listener(JobListenerFactoryBean.getListener(
                        new JobLoggerListener()))
                .build();
}
...
```

리스너는 잡의 특정 시점에 로직을 실행할 수 있는 유용한 도구다. 리스너는 스텝, 리더, 라이터 등과 같이 여러 컴포넌트에도 사용할 수 있다. 이 책의 뒷부분에서 각 컴포넌트를 다루면서 관련 내용을 살펴볼 것이다. 아직 잡과 관련해 다뤄야 할 부분이 하나 더 남아 있다. 바로 ExecutionContext이다.

ExecutionContext

배치 처리는 특성상 상태를 가지고 있다. 현재 어떤 스텝이 실행되고 있는지 알아야 한다. 해당 스텝이 처리한 레코드 개수도 알아야 한다. 이를 비롯해 상태와 관련된 여러 다른 요소는 배치에서 진행 중인 처리뿐만 아니라 이전에 실패한 처리를 다시 시작하는 데 필수적이다. 예를 들어 밤새 1,000,000건의 트랜잭션을 처리하는 배치 처리가 900,000개의 레코드를 처리한 후에 멈춰버렸다고 가정해보자. 주기적으로 커밋을 했더라도 몇 번째 레코드부터 재시작하면 되는지 알아낼 수 있을까? 사용자가 실행 상태를 재설정하는 일은 매우 어려운 일이므로 스프링 배치가 이를 대신 처리해준다.

앞서 JobExecution이 어떻게 실제 잡 실행 시도를 나타내는지 살펴봤다. 이 JobExecution은 상태를 저장하는 여러 곳 중에서 한곳이다. JobExecution은 잡이나 스텝이 진행될 때 변경된다. 잡 상태는 JobExecution의 ExecutionContext에 저장된다.

웹 애플리케이션은 일반적으로 HttpSession을 사용해 상태를 저장한다.[5] ExecutionContext는 기본적으로 배치 잡의 세션이다. ExecutionContext는 간단한 키-값 쌍을 보관하는 도구에 불과하다. 그러나 ExecutionContext는 잡의 상태를 안전하게 보관하는 방법을 제공한다. 웹 애플리케이션의 세션과 ExecutionContext의 한 가지 차이점은, 잡을 다루는 과정에서 실제로 여러 개의 ExecutionContext가 존재할 수 있다는 점이다. JobExecution처럼 각 StepExecution(4장의 뒷부분에서 살펴본다)도 마찬가지로 ExecutionContext를 가진다. 이렇게 함으로써 적절한 수준(개별 스텝용 데이터 또는 잡 전체용 글로벌 데이터)으로 데이터 사용 범위를 지정할 수 있다. 그림 4-3은 이 요소들이 어떻게 관련돼 있는지 보여준다.

---

5   어떤 형태로든 클라이언트 형태(쿠키, 식 클라이언트 등)로 상태를 유지하는 웹 프레임워크는 무시한다.

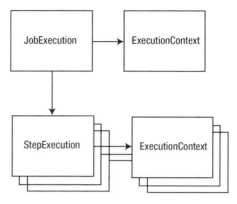

▲ 그림 4-3 ExecutionContext 사이의 관계

ExecutionContext는 데이터를 저장하는 "안전한" 방법을 제공한다. ExecutionContext가 담고 있는 모든 것이 JobRepository에 저장되므로 안전하다. ExecutionContext에 데이터를 어떻게 추가하고 검색하는지, 데이터베이스에서 해당 데이터가 어떻게 보이는지 이어서 살펴보자.

ExecutionContext 조작하기

ExecutionContext는 앞에서 설명한 JobExecution 또는 StepExecution의 일부분이다. 그래서 ExecutionContext를 사용하려면 JobExecution 또는 StepExecution에서 가져와야 한다. 예제 4-27은 HelloWorld 태스크릿에서 ExecutionContext를 가져온 다음에 사람 이름(잡 파라미터로 전달한 name이라는 키의 값에 해당함)을 추가하는 방법을 보여준다.

▼ 예제 4-27 잡의 ExecutionContext에 name 데이터 추가하기

```
...
public class HelloWorld implements Tasklet {
    private static final String HELLO_WORLD = "Hello, %s";

    public RepeatStatus execute( StepContribution step,
                                 ChunkContext context ) throws Exception {
        String name = (String) context.getStepContext()
              .getJobParameters()
              .get("name");
```

```
            ExecutionContext jobContext = context.getStepContext()
                                                  .getStepExecution()
                                                  .getJobExecution()
                                                  .getExecutionContext();
            jobContext.put("user.name", name);

            System.out.println( String.format(HELLO_WORLD, name) );
            return RepeatStatus.FINISHED;
    }
}
```

잡의 ExecutionContext를 얻어오려면 약간의 순회가 필요하다. 위 예에서는 청크에서 스텝
으로 넘어간 후에 또 다시 잡으로 넘어가는 것처럼 세 개의 스코프를 넘나드는 일이 필요하
다. StepContext의 API를 살펴보면 getJobExecutionContext() 메서드가 존재한다는 것을
알 수 있다. 이 메서드는 잡의 ExecutionContext의 현재 상태를 나타내는 Map<String,
Object>를 반환한다. StepContext.getJobExecutionContext() 메서드는 현재 값에 접근하
는 편리한 방법이지만 사용 시 한 가지 제약이 있다. StepContext.getJobExecutionContext()
메서드가 반환한 Map을 변경하더라도 실제 ExecutionContext의 내용이 바뀌지는 않는다.
따라서 실제 ExecutionContext에 반영되지 않은 Map의 변경 사항은 오류 발생 시 사라진다.

예제 4-27은 잡의 ExecutionContext를 사용하는 모습을 보여주는데, 스텝의 Execution
Context를 가져와 조작하는 방식도 동일하다. 스텝이라면 JobExecution 대신 StepExecu
tion에서 ExecutionContext를 직접 가져온다. 예제 4-28은 잡 대신 스텝의 Execution
Context를 사용하도록 변경된 코드를 보여준다.

▼ 예제 4-28 스텝의 ExecutionContext에 name 데이터 추가하기

```
...
public class HelloWorld implements Tasklet {
    private static final String HELLO_WORLD = "Hello, %s";

    public RepeatStatus execute( StepContribution step,
                                 ChunkContext context ) throws Exception {
        String name =
```

```
            (String) context.getStepContext()
                        .getJobParameters()
                        .get("name");

        ExecutionContext jobContext = context.getStepContext()
                                        .getStepExecution()
                                        .getExecutionContext();
        jobContext.put("user.name", name);

        System.out.println( String.format(HELLO_WORLD, name) );
        return RepeatStatus.FINISHED;
    }
}
```

JobExecution의 ExecutionContext를 조작하는 다른 방법은 StepExecution의 Execution Context에 있는 키를 JobExecution의 ExecutionContext로 승격하는 것이다. 이는 스텝 간에 공유할 데이터가 있지만 첫 번째 스텝이 성공했을 때만 공유하게 하고 싶을 때 유용하다. 이처럼 승격을 수행하는 메커니즘은 ExecutionContextPromotionListener를 통해 이뤄진다. 예제 4-29는 이 리스너가 배치 잡에 구성되고 name 키가 스텝의 ExecutionContext에 있다고 가정했을 때 name 키를 승격시키는 방법을 보여준다.

▼ 예제 4-29 잡의 ExecutionContext에 name 키 승격하기

```
...
public class BatchConfiguration {

    @Autowired
    public JobBuilderFactory jobBuilderFactory;

    @Autowired
    public StepBuilderFactory stepBuilderFactory;

    @Bean
    public Job job() {
        return this.jobBuilderFactory.get("job")
                .start(step1())
                .next(step2())
                .build();
```

```
    }

    @Bean
    public Step step1() {
        this.stepBuilderFactory.get("step1")
                    .tasklet(new HelloTasklet())
                    .listener(promotionListener())
                    .build();
    }

    @Bean
    public Step step2() {
        this.stepBuilderFactory.get("step2")
                    .tasklet(new GoodByeTasklet())
                    .build();
    }

    @Bean
    public StepExecutionListener promotionListener() {
        ExecutionContextPromotionListener listener = new
                    ExecutionContextPromotionListener();

        listener.setKeys(new String[] {"name"});

        return listener;
    }
}
```

예제 4-29에서 구성된 promotionListner는 스텝이 성공적으로 완료 상태로 종료된 이후에 스텝의 ExecutionContext에서 "name" 키를 찾으면 잡의 ExecutionContext에 복사한다. "name" 키를 찾지 못하더라도 기본적으로 아무 일도 일어나지 않지만 리스너가 예외를 발생하도록 구성할 수도 있다.

ExecutionContext에 접근하는 마지막 방법은 ItemStream 인터페이스를 사용하는 것이다. 이와 관련된 내용은 뒷부분에서 다룬다.

ExecutionContext 저장하기

잡이 처리되는 동안 스프링 배치는 각 청크를 커밋하면서 잡이나 스텝의 상태를 저장한다. 구체적으로는 잡과 스텝의 현재 ExecutionContext를 데이터베이스에 저장한다. 2장에서 테이블 레이아웃은 이미 살펴봤다. 예제 4-30의 잡을 실행해 데이터베이스에 어떤 값이 저장되는지 확인해보자.

▼ 예제 4-30 잡의 ExecutionContext 내용 확인하기

```
...
@EnableBatchProcessing
@Configuration
public class BatchConfiguration {

    @Autowired
    private JobBuilderFactory jobBuilderFactory;

    @Autowired
    private StepBuilderFactory stepBuilderFactory;

    @Bean
    public Job job() {
        return this.jobBuilderFactory.get("job")
                    .start(step1())
                    .build();
    }

    @Bean
    public Step step1() {
        return this.stepBuilderFactory.get("step1")
                    .tasklet(helloWorldTasklet())
                    .build();
    }

    @Bean
    public Tasklet helloWorldTasklet() {
        return new HelloWorld();
    }

    public static class HelloWorld implements Tasklet {
```

```java
        private static final String HELLO_WORLD = "Hello, %s";

        public RepeatStatus execute(StepContribution step,
                    ChunkContext context ) throws Exception {
            String name =
                        (String) context.getStepContext()
                                        .getJobParameters()
                                        .get("name");

            ExecutionContext jobContext = context.getStepContext()
                            .getStepExecution()
                            .getExecutionContext();
            jobContext.put("name", name);

            System.out.println(String.format(HELLO_WORLD, name));

            return RepeatStatus.FINISHED;
        }
    }
}
```

표 4-2는 name 파라미터의 값을 Michael로 설정하고 한 번만 실행했을 때 BATCH_JOB_
EXECUTION_CONTEXT 테이블에 저장된 내용을 보여준다.

▼ 표 4-2 BATCH_JOB_EXECUTION_CONTEXT의 내용

JOB_EXECUTION_ID	SHORT_CONTEXT	SERIALIZED_CONTEXT
1	{"batch.taskletType":"io.spring.batch.demo.configuration. BatchConfiguration$HelloWorld","name":"Michael","batch. stepType":"org.springframework.batch.core.step.tasklet. TaskletStep"}	NULL

표 4-2는 세 개의 칼럼으로 구성된다. 첫 번째 칼럼의 내용은 해당 ExecutionContext와 관
련된 JobExecution의 참조다. 두 번째 칼럼의 내용은 잡의 ExecutionContext의 JSON 표현
이다. 이 필드는 배치 처리가 진행되면서 갱신된다. 마지막 칼럼인 SERIALIZED_CONTEXT의
내용은 직렬화된 자바 객체다. SERIALIZED_CONTEXT는 잡이 실행 중이거나 실패한 경우에만
채워진다.

SHORT_CONTEXT 칼럼의 내용을 보면 "name":"Michael" 문자열을 비롯해 여러 다른 필드가 있음을 알 수 있다. "batch.taskletType"과 "batch.stepType" 필드는 이 책의 뒷부분에서 살펴볼 오케스트레이션 도구인 스프링 클라우드 데이터 플로우Spring Cloud Data Flow에서 사용되는 값이다.

이 절에서는 스프링 배치 잡을 구성하는 서로 다른 여러 부분을 살펴봤다. 그러나 아직 끝나지 않았다. 잡이 온전히 제 기능을 하려면 최소한 하나의 스텝이 필요하다. 다음으로 알아볼 스프링 배치 프레임워크가 제공하는 중요한 부분은 스텝이다.

스텝 알아보기

잡이 전체적인 처리를 정의한다면 스텝은 잡의 구성 요소를 담당한다. 스텝은 독립적이고 순차적으로 배치 처리를 수행한다. 그렇기 때문에 이 책에서는 스텝을 배치 프로세서라고 부른다. 스텝은 모든 단위 작업의 조각이다. 자체적으로 입력을 처리하고, 자체적인 처리기를 가질 수 있으며, 자체적으로 출력을 처리한다. 트랜잭션은 스텝 내에서 이뤄진다. 스텝은 서로 독립되도록 의도적으로 설계됐다. 이렇게 함으로써 개발자는 필요에 따라 자유롭게 잡을 구조화할 수 있다.

이 절에서는 앞 절에서 잡을 살펴봤던 방식과 유사하게 스텝을 상세히 살펴본다. 스프링 배치가 스텝 내에서 청크를 사용해 처리를 어떻게 나누는지와 해당 방법으로 스텝을 처리할 때 트랜잭션을 어떻게 처리해야 하는지 알아본다. 또한 한 스텝에서 다른 스텝으로의 흐름을 제어하는 방법을 알아보면서, 조건부 스텝 실행 방식을 비롯해 잡 내부에 다양하게 스텝을 구성하는 방법의 예를 살펴본다. 마지막으로 은행 거래명세서 잡에 필요한 스텝을 구성한다. 이 모든 것을 염두에 두고 스텝에서 데이터를 처리하는 방법을 우선 살펴보자.

태스크릿 처리와 청크 처리 비교

배치 처리는 일반적으로 데이터 처리와 관련이 있다. 배치 잡 내의 특정 작업은 단일 명령만 실행하면 된다. 실행할 명령은 스테이징 테이블의 내용을 삭제하는 SQL문일 수도 있고 디렉터리를 깨끗이 정리하는 셸 스크립트일 수도 있다. 그 외에 대량의 데이터를 처리하는 작업도 있다. 이런 작업은 한번에 하나씩 레코드나 아이템을 읽어 처리한 뒤 특정 데이터 저장소에 기록하는 일을 반복한다. 스프링 배치는 이 두 가지 유형의 처리 모델을 모두 지원한다.

첫 번째 모델은 지금까지의 배치 잡 예제에서 살펴봤던 태스크릿^{Tasklet} 모델이다. `Tasklet` 인터페이스를 사용해 개발자는 `Tasklet.execute` 메서드가 `RepeatStatus.FINISHED`를 반환할 때까지 트랜잭션 범위 내에서 반복적으로 실행되는 코드 블록을 만들 수 있다.[6]

두 번째 모델은 청크^{Chunk} 기반 처리 모델이다. 청크 기반 스텝은 최소한 2~3개의 주요 컴포넌트(`ItemReader`, 필수는 아닌 `ItemProcessor`, `ItemWriter`)로 구성된다. 스프링 배치는 이러한 컴포넌트를 사용해 레코드를 청크 또는 레코드 그룹 단위로 처리한다. 각 청크는 자체 트랜잭션으로 실행되며, 처리에 실패했다면 마지막으로 성공한 트랜잭션 이후부터 다시 시작할 수 있다.

앞서 언급한 세 가지 컴포넌트를 사용하면 프레임워크는 세 가지 루프를 수행한다. 첫 번째 루프는 `ItemReader`에서 일어난다. `ItemReader`는 청크 단위로 처리할 모든 레코드를 반복적으로 메모리로 읽어온다. 두 번째 루프는 `ItemProcessor`에서 일어난다. 필수 구성 요소는 아니지만 `ItemProcessor`를 구성했다면, 메모리로 읽어들인 아이템은 반복적으로 `ItemProcessor`를 거쳐간다. 마지막으로 한 번에 기록할 수 있는 `ItemWriter`를 호출하면서 모든 아이템을 전달한다. `ItemWriter`의 단일 호출은 물리적 쓰기를 일괄적으로 처리함으로써 IO 최적화를 이룬다. 그림 4-4에서는 청크 기반 처리의 동작 과정을 시퀀스 다이어그램으로 볼 수 있다.

---

6 지금까지 이 책에서 태스크릿을 사용한 모든 예제는 RepeatStatus.FINISHED를 반환했다. 첫 번째 실행 후 완료됐으므로 반복 실행할 수 있는지를 검증하지는 않았다.

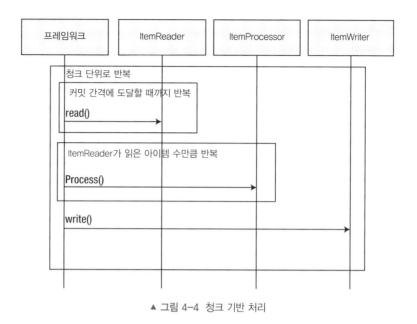

▲ 그림 4-4 청크 기반 처리

앞으로 이 책에서 스텝, 리더, 라이터 및 그 밖의 확장 기능을 상세히 배워 나갈 때, 스프링 배치의 기반이 되는 청크 기반 처리를 기억하고 있어야 한다. 이제 잡의 부품인 스텝의 구성 방법을 자세히 살펴보자.

스텝 구성

지금까지 잡은 개발자가 구성한 대로 한 스텝에서 다른 스텝으로 전환하는 컨테이너에 불과하다는 사실을 확인했다. 이 패러다임이 익숙하지 않은가? 바로 상태 머신state machine이다. 스프링 배치는 기본적으로 각 스텝이 상태state와 다음 상태로 이어지는 전이transition의 모음을 나타내는 상태 머신이다. 가장 일반적으로 사용되는 스텝 유형인 태스크릿 스텝을 먼저 살펴보자.

태스크릿 스텝

태스크릿 스텝은 스프링 배치가 제공하는 두 가지 주요 스텝 유형 중 하나이다. 지금까지 거의 모든 예제 잡에서 태스크릿 스텝을 사용했으므로 가장 익숙할 것이다. 태스크릿 스텝을 만드는 방법에는 두 가지 유형이 있다. 첫 번째 유형은 지금까지 사용한 것과 다른 방법으로, 사용자가 작성한 코드를 마치 태스크릿 스텝처럼 실행되도록 하는 것이다. 이때 스프링 배치가 제공하는 `MethodInvokingTaskletAdapter`를 사용해서 사용자 코드를 태스크릿 스텝으로 정의할 수 있다. 이렇게 함으로써 스프링이 해당 코드를 배치 처리에 사용할 수 있다. 즉, 개발자는 자신이 개발한 일반 POJO를 스텝으로 활용할 수 있게 된다.

태스크릿 스텝을 만드는 또 다른 방법은 2장에서 `HelloWorld` 태스크릿을 만들 때처럼 `Tasklet` 인터페이스를 구현하는 것이다. `Tasklet` 인터페이스의 `execute` 메서드를 구현하며, 처리 완료 이후에 스프링 배치가 어떤 일을 수행해야 할지 알 수 있도록 `RepeatStatus` 객체를 반환하게 만든다. `Tasklet` 인터페이스는 함수형 인터페이스이므로 람다를 사용해 구현할 수도 있다. 예제 4-31은 태스크릿을 람다로 구성하는 방법을 보여준다.

▼ 예제 4-31 HelloWorld 태스크릿

```
@EnableBatchProcessing
@Configuration
public class BatchConfiguration {

    @Autowired
    private JobBuilderFactory jobBuilderFactory;

    @Autowired
    private StepBuilderFactory stepBuilderFactory;

    @Bean
    public Job job() {
        return this.jobBuilderFactory.get("job")
                                .start(step1())
                                .build();
    }

    @Bean
    public Step step1() {
        return this.stepBuilderFactory.get("step1")
                        .tasklet((stepContribution, chunkContext) -> {
                                System.out.println("Hello, World!");
                                return RepeatStatus.FINISHED;
```

```
            })
        .build();
    }
}
```

Tasklet 구현체의 처리가 완료되면 org.springframework.batch.repeat.RepeatStatus 객체를 반환하도록 만든다. 반환값은 RepeatStatus.CONTINUABLE 또는 RepeatStatus.FINISHED 중에서 하나를 선택하면 된다. 이 두 값의 의미가 혼란스러울 수도 있다. RepeatStatus.CONTINUABLE를 반환한다고 가정했을 때, CONTINUABLE이란 단어 때문에 잡을 계속해서 수행할 수 있을 것이라고 생각해서는 안 된다. CONTINUABLE은 스프링 배치에게 해당 태스크릿을 다시 실행하라고 말하는 것이다. 예를 들어 어떤 조건이 충족될 때까지 특정 태스크릿을 반복해서 실행해야 할 때가 있는데, 이럴 때도 스프링 배치가 해당 태스크릿의 실행 횟수, 트랜잭션 등을 추적해주기를 바랄 것이다. 이때는 조건이 충족될 때까지 태스크릿이 RepeatStatus.CONTINUABLE을 반환하도록 하면된다. 반면 RepeatStatus.FINISHED를 반환하는 것은 처리의 성공 여부에 관계없이 이 태스크릿의 처리를 완료하고 다음 처리를 이어서 하겠다는 의미이다.

그 밖의 여러 다른 유형의 태스크릿 이해하기

지금까지 각 예제에서는 Tasklet 인터페이스를 직접 구현하는 방법을 사용했지만 이것이 태스크릿 스텝을 사용하는 유일한 방법은 아니다. 스프링 배치는 CallableTaskletAdapter, MethodInvokingTaskletAdapter, SystemCommandTasklet의 세 가지의 서로 다른 Tasklet 구현체를 제공한다. 먼저 CallableTaskletAdapter를 살펴보자.

CallableTaskletAdapter

org.springframework.batch.core.step.tasklet.CallableTaskletAdapter는 java.util.concurrent.Callable<RepeatStatus> 인터페이스의 구현체를 구성할 수 있게 해주는 어댑터다. Callable<V> 인터페이스가 익숙하지 않다면 새 스레드에서 실행된다는 점에서 java.lang.Runnable 인터페이스와 유사하다고 생각하면 된다. 그러나 값을 반환하지 않고 체크

예외Checked Exception를 바깥으로 던지지 못하는 Runnable 인터페이스와는 다르게 Callable 인터페이스는 값을 반환(이 예제에서는 RepeatStatus를 반환함)하고 체크 예외를 바깥으로 던질 수 있다.

실제로 어댑터는 간단하게 구현할 수 있다. Callable 객체의 call() 메서드를 호출하고, call() 메서드가 반환하는 값을 반환한다. 이게 전부다. 이 어댑터는 스텝의 특정 로직을 해당 스텝이 실행되는 스레드가 아닌 다른 스레드에서 실행하고 싶을 때 사용한다. 예제 4-32 를 보면 이 어댑터를 사용하려고 CallableTaskletAdapter를 일반적인 스프링 빈으로 구성한 후에, 해당 어댑터를 스텝 내에 태스크릿으로 등록한다. CallableTaskletAdapter는 callable 객체에 대한 단일 의존성만 필요하다.

▼ 예제 4-32 CallableTaskletAdapter 사용하기

```
...
@EnableBatchProcessing
@SpringBootApplication
public class CallableTaskletConfiguration {

    @Autowired
    private JobBuilderFactory jobBuilderFactory;

    @Autowired
    private StepBuilderFactory stepBuilderFactory;

    @Bean
    public Job callableJob() {
        return this.jobBuilderFactory.get("callableJob")
                    .start(callableStep())
                    .build();
    }

    @Bean
    public Step callableStep() {
        return this.stepBuilderFactory.get("callableStep")
                    .tasklet(tasklet())
                    .build();
    }
```

```
@Bean
public Callable<RepeatStatus> callableObject() {
    return () -> {
        System.out.println("This was executed in another thread");
        return RepeatStatus.FINISHED;
    };
}

@Bean
public CallableTaskletAdapter tasklet() {
    CallableTaskletAdapter callableTaskletAdapter =
            new CallableTaskletAdapter();

    callableTaskletAdapter.setCallable(callableObject());

    return callableTaskletAdapter;
}

public static void main(String[] args) {
    SpringApplication.run(CallableTaskletConfiguration.class, args);
}
}
```

CallableTaskletAdapter에서 주목할 점은 태스크릿이 스텝이 실행되는 스레드와 별개의 스레드에서 실행되지만 그렇다고 해서 스텝과 병렬로 실행되는 것은 아니라는 점이다. 이 스텝이 실행될 때 Callable 객체가 유효한 RepeatStatus 객체를 반환하기 전에는 완료된 것으로 간주되지 않는다. 그러므로 해당 스텝이 완료될 때까지 플로우 내의 다른 스텝은 실행되지 않는다. 스텝을 병렬로 실행하는 방법을 비롯해 다양한 병렬 처리 방법은 뒷부분에서 알아볼 것이다.

MethodInvokingTaskletAdapter

다음으로 알아볼 Tasklet 구현체는 org.springframework.batch.core.step.tasklet. MethodInvokingTaskletAdapter이다. 이 클래스는 스프링 프레임워크가 제공하는 많은 유틸리티 클래스와 유사하다. 이 구현체를 사용하면 기존에 존재하던 다른 클래스 내의 메서드를 잡 내의 태스크릿처럼 실행할 수 있다. 예를 들어 배치 잡 내에서 한 번만 실행하고 싶은 로직을 어떤 서비스가 이미 갖고 있다고 가정해보자. 해당 메서드 호출을 래핑할 뿐인 Tasklet 인터페이스의 구현체를 만드는 대신, MethodInvokingTaskletAdapter를 사용해 해당 메서드를 호출할 수 있다. 예제 4-33은 MethodInvokingTaskletAdapter 구성의 예다.

▼ 예제 4-33 MethodInvokingTaskletAdapter 사용하기

```
...
@EnableBatchProcessing
@SpringBootApplication
public class MethodInvokingTaskletConfiguration {

    @Autowired
    private JobBuilderFactory jobBuilderFactory;

    @Autowired
    private StepBuilderFactory stepBuilderFactory;

    @Bean
    public Job methodInvokingJob() {
        return this.jobBuilderFactory.get("methodInvokingJob")
                    .start(methodInvokingStep())
                    .build();
    }

    @Bean
    public Step methodInvokingStep() {
        return this.stepBuilderFactory.get("methodInvokingStep")
                    .tasklet(methodInvokingTasklet())
                    .build();
    }

    @Bean
    public MethodInvokingTaskletAdapter methodInvokingTasklet() {
        MethodInvokingTaskletAdapter methodInvokingTaskletAdapter =
                    new MethodInvokingTaskletAdapter();

        methodInvokingTaskletAdapter.setTargetObject(service());
        methodInvokingTaskletAdapter.setTargetMethod("serviceMethod");
```

```
        return methodInvokingTaskletAdapter;
    }

    @Bean
    public CustomService service() {
        return new CustomService();
    }

    public static void main(String[] args) {
        SpringApplication.run(MethodInvokingTaskletConfiguration.class, args);
    }
}
```

예제 4-33에서 참조하는 CustomService는 예제 4-34에서 볼 수 있듯이 system.out.
println을 수행하는 단순한 POJO에 지나지 않는다.

▼ 예제 4-34 CustomService

```
...
public class CustomService {

    public void serviceMethod() {
        System.out.println("Service method was called");
    }
}
```

예제 4-33에서 실행할 객체와 메서드를 지정했다. 이 구성에서 어댑터는 파라미터 없이 메
서드를 호출하고, 해당 메서드가 org.springframework.batch.core.ExitStatus 타입을 반
환하지 않는 한 결괏값으로 ExitStatus.COMPLETED를 반환한다. ExitStatus를 반환하면 메
서드가 반환한 값이 태스크릿에서 반환된다. 정적 파라미터 셋을 구성하려면 4장의 앞부분
에서 이미 살펴봤던 잡 파라미터를 전달하는 늦은 바인딩late-binding 방법을 예제 4-35에서처
럼 사용할 수 있다.

▼ 예제 4-35 파라미터와 함께 MethodInvokingTaskletAdapter 사용하기

```
...
@EnableBatchProcessing
```

```
@SpringBootApplication
public class MethodInvokingTaskletConfiguration {

    @Autowired
    private JobBuilderFactory jobBuilderFactory;

    @Autowired
    private StepBuilderFactory stepBuilderFactory;

    @Bean
    public Job methodInvokingJob() {
        return this.jobBuilderFactory.get("methodInvokingJob")
                    .start(methodInvokingStep())
                    .build();
    }

    @Bean
    public Step methodInvokingStep() {
        return this.stepBuilderFactory.get("methodInvokingStep")
                    .tasklet(methodInvokingTasklet(null))
                    .build();
    }

    @StepScope
    @Bean
    public MethodInvokingTaskletAdapter methodInvokingTasklet(
                @Value("#{jobParameters['message']}") String message) {

        MethodInvokingTaskletAdapter methodInvokingTaskletAdapter =
                    new MethodInvokingTaskletAdapter();

        methodInvokingTaskletAdapter.setTargetObject(service());
        methodInvokingTaskletAdapter.setTargetMethod("serviceMethod");
        methodInvokingTaskletAdapter.setArguments(new String[] {message});

        return methodInvokingTaskletAdapter;
    }

    @Bean
    public CustomService service() {
        return new CustomService();
```

```
    }

    public static void main(String[] args) {
        SpringApplication.run(MethodInvokingTaskletConfiguration.class, args);
    }
}
```

예제 4-35의 코드가 동작하려면 `CustomService`가 메시지를 수신하고 출력하도록 변경해야
한다. 예제 4-36에서 변경된 내용을 볼 수 있다.

▼ 예제 4-36 파라미터를 사용하는 CustomService

```
...
public class CustomService {
    public void serviceMethod(String message) {
        System.out.println(message);
    }
}
```

SystemCommandTasklet

스프링 배치가 제공하는 마지막 `Tasklet` 구현체는 `org.springframework.batch.core.`
`step.tasklet.SystemCommandTasklet`이다. 이 태스크릿은 시스템 명령을 실행할 때 사용한
다. 지정한 시스템 명령은 비동기로 실행된다. 그래서 예제 4-37에서 볼 수 있는 타임아웃
값(밀리초 단위임)이 중요하다. 예제의 `interruptOnCancel` 애트리뷰트의 사용 여부는 선택 사
항으로, 잡이 비정상적으로 종료될 때 시스템 프로세스와 관련된 스레드를 강제로 종료할지
여부를 스프링 배치에게 알려주는 데 사용한다.

▼ 예제 4-37 SystemCommandTasklet 사용하기

```
...
@EnableBatchProcessing
@SpringBootApplication
public class SystemCommandJob {

    @Autowired
```

```
    private JobBuilderFactory jobBuilderFactory;

    @Autowired
    private StepBuilderFactory stepBuilderFactory;

    @Bean
    public Job job() {
        return this.jobBuilderFactory.get("systemCommandJob")
                    .start(systemCommandStep())
                    .build();
    }

    @Bean
    public Step systemCommandStep() {
        return this.stepBuilderFactory.get("systemCommandStep")
                    .tasklet(systemCommandTasklet())
                    .build();
    }

    @Bean
    public SystemCommandTasklet systemCommandTasklet() {
        SystemCommandTasklet systemCommandTasklet = new SystemCommandTasklet();

        systemCommandTasklet.setCommand("rm -rf /tmp.txt");
        systemCommandTasklet.setTimeout(5000);
        systemCommandTasklet.setInterruptOnCancel(true);

        return systemCommandTasklet;
    }

    public static void main(String[] args) {
        SpringApplication.run(SystemCommandJob.class, args);
    }
}
```

SystemCommandTasklet을 사용하면 시스템 명령 실행 시 영향을 줄 수 있는 여러 파라미터를 구성할 수 있다. 예제 4–38은 좀 더 강력한 예제를 보여준다.

```
...
@EnableBatchProcessing
@SpringBootApplication
public class AdvancedSystemCommandJob {

    @Autowired
    private JobBuilderFactory jobBuilderFactory;

    @Autowired
    private StepBuilderFactory stepBuilderFactory;

    @Bean
    public Job job() {
        return this.jobBuilderFactory.get("systemCommandJob")
                    .start(systemCommandStep())
                    .build();
    }

    @Bean
    public Step systemCommandStep() {
        return this.stepBuilderFactory.get("systemCommandStep")
                    .tasklet(systemCommandTasklet())
                    .build();
    }

    @Bean
    public SystemCommandTasklet systemCommandTasklet() {
        SystemCommandTasklet tasklet = new SystemCommandTasklet();

        tasklet.setCommand("touch tmp.txt");
        tasklet.setTimeout(5000);
        tasklet.setInterruptOnCancel(true);

        // Change this directory to something appropriate for your environment
        tasklet.setWorkingDirectory("/Users/mminella/spring-batch");

        tasklet.setSystemProcessExitCodeMapper(touchCodeMapper());
        tasklet.setTerminationCheckInterval(5000);
        tasklet.setTaskExecutor(new SimpleAsyncTaskExecutor());
        tasklet.setEnvironmentParams(new String[] {
```

```
                       "JAVA_HOME=/java",
                       "BATCH_HOME=/Users/batch"});

            return tasklet;
    }

    @Bean
    public SimpleSystemProcessExitCodeMapper touchCodeMapper() {
            return new SimpleSystemProcessExitCodeMapper();
    }

    public static void main(String[] args) {
            SpringApplication.run(AdvancedSystemCommandJob.class, args) ;
    }
}
```

예제 4-38은 구성에 사용한 다음과 같은 다섯 가지 선택적 파라미터를 보여준다.

- workingDirectory: 명령을 실행할 디렉터리다. 명령을 실제로 실행하기 전에 cd ~/ spring-batch를 실행하는 것과 같다.

- systemProcessExitCodeMapper: 시스템 코드는 실행하는 명령에 따라 다른 의미를 가질 수 있다. 이 프로퍼티를 사용하면 시스템 반환 코드를 스프링 배치 상태 값으로 매핑할 수 있는 org.springframework.batch.core.step.tasklet.SystemProcess ExitCodeMapper 구현체를 사용할 수 있다. 스프링은 기본적으로 SystemProcess ExitCodeMapper 인터페이스의 두 가지 구현체를 제공한다. 그중 하나는 일반적인 구성 방법으로 매핑 구성을 할 수 있게 해주는 org.springframework.batch.core. step.tasklet.ConfigurableSystemProcessExitCodeMapper이다. 다른 하나는 반환된 시스템 코드가 0이면 ExitStatus.FINISHED를 반환하고 0이 아니면 ExitStatus. FAILED를 반환하는 org.springframework.batch.core.step.tasklet.SimpleSyste mProcessExitCodeMapper이다.

- terminateCheckInterval: 시스템 명령은 기본적으로 비동기 방식으로 실행되므로, 명령 실행 이후에 태스크릿은 해당 명령의 완료 여부를 주기적으로 확인한다. 기본적으로 이 값은 1초로 설정돼 있지만 원하는 값(밀리초 단위임)으로 구성할 수 있다.

- **taskExecutor**: 시스템 명령을 실행하는 자신만의 고유한 TaskExecutor를 구성할 수 있다. 시스템 명령 시 문제가 발생한다면 잡에 락[Lock]이 걸릴 수 있으므로 동기식 TaskExecutor를 구성하지 않는 것이 좋다.
- **environmentParams**: 명령을 실행하기 전에 설정하는 환경 파라미터 목록이다.

지금까지 스프링 배치가 제공하는 다양한 태스크릿 유형을 어떻게 사용하는지 알아봤다. 이제 가장 일반적으로 사용되는 다른 스텝 유형인 청크 기반 스텝을 살펴보자.

청크 기반 스텝

앞에서 살펴본 것처럼 청크는 커밋 간격[commit interval]에 의해 정의된다. 커밋 간격을 50개 아이템으로 설정했다면 잡은 50개 아이템을 읽고[read] 50개 아이템을 처리[process]한 다음에, 한 번에 50개 아이템을 기록[write]한다. 예제 4-39는 청크 기반으로 처리하는 기본적인 스텝 구성 방법을 보여준다.

▼ 예제 4-39 청크 기반으로 처리하는 기본적인 스텝 구성의 예

```
...
@EnableBatchProcessing
@Configuration
public class BatchConfiguration {

    @Autowired
    private JobBuilderFactory jobBuilderFactory;

    @Autowired
    private StepBuilderFactory stepBuilderFactory;

    @Bean
    public Job job() {
        return this.jobBuilderFactory.get("job")
                        .start(step1())
                        .build();
    }

    @Bean
    public Step step1() {
```

```
        return this.stepBuilderFactory.get("step1")
                        .<String, String>chunk(10)
                        .reader(itemReader(null))
                        .writer(itemWriter(null))
                        .build();
    }

    @Bean
    @StepScope
    public FlatFileItemReader<String> itemReader(
                @Value("#{jobParameters['inputFile']}") Resource inputFile) {

        return new FlatFileItemReaderBuilder<String>()
                        .name("itemReader")
                        .resource(inputFile)
                        .lineMapper(new PassThroughLineMapper())
                        .build();
    }

    @Bean
    @StepScope
    public FlatFileItemWriter<String> itemWriter(
                @Value("#{jobParameters['outputFile']}") Resource outputFile) {

        return new FlatFileItemWriterBuilder<String>()
                        .name("itemWtiter")
                        .resource(outputFile)
                        .lineAggregator(new PassThroughLineAggregator<>())
                        .build();
    }
}
```

예제 4-39의 내용이 너무 어려워 보일 수도 있지만, 맨 위에 작성한 잡과 스텝 구성에 초점을 맞추자. 이 예제의 나머지 부분은 7장에서 다루는 ItemReader와 9장에서 다루는 ItemWriter와 관련된 구성이다. 예제 4-39의 잡을 살펴보면, StepBuilderFactory에서 StepBuilder를 가져오는 것부터 스텝 구성이 시작된다는 것을 알 수 있다. 그런 다음 chunk 메서드를 사용해 청크 기반 스텝을 사용하도록 지정한다. 이때 커밋 간격을 10이란 값으로 구성해 전달했으므로, 이 예제에서는 10개 단위로 레코드를 처리한 후 작업이 커밋된다. 이 청크 기반 스텝은 build 메서드가 호출되기 전에 리더(ItemReader 인터페이스의 구현체) 및 라이터(ItemWriter 인터페이스의 구현체)를 가져온다.

커밋 간격을 지정하는 것은 중요하다. 이 예제에서는 10으로 설정돼 있다. 이는 10개의 레코드를 읽고, 처리할 때까지 어떤 레코드도 쓰기 작업을 하지 않음을 의미한다. 9개의 아이템을 처리한 후 오류가 발생하면, 스프링 배치는 현재 청크(트랜잭션)를 롤백하고 잡이 실패했다고 표시한다. 커밋 간격을 1로 설정하게 되면 잡은 아이템 하나를 읽어 바로 해당 아이템을 처리하고 쓴다. 이는 근본적으로 아이템 기반 처리 방식으로 되돌아 간다는 것을 의미한다. 이렇게 했을 때 단지 커밋 간격이 1이므로 저장되는 아이템이 한 건당 이뤄진다는 점만이 문제는 아니다. 잡의 상태는 JobRepository에 갱신된다. 이 책의 뒷부분에서 커밋 간격을 조정해 테스트해보겠지만, 일단 지금은 단순히 쓰기 측면에서 최상의 성능을 얻으려면 커밋 간격을 어느 정도 크게 설정하는 것이 중요하다는 것만 알아두자.

이어서 청크 기반 스텝의 컴포넌트를 자세히 살펴볼 것이다.

청크 크기 구성하기

청크 기반 처리는 스프링 배치의 토대가 되는데, 이 중요한 기능을 최대한 활용하려면 다양한 구성 방법을 이해하는 것이 중요하다. 이 절에서는 청크 크기를 구성하는 두 가지 방식인 정적인 커밋 개수 설정 방법과 CompletionPolicy 구현체 사용 방법을 알아본다. 그 밖의 다른 모든 청크 구성 방식은 오류 처리와 관련이 있으며 관련 절에서 설명할 것이다.

청크 구성을 살펴보려고 만든 예제인 4-40에서 리더, 라이터 및 커밋 간격 구성 예제를 볼 수 있다. 리더는 ItemReader 인터페이스의 구현체이고, 라이터는 ItemWriter의 구현체다. 이 인터페이스 각각은 이 책 뒷부분의 별도의 장에서 단독으로 다루므로 이 절에서는 자세히 다루지 않는다. 지금 알아 두어야 하는 내용은 리더와 라이터가 스텝의 입력과 출력을 각각 담당한다는 것이다. 커밋 간격은 청크를 구성하는 아이템 개수(이 예제에서는 10개 아이템)로 정의할 수 있다.

```
...
@EnableBatchProcessing
@SpringBootApplication
public class ChunkJob {

    @Autowired
    private JobBuilderFactory jobBuilderFactory;

    @Autowired
    private StepBuilderFactory stepBuilderFactory;

    @Bean
    public Job chunkBasedJob() {
        return this.jobBuilderFactory.get("chunkBasedJob")
                    .start(chunkStep())
                    .build();
    }

    @Bean
    public Step chunkStep() {
        return this.stepBuilderFactory.get("chunkStep")
                    .<String, String>chunk(1000)
                    .reader(itemReader())
                    .writer(itemWriter())
                    .build();
    }

    @Bean
    public ListItemReader<String> itemReader() {
        List<String> items = new ArrayList<>(100000);

        for (int i = 0; i< 100000; i++) {
            items.add(UUID.randomUUID().toString());
        }

        return new ListItemReader<>(items);
    }

    @Bean
    public ItemWriter<String> itemWriter() {
```

```
            return items -> {
                    for (String item : items) {
                            System.out.println(">> current item = " + item);
                    }
            };
    }

    public static void main(String[] args) {
            SpringApplication.run(ChunkJob.class, args);
    }
}
```

일반적으로 예제 4-40에 구성한 것처럼 커밋 간격을 하드 코딩해 청크 크기를 정의하지만 이렇게 하는 것이 모든 상황에 적절한 것은 아니다. 크기가 동일하지 않은 청크를 처리해야 하는 잡이 있다고 가정하자. 예를 들어 계좌 하나의 모든 거래 내역을 단일 트랜잭션으로 처리해야 하는 상황 등이 있을 수 있다. 스프링 배치는 org.springframework.batch.repeat. CompletionPolicy 인터페이스의 구현체를 제공함으로써 청크가 완료되는 시점을 프로그래밍 방식으로 정의할 수 있는 기능을 제공한다.

CompletionPolicy 인터페이스는 청크의 완료 여부를 결정할 수 있는 결정 로직을 구현할 수 있게 해준다. 스프링 배치는 이 인터페이스의 많은 구현체를 제공한다. 기본적으로 org. springframework.batch.repeat.policy.SimpleCompletionPolicy를 사용한다. 이 SimpleCompletionPolicy는 처리된 아이템 개수를 세는데, 이 개수가 미리 구성해둔 임곗값에 도달하면 청크 완료로 표시한다. 또 다른 기본 구현체는 org.springframework.batch. repeat.policy.TimeoutTerminationPolicy이다. 이 구현체를 사용해 타임아웃 값을 구성하면, 청크 내에서 처리 시간이 해당 시간이 넘을 때 안전하게 빠져나갈 수 있다. "안전하게 빠져나간다"는 것은 무엇을 의미할까? 이는 해당 청크가 완료된 것으로 간주되고, 모든 트랜잭션 처리가 정상적으로 계속됨을 의미한다.

타임아웃만으로 처리의 청크 완료 시점을 결정하는 것이 충분할 리 없음은 명백하다. Time outTerminationPolicy는 org.springframework.batch.repeat.policy.Composite CompletionPolicy의 일부분으로 사용될 가능성이 높다. 이 CompositeCompletionPolicy를

사용하면 청크 완료 여부를 결정하는 여러 정책을 함께 구성할 수 있다. `CompositeCompletionPolicy`는 자신이 포함하고 있는 여러 정책 중 하나라도 청크 완료라고 판단된다면 해당 청크가 완료된 것으로 표시한다. 예제 4-41은 청크 완료를 판단할 때, 아이템의 정상 커밋 개수 200개 및 3밀리초의 타임아웃을 이용하는 예다.

▼ 예제 4-41 커밋 개수와 타임아웃을 청크 완료 판단에 사용하기

```java
...
@EnableBatchProcessing
@SpringBootApplication
public class ChunkJob {

    @Autowired
    private JobBuilderFactory jobBuilderFactory;

    @Autowired
    private StepBuilderFactory stepBuilderFactory;

    @Bean
    public Job chunkBasedJob() {
        return this.jobBuilderFactory.get("chunkBasedJob")
                .start(chunkStep())
                .build();
    }

    @Bean
    public Step chunkStep() {
        return this.stepBuilderFactory.get("chunkStep")
                .<String, String>chunk(completionPolicy())
                .reader(itemReader())
                .writer(itemWriter())
                .build();
    }

    @Bean
    public ListItemReader<String> itemReader() {
        List<String> items = new ArrayList<>(100000);

        for (int i = 0; i< 100000; i++) {
            items.add(UUID.randomUUID().toString());
```

```
                    }

                    return new ListItemReader<>(items);
        }


        @Bean
        public ItemWriter<String> itemWriter() {
                return items -> {
                        for (String item : items) {
                                System.out.println(">> current item = " + item);
                        }
                };
        }


        @Bean
        public CompletionPolicy completionPolicy() {
                CompositeCompletionPolicy policy =
                        new CompositeCompletionPolicy();

                policy.setPolicies(
                                new CompletionPolicy[] {
                                                new TimeoutTerminationPolicy(3),
                                                new SimpleCompletionPolicy(1000)});

                return policy;
        }

        public static void main(String[] args) {
                SpringApplication.run(ChunkJob.class, args);
        }
}
```

예제 4-40과 예제 4-41을 둘 다 실행해보면 모든 것이 완전히 동일해 보인다. 하지만 그렇지 않다. 예제 4-40에서는 101개의 커밋(맨 끝의 빈 트랜잭션을 위한 100000/1000 + 1)이 이뤄진다. 그러나 예제 4-41에서는 약 191개의 커밋[7]이 이뤄졌으며, TimeoutTerminationPolicy가 추가됐을 때 받는 영향을 볼 수 있다.

---

7 TerminationPolicy의 시간 기반 특성으로 인해 커밋 수는 잡 실행 환경에 따라 달라진다.

청크의 크기를 결정할 때 CompletionPolicy 인터페이스의 구현체를 사용하는 방법밖에 없는 것은 아니다. 직접 구현할 수도 있다. CompletionPolicy의 구현과 관련된 내용을 알아보기 전에 인터페이스를 먼저 살펴보자.

CompletionPolicy 인터페이스는 두 개의 isComplete 메서드, start 메서드, update 메서드와 같이 총 네 개의 메서드를 가지고 있다. 클래스의 수명주기를 따라가보면 제일 먼저 호출되는 메서드가 start 메서드다. start 메서드는 청크의 시작을 알 수 있도록 정책을 초기화한다. CompletionPolicy 인터페이스의 구현체는 내부에 상태를 저장할 수 있으며 저장된 상태를 사용해 청크가 완료됐는지 결정할 수 있어야 한다. start 메서드는 청크 시작 시 해당 구현체가 필요로 하는 모든 내부 상태를 초기화한다. 예를 들어 예제로 만든 정책인 SimpleCompletionPolicy의 start 메서드는 청크 시작 시에 내부 카운터를 0으로 초기화한다. 각 아이템이 처리되면 update 메서드가 한 번씩 호출되면서 내부 상태를 갱신한다. SimpleCompletionPolicy 예제의 update 메서드는 각 아이템마다 내부 카운터를 하나씩 증가시킨다. 마지막으로 두 종류의 isComplete 메서드가 있다. 첫 번째 isComplete 메서드는 RepeatContext를 파라미터로 전달받게 정의돼 있으며, 내부 상태를 이용해 청크 완료 여부를 판단하도록 구현돼 있다. 두 번째 메서드는 RepeatContext 및 RepeatStatus를 파라미터로 전달받게 정의돼 있으며, 청크 완료 여부의 상태를 기반으로 결정 로직을 수행할 것이다. 예제 4-42는 매 청크 시작마다 랜덤하게 20 미만의 수를 지정하고 해당 개수만큼의 아이템이 처리되면 청크를 완료하는 CompletionPolicy 구현체의 예다. 예제 4-42에서 어떻게 구성했는지 살펴보자.

▼ 예제 4-42 랜덤하게 청크 크기를 지정하도록 작성한 CompletionPolicy 구현체

```
...
public class RandomChunkSizePolicy implements CompletionPolicy {

    private int chunksize;
    private int totalProcessed;
    private Random random = new Random();

    @Override
    public boolean isComplete(RepeatContext context,
```

```
                    RepeatStatus result) {

            if(RepeatStatus.FINISHED == result) {
                return true;
            }
            else {
                return isComplete(context);
            }
        }

        @Override
        public boolean isComplete(RepeatContext context) {
            return this.totalProcessed >= chunksize;
        }

        @Override
        public RepeatContext start(RepeatContext parent) {
            this.chunksize = random.nextInt(20);
            this.totalProcessed = 0;

            System.out.println("The chunk size has been set to " +
                    this.chunksize);

            return parent;
        }

        @Override
        public void update(RepeatContext context) {
            this.totalProcessed++;
        }
    }
}
```

▼ 예제 4-43 RandomChunkSizePolicy 구성하기

```
...
@EnableBatchProcessing
@SpringBootApplication
public class ChunkJob {

    @Autowired
```

```java
private JobBuilderFactory jobBuilderFactory;

@Autowired
private StepBuilderFactory stepBuilderFactory;

@Bean
public Job chunkBasedJob() {
    return this.jobBuilderFactory.get("chunkBasedJob")
                .start(chunkStep())
                .build();
}

@Bean
public Step chunkStep() {
    return this.stepBuilderFactory.get("chunkStep")
                .<String, String>chunk(randomCompletionPolicy())
                .reader(itemReader())
                .writer(itemWriter())
                .build();
}

@Bean
public ListItemReader<String> itemReader() {
    List<String> items = new ArrayList<>(100000);

    for (int i = 0; i< 100000; i++) {
        items.add(UUID.randomUUID().toString());
    }

    return new ListItemReader<>(items);
}

@Bean
public ItemWriter<String> itemWriter() {
    return items -> {
        for (String item : items) {
            System.out.println(">> current item = " + item);
        }
    };
}
```

```
    @Bean
    public CompletionPolicy randomCompletionPolicy() {
            return new RandomChunkSizePolicy();
    }

    public static void main(String[] args) {
            SpringApplication.run(ChunkJob.class, args);
    }
}
```

예제 4-43에서 잡을 실행하면 각 새 청크가 시작될 때마다 청크 출력이 되는 것을 볼 수 있으며, 각 출력 라인 사이에 아이템 개수를 셈으로써 CompletionPolicy가 청크 크기에 미치는 영향을 확인할 수 있다.

오류 처리를 다룰 때 청크 구성의 나머지 부분을 상세히 살펴볼 것이다. 해당 절에서는 청크와 관련되지 않은 나머지 부분의 대부분을 차지하는 재시도[retry] 및 건너뛰기[skip] 로직을 다룬다. 이어서 살펴볼 스텝의 구성 요소는 잡과 관련된 내용을 다룰 때 살펴봤던 잡 리스너와 유사한 스텝 리스너다.

스텝 리스너

4장의 앞부분에서 잡 리스너를 살펴볼 때 두 가지 이벤트인 잡 시작 및 종료 이벤트를 볼 수 있었다. 스텝 리스너도 동일한 유형의 이벤트(시작 및 종료)를 처리하지만, 잡 전체가 아닌 개별 스텝에서 이뤄진다. 이 절에서는 org.springframework.batch.core.StepExecution Listener와 org.springframework.batch.core.ChunkListener 인터페이스를 알아본다. 이두 인터페이스는 각각 스텝과 청크의 시작과 끝에서 특정 로직을 처리할 수 있게 해준다. 스텝 리스너의 이름이 StepListener가 아닌 org.springframework.batch.core.StepExecu tionListener라는 점에 주의하자. 실제로 StepListener라는 인터페이스가 있긴 하지만 모든 스텝 리스너가 상속하는 마커 인터페이스일 뿐이다.

StepExecutionListener와 ChunkListener는 둘 다 JobExecutionListener 인터페이스의 메서드와 유사한 메서드를 제공한다. StepExecutionListener에는 beforeStep과 afterStep

메서드가 존재하며, ChunkListener에는 예상했겠지만 beforeChunk와 afterChunk 메서드가 존재한다. afterStep을 제외한 다른 모든 메서드는 void 타입이다. afterStep 메서드는 ExitStatus를 반환한다. 리스너가 스텝이 반환한 ExitStatus를 잡에 전달하기 전에 수정할 수 있기 때문이다. 이 기능은 잡 처리의 성공 여부를 판별하는 데 사용할 수 있으며, 그 이상으로 잡에 유용하게 사용할 수 있다. 예를 들어 파일을 가져온 후 데이터베이스에 올바른 개수의 레코드가 기록됐는지 여부를 확인하는 등 기본적인 무결성 검사를 수행할 수 있다. 물론 애너테이션으로 리스너를 구성하는 기능도 제공된다. 스프링 배치는 인터페이스 구현을 간단히 할 수 있도록 @BeforeStep, @AfterStep, @BeforeChunk, @AfterChunk 애너테이션을 제공한다. 예제 4-44는 StepListener의 메서드에 이러한 애너테이션이 적용된 모습을 보여준다.

▼ 예제 4-44 스텝의 시작 및 종료 리스너에서 로깅하기

```
...
public class LoggingStepStartStopListener {

    @BeforeStep
    public void beforeStep(StepExecution stepExecution) {
        System.out.println(stepExecution.getStepName() + " has begun!");
    }

    @AfterStep
    public ExitStatus afterStep(StepExecution stepExecution) {
        System.out.println(stepExecution.getStepName() + " has ended!");

        return stepExecution.getExitStatus();
    }
}
```

모든 스텝 리스너의 구성은 스텝 구성 내에서 하나의 목록으로 결합된다. 예제 4-45에서는 앞서 작성했던 LoggingStepStartStopListener의 구성 내용을 볼 수 있다.

```
...
@EnableBatchProcessing
@SpringBootApplication
public class ChunkJob {

    @Autowired
    private JobBuilderFactory jobBuilderFactory;

    @Autowired
    private StepBuilderFactory stepBuilderFactory;

    @Bean
    public Job chunkBasedJob() {
        return this.jobBuilderFactory.get("chunkBasedJob")
                    .start(chunkStep())
                    .build();
    }

    @Bean
    public Step chunkStep() {
        return this.stepBuilderFactory.get("chunkStep")
                    .<String, String>chunk(1000)
                    .reader(itemReader())
                    .writer(itemWriter())
                    .listener(new LoggingStepStartStopListener())
                    .build();
    }

    @Bean
    public ListItemReader<String> itemReader() {
        List<String> items = new ArrayList<>(100000);

        for (int i = 0; i< 100000; i++) {
            items.add(UUID.randomUUID().toString());
        }

        return new ListItemReader<>(items);
    }

    @Bean
```

```
    public ItemWriter<String> itemWriter() {
        return items -> {
            for (String item : items) {
                System.out.println(">> current item = " + item);
            }
        };
    }

    @Bean
    public CompletionPolicy randomCompletionPolicy() {
        return new RandomChunkSizePolicy();
    }

    public static void main(String[] args) {
        SpringApplication.run(ChunkJob.class, args);
    }
}
```

예제에서 볼 수 있듯이 스프링 배치 프레임워크의 거의 모든 수준에 리스너를 적용해 배치 잡의 처리를 중단시킬 수 있다. 리스너는 일반적으로 컴포넌트의 동작 이전에 어떤 형태의 전처리를 수행하거나 컴포넌트의 동작 이후에 결과를 평가할 뿐만 아니라 일부 오류 처리에도 사용된다.

다음 절에서는 스텝의 플로우^{flow}를 다룬다. 지금까지는 모든 스텝이 순차적으로 처리됐지만 순차 처리가 스프링 배치의 필수 요구 사항은 아니다. 특정 스텝을 처리한 다음에 어떤 스텝을 수행해야 하는지 결정하는 간단한 로직 실행 방법 및 재사용을 위한 외부화 방법을 배워보자.

스텝 플로우

한 줄 서기: 지금까지 봐왔던 예제 잡의 모습이다. 각 스텝을 줄을 세워 순서대로 실행했다. 그러나 이런 방식으로만 스텝을 실행할 수 있다면 스프링 배치를 매우 제한적으로 사용할 수밖에 없을 것이다. 하지만 프레임워크는 잡 흐름을 커스터마이징할 수 있는 여러 가지 강력한 방법을 제공한다.

이어서 실행할 스텝을 결정하거나 주어진 스텝을 실행하는 방법을 먼저 살펴보자. 이런 상황에서는 스프링 배치의 조건 로직^{Conditional Logic}을 사용한다.

조건 로직

스프링 배치의 스텝은 잡 내에서 StepBuilder의 next 메서드를 사용해 지정한 순서대로 실행된다. 스텝을 다른 순서로 실행하는 것도 매우 쉽다. 전이^{transition}를 구성하면 된다. 예제 4–46에서 볼 수 있듯 빌더를 사용해 잡의 진행 방향을 지정할 수 있다. 예제에서는 firstStep의 실행 결과가 정상이면 이어서 successStep을 실행하며 firstStep이 ExitStatus로 FAILED를 반환하면 failureStep을 실행한다.

▼ 예제 4–46 조건에 따라 실행될 스텝 지정하기

```
...
@EnableBatchProcessing
@SpringBootApplication
public class ConditionalJob {

    @Autowired
    private JobBuilderFactory jobBuilderFactory;

    @Autowired
    private StepBuilderFactory stepBuilderFactory;

    @Bean
    public Tasklet passTasklet() {
        return (contribution, chunkContext) -> {
            return RepeatStatus.FINISHED;
//            throw new RuntimeException("This is a failure");
        };
    }

    @Bean
    public Tasklet successTasklet() {
        return (contribution, context) -> {
            System.out.println("Success!");
            return RepeatStatus.FINISHED;
        };
```

```
        }

        @Bean
        public Tasklet failTasklet() {
                return (contribution, context) -> {
                        System.out.println("Failure!");
                        return RepeatStatus.FINISHED;
                };
        }

        @Bean
        public Job job() {
                return this.jobBuilderFactory.get("conditionalJob")
                                .start(firstStep())
                                .on("FAILED").to(failureStep())
                                .from(firstStep()).on("*").to(successStep())
                                .end()
                                .build();
        }

        @Bean
        public Step firstStep() {
                return this.stepBuilderFactory.get("firstStep")
                                .tasklet(passTasklet())
                                .build();
        }

        @Bean
        public Step successStep() {
                return this.stepBuilderFactory.get("successStep")
                                .tasklet(successTasklet())
                                .build();
        }

        @Bean
        public Step failureStep() {
                return this.stepBuilderFactory.get("failureStep")
                                .tasklet(failTasklet())
                                .build();
        }
```

```
    public static void main(String[] args) {
        SpringApplication.run(ConditionalJob.class, args);
    }
}
```

on 메서드는 스프링 배치가 스텝의 ExitStatus를 평가해 어떤 일을 수행할지 결정할 수 있
도록 구성하게 해준다. 4장에서 org.springframework.batch.core.ExitStatus와 org.
springframework.batch.core.BatchStatus 둘 다 계속 봐왔다. BatchStatus는 잡이나 스
텝의 현재 상태를 식별하는 JobExecution이나 StepExecution의 애트리뷰트다. Exit
Status는 잡이나 스텝 종료 시 스프링 배치로 반환되는 값이다. 스프링 배치는 다음에 어떤
스텝을 수행할지 결정하려고 ExitStatus를 확인한다. 따라서 예제 4-46의 내용은 "first
Step의 종료 코드가 FAILED 아니면 successStep으로 이동하고, FAILED라면 failureStep
스텝으로 이동하시오"와 동일하다.

ExitStatus의 값의 실체는 문자열이기 때문에, 와일드 카드를 사용하면 흥미로운 일을 할
수 있다. 스프링 배치는 기준에 따라 두 개의 와일드 카드를 허용한다.

- *는 0개 이상의 문자를 일치^{match}시킨다는 것을 의미한다. 예를 들어 C*는 C,
  COMPLETE, CORRECT와 일치한다.

- ?는 1개의 문자를 일치^{match}시킨다는 것을 의미한다. 예를 들어 ?AT은 CAT, KAT과
  일치하지만 THAT과는 일치하지 않는다.

ExitStatus를 확인함으로써 다음에 어떤 스텝을 실행할지 결정할 수 있지만, 이것만으로 충
분하지 않을 수도 있다. 예를 들어 현재 스텝에서 어떤 레코드를 건너뛰었을 때 특정 스텝을
실행하지 않게 하려면 어떻게 해야 하는가? ExitStatus만으로는 알 수 없을 것이다.

노트　스프링 배치는 전이(transition)를 구성할 때 도움을 준다. 스프링 배치는 자동으로 가장 제한적인 전이
부터 덜 제한적인 전이 순으로 정렬한 뒤 각 전이를 순서대로 적용한다.

스프링 배치는 다음에 무엇을 해야 할지 프로그래밍적으로 결정할 수 있는 방법을 제공한다.

바로 org.springframework.batch.core.job.flow.JobExecutionDecider 인터페이스를 구현하면 된다. 이 인터페이스에는 단 하나의 메서드인 decide 메서드만 존재한다. decide 메서드는 JobExecution과 StepExecution을 아규먼트로 전달받고 FlowExecutionStatus(BatchStatus/ExitStatus 쌍을 래핑한 래퍼 객체)를 반환한다. JobExecution과 StepExecution을 이용할 수 있으므로, 다음에 무엇을 수행할지에 대한 적절한 결정을 내릴 때 모든 정보를 사용할 수 있을 것이다. 예제 4-47은 다음 스텝을 임의대로 결정하는 JobExecutionDecider의 구현 내용을 보여준다.

▼ 예제 4-47 RandomDecider

```
...
public class RandomDecider implements JobExecutionDecider {

    private Random random = new Random();

    public FlowExecutionStatus decide(JobExecution jobExecution,
            StepExecution stepExecution) {

        if (random.nextBoolean()) {
            return new
                FlowExecutionStatus(FlowExecutionStatus.COMPLETED.getName());
        } else {
            return new
                FlowExecutionStatus(FlowExecutionStatus.FAILED.getName());
        }
    }
}
```

RandomDecider를 사용하려고 스텝에 decider라는 추가 애트리뷰트를 구성했다. 이 애트리뷰트는 JobExecutionDecider를 구현한 스프링 빈을 참조한다. 예제 4-48은 RandomDecider를 구성하는 모습을 보여준다. 이 예제 구성을 보면 결정자가 반환하는 값을 실행 가능한 스텝에 매핑하는 것을 볼 수 있다

```
...
@EnableBatchProcessing
@SpringBootApplication
public class ConditionalJob {

    @Autowired
    private JobBuilderFactory jobBuilderFactory;

    @Autowired
    private StepBuilderFactory stepBuilderFactory;

    @Bean
    public Tasklet passTasklet() {
        return (contribution, chunkContext) -> RepeatStatus.FINISHED;
    }

    @Bean
    public Tasklet successTasklet() {
        return (contribution, context) -> {
            System.out.println("Success!");
            return RepeatStatus.FINISHED;
        };
    }

    @Bean
    public Tasklet failTasklet() {
        return (contribution, context) -> {
            System.out.println("Failure!");
            return RepeatStatus.FINISHED;
        };
    }

    @Bean
    public Job job() {
        return this.jobBuilderFactory.get("conditionalJob")
                    .start(firstStep())
                    .next(decider())
                    .from(decider())
                    .on("FAILED").to(failureStep())
                    .from(decider())
```

```
                    .on("*").to(successStep())
                    .end()
                    .build();
    }

    @Bean
    public Step firstStep() {
        return this.stepBuilderFactory.get("firstStep")
                    .tasklet(passTasklet())
                    .build();
    }

    @Bean
    public Step successStep() {
        return this.stepBuilderFactory.get("successStep")
                    .tasklet(successTasklet())
                    .build();
    }

    @Bean
    public Step failureStep() {
        return this.stepBuilderFactory.get("failureStep")
                    .tasklet(failTasklet())
                    .build();
    }

    @Bean
    public JobExecutionDecider decider() {
        return new RandomDecider();
    }

    public static void main(String[] args) {
        SpringApplication.run(ConditionalJob.class, args);
    }
}
```

이제 한 스텝에서 다른 스텝으로 진행되는 처리를 순차적으로 진행하거나 로직을 통해 진행하게 만드는 방법을 알게 됐으니 다른 스텝으로 진행되지 않도록 만드는 방법도 알아보자. 잡을 종료하거나 일시적으로 중지할 수 있다. 다음 절에서는 이러한 시나리오를 어떻게 만족시키는지 알아본다.

잡 종료하기

JobInstance는 성공적으로 완료되면 두 번 이상 실행될 수 없으며, 잡 이름과 잡 내부로 전달되는 파라미터로 식별된다는 것을 앞서 학습한 바 있다. 그러므로 사용자가 프로그래밍 방식으로 잡을 종료한다면 사용자는 잡의 종료 상태를 알아야 한다. 실제로 스프링 배치에서 프로그래밍 방식으로 잡을 종료할 때 세 가지 상태로 종료할 수 있다.

- Completed^{완료}: 스프링 배치 처리가 성공적으로 종료됐음을 의미한다. JobInstance 가 Completed 상태로 종료되면 동일한 파라미터를 사용해 다시 실행할 수 없다.
- Failed^{실패}: 잡이 성공적으로 완료되지 않았음을 의미한다. Failed 상태로 종료된 잡은 스프링 배치를 사용해 동일한 파라미터로 다시 실행할 수 있다.
- Stopped^{종지}: Stopped 상태로 종료된 잡은 다시 시작할 수 있다. Stopped 잡이 흥미로운 이유는 잡에 오류가 발생하지 않았지만 중단된 위치에서 잡을 다시 시작할 수 있기 때문이다. 이 상태는 스텝 사이에 사람의 개입이 필요하거나 다른 검사나 처리가 필요한 상황에 매우 유용하다.

이러한 상태는 스프링 배치가 JobRepository에 저장할 BatchStatus를 판별할 때, 스텝의 ExitStatus를 평가함으로써 식별된다. ExitStatus는 스텝, 청크, 잡에서 반환될 수 있다. BatchStatus는 StepExecution이나 JobExecution 내에 보관되며, JobRepository에 저장된다. Completed 상태로 잡을 종료하는 방법을 살펴보자.

스텝의 종료 상태에 따라, Completed 상태로 잡을 종료하게 구성하려면 빌더가 제공하는 end 메서드를 사용한다. 이처럼 end 메서드를 사용해 잡의 상태를 Completed로 바꾸면, 동일한 파라미터를 사용해 해당 잡을 다시 실행할 수 없다. 예제 4-49 end 메서드 바로 앞에서 볼 수 있는 on 메서드를 사용해서 ExitStatus 값을 정의할 수 있는데, 이렇게 정의한 ExitStatus 값이 반환되면 잡이 종료된다.

```
...
@EnableBatchProcessing
@SpringBootApplication
public class ConditionalJob {

    @Autowired
    private JobBuilderFactory jobBuilderFactory;

    @Autowired
    private StepBuilderFactory stepBuilderFactory;

    @Bean
    public Tasklet passTasklet() {
        return (contribution, chunkContext) -> {
            return RepeatStatus.FINISHED;
//          throw new RuntimeException("Causing a failure");
        };
    }

    @Bean
    public Tasklet successTasklet() {
        return (contribution, context) -> {
            System.out.println("Success!");
            return RepeatStatus.FINISHED;
        };
    }

    @Bean
    public Tasklet failTasklet() {
        return (contribution, context) -> {
            System.out.println("Failure!");
            return RepeatStatus.FINISHED;
        };
    }

    @Bean
    public Job job() {
        return this.jobBuilderFactory.get("conditionalJob")
                .start(firstStep())
                .on("FAILED").end()
```

```
                .from(firstStep()).on("*").to(successStep())
                .end()
                .build();
    }

    @Bean
    public Step firstStep() {
        return this.stepBuilderFactory.get("firstStep")
                .tasklet(passTasklet())
                .build();
    }

    @Bean
    public Step successStep() {
        return this.stepBuilderFactory.get("successStep")
                .tasklet(successTasklet())
                .build();
    }

    @Bean
    public Step failureStep() {
        return this.stepBuilderFactory.get("failureStep")
                .tasklet(failTasklet())
                .build();
    }

    @Bean
    public JobExecutionDecider decider() {
        return new RandomDecider();
    }

    public static void main(String[] args) {
        SpringApplication.run(ConditionalJob.class, args);
    }
}
```

예상한 대로 conditionalJob을 실행하면 Batch_STEP_EXECUTION 테이블에 스텝이 반환한 ExitStatus가 저장되며, 스텝이 반환한 상태가 무엇이든 상관없이 Batch_JOB_EXECUTION에 COMPLETED가 저장된다.

동일한 파라미터를 사용해 잡을 다시 실행할 수 있는 상태인 **Failed** 상태로 잡이 종료되도록 구성하는 방식도 유사하다. **end** 메서드를 사용하는 대신 **fail** 메서드를 사용한다. 예제 4-50에서 구성 내용을 볼 수 있다.

▼ 예제 4-50 Failed 상태로 잡 종료하기

```
...
@EnableBatchProcessing
@SpringBootApplication
public class ConditionalJob {

    @Autowired
    private JobBuilderFactory jobBuilderFactory;

    @Autowired
    private StepBuilderFactory stepBuilderFactory;

    @Bean
    public Tasklet passTasklet() {
        return (contribution, chunkContext) -> {
//              return RepeatStatus.FINISHED;
                throw new RuntimeException("Causing a failure");
        };
    }

    @Bean
    public Tasklet successTasklet() {
        return (contribution, context) -> {
                System.out.println("Success!");
                return RepeatStatus.FINISHED;
        };
    }

    @Bean
    public Tasklet failTasklet() {
        return (contribution, context) -> {
                System.out.println("Failure!");
                return RepeatStatus.FINISHED;
        };
    }
```

```java
    @Bean
    public Job job() {
        return this.jobBuilderFactory.get("conditionalJob")
                    .start(firstStep())
                    .on("FAILED").fail()
                    .from(firstStep()).on("*").to(successStep())
                    .end()
                    .build();
    }

    @Bean
    public Step firstStep() {
        return this.stepBuilderFactory.get("firstStep")
                    .tasklet(passTasklet())
                    .build();
    }

    @Bean
    public Step successStep() {
        return this.stepBuilderFactory.get("successStep")
                    .tasklet(successTasklet())
                    .build();
    }

    @Bean
    public Step failureStep() {
        return this.stepBuilderFactory.get("failureStep")
                    .tasklet(failTasklet())
                    .build();
    }

    @Bean
    public JobExecutionDecider decider() {
        return new RandomDecider();
    }

    public static void main(String[] args) {
        SpringApplication.run(ConditionalJob.class, args);
    }
}
```

예제 4-50와 같이 구성하고 conditionalJob을 다시 실행하면 약간 다른 결과를 얻는다. 이 예제에서 firstStep이 FAILED인 ExitStatus로 끝난다면, JobRepository에 해당 잡이 실패한 것으로 저장되므로 동일한 파라미터를 사용해 다시 실행할 수 있다.

프로그래밍 방식으로 잡을 종료할 때 가질 수 있는 마지막 상태는 Stopped 상태이다. Stopped 상태로 잡이 종료됐다면 잡을 다시 시작할 수 있다. 만약 잡을 다시 시작한다면 첫 스텝이 아닌 사용자가 미리 구성해둔 스텝부터 시작된다. 예제 4-51에서 예제를 볼 수 있다.

▼ 예제 4-51 Stopped 상태로 잡 종료하기

```
...
@EnableBatchProcessing
@SpringBootApplication
public class ConditionalJob {

    @Autowired
    private JobBuilderFactory jobBuilderFactory;

    @Autowired
    private StepBuilderFactory stepBuilderFactory;

    @Bean
    public Tasklet passTasklet() {
        return (contribution, chunkContext) -> {
//            return RepeatStatus.FINISHED;
            throw new RuntimeException("Causing a failure");
        };
    }

    @Bean
    public Tasklet successTasklet() {
        return (contribution, context) -> {
            System.out.println("Success!");
            return RepeatStatus.FINISHED;
        };
    }

    @Bean
    public Tasklet failTasklet() {
```

```java
        return (contribution, context) -> {
            System.out.println("Failure!");
            return RepeatStatus.FINISHED;
        };
}

@Bean
public Job job() {
    return this.jobBuilderFactory.get("conditionalJob")
                .start(firstStep())
                .on("FAILED").stopAndRestart(successStep())
                .from(firstStep())
                .on("*").to(successStep())
                .end()
                .build();
}

@Bean
public Step firstStep() {
    return this.stepBuilderFactory.get("firstStep")
                .tasklet(passTasklet())
                .build();
}

@Bean
public Step successStep() {
    return this.stepBuilderFactory.get("successStep")
                .tasklet(successTasklet())
                .build();
}

@Bean
public Step failureStep() {
    return this.stepBuilderFactory.get("failureStep")
                .tasklet(failTasklet())
                .build();
}

@Bean
public JobExecutionDecider decider() {
    return new RandomDecider();
}
```

```
    }

    public static void main(String[] args) {
        SpringApplication.run(ConditionalJob.class, args);
    }
}
```

예제 4-51과 같은 마지막 구성으로 conditionalJob을 실행하면 동일한 파라미터로 잡을 재실행할 수 있다. 이 예제는 예제 4-50과 동일하게 FAILED로 잡이 종료되지만, 잡을 재실행하면 처음 스텝이 아닌 successStep에서부터 실행된다.

한 스텝에서 다음 스텝으로의 플로우가 단순히 복잡한 잡 구성을 만드는 또 다른 구성 레이어를 의미하는 것만은 아니다. 재사용 가능한 컴포넌트 형태로 구성할 수도 있다. 다음 절에서는 스텝의 플로우를 재사용 가능한 컴포넌트로 캡슐화하는 방법을 알아본다.

플로우 외부화하기

스텝을 빈으로 정의할 수 있다는 사실은 이미 알고 있다. 그러므로 잡에서 사용한 스텝의 정의를 추출해서 재사용 가능한 컴포넌트 형태로 만들 수 있다. 스텝의 순서도 마찬가지다. 스프링 배치에서 스텝의 순서를 외부화하는 세 가지 방법이 있다. 첫 번째는 스텝의 시퀀스를 독자적인 플로우flow로 만드는 방법이다. 두 번째는 플로우 스텝flow step을 사용하는 방법이다. 구성은 매우 유사하지만 JobRepository에 저장되는 상태는 약간 다르다. 마지막은 잡 내에서 다른 잡을 호출하는 방법이다. 이 절에서는 이 세 가지 방법이 모두 어떻게 동작하는지 알아본다.

플로우는 마치 잡처럼 보인다. 실제로 플로우는 비슷한 방식으로 구성한다. 예제 4-52는 플로우를 만드는 빌더를 사용해 플로우를 정의하고 ID를 부여한 후 잡에서 참조하는 방법을 보여준다.

▼ 예제 4-52 플로우 정의하기

```
...
@EnableBatchProcessing
```

```java
@SpringBootApplication
public class FlowJob {

    @Autowired
    private JobBuilderFactory jobBuilderFactory;

    @Autowired
    private StepBuilderFactory stepBuilderFactory;

    @Bean
    public Tasklet loadStockFile() {
        return (contribution, chunkContext) -> {
            System.out.println("The stock file has been loaded");
            return RepeatStatus.FINISHED;
        };
    }

    @Bean
    public Tasklet loadCustomerFile() {
        return (contribution, chunkContext) -> {
            System.out.println("The customer file has been loaded");
            return RepeatStatus.FINISHED;
        };
    }

    @Bean
    public Tasklet updateStart() {
        return (contribution, chunkContext) -> {
            System.out.println("The start has been updated");
            return RepeatStatus.FINISHED;
        };
    }

    @Bean
    public Tasklet runBatchTasklet() {
        return (contribution, chunkContext) -> {
            System.out.println("The batch has been run");
            return RepeatStatus.FINISHED;
        };
    }
```

```java
@Bean
public Flow preProcessingFlow() {
    return new FlowBuilder<Flow>("preProcessingFlow").start(loadFileStep())
                .next(loadCustomerStep())
                .next(updateStartStep())
                .build();
}

@Bean
public Job conditionalStepLogicJob() {
    return this.jobBuilderFactory.get("conditionalStepLogicJob")
                .start(preProcessingFlow())
                .next(runBatch())
                .end()
                .build();
}

@Bean
public Step loadFileStep() {
    return this.stepBuilderFactory.get("loadFileStep")
                .tasklet(loadStockFile())
                .build();
}

@Bean
public Step loadCustomerStep() {
    return this.stepBuilderFactory.get("loadCustomerStep")
                .tasklet(loadCustomerFile())
                .build();
}

@Bean
public Step updateStartStep() {
    return this.stepBuilderFactory.get("updateStartStep")
                .tasklet(updateStart())
                .build();
}

@Bean
public Step runBatch() {
    return this.stepBuilderFactory.get("runBatch")
```

```
                    .tasklet(runBatchTasklet())
                    .build();
    }

    public static void main(String[] args) {
        SpringApplication.run(HelloWorldJob.class, args);
    }
}
```

잡의 일부분으로 플로우를 실행한 후에 JobRepository를 살펴보면, 기존처럼 스텝을 구성했을 때와 마찬가지로 플로우의 스텝이 잡의 일부분으로써 저장돼 있는 것을 볼 수 있다. 결과적으로 JobRepository 관점에서는 플로우를 사용하는 것과 잡 내에서 스텝을 직접 구성하는 것에 차이는 없다.

스텝을 외부화하는 다음 방법은 플로우 스텝을 사용하는 것이다. 이 방법을 사용하더라도 플로우의 구성은 동일하다. 그러나 플로우를 잡 빌더로 전달해 플로우를 실행하도록 구성하는 대신 해당 플로우를 스텝으로 래핑하고 이 스텝을 잡 빌더로 전달한다. 4-53은 예제 4-52를 수정해 플로우 스텝을 사용하도록 구성한 내용을 보여준다.

▼ 예제 4-53 플로우 스텝 사용하기

```
...
@EnableBatchProcessing
@SpringBootApplication
public class FlowJob {

@Autowired
private JobBuilderFactory jobBuilderFactory;

    @Autowired
    private StepBuilderFactory stepBuilderFactory;

    @Bean
    public Tasklet loadStockFile() {
        return (contribution, chunkContext) -> {
            System.out.println("The stock file has been loaded");
            return RepeatStatus.FINISHED;
```

```java
        };
    }


    @Bean
    public Tasklet loadCustomerFile() {
        return (contribution, chunkContext) -> {
            System.out.println("The customer file has been loaded");
            return RepeatStatus.FINISHED;
        };
    }


    @Bean
    public Tasklet updateStart() {
        return (contribution, chunkContext) -> {
            System.out.println("The start has been updated");
            return RepeatStatus.FINISHED;
        };
    }


    @Bean
    public Tasklet runBatchTasklet() {
        return (contribution, chunkContext) -> {
            System.out.println("The batch has been run");
            return RepeatStatus.FINISHED;
        };
    }


    @Bean
    public Flow preProcessingFlow() {
        return new FlowBuilder<Flow>("preProcessingFlow").start(loadFileStep())
                    .next(loadCustomerStep())
                    .next(updateStartStep())
                    .build();
    }


    @Bean
    public Job conditionalStepLogicJob() {
        return this.jobBuilderFactory.get("conditionalStepLogicJob")
                    .start(intializeBatch())
                    .next(runBatch())
                    .build();
```

```
    }

    @Bean
    public Step intializeBatch() {
        return this.stepBuilderFactory.get("initalizeBatch")
                    .flow(preProcessingFlow())
                    .build();
    }


    @Bean
    public Step loadFileStep() {
        return this.stepBuilderFactory.get("loadFileStep")
                    .tasklet(loadStockFile())
                    .build();
    }


    @Bean
    public Step loadCustomerStep() {
        return this.stepBuilderFactory.get("loadCustomerStep")
                    .tasklet(loadCustomerFile())
                    .build();
    }


    @Bean
    public Step updateStartStep() {
        return this.stepBuilderFactory.get("updateStartStep")
                    .tasklet(updateStart())
                    .build();
    }


    @Bean
    public Step runBatch() {
        return this.stepBuilderFactory.get("runBatch")
                    .tasklet(runBatchTasklet())
                    .build();
    }

    public static void main(String[] args) {
        SpringApplication.run(HelloWorldJob.class, args);
    }
}
```

플로우를 잡 빌더로 전달하는 것과 플로우 스텝을 사용하는 것에는 어떤 차이가 있을까? JobRepository에서 일어나는 일에 차이가 있다. 잡 빌더에서 flow 메서드를 사용하면 잡에 스텝을 구성하는 것과 결과적으로 동일하다. 반면 플로우 스텝을 사용하면 추가적인 항목이 더해진다. 플로우 스텝을 사용하면 스프링 배치는 해당 플로우가 담긴 스텝을 하나의 스텝처럼 기록한다. 이렇게 하면 어떤 점이 좋을까? 주된 이점은 모니터링과 리포팅이다. 플로우 스텝을 사용하면 개별 스텝을 집계하지 않고도 플로우의 영향을 전체적으로 볼 수 있다.

스텝의 실행 순서를 외부화하는 마지막 방법은 스텝을 전혀 외부화하지 않는 것이다. 이럴 때는 플로우를 작성하는 대신에 잡 내에서 다른 잡을 호출한다. 플로우와 해당 플로우 내에 포함된 각 스텝을 실행하려고 StepExecutionContext를 생성했던 플로우 스텝 구성과 유사하게 잡 스텝job step은 외부 잡을 호출하는 스텝용 JobExecutionContext를 생성한다. 예제 4-54는 잡 스텝 구성을 보여준다.

▼ 예제 4-54 잡 스텝 사용하기

```
...
@EnableBatchProcessing
@SpringBootApplication
public class JobJob {

    @Autowired
    private JobBuilderFactory  jobBuilderFactory;

    @Autowired
    private StepBuilderFactory stepBuilderFactory;

    @Bean
    public Tasklet loadStockFile() {
        return (contribution, chunkContext) -> {
            System.out.println("The stock file has been loaded");
            return RepeatStatus.FINISHED;
        };
    }

    @Bean
    public Tasklet loadCustomerFile() {
        return (contribution, chunkContext) -> {
```

```
                System.out.println("The customer file has been loaded");
                return RepeatStatus.FINISHED;
        };
}


@Bean
public Tasklet updateStart() {
        return (contribution, chunkContext) -> {
                System.out.println("The start has been updated");
                return RepeatStatus.FINISHED;
        };
}


@Bean
public Tasklet runBatchTasklet() {
        return (contribution, chunkContext) -> {
                System.out.println("The batch has been run");
                return RepeatStatus.FINISHED;
        };
}


@Bean
public Job preProcessingJob() {
        return this.jobBuilderFactory.get("preProcessingJob")
                        .start(loadFileStep())
                        .next(loadCustomerStep())
                        .next(updateStartStep())
                        .build();
}


@Bean
public Job conditionalStepLogicJob() {
        return this.jobBuilderFactory.get("conditionalStepLogicJob")
                        .start(intializeBatch())
                        .next(runBatch())
                        .build();
}


@Bean
public Step intializeBatch() {
        return this.stepBuilderFactory.get("initalizeBatch")
```

```java
                        .job(preProcessingJob())
                        .parametersExtractor(new DefaultJobParametersExtractor())
                        .build();
    }

    @Bean
    public Step loadFileStep() {
        return this.stepBuilderFactory.get("loadFileStep")
                        .tasklet(loadStockFile())
                        .build();
    }

    @Bean
    public Step loadCustomerStep() {
        return this.stepBuilderFactory.get("loadCustomerStep")
                        .tasklet(loadCustomerFile())
                        .build();
    }

    @Bean
    public Step updateStartStep() {
        return this.stepBuilderFactory.get("updateStartStep")
                        .tasklet(updateStart())
                        .build();
    }

    @Bean
    public Step runBatch() {
        return this.stepBuilderFactory.get("runBatch")
                        .tasklet(runBatchTasklet())
                        .build();
    }

    public static void main(String[] args) {
        SpringApplication.run(HelloWorldJob.class, args);
    }
}
```

예제 4-54의 jobParametersExtractor 빈이 무엇인지 궁금할 것이다. 잡을 구동하면 해당
잡은 잡 이름과 잡 파라미터로 식별된다. 이때 사용자는 서브 잡인 preProcessingJob에 해당

파라미터를 직접 전달하지 않는다. 대신 상위 잡의 `JobParameters` 또는 `ExecutionContext`(`DefaultJobParameterExtractor`는 `JobParameters`와 `ExecutionContext` 모두 확인함)에서 파라미터를 추출해 하위 잡으로 전달하는 클래스를 정의한다. 이 파라미터 추출기는 `job.stockFile` 및 `job.customerFileJobParameter` 값을 가져와 `preProcessingJob` 잡에 전달한다.

`preProcessingJob`이 실행되면 다른 잡과 마찬가지로 `JobRepository` 내에서 식별된다. 해당 서브 잡은 자체적으로 `JobInstance`, `ExecutionContext` 및 관련 데이터베이스 레코드를 가진다.

노트　예제 4-54를 실행할 때는 spring.batch.job.names=conditionalStepLogicJob 프로퍼티를 application. properties에 구성해야 스프링 부트 시작 시 자동으로 preProcessingJob이 실행되지 않는다.

잡 스텝을 사용할 때는 주의해야 할 사항이 있다. 이 방식은 잡 의존성을 다루는 좋은 방법처럼 보일 것이다. 개별 잡을 만들어 마스터 잡과 함께 묶을 수 있는 기능은 강력하다. 그러나 오히려 이로 인해 실행 처리를 제어하는 데 매우 큰 제약이 있을 수 있다. 실제 사례에서는 주기적으로 실행하던 배치를 중지하거나, 외부 요인에 의해 잡 실행을 건너뛰어야 하는 경우가 드물지 않다(배치 처리를 완료하는 데 필요한 파일을 다른 부서에서 제시간에 전달해주지 않는 등). 잡 관리 기능은 단일 잡 수준에서 이뤄지기 때문에 잡 스텝 기능을 사용해 잡 전체를 트리로 만들어 관리하면 문제를 일으킬 수 있으므로 피해야 한다. 즉, 이처럼 하나의 마스터 잡이 여러 연결된 잡을 실행하면 앞서 언급한 상황을 처리하는 데 심각한 제약이 생기므로 피하는 것이 좋다.

요약

4장에서는 많은 부분을 다뤘다. 잡이 무엇인지 배우고 수명주기를 알아봤다. 잡 구성 방법을 알아보고 잡 파라미터를 잡에게 전달하는 다양한 방법을 살펴봤다. 잡 시작이나 종료 시 특정 로직을 실행하도록 리스너를 작성하고 구성했으며, 잡과 스텝의 `ExecutionContext`를 사용해봤다.

그다음으로 잡의 구성 요소인 스텝을 알아봤다. 스텝을 알아보면서 스프링 배치에서 가장 중요한 개념 중 하나인 청크 기반 처리를 살펴봤다. 청크 구성 방법 및 정책과 같은 것을 이용해 청크를 제어하는 몇 가지 고급 기법을 배웠다. 리스너를 알아보고 스텝 시작 및 종료 시점에 리스너를 사용해 특정 로직을 실행하는 방법을 배웠다. 마지막으로 스텝을 실행할 때 기본 순서대로 실행하는 방법과 로직적으로 다음에 실행할 스텝을 결정하는 방법을 살펴봤다.

잡과 스텝은 스프링 배치 프레임워크의 구조를 구성하는 요소다. 이 두 요소는 처리를 설계하는 데 사용된다. 5장부터 알아보는 내용은 대부분 잡과 스텝으로 구성된 배치 처리에 사용되는 추가 구성 요소다.

5장

JobRepository와 메타데이터

데몬^{daemon}처럼 끝없이 실행되는 작업이 아닌 언젠가 종료되는 처리를, UI 없이 독립 실행형 stand-alone으로 동작하도록 개발하는 것은 그리 어렵지 않다. 스프링 부트가 제공하는 CommandLineRunner를 사용하면 개발자가 만들려고 하는 비즈니스 로직이 포함된 단일 기능을 실행한 뒤에 정상 종료되는 스프링 부트 애플리케이션을 개발할 수 있다. 이 정도 작업에는 스프링 배치가 필요하지 않다.

그러나 문제는 항상 일이 진행 중인 동안 생기기 마련이다. 배치 잡 실행 중에 오류가 발생하면 어떻게 복구할 수 있을까? 실행 중 오류가 발생했을 때 어떤 처리를 하고 있었는지, 잡이 다시 시작되면 어떻게 되는지 알 수 있을까? 상태 관리는 대량 데이터 처리 시 중요하다. 잡의 상태 관리 기능은 스프링 배치가 제공하는 주요 기능 가운데 하나다. 이 책 앞부분에서 알아본 것처럼 스프링 배치는 잡이 실행될 때 잡의 상태를 JobRepository에 저장해 관리한다. 그리고는 잡의 재시작 또는 아이템 재처리 시 어떤 동작을 수행할지 이 정보를 사용해 결정한다. 이 기능이 가진 힘은 아무리 강조해도 지나치지 않다.

배치 처리에서 JobRepository를 유용하게 사용하는 또 다른 영역은 모니터링 영역이다. 잡이 처리되는 데 걸리는 시간이나 오류로 인해 재시도된 아이템 수와 같은 배치 실행 추세뿐만 아니라, 잡이 어디까지 실행됐는지를 파악할 수 있는 기능은 엔터프라이즈 환경에서 매우 중요하다. 스프링 배치가 관련 수치 값을 취합해 주므로 이러한 유형의 추세 분석을 훨씬 더 쉽게 할 수 있다.

5장에서는 JobRepository를 자세히 알아본다. 데이터베이스 또는 인메모리 저장소를 사용해 JobRepository를 구성하는 방법을 살펴볼 것이다. 대부분의 환경에서 이런 방법을 사용할 수 있다. 또한 JobRepository 구성에 따른 성능 차이를 간단히 살펴본다. JobRepository를 구성한 이후에는 JobExplorer 및 JobOperator를 이용해 JobRepository에 저장된 잡 정보를 사용하는 방법을 배워본다.

JobRepository란?

스프링 배치 내에서 JobRepository를 말할 때는 둘 중 하나를 뜻한다. 첫 번째는 JobRepository 인터페이스이며, 두 번째는 JobRepository 인터페이스를 구현해 데이터를 저장하는 데 사용되는 데이터 저장소다. 개발자는 JobRepository 인터페이스를 애플리케이션 내부에 구성하는 것을 빼고는 해당 인터페이스를 직접 다룰 필요가 거의 없으므로, 이 절은 JobRepository 구현체가 사용하는 데이터 저장소에 초점을 맞춘다. 이 데이터 저장소는 스프링 배치가 제공한다. 스프링 배치는 배치 잡 내에서 바로 사용할 수 있는 두 가지 데이터 저장소를 제공한다. 하나는 인메모리 저장소이며 다른 하나는 관계형 데이터베이스이다. 먼저 관계형 데이터베이스 방식을 살펴보자.

관계형 데이터베이스 사용하기

관계형 데이터베이스는 스프링 배치에서 기본적으로 사용되는 JobRepository이다. 이 방식에서는 스프링 배치가 제공하는 여러 데이터베이스 테이블을 사용해 배치 메타데이터를 저장한다. 그림 5-1의 스키마를 살펴보자.

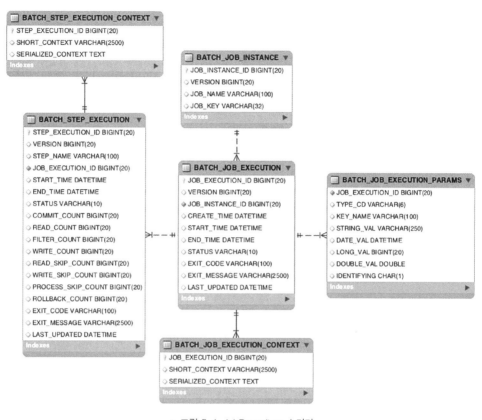

▲ 그림 5-1 JobRepository 스키마

그림 5-1에서 볼 수 있듯이 JobRepository 내에는 여섯 개의 테이블이 존재한다.

- BATCH_JOB_INSTANCE
- BATCH_JOB_EXECUTION
- BATCH_JOB_EXECUTION_PARAMS
- BATCH_JOB_EXECUTION_CONTEXT
- BATCH_STEP_EXECUTION
- BATCH_STEP_EXECUTION_CONTEXT

이 스키마의 실제 시작점은 BATCH_JOB_INSTANCE이다. 앞서 살펴본 것처럼 잡을 식별하는 고유 정보가 포함된 잡 파라미터로 잡을 처음 실행하면 단일 JobInstance 레코드가 테이블에 등록된다. 이 레코드는 잡의 논리적 실행을 나타낸다. 표 5-1은 BATCH_JOB_INSTANCE 상세 구조다.

▼ 표 5-1 BATCH_JOB_INSTANCE 테이블

필드	설명
JOB_EXECUTION_ID	테이블의 기본 키
VERSION	낙관적인 락(optimistic locking)에 사용되는 레코드 버전[1]
JOB_NAME	실행된 잡의 이름
JOB_KEY	잡 이름과 잡 파라미터의 해시 값으로, JobInstance를 고유하게 식별하는 데 사용되는 값

이어지는 BATCH_JOB_EXECUTION 테이블은 배치 잡의 실제 실행 기록을 나타낸다. 잡이 실행될 때마다 새 레코드가 해당 테이블에 생성되고, 잡이 진행되는 동안 주기적으로 업데이트된다. 표 5-2는 BATCH_JOB_EXECUTION 테이블 칼럼의 세부 내용이다.

▼ 표 5-2 BATCH_JOB_EXECUTION 테이블

필드	설명
JOB_EXECUTION_ID	테이블의 기본 키
VERSION	낙관적인 락에 사용되는 레코드의 버전[2]
JOB_INSTANCE_ID	BATCH_JOB_INSTANCE 테이블을 참조하는 외래 키
CREATE_TIME	레코드가 생성된 시간
START_TIME	잡 실행이 시작된 시간
END_TIME	잡 실행이 완료된 시간
STATUS	잡 실행의 배치 상태
EXIT_CODE	잡 실행의 종료 코드
EXIT_MESSAGE	EXIT_CODE와 관련된 메시지나 스택 트레이스
LAST_UPDATED	레코드가 마지막으로 갱신된 시간

---

1   도메인 기반 설계의 버전 및 엔티티와 관련된 자세한 내용을 배우고 싶다면 에릭 에반스(Eric Evans)가 쓴 『Domain Driven Design』(Addison-Wesley, 2003)을 읽어보길 바란다.

2   위와 같다.

이 BATCH_JOB_EXECUTION 테이블과 연관이 있는 세 개의 테이블이 존재한다. 첫 번째로 살펴볼 테이블은 BATCH_JOB_EXECUTION_CONTEXT이다. 4장에서 ExecutionContext의 개념과 컴포넌트가 ExecutionContext를 사용해 상태를 저장하는 방법을 살펴봤다. 그러나 재시작처럼 배치가 여러 번 실행되는 상황에서 ExecutionContext를 유용하게 사용하려면 관련 정보를 스프링 배치가 잘 보관해야 하는데, 바로 이 BATCH_JOB_EXECUTION_CONTEXT 테이블이 Job Execution의 ExecutionContext를 저장하는 곳이다. 표 5-3은 이 테이블의 세부 정보다.

▼ 표 5-3 BATCH_JOB_EXECUTION_CONTEXT 테이블

필드	설명
JOB_EXECUTION_ID	테이블의 기본 키
SHORT_CONTEXT	트림 처리된(trimmed) SERIALIZED_CONTEXT
SERIALIZED_CONTEXT	직렬화된 ExecutionContext

ExecutionContext를 직렬화하는 몇 가지 방법이 있다. 스프링 배치 4 버전 이전에는 XStream의 JSON 처리 기능의 사용을 선호해 이를 기본적인 프레임워크로 사용했다. 그러나 스프링 배치 4가 출시될 때 XStream의 JSON 지원 기능이 스프링 배치에 필요한 기능을 완벽하게 지원하지 못했기 때문에, Jackson 2를 기본적으로 사용하도록 변경됐다. 5장의 뒷부분에서 ExecutionContext의 직렬화 구성을 커스터마이징하는 방법을 설명한다.

BATCH_JOB_EXECUTION 테이블과 연관된 두 번째 테이블은 BATCH_JOB_EXECUTION_PARAMS 테이블이다. 이 테이블에는 잡이 매번 실행될 때마다 사용된 잡 파라미터를 저장한다. 앞서 잡의 식별 정보가 담긴 잡 파라미터를 사용해 새 JobInstance가 필요한지 결정하는 방법을 살펴봤다. 그러나 실제로는 잡에 전달된 모든 파라미터가 테이블에 저장된다. 그리고 재시작 시에는 잡의 식별 정보 파라미터만 자동으로 전달된다. 표 5-4는 BATCH_JOB_EXECUTION_PARAMS 테이블이 어떻게 구성돼 있는지 보여준다.

▼ 표 5-4 BATCH_JOB_EXECUTION_PARAMS 테이블

필드	설명
JOB_EXECUTION_ID	테이블의 기본 키

TYPE_CODE	파라미터 값의 타입을 나타내는 문자열
KEY_NAME	파라미터의 이름
STRING_VAL	타입이 String인 경우 파라미터의 값
DATE_VAL	타입이 Date인 경우 파라미터의 값
LONG_VAL	타입이 Long인 경우 파라미터의 값
DOUBLE_VAL	타입이 Double인 경우 파라미터의 값
IDENTIFYING	파라미터가 식별되는지 여부를 나타내는 플래그

잡의 메타데이터 정의에 사용되는 이러한 테이블 이외에 JobRepository 내에서 테이블 두 개를 추가로 사용한다. 이 두 테이블에는 스텝의 메타데이터를 저장한다. 첫 번째 테이블은 BATCH_STEP_EXECUTION이다. BATCH_JOB_EXECUTION 테이블에 잡의 실행 정보를 저장하는 것과 유사하게, BATCH_STEP_EXECUTION 테이블에는 스텝의 시작, 완료, 상태에 대한 메타데이터를 저장한다. 또한 스텝 분석이 가능하도록 다양한 횟수 값을 추가로 저장한다. 또한 읽기 read 횟수, 처리process 횟수, 쓰기write 횟수, 건너뛰기skip 횟수 등과 같은 모든 데이터가 저장된다. 표 5-5에서 BATCH_STEP_EXECUTION 테이블에 저장되는 모든 데이터 항목을 볼 수 있다.

▼ 표 5-5 BATCH_STEP_EXECUTION 테이블

필드	설명
STEP_EXECUTION_ID	테이블의 기본 키
VERSION	낙관적인 락(optimistic locking)에 사용되는 레코드의 버전[3]
STEP_NAME	스텝의 이름
JOB_EXECUTION_ID	BATCH_JOB_EXECUTION 테이블을 참조하는 외래 키
START_TIME	스텝 실행이 시작된 시간
END_TIME	스텝 실행이 완료된 시간
STATUS	스텝의 배치 상태
COMMIT_COUNT	스텝 실행 중에 커밋된 트랜잭션 수
READ_COUNT	읽은 아이템 수

---

3   앞의 1번 주석 내용을 참고하길 바란다.

FILTER_COUNT	아이템 프로세서가 null을 반환해 필터링된 아이템 수
WRITE_COUNT	기록된 아이템 수
READ_SKIP_COUNT	ItemReader 내에서 예외가 던져졌을 때 건너뛴 아이템 수
PROCESS_SKIP_COUNT	ItemProcessor 내에서 예외가 던져졌을 때 건너뛴 아이템 수
WRITE_SKIP_COUNT	ItemWriter 내에서 예외가 던져졌을 때 건너뛴 아이템 수
ROLLBACK_COUNT	스텝 실행에서 롤백된 트랜잭션 수
EXIT_CODE	스텝의 종료 코드
EXIT_MESSAGE	스텝 실행에서 반환된 메시지나 스택 트레이스
LAST_UPDATED	레코드가 마지막으로 업데이트된 시간

JobRepository의 마지막 테이블은 BATCH_STEP_EXECUTION_CONTEXT이다. 컴포넌트의 상태 저장에 사용되는 ExecutionContext가 JobExecution 내에 존재하는 것처럼, StepExecution 에도 동일한 목적으로 사용되는 ExecutionContext가 존재한다. StepExecution의 ExecutionContext는 스텝 수준에서 컴포넌트의 상태를 저장하는 데 사용된다. ItemReader 나 ItemWriter 같은 컴포넌트를 자세히 살펴볼 때 해당 테이블의 사용법을 더욱 자세히 알 아볼 것이다. 표 5-6에는 BATCH_STEP_EXECUTION_CONTEXT 테이블의 칼럼을 볼 수 있다.

▼ 표 5-6 BATCH_STEP_EXECUTION_CONTEXT 테이블

필드	설명
STEP_EXECUTION_ID	테이블의 기본 키
SHORT_CONTEXT	트림 처리된(trimmed) SERIALIZED_CONTEXT
SERIALIZED_CONTEXT	직렬화된 ExecutionContext

이 절에서는 JobRepository를 구성하는 관계형 데이터베이스 구현체 컴포넌트를 살펴봤다. 스프링 배치는 이 외에도 개발이나 테스트 환경에서 사용할 수 있는 인메모리 JobRepository 방식을 제공한다. 다음 절에서는 인메모리 JobRepository를 살펴본다.

인메모리 JobRepository

스프링 배치 잡을 개발하거나 단위 테스트를 수행할 때 외부 데이터베이스를 구성하는 작업이 실제로 얻는 이익보다 더 많은 문제를 발생시킬 수도 있다. 이런 이유로 스프링 배치는 `java.util.Map` 객체를 데이터 저장소로 사용하는 `JobRepository` 구현체를 제공한다. 다음 절에서는 이러한 유형의 `JobRepository` 구성 및 커스터마이징 방법을 살펴본다.

노트　Map 객체 기반의 JobRepository는 실제 운영 시 사용하지 않는다. 외부 데이터베이스 없이 배치 잡을 실행하려면 멀티 스레딩 및 트랜잭션과 같은 기능을 더 잘 지원하는 H2 또는 HSQLDB와 같은 인메모리 데이터베이스를 사용하기 바란다.

배치 인프라스트럭처 구성하기

`@EnableBatchProcessing` 애너테이션을 이용하면, 추가적인 구성 없이 스프링 배치가 제공하는 `JobRepository`를 사용할 수 있다. 그러나 `JobRepository`를 커스터마이징해야 할 때도 많다. 이 절에서는 `BatchConfigurer` 인터페이스를 사용해 `JobRepository`를 비롯한 모든 스프링 배치 인프라스트럭처를 커스터마이징하는 방법을 알아본다.

BatchConfigurer 인터페이스

`BatchConfigurer` 인터페이스는 스프링 배치 인프라스트럭처 컴포넌트의 구성을 커스터마이징하는 데 사용되는 전략 인터페이스^{strategy interface}이다. `@EnableBatchProcessing` 애너테이션을 적용하면 스프링 배치는 `BatchConfigurer` 인터페이스를 사용해 프레임워크에서 사용되는 각 인프라스트럭처 컴포넌트의 인스턴스를 얻는다. 기본적으로 해당 애너테이션을 적용했을 때 빈이 추가되는 과정은 두 단계로 이뤄진다. 먼저 `BatchConfigurer` 구현체에서 빈을 생성한다. 그다음 `SimpleBatchConfiguration`에서 스프링의 `ApplicationContext`에 생성한 빈을 등록한다. 대부분 `SimpleBatchConfiguration`을 직접 건드릴 필요가 없다. 만약 노출되는 컴포넌트의 커스터마이징이 필요하다면 일반적으로 `BatchConfigurer`에서 커

스터마이징하면 된다. 예제 5-1에서 BatchConfigurer 인터페이스를 살펴보자.

▼ 예제 5-1 BatchConfigurer 인터페이스

```
public interface BatchConfigurer {
    JobRepository getJobRepository() throws Exception;
    PlatformTransactionManager getTransactionManager() throws Exception;
    JobLauncher getJobLauncher() throws Exception;
    JobExplorer getJobExplorer() throws Exception;
}
```

각 메서드는 스프링 배치 인프라스트럭처의 주요 컴포넌트를 제공한다. JobRepository와 JobLauncher가 무엇인지는 앞에서 배웠다. BatchConfigurer 인터페이스가 제공하는 PlatformTransactionManager는 프레임워크가 제공하는 모든 트랜잭션 관리 시에 스프링 배치가 사용하는 컴포넌트다. 마지막으로 JobExplorer는 JobRepository의 데이터를 읽기 전용으로 볼 수 있는 기능을 제공한다.

대부분 이 모든 인터페이스를 직접 구현할 필요는 없다. 스프링 배치가 제공하는 Default BatchConfigurer를 사용하면 앞서 언급했던 컴포넌트에 대한 모든 기본 옵션이 제공된다. 일반적인 시나리오라면 여러 컴포넌트 중에서 한두 개의 구성만 재정의하므로, BatchConfigurer 구현체를 새로 만들기보다는 DefaultBatchConfigurer를 상속해 적절한 메서드를 재정의하는 것이 더 쉽다. BatchConfigurer가 제공하는 각 컴포넌트를 커스터마이징하는 일반적인 방법과 어떤 경우에 커스터마이징해야 하는지 살펴보자.

JobRepository 커스터마이징하기

JobRepository는 놀랍게도 JobRepositoryFactoryBean이라는 FactoryBean을 통해 생성된다. 이 FactoryBean은 표 5-7에 표시된 각 애트리뷰트를 커스터마이징할 수 있는 기능을 제공한다.

접근자 이름	설명
setClobType(int type)	CLOB 칼럼에 사용할 타입을 나타내는 java.sql.Type 값을 받는다.
setSerializer(ExecutionContextSerializer serializer)	JobExecution의 ExecutionContext 및 StepExecution의 Execution Context를 직렬화하고 역직렬화하는 데 사용할 ExecutionContext Serializer 구현체 구성에 사용한다.
setLobHandler(LobHandler lobHandler)	실제로 LOB를 특별하게 취급해야 하는 Oracle의 예전 버전을 사용할 때 필요한 설정이다.
setMaxVarCharLength(int maxLength)	짧은 실행 컨텍스트 칼럼뿐만 아니라 종료 메시지(스텝 및 잡)의 길이를 자르는 데 사용한다. 스프링 배치에서 제공하는 스키마를 수정하지 않는 한 설정해서는 안 된다.
setDataSource	JobRepository와 함께 사용할 데이터 소스(DataSource)를 설정한다.
setJdbcOperations	JdbcOperations 인스턴스를 지정하는 수정자(setter). 지정하지 않으면 setDataSource 메서드에 지정한 데이터 소스를 사용해 새 JdbcOperations 객체를 생성한다.
setDatabaseType	데이터베이스 유형을 설정한다. 스프링 배치는 데이터베이스 유형을 자동으로 식별하려고 시도하므로 일반적으로 설정할 필요가 없다.
setTablePrefix	모든 테이블의 이름에 기본적으로 사용되는 "BATCH_" 라는 접두어 이외의 다른 접두어를 지정할 때 사용한다.
setIncrementerFactory	대부분의 테이블의 기본 키를 증분하는 데 사용되는 증분기(Incrementer) 팩토리를 지정한다.
setValidateTransactionState	JobExecution이 생성될 때 기존 트랜잭션이 있는지 여부를 나타내는 플래그다. 이런 경우는 일반적으로 실수이기 때문에 기본값은 true이다.
setIsolationLevelForCreate	JobExecution 엔티티가 생성될 때 사용되는 트랜잭션 직렬화 수준을 지정한다. 기본값은 ISOLATION_SERIALIZABLE이다.
setTransactionManager	복수 개의 데이터베이스를 사용할 때는, 두 데이터베이스를 동기화할 수 있도록 2단계 커밋(two phase commits)을 지원하는 TransactionManager를 지정한다.

DefaultBatchConfigurer를 상속해 createJobRepository() 메서드를 재정의해야 하는 가장 일반적인 시나리오는, ApplicationContext에 두 개 이상의 데이터 소스가 존재하는 경우다. 예를 들어 업무 데이터 용도의 데이터 소스와 JobRepository 용도의 데이터 소스가 별도로 각각 존재한다면, JobRepository가 사용하는 데이터 소스는 명시적으로 구성해야

한다. 예제 5-2는 DefaultBatchConfigurer를 상속해 createJobRepository() 메서드를
재정의한, 커스터마이징된 JobRepository의 예다.

▼ 예제 5-2 JobRepository 커스터마이징하기

```
...
public class CustomBatchConfigurer extends DefaultBatchConfigurer {

    @Autowired
    @Qualifier("repositoryDataSource")
    private DataSource dataSource;

    @Override
    protected JobRepository createJobRepository() throws Exception {
        JobRepositoryFactoryBean factoryBean = new JobRepositoryFactoryBean();
        factoryBean.setDatabaseType(DatabaseType.MYSQL.getProductName());
        factoryBean.setTablePrefix("FOO_");
        factoryBean.setIsolationLevelForCreate("ISOLATION_REPEATABLE_READ");
        factoryBean.setDataSource(this.dataSource);
        factoryBean.afterPropertiesSet();
        return factoryBean.getObject();
    }
}
```

예제 5-2를 살펴보면 CustomBatchConfigurer가 DefaultBatchConfigurer를 상속했으므
로 BatchConfigurer 인터페이스의 모든 메서드를 다시 구현할 필요가 없음을 알 수 있다.
이 예제에서 repositoryDataSource라는 데이터 소스는 자동와이어링^{autowiring}된다. 이 예제
에서는 자동와이어링에 사용할 repositoryDataSource라는 DataSource 타입의 빈이
ApplicationContext의 어딘가에 있다고 가정한다. 이 예제에서는 또한 DefaultBatch
Configurer.createJobRepository() 메서드를 재정의했다. 해당 메서드는 DefaultBatch
Configurer가 실제로 JobRepository를 생성할 때 사용하는 메서드다. 예제의 구현체에서
는 createJobRepository 메서드에서 JobRepository를 생성한 뒤 일부 기본 설정도 커스터
마이징한다. 특히 데이터베이스 유형을 지정하고, 테이블 접두어를 기본값인 "BATCH_"대신
"FOO_"로 구성하며, 데이터베이스에 데이터 생성^{create} 시의 트랜잭션 격리 레벨을 기본값인

"ISOLATION_SERIALIZED" 대신에 "ISOLATION_REPEATABLE_READ"로 설정한 다음에, 마지막으로 앞서 자동와이어링했던 데이터 소스를 설정한다.

DefaultBatchConfigurer 내에 존재하는 create로 시작하는 이름을 가진 메서드 중 어느 것도 스프링 컨테이너가 빈 정의로 직접 호출하지 않는다는 점에 주의해야 한다. 따라서 InitializingBean.afterPropertiesSet() 및 FactoryBean.getObject() 메서드를 호출하는 것은 개발자의 몫이다. 일반적으로 스프링 컨테이너가 두 메서드 호출을 담당한다.

BatchConfigurer 메커니즘으로 JobRepository만 커스터마이징할 수 있는 것은 아니다. 일반적으로 배치 애플리케이션에 사용되는 TransactionManager는 스프링 부트가 제공하므로 직접 TransactionManager를 구성할 필요가 없다. 그러나 커스터마이징을 하고 싶거나 애플리케이션에 여러 TransactionManager가 존재하는 경우에, BatchConfigurer를 통해서 어떤 것을 사용할지 지정해야 한다. TransactionManager 커스터마이징 방법을 다음 절에서 살펴보자.

TransactionManager 커스터마이징하기

스프링 배치에서는 많은 트랜잭션이 발생한다. 스프링 배치는 트랜잭션을 프레임워크의 핵심 컴포넌트로 취급하므로 TransactionManager도 역시 프레임워크 내의 핵심 컴포넌트다. 이 책에서는 다양한 TransactionManager의 모든 구성 옵션을 다루지는 않는다. 그러나 예제 5-3에서 DefaultBatchConfigurer를 상속해 어떤 TransactionManager를 반환할지 지정하는 유용한 방법을 확인할 수 있다.

▼ 예제 5-3 TransactionManager 커스터마이징하기

```
...
public class CustomBatchConfigurer extends DefaultBatchConfigurer {

    @Autowired
    @Qualifier("batchTransactionManager")
    private PlatformTransactionManager transactionManager;

    @Override
```

```
    public PlatformTransactionManager getTransactionManager() {
        return this.transactionManager;
    }
}
```

예제 5-3의 BatchConfigurer.getTransactionManager() 메서드를 호출하면 배치 처리에 사용할 목적으로 어딘가에 정의해둔 PlatformTransactionManager가 명시적으로 반환된다. 또한 이 예제에서는 DefaultBatchConfigurer의 protected 접근제어자^{Access Modifier}로 선언된 메서드를 오버라이드하지 않았다. 이 예제에서 TransactionManager를 명시적으로 반환하도록 구현한 이유는 TransactionManager가 생성되지 않은 경우에는 DefaultBatchConfigurer가 기본적으로 setDataSource 수정자 내에서 DataSourceTransactionManager를 자동으로 생성하기 때문이다. TransactionManager는 BatchConfigurer에 의해 이런 방식으로 노출될 수 있는 유일한 컴포넌트다.

다음으로 커스터마이징 방법을 살펴볼 컴포넌트는 JobExplorer이다. 다음 절에서 관련된 내용을 살펴보자.

JobExplorer 커스터마이징하기

JobRepository는 배치 잡의 상태를 저장하는 데이터 저장소에 데이터를 저장하고 조회할 수 있도록 API를 제공한다. 그러나 배치 잡의 상태 데이터를 읽기 전용으로만 볼 수 있도록 노출하고(제공하고) 싶을 때도 있다. JobExplorer는 배치 메타데이터를 읽기 전용으로 제공한다.

JobExplorer는 JobRepository가 다루는 데이터와 동일한 데이터를 읽기 전용으로만 보는 뷰이므로, 기본적인 데이터 접근 계층은 JobRepository와 JobExplorer 간에 공유되는 동일한 공통 DAO 집합이다. 그러므로 JobRepository나 JobExplorer를 커스터마이징할 때 데이터베이스로부터 데이터를 읽어들이는 데 사용되는 모든 애트리뷰트는 동일하다. 표 5-8은 JobExplorerFactoryBean의 옵션을 보여준다.

접근자 이름	설명
setSerializer(ExecutionContextSerializer serializer)	JobExecution의 ExecutionContext와 StepExecution의 Execution Context를 직렬화 및 역직렬화하는 데 사용할 ExecutionContext Serializer 구현체를 구성하는 데 사용한다.
setLobHandler(LobHandler lobHandler)	LOB를 특별하게 취급해야 하는 Oracle의 예전 버전을 사용할 때만 필요한 설정이다.
setDataSource	JobRepository와 함께 사용할 데이터 소스(DataSource)이다.
setJdbcOperations	JdbcOperations 객체를 지정하는 수정자(setter). 지정하지 않으면 setDataSource 메서드를 통해 지정된 데이터 소스를 기반으로 생성된다.
setTablePrefix	모든 테이블의 이름에 기본적으로 사용되는 "BATCH_"라는 접두어 이외의 다른 접두어를 지정할 때 사용한다.

예제 5–4는 예제 5–2에서의 JobRepository 구성과 동일하게 JobExplorer를 커스터마이징한 예를 보여준다.

▼ 예제 5–4 JobExplorer 커스터마이징하기

```
...
public class CustomBatchConfigurer extends DefaultBatchConfigurer {

    @Autowired
    @Qualifier("batchTransactionManager")
    private DataSource dataSource;

    @Override
    protected JobExplorer createJobExplorer() throws Exception {
        JobExplorerFactoryBean factoryBean = new JobExplorerFactoryBean();

        factoryBean.setDataSource(this.dataSource);
        factoryBean.setTablePrefix("FOO_");

        factoryBean.afterPropertiesSet();

        return factoryBean.getObject();
    }
}
```

예제 5-2에서 `JobRepository`의 동작을 커스터마이징했던 것처럼, 예제 5-4에서도 `DataSource`, serializer, 테이블 접두어 등의 구성을 구성한다. 다시 말하지만 `BatchConfigurer`의 메서드는 스프링 컨테이너에게 직접 노출되지 않으므로 `InitializerBean.afterPropertiesSet()` 및 `FactoryBean.getObject()` 메서드를 호출해야 한다.

노트 JobRepository와 JobExplorer는 동일한 데이터 저장소를 사용하므로 둘 중 하나만 커스터마이징하기보다는 동기화되도록 둘 다 커스터마이징하는 것이 좋다.

`BatchConfigurer` 메커니즘을 통해 커스터마이징할 수 있는 마지막 스프링 배치 인프라스트럭처는 `JobLauncher`이다. 다음 절에서 `JobLauncher`의 커스터마이징 과정을 알아보자.

JobLauncher 커스터마이징하기

`JobLauncher`는 스프링 배치 잡을 실행하는 진입점이다. 스프링 부트는 기본적으로 스프링 배치가 제공하는 `SimpleJobLauncher`를 사용한다. 그러므로 스프링 부트의 기본 메커니즘으로 잡을 실행할 때는 대부분 `JobLauncher`를 커스터마이징할 필요가 없다. 그러나 가령 어떤 잡이 스프링 MVC 애플리케이션의 일부분으로 존재하며, 컨트롤러를 통해 해당 잡을 실행하려 한다고 생각해보자. 이처럼 별도의 방식으로 잡을 구동하는 방법을 외부에 제공하려고 할 때는 `SimpleJobLauncher`의 동작 방식을 조정하고 싶을 수도 있다. 표 5-9는 몇 가지 `JobLauncher` 구성 방법을 보여준다.

▼ 표 5-9 JobLauncher의 커스터마이징 방법

접근자 이름	설명
setJobRepository(JobRepository jobRepository)	사용할 JobRepository를 지정한다.
setTaskExecutor(TaskExecutor taskExecutor)	이 JobLauncher에 사용할 TaskExecutor를 설정한다. 기본적으로 SyncTaskExecutor가 설정된다.

`BatchConfigurer`를 사용해 모든 컴포넌트(`JobRepository`, `PlatformTransactionManager`, `JobLauncher`, `JobExplorer`)를 커스터마이징할 수 있다. 또한 사용자가 직접 각 컴포넌트의 인

터페이스를 구현할 수도 있다. 5장의 지금까지는 스프링 배치가 제공하는 구현체를 커스터마이징하는 방법을 살펴봤다. 그러나 구성 방법을 알아 둬야 할 스프링 배치의 인프라스트럭처가 한 가지 더 남아 있다. 바로 데이터베이스다. 데이터베이스의 연결 정보 구성뿐만 아니라 스프링 배치 데이터베이스 스키마의 초기화 구성 작업도 필요하다. 다음 절에서 이와 관련된 스프링 부트 사용 방법을 살펴보자.

데이터베이스 구성하기

스프링 부트는 단순한 일을 더욱 단순하게 해준다. 데이터베이스 구성이 그 한 예다. 스프링 부트와 함께 사용할 데이터베이스를 구성하려면, 데이터베이스 드라이버를 클래스 경로에 추가하고 적절한 프로퍼티를 구성하기만 하면 된다. 이 책에서는 인메모리 데이터베이스가 필요한 사례에는 HSQLDB를 사용하고, 외부 데이터베이스가 필요한 사례에는 MySQL을 사용한다.

먼저 데이터베이스 드라이버를 프로젝트에 추가한다. 그다음 스프링 부트가 지원하는 메커니즘(application.properties, application.yml, 환경 변수, 명령행 인수) 중 하나를 사용해 구성한다. 이 책에서는 구성 시에 대부분 application.yml을 사용한다. 예제 5-5는 스프링 부트 프로퍼티를 사용해 MySQL 데이터베이스를 구성하는 방법을 보여준다.

▼ 예제 5-5 데이터베이스 구성하기

```
spring:
    datasource:
        driverClassName: com.mysql.cj.jdbc.Driver
        url: jdbc:mysql://localhost:3306/spring_batch
        username: 'root'
        password: 'myPassword'
    batch:
        initialize-schema: always
```

처음 네 개의 프로퍼티는 더 이상 설명이 필요 없을 정도로 명확한 이름을 가지고 있다. 각각 드라이버 클래스 이름, URL, 사용자 이름, 암호를 나타낸다. 이 프로퍼티들은 어떤 데이터베이스를 사용하든지 필요한 표준 구성 항목이다. 마지막 프로퍼티인 `spring.batch.`

initalize-schema:always는 스프링 부트가 스프링 배치 스키마 스크립트를 실행하도록 지시하는 데 사용된다. 이 프로퍼티에는 세 가지 값 중 하나를 지정할 수 있다.

- always: 애플리케이션을 실행할 때마다 스크립트가 실행된다. 스프링 배치 SQL 파일에 drop문이 없고 오류가 발생하면 무시되므로, 개발 환경일 때 사용하기 가장 쉬운 옵션이다.
- never: 스크립트를 실행하지 않는다.
- embedded: 내장 데이터베이스를 사용할 때, 각 실행 시마다 데이터가 초기화된 데이터베이스 인스턴스를 사용한다는 가정으로 스크립트를 실행한다.

이 절에서는 스프링 배치 인프라스트럭처를 구성하는 방법을 살펴봤다. 이 인프라스트럭처의 대부분은 배치 메타데이터를 관리하고 조회하려는 목적으로 존재한다. 그러나 해당 메타데이터를 사용할 수 없다면 이러한 데이터는 쓸모없다. 다음 절에서는 잡 메타데이터의 사용 예를 살펴본다.

잡 메타데이터 사용하기

스프링 배치는 내부적으로 여러 DAO를 사용해 JobRepository 테이블에 접근하긴 하지만, 프레임워크와 개발자가 사용할 수 있도록 훨씬 실용적인 API를 제공하기도 한다. 이 절에서는 스프링 배치가 JobRepository 내에 있는 데이터를 어떻게 노출시키는지 살펴본다. JobRepository를 구성하는 방법은 이미 살펴봤지만, 실제로 스프링 배치가 제공하는 메타데이터에 접근하는 주된 방법은 JobExplorer를 사용하는 것이다. 좀 더 자세히 살펴보자.

JobExplorer

org.springframework.batch.core.explore.JobExplorer 인터페이스는 JobRepository에 있는 이력 데이터나 최신 데이터에 접근하는 시작점이다. 그림 5-2에서는 대부분의 배치 프레임워크 컴포넌트가 JobRepository를 사용해 잡 실행과 관련해 저장된 정보에 접근하지만, JobExplorer는 데이터베이스에 직접 접근한다는 사실을 보여준다.

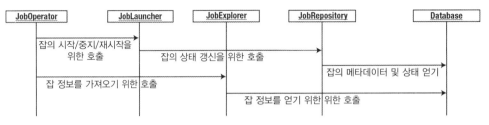

▲ 그림 5-2 잡 관리 컴포넌트 간의 관계

JobExplorer의 기본적인 목적은 읽기 전용으로 JobRepository의 데이터에 접근하는 기능을 제공하는 것이다. 이 인터페이스는 JobInstance 및 JobExecution과 관련된 정보를 얻을 수 있는 7가지 메서드를 제공한다. 표 5-10에서 사용 가능한 메서드와 사용법을 볼 수 있다.

▼ 표 5-10 JobExplorer의 메서드

메서드	설명
java.util.Set〈JobExecution〉 findRunningjobExecutions(java.lang.String jobName)	종료 시간이 존재하지 않는 모든 JobExecution을 반환한다.
List〈JobInstance〉 findJobInstancesByName(java.lang.String name, int start, int count)	전달받은 이름을 가진 JobInstance 목록을 반환한다(페이징 처리된 목록).
JobExecution getJobExecution(java.lang.Long executionId)	전달받은 ID를 가진 JobExecution을 반환하며, 존재하지 않는다면 null을 반환한다.
java.util.List〈JobExecution〉 getJobExecutions(JobInstance instance)	전달받은 JobInstance와 관련된 모든 JobExecution 목록을 반환한다.
JobInstance getJobInstance(java.lang.Long instanceId)	전달받은 ID를 가진 JobInstance를 반환하며, 존재하지 않는다면 null을 반환한다.
java.util.List〈JobInstance〉 getJobInstances(java.lang.String jobName, int start, int count)	전달받은 인덱스부터 지정한 개수만큼의 범위 내에 있는 JobInstance를 반환한다. 마지막 파라미터는 반환할 최대 JobInstance 개수를 의미한다.
int getJobInstanceCount(String jobName)	전달받은 잡 이름으로 생성된 JobInstance 개수를 반환한다.
java.util.List〈java.lang.String〉 getJobNames()	JobRepository에 저장돼 있는 고유한 모든 잡 이름을 알파벳 순서대로 반환한다.
StepExecution getStepExecution(java.lang.Long jobExecutionId, java.lang.Long stepExecutionId)	전달받은 StepExecution의 ID와 부모 JobInstance의 ID를 가진 StepExecution을 반환한다.

표 5-10에서 알 수 있듯이, JobExplorer 인터페이스가 노출하는 메서드를 사용해 Job

Repository 전체에 접근이 가능하다. JobExplorer가 어떻게 동작하는지 확인하기 위해 JobExplorer를 Tasklet에 주입한 후 다양하게 조작해보자. 이렇게 해보면 JobExplorer를 어떨 때 사용할 수 있는지도 알 수 있다. 예제 5-6은 JobExplorer를 주입받는 새로운 태스 크릿 구성이다.

▼ 예제 5-6 JobExplorer 및 ExploringTasklet 태스크릿 구성하기

```
...
@EnableBatchProcessing
@SpringBootApplication
public class DemoApplication {

    @Autowired
    private JobBuilderFactory jobBuilderFactory;

    @Autowired
    private StepBuilderFactory stepBuilderFactory;

    @Autowired
    private JobExplorer jobExplorer;

    @Bean
    public Tasklet explorerTasklet() {
        return new ExploringTasklet(this.jobExplorer);
    }

    @Bean
    public Step explorerStep() {
        return this.stepBuilderFactory.get("explorerStep")
                    .tasklet(explorerTasklet())
                    .build();
    }

    @Bean
    public Job explorerJob() {
        return this.jobBuilderFactory.get("explorerJob")
                    .start(explorerStep())
                    .build();
    }
```

```
    public static void main(String[] args) {
          SpringApplication.run(DemoApplication.class, args);
    }
}
```

JobExplorer를 구성해 다양한 것을 해볼 수 있다. 4장에서 살펴봤듯이, RunIdIncrementer 내에서 JobExplorer를 사용해 이전 run.id 파라미터 값을 찾을 수 있다. JobExplorer가 사용되는 또 다른 곳은 스프링 클라우드 데이터 플로우Spring Cloud Data Flow 서버이며, 새 인스턴스를 시작하기 전에 잡이 현재 실행 중인지 확인하는 데 사용된다. 다음 예제에서는 이 잡의 JobInstance가 얼마나 많이 실행됐는지, 각 JobInstance당 얼마나 많은 실제 실행이 있었고 그 결과가 어땠는지 보고서로 만들어 출력한다.

▼ 예제 5-7 ExploringTasklet

```
...
public class ExploringTasklet implements Tasklet {

    private JobExplorer explorer;

    public ExploringTasklet(JobExplorer explorer) {
        this.explorer = explorer;
    }

    public RepeatStatus execute(StepContribution stepContribution,
                ChunkContext chunkContext) {
        String jobName = chunkContext.getStepContext().getJobName();

        List<JobInstance> instances =
                    explorer.getJobInstances(jobName,
                                0,
                                Integer.MAX_VALUE);

        System.out.println(
                String.format("There are %d job instances for the job %s",
                instances.size(),
                jobName));

        System.out.println("They have had the following results");
```

```
                 System.out.println("**********************************");

                 for (JobInstance instance : instances) {
                     List<JobExecution> jobExecutions =
                             this.explorer.getJobExecutions(instance);

                 System.out.println(
                     String.format("Instance %d had %d executions",
                             instance.getInstanceId(),
                             jobExecutions.size()));

                     for (JobExecution jobExecution : jobExecutions) {
                         System.out.println(
                                 String.format("\tExecution %d resulted in Exit
                                 Status %s",
                                 jobExecution.getId(),
                                 jobExecution.getExitStatus()));
                     }
                 }
                 return RepeatStatus.FINISHED;
        }
}
```

예제 5-7의 코드는 현재 잡의 이름을 가져오는 것부터 시작한다. 그리고 지금까지 실행됐던 모든 JobInstance를 조회한다. 해당 JobInstance 목록 조회 시, 현재 JobInstance도 함께 반환된다는 것을 알아두는 것이 중요하다. 그런 다음에 이 잡과 관련해 반환된 JobInstance 의 개수를 출력한다. 또한 JobExplorer를 사용해 각 JobInstance와 관련된 모든 JobExecution을 조회하고 그 결과를 표시한다.

코드를 작성하고 구성한 후 잡을 몇 차례 실행하면 예제 5-8에 표시된 것과 같은 결과가 출력된다.

▼ 예제 5-8 ExplorerJob 출력 결과

```
2020-12-28 15:25:10.357  INFO 108200 --- [            main] o.s.b.c.l.support.
SimpleJobLauncher       : Job: [SimpleJob: [name=explorerJob]] launched with the following
parameters: [{1=1}]
2020-12-28 15:25:10.427  INFO 108200 --- [            main] o.s.batch.core.job.
```

```
SimpleStepHandler      : Executing step: [explorerStep]
There are 2 job instances for the job explorerJob
They have had the following results
************************************
Instance 2 had 1 executions
      Execution 2 resulted in Exit Status exitCode=UNKNOWN;exitDescription=
Instance 1 had 1 executions
      Execution 1 resulted in Exit Status exitCode=COMPLETED;exitDescription=
2020-12-28 15:25:10.632  INFO 108200 --- [           main] o.s.b.c.l.support.
SimpleJobLauncher      : Job: [SimpleJob: [name=explorerJob]] completed with the following
parameters: [{1=1}] and the following status: [COMPLETED]
```

이 절에서는 JobExplorer를 사용해 JobRepository의 데이터에 접근하는 방법을 살펴봤다. 사용하려는 데이터에 안전한 방법으로 접근하고 싶다면 JobExplorer와 같은 API를 사용하기 바란다.

요약

스프링 배치가 잡과 관련된 메타데이터를 관리하거나 실행 중인 잡의 상태를 오류 처리에 사용할 수 있도록 저장하는 기능은 엔터프라이즈 배치 처리에서 스프링 배치를 사용하는 주요 이유 중 하나다. 또한 스프링 배치는 강력한 오류 처리 기능을 제공할 뿐만 아니라, 이전에 발생한 상황에 따라 앞으로 어떤 일을 해야 할지 결정할 수 있는 방안을 제공한다. 6장에서는 다양한 환경에서 잡을 시작, 중지, 재시작하는 방법을 자세히 살펴볼 것이며 이때 5장에서 배웠던 메타데이터를 더 사용해볼 수 있다.

6장

잡 실행하기

스프링 부트는 자바 애플리케이션 실행 방식을 정말 놀랍게 바꿔 놓았다. 스프링 부트를 사용하기 이전에 서블릿 컨테이너나 애플리케이션 서버에서 애플리케이션을 실행해본 적이 있는가? 애플리케이션을 실행 가능한 jar 파일로 배포해봤을 수도 있다. 그러려면 특정 스크립트를 사용해 클래스패스를 지정하거나, 메이븐^{Maven}의 Shade 플러그인 같은 것을 사용해야 했다. 그러나 스프링 부트가 도입되면서 이제는 그런 방식을 사용하지 않는다. 대부분의 애플리케이션은 스프링 부트가 생성하는 실행 가능한 jar 파일을 기동해 실행한다.

스프링 부트는 스프링 배치 잡을 실행하는 기능도 제공한다. 6장에서는 어떻게 스프링 부트를 사용해 스프링 배치 잡을 쉽게 실행하는지 알아본다. 하지만 이 기본 기능이 스프링 배치 잡을 실행하는 유일한 방법은 아니므로, 배치 잡 실행에 필요한 여러 컴포넌트를 찾아내 잡을 시작하는 자신만의 특별한 메커니즘을 직접 만들 수도 있다.

스프링 부트를 사용하면 간단히 잡을 실행할 수 있는데도 잡을 실행하는 코드를 직접 작성할 필요가 있을까? 스프링 부트는 매우 단순한 업무에 사용하는 배치 잡을 실행할 뿐이다. 스프링 부트로 해결되지 않는 다른 사례도 있다. 예를 들어 배치 잡은 일반적으로 예약된 일정에 따라 지정된 시간에 실행된다. 다양한 스케줄러와 통합하려면 직접 코드를 작성할 필요가 있다(6장의 후반부에서 이유를 설명할 것이다). 외부 시스템에 반응해 일종의 이벤트 기반으로 잡을 시작할 수도 있다.

스프링 배치 잡을 시작시키는 것이 잡 실행과 관련된 전부는 아니다. 실행 중인 잡을 중지하는 기능도 매우 중요하다. '실패한 잡을 재시작할 수 있는가'의 문제는 '배치 처리를 실제 운영 환경에서 사용할 수 있는가'라는 관점에서 중요한 요소다. 장애가 발생했다고 해서 수백만 개의 레코드를 처음부터 다시 처리하느라 몇 시간이 걸리는 잡을 사용하고 싶지는 않을 것이다. 스프링 배치는 중단된 시점을 찾아가 재시작하는 기능을 제공한다. 6장에서는 배치 잡의 중지와 재시작과 관련된 내용도 다룬다.

먼저 스프링 부트가 어떻게 배치 잡을 실행하는지 살펴보자.

스프링 부트로 배치 잡 시작시키기

지금까지는 스프링 부트의 기본 기능을 사용해 잡을 실행했다. 그러나 실제로 어떻게 동작하는지 살펴보지는 않았다. 이 절에서는 스프링 부트가 어떻게 잡을 실행하는지 살펴본다.

스프링 부트는 CommandLineRunner와 ApplicationRunner라는 두 가지 메커니즘을 이용해 실행 시 로직을 수행한다. 이 두 인터페이스는 ApplicationContext가 리프레시^{refresh}가 되고 애플리케이션이 코드를 실행할 준비가 된 이후에 호출되는 하나의 메서드를 가지고 있다. 스프링 부트를 스프링 배치와 함께 사용할 때는 JobLauncherCommandLineRunner라는 특별한 CommandLineRunner가 사용된다.

JobLauncherCommandLineRunner는 스프링 배치의 JobLauncher를 사용해 잡을 실행한다. 6장 뒷부분에서 JobLauncher 인터페이스를 상세하게 살펴본다. 지금은 어떻게 스프링 배치 잡을 기동하는지만 알아본다. 스프링 부트가 ApplicationContext 내에 구성된 모든 CommandLineRunner를 실행할 때, 클래스패스에 spring-boot-starter-batch가 존재한다면 JobLauncherCommandLineRunner는 컨텍스트 내에서 찾아낸 모든 잡을 실행한다. 지금까지 모든 예제 배치 잡을 이러한 메커니즘으로 실행했다. 스프링 부트는 이와 관련해 알아두면 좋은 몇 가지 구성 방법을 제공한다.

첫 번째로, 애플리케이션 기동 시에 어떤 잡을 실행할지 정의하는 방법을 제공한다. 스프링 부트 uber-jar[1]에는 두 개 이상의 잡이 포함될 수 있다. 예를 들어 REST 호출이나 특정 이벤트 등으로 배치 잡을 실행할 계획이라면 애플리케이션이 기동되는 시점에는 해당 잡이 실행되지 않아야 한다. 이렇게 동작하도록 스프링 부트는 spring.batch.job.enabled 프로퍼티를 제공하며, 애플리케이션의 application.yml 파일 내에 이 프로퍼티를 false로 표시하면 된다(이 프로퍼티의 기본값은 true이다). 예제 6-1에서 관련 내용을 볼 수 있다. spring.batch.job.enabled를 false로 설정하고 해당 코드를 실행하면 기동 시에 어떤 잡도 실행되지 않는다. 컨텍스트는 생성된 후 즉시 종료된다.

▼ 예제 6-1 애플리케이션 기동 시 잡이 실행되지 않게 구성하기

```
@EnableBatchProcessing
@SpringBootApplication
public class NoRunJob {

    @Autowired
    private JobBuilderFactory jobBuilderFactory;

    @Autowired
    private StepBuilderFactory stepBuilderFactory;

    @Bean
    public Job job() {
        return this.jobBuilderFactory.get("job")
                .start(step1())
                .build();
    }

    @Bean
    public Step step1() {
        return this.stepBuilderFactory.get("step1")
                .tasklet((stepContribution, chunkContext) -> {
                    System.out.println("step1 ran!");
                    return RepeatStatus.FINISHED;
                }).build();
    }
```

---

1   모든 의존성 라이브러리를 포함하는 단일 JAR 파일 – 옮긴이

```
    public static void main(String[] args) {
        SpringApplication application = new SpringApplication(NoRunJob.class);

        Properties properties = new Properties();
        properties.put("spring.batch.job.enabled", false);
        application.setDefaultProperties(properties);

        application.run(args);
    }
}
```

예제 6-1에서는 잡을 실행할 수 있도록 구성돼 있지만, 스프링 부트로 기동되는 시점에는 실행되지 않도록 구성했기 때문에 잡은 실행되지 않았다.

두 번째로, 컨텍스트에 여러 잡이 정의돼 있는 상태에서 기동 시에 특정한 잡만 실행하고 싶을 수도 있다. 어떤 잡이 다른 잡을 실행하려는 경우가 이러한 사례일 것이다. 이때에는 부모 잡이 자식 잡을 실행하므로 스프링 부트를 통해 기동될 때는 부모 잡(또는 마스터 잡)만 실행하면 된다. 스프링 부트가 제공하는 spring.batch.job.names 프로퍼티를 사용해 애플리케이션 기동 시에 실행할 잡을 구성할 수 있다. 스프링 부트는 쉼표로 구분된 잡 목록을 가져와 순서대로 실행한다.

스프링 부트를 이용하는 방법이 잡을 실행하는 유일한 방법은 아니다. 개발자가 직접 자신만의 메커니즘을 만들어 잡을 실행할 수도 있다. 다음 절에서는 REST API를 사용해 배치 잡을 실행하는 방법을 살펴본다.

REST 방식으로 잡 실행하기

어떠한 기능을 노출하고자 할 때 최근에 가장 일반적인 구현 방식은 REST API 방식이다. REST API 방식은 배치 잡을 실행할 때에도 쉽게 사용할 수 있다. 그렇다고 배치 잡을 즉시 실행할 수 있는 REST API가 존재하는 것은 아니다.[2] 다시 말해, 직접 개발해야 한다. 그렇다 면 어떻게 프로그래밍을 해서 스프링 배치 잡을 실행할 수 있을까? 이 기능을 제공하는 JobLauncher를 살펴보자.

JobLauncher 인터페이스는 잡을 실행시키는 인터페이스다. JobLauncher 인터페이스에는 run 메서드 하나만 존재한다. 이 메서드는 실행할 잡 및 잡에 전달할 잡 파라미터(JobParameter) 를 아규먼트로 전달받는다. 예제 6-2는 JobLauncher 인터페이스다.

▼ 예제 6-2 JobLauncher 인터페이스

```
public interface JobLauncher {
    public JobExecution run(Job job, JobParameters jobParameters) throws
                            JobExecutionAlreadyRunningException,
                            JobRestartException,
                            JobInstanceAlreadyCompleteException,
                            JobParametersInvalidException;
}
```

스프링 배치는 기본적으로 유일한 JobLauncher 구현체인 SimpleJobLauncher를 제공한다. SimpleJobLauncher는 잡 실행과 관련된 대부분의 요구 사항을 만족한다. 잡의 실행이 기존 잡 인스턴스의 일부인지 새로운 잡의 일부인지를 판별해 그에 맞는 동작을 한다.

노트 SimpleJobLauncher는 전달받은 JobParameters 조작을 지원하지 않는다. 따라서 잡에 JobParame tersIncrementer를 사용해야 한다면, 해당 파라미터가 SimpleJobLauncher로 전달되기 전에 적용해야 한다.

JobLauncher 인터페이스는 잡을 동기 방식으로 실행할지 비동기 방식으로 실행할지와 관련된 메커니즘을 제공하진 않으며 특별히 권장하는 방법이 있는 것도 아니다. 하지만 JobLauncher 가 사용하는 TaskExecutor를 적절히 구성해 실행 방식을 선택할 수 있다. 기본적으로 SimpleJobLauncher는 동기식 TaskExecutor를 사용해 잡을 동기식으로 실행한다(호출자와 동

---

2 스프링 클라우드 데이터 플로우가 이 기능을 제공하지만 약간 다르다. 이 책의 뒷부분에서 데이터 플로우를 살펴본다.

일한 스레드에서 잡이 수행된다). 그러나 기존 스레드가 아닌 다른 스레드에서 잡을 실행하려면 (예를 들어 REST 호출로 잡을 시작한 후 잡의 완료를 기다리지 않고 결과를 바로 반환하려는 경우) 비동기식 TaskExecutor 구현체를 선택하는 것이 더 나을 수도 있다.

애플리케이션을 기동하는 REST API부터 만들려면 새 프로젝트를 생성해야 한다. 스프링 이니셜라이저Spring Intializr에서 다음과 같은 의존성을 선택해 새 프로젝트를 만든다.

- Batch
- MySQL
- JDBC
- Web

프로젝트가 준비되면, REST API를 호출할 때만 잡을 실행하기 위해 애플리케이션 기동 시점이나 데이터베이스 구성 시에 배치 잡이 수행되지 않도록 application.yml을 구성해야 한다. 예제 6-3은 새 애플리케이션에 필요한 application.yml의 내용이다.

▼ 예제 6-3 application.yml

```
spring:
  batch:
    job:
      enabled: false
      initialize-schema: always
    datasource:
      driverClassName: com.mysql.cj.jdbc.Driver
      url: jdbc:mysql://localhost:3306/spring_batch
      username: 'root'
      password: 'p@ssw0rd'
      platform: mysql
```

잡을 실행하는 REST API를 작성할 때 SimpleJobLauncher를 사용한다. 편리한 @Enable BatchProcessing 애너테이션을 적용하면 스프링 배치가 제공하는 SimpleJobLauncher를 바로 사용할 수 있으므로 개발자는 별도의 작업을 할 필요가 없다. 이로써 잡 실행에 필요한 모든 작업을 완료했으니, 이제는 요청request 파라미터에서 잡 이름과 잡 파라미터를 받아들여 적절한 잡을 실행시키는 컨트롤러를 살펴보자. 예제 6-4는 전체 애플리케이션이다.

▼ 예제 6-4 RestApplication 애플리케이션

```java
...
@EnableBatchProcessing
@SpringBootApplication
public class RestApplication {

    @Autowired
    private JobBuilderFactory jobBuilderFactory;

    @Autowired
    private StepBuilderFactory stepBuilderFactory;

    @Bean
    public Job job() {
        return this.jobBuilderFactory.get("job")
                    .incrementer(new RunIdIncrementer())
                    .start(step1())
                    .build();
    }

    @Bean
    public Step step1() {
        return this.stepBuilderFactory.get("step1")
                    .tasklet((stepContribution, chunkContext) -> {
                        System.out.println("step 1 ran today!");
                        return RepeatStatus.FINISHED;
                    }).build();
    }

    @RestController
    public static class JobLaunchingController {

        @Autowired
        private JobLauncher jobLauncher;

        @Autowired
        private ApplicationContext context;
```

```java
        @PostMapping(path = "/run")
        public ExitStatus runJob(@RequestBody JobLaunchRequest request) throws Exception {
                Job job = this.context.getBean(request.getName(), Job.class);

                return this.jobLauncher.run(job, request.getJobParameters()).
                getExitStatus();
        }
    }

    public static class JobLaunchRequest {
        private String name;

        private Properties jobParameters;

        public String getName() {
                return name;
        }

        public void setName(String name) {
                this.name = name;
        }

        public Properties getJobParamsProperties() {
                return jobParameters;
        }

        public void setJobParamsProperties(Properties jobParameters) {
                this.jobParameters = jobParameters;
        }

        public JobParameters getJobParameters() {
                Properties properties = new Properties();
                properties.putAll(this.jobParameters);
                return new JobParametersBuilder(properties)
                            .toJobParameters();
        }
    }

    public static void main(String[] args) {
        new SpringApplication(RestApplication.class).run(args);
    }
}
```

예제 6-4의 대부분의 코드가 앞에서 많이 살펴본 내용이라 익숙할 것이다. 코드 처음부터 살펴보면, 스프링 배치를 실행하는 스프링 부트 애플리케이션에 일반적으로 적용하는 애너테이션인 @SpringBootApplication과 @EnableBatchProcessing을 확인할 수 있다. 이어지는 코드는 배치 잡을 만드는 부분이다. 잡은 "step 1 ran!"이라는 문자열을 출력하는 간단한 스텝 하나만 가진다. 문자열 출력의 목적은 스프링 배치의 복잡한 무언가를 보이려는 것이 아니라 잡이 실행됐다는 것을 확인하기 위함이다. 이 예제에는 두 개의 내부 클래스가 존재한다. 이 예제가 어디에도 의존하지 않고 혼자서 독립적으로 동작하도록 내부 클래스를 만들긴 했지만, 일반적인 애플리케이션에서 이런 클래스는 분리해서 작성한다. 첫 번째 내부 클래스는 컨트롤러이다. 이 컨트롤러 클래스에서는 @EnableBatchProcessing이 제공하는 JobLauncher가 자동와이어링^{autowiring}되며, 사용자 요청을 받아 실행할 잡의 빈을 검색할 수 있도록 현재 ApplicationContext도 자동와이어링된다.

@PostMapping을 사용하면 POST 방식의 HTTP URL을 매핑할 수 있다. 이 예제에서 사용하는 URL은 /run이다. POST 요청의 본문은 두 가지 주요 컴포넌트를 포함하는데, 하나는 실행할 잡 이름이고 다른 하나는 잡에 전달할 파라미터 Map이다. 바로 다음에 살펴볼 내부 클래스인 JobLaunchRequest는 이러한 구조를 기반으로 설계돼 있다. 이 예제에서 API를 호출할 때 JSON 데이터를 전달하는데, 스프링이 이 데이터를 JobLaunchRequest 인스턴스로 매핑한다.

컨트롤러의 runJob 메서드에서는 두 가지 일이 일어난다. 첫 번째는 ApplicationContext를 이용해 실행할 Job 빈을 가져오는 일이다. Job 객체 및 JobParameters 객체를 가지고 왔다면 이 두 객체를 JobLauncher에 전달해 잡을 실행할 수 있다. 기본적으로 JobLauncher는 잡을 동기식으로 실행하므로 사용자에게 ExitStatus를 반환할 수 있다. 대부분의 배치 잡은 처리량이 많으므로 처리 완료가 빠르게 이뤄지지 않는다는 점에 유의해야 한다. 이럴 때는 비동기 방식으로 실행하는 것이 더 적합하며, 비동기 방식으로 실행한다면 JobExecution의 ID만 반환한다.

이 예제의 마지막 부분은 부트스트랩을 수행하는 메인 메서드다. 예제 6-1처럼 애플리케이션 기동 시에 해당 배치 잡을 실행하지 않도록 구성하고 API가 호출될 때 실행되도록 한다.

예제 6-5는 curl을 이용해 명령행으로 예제 6-4에서 작성한 잡을 실행하는 방법의 예를 보여준다.

▼ 예제 6-5 예제 6-4의 잡을 실행하는 Curl 명령 및 응답 결과

```
$ curl -H "Content-Type: application/json" -X POST -d "{\"name\":\"job\",
\"jobParameters\":{\"foo\":\"bar\",\"baz\":\"quix\"}}" http://localhost:8080/run
{"exitCode":"COMPLETED","exitDescription":"","running":false}
```

예제 6-5에서는 Content-Type 헤더의 값을 application/json으로 설정했고, JSON 데이터를 포함시켰으며, HTTP POST 방식으로 http://localhost:8080/run을 호출했다. 예제 6-4의 애플리케이션을 예제 6-5처럼 curl 명령을 사용해 실행하면 예제 6-6과 같은 잡 실행 출력 결과를 확인할 수 있다.

▼ 예제 6-6 REST API 호출 시 잡 실행 출력 결과

```
2020-12-28 16:15:16.936  INFO 105052 --- [io-8080-exec-10] o.s.b.c.l.support.SimpleJob
Launcher      : Job: [SimpleJob: [name=job]] launched with the following parameters:
[{baz=quix, foo=bar}]
2020-12-28 16:15:16.979  INFO 105052 --- [io-8080-exec-10] o.s.batch.core.job.SimpleStep
Handler       : Executing step: [step1]
step 1 ran today!
2020-12-28 16:15:16.991  INFO 105052 --- [io-8080-exec-10] o.s.b.c.l.support.SimpleJob
Launcher      : Job: [SimpleJob: [name=job]] completed with the following parameters:
[{baz=quix, foo=bar}] and the following status: [COMPLETED]
```

예제 6-4의 코드에서 REST API를 사용할 때 잡의 재시작이나 잡 파라미터 증가 처리 등과 관련된 어떠한 로직도 포함하지 않았다는 점을 기억하자. 6장의 뒷부분에서 잡의 재시작 방법을 살펴볼 것이다. REST API와 관련된 내용을 마무리하기 전에, 사용자의 다음 요청이 들어왔을 때 다시 잡을 실행할 수 있도록 잡 파라미터를 증가시키는 방법을 살펴보자.

JobParametersIncrementer를 사용할 때 파라미터의 변경 사항을 적용하는 일은 JobLauncher가 수행한다. 파라미터가 잡에 전달되면 더 이상 변경할 수 없다. 스프링 배치는 JobParametersBuilder의 getNextJobParameters 메서드처럼 파라미터를 증가시키는 편

리한 메서드를 제공한다. 예제 6-7은 예제 6-4의 애플리케이션 컨트롤러 내에서 JobParame tersBuilder.getNextJobParameters 메서드를 호출하도록 수정한 코드를 보여준다.

▼ 예제 6-7 잡 실행 전에 잡 파라미터 증가시키기

```
...
@Bean
public Job job() {
    return this.jobBuilderFactory.get("job")
                .incrementer(new RunIdIncrementer())
                .start(step1())
                .build();
}
...
@RestController
public static class JobLaunchingController {

    @Autowired
    private JobLauncher jobLauncher;

    @Autowired
    private ApplicationContext context;

    @Autowired
    private JobExplorer jobExplorer;

    @PostMapping(path = "/run")
    public ExitStatus runJob(@RequestBody JobLaunchRequest request) throws Exception {
            Job job = this.context.getBean(request.getName(), Job.class);
            JobParameters jobParameters =
                    new JobParametersBuilder(request.getJobParameters(),
                                    this.jobExplorer)
                        .getNextJobParameters(job)
                        .toJobParameters();
            return this.jobLauncher.run(job, jobParameters).getExitStatus();
    }
}
...
```

예제 6-7도 이전 예제와 동일하게 잡을 정의하는 코드로 시작한다. 그러나 이전 예제에서는

RunIdIncrementer를 활성화하지 않았지만 이 예제의 컨트롤러에서는 활성화하도록 변경했다.

이 컨트롤러에는 새로운 코드 한 줄이 추가됐다. JobParametersBuilder.getNextJobParameters(job) 메서드를 호출하면 run.id라는 파라미터가 추가된 새로운 JobParameters 인스턴스가 생성된다. getNextJobParameters 메서드는 Job이 JobParametersIncrementer를 가지고 있는지 해당 Job을 보고서 판별한다. JobParametersIncrementer를 가지고 있다면 마지막 JobExecution에 사용됐던 JobParameters에 적용한다. 또한 이 실행이 재시작인지 여부를 판별하고 JobParameters를 적절하게 처리한다. 이러한 시나리오에 해당되지 않으면 아무것도 변경되지 않는다.

예제 6-7의 변경 사항을 적용한 후 애플리케이션을 기동해 잡을 다시 호출하면 콘솔 출력 내용이 약간 변경된다. 예제 6-8의 출력 결과는 run.id=1이라는 새로운 파라미터가 JobParameter에 추가됐다. 다시 실행하면 run.id=2가 표시된다. 이는 중요한 변화다. 이 예제의 첫 번째 버전에서는 실행이 완료된 잡을 다시 실행하려고 시도했을 때, 동일한 파라미터를 사용해 이미 완료된 JobInstance가 존재한다는 예외를 되돌려받았다.

▼ 예제 6-8 RunIdIncrementer를 적용한 잡의 실행 결과

```
2020-12-28 16:20:40.408  INFO 111348 --- [nio-8080-exec-1] o.s.b.c.l.support.SimpleJob
Launcher    : Job: [SimpleJob: [name=job]] launched with the following parameters:
[{baz=quix, run.id=1, foo=bar}]
2020-12-28 16:20:40.474  INFO 111348 --- [nio-8080-exec-1] o.s.batch.core.job.SimpleStep
Handler     : Executing step: [step1]
step 1 ran today!
2020-12-28 16:20:40.545  INFO 111348 --- [nio-8080-exec-1] o.s.b.c.l.support.SimpleJob
Launcher    : Job: [SimpleJob: [name=job]] completed with the following parameters:
[{baz=quix, run.id=1, foo=bar}] and the following status: [COMPLETED]
```

java -jar 명령을 통해 uber-jar를 실행하거나 REST API를 요청으로 잡을 기동하는 방법이 유용하긴 하지만, 대부분의 기업은 정해진 일정에 따라 배치 처리를 실행한다. 다음 절에서는 서드파티 라이브러리(예제로 Quartz를 사용함)를 사용해 스프링 배치 잡을 실행하는 방법을 살펴본다.

쿼츠를 사용해 스케줄링하기

엔터프라이즈 환경에서 사용할 수 있는 스케줄러는 많다. 기능이 단순하지만 매우 효과적인 crontab부터 수십억 원에 달하는 엔터프라이즈 자동화 플랫폼에 이르기까지 종류도 다양하다. 이 책에서 사용할 스케줄러는 쿼츠[Quartz](www.quartz-scheduler.org)라는 오픈소스 스케줄러다. 이 스케줄러는 일반적으로 자바 환경의 규모와 상관없이 사용할 수 있다. 안정적이고 활성화된 커뮤니티의 지원을 받을 수 있으며, 잡 실행에 유용한 스프링 부트 지원과 같이 오래전부터 스프링과 연동을 지원하고 있다.

이 책에서는 쿼츠의 모든 범위를 다루지 않는 대신, 쿼츠의 동작 방식을 스프링과 통합하는 방법만 간략히 소개한다. 그림 6-1은 쿼츠의 여러 컴포넌트와 그 사이의 관계를 보여준다.

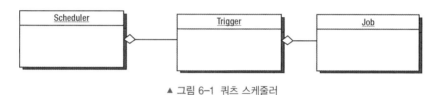

▲ 그림 6-1 쿼츠 스케줄러

그림 6-1에서 볼 수 있듯이 쿼츠는 스케줄러[scheduler], 잡[job], 트리거[trigger]라는 세 가지 주요 컴포넌트를 가진다. 스케줄러는 SchedulerFactory를 통해서 가져올 수 있으며 JobDetails (쿼츠 잡에 대한 참조) 및 트리거의 저장소 기능을 한다. 또한 스케줄러는 연관된 트리거가 작동[fire]할 때 잡을 실행하는 역할을 한다. 잡은 실행할 작업의 단위이다. 트리거는 작업 실행 시점을 정의한다. 트리거가 작동돼 쿼츠에게 잡을 실행하도록 지시하면 잡의 개별 실행을 정의하는 JobDetails 객체가 생성된다.

어딘가 익숙하지 않은가? 아마도 그럴 것이다. 쿼츠에서 잡과 JobDetails 객체를 정의하는 모델은 스프링 배치에서 잡과 JobInstance를 정의하는 방식과 매우 유사하다. 다음 절차를 수행해서 쿼츠를 스프링 배치 처리와 통합해보자.

- 스프링 이니셜라이저에서 올바른 스타터를 사용해 프로젝트를 생성한다.
- 스프링 배치 잡을 작성한다.
- 스프링의 QuartzJobBean을 사용해 스프링 배치 잡을 기동하는 쿼츠 잡을 작성한다.

- 쿼츠 `JobDetail`을 생성하도록 스프링이 제공하는 `JobDetailBean`을 구성한다.
- 잡 실행 시점을 정의하도록 트리거를 구성한다.

쿼츠를 사용해 잡을 주기적으로 실행하는 방법을 알아보자. 먼저 https://start.spring.io에서 새 프로젝트를 생성한다. Batch, MySQL, JDBC, Quartz Scheduler 의존성을 선택한다. 이렇게만 하면 필요한 것들을 얻을 수 있다. 쿼츠는 메타데이터를 데이터베이스에 저장하는 기능을 제공하지만 이와 관련된 내용은 이 책의 범위를 벗어난다.

IDE에서 새 프로젝트를 불러왔다면 다음 단계는 스프링 배치 잡을 만드는 것이다. 예제에서는 간단하게 만들 것이다. 예제 6-9는 스케줄링하는 잡의 구성이다.

▼ 예제 6-9 스케줄링하는 잡

```
...
@Configuration
public class QuartzJobConfiguration {

    @Autowired
    private JobBuilderFactory jobBuilderFactory;

    @Autowired
    private StepBuilderFactory stepBuilderFactory;

    @Bean
    public Job job() {
        return this.jobBuilderFactory.get("job")
                    .incrementer(new RunIdIncrementer())
                    .start(step1())
                    .build();
    }

    @Bean
    public Step step1() {
        return this.stepBuilderFactory.get("step1")
                    .tasklet((stepContribution, chunkContext) -> {
                        System.out.println("step1 ran!");
                        return RepeatStatus.FINISHED;
                    }).build();
```

```
        }
}
```

예제 6-9는 기존 예제와 크게 다르지 않다. 콘솔에 "step1 run!"을 출력하는 하나의 스텝을 가진 잡이다. 이 예제에서 증분기^{Incrementer}를 사용한다는 점은 중요하다. 잡 파라미터를 유일하게 제공하는 별도의 기능이 없더라도 여러 번 잡을 실행하는 기능은 기본적인 배치 요구사항이기 때문이다.

잡을 정의했다면 이제 퀴츠 잡을 작성한다. 다음 예제는 일정 이벤트가 발생할 때 잡을 실행하는 메커니즘을 구현한 코드다. 코드가 낯설지 않을 것이다. REST 컨트롤러에서 잡을 실행할 때와 같은 코드다. 예제 6-10은 BatchScheduledJob이다.

▼ 예제 6-10 BatchScheduledJob

```
...
public class BatchScheduledJob extends QuartzJobBean {

    @Autowired
    private Job job;

    @Autowired
    private JobExplorer jobExplorer;

    @Autowired
    private JobLauncher jobLauncher;

    @Override
    protected void executeInternal(JobExecutionContext context) {
        JobParameters jobParameters = new JobParametersBuilder(this.jobExplorer)
                .getNextJobParameters(this.job)
                .toJobParameters();

        try {
            this.jobLauncher.run(this.job, jobParameters);
        }
        catch (Exception e) {
            e.printStackTrace();
        }
```

```
        }
}
```

예제 6-10은 스프링의 `QuartzJobBean` 클래스를 상속한 클래스다. 이 클래스는 쿼츠 잡 실행에 필요하지만 개발자가 수정할 필요가 거의 없는 대부분의 배치 기능을 처리한다. `executeInternal` 메서드를 재정의해 예제의 목적에 맞게 확장해보자. 이 메서드에 REST 컨트롤러에서 잡을 실행할 때 사용한 것과 동일한 코드를 추가한다. 유일한 차이점은 실행할 잡을 동적으로 선택할 필요가 없기 때문에 쿼츠 잡에 자동와이어링하기만 하면 된다. 재정의한 `executeInternal` 메서드는 스케줄링된 이벤트가 발생할 때마다 한 번씩 호출된다. 이제 남은 일은 스케줄을 구성하는 것이다.

스케줄을 구성하려면 두 가지 일을 해야 한다. 첫 번째는 쿼츠 잡의 빈을 구성하는 것이다. 쿼츠는 이 일을 할 수 있도록 `JobBuilder`를 제공한다. 이 `JobBuilder`에게 예제로 생성했던 잡 클래스인 `BatchScheduledJob`를 전달한 후, 잡을 수행할 트리거가 존재하지 않더라도 쿼츠가 해당 잡 정의를 삭제하지 않도록 `JobDetail`을 생성한다(스프링을 사용해 독립적으로 트리거를 구성할 것이다).

`JobDetail`이 생성되도록 만들었으니, 이제 트리거를 만들어 스케줄링할 것이다. 쿼츠의 `SimpleScheduleBuilder`를 사용해 5초마다 한 번씩 잡을 기동하는데 최초 한 번 수행 이후에 4번 반복(총 5회 실행)할 스케줄을 정의한다. `JobDetail`은 실행할 쿼츠 잡 수행 시에 사용되는 메타데이터다. 스케줄은 얼마나 자주 `JobDetail`을 실행할지에 관한 것이다. 트리거는 스케줄과 `JobDetail`을 연관 짓는다. 쿼츠의 `TriggerBuilder`를 사용해 새로운 트리거를 생성하면서 잡과 스케줄을 전달한다. 예제 6-11은 쿼츠 컴포넌트의 전체 구성을 보여준다.

▼ 예제 6-11 쿼츠 구성

```
...
@Configuration
public class QuartzConfiguration {

    @Bean
    public JobDetail quartzJobDetail() {
        return JobBuilder.newJob(BatchScheduledJob.class)
```

```
                        .storeDurably()
                        .build();
    }

    @Bean
    public Trigger jobTrigger() {
        SimpleScheduleBuilder scheduleBuilder = SimpleScheduleBuilder.simpleSchedule()
                .withIntervalInSeconds(5).withRepeatCount(4);

        return TriggerBuilder.newTrigger()
                .forJob(quartzJobDetail())
                .withSchedule(scheduleBuilder)
                .build();
    }
}
```

이 구성을 프로젝트에 추가함으로써 잡을 실행하는 데 필요한 모든 것이 갖춰졌다. 스프링 부트 애플리케이션을 실행하면 예제 6-12과 같은 출력이 5번 반복된다.

▼ 예제 6-12 퀴츠 수행 결과

```
. . .
2020-12-28 16:31:48.195  INFO 109252 --- [          main] c.e.Chapter06.QuartzJob
Configuration      : Started QuartzJobConfiguration in 3.929 seconds (JVM running for 4.793)
2020-12-28 16:31:48.370  INFO 109252 --- [eduler_Worker-1] o.s.b.c.l.support.SimpleJob
Launcher       : Job: [SimpleJob: [name=job]] launched with the following parameters: [{run.
id=1}]
2020-12-28 16:31:48.449  INFO 109252 --- [eduler_Worker-1] o.s.batch.core.job.SimpleStep
Handler      : Executing step: [step1]
step1 ran!
2020-12-28 16:31:48.516  INFO 109252 --- [eduler_Worker-1] o.s.b.c.l.support.SimpleJob
Launcher       : Job: [SimpleJob: [name=job]] completed with the following parameters:
[{run.id=1}] and the following status: [COMPLETED]
. . .
```

잡 실행 생명주기에 잡 시작만 있는 것은 아니다. 잡이 이상적으로 자연스럽게 끝나기를 원하지만 그렇지 않은 시나리오도 있다. 실행 도중에 멈춰야 할 수도 있다. 다음 절에서는 실행 중인 배치 잡을 중지하는 다양한 메커니즘을 살펴본다.

잡 중지하기

잡은 다양한 이유로 중지될 수 있다. 각각의 중지 사유는 중지된 이후에 어떤 일을 수행할지에 영향을 미친다. 잡은 지금까지의 모든 예제가 그랬듯이 자연스럽게 완료돼 종료된다. 또한 특정 이유로 인해 처리 중인 잡 실행을 프로그래밍적으로 중지할 수 있다. 외부에서 잡을 중지시킬 수도 있다. 예를 들어 누군가가 잡이 잘못됐다는 것을 인지하고 수정하려고 한다면 잡을 중지해야 한다. 물론 절대 인정할 수 없을지도 모르지만 잡에 오류가 발생해 중단될 수도 있다. 이 절에서는 스프링 배치를 사용할 때 이러한 각 중지 시나리오가 수행되는 방식 및 각 상황 발생 시 수행할 수 있는 옵션을 살펴본다. 잡의 실행이 자연스럽게 완료되는 가장 기본적인 상황부터 알아보자.

자연스러운 완료

지금까지의 모든 예제 잡은 자연스럽게 완료됐다. 즉, 각각의 잡은 스텝이 COMPLETED 상태를 반환할 때까지 스텝을 실행했으며 모든 스텝이 완료되면 잡 자신도 COMPLETED 종료 코드를 반환했다. 이것은 잡에게 어떤 의미가 있는 것일까?

이미 앞서 살펴본 것처럼 동일한 파라미터 값으로 잡이 한 번 정상적으로 실행됐다면 또 다시 실행시킬 수는 없다. COMPLETED BatchStatus로 잡이 완료되면 동일한 JobParameter를 사용해 새로운 JobInstance를 다시 생성할 수 없기 때문이다. 이런 특징은 잡 실행 방식에 영향을 주기 때문에 매우 중요하다. 이전 절의 예제는 JobParametersIncrementer를 사용해 잡 실행 시 파라미터를 증가시켰다. 이처럼 증분기를 사용하면 특히 일정에 맞게 잡을 실행하고자 할 때 좋다. 예를 들어 매일 실행하는 잡이 있다면 타임스탬프를 파라미터로 추가하는 JobParametersIncrementer 구현체를 개발하는 것이 바람직하다. 이렇게 하면 스케줄을 통해 잡이 실행될 때마다 이전 절에서 봤던 것처럼 잡이 늘어난다.

모든 잡이 항상 자연스럽게 완료되는 것은 아니다. 처리 중에 발생한 어떤 일 (예를 들어 스텝이 완료될 때 무결성 검사에 실패한 경우) 때문에 잡을 중지시켜야 할 상황도 있다. 그런 상황이 발생한다면 프로그래밍을 해 잡을 중지해야 한다. 다음 절에서 잡을 중지하는 기법을 설명한다.

프로그래밍적으로 중지하기

배치 처리에는 일련의 검사와 부하 분산이 필요하다. 많은 양의 데이터를 처리할 때는 처리 과정에서 발생한 일을 확인할 수 있어야 한다. 예를 들어 사용자가 웹 애플리케이션을 사용하면서 잘못된 주소로 자신의 프로필을 갱신했을 때를 생각해보자. 이런 상황은 해당 사용자 한 명에게만 영향을 미친다. 그러나 백만 개의 레코드가 포함된 파일을 가져오는 잡의 중요한 스텝이 10,000개를 가져온 후에 갑자기 중지되면 어떻게 할 것인가? 문제가 발생했으니 잡이 더 진행되기 전에 수정해야 한다. 이 절에서는 프로그래밍 방식으로 잡을 중지하는 방법을 살펴본다. 먼저, 4장에서 소개했던 중지 트랜지션stop transition을 사용하는 실제적인 예를 살펴보자. 잡이 재시작할 수 있도록 새로운 애트리뷰트를 사용한다. 또한 플래그를 설정해 잡을 종료하는 방법도 살펴본다.

중지 트랜지션 사용하기

먼저 중지 트랜지션stop transition을 사용해 중지하도록 구성된 잡을 만들고 재시작 위치를 지정하는 방법을 살펴본다. 이 동작을 확인하기 위해 세 개의 스텝을 가지는 잡을 만들어보자.

1. 단순한 거래 파일(transaction.csv)을 불러온다. 각 거래는 계좌번호, 타임 스탬프, 금액(양수는 입금, 음수는 출금)으로 구성된다. 파일 내용은 파일 내 총 레코드 개수를 보여주는 한 줄짜리 요약 레코드로 끝난다.
2. 거래 정보를 거래 테이블에 저장한 이후에 계좌번호와 현재 계좌 잔액으로 구성된 별도의 계좌 요약 테이블에 적용한다.
3. 각 계좌의 계좌번호와 잔액을 나열하는 요약 파일(summary.csv)을 생성한다.

이 스텝을 설계 관점에서 살펴보면 각 사용자 계좌에 거래 내역을 적용하기에 앞서 가져온 레코드의 개수가 요약 레코드의 값과 일치하는지 유효성 검증을 하고 싶을 것이다. 이 무결성 검사를 통해 대량의 데이터를 처리할 때 복구 및 재처리에 소모되는 많은 시간을 줄일 수 있다.

이 잡을 시작하는 데 사용되는 파일 형식과 데이터 모델을 살펴보자. 이 잡이 사용하는 파일은 값이 단순히 쉼표로 구분돼 있는 CSV 파일이다. CSV 형식의 파일을 사용하면 코드를 새로 작성할 필요 없이 스프링이 제공하는 적절한 리더와 라이터를 사용해 쉽게 구성할 수 있다. 예제 6-13은 잡이 사용하는 두 파일(transaction.csv과 summary.csv)의 레코드 형식의 예다.

▼ 예제 6-13 transaction.csv 및 summary.csv 파일 내 레코드의 예

```
Transaction file:
3985729387,2010-01-08 12:15:26,523.65
3985729387,2010-01-08 1:28:58,-25.93
2

Summary File:
3985729387,497.72
```

이 예제에서는 Transaction과 Account_Summary라는 두 개의 테이블만 사용하는 간단한 데이터 모델을 사용한다. 그림 6-2는 데이터 모델이다.

▲ 그림 6-2 Transaction 데이터 모델

스프링 이니셜라이저에서 Batch, JDBC, MySql 의존성을 선택해 프로젝트를 생성하고 IDE로 불러와 잡을 작성할 준비를 한다. 이렇게 함으로써 잡 내의 스텝이 필요로 하는 모든 것이 포함된 구성을 만들 수 있다.

다음으로는 예제 6-3처럼 MySQL을 사용하도록 application.yml을 구성한다. 이 잡은 커스텀 ItemReader, 커스텀 ItemProcessor, 두 개의 도메인 객체, 데이터 액세스 객체[DAO]와

같은 몇 가지 커스텀 컴포넌트를 필요로 한다. 배치 잡에 이런 커스텀 컴포넌트(및 또 다른 컴포넌트)를 조립하기 전에 이들 각각을 살펴보자.

도메인 객체부터 먼저 알아보자. 예상했겠지만 각 도메인 객체는 데이터베이스의 테이블에 일대일로 매핑된다. 또한 작업할 파일과도 잘 매핑된다. 예제 6-14는 Transaction 및 AccountSummary 도메인 객체이다.

▼ 예제 6-14 도메인 객체

```
...
public class Transaction {

    private String accountNumber;

    private Date timestamp;

    private double amount;

    public String getAccountNumber() {
        return accountNumber;
    }

    public void setAccountNumber(String accountNumber) {
        this.accountNumber = accountNumber;
    }

    public Date getTimestamp() {
        return timestamp;
    }

    public void setTimestamp(Date timestamp) {
        this.timestamp = timestamp;
    }

    public double getAmount() {
        return amount;
    }

    public void setAmount(double amount) {
        this.amount = amount;
```

```
        }
}

...
public class AccountSummary {

        private int id;

        private String accountNumber;

        private Double currentBalance;

        public int getId() {
                return id;
        }

        public void setId(int id) {
                this.id = id;
        }

        public String getAccountNumber() {
                return accountNumber;
        }

        public void setAccountNumber(String accountNumber) {
                this.accountNumber = accountNumber;
        }

        public Double getCurrentBalance() {
                return currentBalance;
        }

        public void setCurrentBalance(Double currentBalance) {
                this.currentBalance = currentBalance;
        }
}
```

다음으로 살펴볼 컴포넌트는 커스텀 ItemReader이다. 스프링 배치가 CSV 파일을 읽을 수
있는 강력한 리더를 제공하는데 왜 커스텀 ItemReader가 필요할까? 그 이유는 스텝의

ExitStatus가 리더의 상태에 묶여 있기 때문이다. 푸터[footer] 레코드에 기록된 수와 실제 읽어들인 레코드 개수가 다르다면 잡의 실행을 계속 진행해서는 안 된다. 그렇기 때문에 Flat FileItemReader를 래핑하는 커스텀 ItemReader를 만들 것이다. 이 커스텀 ItemReader는 읽어들인 레코드 수를 계산한다. 그리고 푸터 레코드에 도달했을 때 예상 레코드 수와 실제 읽어들인 레코드 수가 일치하면 처리를 계속한다. 그러나 그렇지 않다면 커스텀 ItemReader는 AfterStep 메서드에서 ExitStatus.STOPPED를 반환한다. 예제 6-15는 어떻게 이렇게 구현할 수 있는지 보여준다.

▼ 예제 6-15 TransactionReader

```
...
public class TransactionReader implements ItemStreamReader<Transaction> {

    private ItemStreamReader<FieldSet> fieldSetReader;
    private int recordCount = 0;
    private int expectedRecordCount = 0;

    public TransactionReader(ItemStreamReader<FieldSet> fieldSetReader) {
        this.fieldSetReader = fieldSetReader;
    }

    public Transaction read() throws Exception {
        return process(fieldSetReader.read());
    }

    private Transaction process(FieldSet fieldSet) {
        Transaction result = null;

        if(fieldSet != null) {
            if(fieldSet.getFieldCount() > 1) {
                result = new Transaction();
                result.setAccountNumber(fieldSet.readString(0));
                result.setTimestamp(fieldSet.readDate(1, "yyyy-MM-DD HH:mm:ss"));
                result.setAmount(fieldSet.readDouble(2));

                recordCount++;
            } else {
                expectedRecordCount = fieldSet.readInt(0);
```

```
                }
            }
            return result;
    }

    public void setFieldSetReader(ItemStreamReader<FieldSet> fieldSetReader) {
        this.fieldSetReader = fieldSetReader;
    }

    @AfterStep
    public ExitStatus afterStep(StepExecution execution) {
        if(recordCount == expectedRecordCount) {
            return execution.getExitStatus();
        } else {
            return ExitStatus.STOPPED;
        }
    }

    @Override
    public void open(ExecutionContext executionContext) throws ItemStreamException {
        this.fieldSetReader.open(executionContext);
    }

    @Override
    public void update(ExecutionContext executionContext) throws ItemStreamException {
        this.fieldSetReader.update(executionContext);
    }

    @Override
    public void close() throws ItemStreamException {
        this.fieldSetReader.close();
    }
}
```

예제 6-15에서 TransactionReader 코드를 맨 위에서부터 살펴보자. 이 리더의 "Item
Reader.read() 메서드" 내에서는, 해당 리더에게 주입된 위임 리더에게 실제 읽기 작업을
위임한다는 것을 알 수 있다. 이 예제에서는 FlatFileItemReader에게 동작을 위임했다. 그
리고 두 가지 레코드 형식이 존재하므로 위임 리더가 FieldSet을 반환하게 했다. 하나는 읽

어들일 데이터용이고, 다른 하나는 파일 내의 레코드 개수를 기록한 푸터용이다. 위임 ItemReader가 반환하는 FieldSet은 TransactionReader의 process 메서드에 전달돼 어떤 유형의 레코드인지 판단된다. 레코드에 값이 두 개 이상 존재한다면 데이터 레코드이며 레코드에 필드가 하나만 있으면 푸터 레코드다. 데이터 레코드는 Transaction 인스턴스로 변환된 후 반환되는데, 푸터 레코드의 값은 저장되며 파일 처리가 완료됐음을 나타내는 null이 반환된다.

process 메서드의 구현 코드 아래에 StepExecutionListener.AfterStep 메서드를 구현했다. 스텝이 완료되면 이 메서드가 호출되며, 해당 메서드는 ExitStatus를 반환한다. 이 예제에서 해당 메서드 내에서는 리더가 읽어들인 레코드 개수를 확인하고 이를 파일의 푸터에 저장된 값과 비교한다. 일치한다면 프레임워크를 이용해 설정한 ExitStatus를 반환한다. 그렇지 않다면 ExitStatus.STOPPED를 반환한다. 이렇게 함으로써 파일이 유효하지 않다면 잡을 중지할 수 있다.

TransactionItemReader의 나머지 메서드는 ItemStream 인터페이스의 메서드를 구현한 메서드이다. 스프링 배치는 ItemReader, ItemProcessor, ItemWriter가 ItemStream의 구현체인지 자동으로 확인하고 적절한 시점에 콜백이 수행되도록 자동으로 등록한다. 그러나 예제로 작성한 위임 리더인 TransactionReader는 ItemStream을 구현하지만, 스프링 배치에 명시적으로 등록돼 있지 않은 상태이므로 프레임워크는 해당 리더가 ItemStream을 구현했는지 확인하지 않는다. 이때 선택할 수 있는 두 가지 옵션이 있다. 첫 번째는 잡에서 해당 위임 리더를 ItemStream으로 명시적으로 등록하는 방법(등록해야 하는 것을 기억해야 하므로 오류가 발생하기 쉬운 접근 방법)이고, 두 번째는 TransactionItemReader에서 ItemStream을 구현하고 적절한 라이프 사이클에 따라 메서드를 호출하도록 하는 방법이다.[3]

다음으로 살펴볼 커스텀 컴포넌트는 TransactionDao이다. 해당 인터페이스는 getTransactionsByAccountNumber(String accountNumber)라는 메서드 하나만 가지고 있다. 이 메서드는 제공된 계좌번호와 연관된 거래 목록을 반환한다. 예제 6-16은 이 DAO의 구현 내

---

[3] ItemStream 인터페이스는 7장과 9장에서 살펴볼 것이다.

용이다.

▼ 예제 6-16 TransactionDaoSupport

```java
public class TransactionDaoSupport extends JdbcTemplate implements TransactionDao {

    public TransactionDaoSupport(DataSource dataSource) {
        super(dataSource);
    }

    @SuppressWarnings("unchecked")
    public List<Transaction> getTransactionsByAccountNumber(String accountNumber) {
        return query(
                "select t.id, t.timestamp, t.amount " +
                        "from transaction t inner join account_summary a on " +
                        "a.id = t.account_summary_id " +
                        "where a.account_number = ?",
                new Object[] { accountNumber },
                (rs, rowNum) -> {
                    Transaction trans = new Transaction();
                    trans.setAmount(rs.getDouble("amount"));
                    trans.setTimestamp(rs.getDate("timestamp"));
                    return trans;
                }
        );
    }
}
```

예제 6-16의 DAO는 제공된 accountNumber와 관련된 모든 거래 레코드를 조회해 반환한다. ItemProcessor가 이 모든 거래 정보를 주어진 계좌에 적용해 현재 잔액을 결정한다. 예제 6-17은 이 TransactionDAO를 사용하는 ItemProcessor이다.

▼ 예제 6-17 TransactionApplierProcessor

```java
...
public class TransactionApplierProcessor implements
        ItemProcessor<AccountSummary, AccountSummary> {

    private TransactionDao transactionDao;
```

```
        public TransactionApplierProcessor(TransactionDao transactionDao) {
                this.transactionDao = transactionDao;
        }

        public AccountSummary process(AccountSummary summary) throws Exception {
                List<Transaction> transactions = transactionDao
                        .getTransactionsByAccountNumber(summary.getAccountNumber());

                for (Transaction transaction : transactions) {
                        summary.setCurrentBalance(summary.getCurrentBalance()
                                + transaction.getAmount());
                }
                return summary;
        }
}
```

예제 6-17에서 이 ItemProcessor는 전달받은 각 AccountSummary 레코드를 기반으로
TransactionDao를 사용해 모든 거래 정보를 조회하며, 거래 정보에 따라 계좌의 현재 잔액
을 증가하거나 감소시킨다.

지금까지 잡을 만들 때 필요한 모든 커스텀 배치 컴포넌트들을 살펴봤다. 다음 단계에서는
이들 모든 컴포넌트를 구성해본다. 먼저 각 스텝을 구성한 이후에 해당 스텝을 잡 내에서 조
합할 것이다. 첫 번째 스텝은 예제 6-18에서 볼 수 있는 importTransactionFileStep이다.

▼ 예제 6-18 importTransactionFileStep

```
...
        @Bean
        @StepScope
        public TransactionReader transactionReader() {
                return new TransactionReader(fileItemReader(null));
        }

        @Bean
        @StepScope
        public FlatFileItemReader<FieldSet> fileItemReader(
        @Value("#{jobParameters['transactionFile']}") Resource inputFile) {
                return new FlatFileItemReaderBuilder<FieldSet>()
```

```
                .name("fileItemReader")
                .resource(inputFile)
                .lineTokenizer(new DelimitedLineTokenizer())
                .fieldSetMapper(new PassThroughFieldSetMapper())
                .build();
    }

    @Bean
    public JdbcBatchItemWriter<Transaction> transactionWriter(DataSource dataSource) {
        return new JdbcBatchItemWriterBuilder<Transaction>()
                .itemSqlParameterSourceProvider(
                        new BeanPropertyItemSqlParameterSourceProvider<>())
                .sql("INSERT INTO TRANSACTION " +
                    "(ACCOUNT_SUMMARY_ID, TIMESTAMP, AMOUNT) " +
                    "VALUES ((SELECT ID FROM ACCOUNT_SUMMARY " +
                    "    WHERE ACCOUNT_NUMBER = :accountNumber), " +
                    ":timestamp, :amount)")
                .dataSource(dataSource)
                .build();
    }

    @Bean
    public Step importTransactionFileStep() {
        return this.stepBuilderFactory.get("importTransactionFileStep")
                .<Transaction, Transaction>chunk(100)
                .reader(transactionReader())
                .writer(transactionWriter(null))
                .allowStartIfComplete(true)
                .listener(transactionReader())
                .build();
    }
...
```

이 첫 번째 스텝의 구성은 TransactionReader를 정의하는 것부터 시작한다. 이 Tran
sactionReader는 예제 6-15에서 작성한 커스텀 ItemReader이다. 그다음으로 FlatFile
ItemReader를 구성한다. FlatFileItemReader 리더는 7장에서 ItemReader를 다룰 때 상세
히 살펴본다. 그다음에 구성된 JdbcBatchItemWriter는 값을 데이터베이스에 저장하는 역할
을 한다. 이 라이터와 관련된 내용은 9장에서 자세히 다루므로 세부 사항에 대해 걱정하지

않아도 된다. 지금은 이 라이터를 사용해 데이터베이스에 값을 기록한다고만 알아두면 된다. 예제 6-18의 마지막 빈 정의는 스텝 정의이다. `StepBuilderFactory`를 사용해 빌더를 가져온 후에 조금 전 구성했던 거래 정보를 읽는 리더 및 jdbc 라이터를 사용하며 청크 기반으로 동작하도록 스텝으로 구성한다. 잡이 재시작되면 이 스텝이 다시 실행될 수 있도록 구성한다. 레코드 개수가 푸터의 레코드와 일치하지 않다면 가져온 파일이 유효하지 않다고 판단하며, 이런 경우에는 불러왔던 모든 정보를 초기화하고 유효한 파일을 사용해 다시 실행하기를 원하기 때문이다. 이 스텝이 재실행될 수 있도록 구성하고, 스텝을 빌드하기 전에 `listener` 메서드를 사용해 TransactionReader를 리스너로 등록한다.

첫 번째 스텝은 파일의 데이터를 데이터베이스로 옮기는 일을 한다. 두 번째 스텝은 파일에서 찾은 거래 정보를 계좌에 적용하는 일을 한다. 예제 6-19는 이 스텝의 구성 방법을 보여준다.

▼ 예제 6-19 applyTransactionsStep

```
...
@Bean
@StepScope
public JdbcCursorItemReader<AccountSummary> accountSummaryReader(DataSource dataSource) {
    return new JdbcCursorItemReaderBuilder<AccountSummary>()
                .name("accountSummaryReader")
                .dataSource(dataSource)
                .sql("SELECT ACCOUNT_NUMBER, CURRENT_BALANCE " +
                        "FROM ACCOUNT_SUMMARY A " +
                        "WHERE A.ID IN (" +
                        "    SELECT DISTINCT T.ACCOUNT_SUMMARY_ID " +
                        "    FROM TRANSACTION T) " +
                        "ORDER BY A.ACCOUNT_NUMBER")
                .rowMapper((resultSet, rowNumber) -> {
                    AccountSummary summary = new AccountSummary();

                    summary.setAccountNumber(resultSet.getString("account_number"));
                    summary.setCurrentBalance(resultSet.getDouble("current_balance"));

                    return summary;
                }).build();
    }
```

```java
@Bean
public TransactionDao transactionDao(DataSource dataSource) {
    return new TransactionDaoSupport(dataSource);
}

@Bean
public TransactionApplierProcessor transactionApplierProcessor() {
    return new TransactionApplierProcessor(transactionDao(null));
}

@Bean
public JdbcBatchItemWriter<AccountSummary> accountSummaryWriter(DataSource dataSource) {
    return new JdbcBatchItemWriterBuilder<AccountSummary>()
                    .dataSource(dataSource)
                    .itemSqlParameterSourceProvider(
                            new BeanPropertyItemSqlParameterSourceProvider<>())
                    .sql("UPDATE ACCOUNT_SUMMARY " +
                            "SET CURRENT_BALANCE = :currentBalance " +
                            "WHERE ACCOUNT_NUMBER = :accountNumber")
                    .build();
}

@Bean
public Step applyTransactionsStep() {
    return this.stepBuilderFactory.get("applyTransactionsStep")
                    .<AccountSummary, AccountSummary>chunk(100)
                    .reader(accountSummaryReader(null))
                    .processor(transactionApplierProcessor())
                    .writer(accountSummaryWriter(null))
                    .build();
}
...
```

예제 6-19의 내용을 위에서부터 살펴보면, JdbcCursorItemReader를 정의해 데이터베이스로부터 AccountSummary 레코드를 읽는다. 그다음의 두 개의 빈 정의는 TransactionDao(거래 정보를 조회하는 TransactionDao)와 계좌에 거래 정보를 적용하는 커스텀 ItemProcessor(예제 6-17에서 작성한 예제 ItemProcessor)이다. 마지막으로 JdbcBatchItemWriter를 사용해 갱신된 계좌 요약 레코드를 DB에 기록한다. 이렇게 컴포넌트 각각을 구성한 이후에 스텝 내에서 이들 컴포넌트를 조합한다. applyTransactionsStep은 StepBuilderFactory를 사용해 빌더를 가져오고, 청크 크기가 100인 청크 기반 스텝이 되도록 설정한 후 앞서 각각 구성했던 ItemReader, ItemProcessor, ItemWriter를 조합한다.

마지막 스텝인 generateAccountSummaryStep은 동작은 다르지만 동일한 데이터를 읽으므로 applyTransactionsStep이 사용하는 ItemReader를 재사용한다. accountSummaryReader가 스텝 스코프이므로 각 스텝에서 해당 리더를 사용할 때 독립적으로 새 리더 인스턴스가 사용된다. 따라서 generateAccountSummaryStep과 관련해 실제로 구성해야 하는 것은 ItemWriter와 스텝 자체이다. 예제 6–20에서 코드를 볼 수 있다.

▼ 예제 6–20 generateAccountSummaryStep

```
...
    @Bean
    @StepScope
    public FlatFileItemWriter<AccountSummary> accountSummaryFileWriter(
                @Value("#{jobParameters['summaryFile']}") Resource summaryFile) {

        DelimitedLineAggregator<AccountSummary> lineAggregator =
                new DelimitedLineAggregator<>();
        BeanWrapperFieldExtractor<AccountSummary> fieldExtractor =
                new BeanWrapperFieldExtractor<>();
        fieldExtractor.setNames(new String[] {"accountNumber", "currentBalance"});
        fieldExtractor.afterPropertiesSet();
        lineAggregator.setFieldExtractor(fieldExtractor);

        return new FlatFileItemWriterBuilder<AccountSummary>()
                .name("accountSummaryFileWriter")
                .resource(summaryFile)
                .lineAggregator(lineAggregator)
                .build();
    }

@Bean
public Step generateAccountSummaryStep() {
    return this.stepBuilderFactory.get("generateAccountSummaryStep")
                .<AccountSummary, AccountSummary>chunk(100)
```

```
                    .reader(accountSummaryReader(null))
                    .writer(accountSummaryFileWriter(null))
                    .build();
}
...
```

예제 6-20에서 가장 먼저 눈에 들어오는 것은 `ItemWriter` 구성이다. `FlatFileItemWriter`는 각 레코드의 계좌번호와 현재 잔액으로 CSV 파일을 생성한다. 그런 다음에 `StepBuilderFactory`를 사용해 스텝을 조립하는데, 빌더를 얻어오고 이전 스텝에서 사용했던 리더인 `accountSummaryReader` 및 조금 전에 구성했던 `ItemWriter`를 사용해 청크 기반 스텝을 구성한다.

이제 마지막으로 남은 구성은 잡 구성이다. 이 잡은 세 개의 스텝을 순서대로 가져야 하며, 첫 번째 스텝이 반환할 수도 있는 `ExitStatus.STOPPED`와 관련된 처리를 해야 한다. 예제 6-21은 중지 가능한 잡을 만드는 코드다.

▼ 예제 6-21 transactionJob

```
...
@Bean
public Job transactionJob() {
    return this.jobBuilderFactory.get("transactionJob")
                .start(importTransactionFileStep())
                .on("STOPPED").stopAndRestart(importTransactionFileStep())
                .from(importTransactionFileStep()).on("*").to(applyTransactionsStep())
                .from(applyTransactionsStep()).next(generateAccountSummaryStep())
                .end()
                .build();
}
...
```

예제 6-21에서는 `JobBuilderFactory`를 사용해 빌더를 가져오는 것을 시작으로, `importTransactionFileStep`이 가장 먼저 시작되도록 잡을 구성한다. 이때 `ExitStatus`가 STOPPED 라면 잡을 중지하며, 재시작 시 해당 스텝부터 다시 시작한다(요컨대 잡이 프로그래밍 방식으로 중지된 경우 잡을 다시 시작한다). `ExitStatus`가 STOPPED가 아니라면 `applyTransactionsStep`

으로 넘어간다. `applyTransactionsStep`이 끝나면 `generateAccountSummaryStep`으로 넘어간다. 트랜지션 API를 사용해 잡 플로우을 만들고 있으므로 `end()`를 호출해야 한다. 그런 다음 마지막에 `build`를 호출해 잡을 생성한다.

이제 잡을 두 번 실행해보자. 처음에는 무결성 검증을 통과하지 못하는 레코드가 존재하는 transaction.csv를 사용해 잡을 실행해본다. 즉, 99개의 데이터 레코드가 포함돼 있으며, 그 다음 줄에 존재하는 무결성 체크 레코드가 99가 아닌 숫자인 입력 파일을 사용해 잡을 실행한다. 잡이 실행될 때 `StepListener`는 파일에서 실제로 읽은 레코드 개수(99)와 예상되는 수 (20)가 일치하지 않는 것을 확인하고 `ExitStatus.STOPPED` 값을 반환해 잡을 중지한다. 예제 6-22에 표시된 것처럼 콘솔에서 잡 실행 결과를 볼 수 있다.

▼ 예제 6-22 transactionJob의 첫 번째 실행 결과

```
. . .
2020-12-28 21:22:00.995  INFO 109852 --- [           main] o.s.b.a.b.JobLauncherApplication
Runner    : Running default command line with: [transactionFile=input/transactionFile.csv,
summaryFile=file:///Users/mminella/tmp/summaryFile.csv]
2020-12-28 21:22:01.139  INFO 109852 --- [           main] o.s.b.c.l.support.SimpleJob
Launcher      : Job: [FlowJob: [name=transactionJob]] launched with the following
parameters: [{transactionFile=input/transactionFile.csv, summaryFile=file:///Users/
mminella/tmp/summaryFile.csv}]
2020-12-28 21:22:01.265  INFO 109852 --- [           main] o.s.batch.core.job.SimpleStep
Handler    : Executing step: [importTransactionFileStep]
2020-12-28 21:23:34.132  INFO 109852 --- [           main] o.s.b.c.l.support.SimpleJob
Launcher      : Job: [FlowJob: [name=transactionJob]] completed with the following
parameters: [{transactionFile=input/transactionFile.csv, summaryFile=file:///Users/
mminella/tmp/summaryFile.csv}] and the following status: [STOPPED]
. . .
```

잡이 중지되면 `Transaction` 테이블의 내용을 삭제하고, 거래 파일을 99개의 데이터 레코드 및 99라는 숫자가 기록된 무결성 레코드를 갖게 변경한다. 이번에 잡을 실행하면 예제 6-23서 볼 수 있듯이 성공적으로 완료된다.

▼ 예제 6-23 transactionJob의 두 번째 실행 결과

```
. . .
```

```
2020-12-28 21:28:47.893  INFO 112388 --- [            main] o.s.b.c.l.support.SimpleJob
Launcher       : Job: [FlowJob: [name=transactionJob]] launched with the following
parameters: [{transactionFile=input/transactionFile.csv, summaryFile=file:///Users/
mminella/tmp/summaryFile.csv}]
2020-12-28 21:28:47.966  INFO 112388 --- [            main] o.s.batch.core.job.SimpleStep
Handler        : Executing step: [importTransactionFileStep]
2020-12-28 21:28:48.112  INFO 112388 --- [            main] o.s.batch.core.job.SimpleStep
Handler        : Executing step: [applyTransactionsStep]
2020-12-28 21:30:22.723  INFO 112388 --- [            main] o.s.batch.core.job.SimpleStep
Handler        : Executing step: [generateAccountSummaryStep]
2020-12-28 21:30:22.827  INFO 112388 --- [            main] o.s.b.c.l.support.SimpleJob
Launcher       : Job: [FlowJob: [name=transactionJob]] completed with the following
parameters: [{transactionFile=input/transactionFile.csv, summaryFile=file:///Users/
mminella/tmp/summaryFile.csv}] and the following status: [COMPLETED]
. . .
```

잡 내의 스텝을 재실행 가능하도록 구성하고 중지 트랜지션을 사용하는 방법은, 잡 실행 시 다양한 검증을 통해 문제를 해결할 수 있게 해주는 유용한 방법이다. 다음 절에서는 StepExecution.setTerminateOnly() 메서드를 사용하도록 리스너를 리팩토링해서 스프링 배치가 잡을 종료하게 만드는 방법을 알아본다.

StepExecution을 사용해 중지하기

transactionJob 예제에서는 StepListener의 ExitStatus와 잡의 트랜지션 구성을 통해서 수동으로 잡을 중지했다. 이 방법은 효과적이지만 잡의 트랜지션을 별도로 구성하고 스텝의 ExitStatus를 재정의해야 한다.

좀 더 효율적인 접근 방식이 있다. AfterStep 대신 BeforeStep을 사용하도록 변경해 StepExecution을 가져온다. 이렇게 하면 StepExecution에 접근할 수 있으므로 푸터 레코드를 읽을 때 StepExecution.setTerminateOnly() 메서드를 호출할 수 있다. setTerminateOnly() 메서드는 예제 6-24에서 볼 수 있듯이 스텝이 완료된 후 스프링 배치가 종료되도록 지시하는 플래그를 설정한다.

▼ 예제 6-24 setTerminateOnly() 메서드를 호출하는 TransactionReader

```
...
public class TransactionReader implements ItemStreamReader<Transaction> {

    private ItemStreamReader<FieldSet> fieldSetReader;
    private int recordCount = 0;
    private int expectedRecordCount = 0;

    private StepExecution stepExecution;

    public TransactionReader(ItemStreamReader<FieldSet> fieldSetReader) {
        this.fieldSetReader = fieldSetReader;
    }

    public Transaction read() throws Exception {
        Transaction record = process(fieldSetReader.read());
        return record;
    }

    private Transaction process(FieldSet fieldSet) {
        Transaction result = null;
        if(fieldSet != null) {
            if(fieldSet.getFieldCount() > 1) {
                result = new Transaction();
                result.setAccountNumber(fieldSet.readString(0));
                result.setTimestamp(fieldSet.readDate(1, "yyyy-MM-DD HH:mm:ss"));
                result.setAmount(fieldSet.readDouble(2));

                recordCount++;
            } else {
                expectedRecordCount = fieldSet.readInt(0);

                if(expectedRecordCount != this.recordCount) {
                    this.stepExecution.setTerminateOnly();
                }
            }
        }
        return result;
    }

    @BeforeStep
    public void beforeStep(StepExecution execution) {
        this.stepExecution = execution;
```

```
    }

    @Override
    public void open(ExecutionContext executionContext) throws ItemStreamException {
        this.fieldSetReader.open(executionContext);
    }

    @Override
    public void update(ExecutionContext executionContext) throws ItemStreamException {
        this.fieldSetReader.update(executionContext);
    }

    @Override
    public void close() throws ItemStreamException {
        this.fieldSetReader.close();
    }
}
```

레코드 개수 검사 로직을 AfterStep에서 read 메서드로 이동하면서 코드는 조금 더 깔끔해
지지만, 트랜잭션에 필요한 구성을 제거할 수 있어서 구성은 더 깔끔해진다. 예제 6-25는
변경한 잡 구성이다.

▼ 예제 6-25 구성을 변경한 transactionJob

```
...
@Bean
public Job transactionJob() {
    return this.jobBuilderFactory.get("transactionJob")
                .start(importTransactionFileStep())
                .next(applyTransactionsStep())
                .next(generateAccountSummaryStep())
                .build();
}
...
```

이제 잡을 다시 실행하고 동일한 테스트(첫 번째로 거래 파일의 레코드 개수가 맞지 않는 경우를 실
행한 다음에, 두 번째로 개수가 맞는 파일을 사용해 실행)를 수행하면 동일한 결과를 확인할 수 있

다. 유일한 차이점은 잡 실행 시 콘솔 출력이다. 잡이 STOPPED 상태를 반환하는 대신 스프링 배치가 예제 6-26에서 볼 수 있는 것처럼 JobInterruptedException을 던진다.

▼ 예제 6-26 변경된 잡을 최초로 실행했을 때 출력 결과

```
. . .
2020-12-28 21:44:15.310  INFO 109752 --- [           main] o.s.b.c.l.support.SimpleJob
Launcher       : Job: [SimpleJob: [name=transactionJob]] launched with the following
parameters: [{transactionFile=input/transactionFile.csv, summaryFile=file:///Users/
mminella/tmp/summaryFile.csv}]
2020-12-28 21:44:15.405  INFO 109752 --- [           main] o.s.batch.core.job.SimpleStep
Handler        : Executing step: [importTransactionFileStep]
2020-12-28 21:45:44.188  INFO 109752 --- [           main] o.s.b.c.s.ThreadStepInterruption
Policy    : Step interrupted through StepExecution
2020-12-28 21:45:44.188  INFO 109752 --- [           main] o.s.batch.core.step.AbstractStep
: Encountered interruption executing step importTransactionFileStep in job transactionJob :
Job interrupted status detected.
2020-12-28 21:45:44.202  INFO 109752 --- [           main] o.s.batch.core.job.AbstractJob
: Encountered interruption executing job: Job interrupted by step execution
2020-12-28 21:45:44.213  INFO 109752 --- [           main] o.s.b.c.l.support.SimpleJob
Launcher       : Job: [SimpleJob: [name=transactionJob]] completed with the following
parameters: [{transactionFile=input/transactionFile.csv, summaryFile=file:///Users/
mminella/tmp/summaryFile.csv}] and the following status: [STOPPED]
. . .
```

배치 잡을 설계할 때 프로그래밍 방식으로 잡을 중지하는 것이 매우 중요하다. 아쉽게도 어떠한 배치 잡도 완벽할 수 없는 상황에서 스프링 배치는 오류를 어떻게 처리할까? 다음 절에서 오류 처리에 대한 기본적인 내용을 살펴본다.

오류 처리

어떤 잡도 완벽하지 않다. 오류는 발생할 수밖에 없다. 잘못된 데이터가 수신될 수도 있고, 최악의 NullPointerException을 발생시키는 단 하나의 null 검사를 누락했을 수도 있다. 그래서 스프링 배치를 사용해 오류를 처리하는 방법이 중요하다. 이 절에서는 배치 잡 처리 중에 예외가 발생할 때 선택할 수 있는 여러 수행 옵션과 이를 구현하는 방법을 살펴본다.

잡 실패

스프링 배치의 기본 동작이 가장 안전할 것이라는 사실은 놀라운 일이 아니다. 잡이 중지되면 현재 청크를 롤백하기 때문이다. 이는 청크 기반 처리의 중요한 개념 중 하나다. 성공적으로 완료한 작업까지 커밋할 수 있으며, 재시작 시에는 중단됐던 부분을 찾아낼 수 있다.

스프링 배치는 예외가 발생하면 기본적으로 스텝 및 잡이 실패한 것으로 간주한다. 예제 6-27처럼 TransactionReader를 수정해서 정말 그렇게 동작하는 지 확인할 수 있다. 이 예제는 25개의 레코드를 읽은 후 org.springframework.batch.item.ParseException을 던지며 실패 상태로 잡이 중지된다.

▼ 예제 6-27 예외를 던지도록 수정한 TransactionReader

```
...
public class TransactionReader implements ItemStreamReader<Transaction> {

    private ItemStreamReader<FieldSet> fieldSetReader;
    private int recordCount = 0;
    private int expectedRecordCount = 0;

    private StepExecution stepExecution;

    public TransactionReader(ItemStreamReader<FieldSet> fieldSetReader) {
        this.fieldSetReader = fieldSetReader;
    }

    public Transaction read() throws Exception {
        if(this.recordCount == 25) {
            throw new ParseException("This isn't what I hoped to happen");
        }

        Transaction record = process(fieldSetReader.read());

        return record;
    }

    private Transaction process(FieldSet fieldSet) {
        Transaction result = null;
```

```
        if(fieldSet != null) {
                if(fieldSet.getFieldCount() > 1) {
                        result = new Transaction();
                        result.setAccountNumber(fieldSet.readString(0));
                        result.setTimestamp(fieldSet.readDate(1, "yyyy-MM-DD HH:mm:ss"));
                        result.setAmount(fieldSet.readDouble(2));

                        recordCount++;
                } else {
                        expectedRecordCount = fieldSet.readInt(0);

                        if(expectedRecordCount != this.recordCount) {
                                this.stepExecution.setTerminateOnly();
                        }
                }
        }
        return result;
}

@BeforeStep
public void beforeStep(StepExecution execution) {
        this.stepExecution = execution;
}

@Override
public void open(ExecutionContext executionContext) throws ItemStreamException {
        this.fieldSetReader.open(executionContext);
}

@Override
public void update(ExecutionContext executionContext) throws ItemStreamException {
        this.fieldSetReader.update(executionContext);
}

@Override
public void close() throws ItemStreamException {
        this.fieldSetReader.close();
}
}
```

예외 발생 로직을 제외하고 구성을 변경하지 않았다면, transactionJob 잡은 실행된 이후에 거래 파일의 25번째 레코드를 읽은 후 `ParseException`을 발생한다. 이 예외가 발생하면 스프링 배치는 스텝과 잡이 실패한 것으로 여긴다. 콘솔을 보면 예외가 발생하고 잡 처리가 중지된 것을 확인할 수 있다.

`StepExecution`을 사용해 잡을 중지를 하는 방식과 예외를 발생시켜 잡을 중지하는 방식에는 큰 차이가 있다. 그 차이는 잡의 상태다. `StepExecution` 예제에서는 `ExitStatus.STOPPED` 상태로 스텝이 완료된 후 잡이 중지됐고, 예외가 발생한 경우에는 스텝이 완료되지 않았다. 실제로 예외가 던져지게 되면 스텝을 통과한다. 그래서 스텝과 잡에 `ExitStatus.FAILED` 레이블이 지정된다.

스텝이 `FAILED`로 식별되면 스프링 배치는 해당 스텝을 처음부터 다시 시작하지는 않는다. 스프링 배치는 예외가 발생할 때 어떤 청크를 처리하고 있던 중이었는지 기억할 정도로 잘 만들어졌다. 잡을 재시작하면 스프링 배치는 중단됐던 부분을 가져온다. 예를 들어 어떤 잡의 10개의 청크 중에 2번째 청크가 처리 중이며 각 청크는 5개의 아이템으로 구성된다고 가정하자. 이 상황에서 이 2번째 청크의 4번째 아이템 처리 시 예외가 발생했다고 하자. 그러면 현재 청크의 1~4번째 아이템 처리는 롤백되며, 재시작하면 스프링 배치는 청크 1을 건너뛴다.

스프링 배치의 기본적인 예외 처리 방식은 실패 상태로 잡을 중지하는 것이지만 다른 옵션도 있다. 이런 옵션의 대부분은 입력/출력에 특화된 시나리오에 의존하므로, 다음 몇몇 장에서 I/O와 함께 설명한다.

재시작 제어하기

앞서 살펴본 것처럼 스프링 배치는 작업 중지 및 재시작 처리와 관련된 많은 기능을 제공한다. 그러나 재시작을 가능하게 할지 그렇지 않을지를 결정하는 것은 사용자의 몫이다. 첫 번째 스텝에서 파일을 성공적으로 읽어왔다면 두 번째 스텝에서 실패하더라도 파일을 다시 읽어오지 않는 배치 처리를 원할 수도 있다. 어떤 경우에는 주어진 횟수만큼 스텝을 재시도해 보는 시나리오도 있다. 이 절에서는 잡의 재시작 구성 방법과 재시작 제어 방법을 살펴본다.

잡의 재시작 방지하기

지금까지의 모든 잡은 실패하거나 중지될 때 다시 실행할 수 있었다. 스프링 배치는 기본적으로 이렇게 동작한다. 그러나 다시 실행하면 안 되는 잡이 있다면 어떨까? 첫 시도에 잘 동작하면 아주 좋은 일이지만 실패하더라도 다시 실행하지는 않는다. 이럴 때 스프링 배치는 JobBuilder의 preventRestart() 호출해 잡을 다시 시작할 수 없도록 구성하는 기능을 제공한다.

transactionJob 잡은 기본적으로 잡의 재시작이 가능하도록 구성된다. 그러나 예제 6-28처럼 preventRestart() 메서드를 호출한다면 잡이 실패하거나 어떤 이유로든 중지된 경우에 다시 실행할 수 없다.

▼ 예제 6-28 재시작을 할 수 없도록 구성된 transactionJob

```
...
@Bean
public Job transactionJob() {
    return this.jobBuilderFactory.get("transactionJob")
            .preventRestart()
            .start(importTransactionFileStep())
            .next(applyTransactionsStep())
            .next(generateAccountSummaryStep())
            .build();
}
...
```

잡 실패 후 다시 실행하려고 시도하면, 스프링 배치는 예제 6-29와 같이 잡 인스턴스가 이미 존재하며 재시작할 수 없다는 메시지를 출력한다.

▼ 예제 6-29 재시작이 불가하도록 구성된 잡의 재시작 시 출력 결과

```
2020-12-28 21:53:19.637  INFO 114008 --- [           main] ConditionEvaluationReportLogging
Listener :

Error starting ApplicationContext. To display the conditions report re-run your application
with 'debug' enabled.
2020-12-28 21:53:19.647 ERROR 114008 --- [           main] o.s.boot.SpringApplication
```

```
:
Application run failed

java.lang.IllegalStateException: Failed to execute ApplicationRunner
    at org.springframework.boot.SpringApplication.callRunner(SpringApplication.java:789)
    [spring-boot-2.3.7.RELEASE.jar:2.3.7.RELEASE]
    at org.springframework.boot.SpringApplication.callRunners(SpringApplication.java:776)
    [spring-boot-2.3.7.RELEASE.jar:2.3.7.RELEASE]
    at org.springframework.boot.SpringApplication.run(SpringApplication.java:322)
    [spring-boot-2.3.7.RELEASE.jar:2.3.7.RELEASE]
    at org.springframework.boot.SpringApplication.run(SpringApplication.java:1237)
    [spring-boot-2.3.7.RELEASE.jar:2.3.7.RELEASE]
    at org.springframework.boot.SpringApplication.run(SpringApplication.java:1226)
    [spring-boot-2.3.7.RELEASE.jar:2.3.7.RELEASE]
    at com.example.Chapter06.TransactionProcessingJob.main(TransactionProcessingJob.java:224)
    [classes/:na]
Caused by: org.springframework.batch.core.repository.JobRestartException: JobInstance
already exists and is not restartable
    at org.springframework.batch.core.launch.support.SimpleJobLauncher.
    run(SimpleJobLauncher.java:107) ~[spring-batch-core-4.2.5.RELEASE.jar:4.2.5.RELEASE]
    at sun.reflect.NativeMethodAccessorImpl.invoke0(Native Method) ~[na:1.8.0_251]
    at sun.reflect.NativeMethodAccessorImpl.invoke(NativeMethodAccessorImpl.java:62)
    ~[na:1.8.0_251]
    at sun.reflect.DelegatingMethodAccessorImpl.invoke(DelegatingMethodAccessorImpl.java:43)
    ~[na:1.8.0_251]
    at java.lang.reflect.Method.invoke(Method.java:498) ~[na:1.8.0_251]
```

잡을 한 번만 실행할 수 있게 만든다는 것이 다른 시나리오와 비교했을 때 약간 극단적으로 보일 수도 있을 것이다. 바로 다음에 설명하겠지만, 그래서 스프링 배치는 잡 실행 횟수를 지정하도록 구성할 수도 있다.

재시작 횟수를 제한하도록 구성하기

어떤 이유로든 통제 범위를 넘어 잡이 실패하는 상황이 있을 수 있다. 예를 들어 잡의 스텝 중 하나가 어떠한 웹사이트에서 파일을 다운로드하던 중인데 해당 웹사이트가 다운됐다고 가정해보자. 다운로드가 처음 실패하고서 10분 후에 다시 시도하면 정상적으로 동작할 수도 있다. 그러나 다운로드를 무한정 시도하고 싶지는 않을 수도 있다. 이럴 때 예를 들어 잡을

5회만 실행할 수 있도록 구성할 수 있다. 다섯 번째가 넘어가면 더 이상 실행되지 않는다.

스프링 배치는 이 기능을 잡 대신 스텝 수준에서 제공한다. transactionJob 예제로 다시 돌아가서 입력 파일 가져오기를 두 번만 시도하도록 예제 6-30처럼 스텝 구성을 수정하자.

▼ 예제 6-30 파일 가져오기를 두 번만 시도하도록 구성하기

```
…
@Bean
public Step importTransactionFileStep() {
    return this.stepBuilderFactory.get("importTransactionFileStep")
            .startLimit(2)
            .<Transaction, Transaction>chunk(100)
            .reader(transactionReader())
            .writer(transactionWriter(null))
            .allowStartIfComplete(true)
            .listener(transactionReader())
            .build();
}
…
```

이 예제에서는 start-limit 애트리뷰트가 2로 구성돼 있으므로 이 잡은 두 번까지만 실행 가능하다. 첫 실행은 한 번의 시도이므로 이후에는 한 번의 시도만을 더 허용한다. 잡을 또 다시 실행하면 예제 6-31와 같이 org.springframework.batch.core.StartLimitExceededException이 발생한다.

▼ 예제 6-31 transactionJob의 재실행 횟수 제한 초과 시 출력 결과

```
. . .
2020-12-28 21:59:29.886 ERROR 114996 --- [          main] o.s.batch.core.job.Abstract
Job         : Encountered fatal error executing job

org.springframework.batch.core.StartLimitExceededException: Maximum start limit exceeded for
step: importTransactionFileStepStartMax: 2
    at org.springframework.batch.core.job.SimpleStepHandler.shouldStart(SimpleStepHandler.
    java:229) ~[spring-batch-core-4.2.5.RELEASE.jar:4.2.5.RELEASE]
. . .
```

배치 잡 재실행 시 수행할 일을 결정할 때 사용하는 마지막 구성은 앞서 살펴봤던 allowStartIfComplete() 메서드를 통해서 한다.

완료된 스텝 재실행하기

스프링 배치 특징 중 하나는 프레임워크를 사용하면 동일한 파라미터로 잡을 한 번만 성공적으로 실행할 수 있다는 점이다(선택하기에 따라 오히려 해가 될 수도 있음). 이 문제를 해결할 방법은 없다. 그러나 스텝에는 이 규칙이 반드시 적용되는 것은 아니다.

프레임워크의 기본 구성을 재정의함으로써 완료된 스텝을 두 번 이상 실행할 수 있다. 이미 앞서 transactionJob 예제를 통해서 적용해봤다. 스텝이 잘 완료됐더라도 다시 실행할 수 있어야 한다는 것을 프레임워크에게 알리려면 StepBuilder의 allowStartIfComplete() 메서드를 사용하면 된다. 예제 6-32에서 이 예제를 볼 수 있다.

▼ 예제 6-32 완료된 스텝의 재실행이 가능하도록 구성하기

```
...
@Bean
public Step importTransactionFileStep() {
    return this.stepBuilderFactory.get("importTransactionFileStep")
            .allowStartIfComplete(true)
            .<Transaction, Transaction>chunk(100)
            .reader(transactionReader())
            .writer(transactionWriter(null))
            .allowStartIfComplete(true)
            .listener(transactionReader())
            .build();
}
...
```

이 예제에서는 이전 실행에서 실패했거나 중지된 잡 내의 스텝이 다시 실행된다. 해당 스텝은 이전 실행 시에 완료 상태로 종료되므로 재시작할 중간 단계가 없어 처음부터 다시 시작된다.

스프링 배치는 배치 처리 구성 시에 잡 중지와 재시작과 관련된 다양한 옵션을 제공한다. 특
정 시나리오에서는 전체 잡을 다시 실행할 수 있다. 또 다른 시나리오에서는 주어진 횟수만
큼만 재시도가 가능하게 할 수 있다. 그리고 어떤 경우에는 절대 재시작할 수 없다. 시나리
오에 맞는 방식으로 배치 잡을 설계해야 하는 것은 개발자의 몫이다.

요약

일반적으로 프로그램을 시작하거나 중지하는 문제가 매우 큰 부담이 되는 주제는 아니다. 그
러나 앞에서 본 것처럼 스프링 배치는 배치 처리의 실행을 제어하는 많은 옵션을 제공한다.
그리고 배치 처리가 지원해야 하는 다양한 시나리오를 생각해보면 이러한 옵션을 제공하는
것이 타당하다.

7장에서는 프레임워크의 핵심인 `ItemReader`, `ItemProcessor`, `ItemWriter`를 알아본다.

7장

ItemReader

아이들이 학교에서 습득하는 기초 기술로 읽기^{Reading}, 쓰기^{wRiting}, 산수^{aRithmetric} 같은 세 가지 R을 꼽는다. 조금 더 들여다보면 소프트웨어 분야에도 동일한 개념을 적용할 수 있다. 웹 애플리케이션, 배치, 그 외의 어떤 프로그램이든 그 기반에는 데이터를 읽어서 특정 방법으로 데이터를 처리한 뒤 처리된 데이터를 기록하는 기능이 존재한다.

이런 세 가지 개념은 스프링 배치에서 더욱 명확히 드러난다. 청크^{chunk} 기반으로 동작하는 각 스텝^{step}은 ItemReader, ItemProcessor, ItemWriter로 구성된다. 그러나 시스템에서 데이터를 읽는 작업이 언제나 명확한 것은 아니다. 입력으로 제공될 수 있는 데이터의 유형이 다양하기 때문이다. 플랫 파일, XML, 다양한 데이터베이스는 이런 잠재적인 입력 소스 중 극히 일부에 불과하다.

스프링 배치는 개발자가 별도로 코드를 작성하지 않아도 거의 모든 유형의 입력 데이터를 처리할 수 있는 표준 방법을 제공하며, 웹 서비스로 데이터를 읽어들이는 것처럼 스프링 배치가 지원하지 않는 포맷의 데이터를 처리할 수 있는 커스텀 리더를 개발하는 기능도 제공한다. 7장에서는 스프링 배치 프레임워크 내에서 ItemReader가 제공하는 다양한 기능을 알아볼 것이다.

ItemReader 인터페이스

6장까지는 ItemReader의 개념을 다소 막연하게 알아봤으며, 스프링이 입력과 관련된 동작을 정의하는 인터페이스까지는 알아보지 않았다. org.springframework.batch.item.Item Reader<T> 인터페이스는 스텝에 입력을 제공할 때 사용하는 read라는 단일 메서드를 정의한다. 예제 7-1은 ItemReader 인터페이스의 코드다.

▼ 예제 7-1 org.springframework.batch.item.ItemReader<T>

```
package org.springframework.batch.item;
public interface ItemReader {

    T read() throws Exception, UnexpectedInputException, ParseException,
                    NonTransientResourceException;
}
```

예제 7-1의 ItemReader 인터페이스는 전략 인터페이스strategy interface이다. 스프링 배치는 처리할 입력 유형에 맞는 여러 구현체를 제공한다. 이렇게 스프링 배치가 구현체를 제공하는 입력 유형은 플랫 파일, 여러 데이터베이스, JMS 리소스, 기타 입력 소스 등으로 다양하다. 물론 ItemReader 인터페이스나 ItemReader의 하위 인터페이스 중 하나를 구현해서 커스텀 ItemReader를 만들 수도 있다.

노트 스프링 배치가 사용하는 org.springframework.batch.item.ItemReader 인터페이스는 JSR-352(JBatch)에 정의된 javax.batch.api.chunk.ItemReader와 다르다. 두 ItemReader 인터페이스의 주요 차이점은 스프링 배치의 ItemReader가 일반적인 입력 지원을 제공하는 데 비해 JSR 버전의 ItemReader는 ItemStream과 ItemReader 인터페이스를 조합한다는 것이다. 이 책에서는 스프링 배치의 ItemReader만 사용한다.

스프링 배치가 ItemReader의 read 메서드를 호출하면, 해당 메서드는 스텝 내에서 처리할 아이템item 한 개를 반환한다. 스텝에서는 아이템 개수를 세어서 청크 내의 데이터가 몇 개나 처리됐는지를 관리한다. 해당 아이템은 구성된 특정 ItemProcessor로 전달되며 그 뒤 청크의 일부분에 포함돼 ItemWriter로 전달된다.

ItemReader를 가장 잘 이해하는 것은 실제 사용해 보는 것이다. 다음 절에서는 FlatFile ItemReader로 입력을 처리하는 방법을 비롯해 스프링 배치가 제공하는 수많은 ItemReader 구현체를 알아본다.

파일 입력

자바에서 파일 IO를 다루는 방법을 생각하면 정말 칭찬할 수밖에 없다. 자바에서는 날짜 처리 API보다 IO 용도의 API가 성능이 훨씬 좋다. 물론 최근 몇 년 사이에 날짜 처리 API의 성능도 훨씬 개선됐지만 말이다. 자바 IO의 성능이 훌륭하다는 데는 모두 동감할 것이다. 다행히 스프링 배지 프레임워크 개발자들이 이런 고성능 IO를 활용할 수 있도록 선언적인 리더를 다수 제공한다. 개발자가 스프링이 제공하는 리더에 읽으려는 데이터의 포맷을 선언하기만 하면 리더가 나머지 작업을 알아서 처리한다. 이 절에서는 스프링 배치가 제공하는 여러 선언적인 리더를 알아본다. 또한 이들 리더가 파일 기반 IO를 사용하도록 구성하는 방법을 알아본다.

플랫 파일

배치 처리와 관련해 언급되는 플랫 파일^{flat file}이란 한 개 또는 그 이상의 레코드가 포함된 특정 파일을 말한다. 플랫 파일은 파일의 내용을 봐도 데이터의 의미를 알 수 없다는 점에서 XML 파일과 차이가 있다. 다시 말하자면 플랫 파일에는 파일 내에 데이터의 포맷이나 의미를 정의하는 메타데이터가 없다. 이와 반대로 XML 파일은 태그를 사용해 데이터에 의미를 부여한다.

플랫 파일을 처리하는 ItemReader를 알아보기 전에 스프링 배치에서 파일을 읽을 때 사용하는 컴포넌트를 알아보자. 그림 7-1은 FlatFileItemReader의 컴포넌트를 나타낸다. org. springframework.batch.item.file.FlatFileItemReader는 메인 컴포넌트 두 개로 이뤄진다. 하나는 읽어들일 대상 파일을 나타내는 스프링의 Resource이며 다른 하나는 org. springframework.batch.item.file.LineMapper 인터페이스 구현체다. LineMapper는 스프링

JDBC에서 RowMapper가 담당하는 것과 비슷한 역할을 한다. 스프링 JDBC에서 RowMapper를 사용하면 필드의 묶음을 나타내는 ResultSet을 객체로 매핑할 수 있다.

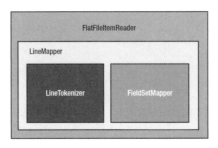

▲ 그림 7-1 FlatFileItemReader의 컴포넌트

FlatFileItemReader를 사용하면 파일을 읽어들이는 작업과 관련된 여러 가지 애트리뷰트를 구성할 수 있다. 표 7-1은 자주 사용하는 애트리뷰트와 그 의미를 나타낸다.

▼ 표 7-1 FlatFileItemReader 구성 옵션

옵션	타입	기본값	설명
comments	String[]	null	이 문자열 배열에는 파일을 파싱할 때 건너뛰어야 할 주석 줄을 나타내는 접두어를 지정한다.
encoding	String	플랫폼의 기본 Charset	파일에 사용된 문자열 인코딩
lineMapper	LineMapper	null (필수)	이 클래스는 파일의 한 줄을 String으로 읽은 뒤 처리 대상인 도메인 객체(아이템)로 변환한다.
linesToSkip	Int	0	잡을 실행할 때 FlatFileItemReader가 파일을 파싱하기 전에 파일 시작부터 몇 줄을 건너뛸 것인지 지정할 수 있다. 이 숫자는 몇 줄을 건너뛸 것인가를 나타낸다.
record SeparatorPolicy	Record SeparatorPolicy	DefaultRecord SeparatorPolicy	각 줄의 마지막을 정의하는 데 사용한다. 별도로 지정하지 않으면 개행 문자가 레코드의 끝 부분을 나타낸다. 또, 이 클래스는 여러 줄에 걸쳐 따옴표로 감싸진 구문을 다룰 때도 사용할 수 있다.
resource	Resource	null (필수)	읽을 대상 리소스
skippedLines Callback	LineCallback Handler	null	줄을 건너뛸 때 호출되는 콜백 인터페이스. 건너뛴 모든 줄은 이 콜백으로 넘겨진다.

strict	boolean	false	true로 설정하면 리소스를 찾을 수 없을 때 Exception을 던진다.
saveState	boolean	true	이 값이 true이면 재시작이 가능하도록 각 청크 처리 후에 ItemReader의 상태를 저장한다. 다중 스레드 환경에서 사용한다면 false로 지정해야 한다.
name	String	null	ExecutionContext에 저장되는 값의 고유 키를 생성하는 데 사용된다.
maxItemCount	int	Integer.MAX_VALUE	파일에서 읽어들일 아이템의 최대 개수를 나타낸다.
currentItemCount	int	0	현재 조회 중인 아이템의 순번. 재시작 시 사용된다.

파일을 읽을 때는 파일에서 레코드 한 개에 해당하는 문자열이 LineMapper 구현체에 전달된다. 가장 많이 사용하는 LineMapper 구현체는 DefaultLineMapper이다. DefaultLineMapper는 파일에서 읽은 원시^{raw} String을 대상으로 두 단계 처리를 거쳐 이후 처리에 사용할 도메인 객체로 변환한다. 이 두 단계 처리는 LineTokenizer와 FieldSetMapper가 담당한다.

- LineTokenizer 구현체가 해당 줄을 파싱해 org.springframework.batch.item.file.FieldSet으로 만든다. LineTokenizer에 제공되는 String은 파일에서 가져온 한 줄 전체를 나타낸다. 레코드 내의 각 필드를 도메인 객체로 매핑하려면 해당 줄을 파싱해 각 필드를 나타내는 데이터의 모음으로 변환할 수 있어야 한다. 스프링 배치의 FieldSet은 한 줄에 해당하는 필드의 모음을 나타낸다. 이는 데이터베이스로 작업할 때 사용하는 java.sql.ResultSet과 유사하다.

- FieldSetMapper 구현체는 FieldSet을 도메인 객체로 매핑한다. LineTokenizer가 한 줄을 여러 필드로 나눴으므로, 이제 각 입력 필드를 도메인 객체의 필드로 매핑할 수 있다. 이는 스프링 JDBC에서 RowMapper가 ResultSet의 로우^{row}를 도메인 객체로 매핑하는 것과 흡사하다.

들어보니 간단하지 않은가? 실제로도 그렇다. 복잡한 것은 한 줄을 파싱하는 방법을 알아볼 때와, 파일 내에서 여러 레코드로 구성된 객체를 다루는 방법을 알아볼 때다. 고정 너비^{fixed-width} 레코드가 담긴 파일을 읽는 것부터 알아보자.

고정 너비 파일

레거시 메인프레임 시스템에서는 고정 너비 파일을 사용하는 것이 일반적이다. 코볼^{COBOL}
이나 빅데이터를 비롯한 다른 여러 기술에서 고유의 저장 공간을 정의할 때 고정 너비 파일을
사용하기 때문이다. 그러므로 배치를 개발할 때는 고정 너비 파일을 처리할 수 있어야 한다.

고정 너비 방식으로 작성된 고객 파일을 사용해보자. 표 7-2는 고객 이름과 주소가 포함된
고객 파일의 포맷이다.

▼ 표 7-2 고객 파일 포맷

필드	길이	설명
First Name	11	이름
Middle Initial	1	가운데 이름의 첫 글자
Last Name	10	성
Address Number	4	주소에서 건물 번호 부분
Street	20	거주하는 거리 이름
City	16	거주 도시
State	2	CA(캘리포니아), TX(텍사스)등 주(州)의 두 자리 약자
Zip Code	5	우편번호

고정 너비 파일을 처리할 때 포맷을 정의하는 것은 매우 중요하다. 구분자로 구분된 파일은
구분자를 통해서 어느 부분이 필드인지 알 수 있다. XML처럼 구조가 갖춰진 파일은 태그가
제공하는 메타데이터로 파일 내 자료의 구조를 나타낸다. 그러나 고정 너비 파일을 그렇지
않다. 파일 포맷을 설명할 메타데이터가 전혀 제공되지 않는다. 예제 7-2는 앞서 알아본 고
객 파일 포맷 설명이 입력 파일로는 어떻게 보이는지 보여주는 예다.

▼ 예제 7-2 customer.txt 고정 너비 파일

```
Aimee       CHoover    7341Vel Avenue      Mobile        AL35928
Jonas       UGilbert   8852In St.          Saint Paul    MN57321
Regan       MBaxter    4851Nec Av.         Gulfport      MS33193
Octavius    TJohnson   7418Cum Road        Houston       TX51507
Sydnee      NRobinson  894 Ornare. Ave     Olathe        KS25606
```

이 파일을 읽으려면 레코드를 나타내는 도메인 객체가 필요하다. 우리가 사용할 Customer 객체는 예제 7-3과 같다.

▼ 예제 7-3 Customer.java

```
...
public class Customer {

private String firstName;
    private String middleInitial;
    private String lastName;
    private String addressNumber;
    private String street;
    private String city;
    private String state;
    private String zipCode;

    public Customer() {
    }

    public Customer(String firstName, String middleInitial, String lastName,
    String addressNumber, String street, String city, String state, String zipCode) {
        this.firstName = firstName;
        this.middleInitial = middleInitial;
        this.lastName = lastName;
        this.addressNumber = addressNumber;
        this.street = street;
        this.city = city;
        this.state = state;
        this.zipCode = zipCode;
    }

    // Getters and setters removed for brevity
    ...

    @Override
    public String toString() {
        return "Customer{" +
                "firstName='" + firstName + '\'' +
                ", middleInitial='" + middleInitial + '\'' +
                ", lastName='" + lastName + '\'' +
```

```
                ", addressNumber='" + addressNumber + '\'' +
                ", street='" + street + '\'' +
                ", city='" + city + '\'' +
                ", state='" + state + '\'' +
                ", zipCode='" + zipCode + '\'' +
                '}';
    }
}
```

이후 알아볼 각 리더가 동작하는 방법을 확인할 수 있도록, 파일 하나를 읽은 뒤 곧바로 읽은 내용을 기록하는 단일 스텝으로 이뤄진 잡을 생성한다. 이 잡에서는 다음 나열한 여러 빈을 사용해 BatchConfiguration 구성 클래스를 생성한다.

- customerReader: FlatFileItemReader
- outputWriter: FlatFileItemWriter
- copyStep: 잡의 스텝을 정의
- copyJob: 잡을 정의

customReader는 FlatFileItemReader의 인스턴스다. 앞서 살펴봤듯 FlatFileItemReader는 컴포넌트 두 개로 구성된다. 하나는 읽어들일 리소스(여기에서는 customerFile)이고, 다른 하나는 파일의 각 줄을 매핑하는 방법을 정의하는 LineMapper 구현체이다.

LineMapper 구현체로는 스프링 배치가 제공하는 org.springframework.batch.item.file.DefaultLineMapper를 사용한다. LineMapper 구현체는 앞서 살펴봤듯이 각 줄을 도메인 객체로 매핑시키는 데 2단계의 작업을 거치도록 설계돼 있다. 먼저 각 줄을 파싱해서 FieldSet을 생성한다. 그다음 이번 예제에서는 FieldSet의 각 필드를 도메인 객체인 Customer의 애트리뷰트로 매핑한다.

DefaultLineMapper가 2단계 매핑 작업을 하려면 의존성이 두 개 필요하다. 먼저 작업할 파일에서 읽어들인 문자열을 파싱한 뒤 FieldSet으로 매핑하는 LineTokenizer가 필요하다. 또한 FieldSet의 필드를 도메인 객체의 필드로 매핑하는 FieldSetMapper가 필요하다.

지금까지 살펴본 내용으로는 꽤 많은 코드를 작성해야 할 것 같다. 사실 스프링 배치 4 이전에는 그랬다. 그러나 스프링 배치 4에는 일반적인 사용 범위에서 구성 작업을 간소화하는 여러 빌더가 추가됐다. 7장의 모든 예제에서 이런 빌더를 사용할 것이다. 예제 7-4는 Flat FileItemReaderBuilder로 생성한 customerItemReader의 코드다.

▼ 예제 7-4 customerItemReader 빈 선언

```
...
@Bean
@StepScope
public FlatFileItemReader<Customer> customerItemReader(
@Value("#{jobParameters['customerFile']}") Resource inputFile) {

    return new FlatFileItemReaderBuilder<Customer>()
                .name("customerItemReader")
                .resource(inputFile)
                .fixedLength()
          .columns(new Range[]{new Range(1,11), new Range(12, 12), new Range(13, 22),
                new Range(23, 26), new Range(27,46), new Range(47,62), new Range(63,64),
                new Range(65,69)})
          .names(new String[] {"firstName", "middleInitial", "lastName",
                    "addressNumber", "street", "city", "state","zipCode"})
          .targetType(Customer.class)
          .build();
    }
...
```

고정 너비 파일을 읽는 데 필요한 모든 코드는 예제 7-4에서 확인할 수 있다. 하지만 빌더를 사용하면 앞서 설명했던 구성에 필요한 내용들이 상당 부분 감춰지므로, 위 코드에서 구성한 내용을 하나씩 훑어보자.

메서드에 파라미터로 지정한 inputFile부터 살펴보자. 이 파라미터는 우리가 지금 만들고 있는 스프링 부트 애플리케이션을 실행할 때, 잡 파라미터로 전달하는 작업 대상 파일 경로이다. 스프링은 해당 값을 이용해 자동으로 Resource를 생성한 뒤 이를 애플리케이션 내에 주입해준다.

그 뒤 빌더를 생성했다. 처음으로 빌더에 구성한 항목은 이름[name]이다. 잠시 뒤에 더 자세히

살펴볼 ItemStream 인터페이스는 애플리케이션 내 각 스텝의 ExecutionContext에 추가되는 특정 키의 접두문자로 사용될 이름이 필요하다. 이 구성은 예를 들면 동일한 스텝 내에서 FlatFileItemReader 두 개를 함께 사용할 때 각 리더의 상태를 저장하는 작업이 서로 영향을 주지 않게 하는 데 필요하다. 리더의 saveState 구성을 false로 지정하면 이름을 설정할 필요가 없다. 이때는 ExecutionContext에 데이터를 저장할 필요가 없으며, 이에 따라 잡을 재시작하면 리더가 맨 처음부터 시작하기 때문이다. 다음으로 빌더에 고정 너비 파일을 처리하는 구성을 했다. 이렇게 구성하면 FixedLengthTokenizer를 생성하는 빌더가 반환된다. FixedLengthTokenizer 빌더는 각 줄을 파싱해 FieldSet으로 만드는 LineTokenizer의 구현체다. FixedLengthTokenizer 빌더에는 두 가지 구성 항목이 필요하다. 먼저 레코드 내 각 칼럼의 이름을 지정해야 하며 다음으로 Range 객체의 배열을 지정해야 한다. 각 Range 인스턴스는 파싱해야 할 칼럼의 시작 위치와 종료 위치를 나타낸다. 그 외 FixedLength Tokenizer에 설정 가능한 추가 항목에는 FieldSetFactory와 strict 플래그가 있다. FieldSetFactory는 FieldSet을 생성하는 데 사용되며 기본으로 DefaultFieldSetFactory가 제공된다. strict 플래그는 정의된 파싱 정보보다 많은 항목이 레코드에 포함돼 있을 때의 처리 방법을 나타내며, 기본으로 더 많은 항목이 포함돼 있으면 예외를 던지도록 true로 설정돼 있다. 예제 7-4에서는 이런 추가 구성 항목의 값을 기본값 그대로 사용해도 되므로 별도 구성 없이 입력 파일에 사용할 범위와 이름만 구성했다.

FlatFileItemReader가 파일의 레코드를 객체로 변환하는 데 LineMapper를 사용한다고 한 것을 기억할지 모르겠다. 예제 7-4에서 구성한 빌더는 의존성 두 개가 필요한 Default LineMapper를 사용한다. 의존성 중 하나는 방금 구성한 LineTokenizer이고 다른 하나는 FieldSetMapper이다. FieldSetMapper에는 마찬가지로 빌더를 사용해서 커스텀 매퍼를 지정할 수도 있다. targetType 메서드를 호출하면 빌더가 BeanWrapperFieldSetMapper를 생성한다. 스프링 배치가 제공하는 이 FieldSetMapper는 구성된 도메인 클래스에 값을 채울 때 칼럼의 이름을 사용한다. 즉, 예를 들면 BeanWrapperFieldSetMapper가 LineTokenizer에 구성된 칼럼 이름을 사용해 Customer.setFirstName, Customer.setMiddleInitial와 같은 메서드를 호출하는 식이다.

구성한 리더를 사용하려면 스텝과 잡을 구성해야 한다. 또한 코드 각 부분이 동작하는 모습을 살펴보려면 라이터^{writer}도 구성해야 한다. 라이터는 9장에서 심도 있게 다루므로 이번 예제에서는 라이터를 간단하게 작성하겠다. 예제 7-5는 도메인 객체를 표준 출력으로 내보내는 간단한 라이터의 구성 방법을 보여준다.

▼ 예제 7-5 간단한 라이터

```
...
@Bean
public ItemWriter<Customer> itemWriter() {
    return (items) -> items.forEach(System.out::println);
}
...
```

예제 7-5에서는 라이터 구현체로 ItemWriter의 함수형 인터페이스를 사용했다. 여기서는 ItemWriter.write 메서드에 전달된 List 내 각 아이템에 대해, toString 메서드의 호출 결과가 System.out.println를 통해 콘솔로 출력된다.

잡 구성은 매우 간단하다. 예제 7-6에서 볼 수 있듯 레코드 10개마다 커밋하는 리더와 라이터로 이뤄진 간단한 스텝이 필요한 구성의 전부다. 이 잡은 스텝을 한 개만 사용한다.

▼ 예제 7-6 copyFileStep과 copyFileJob

```
...
@Bean
public Step copyFileStep() {
    return this.stepBuilderFactory.get("copyFileStep")
                .<Customer, Customer>chunk(10)
                .reader(customerItemReader(null))
                .writer(itemWriter())
                .build();
```

```
}

@Bean
public Job job() {
    return this.jobBuilderFactory.get("job")
                .start(copyFileStep())
                .build();
}
...
```

지금까지 작업에서 재미있는 것은 도메인 객체^{Customer} 외에는 어떤 애플리케이션 코드도 작성하지 않았다는 것이다. 작성한 코드는 애플리케이션을 구성하는 코드가 전부다. 애플리케이션을 빌드한 뒤에는 예제 7-7처럼 명령을 실행할 수 있다.[1]

▼ 예제 7-7 copyJob 실행

```
java -jar copyJob.jar customerFile=/path/to/customer/customerFixedWidth.txt
```

잡 실행 결과는 입력 파일의 내용과 동일하며, 예제 7-8처럼 라이터에 지정한 포맷 문자열 (실제로는 Customer 클래스의 toString 메서드에서 지정한 포맷)에 맞춰 출력된다.

▼ 예제 7-8 copyJob 실행 결과

```
. . .
2020-12-28 22:16:53.035  INFO 87064 --- [          main] o.s.b.c.l.support.
SimpleJobLauncher      : Job: [SimpleJob: [name=job]] launched with the following
parameters: [{customerFile=/input/customerFixedWidth.txt}]
2020-12-28 22:16:53.075  INFO 87064 --- [          main] o.s.batch.core.job.
SimpleStepHandler      : Executing step: [copyFileStep]
Customer{firstName='Aimee', middleInitial='C', lastName='Hoover', addressNumber='7341',
street='Vel Avenue', city='Mobile', state='AL', zipCode='35928'}
Customer{firstName='Jonas', middleInitial='U', lastName='Gilbert', addressNumber='8852',
street='In St.', city='Saint Paul', state='MN', zipCode='57321'}
. . .
```

---

1 이클립스나 STS같은 IDE를 사용한다면 Run에서 Java Application이나 Spring Boot Application으로 실행하는 편이 더 간편하다. 제공되는 예제에는 클래스패스 내 고정 너비 파일 경로가 이미 지정돼 있으므로 바로 실행할 수 있다. - 옮긴이

고정 너비 파일은 많은 엔터프라이즈 환경에서 배치 처리에 사용하는 입력 유형이다. 예제에서 알아봤듯이 `FlatFileItemReader`와 `FixedLengthTokenizer`를 사용해서 파일을 객체로 파싱하면 고정 너비 파일을 쉽게 처리할 수 있다. 다음 절에서는 파일 내에 메타데이터가 소량 포함돼 있어서 파일을 파싱할 방법을 유추할 수 있는 파일 포맷을 살펴본다.

필드가 구분자로 구분된 파일

구분자로 구분된 파일^{delimited file}은 파일의 포맷이 어떠한지 나타내는 메타데이터가 파일 내에 소량 제공된다. 구분자로 구분된 파일에서는 특정 문자를 구분자로 사용해서 레코드 내 각 필드를 구분한다. 이런 메타데이터로 각 필드의 정의를 알 수는 없다. 대신 구분자로 각 레코드를 잘라보면 각 필드가 어떻게 구성되는지를 알 수 있다.

구분자로 구분된 레코드를 읽는 방법은 고정 너비 레코드를 읽는 방법과 거의 유사하다. 먼저 `LineTokenizer`를 사용해서 레코드를 `FieldSet`으로 변환한다. 그 뒤 `FieldSetMapper`를 사용해서 `FieldSet`을 사용하려는 도메인 객체로 매핑한다. 절차는 동일하다. 단지 앞선 예제에서 고정 길이 방식으로 파싱하려고 사전에 문자열 길이 범위를 지정했던 칼럼 관련 구성 대신에 구분자를 사용해 대상 파일을 파싱하도록 `LineTokenizer` 구현체 코드를 변경하기만 하면 된다. 고정 너비 형식이 아닌 구분자로 구분된 파일 형식으로 변경한 `customerFile`을 살펴보며 예제를 시작하자. 예제 7-9는 새로운 입력 파일이다.

▼ **예제 7-9 구분자로 구분된 customerFile**

```
Aimee,C,Hoover,7341,Vel Avenue,Mobile,AL,35928
Jonas,U,Gilbert,8852,In St.,Saint Paul,MN,57321
Regan,M,Baxter,4851,Nec Av.,Gulfport,MS,33193
```

기존 파일과 새로 변경한 파일 사이에 두 가지 차이점이 있다는 것을 바로 알아챘을 것이다. 먼저 필드를 구분하는 데 쉼표를 사용했다. 다음으로 각 필드에 여백이 없다. 일반적으로 구분자로 구분된 파일을 사용할 때는 고정 너비 파일처럼 문자열의 길이를 고정 너비로 맞추고자 여백이나 0을 뒤에 붙이지 않는다. 그러므로 고정 너비 레코드와 다르게 레코드 길이가 가변적이다.

앞서 언급했지만, 새 파일 포맷을 사용할 때는 각 레코드를 파싱하는 방법만 새로 구성하면 된다. 고정 너비 레코드에서 각 줄을 파싱할 때는 FixedLengthTokenizer를 사용했다. 구분자로 구분된 레코드를 처리할 때는 org.springframework.batch.item.file.transform. DelimitedLineTokenizer를 사용해 각 레코드를 FieldSet으로 변환한다. 예제 7-10은 DelimitedLineTokenizer를 사용하도록 변경된 리더의 구성이다.

▼ 예제 7-10 DelimitedLineTokenizer를 사용하는 customerFileReader

```
...
@Bean
@StepScope
public FlatFileItemReader<Customer> customerItemReader(@Value("#{jobParameters
['customerFile']}")Resource inputFile) {
    return new FlatFileItemReaderBuilder<Customer>()
            .name("customerItemReader")
            .delimited()
            .names(new String[] {"firstName",
                    "middleInitial",
                    "lastName",
                    "addressNumber",
                    "street",
                    "city",
                    "state",
                    "zipCode"})
            .targetType(Customer.class)
            .resource(inputFile)
            .build();
}
...
```

DelimitedLineTokenizer는 매우 유용한 두 가지 선택 항목을 제공한다. 첫 번째는 구분자를 구성하는 항목이다. 기본값은 쉼표이다. 물론 어떤 String이건 사용할 수 있다. 두 번째는 인용 문자로 사용할 값을 구성하는 항목이다. 이 옵션을 사용하면 쌍따옴표(")대신 인용구를 지정하는 문자를 지정할 수 있다. 또한 여기에 지정한 인용 문자는 파싱 결과에서 제외된다. 예제 7-11은 인용문자로 해시(#)를 사용했을 때 문자열을 파싱한 결과다.

```
Michael,T,Minella,#123,4th Street#,Chicago,IL,60606
```

문자열은 다음과 같이 파싱된다.

```
Michael
T
Minella
123,4th Street
Chicago
IL
60606
```

이 정도만 구성해도 구분자로 구분된 파일을 처리하는 데 필요한 모든 구성을 할 수 있겠지만, 그 외에도 구성이 가능한 항목이 있다. 예제7-11까지는 주소에 포함된 건물 번호 addressNumber와 거리명street을 두 칼럼으로 매핑한다. 그러나 예제 7-12의 도메인 객체처럼 건물 번호와 거리명을 단일 필드로 매핑하려면 어떻게 해야 할까?

▼ 예제 7-12 건물 번호와 거리명이 address 필드로 합쳐진 Customer

```
package com.example.Chapter07.domain;

public class Customer {

private String firstName;
    private String middleInitial;
    private String lastName;
    private String address;
    private String city;
    private String state;
    private String zipCode;

    // Getters & setters go here
...
}
```

새로운 객체 형식을 사용하려면 **FieldSet**을 도메인 객체로 매핑하는 방법을 변경해야 한다.

그러려면 org.springframework.batch.item.file.mapping.FieldSetMapper 인터페이스의 커스텀 구현체를 새로 만들어야 한다. 예제 7-13처럼 FieldSetMapper 인터페이스는 mapFieldSet이라는 단일 메서드로 구성된다. mapFieldSet 메서드는 LineTokenizer에서 반환된 FieldSet을 도메인 객체의 필드로 매핑하는 데 사용한다.

▼ 예제 7-13 FieldSetMapper 인터페이스

```
package org.springframework.batch.item.file.mapping;

import org.springframework.batch.item.file.transform.FieldSet;
import org.springframework.validation.BindException;

public interface FieldSetMapper<T> {
    T mapFieldSet(FieldSet fieldSet) throws BindException;
}
```

커스텀 매퍼를 생성하려면 Customer 타입을 사용해서 FieldSetMapper 인터페이스를 구현한다. 이렇게 하면 예제 7-14처럼 FieldSet의 각 필드를 도메인 객체로 매핑할 수 있으며 요구 사항에 맞춰 건물 번호와 거리명 필드를 address 필드에 합쳐서 매핑할 수 있다.

▼ 예제 7-14 FieldSet을 Customer 객체로 매핑

```
...
public class CustomerFieldSetMapper implements FieldSetMapper<Customer> {

    public Customer mapFieldSet(FieldSet fieldSet) {
        Customer customer = new Customer();

        customer.setAddress(fieldSet.readString("addressNumber") +
                            " " + fieldSet.readString("street"));
        customer.setCity(fieldSet.readString("city"));
        customer.setFirstName(fieldSet.readString("firstName"));
        customer.setLastName(fieldSet.readString("lastName"));
        customer.setMiddleInitial(fieldSet.readString("middleInitial"));
        customer.setState(fieldSet.readString("state"));
        customer.setZipCode(fieldSet.readString("zipCode"));

        return customer;
```

```
        }
}
```

FieldSet 인터페이스의 메서드는 JDBC 영역에서 사용하는 ResultSet의 메서드와 매우 유사하다. 스프링은 각 기본형primitive 데이터 타입, String(트림trim됐을 수도 있음), BigDecimal, java.util.Date를 반환하는 메서드를 제공한다. 이처럼 다양한 값을 가져오는 메서드에는 두 가지 유형이 있다. 첫 번째 유형은 정수 값을 파라미터로 받는 것이다. 이때 정수값은 레코드에서 가져올 필드의 인덱스를 나타낸다. 예제 7-15에서 볼 수 있는 두 번째 유형은 필드의 이름을 받는 것이다. 두 번째 접근법을 사용하려면 잡을 구성할 때 필드의 이름을 지정해야 하지만 장기적으로 볼 때는 이 접근법이 더 유지 보수하기 좋다. 예제 7-15는 FieldSet 인터페이스다.

▼ 예제 7-15 FieldSet 인터페이스

```java
package org.springframework.batch.item.file.transform;
import java.math.BigDecimal;
import java.sql.ResultSet;
import java.util.Date;
import java.util.Properties;

public interface FieldSet {
    String[] getNames();
    boolean hasNames();
    String[] getValues();
    String readString(int index);
    String readString(String name);
    String readRawString(int index);
    String readRawString(String name);
    boolean readBoolean(int index);
    boolean readBoolean(String name);
    boolean readBoolean(int index, String trueValue);
    boolean readBoolean(String name, String trueValue);
    char readChar(int index);
    char readChar(String name);
    byte readByte(int index);
    byte readByte(String name);
    short readShort(int index);
```

```
    short readShort(String name);
    int readInt(int index);
    int readInt(String name);
    int readInt(int index, int defaultValue);
    int readInt(String name, int defaultValue);
    long readLong(int index);
    long readLong(String name);
    long readLong(int index, long defaultValue);
    long readLong(String name, long defaultValue);
    float readFloat(int index);
    float readFloat(String name);
    double readDouble(int index);
    double readDouble(String name);
    BigDecimal readBigDecimal(int index);
    BigDecimal readBigDecimal(String name);
    BigDecimal readBigDecimal(int index, BigDecimal defaultValue);
    BigDecimal readBigDecimal(String name, BigDecimal defaultValue);
    Date readDate(int index);
    Date readDate(String name);
    Date readDate(int index, Date defaultValue);
    Date readDate(String name, Date defaultValue);
    Date readDate(int index, String pattern);
    Date readDate(String name, String pattern);
    Date readDate(int index, String pattern, Date defaultValue);
    Date readDate(String name, String pattern, Date defaultValue);
    int getFieldCount();
    Properties getProperties();
}
```

노트 칼럼 인덱스가 1부터 시작하는 JDBC의 ResultSet과 달리 스프링 배치의 FieldSet은 0부터 시작한다.

`CustomerFieldSetMapper`를 사용하려면 먼저 구성을 변경해야 한다. 코드 7-16처럼 `BeanWrapperFieldSetMapper`를 참조하는 대신에 커스텀 빈을 참조하도록 교체하자.

▼ 예제 7-16 CustomerFieldSetMapper로 구성한 customerFileReader

```
...
@Bean
```

```
@StepScope
public FlatFileItemReader<Customer> customerItemReader(@Value("#{jobParameters
['customerFile']}")Resource inputFile) {
    return new FlatFileItemReaderBuilder<Customer>()
            .name("customerItemReader")
            .delimited()
            .names(new String[] {"firstName",
                "middleInitial",
                "lastName",
                "addressNumber",
                "street",
                "city",
                "state",
                "zipCode"})
            .fieldSetMapper(new CustomerFieldSetMapper())
            .resource(inputFile)
            .build();
}
...
```

CustomerFieldSetMapper를 사용하면 Customer 빈의 참조를 따로 구성할 필요가 없다. 커스텀 매퍼 내에서 인스턴스 생성을 알아서 처리하므로 더 이상 Customer 빈을 참조하도록 구성하지 않아도 된다.

지금까지 살펴본 것처럼 표준 스프링 배치 파서로 파일을 파싱하려면 구성 코드 몇 줄이면 충분하다. 그러나 모든 파일이 자바로 처리하기 용이한 포맷에 유니코드로 작성되는 것은 아니다. 레거시 시스템에서 작업할 때는 커스텀 파싱이 필요한 데이터 저장 기술이 혼재돼 있기 마련이다. 다음 절에서는 커스텀 파일 포맷을 처리할 수 있는 커스텀 LineTokenizer를 구현하는 방법을 살펴본다.

커스텀 레코드 파싱

앞 절에서는 커스텀 FieldSetMapper 구현체를 생성해 원하는 대로 매핑 방법을 개조한 뒤, 파일 내의 필드를 도메인 객체의 필드로 매핑하는 방법을 살펴봤다. 그러나 커스텀 매퍼를 구현하는 것 이외에 다른 방법도 있다. 바로 커스텀 LineTokenizer 구현체를 직접 만드는 것이다. LineTokenizer를 사용하면 원하는 대로 각 레코드를 파싱할 수 있다.

org.springframework.batch.item.file.transform.LineTokenizer 인터페이스에는
FieldSetMapper 인터페이스와 마찬가지로 tokenize 메서드 하나만 선언돼 있다. 예제
7-17은 LineTokenizer의 코드다.

▼ 예제 7-17 LineTokenizer 인터페이스

```
package org.springframework.batch.item.file.transform;
public interface LineTokenizer {
    FieldSet tokenize(String line);
}
```

LineTokenizer를 사용한 파싱 방법을 살펴볼 때도 직전 예제에서 사용한 것과 마찬가지로
구분자로 구분된 입력 파일을 사용할 것이다. 다만 이번에는 도메인 객체 내의 건물 번호와
거리명이 단일 필드로 합쳐졌다. 따라서 두 항목을 FieldSet을 만드는 과정에서 단일 필드
로 합칠 것이다. 예제 7-18은 CustomerFileLineTokenizer의 코드다.

▼ 예제 7-18 CustomerFileLineTokenizer

```
...
public class CustomerFileLineTokenizer implements LineTokenizer {

    private String delimiter = ",";
    private String[] names = new String[] {"firstName",
                "middleInitial",
                "lastName",
                "address",
                "city",
                "state",
                "zipCode"};

    private FieldSetFactory fieldSetFactory = new DefaultFieldSetFactory();

    public FieldSet tokenize(String record) {

        String[] fields = record.split(delimiter);
```

```
        List<String> parsedFields = new ArrayList<>();

        for (int i = 0; i<fields.length; i++) {
            if (i == 4) {
                parsedFields.set(i - 1,
                            parsedFields.get(i - 1) + " " + fields[i]);
            } else {
                parsedFields.add(fields[i]);
            }
        }

        return fieldSetFactory.create(parsedFields.toArray(new String [0]),
                            names);
    }
}
```

CustomerFileLineTokenizer의 tokenizer 메서드는 각 레코드를 전달받은 뒤 이를 스프링에 구성한 구분자로 잘라 여러 필드로 만든다. 그다음 필드를 하나씩 돌면서 세 번째와 네 번째 필드를 묶어 단일 필드로 합친다. 그 뒤 DefaultFieldSetFactory를 사용해 FieldSet을 생성한다. 이때 필수 파라미터 한 개(필드가 될 값의 배열)와 선택 파라미터 한 개(필드 이름 배열)를 넘긴다. 예제에서 구현한 LineTokenizer는 필드에 이름을 부여한다. 따라서 FieldSet을 도메인 객체로 매핑하는 코드를 추가로 작성할 필요 없이 BeanWrapperFieldSetMapper를 사용하면 된다.

CustomerFileLineTokenizer 구성 방법은 앞서 살펴본 커스텀 FieldSetMapper의 구성 방법과 비슷하다. 이전 커스텀 FieldSetMapper를 구성할 때 사용한 필드명 구성 부분과 delimited() 호출 등의 내용을 제거하고 lineTokenizer 호출로 대체한다. 예제 7-19는 변경된 구성이다.

▼ 예제 7-19 CustomerFileLineTokenizer 구성

```
...
@Bean
@StepScope
public FlatFileItemReader<Customer> customerItemReader(@Value("#{jobParameters
customerFile']}")Resource inputFile) {
```

```
    return new FlatFileItemReaderBuilder<Customer>()
          .name("customerItemReader")
          .lineTokenizer(new CustomerFileLineTokenizer())
          .targetType(Customer.class)
          .resource(inputFile)
          .build();
}
...
```

커스텀 LineTokenizer와 FieldSetMapper를 사용하는 데는 어떤 제약도 없다. 커스텀 Line Tokenizer를 사용하는 그 밖의 사용 예는 다음과 같다.

- 특이한 파일 포맷 파싱
- 마이크로소프트의 엑셀 워크시트 같은 서드파티^{third party} 파일 포맷 파싱
- 특수한 타입 변환 요구 조건 처리

그러나 모든 파일 처리 작업이 지금까지 살펴본 고객 파일 처리처럼 단순하지는 않다. 파일에 여러 가지 레코드 포맷이 포함돼 있다면 어떻게 할 것인가? 다음 절에서는 파싱해야 할 레코드에 따라 스프링 배치가 어떻게 적절한 LineTokenizer를 선택하게 할 수 있을지 알아본다.

여러 가지 레코드 포맷

지금까지 여러 고객 레코드가 담긴 고객 파일을 처리하는 방법을 살펴봤다. 파일 내 각 레코드는 완벽히 동일한 포맷이었다. 그러나 고객 정보뿐만 아니라 고객의 거래 정보까지 담긴 파일을 받았을 때는 어떻게 해야 할까? 그렇다. 커스텀 LineTokernizer 하나를 새로 구현하면 된다. 그러나 이 접근법에는 두 가지 문제점이 있다.

1. **복잡도**: 파일 내에 세 가지, 네 가지, 다섯 가지, 아니 그 이상의 레코드 포맷이 존재한다고 해보자. 또 각 레코드 포맷마다 무수히 많은 필드가 포함돼 있다고 해보자. 곧 LineTokenizer 클래스 하나로는 감당할 수 없게 된다.
2. **관심사 분리**^{separation of concerns}: LineTokenizer의 목적은 레코드를 파싱하는 것 그 이

상도 이하도 아니다. 레코드 파싱을 넘어 어떤 레코드 유형인지를 판별하는 데 사용해서는 안 된다.

스프링 배치는 이런 점을 감안해 별도의 LineMapper 구현체인 org.springframework. batch.item.file.mapping.PatternMatchingCompositeLineMapper를 제공한다. 앞서 살펴본 예제에서는 DefaultLineMapper를 사용했다. DefaultLineMapper는 LineTokenizer 하나와 FileSetMapper 하나를 사용해 매핑 기능을 제공한다. 반면 PatternMatchingComposite LineMapper를 사용하면 여러 LineTokenizer로 구성된 Map을 선언할 수 있으며, 각 Line Tokenizer가 필요로 하는 여러 FieldSetMapper로 구성된 Map을 선언할 수 있다. 각 맵의 키는 레코드의 패턴이다. LineMapper는 이 패턴을 이용해서 각 레코드를 어떤 LineTokenizer로 파싱할지 식별한다.

변경된 입력 파일을 살펴보며 예제를 시작하자. 이번 예제에서 사용하는 입력 파일에도 이전 예제에서 사용했던 것과 동일한 고객 레코드가 포함돼 있다. 그러나 각 고객 레코드 사이에는 거래 레코드가 임의의 개수만큼 포함돼 있다. 각 레코드를 식별하는 데 도움이 되도록 각 레코드에 접두어를 넣었다. 예제 7-20은 변경된 입력 파일의 내용이다.

▼ 예제 7-20 변경된 고객 정보 입력 파일(customerMultiFormat.csv)

```
CUST,Warren,Q,Darrow,8272 4th Street,New York,IL,76091
TRANS,1165965,2011-01-22 00:13:29,51.43
CUST,Ann,V,Gates,9247 Infinite Loop Drive,Hollywood,NE,37612
CUST,Erica,I,Jobs,8875 Farnam Street,Aurora,IL,36314
TRANS,8116369,2011-01-21 20:40:52,-14.83
TRANS,8116369,2011-01-21 15:50:17,-45.45
TRANS,8116369,2011-01-21 16:52:46,-74.6
TRANS,8116369,2011-01-22 13:51:05,48.55
TRANS,8116369,2011-01-21 16:51:59,98.53
```

예제 7-20의 파일은 쉼표(,)로 필드가 구분된 레코드가 두 가지 포맷으로 구성돼 있다. 첫 번째 포맷은 지금까지 처리해온 일반적인 고객 정보 포맷으로, 건물 번호와 거리명이 합쳐져 있다. 고객 레코드는 CUST 접두어로 표시돼 있다. 두 번째 포맷은 거래 레코드다. 각 거래 레코드는 TRANS라는 접두어가 붙어 있으며 쉼표로 구분된 필드 세 개가 이어진다.

1. **계좌번호**: 고객의 계좌번호
2. **거래일시**: 거래가 발생한 일시. 거래 레코드는 거래 일시에 따라 정렬돼 있을 수도 있고 아닐 수도 있음
3. **금액**: 거래 금액(달러). 음수는 입금액을 나타내며 양수는 신용카드 이용액을 나타냄

▼ 예제 7-21 Transaction 도메인 객체 코드

```
...
public class Transaction {

    private String accountNumber;
    private Date transactionDate;
    private Double amount;

    private DateFormat formatter = new SimpleDateFormat("MM/dd/yyyy");

    // Getters and setters are omitted
    @Override
    public String toString() {
        return "Transaction{" +
                    "accountNumber='" + accountNumber + '\'' +
                    ", transactionDate=" + transactionDate +
                    ", amount=" + amount +
                    '}';
    }
}
```

레코드 포맷을 식별했으니 리더를 살펴볼 차례다. 예제 7-22는 변경된 customerItemReader의 구성이다. 앞서 설명했듯 구성에는 PatternMatchingCompositeLineMapper를 사용하며, LineTokenizer Map에는 DelimitedLineTokenizer 인스턴스 두 개를 넣었다. 또한 각 DelimitedLineTokenizer에는 레코드 포맷에 맞는 필드 구성을 했다. 각 LineTokenizer에 접두어 추가 필드가 포함돼 있음을 알아챘을 것이다. 이는 각 레코드의 시작 부분(CUST와 TRANS)을 처리하는 데 사용된다. 스프링 배치가 접두어를 파싱한 뒤 FieldSet에 prefix라는

이름으로 저장해둔다. 그러나 두 도메인 객체에는 **prefix**라는 필드가 없기 때문에 해당 접두어는 매핑 과정에서 무시된다.

▼ 예제 7-22 여러 레코드 포맷이 포함된 customerItemReader 구성

```
...
@Bean
@StepScope
public FlatFileItemReader customerItemReader(
        @Value("#{jobParameters['customerFile']}")Resource inputFile) {

    return new FlatFileItemReaderBuilder<Customer>()
            .name("customerItemReader")
            .lineMapper(lineTokenizer())
            .resource(inputFile)
            .build();
}

@Bean
public PatternMatchingCompositeLineMapper lineTokenizer() {
    Map<String, LineTokenizer>lineTokenizers = new HashMap<>(2);

    lineTokenizers.put("CUST*", customerLineTokenizer());
    lineTokenizers.put("TRANS*", transactionLineTokenizer());

    Map<String, FieldSetMapper>fieldSetMappers = new HashMap<>(2);

    BeanWrapperFieldSetMapper<Customer> customerFieldSetMapper =
            new BeanWrapperFieldSetMapper<>();
    customerFieldSetMapper.setTargetType(Customer.class);

    fieldSetMappers.put("CUST*", customerFieldSetMapper);
    fieldSetMappers.put("TRANS*", new TransactionFieldSetMapper());

    PatternMatchingCompositeLineMapper lineMappers =
            new PatternMatchingCompositeLineMapper();

    lineMappers.setTokenizers(lineTokenizers);
    lineMappers.setFieldSetMappers(fieldSetMappers);

    return lineMappers;
```

```
}

@Bean
public DelimitedLineTokenizer transactionLineTokenizer() {
    DelimitedLineTokenizer lineTokenizer = new DelimitedLineTokenizer();

    lineTokenizer.setNames("prefix","accountNumber","transactionDate","amount");

    return lineTokenizer;
}

@Bean
public DelimitedLineTokenizer customerLineTokenizer() {
    DelimitedLineTokenizer lineTokenizer = new DelimitedLineTokenizer();

    lineTokenizer.setNames("firstName",
        "middleInitial",
        "lastName",
        "address",
        "city",
        "state",
        "zipCode");

    lineTokenizer.setIncludedFields(1, 2, 3, 4, 5, 6, 7);

    return lineTokenizer;
}
...
```

customerItemReader 구성 코드가 좀 길어지기 시작했다. 리더를 실제로 실행하면 어떤 일
이 발생하는지 따라가보자. customerItemReader가 각 줄을 어떻게 처리하는지 그림 7-2에
서 따라가 볼 수 있다.

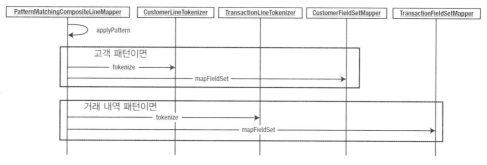

| PatternMatchingCompositeLineMapper | CustomerLineTokenizer | TransactionLineTokenizer | CustomerFieldSetMapper | TransactionFieldSetMapper |

▲ 그림 7-2 여러 레코드 포맷을 처리하는 흐름

그림 7-2에서 볼 수 있듯이 PatternMatchingCompositeLineMapper가 파일에서 각 레코드를 찾아서 미리 정의된 패턴과 비교해본다. 레코드가 CUST*(*는 문자가 없거나 여러 개 있음을 뜻한다)로 시작하면 PatternMatchingCompositeLineMapper는 해당 레코드를 customer LineTokenizer에 전달해 파싱한다. 레코드를 FieldSet으로 파싱한 뒤에는 파싱된 FieldSet을 FieldSetMapper로 전달한다. 매핑 작업에는 프레임워크가 제공하는 BeanWrapper FieldSetMapper를 사용한다. BeanWrapperFieldSetMapper는 FieldSet을 도메인 객체의 필드에 매핑한다. Customer 도메인 객체에는 prefix 필드가 없다. 따라서 customerLine Tokenizer가 prefix 필드를 건너뛰게 해야 한다. 그러려면 두 가지 작업을 해야 한다. 먼저 DelimetedLineTokenizer를 구성할 때 필드명 목록에서 prefix라는 이름을 제외해야 한다. 그다음, 포함하고자 하는 필드의 인덱스(0부터 시작)의 목록을 제공해야 한다. 예제에서는 접두어 필드를 제외한 나머지 모든 필드를 포함하려고 한다.

레코드가 TRANS*로 시작하면 해당 레코드를 transactionLineTokenizer로 전달해 Field Set으로 파싱하며, 파싱된 FieldSet을 커스텀 transactionFieldSetMapper로 전달한다.

그런데 왜 커스텀 FieldSetMapper가 필요할까? 커스텀 FieldSetMapper는 일반적이지 않은 타입의 필드를 변환할 때 필요하다. 기본적으로 BeanWrapperFieldSetMapper는 특수한 타입의 필드를 변환할 수 없다. Transaction 도메인 객체에는 String 타입인 accountNumber 필드가 포함돼 있으며 이 필드는 변환에 문제가 없다. 그러나 나머지 두 필드는 java.util. Date 타입인 transactionDate와 Double 타입인 amount이다. 그러므로 변환이 필요한 해당 타입을 변환하려면 커스텀 FieldSetMapper를 만들어 사용해야 한다. 예제 7-23은 Transac tionFieldSetMapper의 코드다.

▼ 예제 7-23 TransactionFieldSetMapper

```java
package com.example.Chapter07.batch;

import com.example.Chapter07.domain.Transaction;
import org.springframework.batch.item.file.mapping.FieldSetMapper;
import org.springframework.batch.item.file.transform.FieldSet;

    public class TransactionFieldSetMapper implements FieldSetMapper<Transaction> {

    public Transaction mapFieldSet(FieldSet fieldSet) {
        Transaction trans = new Transaction();

        trans.setAccountNumber(fieldSet.readString("accountNumber"));
        trans.setAmount(fieldSet.readDouble("amount"));
        trans.setTransactionDate(fieldSet.readDate("transactionDate",
                                        "yyyy-MM-dd HH:mm:ss"));

        return trans;
    }
}
```

예제에서 볼 수 있듯이 FieldSet 인터페이스는 JDBC 영역의 ResultSet 인터페이스처럼 각
데이터 타입으로 읽어들일 수 있는 커스텀 메서드를 제공한다. Transaction 도메인 객체로
매핑할 때는 파일에서 읽은 String을 java.lang.Double로 변환하도록 readDouble 메서드
를 사용한다. 또, 파일에서 읽은 문자열을 java.util.Date로 파싱하는 readDate 메서드를
사용한다. 거래 일시를 변환할 때는 이름 외에도 파싱해야 할 날짜 문자열의 포맷을 지정했
다.

잡을 실행하면 두 가지 종류의 레코드 포맷을 읽은 뒤 각각의 도메인 객체로 파싱할 수 있다.
잡 실행 결과의 예시는 예제 7-24와 같다.

▼ 예제 7-24 여러 레코드 포맷이 포함된 파일을 처리하는 잡을 실행한 결과

```
2020-12-28 22:33:52.163  INFO 107016 --- [          main] o.s.batch.core.job.
```

```
SimpleStepHandler     : Executing step: [copyFileStep]
Customer{id=null, firstName='Warren', middleInitial='Q', lastName='Darrow', address='8272
4th Street', city='New York', state='IL', zipCode='76091'}
Transaction{accountNumber='1165965', transactionDate=Sat Jan 22 00:13:29 KST 2011,
amount=51.43}
Customer{id=null, firstName='Ann', middleInitial='V', lastName='Gates', address='9247
Infinite Loop Drive', city='Hollywood', state='NE', zipCode='37612'}
Customer{id=null, firstName='Erica', middleInitial='I', lastName='Jobs', address='8875
Farnam Street', city='Aurora', state='IL', zipCode='36314'}
Transaction{accountNumber='8116369', transactionDate=Fri Jan 21 20:40:52 KST 2011,
amount=-14.83}
Transaction{accountNumber='8116369', transactionDate=Fri Jan 21 15:50:17 KST 2011,
amount=-45.45}
Transaction{accountNumber='8116369', transactionDate=Fri Jan 21 16:52:46 KST 2011,
amount=-74.6}
Transaction{accountNumber='8116369', transactionDate=Sat Jan 22 13:51:05 KST 2011,
amount=48.55}
```

단일 파일에서 여러 레코드를 읽어 처리하는 기능은 배치 처리에 필요한 일반적인 요구 사항
이다. 지금까지의 예제에서는 단순히 개별 레코드 사이에 어떤 관계도 없다고 가정했다. 만
약 레코드 사이에 특정한 관계가 있다면 어떻게 해야 할까? 다음 절에서는 여러 줄에 걸친
레코드를 단일 아이템으로 읽어들이는 방법을 살펴보겠다.

여러 줄에 걸친 레코드

마지막 예제에서는 두 가지 상이한 레코드 포맷을 상호 관련이 없는 두 아이템으로 처리하는
방법을 살펴봤다. 그러나 작업한 파일의 포맷을 좀 더 자세히 살펴보면 파일에서 읽어들인
레코드 사이에 실제로는 관계가 있음을 알 수 있다. 이러한 관계를 나타내는 필드가 파일 내
에 존재하는 것은 아니지만, 거래 내역 레코드는 해당 레코드 바로 앞에서 나왔던 고객 레코
드의 하위 정보에 해당하는 레코드다. 각 레코드를 독립적으로 처리하는 대신 Customer 객
체가 내부에 Transaction 객체의 컬렉션을 가지고 있도록 처리하는 것이 좀 더 상식적이지
않을까?

이처럼 레코드 사이의 관계를 처리하려면 약간의 트릭이 필요하다. 스프링 배치가 공식 가이

드로 제공하는 예제에서는 레코드가 실제로 끝나는 부분을 파악할 수 있게 푸터^{footer}(또는 트레일러^{trailer}) 레코드를 사용한다. 푸터 레코드를 사용하면 작업하기 편리하기 하지만, 배치 처리 시 만나는 많은 파일에는 푸터 레코드가 포함돼 있지 않다. 또한 이번 예제에서 사용하는 파일 포맷으로는 다음 줄을 읽지 않고는 현재 레코드의 끝에 도달했는지를 알 수가 없다는 문제가 있다. 이를 해결하려면 앞 절에서 구성한 customerItemReader 빈에 약간의 로직을 추가해 커스텀 ItemReader를 새로 구현한다. 그림 7-3은 구현할 커스텀 ItemReader 내부 로직의 흐름이다.

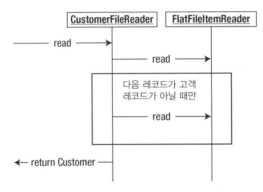

▲ 그림 7-3 CustomFileReader의 로직 흐름

그림 7-3에서 알 수 있듯이 구현할 read 메서드는 Customer 객체를 이미 읽어들였는지를 판별하는 것으로 시작한다. 읽어들이지 않았다면 FlatFileItemReader에서 레코드 하나를 읽으려 시도한다. 레코드를 읽어왔다면(파일 끝에 도달했다면 레코드를 추가로 읽어올 수 없을 것이다) Customer 객체 내부의 거래 내역 List를 초기화한다. 그다음, 읽어들인 레코드가 Transaction이면 이를 Customer 객체에 추가한다.

커스텀 ItemReader 구현 예제를 살펴보기 전에 도메인 객체를 조금 수정해야 한다. 새로운 구성에서는 Customer와 Transaction처럼 별도의 두 도메인 객체를 사용하는 대신에 List<Transaction> 객체가 내부에 포함된 Customer 객체를 사용한다. 예제 7-25는 변경된 Customer 객체이다.

```
...
public class Customer {

    private String firstName;
    private String middleInitial;
    private String lastName;
    private String address;
    private String city;
    private String state;
    private String zipCode;

    private List<Transaction> transactions;

    public Customer() {
    }
    // Getters and setters removed for brevity
    ...
}
```

도메인 객체를 변경했으니, 이제 해당 도메인 객체를 사용하는 CustomerFileReader를 어떻게 구현하는지 예제 7-26에서 알아보자.

▼ 예제 7-26 CustomerFileReader

```
public class CustomerFileReader implements ItemStreamReader<Customer> {

    private Object curItem = null;

    private ItemStreamReader<Object> delegate;

    public CustomerFileReader(ItemStreamReader<Object> delegate) {
        this.delegate = delegate;
    }

    public Customer read() throws Exception {
        if(curItem == null) {
            curItem = delegate.read();
        }
```

```
            Customer item = (Customer) curItem;
            curItem = null;

            if(item != null) {
                    item.setTransactions(new ArrayList<>());

                    while(peek() instanceof Transaction) {
                            item.getTransactions().add((Transaction) curItem);
                            curItem = null;
                    }
            }

            return item;
    }

    private Object peek() throws Exception {
            if (curItem == null) {
                    curItem = delegate.read();
            }
            return curItem;
    }

    public void close() throws ItemStreamException {
            delegate.close();
    }

    public void open(ExecutionContext arg0) throws ItemStreamException {
            delegate.open(arg0);
    }

    public void update(ExecutionContext arg0) throws ItemStreamException {
            delegate.update(arg0);
    }
}
```

CustomerFileReader에는 살펴봐야 할 주요 메서드가 두 개 포함돼 있다. 먼저 살펴볼 메서드는 read 메서드다. read 메서드는 하위에 거래 내역 레코드가 포함된 Customer 아이템을 하나 읽어들이고 조합하는 역할을 한다. 먼저 read 메서드는 파일에서 고객 레코드를 읽어들인다. 그리고 다음 고객 레코드를 만나기 전까지는 현재 처리 중인 고객 레코드와 관련된 거래 내역 레코드를 한 줄씩 계속 읽어들인다. 다음 고객 레코드를 발견하면 현재 처리 중인 고객의 레코드의 처리가 끝난 것으로 간주해 커스텀 ItemReader로 반환한다. 이런 로직을 제어 중지 로직^{control break logic}이라고 한다.

다음으로 살펴봐야 할 메서드는 peek 메서드다. peek 메서드는 현재 처리 중인 Customer를 처리하는 과정에서 레코드를 미리 읽어 놓는 데 사용한다. peek 메서드는 현재 레코드를 캐시(curItem 멤버변수)에 저장한다. 레코드를 읽어들였지만 아직 처리하지 않았다면 peek 메서드는 동일한 레코드를 다시 반환한다. 레코드가 처리되면(peek 메서드가 알 수 있도록 curItem 멤버변수에 null을 설정해서 처리 여부를 나타낸다) 다음 레코드를 읽어들인다.[2]

이번 예제에서 구현하는 커스텀 리더가 ItemReader 인터페이스를 구현하지 않았다는 점에 주목하기 바란다. 예제의 커스텀 리더는 그 대신 ItemStreamReader 인터페이스를 구현했다. 스프링 배치가 제공하는 ItemReader 구현체를 사용하면, 해당 ItemReader는 읽을 대상 리소스를 열고 닫는 것을 제어할 뿐만 아니라 읽어들인 레코드와 관련된 상태를 Execution Context에 관리한다. 하지만 커스텀 리더를 직접 구현한다면 이러한 리소스 관리와 같은 작업도 직접 수행해야 한다. 예제에서는 단순히 스프링 배치가 제공하는 ItemReader(정확히는 FlatFileItemReader)를 래핑할 뿐이므로 래핑한 커스텀 ItemReader를 사용해 리소스를 관리할 수 있다.

CustomerFileReader를 구성하려면 위임^{delegate} 객체의 의존성이 하나 필요하다. 이번 예제에서 위임 객체는 애플리케이션에서 실제로 파일을 읽고 파싱하는 리더다. 예제 7-27은 CustomerFileReader의 구성이다.

▼ 예제 7-27 CustomerFileReader 구성(MultiLineJob.java)

```
...
@Bean
```

---

2   ItemReader의 하위 인터페이스인 org.springframework.batch.item.PeekableItemReader〈T〉가 존재함을 알아두기 바란다. 하지만 예제에서 사용하는 CustomerFileReader가 해당 인터페이스에 정의된 요건을 명확히 충족하지는 않으므로 이 책에서 PeekableItemReader를 구현하지는 않는다.

```java
@StepScope
public FlatFileItemReader customerItemReader(
@Value("#{jobParameters['customerFile']}")Resource inputFile) {

        return new FlatFileItemReaderBuilder<Customer>()
                .name("customerItemReader")
                .lineMapper(lineTokenizer())
                .resource(inputFile)
                .build();
}

@Bean
public CustomerFileReader customerFileReader() {
        return new CustomerFileReader(customerItemReader(null));
}

@Bean
public PatternMatchingCompositeLineMapper lineTokenizer() {
        Map<String, LineTokenizer> lineTokenizers = new HashMap<>(2);

        lineTokenizers.put("CUST*", customerLineTokenizer());
        lineTokenizers.put("TRANS*", transactionLineTokenizer());

        Map<String, FieldSetMapper> fieldSetMappers = new HashMap<>(2);

        BeanWrapperFieldSetMapper<Customer> customerFieldSetMapper =
                new BeanWrapperFieldSetMapper<>();
        customerFieldSetMapper.setTargetType(Customer.class);

        fieldSetMappers.put("CUST*", customerFieldSetMapper);
        fieldSetMappers.put("TRANS*", new TransactionFieldSetMapper());

        PatternMatchingCompositeLineMapper lineMappers =
                new PatternMatchingCompositeLineMapper();

        lineMappers.setTokenizers(lineTokenizers);
        lineMappers.setFieldSetMappers(fieldSetMappers);

        return lineMappers;
}
```

```
@Bean
public DelimitedLineTokenizer transactionLineTokenizer() {
    DelimitedLineTokenizer lineTokenizer = new DelimitedLineTokenizer();

    lineTokenizer.setNames("prefix", "accountNumber", "transactionDate", "amount");

    return lineTokenizer;
}

@Bean
public DelimitedLineTokenizer customerLineTokenizer() {
    DelimitedLineTokenizer lineTokenizer = new DelimitedLineTokenizer();

    lineTokenizer.setNames("firstName", "middleInitial", "lastName", "address",
            "city", "state", "zipCode");

    lineTokenizer.setIncludedFields(1, 2, 3, 4, 5, 6, 7);

    return lineTokenizer;
}
...
```

예제 7-27의 구성 내용은 이제 익숙할 것이다. 이 구성 코드는 예제 7-22에서 살펴본 것처럼 다양한 포맷의 레코드를 처리할 수 있도록 구성할 때 사용한 구성 코드와 기본적으로 동일하다. 굵게 표시한 구성 내용만 추가됐는데, 이는 새로 작성한 CustomerFileReader 구성 코드로 이전 예제에서 사용하던 customerItemReader를 참조한다.

원래 작업을 담당하던 ItemReader를 래핑한 새로운 CustomerFileReader를 선언했으므로, 스텝에서 이전 ItemReader를 참조했던 부분을 CustomerFileReader를 참조하도록 변경해야 한다. 예제 7-28은 변경된 스텝 구성 내용이다.

▼ 예제 7-28 copyFileStep

```
...
@Bean
public Step copyFileStep() {
    return this.stepBuilderFactory.get("copyFileStep")
            .<Customer, Customer>chunk(10)
```

```
                .reader(customerFileReader())
                .writer(itemWriter())
                .build();
}
...
```

각 Customer 객체를 대상으로 해당 고객이 얼마나 많은 거래 내역을 보유하고 있는지 출력하려고 한다. 이렇게 하면 세부 정보를 확인할 수 있어서 개발한 읽기 작업이 잘 수행됐는지 충분히 검증할 수 있다. 또한 지금까지 사용하던 간단한 ItemWriter도 코드에 포함돼 있으므로, 이제 Customer 클래스에서 결과를 포매팅하는 toString() 메서드만 오버라이드하면 된다. 예제 7-29는 변경된 toString 메서드다.

▼ 예제 7-29 Customer 클래스의 toString 메서드

```
...
    @Override
    public String toString() {
        StringBuilder output = new StringBuilder();

        output.append(firstName);
        output.append(" ");
        output.append(middleInitial);
        output.append(". ");
        output.append(lastName);

        if(transactions != null && transactions.size() > 0) {
            output.append(" has ");
            output.append(transactions.size());
            output.append(" transactions.");
        } else {
            output.append(" has no transactions.");
        }

        return output.toString();
    }
...
```

잡을 실행하면 각 고객의 이름과 읽어들인 거래 내역 건수를 확인할 수 있다. 이런 방법으로 레코드를 읽을 때는 고객 레코드와 이를 뒤따르는 거래 레코드를 단일 아이템으로 취급한다는 점에 주의해야 한다. 스프링 배치는 `ItemReader`가 반환하는 객체가 무엇이든 상관없이 처리해야 할 아이템 하나로 인식하기 때문이다. 앞서 살펴본 예제에서 `ItemReader`가 반환하는 객체는 `Customer` 객체다. 따라서 `Customer` 객체는 커밋 카운트 등에서 사용되는 아이템으로 취급된다. 각 `Customer` 객체는 구성된 특정 `ItemProcessor`에서 한 번만 처리되며 마찬가지로 구성된 특정 `ItemWriter`에서 한 번만 처리된다. 새로 작성한 `ItemReader`로 구성한 잡의 실행 결과는 예제 7-30과 같다.

▼ 예제 7-30 Multiline 잡 실행 결과

```
2020-12-28 22:48:18.815  INFO 115664 --- [           main] o.s.batch.core.job.
SimpleStepHandler    : Executing step: [copyFileStep]
Warren Q. Darrow has 1 transactions.
Ann V. Gates has no transactions.
Erica I. Jobs has 5 transactions.
```

여러 줄로 구성된 레코드는 배치 처리에서 흔히 만날 수 있는 유형이다. 한 줄로 구성된 기본적인 레코드 처리보다는 좀 더 복잡하긴 하지만, 위 예제에서 살펴볼 수 있듯 실제로는 여전히 코드 몇 줄만 작성하면 이런 난감한 상황을 해소할 수 있다.

플랫 파일을 다루는 마지막 작업으로 여러 파일을 읽어들여야 하는 상황을 살펴보자. 이는 배치 처리에 흔히 요구되는 작업으로, 다음 절에서 내용을 알아본다.

여러 개의 소스

지금까지 살펴본 예제는 거래 정보가 포함된 고객 파일에서 각 고객의 정보를 가져오는 것이었다. 대부분 회사에는 상품이나 서비스를 판매하는 다양한 부서와 지점이 있다. 예를 들어 전국에 지점이 있는 레스토랑 체인이 있다고 하자. 동일한 포맷을 가진 처리 대상 파일을 각 지점에서 보내올 수도 있다. 각 파일마다 개별 라이터로 하나씩 처리한다면 성능과 유지 보수성 측면에서 여러 가지 문제가 발생할 것이다. 그럼 스프링 배치는 동일한 포맷으로 작성된 복수 개의 파일을 읽어들이는 기능을 어떻게 제공할까?

스프링 배치는 여러 줄로 구성된 레코드 예제에서 사용했던 것과 비슷한 패턴을 사용하는 MultiResourceItemReader라는 ItemReader를 제공한다. MultiResourceItemReader는 CustomerFileItemReader처럼 다른 ItemReader를 래핑한다. 하지만 MultiResourceItem Reader는 읽어들일 리소스를 정의하는 일을 자식 ItemReader에게 맡기지 않는다. 대신 읽어야 할 파일명의 패턴을 MultiResourceItemReader의 의존성으로 정의한다. 이 부분을 살펴보자.

이번 예제에서는 여러 줄로 구성된 레코드 예제(예제 7-20에서 살펴봤던 것처럼)에서 사용했던 것과 동일한 파일 포맷을 사용한다. 이렇게 하면 당연히 여러 줄로 구성된 레코드 예제에서 작성했던 ItemReader 구성을 동일하게 사용할 수 있다. 그러나 이름이 customerFile1.csv, customerFile2.csv, customerFile3.csv, customerFile4.csv, customerFile5.csv인 파일 다섯 개를 처리하려면 두 부분을 조금 수정해야 한다. 먼저 수정할 것은 구성이다. 적절한 리소스 패턴으로 MultiResourceItemReader를 사용하도록 구성을 손봐야 한다. 예제 7-31 은 변경된 구성 내용이다.

▼ 예제 7-31 여러 개의 고객 파일을 처리하는 구성

```
...
@Bean
@StepScope
public MultiResourceItemReader multiCustomerReader(
@Value("#{jobParameters['customerFile']}")Resource[] inputFiles) {
    return new MultiResourceItemReaderBuilder<>()
            .name("multiCustomerReader")
            .resources(inputFiles)
            .delegate(customerFileReader())
            .build();
}

@Bean
public CustomerFileReader customerFileReader() {
    return new CustomerFileReader(customerItemReader());
}

@Bean
```

```
@StepScope
public FlatFileItemReader customerItemReader() {
    return new FlatFileItemReaderBuilder<Customer>()
        .name("customerItemReader")
        .lineMapper(lineTokenizer())
        .build();
}


@Bean
public PatternMatchingCompositeLineMapper lineTokenizer() {
    Map<String, LineTokenizer> lineTokenizers = new HashMap<>(2);

    lineTokenizers.put("CUST*", customerLineTokenizer());
    lineTokenizers.put("TRANS*", transactionLineTokenizer());

    Map<String, FieldSetMapper> fieldSetMappers = new HashMap<>(2);

    BeanWrapperFieldSetMapper<Customer> customerFieldSetMapper =
        new BeanWrapperFieldSetMapper<>();
    customerFieldSetMapper.setTargetType(Customer.class);

    fieldSetMappers.put("CUST*", customerFieldSetMapper);
    fieldSetMappers.put("TRANS*", new TransactionFieldSetMapper());

    PatternMatchingCompositeLineMapper lineMappers =
        new PatternMatchingCompositeLineMapper();

    lineMappers.setTokenizers(lineTokenizers);
    lineMappers.setFieldSetMappers(fieldSetMappers);

    return lineMappers;
}


@Bean
public DelimitedLineTokenizer transactionLineTokenizer() {
    DelimitedLineTokenizer lineTokenizer = new DelimitedLineTokenizer();

    lineTokenizer.setNames("prefix", "accountNumber", "transactionDate", "amount");

    return lineTokenizer;
}
```

```
@Bean
public DelimitedLineTokenizer customerLineTokenizer() {
    DelimitedLineTokenizer lineTokenizer = new DelimitedLineTokenizer();

    lineTokenizer.setNames("firstName", "middleInitial", "lastName", "address",
            "city", "state", "zipCode");

    lineTokenizer.setIncludedFields(1, 2, 3, 4, 5, 6, 7);

    return lineTokenizer;
}
...
```

MultiResourceItemReader는 주요 컴포넌트 세 개를 전달받는다. 첫 번째는 리더의 이름으로, 이 ItemReader도 지금까지 살펴본 다른 ItemReader 구현체처럼 '스테이트풀Stateful' [3] 하기 때문이다. 두 번째는 Resource 객체의 배열이다. 이 배열은 읽어들여야 할 파일 목록이다. 예제에서 사용한 것처럼 SpEL을 사용해서 스프링이 파일 목록 배열을 개발자 대신 만들게 할 수도 있다. 마지막은 실제 작업을 수행할 위임 컴포넌트다. 예제에서 위임 컴포넌트는 앞 절에서 사용한 커스텀 리더인 CustomerFileReader이다.

MultiResourceItemReader가 동작하려면 FlatFileItemReader 관련 구성도 변경해야 한다. 이전 예제에서는 구성 클래스를 만들 때 읽을 리소스를 하나를 지정했다. 하지만 이번 예제에서 MultiResourceItemReader는 리소스 한 개를 모두 처리하면 다른 새 리소스 한 개를 주입하는 식으로 Resource 배열 객체를 모두 사용할 것이다. 그래서 예제 7-31에서 굵게 표시한 부분처럼 customerItemReader 빈에 Resource를 구성하는 코드를 제거했다.

그 외에도 CustomerFileReader의 코드를 변경해야 한다. 이전 예제에서 CustomerFileReader는 ItemStreamReader 인터페이스를 구현하고 위임 컴포넌트의 타입으로도 ItemStreamReader 인터페이스를 사용했다. 그러나 이번 예제에서는 ItemStreamReader 인터페이스를 구현하는 것으로는 충분하지 않다. 그 대신 ItemStreamResource의 하위 인터페이스

---

3 스테이트풀이란 객체의 현재 실행 상태를 데이터베이스나 메모리 등에 저장했다가 다음 번 객체 생성 시 해당 상태 정보를 가져와 이전과 동일한 상태로 실행하는 방식을 말한다. 쇼핑몰에서 주문할 때 각 단계에서 입력한 정보가 마지막까지 유지되는 것이 이런 예다. – 옮긴이

중 하나를 사용해야 한다. ResourceAwareItemReaderItemStream 인터페이스의 목적은 리소스에서 입력을 읽는 모든 ItemReader를 지원하는 것이다. 이렇게 기존 리더에 두 가지 변경을 가하는 이유는 ItemReader에 복수 개의 Resource를 주입할 수 있어야 하기 때문이다.

org.springframework.batch.item.file.ResourceAwareItemStreamItemReader를 구현하려면 추가 메서드인 setResource를 구현해야 한다. ItemStreamReader 인터페이스의 open, close, update 메서드를 호출하는 것처럼 setResource 메서드를 구현할 때 위임 객체의 setResource를 호출하면 된다. 그 외에도 위임 객체가 ResourceAwareItemStreamItemReader 타입이 되도록 변경해야 한다. 이미 ResourceAwareItemStreamItemReader를 구현한 Flat FileItemReader를 위임 객체로 사용하고 있으므로, 별도의 ItemReader를 위임 객체로 사용할 필요가 없다. 예제 7-32는 변경한 코드다.

▼ 예제 7-32 CustomerFileReader

```java
public class CustomerFileReader implements ResourceAwareItemReaderItemStream<Customer> {

    private Object curItem = null;

    private ResourceAwareItemReaderItemStream<Object> delegate;

    public CustomerFileReader(ResourceAwareItemReaderItemStream<Object> delegate) {
        this.delegate = delegate;
    }

    public Customer read() throws Exception {
        if(curItem == null) {
            curItem = delegate.read();
        }

        Customer item = (Customer) curItem;
        curItem = null;

        if(item != null) {
            item.setTransactions(new ArrayList<>());

            while(peek() instanceof Transaction) {
                item.getTransactions().add((Transaction) curItem);
```

```
                    curItem = null;
                }
        }

        return item;
    }

    private Object peek() throws Exception {
        if (curItem == null) {
            curItem = delegate.read();
        }
        return curItem;
    }

    public void close() throws ItemStreamException {
        delegate.close();
    }

    public void open(ExecutionContext arg0) throws ItemStreamException {
        delegate.open(arg0);
    }

    public void update(ExecutionContext arg0) throws ItemStreamException {
        delegate.update(arg0);
    }

    @Override
    public void setResource(Resource resource) {
        this.delegate.setResource(resource);
    }
}
```

예제 7–32와 앞서 작성한 예제 7–26에서 처리 관점의 유일한 차이점은 Resource 주입 능력이다. Resource를 주입할 수 있게 되면 ItemReader가 스스로 파일 관리는 하는 대신에 필요한 각 파일을 스프링 배치가 생성해 ItemReader에게 주입해줄 수 있다.

java -jar copyJob.jar customerFile=/input/customerMulitFormat* 명령으로 예제를 실행하면 스프링 배치가 제공한 패턴과 일치하는 모든 리소스를 하나씩 돌면서 각 파일을 처리할 리더를 실행한다. 예제 실행 결과는 여러 줄로 구성된 레코드 예제의 실행 결과보다 출력량이 더 많을 뿐 그 내용은 동일하다.

▼ 예제 7-33 Multiline 잡의 실행 결과

```
Warren Q. Darrow has 1 transactions.
Ann V. Gates has no transactions.
Erica I. Jobs has 5 transactions.
Clement A. Blair has 1 transactions.
Chana B. Meyer has 1 transactions.
Kay C. Quinonez has 1 transactions.
Kristen D. Seibert has 1 transactions.
Lee E. Troupe has 1 transactions.
Edgar F. Christian has 1 transactions.
Joseph Z. Williams has 2 transactions.
Estelle Y. Laflamme has 3 transactions.
Robert X. Wilson has 1 transactions.
```

위 예제처럼 여러 개의 파일을 다룰 때는 재시작 같은 상황에서 스프링 배치가 추가적인 안전 장치를 제공하지 않는다는 점을 알아둬야 한다. 위 예제에서 customerFile1.csv, customerFile2.csv, customerFile3.csv 파일을 처리하는 잡을 시작했는데 customerFile2.csv를 처리하는 과정에서 에러가 발생했다고 하자. 이후 잡이 재시작 되기 전에 customerFile4.csv 파일을 추가됐다. 잡이 처음 실행될 때는 customerFile4.csv가 존재하지 않았음에도 다시 시작하는 잡은 customerFile4.csv 파일도 실행 대상으로 보고 처리한다. 이런 문제점에 대한 보호 수단으로 각 배치 실행 시 사용할 디렉터리를 별도로 생성하는 것이 일반적이다. 새로 생성된 모든 파일은 새 디렉터리에 넣는다. 이렇게 하면 현재 실행 중인 잡에 영향이 없다.

지금까지 플랫 파일과 연관된 여러 시나리오를 다뤘다. 그중에는 고정 너비 레코드, 구분자로 구분된 레코드, 여러 줄로 구성된 레코드를 읽는 시나리오가 있었으며, 다중 파일 입력 시나리오도 있었다. 그러나 처리 대상으로 플랫 파일 타입만 있는 것은 아니다. XML은 인기가 시들해진 입력 타입이긴 하지만 여전히 엔터프라이즈 환경에서 파일 기반 입력의 상당량을 차지하고 있다. XML 파일을 처리해야 할 때 스프링 배치를 사용하는 방법을 이어서 살펴보자.

XML

7장 초반에서 파일 기반 처리 설명을 시작했을 때 파일 포맷의 차이는 파일의 포맷을 설명하는 메타데이터 양의 차이와 관련이 있다고 언급했다. 고정 너비 레코드에는 메타데이터가 거의 없어서 사전에 레코드 포맷의 정보가 가장 많이 필요하다. XML은 고정 너비 레코드와는 정반대다. XML은 파일 내 데이터를 설명할 수 있는 태그를 사용해서 파일에 포함된 데이터를 완벽히 설명하기 때문이다.

XML 파서parser로 DOM 파서와 SAX 파서를 많이 사용한다. DOM 파서는 노드를 탐색할 수 있도록 전체 파일을 메모리에 트리 구조로 읽어들인다. 이 접근법은 성능상 큰 부하가 발생할 수 있으므로 배치 처리에서는 유용하지 않다. 그렇다면 배치에서 사용할 것은 SAX 파서뿐이다. SAX는 특정 엘리먼트를 만나면 이벤트를 발생시키는 이벤트 기반 파서이다.

스프링 배치에서는 StAX 파서를 사용한다. StAX 파서도 SAX 파서와 비슷한 이벤트 기반 파서이긴 하지만 XML 문서 내 각 섹션section을 독립적으로 파싱하는 기능을 제공한다는 장점이 있다. 이는 아이템 기반 읽기 작업과 직접적으로 연관된 기능이다. 실행을 하면 SAX 파서가 전체 파일을 파싱하는 데 비해 StAX를 사용하면 한 번에 처리해야 할 아이템을 나타내는 파일 내 각 섹션을 읽을 수 있다.

스프링 배치로 XML을 파싱하는 방법을 살펴보기 전에 예제 입력 파일을 살펴보자. 앞선 예제에서와 동일하게 고객 파일을 입력 파일로 사용해서 스프링 배치로 XML을 파싱하는 방법을 살펴볼 것이다. 다만 플랫 파일 형식으로 작성된 데이터를 XML 형식으로 변환할 것이다. 예제 7-34는 입력 예시다.

▼ 예제 7-34 고객 XML 파일 예시

```
<customers>
    <customer>
        <firstName>Laura</firstName>
        <middleInitial>O</middleInitial>
        <lastName>Minella</lastName>
        <address>2039 Wall Street</address>
        <city>Omaha</city>
        <state>IL</state>
```

```
                <zipCode>35446</zipCode>
                <transactions>
                    <transaction>
                        <accountNumber>829433</accountNumber>
                        <transactionDate>2010-10-14 05:49:58</transactionDate>
                        <amount>26.08</amount>
                    </transaction>
                </transactions>
        </customer>
        <customer>
                <firstName>Michael</firstName>
                <middleInitial>T</middleInitial>
                <lastName>Buffett</lastName>
                <address>8192 Wall Street</address>
                <city>Omaha</city>
                <state>NE</state>
                <zipCode>25372</zipCode>
                <transactions>
                    <transaction>
                        <accountNumber>8179238</accountNumber>
                        <transactionDate>2010-10-27 05:56:59</transactionDate>
                        <amount>-91.76</amount>
                    </transaction>
                    <transaction>
                        <accountNumber>8179238</accountNumber>
                        <transactionDate>2010-10-06 21:51:05</transactionDate>
                        <amount>-25.99</amount>
                    </transaction>
                </transactions>
        </customer>
</customers>
```

고객 파일은 각 고객customer 섹션이 모인 컬렉션 구조로 구성돼 있다. 각 고객 섹션에는 거래 transaction 섹션의 컬렉션이 포함돼 있다. 플랫 파일을 처리할 때는 스프링 배치가 각 줄을 FieldSet으로 파싱했다. XML을 처리할 때 스프링 배치는 사용자가 정의한 XML 프래그먼트fragment를 도메인 객체로 파싱한다. XML 프래그먼트란 무엇일까? 그림 7-4처럼 XML 프래그먼트는 시작 태그부터 종료 태그까지의 XML 블록을 말한다. 스프링 배치는 파일 내에서 미리 지정한 XML 프래그먼트를 만날 때마다 이를 단일 레코드로 간주하고 처리 대상 아이템으로 변환한다.

```xml
<customers>
  <customer>
    <firstName>Laura</firstName>
    <middleInitial>O</middleInitial>
    <lastName>Minella</lastName>
    <address>2039 Wall Street</address>
    <city>Omaha</city>
    <state>IL</state>
    <zip>35446</zip>
    <transaction>
      <account>829433</account>
      <transactionDate>2010-10-14 05:49:58</transactionDate>
      <amount>26.08</amount>
    </transaction>
  </customer>
  <customer>
    <firstName>Michael</firstName>
    <middleInitial>T</middleInitial>
    <lastName>Buffett</lastName>
    <address>8192 Wall Street</address>
    <city>Omaha</city>
    <state>NE</state>
    <zip>25372</zip>
    <transaction>
      <account>8179238</account>
      <transactionDate>2010-10-27 05:56:59</transactionDate>
      <amount>-91.76</amount>
    </transaction>
    <transaction>
      <account>8179238</account>
      <transactionDate>2010-10-06 21:51:05</transactionDate>
      <amount>-25.99</amount>
    </transaction>
  </customer>
</customers>
```

```xml
<customer>
  <firstName>Laura</firstName>
  <middleInitial>O</middleInitial>
  <lastName>Minella</lastName>
  <address>2039 Wall Street</address>
  <city>Omaha</city>
  <state>IL</state>
  <zip>35446</zip>
  <transaction>
    <account>829433</account>
    <transactionDate>2010-10-14 05:49:58</transactionDate>
    <amount>26.08</amount>
  </transaction>
</customer>
```

XML 프래그먼트

▲ 그림 7-4 스프링 배치가 처리하는 XML 프래그먼트

고객 입력 파일에서 각 customer 프래그먼트 내에는 플랫 파일과 동일한 데이터가 포함돼 있다. 또한 각 고객 정보 내에는 transaction 엘리먼트의 컬렉션이 포함돼 있는데, 이는 앞서 살펴본 여러 줄로 구성된 레코드 예제에서 고객 정보와 함께 처리했던 거래 내역 목록에 해당한다.

XML 입력 파일을 파싱하려면 스프링 배치가 제공하는 org.springframework.batch.item. xml.StaxEventItemReader를 사용한다. StaxEventItemReader를 사용하려면 XML 프래그먼트의 루트 엘리먼트 이름을 정의해야 하는데, 이는 XML 내에서 아이템으로 취급할 각 XML 프래그먼트의 루트 엘리먼트를 식별하는 데 사용된다. 또한 StaxEventItemReader는 앞서 살펴본 예제와 동일하게 customerFile 빈을 리소스로 전달받는다. 마지막으로 Stax EventItemReader는 org.springframework.oxm.Unmarshaller 구현체를 전달받는다. 언마샬러Unmarshaller는 XML을 도메인 객체로 변환하는 데 사용된다. 예제 7-35는 StaxEvent ItemReader 구현체를 사용하는 customerFileReader의 구성이다.

```
...
@Bean
@StepScope
public StaxEventItemReader<Customer> customerFileReader(
            @Value("#{jobParameters['customerFile']}") Resource inputFile) {

    return new StaxEventItemReaderBuilder<Customer>()
                .name("customerFileReader")
                .resource(inputFile)
                .addFragmentRootElements("customer")
                .unmarshaller(customerMarshaller())
                .build();
}
...
```

스프링 배치는 XML 바인딩 기술과 호환성이 좋아서 개발자가 선택한 특정 기술을 크게 가리지 않는다. 스프링은 xml 패키지에 포함된 Castor, JAXB, JiBX, XML Beans, XStream 구현체를 제공한다. 예제에서는 JAXB를 사용한다.

customerMarshaller 구성에는 스프링이 제공하는 org.springframework.oxm.jaxb. Jaxb2Marshaller 구현체를 사용한다. Jaxb2Marshaller를 사용하려면 프로젝트에 의존성 몇 개를 등록해야 한다. 예제 7-36은 JAXB를 클래스패스에 추가하는 데 필요한 새로운 의존성이다.

▼ 예제 7-36 JAXB 의존성

```
<dependency>
    <groupId>org.springframework</groupId>
    <artifactId>spring-oxm</artifactId>
</dependency>
<dependency>
    <groupId>javax.xml.bind</groupId>
    <artifactId>jaxb-api</artifactId>
    <version>2.2.11</version>
</dependency>
<dependency>
```

```
    <groupId>com.sun.xml.bind</groupId>
    <artifactId>jaxb-core</artifactId>
    <version>2.2.11</version>
</dependency>
<dependency>
    <groupId>com.sun.xml.bind</groupId>
    <artifactId>jaxb-impl</artifactId>
    <version>2.2.11</version>
</dependency>
<dependency>
    <groupId>javax.activation</groupId>
    <artifactId>activation</artifactId>
    <version>1.1.1</version>
</dependency>
```

JAXB 의존성과 함께 스프링 OXM 모듈로 JAXB를 사용하는 스프링 컴포넌트의 의존성을 구성했으므로, 이제 개발하는 애플리케이션이 XML을 파싱할 수 있게 구성해야 한다. 먼저 도메인 객체에 JAXB 애너테이션을 추가해야 한다. 대상은 Customer와 Transaction 객체이다. JAXB가 XML 태그와 매핑할 수 있도록 클래스에 애너테이션을 추가해서 매핑 대상임을 나타내야 한다. Transaction 클래스에는 간단히 @XmlType(name="transaction")을 추가하면 된다. 그러나 Customer 클래스에는 @XmlRootElement 애너테이션을 추가해 매칭되는 앨리먼트를 지정하는 작업 외에도, 거래 내역 컬렉션의 구조를 파서에게 알려주는 작업을 해야 한다. 앞서 살펴본 XML에서 거래 내역 컬렉션은 <transactions> 엘리먼트로 감싸져 있으며, 컬렉션 내 각 앨리먼트는 <transaction> 블록으로 구성돼 있다. 예제 7-37은 애너테이션을 적용한 Customer 클래스의 내용이다.

▼ 예제 7-37 Customer 클래스에 JAXB Annotation 추가

```
...
@XmlRootElement
public class Customer {

    private String firstName;
    private String middleInitial;
    private String lastName;
    private String address;
```

```java
        private String city;
        private String state;
        private String zipCode;

        private List<Transaction> transactions;

        public Customer() {
        }

        // Other getters and setters were removed for brevity.
        // No change to them is required

        @XmlElementWrapper(name = "transactions")
        @XmlElement(name = "transaction")
        public void setTransactions(List<Transaction> transactions) {
            this.transactions = transactions;
        }

        @Override
        public String toString() {
            StringBuilder output = new StringBuilder();

            output.append(firstName);
            output.append(" ");
            output.append(middleInitial);
            output.append(". ");
            output.append(lastName);

            if(transactions != null&&transactions.size() > 0) {
                output.append(" has ");
                output.append(transactions.size());
                output.append(" transactions.");
            } else {
                output.append(" has no transactions.");
            }

            return output.toString();
        }
}
```

도메인 객체가 적절히 매핑되도록 구성했으니, 이제는 StaxEventItemReader가 각 블록을 파싱하는 데 사용할 실제 언마샬러를 구성해보자. 필요한 주요 구성의 대부분을 도메인 객체에 추가한 애너테이션이 담당하므로, Jaxb2Marshaller[4]에게 대상 클래스를 알려주는 코드를 조금만 추가하면 된다.

예제 7-38은 예제에서 사용할 언마샬러를 구성하는 데 필요한 코드다.

▼ 예제 7-38 Jaxb2Marshaller 구성

```
...
@Bean
public Jaxb2Marshaller customerMarshaller() {
    Jaxb2Marshaller jaxb2Marshaller = new Jaxb2Marshaller();

    jaxb2Marshaller.setClassesToBeBound(Customer.class, Transaction.class);

    return jaxb2Marshaller;
}
...
```

마지막으로 작업할 내용은 스텝을 구성해서 새로 작성한 ItemReader를 입력 소스로 사용하도록 하는 것이다. 예제 7-39는 수정된 스텝의 코드다.

▼ 예제 7-39 copyFileStep

```
...
@Bean
public Step copyFileStep() {
    return this.stepBuilderFactory.get("copyFileStep")
                .<Customer, Customer>chunk(10)
                .reader(customerFileReader(null))
                .writer(itemWriter())
                .build();
}
...
```

---

4   Jaxb2Marshaller는 Unmarshaller 인터페이스도 구현한다. 그러므로 예제에서 마샬러 및 언마샬러로 Jaxb2Marshaller를 사용한다.

XML을 스프링 배치 내에서 사용할 아이템으로 파싱하는 데 필요한 모든 작업이 끝났다! 잡을 실행하면 여러 줄로 구성된 레코드를 처리하는 잡을 실행했을 때와 똑같은 결과를 얻는다.

아직까지 많은 엔터프라이즈 환경에서 XML을 사용하지만, XML은 최근 선호하는 데이터 직렬화 포맷은 아니다. 여러 분야에서 데이터 저장 포맷으로 JSON을 선호한다. 스프링 배치는 JSON을 읽는 기능을 제공한다. 다음 절에서는 지금까지 XML을 살펴본 것과 비슷한 방법으로, JSON 문서를 읽는 데 JsonItemReader을 사용하는 방법과 JsonItemReader가 제공하는 기능을 사용하는 방법을 알아본다.

JSON

XML이 특유의 장황함 때문에 선호도가 떨어진 반면, JSON은 XML의 일반적인 대체재로 인기가 급등했다. JSON은 데이터 포맷으로는 덜 장황하지만 XML만큼 유연하다. 복잡한 자바스크립트 기반 프론트엔드가 인기를 끌면서 백엔드와 프론트엔드 사이에 데이터 교환에 사용할 공통 매커니즘이 필요해졌다. 이런 상황에서 백엔드에서 데이터 교환에 JSON을 사용하기 시작하자 JSON은 금세 대다수의 애플리케이션으로 퍼져갔다. 이런 이유로 배치 처리에서 JSON을 읽어야 할 수도 있다. 다행히도 스프링 배치는 JSON 처리에 사용할 수 있는 ItemReader를 제공한다.

JsonItemReader는 JSON 청크를 읽어서 객체로 파싱한다는 면에서 StaxEventItemReader의 동작 개념과 거의 동일하다. JSON 문서는 객체로 구성된 배열이 최상단에 하나만 존재하는 완전한 형태의 문서여야 한다. JsonItemReader가 동작할 때 실제 파싱 작업은 JsonObjectReader 인터페이스의 구현체에게 위임된다. JsonObjectReader 인터페이스는 StaxEventItemReader에서 언마샬러가 XML을 객체로 파싱하는 것과 유사한 방법으로 실제로 JSON을 객체로 파싱하는 역할을 한다. 스프링 배치는 애플리케이션 개발에 즉시 사용할 수 있도록 JsonObjectReader 인터페이스 구현체 두 개를 제공한다. 하나는 Jackson을 파싱 엔진으로 사용하며 나머지 하나는 Gson을 사용한다. 예제에서는 Jackson 구현체를 사용한다.

코드를 살펴보기 전에 읽어들일 입력 파일을 살펴보자. 이번 예제에서 사용할 파일에는 실제로 앞 절에서 사용한 customer.xml 파일의 데이터와 동일한 데이터가 담겨 있다. 대신 데이터가 JSON 형태로 기록돼 있다. 예제 7-40은 파일의 내용이다.

▼ 예제 7-40 customer.json

```json
[
    {
        "firstName": "Laura",
        "middleInitial": "O",
        "lastName": "Minella",
        "address": "2039 Wall Street",
        "city": "Omaha",
        "state": "IL",
        "zipCode": "35446",
        "transactions": [
            {
                "accountNumber": 829433,
                "transactionDate": "2010-10-14 05:49:58",
                "amount": 26.08
            }
        ]
    },
    {
        "firstName": "Michael",
        "middleInitial": "T",
        "lastName": "Buffett",
        "address": "8192 Wall Street",
        "city": "Omaha",
        "state": "NE",
        "zipCode": "25372",
        "transactions": [
            {
                "accountNumber": 8179238,
                "transactionDate": "2010-10-27 05:56:59",
                "amount": -91.76
            },
            {
                "accountNumber": 8179238,
                "transactionDate": "2010-10-06 21:51:05",
                "amount": -25.99
            }
```

```
            ]
        }
    ]
]
```

`JsonItemReader`를 구성하려면 스프링 배치가 제공하는 빌더^{builder}를 사용한다. 빌더에는 세 가지 의존성이 필요하다. 먼저 배치를 재시작할 때 사용하는 배치의 이름이 필요하다. 그다음으로 파싱에 사용할 `JsonObjectReader`가 필요하다. 마지막으로 읽어들일 리소스가 필요하다. `JsonItemReader`의 다른 구성 항목에는 입력이 반드시 존재해야 하는지를 나타내는 플래그(strict 항목으로 기본값은 true), 상태를 저장해야 하는지를 나타내는 플래그(saveState 항목으로 기본값은 true), 현재의 `ItemCount`(재시작에 사용)가 있다. 예제 7-41은 파일을 읽어들이는 `JsonItemReader`의 구성이다.

▼ 예제 7-41 JsonItemReader 구성

```
...
@Bean
@StepScope
public JsonItemReader<Customer> customerFileReader(
            @Value("#{jobParameters['customerFile']}") Resource inputFile) {

    ObjectMapper objectMapper = new ObjectMapper();
    objectMapper.setDateFormat(new SimpleDateFormat("yyyy-MM-dd hh:mm:ss"));

    JacksonJsonObjectReader<Customer> jsonObjectReader = new
            JacksonJsonObjectReader<>(Customer.class);
    jsonObjectReader.setMapper(objectMapper);

    return new JsonItemReaderBuilder<Customer>()
                .name("customerFileReader")
                .jsonObjectReader(jsonObjectReader)
                .resource(inputFile)
                .build();
}
...
```

예제 7-41의 내용을 순서대로 살펴보자. 먼저 `ObjectMapper` 인스턴스를 생성했다. `Object`

Mapper 클래스는 Jackson이 JSON을 읽고 쓰는 데 사용하는 주요 클래스다. 애플리케이션을 개발할 때 대부분은 `ObjectMapper`를 생성하는 코드를 직접 작성할 필요가 없다. 그러나 예제에서는 입력 파일의 날짜 형식을 지정해야 한다. 즉 사용하려는 `ObjectMapper`를 커스터마이징해야 한다. 먼저 `ObjectMapper` 인스턴스를 생성한다. 그다음 입력 파일의 `transactionDate`를 처리할 날짜 형식을 지정한다. 이어서 `JacksonJsonObjectReader`를 생성한다. `JacksonJsonObjectReader`는 두 가지 의존성이 필요하다. 첫 번째 의존성은 반환할 클래스이며, 이 예제에서는 `Customer`이다. 두 번째 의존성은 조금 전에 생성한 커스터마이징된 `ObjectMapper` 인스턴스다. 마지막으로 `JsonItemReader` 인스턴스를 구성한다. 새로운 `JsonItemReader` 인스턴스를 생성한 뒤 이름, `JsonObjectReader` 객체, 읽어들일 리소스를 구성했다. 그리고는 `build` 메서드를 호출해 `JsonItemReader` 인스턴스를 생성했다.

이 부분이 XML 기반 예제와 비교해봤을 때 유일하게 달라진 부분이다.[5] `java -jar copyJob.jar customerFile=/path/to/customer/customer.json` 명령을 실행하면 예제 7-42처럼 XML 예제를 실행했을 때와 동일한 결과를 확인할 수 있다.

▼ 예제 7-42 JsonItemReader 잡 실행 결과

```
2020-12-28 23:16:29.579  INFO 85348 --- [           main] o.s.b.a.b.JobLauncherApplication
Runner   : Running default command line with: [customerFile=/input/customer.json]
2020-12-28 23:16:29.905  INFO 85348 --- [           main] o.s.b.c.l.support.SimpleJob
Launcher     : Job: [SimpleJob: [name=job]] launched with the following parameters:
[{customerFile=/input/customer.json}]
2020-12-28 23:16:29.972  INFO 85348 --- [           main] o.s.batch.core.job.
SimpleStepHandler     : Executing step: [copyFileStep]
Laura O. Minella has 1 transactions.
Michael T. Buffett has 2 transactions.
2020-12-28 23:16:30.194  INFO 85348 --- [           main] o.s.b.c.l.support.SimpleJob
Launcher     : Job: [SimpleJob: [name=job]] completed with the following parameters:
[{customerFile=/input/customer.json}] and the following status: [COMPLETED]
```

이 절에 이르기까지 다양한 파일 기반 입력 포맷을 다뤘다. 스프링 배치는 고정 너비 파일,

---

5   Jackson은 이미 스프링 배치의 클래스패스에 포함돼 있다. 따라서 의존성을 변경할 필요가 없다. Gson을 선택했다면 의존성을 추가해야 한다.

구분자로 구분된 파일, XML 및 JSON 같은 다양한 레코드 구성을 다룰 수 있으며, 코드를 작성할 필요가 없거나 아주 조금만 작성하면 되는 것을 확인했다. 그러나 파일 입력만 있는 것이 아니다. 관계형 데이터베이스는 배치 처리 입력에서 상당히 큰 영역을 담당한다. 다음 절에서는 스프링 배치가 제공하는 데이터베이스 입력 관련 기능을 살펴본다.

데이터베이스 입력

데이터베이스가 배치 처리에서 훌륭한 입력 소스인 데에는 몇 가지 이유가 있다. 데이터베이스는 내장된 트랜잭션 기능을 제공한다. 이는 대체로 성능이 우수하며 파일보다 훨씬 확장성이 좋다. 또한 다른 입력 포맷보다 훨씬 뛰어난 복구 기능을 기본으로 제공한다. 이런 장점과 함께 대부분의 엔터프라이즈 환경에서 사용하는 데이터가 시작부터 관계형 데이터베이스에 저장된다는 사실을 감안하면, 개발하는 배치 처리도 데이터베이스 입력을 처리할 수 있어야 한다. 이 절에서는 JDBC, 하이버네이트^{Hibernate}, JPA 등을 통해 데이터베이스에서 데이터를 읽을 수 있도록 스프링 배치가 기본적으로 제공하는 기능을 알아본다.

JDBC

자바 세계에서 데이터베이스 연결은 JDBC로 시작한다. JDBC를 배울 때는 JDBC 연결 코드를 작성하는 고통스러운 과정을 거친다. 그리고는 대부분의 프레임워크가 개발자 대신 커넥션 같은 것을 대신 처리해준다는 사실을 알고는 복잡한 데이터베이스 연결 코드를 재빨리 잊어버리곤 한다. 스프링 프레임워크의 강점 가운데 하나는 JDBC 같은 고충이 따르는 부분을 여러모로 캡슐화^{encapsulation}해서 개발자가 비즈니스 관련 세부 사항에만 집중할 수 있게 하는 것이다.

이런 전통에 따라 스프링 배치 프레임워크 개발자들은 스프링 프레임워크가 제공하는 JDBC 기능에 추가로 배치 세계에서 요구되는 기능을 확장했다. 그렇다면 어떤 기능을 확장했고 스프링 배치로 어떻게 이런 기능을 사용할 수 있을까?

배치 처리를 할 때 대용량 데이터를 처리하는 요구 사항은 흔히 있는 일이다. 레코드 수백만 건을 반환하는 쿼리가 있다면 아마도 전체 데이터를 한 번에 메모리에 적재하고 싶지는 않을 것이다. 하지만 스프링이 제공하는 JdbcTemplate을 사용하면 하고 싶지 않은 일이 벌어진다. JdbcTemplate이 전체 ResultSet에서 한 로우row씩 순서대로 가져오면서, 모든 로우를 필요한 도메인 객체로 변환해 메모리에 적재한다.

이에 대한 대안으로 스프링 배치는 한 번에 처리할 만큼의 레코드만 로딩하는 별도의 두 가지 기법을 제공하는데, 바로 커서cursor와 페이징paging이다. 커서는 표준 java.sql.Result Set으로 구현된다. ResultSet이 open되면 next() 메서드를 호출할 때마다 데이터베이스에서 배치 레코드를 가져와 반환한다. 이렇게 하면 원하는 대로 데이터베이스에서 레코드를 스트리밍받을 수 있으며 이는 커서 기법에 필요한 동작이다.

한편 페이징 기법을 사용하려면 좀 더 작업이 필요하다. 페이징의 개념은 데이터베이스에서 페이지라고 부르는 청크 크기만큼의 레코드를 가져오는 것이다. 각 페이지는 해당 페이지만큼의 레코드만 가져올 수 있는 고유한 SQL 쿼리를 통해 생성된다. 한 페이지의 레코드를 다 읽고 나면 새로운 쿼리를 사용해 데이터베이스에서 새 페이지를 읽어온다. 그림 7-5는 두 기법의 차이를 나타낸다.

▲ 그림 7-5 커서와 페이징 기법의 비교

그림 7-5에서 볼 수 있듯, 커서 기법으로 읽을 때는 최초에 레코드 하나를 반환하며 한 번에 하나씩 레코드를 스트리밍하면서 다음 레코드로 진행한다. 반면 페이징 기법에서는 데이터베이스에서 한 번에 레코드를 10개씩 전달받는다. 앞으로 살펴볼 각 데이터베이스 기술마다 이 두 기법(커서 구현체와 페이징 구현체)을 모두 살펴볼 것이다. 먼저 JDBC를 별도 API 없이 그대로 사용하는 방법부터 시작하자.

JDBC 커서 처리

이번 예제에서는 Customer 테이블을 사용한다. 지금까지 작업했던 것과 동일한 필드를 사용

304

해 데이터를 저장할 데이터베이스 테이블을 생성한다. 그림 7-6은 새로 생성한 Customer 테이블의 데이터베이스 모델이다.

▲ 그림 7-6 Customer 데이터 모델

커서 기반 또는 페이지 기반 JDBC 리더를 구현하려면 두 가지 작업이 필요하다. 먼저 필요한 쿼리를 실행할 수 있도록 리더를 구성해야 한다. 그다음으로 스프링의 JdbcTemplate이 ResultSet을 도메인 객체로 매핑하는 데 RowMapper 구현체가 필요했듯이, 이 예제에서도 RowMapper 구현체를 작성해야 한다. 사용해야 할 새 컴포넌트를 살펴보기 전에 도메인 객체인 Customer를 한 번 더 살펴보고 개발에 사용할 데이터베이스 테이블과 호환에 필요한 변경 사항을 적용하자. 예제 7-43은 이 절에서 사용하려고 변경한 Customer 도메인 객체다.

▼ 예제 7-43 Customer 도메인 객체

```
...
public class Customer {

    private Long id;

    private String firstName;
    private String middleInitial;
    private String lastName;
    private String address;
    private String city;
    private String state;
    private String zipCode;

    public Customer() {}
```

```
    // Getters and setters removed

    @Override
    public String toString() {
        return "Customer{" +
                "id=" + id +
                ", firstName='" + firstName + '\'' +
                ", middleInitial='" + middleInitial + '\'' +
                ", lastName='" + lastName + '\'' +
                ", address='" + address + '\'' +
                ", city='" + city + '\'' +
                ", state='" + state + '\'' +
                ", zipCode='" + zipCode + '\'' +
                '}';
    }
}
```

Customer 객체에서 JAXB 관련 애너테이션을 제거했으며 모든 거래 내역 관련 코드를 제거했다. 또한 데이터베이스 테이블의 기본 키^{primary key}에 대응하는 id 필드를 추가했다. 도메인 객체를 적절히 정의했으므로 이제 RowMapper 구현체를 살펴보자.

RowMapper는 스프링 프레임워크 코어가 제공하는 JDBC 지원 표준 컴포넌트로, 이름 그대로 ResultSet에서 로우를 하나 전달받아 도메인 객체의 필드로 매핑한다. 예제에서는 Customer 테이블의 필드를 Customer 도메인 객체로 매핑한다. 예제 7-44는 JDBC 구현체가 사용할 CustomerRowMapper이다.

▼ 예제 7-44 CustomerRowMapper

```
...
public class CustomerRowMapper implements RowMapper<Customer> {

    @Override
    public Customer mapRow(ResultSet resultSet, int rowNumber) throws
            SQLException {
        Customer customer = new Customer();

        customer.setId(resultSet.getLong("id"));
```

```
            customer.setAddress(resultSet.getString("address"));
            customer.setCity(resultSet.getString("city"));
            customer.setFirstName(resultSet.getString("firstName"));
            customer.setLastName(resultSet.getString("lastName"));
            customer.setMiddleInitial(resultSet.getString("middleInitial"));
            customer.setState(resultSet.getString("state"));
            customer.setZipCode(resultSet.getString("zipCode"));

            return customer;
        }
}
```

쿼리 결과를 도메인 객체로 매핑하는 기능을 작성했으므로, 요청에 따라 결과를 반환할 수 있도록 커서를 열어 쿼리를 실행할 수 있어야 한다. 그러려면 스프링 배치가 제공하는 org.springframework.batch.item.database.JdbcCursorItemReader를 사용한다. JdbcCursorItemReader는 ResultSet을 생성하면서 커서를 연 다음, 스프링 배치가 read 메서드를 호출할 때마다 도메인 객체로 매핑할 로우를 가져온다. JdbcCursorItemReader를 구성하려면 데이터 소스, 실행할 쿼리, 사용할 RowMapper 구현체 같은 최소한 세 가지 의존성을 제공해야한다. 예제 7-45는 customerItemReader의 구성이다.

▼ 예제 7-45 JDBC 커서 기반 customerItemReader

```
...
@Bean
public JdbcCursorItemReader<Customer> customerItemReader(DataSource dataSource) {
    return new JdbcCursorItemReaderBuilder<Customer>()
            .name("customerItemReader")
            .dataSource(dataSource)
            .sql("select * from customer")
            .rowMapper(new CustomerRowMapper())
            .build();
}
...
```

이전 예제에서 사용했던 것과 동일한 ItemWriter가 이 예제에서도 여전히 잘 작동할 것이므로 잡의 나머지 구성 내용은 수정하지 않아도 되지만 copyFileStep 내의 customerFile

Reader의 참조를 새로 구성한 customerItemReader의 참조로 대체해야 하는 점을 기억하기 바란다.

구성이 끝났다. 이제 스프링 배치가 JdbcCursorItemReader의 read 메서드를 호출하면 데이터베이스는 로우 하나를 반환하며, 스프링 배치는 반환된 해당 로우를 도메인 객체로 매핑한다.

노트　모든 데이터베이스가 기본으로 ResultSet으로 데이터를 스트리밍하는 것은 아니다. 일부 데이터베이스는 모든 로우를 메모리에 한 번에 담으려고 할 것이며, 이는 큰 데이터셋을 처리할 때 문제를 일으킬 수 있다. 이럴 때는 특수한 구성이 필요하다. 자세한 내용은 사용하는 데이터베이스의 매뉴얼을 참고하기 바란다.

---

java -jar copyJob 명령으로 잡을 실행해보자. 명령을 실행하면 잡이 앞서 살펴본 예제와 동일한 결과를 출력한다.

예제가 훌륭하긴 하지만 한 가지 중요한 요소가 누락돼 있다. 바로 SQL이 하드코딩돼 있다는 것이다. SQL 중 파라미터가 필요 없는 경우는 거의 없을 것이다. JdbcCursorItemReader를 사용하면 JdbcTemplate와 PreparedStatement를 사용할 때처럼 SQL에 파라미터를 설정하는 기능을 사용할 수 있다. 파라미터를 설정하려면 org.springframework.jdbc.core.PreparedStatementSetter 구현체를 사용해야 한다. PreparedStatementSetter는 RowMapper와 유사하다. 그러나 RowMapper가 ResultSet 로우를 도메인 객체로 매핑하는 반면, PreparedStatementSetter는 파라미터를 SQL문에 매핑하는 역할을 한다는 차이가 있다. PreparedStatementSetter를 직접 구현할 수도 있지만 스프링을 사용하면 그럴 필요가 없다. 스프링이 개발에 사용할 수 있는 몇 가지 유용한 구현체를 제공하기 때문이다. 예제에서는 스프링 프레임워크가 제공하는 ArgumentPreparedStatementSetter를 사용한다. ArgumentPreparedStatementSetter 인스턴스는 객체 배열을 전달받는다. 배열에 담긴 객체가 SqlParameterValue 타입이 아니라면, 해당 객체는 담긴 순서대로 PreparedStatement의 ?의 위치에 값으로 설정된다. 반대로 배열 내 객체가 SqlParameterValue 인스턴스이면 SqlParameterValue 타입에는 값을 설정하는 방법(값을 설정할 인덱스, 값의 타입 등)이 담긴 메타데이터가 포함돼 있다. 따라서 스프링은 메타데이터에 정의된 내용에 따라 파라미터를 설정한다. 예제 7-46은 리더를 생성하는 빌더와 ArguementPreparedStatementSetter 구성이 포함되도록 변경한 구성이다.

▼ 예제 7-46 특정 도시에 사는 고객만 처리함

```
...
@Bean
public JdbcCursorItemReader<Customer> customerItemReader(DataSource dataSource) {
    return new JdbcCursorItemReaderBuilder<Customer>()
                .name("customerItemReader")
                .dataSource(dataSource)
                .sql("select * from customer where city = ?")
                .rowMapper(new CustomerRowMapper())
                .preparedStatementSetter(citySetter(null))
                .build();
}

@Bean
@StepScope
public ArgumentPreparedStatementSetter citySetter(
        @Value("#{jobParameters['city']}") String city) {

    return new ArgumentPreparedStatementSetter(new Object [] {city});
}
...
```

이번 잡을 실행할 때는 잡 파라미터에 city=Chicago가 포함된 명령을 사용해 실행한다. 전체 명령은 java -jar copyJob.jar city=Chicago이다. 잡 실행 결과는 예제 7-47처럼 시카고에 주소를 둔 고객만 나타난다.

▼ 예제 7-47 시카고 소재 고객 정보

```
...
2020-12-28 23:22:27.044  INFO 112632 --- [           main] o.s.b.c.l.support.
SimpleJobLauncher      : Job: [SimpleJob: [name=job]] launched with the following
parameters: [{city=Chicago}]
2020-12-28 23:22:27.118  INFO 112632 --- [           main] o.s.batch.core.job.
```

```
SimpleStepHandler      : Executing step: [copyFileStep]
Customer{id=297, firstName='Hermione', middleInitial='K', lastName='Kirby',
address='599-9125 Et St.', city='Chicago', state='IL', zipCode='95546'}
Customer{id=831, firstName='Oren', middleInitial='Y', lastName='Benson',
address='P.O. Box 201, 1204 Sed St.', city='Chicago', state='IL', zipCode='91416'}
2020-12-28 23:22:27.275  INFO 112632 --- [          main] o.s.b.c.l.support.
SimpleJobLauncher      : Job: [SimpleJob: [name=job]] completed with the following
parameters: [{city=Chicago}] and the following status: [COMPLETED]
. . .
```

위 예제는 데이터베이스에서 아이템을 스트리밍하는 기능 외에도 사용하는 쿼리에 파라미터를 주입하는 기능도 갖췄으므로 실 환경에서 사용하기에 유용하다. 이 기법에는 장점과 단점이 있다. 특정한 상황에서는 레코드를 스트리밍하는 것은 괜찮은 방법이다. 그러나 백만 단위의 레코드를 처리할 때라면 매번 요청을 할 때마다 네트워크 오버헤드가 추가되는 단점이 있다. 거기에 추가로 ResultSet은 스레드 안전thread safe이 보장되지 않으므로 다중 스레드 환경에서는 사용할 수 없다. 이런 단점 때문에 또 다른 선택지인 페이징을 선택하게 된다.

JDBC 페이징 처리

페이징 기법으로 작업할 때는 스프링 배치가 페이지page라 부르는 청크로 결과 목록을 반환한다. 각 페이지는 사전에 정의된 개수만큼 데이터베이스가 반환한 레코드로 구성된다. 페이징 기법을 사용할 때도 커서 기법과 마찬가지로 잡이 처리할 아이템은 여전히 한 건씩 처리된다는 점에 주목하기 바란다. 레코드 처리 자체에는 차이가 없다. 커서 기법과 차이가 있는 부분은 데이터베이스에서 가져오는 방법이다. 페이징 기법은 한 번에 SQL 쿼리 하나를 실행해 레코드 하나씩을 가져오는 대신, 각 페이지마다 새로운 쿼리를 실행한 뒤 쿼리 결과를 한 번에 메모리에 적재한다. 이 절에서는 페이지당 레코드를 10개씩 반환하도록 구성을 변경할 것이다.

페이징 기법을 사용하려면 페이지 크기(반환될 레코드 개수)와 페이지 번호(현재 처리 중인 페이지 번호)를 가지고 쿼리를 할 수 있어야 한다. 예를 들어 전체 레코드 개수가 10,000개이고 한 페이지 크기가 100 레코드라고 하자. 이때 20번째 페이지(또는 2,001부터 2,100까지의 레코드)를 요청한다는 것을 조건으로 지정할 수 있어야 한다. 그러려면 JdbcPagingItemReader에

org.springframework.batch.item.database.PagingQueryProvider 인터페이스의 구현체를 제공해야 한다. PagingQueryProvider 인터페이스는 페이징 기반 ResultSet을 탐색하는 데 필요한 모든 기능을 제공한다.

안타깝게도 각 데이터베이스마다 개별적인 페이징 구현체를 제공한다. 그러므로 두 가지 선택지가 존재한다.

1. 사용하려는 데이터베이스 전용 PagingQueryProvider 구현체를 구성한다. 이 책을 쓰는 시점에는 스프링 배치가 DB2, 더비^{Derby}, H2, HSql, MySQL, 오라클^{Oracle}, 포스트그레스^{Postgres}, SqlServer, 사이베이스^{Sybase} 구현체를 제공한다.

2. 리더가 org.springframework.batch.item.database.support.SqlPagingQueryProviderFactoryBean을 사용하도록 구성한다. 이 팩토리는 사용하는 데이터베이스가 어떤 것인지 감지할 수 있다.

일반적으로 SqlPagingQueryProviderFactoryBean를 쓰면 사용 중인 데이터베이스를 자동으로 감지해 적절한 PagingQueryProvider를 반환하므로 예제에서는 SqlPagingQueryProviderFactoryBean을 사용한다.

JdbcPagingItemReader를 구성하려면 네 가지 의존성이 필요하다. 데이터 소스, PagingQueryProvider 구현체, 직접 개발한 RowMapper 구현체, 페이지의 크기가 그것이다. 또한 스프링이 SQL문에 파라미터를 주입하도록 구성할 수도 있다. 예제 7-48은 JdbcPagingItemReader의 구성이다.

▼ 예제 7-48 JdbcPagingItemReader 구성

```
...
@Bean
@StepScope
public JdbcPagingItemReader<Customer> customerItemReader(DataSource dataSource,
        PagingQueryProvider queryProvider,
        @Value("#{jobParameters['city']}") String city) {

    Map<String, Object> parameterValues = new HashMap<>(1);
    parameterValues.put("city", city);
```

```
        return new JdbcPagingItemReaderBuilder<Customer>()
                .name("customerItemReader")
                .dataSource(dataSource)
                .queryProvider(queryProvider)
                .parameterValues(parameterValues)
                .pageSize(10)
                .rowMapper(new CustomerRowMapper())
                .build();
}

@Bean
public SqlPagingQueryProviderFactoryBean pagingQueryProvider(DataSource dataSource) {
        SqlPagingQueryProviderFactoryBean factoryBean = new
                SqlPagingQueryProviderFactoryBean();

        factoryBean.setSelectClause("select *");
        factoryBean.setFromClause("from Customer");
        factoryBean.setWhereClause("where city = :city");
        factoryBean.setSortKey("lastName");
        factoryBean.setDataSource(dataSource);

        return factoryBean;
}
...
```

위 예제에서 볼 수 있듯이 `JdbcPagingItemReader`를 구성하려면 데이터 소스, `Paging QueryProvider`, SQL에 주입해야 할 파라미터, 각 페이지의 크기, 결과를 매핑하는 데 사용할 `RowMapper` 구현체를 제공해야 한다.

`PagingQueryProvider`를 구성하면서 다섯 가지 항목을 설정했다. 처음 세 가지 항목은 작성하는 SQL문의 각 부분으로 select 절, from 절, where 절이다. 그다음으로 정렬 키^{sortKey}를 설정했다. 페이징 기법을 사용할 때는 결과를 정렬하는 것이 중요하다. 페이징 기법은 한 번에 쿼리 하나를 실행한 뒤 결과를 스트리밍받는 대신 각 페이지에 해당하는 쿼리를 실행한다. 이처럼 각 페이지의 쿼리를 실행할 때마다 동일한 레코드 정렬 순서를 보장하려면 order by 절이 필요하며, 생성되는 SQL문에도 order by 절에 **sortKey**로 지정한 모든 필드가 적용

돼야 한다. 또한 이 정렬 키가 ResultSet 내에서 중복되지 않아야 한다. 스프링 배치가 실행할 SQL 쿼리를 생성하는 과정에서 정렬 키를 사용하기 때문이다. 마지막으로 데이터 소스 참조를 설정했다. 왜 SqlPagingQueryProviderFactoryBean과 JdbcPagingItemReader 양쪽에 데이터 소스를 구성하는지 의아할 수도 있다. SqlPagingQueryProviderFactoryBean은 제공된 데이터 소스를 사용해 작업 중인 데이터베이스의 타입을 결정한다. 원한다면 set DatatbaseType 메서드를 사용해 데이터베이스 타입을 명시적으로 구성할 수도 있다. 이렇게 구성하면 SqlPagingQueryProviderFactoryBean은 개발하는 리더에서 사용할 적절한 PagingQueryProvider 구현체를 제공한다.

페이징 기법을 사용할 때의 SQL 파라미터 사용법은 커서 기법을 사용할 때의 사용법과 다르다. 예제에서는 파라미터 플레이스홀더^{placeholder}로 물음표(?)를 사용하는 단일 SQL 문장을 만드는 대신 SQL 문장을 여러 조각으로 생성했다. whereClause에 지정한 문자열 내에서는 표준인 물음표 플레이스홀더(?)를 사용할 수 있으며, 그 대신 예제 7-48의 customerItem Reader처럼 네임드 파라미터^{named parameter}를 사용할 수도 있다. 네임드 파라미터를 사용한다면 구성에서 파라미터 값을 맵 형태로 만들어 주입할 수 있다. 예제에서 parameterValues 맵의 city 엔트리^{entry}는 whereClause에 지정한 문자열 내 city 네임드 파라미터로 매핑된다. 네임드 파라미터 대신 물음표를 사용하려 한다면 각 파라미터를 값으로 매핑하는 키로 물음표의 순번을 사용한다. 해야 할 모든 작업을 마쳤다. 이제 스프링 배치가 필요할 때마다 각 페이지를 불러오는 적절한 쿼리를 생성할 것이다.

지금까지 살펴본 것처럼 직접적인 JDBC 통신을 사용해서 데이터베이스에서 처리 대상 아이템을 조회하는 작업은 실제로 매우 간단하다. 몇 줄 안 되는 자바 코드만 작성하면 잡에 데이터를 공급할 수 있는 성능 좋은 ItemReader를 갖출 수 있다. 그러나 JDBC가 데이터베이스 레코드에 접근할 수 있는 유일한 방법은 아니다. 하이버네이트나 마이바티스^{MyBatis}같은 ORM^{Object Relational Mapping} 기술은 관계형 데이터베이스 테이블을 객체로 매핑하는 훌륭한 솔루션을 제공하면서 인기 있는 데이터 접근 도구로 부상했다. 다음 절에서 하이버네이트로 데이터에 접근하는 방법을 살펴볼 것이다.

하이버네이트

하이버네이트[Hibernate]는 오늘날 최고의 자바 ORM 기술이다. 2001년 개빈 킹[Gaven King]이 개발한 하이버네이트는 애플리케이션에서 사용하는 객체지향[object-oriented] 모델을 관계형 데이터베이스로 매핑하는 기능을 제공한다. 하이버네이트는 XML 파일 또는 애너테이션을 사용해서 객체를 데이터베이스 테이블로 매핑하는 구성을 한다. 또한 하이버네이트는 객체를 사용해 데이터베이스에 질의를 하는 프레임워크를 제공한다. 따라서 하이버네이트는 사용하려는 데이터베이스의 구조를 조금만 알거나 전혀 알지 못해도 객체 구조 기반으로 쿼리를 작성하는 기능을 제공한다. 이 절에서는 하이버네이트를 사용해 데이터베이스에서 아이템을 읽어오는 방법을 살펴볼 것이다.

배치 처리에서 하이버네이트를 사용하는 것은 웹 애플리케이션에서 하이버네이트를 사용하는 것만큼 직관적이지는 않다. 웹 애플리케이션에서는 뷰[view] 패턴에서 세션[session]을 사용하는 것이 일반적인 시나리오이다. 뷰 패턴에서는 요청이 서버에 오면 세션을 연다[open]. 그 뒤 모든 처리를 동일한 세션에서 처리하며 뷰를 클라이언트에게 반환하면서 세션을 닫는다[close]. 비록 이 방법은 소규모로 독립적인 입출력을 하는 일반적인 웹 애플리케이션에서는 잘 작동하겠지만 배치 처리에서는 그렇지 않다.

배치 처리에서 하이버네이트를 있는 그대로 사용하면 일반적인 스테이트풀[stateful] 세션 구현체를 사용하게 된다. 즉 아이템을 처리할 때 세션 구현체에서 조회하고 처리가 끝나면 세션 구현체에 쓰기 작업을 수행하며 스텝이 끝나면 세션을 닫는다. 그러나 앞서 언급했듯 하이버네이트의 기본 세션은 스테이트풀이다. 아이템을 백만 건 읽고 처리한 뒤 동일하게 백만 건을 쓴다면 하이버네이트 세션이 데이터베이스에서 조회할 때 아이템을 캐시에 쌓으면서 OutOfMemoryException이 발생한다.

배치 처리에서 퍼시스턴스[persistence] 프레임워크로 하이버네이트를 사용할 때 또 다른 이슈는, 직접 JDBC를 사용할 때보다 하이버네이트를 사용할 때 더 큰 부하를 유발한다는 것이다. 레코드 백만 건을 처리할 때는 한 건을 처리할 때의 밀리세컨드[ms] 단위의 차이가 거대한

차이를 만든다.[6]

스프링 배치가 제공하는 하이버네이트 기반 `ItemReader`는 이런 문제점들을 해결하도록 개발됐다. 이 `ItemReader`는 커밋할 때 세션^{Session}을 플러시^{flush}하며 하이버네이트를 웹 기반으로 처리할 때보다는 좀 더 배치 처리에 관계가 있는 추가 기능을 제공한다. 다른 시스템에서 사용하는 용도로 이미 하이버네이트 객체 매핑을 사용하고 있는 환경에서는, 스프링 배치의 하이버네이트 기반 `ItemReader`를 사용하면 필요한 배치를 효율적으로 시작하고 실행할 수 있다. 또한 하이버네이트는 객체를 데이터베이스 테이블로 매핑하면서 발생하는 기초적인 이슈를 해결하는 데 막강한 기능을 제공한다. 개발하는 잡에 하이버네이트를 사용하는 것이 적절한지 아니면 다른 ORM 도구를 사용하는 것이 적절한지 검토하는 것은 개발자와 개발할 잡의 요구 사항에 달려 있다.

하이버네이트로 커서 처리하기

하이버네이트에서 커서를 사용하려면 `sessionFactory`, `Customer` 매핑, `HibernateCursorItemReader`를 구성해야 하며 pom.xml 파일에 하이버네이트 의존성을 추가해야 한다. pom.xml 파일을 수정하는 것부터 시작하자.

잡에서 하이버네이트를 사용하려면 새 의존성으로 `spring-boot-starter-jpa`가 필요하다. 이번 예제에서 직접 데이터에 접근하려는 용도로 JPA를 사용하려는 것은 아니다(데이터 매핑 용으로 JPA 애너테이션을 사용할 것이다). 하지만 jpa 스타터를 사용하면 하이버네이트를 기반으로 스프링 데이터^{Spring Data} JPA가 제공하는 모든 추가 기능(커스텀 타입 변환기 등록 등)을 사용할 수 있게 될 뿐만 아니라 하이버네이트 전용 의존성도 모두 가져올 수 있다. JPA 사용법은 다음 절에서 살펴볼 것이다. 예제 7-49은 스타터를 추가한 pom.xml이다.

▼ 예제 7-49 POM 내 하이버네이트 의존성

```
...
<dependency>
```

---

6 백만 아이템을 연속 처리할 때 아이템 하나당 처리 속도가 1밀리세컨드 증가하면 단일 스텝의 처리 시간이 15분 이상 늘어날 수 있다.

```
        <groupId>org.springframework.boot</groupId>
        <artifactId>spring-boot-starter-data-jpa</artifactId>
</dependency>
...
```

프레임워크에 하이버네이트 프레임워크를 추가했으므로 이제 Customer 객체를 데이터베이스의 Customer 테이블로 매핑할 수 있다. 매핑을 간단하게 구성하려면 하이버네이트가 제공하는 애너테이션을 사용한다. 예제 7–50은 Customer 테이블에 매핑되도록 수정한 Customer 객체의 코드다.

▼ 예제 7–50 하이버네이트 애너테이션을 사용해 Customer 객체를 Customer 테이블로 매핑

```
...
@Entity
@Table(name = "customer")
public class Customer {

    @Id
    private Long id;

    @Column(name = "firstName")
    private String firstName;
    @Column(name = "middleInitial")
    private String middleInitial;
    @Column(name = "lastName")
    private String lastName;
    private String address;
    private String city;
    private String state;
    private String zipCode;

    public Customer() {
    }

    // Getters and setters removed

    @Override
    public String toString() {
        return "Customer{" +
```

```
                    "id=" + id +
                    ", firstName='" + firstName + '\'' +
                    ", middleInitial='" + middleInitial + '\'' +
                    ", lastName='" + lastName + '\'' +
                    ", address='" + address + '\'' +
                    ", city='" + city + '\'' +
                    ", state='" + state + '\'' +
                    ", zipCode='" + zipCode + '\'' +
                    '}';
        }
}
```

Customer 클래스의 매핑에는 먼저 객체가 엔티티^{Entity}임을 나타내는 데 JPA 애너테이션인 @Entity를 사용했다. 그다음, 엔티티가 매핑되는 테이블을 지정하는 데 @Table 애너테이션을 사용했다. 마지막으로 테이블의 ID를 나타내는 @Id 애너테이션을 사용했다. Customer 엔티티에서 그 밖의 애트리뷰트는 하이버네이트가 자동으로 매핑한다. 이는 객체의 에트리뷰트와 테이블의 칼럼명을 동일하게 맞췄기 때문이다. 그런데 이렇게 작업한 매핑을 적용하려면 스프링 부트에서 두 가지 프로퍼티를 지정해야 한다. 예제에서는 관습적으로 사용하는 언더스코어 표기법^{Underscore Case} 대신 카멜 표기법^{Camel Case}을 사용하므로 하이버네이트에 정확한 네이밍 전략을 지정해야 한다. 이를 위해 application.yml에서 다음 프로퍼티를 변경한다.

- spring.jpa.hibernate.naming.implicit-strategy: "org.hibernate.boot.model.naming.ImplicitNamingStrategyLegacyJpaImpl"

- spring.jpa.hibernate.naming.physical-strategy: "org.hibernate.boot.model.naming.PhysicalNamingStrategyStandardImpl"

데이터 객체를 매핑했으므로 이번 배치 잡에 사용할 TransactionManager를 커스터마이징해야 한다. 스프링 배치는 기본으로 사용하는 TransactionManager로 DataSourceTransactionManager를 제공한다. 그러나 예제에서는 일반적인 DataSource 커넥션과 하이버네이트 세션을 아우르는 TransactionManager가 필요하다. 스프링은 바로 이런 목적으로 사용할 수 있는 HibernateTransactionManager를 제공한다. 즉, BatchConfigurer의 커스텀 구현체를 사용해서 HibernateTransactionManager를 구성해야 한다. DefaultBatchConfigurer.get TransactionManager() 메서드를 오버라이드하기만 하면 사용할 준비가 끝난다. 예제 7-51 은 새로운 BatchConfigurer이다.

▼ 예제 7-51 HibernateBatchConfigurer

```
...
@Component
public class HibernateBatchConfigurer extends DefaultBatchConfigurer {

    private DataSource dataSource;
    private SessionFactory sessionFactory;
    private PlatformTransactionManager transactionManager;

    public HibernateBatchConfigurer(DataSource dataSource,
            EntityManagerFactory entityManagerFactory) {
        super(dataSource);
        this.dataSource = dataSource;
        this.sessionFactory = entityManagerFactory.unwrap(SessionFactory.class);
        this.transactionManager = new HibernateTransactionManager(this.sessionFactory);
    }

    @Override
    public PlatformTransactionManager getTransactionManager() {
        return this.transactionManager;
    }
}
```

예제에서 확인할 수 있듯이 사용할 HibernateTransactionManager를 생성한 이후에 오버라 이드한 getTransactionManger 메서드를 통해서 해당 HibernateTransactionManager를 반 환하기만 하면 된다. 이제 스프링 배치가 새 트랜잭션 매니저를 적절한 곳에 사용할 것이다.[7]

하이버네이트를 사용하는 데 필요한 모든 구성을 마쳤으므로 이제 org.springframework. batch.item.database.HibernateCusorItemReader를 구성해야 한다. 아마도 작업 중 가장

---

7   이 접근법을 사용하면 로그 메시지로 DataSourceTransactionManager를 사용한다는 메시지가 출력될 수도 있다.이는 스프 링 배치 버그로 4.2 이후 버전에서는 해결됐다.

간단할 것이다. 예제 7-52는 `HibernateCursorItemReaderBuilder`를 사용하는 리더의 구성이다. 구성에는 이름, `SessionFactory`, 쿼리 문자열, 쿼리에 사용할 파라미터가 필요하다.

▼ 예제 7-52 HibernateCursorItemReader 구성

```
...
@Bean
@StepScope
public HibernateCursorItemReader<Customer> customerItemReader(
        EntityManagerFactory entityManagerFactory,
        @Value("#{jobParameters['city']}") String city) {

    return new HibernateCursorItemReaderBuilder<Customer>()
            .name("customerItemReader")
            .sessionFactory(entityManagerFactory.unwrap(SessionFactory.class))
            .queryString("from Customer where city = :city")
            .parameterValues(Collections.singletonMap("city", city))
            .build();
}
...
```

예제에서는 HQL 쿼리를 사용해 데이터베이스에 질의했다. 그 외에도 쿼리 실행을 지정하는 세 가지 방법이 존재한다. 표 7-3에서 나머지 옵션 세 가지도 함께 설명한다.

▼ 표 7-3 하이버네이트 쿼리 옵션

옵션	타입	설명
queryName	String	하이버네이트 구성에 포함된 네임드 하이버네이트 쿼리를 참조함
queryString	String	스프링 구성에 추가하는 HQL 쿼리
queryProvider	HibernateQueryProvider	하이버네이트 쿼리(HQL)를 프로그래밍으로 빌드하는 기능 제공
nativeQuery	String	네이티브 SQL 쿼리를 실행한 뒤 결과를 하이버네이트로 매핑하는 데 사용

지금까지 진행한 작업이 `JdbcCursorItemReader`와 동일한 기능을 하이버네이트로 구현하는 데 필요한 전부다. 이번 잡을 실행하면 이전 잡과 동일한 결과가 출력된다.

하이버네이트를 사용해 페이징 기법으로 데이터베이스에 접근하기

하이버네이트는 JDBC와 마찬가지로 커서 기법이나 페이징 기법을 사용하는 데이터베이스 접근을 모두 지원한다. 커서 기법을 사용할 때와 페이징 기법을 사용할 때의 유일한 차이점은 잡 구성 클래스에 HibernateCursorItemReader 대신 HibernatePagingItemReader를 명시해야 한다는 것과 ItemReader에서 사용할 페이지 크기를 지정해야 한다는 것이다. 예제 7-53은 하이버네이트를 사용해서 페이징 기법으로 데이터베이스에 접근하도록 변경한 ItemReader이다.

▼ 예제 7-53 하이버네이트를 사용해서 페이징 기법으로 데이터베이스에 접근하기

```
...
@Bean
@StepScope
public HibernatePagingItemReader<Customer> customerItemReader(
            EntityManagerFactory entityManagerFactory,
            @Value("#{jobParameters['city']}") String city) {

    return new HibernatePagingItemReaderBuilder<Customer>()
            .name("customerItemReader")
            .sessionFactory(entityManagerFactory.unwrap(SessionFactory.class))
            .queryString("from Customer where city = :city")
            .parameterValues(Collections.singletonMap("city", city))
            .pageSize(10)
            .build();
}
...
```

하이버네이트를 사용하면 도메인 객체를 관계형 데이터와 매핑하는 것을 간소화해주는 것 외에도 레거시에 매핑이 이미 존재하는 상황에서는 배치 처리 개발 속도를 향상시킬 수 있다는 장점이 있다. 그러나 ORM 세계에서 하이버네이트만이 유일한 선택지인 것은 아니다. 자바 퍼시스턴스 API(Java Persistence API, 줄여서 JPA)는 ORM 퍼시스턴스를 구현한 네이티브 자바 구현체이다. 다음 절에서 JPA를 살펴보자.

JPA

JPA 또는 자바 퍼시스턴스 API는 ORM^{Object-Relational Mapping, 객체 관계 매핑} 영역에서 표준화된
접근법을 제공한다. 하이버네이트가 초기 JPA에 영감을 줬으며, 현재는 하이버네이트가 JPA
명세를 구현하고 있다. 그러나 하이버네이트는 대체가 쉬운 제품이 아니다. 예를 들면 JPA는
아이템을 조회하는 데 커서 기반 방법은 제공하지 않는다. 반면 네이티브 하이버네이트는 이
를 제공한다.[8] 이 예제에서는 앞서 하이버네이트를 사용하는 페이징 기법의 예제와 비슷하
게 페이징 기법으로 데이터베이스에 접근하는데, 하이버네이트 대신 JPA를 사용할 것이다.

스프링 부트가 제공하는 대부분의 기능을 사용할 때 그러하듯, 실제로 스프링 부트를 사용해
서 JPA를 구성하는 것은 매우 쉽다. 사실 앞서 살펴본 하이버네이트 예제에서 스프링 부트
JPA 구성을 했다. `spring-bootstarter-data-jpa`를 사용하는 모든 애플리케이션에는 스프
링 배치에서 JPA를 사용하는 데 필요한 모든 필수 컴포넌트가 포함돼 있다. 실은 스프링 부
트 스타터를 사용할 때는 커스텀 `BatchConfigurer` 구현체를 생성할 필요조차 없다. 스프링
부트가 하이버네이트 버전과 유사한 `JpaTransactionManager` 구성을 개발자 대신 처리하기
때문이다. 매핑 측면에서도 마찬가지다. 하이버네이트 예제에서 JPA 애너테이션을 사용했으
므로 실제로도 추가 매핑 작업이 필요 없다.

JPA를 사용하는 예제에서 신경 써야 할 유일한 부분은 개발하는 `ItemReader`를 구성하는 것
이다. 앞서 언급했듯 JPA는 커서 기법의 데이터베이스 접근을 지원하지 않지만 페이징 기법
의 데이터베이스 접근은 지원한다. `ItemReader`로는 `org.springframework.batch.item.`
`database.JpaPagingItemReader`를 사용하는데, 해당 리더에는 네 개의 의존성이 필요하다.
필요한 의존성은 ExecutionContext 내 엔트리의 접두어로 사용되는 이름, 스프링 부트가 제
공하는 `entityManager`, 실행할 쿼리, 파라미터다. 이 예제에서는 쿼리에 파라미터가 포함돼
있으므로 파라미터 값도 주입해야 한다. 예제 7-54는 JPA로 데이터베이스에 접근하는
`customerItemReader`의 구성이다.

---

8   JPA 2.2가 Stream 반환을 지원하긴 하지만 스프링 배치 사례에서는 사용하기 어렵다.

```
...
@Bean
@StepScope
public JpaPagingItemReader<Customer> customerItemReader(
            EntityManagerFactory entityManagerFactory,
            @Value("#{jobParameters['city']}") String city) {

    return new JpaPagingItemReaderBuilder<Customer>()
                .name("customerItemReader")
                .entityManagerFactory(entityManagerFactory)
                .queryString("select c from Customer c where c.city = :city")
                .parameterValues(Collections.singletonMap("city", city))
                .build();
}
...
```

현재까지 구성한 잡을 실행하면 명령행에 지정한 도시에 속한 모든 고객의 이름과 주소가 출력된다. JPA는 쿼리를 지정하는 다른 방법도 제공한다. 바로 Query 객체를 사용하는 방법이다. JPA가 제공하는 Query API를 사용하려면 org.springframework.batch.item.database.orm.JpaQueryProvider 인터페이스를 구현해야 한다. createQuery 메서드와 setEntityManager(EntityManagerem) 메서드로 구성된 JpaQueryProvider 인터페이스는 JpaPagingItemReader가 실행에 필요한 Query를 가져오는 데 사용된다. JpaQueryProvider 인터페이스를 쉽게 구현할 수 있도록 스프링 배치는 상속해서 사용할 수 있는 org.springframework.batch.item.database.orm.AbstractJpaQueryProvider 추상 기본 클래스를 제공한다. 예제 7-55는 예제 7-54에 구성된 것과 동일한 쿼리를 반환하는 구현체다.

▼ 예제 7-55 CustomerByCityQueryProvider

```
...
public class CustomerByCityQueryProvider extends AbstractJpaQueryProvider {

    private String cityName;

    public Query createQuery() {
```

```
            EntityManager manager = getEntityManager();

            Query query =
                    manager.createQuery("select c from Customer " +
                                            "c where c.city = :city");
            query.setParameter("city", cityName);

            return query;
        }

        public void afterPropertiesSet() throws Exception {
            Assert.notNull(cityName, "City name is required");
        }

        public void setCityName(String cityName) {
            this.cityName = cityName;
        }
    }
}
...
```

CustomerByCityQueryProvider에서는 AbstractJpaQueryProvider 기본 클래스를 사용해서 필요한 EntityManager를 가져오는 부분을 처리했다. 그리고는 JPA 쿼리를 생성하고 쿼리에 필요한 파라미터를 지정한 뒤 스프링 배치가 실행할 수 있도록 쿼리를 반환했다. 개발하는 ItemReader가 앞 예제에서 지정한 쿼리 문자열 대신 CustomerByCityQueryProvider를 사용하게 구성하려면 예제 7-56에 나타난 것처럼 단순히 queryString 파라미터를 queryProvider로 대체하면 된다.

▼ 예제 7-56 JpaQueryProvider 사용

```
...
@Bean
@StepScope
public JpaPagingItemReader<Customer> customerItemReader(
        EntityManagerFactory entityManagerFactory,
        @Value("#{jobParameters['city']}") String city) {

    CustomerByCityQueryProvider queryProvider =
                    new CustomerByCityQueryProvider();
```

```
            queryProvider.setCityName(city);

    return new JpaPagingItemReaderBuilder<Customer>()
                .name("customerItemReader")
                .entityManagerFactory(entityManagerFactory)
                .queryProvider(queryProvider)
                .parameterValues(Collections.singletonMap("city", city))
                .build();
}
...
```

JPA를 사용하면 하이버네이트 같은 ORM 라이브러리가 제공하는 많은 이점을 얻을 수 있으면서도, 애플리케이션의 서드파티 라이브러리 의존성을 제한할 수 있다.

7장에서 마지막으로 살펴볼 관계형 데이터베이스 관련 주제는 저장 프로시저에서 결과를 읽는 방법이다. 다음 절에서 해당 내용을 알아본다.

저장 프로시저

대다수 엔터프라이즈 환경에서 관계형 데이터베이스는 데이터가 저장된 테이블이 있는 단순한 공간만이 아니다. 관계형 데이터베이스는 온갖 비즈니스 목적에 맞춰 사용되는 복잡한 저장 프로시저stored procedure가 포함된 코드의 생태계다. 저장 프로시저는 일반적인 자바 개발자에게는 데이터베이스로 작업을 할 때 접하기에 가장 먼 메커니즘이지만, 전 세계의 다양한 데이터베이스에서 찾을 수 있는 잘 정립된 도구다.

저장 프로시저란 무엇일까? 특정 유형의 클라이언트가 향후 수행할 수 있도록 데이터베이스에 저장한 해당 데이터베이스 전용 코드의 집합을 말한다. 모든 데이터베이스가 저장 프로시저를 지원하진 않지만 대부분의 상용 등급 관계형 데이터베이스에서 사용이 가능하다.

스프링 배치가 저장 프로시저에서 데이터를 조회하는 용도로 제공하는 StoredProcedure ItemReader 컴포넌트를 사용하는 구성을 살펴보기 전에 예제에서 사용할 저장 프로시저를 살펴보자. 예제에서는 MySQL 데이터베이스를 사용하므로 저장 프로시저를 생성하는 데에도 MySQL 문법을 사용한다. 작성할 프로시저에서는 지금까지 실행한 쿼리과 동일한 역할을 하는 도시별 모든 고객을 조회하는 작업을 할 것이다. 예제 7-57은 MySQL에 저장 프로시저를 생성하는 데 필요한 코드다.

▼ 예제 7-57 JpaQueryProvider

```
DELIMITER //

CREATE PROCEDURE customer_list(IN cityOption CHAR(16))
  BEGIN
    SELECT * FROM CUSTOMER
    WHERE city = cityOption;
  END //

DELIMITER ;
```

저장 프로시저를 생성하려면 잡 실행 전에 위 코드를 실행해야 한다. 작성한 프로시저는 쿼리 내에서 사용되는 cityOption 파라미터를 하나 전달받도록 정의했다. 쿼리를 실행하면 일반적인 SQL 쿼리를 실행할 때처럼 ResultSet을 반환한다. 위 코드를 schema.sql 파일로 저장해놓고 스프링 부트가 이를 실행할 것이라고 생각해서는 안 된다. 다시 말해, MySQL 명령행에서 직접 위 코드를 실행해야 한다.

프로시저를 생성했으니 새 ItemReader의 구성 방법을 살펴보자. StoredProcedureItemReader는 JdbcCursorItemReader를 바탕으로 설계됐으므로 구성 코드도 JdbcCursorItemReader 구성 코드와 유사하다. 양쪽 모두 이름, 데이터 소스, RowMapper, PreparedStatementSettter를 구성해야 한다. 그러나 StoredProcedureItemReader를 구성할 때는 쿼리에 필요한 SQL을 지정하지 않고 호출할 프로시저의 이름을 지정한다. 저장 프로시저가 좀 더 복잡한 파라미터를 처리할 수 있으므로 파라미터 정의를 매핑하는 데에도 좀 더 많은 작업이 필요하다. StoredProcedureItemReader는 프로시저가 받아야 할 파라미터를 정의하는 매커니즘으로, SqlParameter 객체의 배열을 설정하는 기능을 제공한다. 예제에서는 VARCHAR 타입인 cityOption이라는 파라미터 한 개를 정의한다. 예제 7-58은 StoredProcedureItemReader의 구성이다.

▼ 예제 7-58: StoredProcedureItemReader

```
...

@Bean
@StepScope
public StoredProcedureItemReader<Customer> customerItemReader(DataSource dataSource,
            @Value("#{jobParameters['city']}") String city) {

    return new StoredProcedureItemReaderBuilder<Customer>()
                .name("customerItemReader")
                .dataSource(dataSource)
                .procedureName("customer_list")
                .parameters(new SqlParameter[]{
                        new SqlParameter("cityOption", Types.VARCHAR)})
                .preparedStatementSetter(
                        new ArgumentPreparedStatementSetter(new Object[] {city}))
                .rowMapper(new CustomerRowMapper())
                .build();
}
...
```

애플리케이션을 빌드한 뒤 실행한 결과는 앞서 살펴본 관계형 데이터베이스 예제에서 살펴본 것과 동일하다.

노트   저장 프로시저 예제를 실행하면 "User does not have access to metadata required to determine stored procedure parameter types"라는 메시지의 SQLException이 발생할 수 있다. 이는 데이터 베이스 사용자가 프로시저 메타데이터에 접근할 수 없기 때문이므로 DB에서 GRANT SELECT ON mysql.proc TO '사용자'@'접속지(localhost, % 등)'; 쿼리를 실행하고 예제를 다시 실행한다. 또는 application.yml의 MySQL URL 마지막에 ?noAccessToProcedureBodies=true를 추가한다.

관계형 데이터베이스는 데이터 저장소 중 가장 큰 비중을 차지한다. 그러나 새로운 데이터 저장소가 떠오르고 있다. 바로 다양한 NoSQL 저장소이다. 스프링 데이터^{Spring Data}는 이와 같은 다양한 데이터 소스를 대상으로 프로그래밍 모델을 단순화하고 일관된 프로그래밍 모델을 제공할 수 있도록 설계된 프로젝트이다. 다음 절에서는 스프링 데이터를 기반으로 하는 몇 가지 데이터 저장소를 살펴본다.

스프링 데이터

스프링 데이터 웹사이트에 따르면 스프링 데이터의 목적은 "기본적인 데이터 저장소의 특징을 유지하면서도, 친숙하고 일관된 스프링 기반의 데이터 접근 프로그래밍 모델을 제공하는 것"이다. 스프링 데이터는 단일 프로젝트가 아니며 여러 프로젝트의 포트폴리오다. 각 프로젝트는 사용자가 개별 NoSQL과 SQL 데이터 저장소의 고유 기능에 접근할 수 있게 하면서도, 일관된 추상화의 집합(Repository 인터페이스)을 제공한다. 이 절에서는 몇 가지 NoSQL 데이터 저장소를 살펴본다. 또한 스프링 배치에서 지금까지 살펴본 것과 동일한 선언적인 I/O 스타일로 NoSQL 데이터 저장소에 저장된 데이터를 사용하는 방법을 살펴본다. 먼저 몽고DB를 살펴보자.

몽고DB

몽고DB^{MongoDB}는 2007년 10gen이라는 회사의 출범에 뿌리를 두고 있다. 10gen은 당시 작업하던 플랫폼의 일부분으로 몽고DB를 개발했다. 10gen은 그 뒤 몽고DB를 별도 제품으로 출시했으며 사명을 MongoDB Inc.로 바꿨다.

몽고DB는 인기를 끈 첫 NoSQL 데이터 저장소 중 하나다. 그러나 몽고DB는 대다수 엔터프라이즈 개발자가 사용하던 데이터베이스와는 차이가 있었고 ACID 트랜잭션 같은 몇 가지 전통적인 엔터프라이즈 기능이 누락돼 당시에는 장난감에 가까웠다. 그러나 몽고DB는 엔터프라이즈 환경에서 인기 있는 문서 데이터베이스로 진화했다.

몽고DB의 주요 특징은 테이블을 사용하지 않는다는 것이다. 대신 각 데이터베이스는 한 개 또는 그 이상의 컬렉션으로 구성돼 있다. 각 컬렉션은 일반적으로 JSON 또는 BSON 포맷인 문서의 그룹으로 이뤄진다. 이 컬렉션과 문서는 탐색이 가능하며 자바스크립트 또는 JSON 기반 쿼리 언어로 검색할 수 있다. 이 같은 설계상 이점으로 몽고DB는 매우 속도가 빠르며 사용자가 처리하는 데이터에 맞춰 스키마를 변경할 수 있어 동적이고 유연하다. 몽고DB가 가진 그 외의 특징은 다음과 같다.

- **높은 가용성과 확장성**: 몽고DB는 기본으로 리플리케이션^{replication}을 제공하므로 가용성이 높다. 또한 기본으로 샤딩^{sharding}을 제공하므로 확장성이 뛰어나다.

- **지리공간정보**^{Geospatial} **지원**: 몽고DB가 제공하는 쿼리 언어는 이를테면 특정 지점이 어떤 경계 내에 속하는지를 결정하는 것 같은 질의를 지원한다.

`MongoItemReader`는 페이지 기반 `ItemReader`로, 쿼리를 전달받으며 몽고DB 서버에서 페이지 단위로 가져온 데이터를 반환한다. `MongoItemReader`는 몇 가지 의존성이 필요하다.

- `MongoOperations` 구현체: 쿼리를 실행하려면 `MongoTemplate`이 필요함
- `name`: `saveState`가 true일 때 일반적인 스테이트풀^{stateful}한 스프링 배치 컴포넌트처럼 실행 상태를 저장하는 데 필요함
- `targetType`: 몽고DB에서 가져온 문서를 매핑해서 반환할 자바 클래스 타입
- JSON 기반 쿼리 또는 `Query` 인스턴스: 실행할 쿼리

그 외 구성할 수 있는 항목에는 쿼리에 필요한 파라미터 외에도 정렬, 힌트, 결과에 포함할 필드 목록, 질의할 몽고DB 컬렉션 등이 있다.

예제에서는 트위터^{Twitter} 데이터를 살펴본다. 일반적으로 트위터는 모든 통신 메커니즘에 JSON을 사용하므로 트위터 데이터를 JSON 형식으로 가져오는 것은 그다지 어렵지 않다. 예제 데이터셋을 깃허브^{Github} https://github.com/ozlerhakan/mongodb-json-files에서 가져올 수 있다. 트위터 자료를 깃 저장소에서 다운로드한 뒤, `mongorestore -d tweets -c tweets_collection <ZIP 해제 경로>/dump/twitter/tweets.bson` 명령으로 몽고DB에 적재할 수 있다.[9] 명령을 실행하면 `tweets` 데이터베이스를 생성하며 `tweets_collection`이라는 컬렉션도 생성한다. JSON 포맷은 다음과 같다. 루트에는 `entities`라는 객체가 존재한다. `entities` 객체에는 `hashtags`, `symbols`, `user_mentions`, `urls` 같은 네 개의 필드가 존재한다. 우리가 사용하려는 항목은 `hashtags` 필드이다. 잡 파라미터로 전달하는 텍스트 값이 `hashtags` 배열 내에 존재하는 모든 엘리먼트를 검색하는 쿼리를 작성하려고 한다.

다음으로 해야 할 작업은 pom.xml에 몽고DB로 작업하는 데 필요한 적절한 의존성을 추가하는 것이다. 예제 7-59처럼 `spring-boot-starter-data-mongodb` 의존성이 필요하다.

---

9 명령 실행 전에 tweets.zip 파일 압축을 해제해야 한다. – 옮긴이

```
<dependency>
        <groupId>org.springframework.boot</groupId>
        <artifactId>spring-boot-starter-data-mongodb</artifactId>
</dependency>
```

데이터를 몽고DB에 적재했고 의존성도 추가했으므로 이제 특정 해시태그를 검색하는 쿼리를 실행할 수 있다. 몽고DB에서 쿼리를 실행하려면 다음 항목을 사용해서 `MongoItemReader`를 구성해야 한다.

- `name`: 잡을 재시작할 수 있도록 `ExecutionContext`에 상태를 저장하는 데 사용. `storeState`가 **true**이면 필요
- `targetType`: 반환되는 문서를 역직렬화^{deserialized}할 대상 클래스. 예제에서는 Map을 사용
- `jsonQuery`: 잡 파라미터로 전달한 값과 동일한 해시태그를 모두 찾는 쿼리
- `collection`: 쿼리 대상 컬렉션. 예제에서는 `tweets_collection`
- `parameterValues`: 쿼리에 필요한 모든 파라미터의 값. 예제에서는 검색하려는 해시태그 값
- `sorts`: 정렬 기준인 필드와 정렬 방법. `MongoItemReader`가 페이지 기반 `ItemReader`이므로 결과는 반드시 정렬돼야 함
- `template`: 쿼리 실행 대상 `MongoOperations` 구현체

예제 7-60은 잡에서 사용하는 `ItemReader`와 스텝의 구성이다.

▼ 예제 7-60 MongoItemReader

```
...
@Bean
@StepScope
public MongoItemReader<Map> tweetsItemReader(MongoOperations mongoTemplate,
            @Value("#{jobParameters['hashTag']}") String hashtag) {
    return new MongoItemReaderBuilder<Map>()
                .name("tweetsItemReader")
```

```
            .targetType(Map.class)
            .jsonQuery("{ \"entities.hashtags.text\": { $eq: ?0 }}")
            .collection("tweets_collection")
            .parameterValues(Collections.singletonList(hashtag))
            .pageSize(10)
            .sorts(Collections.singletonMap("created_at", Sort.Direction.ASC))
            .template(mongoTemplate)
            .build();
}

@Bean
public Step copyFileStep() {
    return this.stepBuilderFactory.get("copyFileStep")
            .<Map, Map>chunk(10)
            .reader(tweetsItemReader(null, null))
            .writer(itemWriter())
            .build();
}
...
```

잡 실행 전에 한 가지 항목을 추가로 구성해야 한다. 몽고DB에 데이터를 적재할 때, tweets
라는 이름의 데이터베이스에 저장했다. 그러나 애플리케이션에 아직 해당 데이터베이스를
사용하도록 설정하지는 않았다. 설정하려면 application.yml에 spring.data.mongodb.
database: tweets라는 프로퍼티를 추가해야 한다.

애플리케이션을 빌드한 뒤 hashTag=nodejs라는 잡 파라미터를 지정해서 잡을 실행한다. 그
림 7-7처럼 몽고DB로 가져온 데이터셋 중에서 레코드 20개가 콘솔로 출력되는 것을 확인
할 수 있다.

▲ 그림 7-7 몽고DB 출력 결과

몽고DB는 시장에서 가장 인기 있는 NoSQL 데이터 저장소다. 그러나 몽고DB만 인기 있는
NoSQL 저장소인 것은 아니다. 몽고DB는 문서 기반 방식으로 데이터를 처리하는 경우에 적
합하다. 하지만 또 다른 방식을 사용하는 NoSQL 데이터 저장소도 존재한다. 복잡한 그래프

형태로 데이터를 저장하는 방식을 이어서 살펴본다.

스프링 데이터 리포지터리

이 절 초반에 "스프링 데이터 프로젝트의 목적은 일관성 있는 프로그래밍 모델을 제공하는데 있다"고 스프링 데이터 웹사이트에 적혀 있다는 사실을 언급했다. 여기서 일관성의 주요 포인트는 Repository 추상화다. Repository 추상화를 사용하므로 스프링 데이터가 제공하는 인터페이스 중 하나를 상속하는 인터페이스를 단순히 정의하기만 하면 기본적인 CRUD^create/read/update/delete 작업을 할 수 있다. 이는 스프링 데이터 프로젝트와 연관된 어떤 데이터 저장소건 리포지터리 매커니즘에 필요한 타입을 지원하기만 하면 스프링 배치로 읽을 수 있다는 기능성의 세계를 여는 것이다. 예를 들어 스프링 배치가 직접적으로 지원하지 않는 아파치 카산드라^Cassandra에서 데이터를 읽어야 한다고 하자. 하지만 스프링 데이터가 아파치 카산드라를 지원하므로 카산드라에 접근하는 리포지터리만 만들면 스프링 배치에서도 접근할 수 있다.

그런데 스프링 데이터 리포지터리란 무엇인가? 스프링 데이터는 스프링 데이터가 제공하는 특정 인터페이스(예를 들어 PagingAndSortingRepository) 중 하나를 상속하는 인터페이스를 사용자가 정의하기만 하면 스프링 데이터가 해당 인터페이스의 구현을 처리하는 기능을 제공한다. 더 재미있는 것은 스프링 데이터가 이런 커스텀 리포지터리를 대상으로 하는 질의 언어를 제공한다는 것이다. 이런 질의 언어는 사용자가 인터페이스에 정의한 메서드의 이름을 기반으로 한다. 예를 들어 Customer 테이블을 city 애트리뷰트로 검색하려 하면 public List findByCity(String city);라는 시그니처로 메서드를 생성한다. 그러면 스프링 데이터가 findByCity 메서드를 해석한 뒤 사용하는 데이터 저장소를 바탕으로 적절한 쿼리를 생성한다.

스프링 배치가 스프링 데이터와 호환성이 좋은 이유는 스프링 배치가 스프링 데이터의 PagingAndSortingRepository를 활용하기 때문이다. Repository 인터페이스는 표준화된 방법으로 데이터를 페이징하거나 정렬할 수 있는 기능을 제공하는 리포지터리를 정의한다. 또한 RepositoryItemReader는 JdbcPagingItemReader나 HibernatePagingItemReader를 사용할 때와 동일한 방식으로 PagingAndSortingRepository를 사용해서 페이징 쿼리를 실행한다. `RepositoryItemReader`를 사용하면 스프링 데이터가 리포지터리를 지원하는 어떤 데이터 저장소건 상관없이 해당 데이터 저장소에 질의를 수행할 수 있다는 점에서 지금까지 살펴본 `ItemReader`와 차이가 있다.

이를 좀 더 자세히 살펴보려면 이전 JPA 예제로 돌아가보자. 이전 예제에서는 city 칼럼의 값을 검색 조건으로 사용해 `Customer` 테이블에 쿼리를 실행했다. 쿼리를 실행하려면 `JpaPagingItemReader`에 쿼리를 문자열로 정의해서 전달해야 했다. 이번에는 리포지터리 인터페이스 하나를 작성하고, 그 이후에 필요한 작업은 스프링이 수행하도록 할 것이다. 사용하는 도메인 객체는 예제 7-50에서 살펴본 것과 동일하다.

사용할 `ItemReader`를 정의하기 전에 `PagingAndSortingRepository`를 상속하는 리포지터리를 하나 작성해야 한다. 예제에서는 데이터베이스에서 city 칼럼을 대상으로 쿼리를 실행하는 단일 메서드를 리포지터리에 정의할 것이다. 이 절 앞부분에서 언급한 메서드 시그니처로는 그 기능이 잘 동작하지 않는다. 스프링 데이터가 제공하는 페이징 메커니즘을 활용할 수 없기 때문이다. 페이징 기능이 작동하게 하려면 메서드 시그니처에서 두 부분을 조금 수정해야 한다. 먼저 메서드에 `org.springframework.data.domain.Pageable` 파라미터를 추가해야 한다. 이 리포지터리 인터페이스의 구현체는 데이터를 한 페이지만큼 요청하는 데 필요한 파라미터를 캡슐화한다. 구체적으로는 페이지 크기, 오프셋, 페이지 번호, 정렬 옵션, 기타 페이징 쿼리를 빌드하는 데 필요한 메커니즘이 포함돼 있다. 메서드 시그니처에 추가로 수정해야 할 부분은 `List<Customer>`를 반환하는 부분으로, 대신 `org.springframework.data.domain.Page<Customer>`를 반환하게 변경한다. 반환되는 `Page` 객체에는 해당 페이지의 실제 데이터는 물론, 실행 시 전달했던 `Pageable` 객체의 값도 포함돼 있다. 또한 `Page` 객체에는 실행한 쿼리에서 반환된 데이터셋의 메타 정보도 일부 담겨 있다. 현재 페이지의 레코드 개수 외에도 데이터셋에 포함된 전체 엘리먼트 개수도 담겨 있으며, 해당 페이지가 첫 번째 페이지인지 또는 마지막 페이지인지도 담겨 있다. 예제 7-61은 사용할 리포지터리 인터페이스다.

▼ 예제 7-61 CustomerRepository

```
...
public interface CustomerRepository extends JpaRepository<Customer, Long> {

    Page<Customer> findByCity(String city, Pageable pageRequest);
}
```

노트 프로젝트에 스프링 데이터 스타터가 한 개 이상 포함돼 있을 때는 JpaRepository 같은 데이터 저장소
전용 인터페이스를 사용해서 리포지터리가 소속된 데이터 저장소를 표시해야 할 수도 있다.

리포지터리를 정의했으므로 이제 데이터를 읽어들일 전용 RepositoryItemReader를 정의할
수 있다. 그러려면 RepositoryItemReaderBuilder에 이름(재시작이 가능하도록), Pageable 파
라미터를 제외한 메서드에 필요한 아규먼트^{argument}, 호출할 메서드 이름, 리포지터리 구현
체, 필요한 정렬 방법(예제에서는 고객의 성으로 정렬한다)을 전달해 사용한다. 예제 7-62는
RepositoryItemReader 구성이다.

▼ 예제 7-62 RepositoryItemReader

```
...
@Bean
@StepScope
public RepositoryItemReader<Customer> customerItemReader(CustomerRepository repository,
            @Value("#{jobParameters['city']}") String city) {

    return new RepositoryItemReaderBuilder<Customer>()
                .name("customerItemReader")
                .arguments(Collections.singletonList(city))
                .methodName("findByCity")
                .repository(repository)
                .sorts(Collections.singletonMap("lastName", Sort.Direction.ASC))
                .build();
}
```

코드 작성을 완료했다. 잡을 실행하면 예제 7-63과 같은 결과가 나타난다.

▼ 예제 7-63 RepositoryItemReader 잡의 실행 결과

```
. . .
2020-12-29 01:14:26.226  INFO 20872 --- [           main] o.s.batch.core.job.
SimpleStepHandler    : Executing step: [copyFileStep]
Customer{id=831, firstName='Oren', middleInitial='Y', lastName='Benson', address='P.O. Box
201, 1204 Sed St.', city='Chicago', state='IL', zipCode='91416'}
Customer{id=297, firstName='Hermione', middleInitial='K', lastName='Kirby',
address='599-9125 Et St.', city='Chicago', state='IL', zipCode='95546'}
2020-12-29 01:14:26.615  INFO 20872 --- [           main] o.s.b.c.l.support.
SimpleJobLauncher    : Job: [SimpleJob: [name=job]] completed with the following
parameters: [{city=Chicago}] and the following status: [COMPLETED]
. . .
```

지금까지 다양한 파일과 데이터베이스 입력 소스를 살펴봤으며, 각 입력 소스에서 데이터를 읽어들이는 다양한 방법을 살펴봤다. 그러나 마이크로서비스와 API 영역에서는 언제나 직접 데이터에 접근할 수 있는 것은 아니다. 다음 절에서는 이미 사용 중인 자바 서비스를 이용해 데이터를 가져오는 방법을 살펴본다.

기존 서비스

대부분의 회사에는 현재 서비스 중인 웹 또는 다른 형태의 자바 애플리케이션이 존재한다. 이들 애플리케이션은 수많은 분석, 설계, 테스트, 버그 수정 과정을 거쳤다. 이런 애플리케이션을 구성하는 코드는 실전에서 테스트됐으며 이상이 없음이 검증됐다.

그럼 배치 처리에서 기존 애플리케이션의 코드를 사용할 수는 없을까? 고객 객체를 읽어들이는 배치 처리 예제를 생각해보자. 다만 지금까지의 예제처럼 Customer 객체의 매핑 대상이 단일 테이블이나 파일이 아니라 여러 데이터베이스의 여러 테이블에 산재돼 있다고 가정한다. 또한 물리적으로 고객 데이터를 지우지 않는다. 그 대신 삭제됐다는 플래그를 기록한다. 웹 기반 애플리케이션에는 이미 고객 데이터를 조회하는 서비스가 존재한다. 배치 처리에서 해당 서비스를 사용하려면 어떻게 해야 할까? 이 절에서는 기존 스프링 서비스를 호출해서 ItemReader에 데이터를 공급하는 방법을 알아본다.

4장에서는 스프링 배치가 태스크릿에서 별도의 기능을 사용할 수 있게 하는 어댑터 몇 가지를 살펴봤다. 이런 어댑터 중에 특히 중요한 것들로는 org.springframework.batch.core.step.tasklet.CallableTaskletAdapter, org.springframework.batch.core.step.tasklet.MethodInvokingTaskletAdapter, org.springframework.batch.core.step.tasklet.SystemCommandTasklet이 있다. 이 세 개의 어댑터는 다른 엘리먼트를 래핑해서 스프링 배치가 해당 엘리먼트와 통신할 수 있게 하는 데 사용된다. 스프링 배치에서 기존 서비스를 사용할 때도 같은 패턴을 사용한다.

입력 데이터를 읽을 때는 org.springframework.batch.item.adapter.ItemReaderAdapter를 사용한다. RepositoryItemReader가 리포지터리의 참조와 해당 리포지터리에서 호출할 메서드 이름을 전달받는 것과 비슷하게, ItemReaderAdapter는 호출 대상 서비스의 참조와 호출할 메서드 이름을 의존성으로 전달받는다. ItemReaderAdapter를 사용할 때는 다음 두 가지를 염두에 두어야 한다.

1. 매번 호출할 때마다 반환되는 객체는 ItemReader가 반환하는 객체다. 사용하는 서비스가 Customer 객체 하나를 반환한다면, 이 객체는 ItemProcessor로 전달되며 마지막에는 ItemWriter로 전달된다. 서비스가 Customer 객체의 컬렉션을 반환한다면, 이 컬렉션이 단일 아이템으로 ItemProcessor와 ItemWriter로 전달되므로 개발자가 직접 컬렉션 내 객체를 하나씩 꺼내면서 처리해야 한다.
2. 입력 데이터를 모두 처리하면 서비스 메서드는 반드시 null을 반환해야 한다. 이는 스프링 배치에게 해당 스텝의 입력을 모두 소비했음을 나타낸다.

이번 예제에서는 입력 데이터 목록이 모두 처리될 때까지 Customer 객체를 반환하도록 하드코딩된 서비스를 사용한다. 목록에 담긴 객체를 모두 소비하면 다음 호출부터는 매번 null을 반환한다. 예제 7-64의 CustomerService는 예제에서 사용할 수 있도록 Customer 객체의 목록을 무작위로 생성한다.

▼ 예제 7-64 CustomerService

```
...
@Component
```

```java
public class CustomerService {

    private List<Customer> customers;
    private int curIndex;

    private String [] firstNames = {"Michael", "Warren", "Ann", "Terrence",
                            "Erica", "Laura", "Steve", "Larry"};
    private String middleInitial = "ABCDEFGHIJKLMNOPQRSTUVWXYZ";
    private String [] lastNames = {"Gates", "Darrow", "Donnelly", "Jobs",
                            "Buffett", "Ellison", "Obama"};
    private String [] streets = {"4th Street", "Wall Street", "Fifth Avenue",
                            "Mt. Lee Drive", "Jeopardy Lane",
                            "Infinite Loop Drive", "Farnam Street",
                            "Isabella Ave", "S. Greenwood Ave"};
    private String [] cities = {"Chicago", "New York", "Hollywood", "Aurora",
                            "Omaha", "Atherton"};
    private String [] states = {"IL", "NY", "CA", "NE"};

    private Random generator = new Random();

    public CustomerService() {
        curIndex = 0;

        customers = new ArrayList<>();

        for(int i = 0; i< 100; i++) {
            customers.add(buildCustomer());
        }
    }

    private Customer buildCustomer() {
        Customer customer = new Customer();

        customer.setId((long) generator.nextInt(Integer.MAX_VALUE));
        customer.setFirstName(
            firstNames[generator.nextInt(firstNames.length - 1)]);
        customer.setMiddleInitial(
            String.valueOf(middleInitial.charAt(
                generator.nextInt(middleInitial.length() - 1))));
        customer.setLastName(lastNames[generator.nextInt(lastNames.length - 1)]);
        customer.setAddress(generator.nextInt(9999) + " " +
```

```
                    streets[generator.nextInt(streets.length - 1)]);
            customer.setCity(cities[generator.nextInt(cities.length - 1)]);
            customer.setState(states[generator.nextInt(states.length - 1)]);
            customer.setZipCode(String.valueOf(generator.nextInt(99999)));

            return customer;
        }


        public Customer getCustomer() {
            Customer cust = null;

            if(curIndex<customers.size()) {
                cust = customers.get(curIndex);
                curIndex++;
            }

            return cust;
        }
}
```

마지막으로 예제 7-6에서 개발한 서비스를 사용하려면, customerItemReader가 ItemReader Adapter를 사용해 해당 서비스의 getCustomer 메서드를 호출해 각 아이템을 가져오도록 구성해야 한다. 예제 7-65는 해당 구성 내용을 나타낸다.

▼ 예제 7-65 CustomerService와 CustomerService를 호출하는 ItemReaderAdapter의 구성

```
...
@Bean
public ItemReaderAdapter<Customer> customerItemReader(CustomerService customerService) {
    ItemReaderAdapter<Customer> adapter = new ItemReaderAdapter<>();

    adapter.setTargetObject(customerService);
    adapter.setTargetMethod("getCustomer");

    return adapter;
}
...
```

지금까지 살펴본 것이 개발하려는 배치에서 기존 서비스를 데이터 소스로 사용하는 데 필요한 내용의 전부다. 기존에 존재하는 서비스를 사용한다는 것은, 테스트와 검증을 마친 기존 코드를 재사용한다는 것을 의미한다. 따라서 기존에 존재하던 처리 코드를 새 프레임워크에 맞게 다시 만들면서 발생하는 새로운 버그를 피할 수 있다.

스프링 배치는 광범위한 ItemReader 구현체를 제공하며, 지금까지 많은 구현체를 살펴봤다. 그러나 스프링 배치 프레임워크 개발자가 모든 시나리오를 만족하는 대책을 마련할 수는 없다. 그러므로 스프링 배치는 개발자가 커스텀 ItemReader 구현체를 생성할 수 있는 방법을 제공한다. 다음 절에서는 커스텀 ItemReader를 구현하는 방법을 살펴본다.

커스텀 입력

스프링 배치는 자바 애플리케이션에서 일반적으로 사용하는 거의 모든 타입의 리더를 제공한다. 그러나 스프링 배치가 제공하는 ItemReader로 처리가 가능한 입력 형식을 사용할 때라도 커스텀 ItemReader를 만들어야 할 때도 있다. ItemReader 인터페이스의 read 메서드를 구현하는 것은 쉬운 작업이다. 그러나 개발한 리더를 재시작할 수 있게 하려면 어떻게 해야 할까? 매번 잡을 실행할 때마다 상태를 어떻게 유지할까? 이 절에서는 잡의 여러 실행에 걸쳐 상태를 관리할 수 있는 ItemReader 구현 방법을 살펴본다.

앞서 언급했듯이 스프링의 ItemReader 인터페이스를 구현하는 것은 매우 간단하다. 사실 조금만 고치면 앞 절에서 사용한 CustomerService를 ItemReader로 변환할 수 있다. 변환에 필요한 작업은 ItemReader 인터페이스를 구현하고 getCustomer() 메서드를 read()로 바꾸는 것이 전부다. 예제 7-66은 변경된 코드다.

▼ 예제 7-66 CustomerItemReader

```
...
public class CustomerItemReader implements ItemReader<Customer> {

    private List<Customer> customers;
    private int curIndex;
```

```java
private String [] firstNames = {"Michael", "Warren", "Ann", "Terrence",
                                "Erica", "Laura", "Steve", "Larry"};
private String middleInitial = "ABCDEFGHIJKLMNOPQRSTUVWXYZ";
private String [] lastNames = {"Gates", "Darrow", "Donnelly", "Jobs",
                               "Buffett", "Ellison", "Obama"};
private String [] streets = {"4th Street", "Wall Street", "Fifth Avenue",
                             "Mt. Lee Drive", "Jeopardy Lane",
                             "Infinite Loop Drive", "Farnam Street",
                             "Isabella Ave", "S. Greenwood Ave"};
private String [] cities = {"Chicago", "New York", "Hollywood", "Aurora",
                            "Omaha", "Atherton"};
private String [] states = {"IL", "NY", "CA", "NE"};

private Random generator = new Random();

public CustomerItemReader() {
    curIndex = 0;

    customers = new ArrayList<>();

    for(int i = 0; i< 100; i++) {
        customers.add(buildCustomer());
    }
}

private Customer buildCustomer() {
    Customer customer = new Customer();

    customer.setId((long) generator.nextInt(Integer.MAX_VALUE));
    customer.setFirstName(
        firstNames[generator.nextInt(firstNames.length - 1)]);
    customer.setMiddleInitial(
        String.valueOf(middleInitial.charAt(
            generator.nextInt(middleInitial.length() - 1))));
    customer.setLastName(
        lastNames[generator.nextInt(lastNames.length - 1)]);
    customer.setAddress(generator.nextInt(9999) + " " +
                        streets[generator.nextInt(streets.length - 1)]);
    customer.setCity(cities[generator.nextInt(cities.length - 1)]);
    customer.setState(states[generator.nextInt(states.length - 1)]);
    customer.setZipCode(String.valueOf(generator.nextInt(99999)));
```

```
            return customer;
        }

        @Override
        public Customer read() {
            Customer cust = null;

            if(curIndex<customers.size()) {
                cust = customers.get(curIndex);
                curIndex++;
            }

            return cust;
        }
}
```

매번 실행할 때마다 예제 7-66의 `CustomerItemReader`가 완전히 새로운 데이터 목록을 만든다는 사실은 중요하지 않으므로 무시해도 되겠지만, 해당 `CustomerItemReader`는 잡을 실행할 때마다 목록의 처음부터 재시작한다는 점을 기억하기 바란다. 이처럼 처음부터 재시작하는 것이 일반적으로 필요한 기능이겠지만, 꼭 그런 것만은 아니다. 레코드 백만 개 중 50만 개를 처리한 뒤 에러가 발생했을 때는 에러가 발생한 청크부터 다시 시작하기를 원할 것이다.

스프링 배치가 `JobRepository`에 리더의 상태를 저장해서 이전에 종료된 지점부터 리더를 다시 시작할 수 있게 하려면 추가로 `ItemStream` 인터페이스를 구현해야 한다. 예제 7-67처럼 `ItemStream` 인터페이스는 open, update, close 같은 세 개의 메서드로 구성된다.

▼ 예제 7-67 ItemStream 인터페이스

```
package org.springframework.batch.item;

public interface ItemStream {
    void open(ExecutionContextexecutionContext) throws ItemStreamException;
    void update(ExecutionContextexecutionContext) throws ItemStreamException;
    void close() throws ItemStreamException;
}
```

ItemStream 인터페이스의 세 메서드는 각 스텝을 실행하는 도중에 스프링 배치가 개별로 호출한다. open 메서드는 ItemReader에서 필요한 상태를 초기화하려고 호출한다. 이 초기화는 잡을 재시작할 때 이전 상태를 복원하는 것 외에도 특정 파일을 열거나 데이터베이스에 연결하는 것을 포함한다. 예를 들면 open 메서드는 처리된 레코드의 개수를 가져오는 데 사용할 수 있으므로, 다시 잡을 실행할 때는 해당 레코드 숫자만큼의 레코드를 건너뛸 수 있을 것이다. update 메서드는 스프링 배치가 잡의 상태를 갱신하는 처리에 사용한다. 얼마나 많은 레코드나 청크가 처리됐는지를 기록하는 데 update 메서드를 사용한다. 마지막으로 close 메서드는 파일을 닫는 것처럼 리소스를 닫는 데 사용한다.

open 메서드와 update 메서드 내에서는 ExecutionContext에 접근할 수 있다는 것을 알아챘을 것이다. ExecutionContext는 ItemReader 구현체에서는 접근할 수 없었다. 이 ExecutionContext에 대한 참조는, 잡이 재시작됐을 때 스프링 배치가 open 메서드에게 리더의 이전 상태를 알려주는 용도로 사용한다. 또한 각 아이템이 처리됨에 따라 update 메서드에게 리더의 현재 상태(어떤 레코드가 현재 처리 중인지)를 알려주는 데 사용된다. 마지막으로 close 메서드는 ItemStream에서 사용된 모든 리소스를 정리하는 데 사용된다.

현재 개발 중인 ItemReader에서 어떻게 ItemStream을 사용해야 하는지 궁금할 수도 있겠다. ItemStream에는 read 메서드가 없기 때문이다. 답은 간단하다. 개발할 필요가 없다. 대신 org.springframework.batch.item.ItemStreamSuport라는 유틸리티 클래스를 상속할 것이다. ItemStreamSupport는 컴포넌트의 이름으로 고유 키를 생성하는 getExecutionContextKey라는 유틸리티 메서드를 제공할 뿐만 아니라 ItemStream 인터페이스도 구현한다. 예제 7-68은 ItemStreamSupport 인터페이스를 구현하도록 변경한 CustomerItemReader의 코드를 나타낸다.

▼ 예제 7-68 ItemStreamSupport 인터페이스를 구현한 CustomerItemReader 구현체

```
...
public class CustomerItemReader extends ItemStreamSupport implements ItemReader<Customer> {

    private List<Customer> customers;
    private int curIndex;
    private String INDEX_KEY = "current.index.customers";
```

```java
private String [] firstNames = {"Michael", "Warren", "Ann", "Terrence",
                                "Erica", "Laura", "Steve", "Larry"};
private String middleInitial = "ABCDEFGHIJKLMNOPQRSTUVWXYZ";
private String [] lastNames = {"Gates", "Darrow", "Donnelly", "Jobs",
                               "Buffett", "Ellison", "Obama"};
private String [] streets = {"4th Street", "Wall Street", "Fifth Avenue",
                             "Mt. Lee Drive", "Jeopardy Lane",
                             "Infinite Loop Drive", "Farnam Street",
                             "Isabella Ave", "S. Greenwood Ave"};
private String [] cities = {"Chicago", "New York", "Hollywood", "Aurora",
                            "Omaha", "Atherton"};
private String [] states = {"IL", "NY", "CA", "NE"};

private Random generator = new Random();

public CustomerItemReader() {
    curIndex = 0;

    customers = new ArrayList<>();

    for(int i = 0; i< 100; i++) {
        customers.add(buildCustomer());
    }
}

private Customer buildCustomer() {
    Customer customer = new Customer();

    customer.setId((long) generator.nextInt(Integer.MAX_VALUE));
    customer.setFirstName(
        firstNames[generator.nextInt(firstNames.length - 1)]);
    customer.setMiddleInitial(
        String.valueOf(middleInitial.charAt(
            generator.nextInt(middleInitial.length() - 1))));
    customer.setLastName(
        lastNames[generator.nextInt(lastNames.length - 1)]);
    customer.setAddress(generator.nextInt(9999) + " " +
                        streets[generator.nextInt(streets.length - 1)]);
    customer.setCity(cities[generator.nextInt(cities.length - 1)]);
    customer.setState(states[generator.nextInt(states.length - 1)]);
    customer.setZipCode(String.valueOf(generator.nextInt(99999)));
```

```java
            return customer;
        }

        @Override
        public Customer read() {
            Customer cust = null;

            if(curIndex == 50) {
                throw new RuntimeException("This will end your execution");
            }

            if(curIndex < customers.size()) {
                cust = customers.get(curIndex);
                curIndex++;
            }

            return cust;
        }

        public void close() throws ItemStreamException {
        }

        public void open(ExecutionContext executionContext) throws ItemStreamException {
            if(executionContext.containsKey(getExecutionContextKey(INDEX_KEY))) {
                int index = executionContext.getInt(getExecutionContextKey(INDEX_KEY));

                if(index == 50) {
                    curIndex = 51;
                } else {
                    curIndex = index;
                }
            } else {
                curIndex = 0;
            }
        }

        public void update(ExecutionContext executionContext) throws ItemStreamException {
            executionContext.putInt(getExecutionContextKey(INDEX_KEY), curIndex);
        }
    }
}
```

예제 7-68의 굵게 표시된 부분은 CustomerItemReader에서 변경한 부분이다. 먼저 클래스가 ItemStreamSupport 인터페이스를 구현하게 변경했다. 그 뒤 close, open, update 메서드를 추가했다. update 메서드에서는 현재 처리 중인 레코드를 나타내는 키-값 쌍을 추가했다. open 메서드는 update 메서드에서 값을 설정했는지 여부를 체크한다. 값이 설정돼 있으면 잡을 재시작한 것을 의미한다. run 메서드에서는 50번째 Customer 객체를 처리한 뒤에는 RuntimeException을 던지는 코드를 추가해 잡을 강제로 종료했다. open 메서드로 돌아가 open 메서드 내에서는 복원하려는 인덱스가 50이면 이는 조금 전에 run 메서드 내에 추가한 예외 코드 때문에 발생한 것이므로 해당 레코드를 건너뛰게 한다. 그렇지 않다면 처리를 재시도한다. ExecutionContext에서 사용되는 키에 대한 참조가 ItemStreamSupport가 제공하는 getExecutionContextKey 메서드를 사용해서 전달된다는 점을 알아챘을 것이다.

추가로 하나 더 해야 하는 작업은 새 ItemReader 구현체를 구성하는 것이다. 예제에서 작성한 ItemReader는 별도의 의존성이 없으므로 이름만 제대로 지정해서 빈을 정의하기만 하면 된다(해당 빈은 기존 copyJob에서 참조한다). 예제 7-69는 CustomerItemReader의 구성이다.

▼ 예제 7-69 CustomerItemReader Configuration

```
...
@Bean
public CustomerItemReader customerItemReader() {
    CustomerItemReader customerItemReader = new CustomerItemReader();

    customerItemReader.setName("customerItemReader");

    return customerItemReader;
}
```

정말 간단한 구성이다. 이제 잡을 실행하면 50번째 레코드를 처리한 뒤에는 CustomerItemReader가 예외를 던져서 잡이 실패한다. 그러나 JobRepository의 BATCH_STEP_EXECUTION_CONTEXT 테이블을 살펴보면 예제 7-70과 같은 내용을 확인할 수 있으므로 만족스러울 것이다.

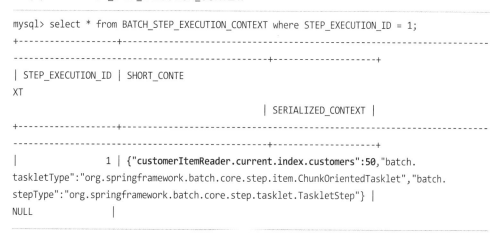

▼ 예제 7-70 BATCH_STEP_EXECUTION_CONTEXT

```
mysql> select * from BATCH_STEP_EXECUTION_CONTEXT where STEP_EXECUTION_ID = 1;
+------------------+-------------------------------------------------------------
-----------------------------------------------+-------------------+
| STEP_EXECUTION_ID | SHORT_CONTE
XT
                                                  | SERIALIZED_CONTEXT |
+------------------+-------------------------------------------------------------
-----------------------------------------------+-------------------+
|                 1 | {"customerItemReader.current.index.customers":50,"batch.
taskletType":"org.springframework.batch.core.step.item.ChunkOrientedTasklet","batch.
stepType":"org.springframework.batch.core.step.tasklet.TaskletStep"} |
NULL              |
```

다소 읽기 힘들긴 하지만 스프링 배치가 JobRepository에 커밋 카운트를 기록한 것을 발견했을 것이다. 이 같은 상태 기록과 재실행 시 50번째 고객 레코드를 건너뛰는 로직 덕분에 스프링 배치는 종료된 지점에서 다시 시작할 것이며 라이터writer가 에러를 일으킨 아이템을 건너뛸 것이라는 사실을 알고 있는 상태에서 잡을 다시 실행할 수 있다.

스프링 배치는 파일, 데이터베이스, 서비스, 심지어 커스텀 ItemReader에 이르기까지 다양한 입력 옵션을 제공한다. 따라서 지금까지 살펴본 것은 극히 일부에 지나지 않는다. 그러나 안타깝게도 실제 세계에서 처리해야 할 데이터는 예제에서 작업한 데이터처럼 깨끗하진 않다. 그렇다고 해서 매번 에러를 만날 때마다 처리를 중단해야 하는 것은 아니다. 다음 절에서 스프링 배치로 입력 에러를 처리하는 몇 가지 방법을 살펴보자.

에러 처리

스프링 배치 애플리케이션에서 시작할 때와 처리 중에 또는 결과를 기록할 때 문제가 발생할 수 있다. 이 절에서는 배치 처리 중에 발생하는 여러 가지 에러를 다루는 방법을 살펴보자.

레코드 건너뛰기

입력에서 레코드를 읽는 중에 에러가 발생했을 때는 몇 가지 다른 선택지가 존재한다. 먼저 예외를 던져 처리를 멈추는 것이다. 얼마나 많은 레코드를 처리해야 하는가와 에러가 발생한 레코드 한 개를 처리하지 않았을 때의 영향도에 따라 예외를 던져 처리를 멈추는 것은 극단적인 방법일 수도 있다. 스프링 배치는 그 대신 특정 예외가 발생했을 때 레코드를 건너뛰는 skip 기능을 제공한다. 이 절에서는 특정 예외가 발생했을 때 레코드를 건너뛰는 방법을 알아본다.

레코드를 건너뛸지 여부를 결정할 때 고려해야 할 두 가지 요소가 있다. 먼저 어떤 조건에서 레코드를 건너뛸 것인가, 특히 어떤 예외를 무시할 것인가이다. 레코드를 조회하는 도중 에러가 발생하면 스프링 배치는 예외를 던진다. 어떤 것을 건너뛸지 결정하려면 어떤 예외가 발생했을 때 건너뛸 것인지 식별해야 한다.

입력 레코드를 건너뛸지 여부를 결정하는 두 번째 요소는 스텝 실행이 실패했다고 결정하기 전에 얼마나 많은 레코드를 건너뛸 수 있게 할 것인가다. 백만 건의 레코드 중 한두 건만 건너뛴다면 대수롭지 않은 일일 수도 있다. 그러나 백만 건 중 50만 건을 건너뛴다면 뭔가 잘못된 것이다. 기준을 정하는 것은 개발자의 몫이다.

실제로 레코드를 건너뛰려면 스프링 배치가 어떤 예외를 건너뛰게 할지, 몇 번까지 예외를 허용할지 설정하기만 하면 된다. 모든 `org.springframework.batch.item.ParseException`을 10회까지 건너뛰게 설정해보자. 예제 7-71은 해당 시나리오의 구성이다.

▼ 예제 7-71 ParseException을 10개까지 건너뛰는 구성

```
@Bean
public Step copyFileStep() {
    return this.stepBuilderFactory.get("copyFileStep")
            .<Customer, Customer>chunk(10)
            .reader(customerItemReader())
            .writer(itemWriter())
            .faultTolerant()
            .skip(ParseException.class)
            .skipLimit(10)
```

```
                      .build();
}
```

이 시나리오에서 건너뛸 대상인 예외는 하나다. 그러나 어떨 때는 건너뛸 예외가 많아서 훨씬 포괄적인 목록이 될 수도 있다. 7-71의 구성은 특정 예외를 건너뛰게 한다. 그러나 건너뛰고 싶은 예외보다는 건너뛰고 싶지 않은 예외를 설정하는 구성이 더 간편할 수도 있다. 그러려면 예제 7-71의 skip 메서드처럼 건너뛸 대상을 지정하는 것 이외에 건너뛰지 말아야 할 대상을 지정하는 메서드를 사용해야 한다. 예제 7-72는 바로 이전 예제와 반대(ParseException을 제외한 모든 예외는 건너뜀)되는 구성이다.

▼ 예제 7-72 ParseException을 제외한 모든 예외를 건너뛰도록 구성

```
@Bean
public Step copyFileStep() {
    return this.stepBuilderFactory.get("copyFileStep")
                .<Customer, Customer>chunk(10)
                .reader(customerItemReader())
                .writer(itemWriter())
                .faultTolerant()
                .skip(Exception.class)
                .noSkip(ParseException.class)
                .skipLimit(10)
                .build();
}
```

예제 7-72의 구성은 org.springframework.batch.item.ParseException을 제외한 java.lang.Exception을 상속한 모든 예외를 10번까지 건너뛸 수 있음을 나타낸다.

건너뛸 대상 예외와 몇 번까지 건너뛸지를 지정하는 별도의 방법이 존재한다. 스프링 배치는 org.springframework.batch.core.step.skip.SkipPolicy라는 인터페이스를 제공한다. SkipPolicy에는 shouldSkip 메서드 하나만 존재하며, 대상 예외와 건너뛸 수 있는 횟수를 전달받는다. 그러므로 SkipPolicy 구현체는 건너뛸 예외와 허용 횟수를 판별할 수 있다. 예제 7-73은 java.io.FileNotFoundException를 건너뛰지 못하게 하며 ParseException은 10번까지 건너뛸 수 있게 하는 코드다.

```
...
public class FileVerificationSkipper implements SkipPolicy {

    public boolean shouldSkip(Throwable exception, int skipCount)
        throws SkipLimitExceededException {

        if(exception instanceof FileNotFoundException) {
            return false;
        } else if(exception instanceof ParseException && skipCount <= 10) {
            return true;
        } else {
            return false;
        }
    }
}
```

레코드를 건너뛰는 것은 배치 처리에서 일반적인 일이다. 이런 처리 기법을 사용하면 단일 레코드보다는 훨씬 많은 양의 처리를 최소한의 영향도로 계속 실행할 수 있다. 에러가 발생한 레코드를 건너뛸 때는 향후 원인 분석을 할 수 있도록 로그를 남기는 것 같은 추가적인 작업이 필요할 수도 있다. 다음 절에서는 에러가 발생했을 때 로그를 남기는 방법을 알아본다.

잘못된 레코드 로그 남기기

문제가 있는 레코드를 건너뛰는 것은 유용한 방법이긴 하지만, 건너뛰는 것 자체가 문제가 될 수도 있다. 몇 가지 시나리오에서는 레코드를 건너뛰는 것도 좋은 방법이다. 원시 데이터를 모아 처리하다가 해석할 수 없는 데이터를 만났다고 하자. 이런 데이터는 건너뛰어도 좋을 것이다. 그러나 돈과 관련된 상황이라면 얘기가 다르다. 거래 내역을 처리할 때라면 단순히 레코드를 건너뛰는 것은 제대로 된 해결책이 아니다. 이럴 때는 에러를 일으킨 레코드의 로그를 남길 수 있다면 도움이 된다. 이 절에서는 ItemListener를 사용해서 잘못된 레코드를 기록하는 방법을 살펴본다.

ItemReadListener는 beforeRead, afterRead, onReadError 같은 메서드 세 개로 구성돼 있다. 잘못된 레코드를 읽어들였을 때 로그를 남기려면 ItemListenerSupport를 사용하고

onReadError 메서드를 오버라이드해서 발생한 에러를 기록한다. 또는 메서드에 @OnRead Error 애너테이션을 추가한 POJO를 사용한다. 파일을 파싱할 때는 어떤 에러가 발생했는 지 그리고 왜 에러가 발생했는지를 알려주는 예외 생성 작업을 스프링 배치가 잘 처리한다는 점을 알아두기 바란다. 그러나 데이터베이스를 이용하는 처리를 할 때는 그렇지 않다. 실제 데이터베이스 입출력을 스프링 자체나 하이버네이트 같은 다른 프레임워크가 처리하므로 스 프링 배치가 담당할 예외 처리가 많지 않다. 커스텀 ItemReader나 커스텀 RowMapper를 개발 하는 것처럼 직접 처리를 개발할 때는 문제점을 분석하는 데 충분한 정보를 예외 자체에 담 는 것이 중요하다.

이번 예제에서는 7장 시작부에서 사용한 Customer 파일에서 데이터를 읽는다. 입력 도중에 예외가 발생하면 발생한 예외와 예외가 발생한 레코드를 로그로 남길 것이다. 그러려면 발 생한 예외를 CustomerItemListener가 전달받게 하며, 발생한 예외가 FlatFileParse Exception이라면 문제가 발생한 레코드와 오류 정보를 액세스할 수 있게 한다. 예제 7-74 는 CustomerItemListener이다.

▼ 예제 7-74 CustomerItemListener

```
...
public class CustomerItemListener  {

    private static final Log logger = LogFactory.getLog(CustomerItemListener.class);

    @OnReadError
    public void onReadError(Exception e) {
        if(e instanceof FlatFileParseException) {
            FlatFileParseException ffpe = (FlatFileParseException) e;

            StringBuilder errorMessage = new StringBuilder();
            errorMessage.append("An error occured while processing the " +
                    ffpe.getLineNumber() +
                    " line of the file. Below was the faulty " +
                    "input.\n");
            errorMessage.append(ffpe.getInput() + "\n");

            logger.error(errorMessage.toString(), ffpe);
```

```
            } else {
                  logger.error("An error has occurred", e);
            }
      }
}
```

리스너를 구성하려면 파일을 조회하는 스텝을 수정해야 한다. 예제에서 copyJob에는 스텝이 하나뿐이다. 예제 7-75는 CustomerItemListener의 구성이다.

▼ 예제 7-75 CustomerItemListener 구성

```
...
@Bean
public CustomerItemListener customerListener() {
      return new CustomerItemListener();
}

@Bean
public Step copyFileStep() {
      return this.stepBuilderFactory.get("copyFileStep")
                  .<Customer, Customer>chunk(10)
                  .reader(customerItemReader())
                  .writer(itemWriter())
                  .faultTolerant()
                  .skipLimit(100)
                  .skip(Exception.class)
                  .listener(customerListener())
                  .build();
}
...
```

예를 들어 고정 너비 레코드 잡을 처리하는 데 글자 수가 63개를 초과하는 입력 레코드가 포함된 파일을 처리한다면 예외가 발생한다. Exception를 상속한 모든 예외를 건너뛰도록 잡을 구성했으므로 예외는 잡의 실행 결과에 영향을 미치지 못한다. 대신 customerItemLogger를 사용해 원하던 대로 아이템을 로그로 남긴다. 이 잡을 실행하면 두 가지 사실을 확인할 수 있다. 우선 잘못된 레코드를 만날 때마다 FlatFileParseException를 확인할 수 있다. 두 번

째로 로그 메시지를 확인할 수 있다. 예제 7-76은 잡에서 에러가 발생했을 때 생성한 로그 메시지의 예시다.

▼ 예제 7-76 CustomerItemLogger의 출력

```
2020-12-28 23:49:22,148 ERROR main [com.apress.springbatch.chapter7.CustomerItemListener] -
<An error occured while processing the 1 line of the file. Below was the faulty input.
Michael TMinella 123 4th Street Chicago IL60606ABCDE
>
```

쓸 만한 로깅 프레임워크를 사용해 FlatFileParseException이 발생했을 때 처리에 실패한 해당 입력을 전달받아 로그 파일에 기록할 수 있다. 그러나 잘못된 입력을 기록하는 것만으로는 에러 레코드를 파일에 기록하고 작업을 계속하는 목적을 달성할 수 없다. 이런 시나리오에서 해당 잡은 이슈가 발생해 실패한 레코드만 기록하므로 그 외의 예외 상황은 처리할 수 없기 때문이다. 마지막 절에서는 잡 실행 중에 입력이 없을 때의 처리 방법을 살펴본다.

입력이 없을 때의 처리

SQL 쿼리가 빈 결과를 반환하는 것은 흔한 일이다. 빈 파일이 존재할 때도 많다. 그런데 이런 빈 입력이 배치 처리에서 상식적인가? 이 절에서는 스프링 배치가 데이터가 없는 입력 소스를 읽을 때 처리 방법을 살펴본다.

리더가 입력 소스에서 조회를 시도했는데 처음부터 null이 반환되더라도 스프링 배치는 이를 기본으로 평상시 null을 받았을 때와 동일하게 처리한다. 즉, 스텝이 완료된 것으로 처리한다. 이런 접근법이 대부분 시나리오에서 문제 없이 작동하겠지만, 작성한 쿼리가 빈 결과를 반환하거나 파일이 비었을 때 이를 알아야 할 수도 있다.

입력을 읽지 못했을 때 스텝을 실패로 처리하거나 이메일을 보내는 것 같은 다른 처리를 하려면 StepListener를 사용한다. 4장에서는 스텝의 시작과 끝의 로그를 남기는 데 StepListener를 사용했다. 이번 예제에서는 StepListener의 @AfterStep 메서드를 사용해서 조회한 레코드 수를 확인한 뒤 레코드 수에 따라 적절한 처리를 한다. 예제 7-77은 레코드를 읽을 수 없어서 실패한 스텝을 기록하는 코드다.

```
...
public class EmptyInputStepFailer {

    @AfterStep
    public ExitStatus afterStep(StepExecution execution) {
        if(execution.getReadCount() > 0) {
            return execution.getExitStatus();
        } else {
            return ExitStatus.FAILED;
        }
    }
}
```

리스너의 구성은 다른 **StepListener**의 구성과 동일하다. 예제 7-78은 해당 인스턴스의 구성이다.

▼ 예제 7-78 EmptyInputStepFailer 구성

```
...
@Bean
public EmptyInputStepFailer emptyFileFailer() {
    return new EmptyInputStepFailer();
}

@Bean
public Step copyFileStep() {
    return this.stepBuilderFactory.get("copyFileStep")
                .<Customer, Customer>chunk(10)
                .reader(customerFileReader(null))
                .writer(outputWriter(null))
                .listener(emptyFileFailer())
                .build();
}
...
```

위와 같이 스텝을 구성한 후 잡을 실행하면, 입력이 없을 때 **COMPLETED** 상태로 잡이 끝나지 않는다. 따라서 원래 원하던 입력을 확보하고 잡을 재실행할 수 있다.

요약

배치 처리에서는 읽기와 쓰기가 대부분을 차지하며, 스프링 배치 프레임워크에서도 가장 중요한 영역을 담당한다. 7장에서는 프레임워크가 제공하는 ItemReader 사용법을 100%는 아니지만 철저히 살펴봤다. 7장을 통해 이제 아이템을 읽어들일 수 있게 됐으니 읽은 아이템으로 뭔가 작업을 해야 한다. 8장에서는 이런 처리를 담당하는 ItemProcessor를 살펴본다.

8장

ItemProcessor

7장에서는 스프링 배치 컴포넌트를 사용해 다양한 유형의 입력 데이터를 읽는 방법을 살펴 봤다. 소프트웨어가 입력 데이터를 얻어오는 것이 매우 중요하지만, 해당 소프트웨어로 아무 작업도 하지 않는다면 큰 의미가 없다. ItemProcessor는 스프링 배치 내에서 입력 데이터를 이용해 어떤 작업을 수행하는 컴포넌트다. 8장에서는 ItemProcessor 인터페이스를 살펴보고, 이를 사용해 어떻게 배치 아이템을 처리할 수 있는지 살펴본다.

- 'ItemProcessor 소개' 절은 ItemProcessor가 무엇이며, 스텝의 플로우에 어떻게 적용되는지 개략적으로 살펴본다.
- 스프링 배치는 이미 만들어진 서비스를 ItemProcessor 구현체로 사용하도록 만들어 주는 ItemProcessorAdapter와 같은 유틸리티 ItemProcessor를 제공한다. '스프링 배치의 ItemProcessor 사용하기' 절에서 프레임워크가 제공하는 각 프로세서를 자세히 살펴본다.
- 대부분의 경우 ItemProcessor 구현체를 직접 개발하려고 한다. '자신만의 ItemProcessor 만들기' 절에서 예제 ItemProcessor를 구현해보면서 다양한 고려 사항을 살펴본다.
- ItemProcessor의 일반적인 용도 중 하나는, ItemReader가 읽은 아이템을 ItemWriter

가 쓰기 처리를 하지 않도록 필터링하는 것이다. '아이템을 필터링하기' 절에서 이 작업을 어떻게 수행하는지 살펴본다.

ItemProcessor 소개

7장에서는 스프링 배치에서 입력 기능으로 사용하는 여러 `ItemReader`를 살펴봤다. 입력 데이터를 받을 때 선택할 수 있는 두 가지 옵션이 있다. 첫 번째는 7장의 예제에서와 같이 입력 데이터를 다시 쓰는 것이다. 이러한 사례는 많다. 특정 시스템에서 다른 시스템으로 데이터를 마이그레이션하거나 데이터베이스에 데이터를 초기 적재하는 작업은 입력 데이터를 읽어서 별도의 추가 처리 없이 쓰기 작업을 수행하는 좋은 사례다.

그러나 대부분의 시나리오에서는 읽은 데이터를 사용해 특정 작업을 수행해야 한다. 스프링 배치는 읽기, 처리, 쓰기 간에 고려해야 하는 문제를 잘 구분할 수 있도록 스텝을 여러 부분으로 분리했다. 이렇게 분리함으로써 다음과 같은 몇 가지 고유한 작업을 수행할 수 있다.

- **입력의 유효성 검증**: 예전 버전[1]의 스프링 배치에서는 `ValidatingItemReader` 클래스를 서브클래싱subclassing[2]해, `ItemReader`에서 유효성 검증을 수행했다. 이 방법의 문제점은 스프링 배치가 제공하는 리더 중 어떤 리더도 `ValidatingItemReader` 클래스를 서브클래싱하지 않기 때문에, 유효성 검증을 하고 싶을 때 바로 사용할 수 있는 스프링 배치 리더가 없다는 문제가 있었다. `ItemProcessor`가 유효성 검증을 수행하도록 바꾸면 입력 방법에 상관없이 처리 전에 객체의 유효성 검증을 수행할 수 있다. 이는 분업의 관점에서 훨씬 더 의미가 있다.
- **기존 서비스의 재사용**: 입력 데이터를 다루는 기존의 서비스를 재사용하는 방법과 관련해 7장에서 알아봤던 `ItemReaderAdapter`처럼, 스프링 배치는 같은 이유로 `ItemProcessorAdapter`를 제공한다.

---

1 스프링 배치 1.1.x 버전 – 옮긴이
2 기본 또는 수퍼 클래스 객체에서 새 객체에 대한 속성을 상속하는 것을 말한다. – 옮긴이

- **스크립트 실행**: ItemProcessor는 다른 개발자나 다른 팀의 로직을 연결할 수 있는 좋은 기회일 수 있다. 그런데 다른 팀은 당신이나 당신 팀이 사용하는 여러 스프링 기능을 사용하지 않을 수도 있다. ScriptItemProcessor를 사용하면 특정 스크립트를 ItemProcessor로써 실행할 수 있는데, 스크립트에 입력으로 아이템을 제공하고 스크립트의 출력을 반환 값으로 가져올 수 있다.
- **ItemProcessor의 체인**^{Chain}: 동일한 트랜잭션 내에서 단일 아이템으로 여러 작업을 수행하려는 상황이 있을 수 있다. 단일 클래스 내에서 모든 로직이 수행되도록 커스텀 ItemProcessor를 만들 수도 있지만, 개발 로직이 프레임워크에 강하게 결합되기를 피하고 싶을 것이다. 이럴 때 스프링 배치를 사용해 각 아이템에 대해 순서대로 실행될 ItemProcessor 목록을 만들 수 있다.

예제 8-1은 이러한 모든 기능을 제공하는 org.springframework.batch.item.ItemProcessor 인터페이스다. 이 인터페이스는 process라는 단일 메서드를 갖고 있다. 이 인터페이스는 ItemReader가 읽어들인 아이템을 전달받아 특정 처리를 수행한 후 결과 아이템을 반환한다.

▼ 예제 8-1 ItemProcessor 인터페이스

```
package org.springframework.batch.item;

public interface ItemProcessor<I, O> {

    O process(I item) throws Exception;
}
```

ItemProcessor가 받아들이는 입력 아이템의 타입과 반환하는 아이템의 타입이 같을 필요가 없다는 점이 중요하다. 프레임워크에서 ItemProcessor는 자신이 전달받은 입력 아이템 객체의 타입을 쓰기 작업을 수행하기 위한 다른 타입으로 변환해 반환할 수 있다. 이 기능을 사용할 때 최종적으로 ItemProcessor가 반환하는 타입은 ItemWriter가 입력으로 사용하는 타입이 돼야 한다는 점을 기억하자. ItemProcessor가 null을 반환하면 해당 아이템의 이후 모든 처리가 중지된다. 다시 말해 스텝 내에서 해당 아이템과 관련해 수행할 예정이었던 추가적인 여러 ItemProcessor나 ItemWriter는 호출되지 않는다. ItemReader가 더 이상 읽어들

일 입력 데이터가 없을 때 null을 반환해 스프링 배치에게 알려주는 것과는 달리, Item
Processor가 null을 반환했을 때에는 다른 아이템의 처리가 계속 이뤄진다.

노트 ItemProcessor는 멱등(idempotent)[3]이어야 한다. 아이템은 내결함성(fault tolerant)[4] 시나리오에서 두
번 이상 전달될 수도 있다.

잡에서 ItemProcessor를 사용하는 방법을 알아보자. 프레임워크에서 제공하고 있는 기능을
상세하게 살펴보자.

스프링 배치의 ItemProcessor 사용하기

입력과 출력과 관련된 작업은 비교적 표준화돼 있으므로, 앞서 스프링 배치가 제공하는
ItemReader와 관련해 많은 내용을 살펴봤다. 파일을 읽는 방법은 대부분 동일하다. 데이터
베이스에 데이터를 기록하는 방법도 대부분의 데이터베이스에서 동일하다. 그러나 각 아이
템을 처리하는 일은 비즈니스 요구 사항에 따라 서로 다르기 때문에, 이 부분에서 각 잡의 차
이가 생긴다. 그래서 프레임워크는 개발자가 직접 처리 로직을 개발하게 하거나 이미 존재하
는 로직을 래핑하는 정도의 기능만 제공할 수밖에 없다. 이 절에서는 스프링 배치 프레임워
크가 제공하는 ItemProcessor를 알아본다.

ValidatingItemProcessor

7장에서 잠시 언급했던 스프링 배치의 ItemProcessor 구현체를 살펴보자. 7장에서는 잡에
서 입력 데이터를 얻어오는 부분을 다뤘다. 그러나 데이터를 읽을 수 있다는 사실이 의미 있
는 것은 아니다. ItemReader에서 유형과 포맷 관련된 데이터 유효성 검증을 수행할 수 있지
만, 아이템이 구성된 이후에 수행하는 비즈니스 규칙에 따른 유효성 검증은 리더가 아닌 다

---

3   연산을 여러 번 적용하더라도 결과가 달라지지 않는 성질을 말한다. - 옮긴이
4   시스템의 어떤 부분에 고장이 발생하더라도 시스템이 설계된 대로 계속 작동하는 것을 의미한다. - 옮긴이

른 곳에서 수행되도록 하는 것이 가장 좋다. 이런 이유로 스프링 배치는 `ValidatingItem Processor`라는 입력 데이터 유효성 검증에 사용할 있는 `ItemProcessor` 구현체를 제공한다. 이 절에서는 이 구현체로 어떻게 입력 데이터의 유효성 검증을 수행하는지 알아본다.

입력 데이터의 유효성 검증

`org.springframework.batch.item.validator.ValidatingItemProcessor`는 `ItemPro cessor` 인터페이스의 구현체로, 프로세서의 처리 전에 입력 아이템의 유효성 검증을 수행하는 스프링 배치 `Validator` 인터페이스[5] 구현체를 사용할 수 있다. 아이템이 유효성 검증에 성공하면 이후 업무 로직 처리가 이뤄진다. 유효성 검증에 실패하면 `org.springframework. batch.item.validator.ValidationException`이 발생해 일반적인 스프링 배치 오류 처리가 절차대로 진행된다.

JSR 303은 빈bean 유효성 검증을 위한 자바 사양이다. 이 사양은 자바 생태계에서 널리 받아들여지는 검증 방법을 제공한다. `javax.validation.*` 코드를 통해 수행되는 유효성 검증은 애너테이션을 적용해 구성할 수 있다. 스프링 배치는 미리 정의된 유효성 검증 기능을 여러 애너테이션을 통해 기본적으로 제공한다. 또한 자체 검증 기능을 만들 수도 있다. 예제 8-2의 Customer 클래스를 어떻게 검증할 것인지 살펴보자.

▼ 예제 8-2 Customer 클래스

```
...
public class Customer {
    private String firstName;
    private String middleInitial;
    private String lastName;
    private String address;
    private String city;
    private String state;
    private String zip;

    // Getters & setters go here
```

---

5   스프링이 자체적인 Validator 인터페이스를 갖고 있지만, ValidationItemProcessor는 스프링 배치의 인터페이스를 사용한다.

```
...
}
```

예제 8-2의 Customer 클래스의 애트리뷰트를 살펴보면 적용해야 되는 기본 유효성 검증 규칙을 빠르게 결정할 수 있다.

- null 입력 불가^{Not Null}: firstName, lastName, address, city, state, zip.
- 반드시 알파벳만 입력^{Alphabetic}: firstName, middleInitial, lastName, city, state.
- 반드시 숫자만 입력^{Numeric}: zip.
- 글자 길이 제한^{Size}: middleInitial은 1글자를 초과할 수 없다. state는 2글자를 넘지 않아야 하며, zip은 5글자를 넘지 않아야 한다.

제공된 우편번호^{zip}가 시^{city}나 주^{state}의 유효한 우편번호라면 해당 데이터에 추가적인 유효성 검증을 더 상세하게 적용할 수 있다. 이 우편번호 유효성 검증 절차는 유효성 검증 기능을 배우기에 좋은 시작점이다. 유효성 검증을 수행할 대상을 식별했으니 이제는 Customer 객체에 애너테이션을 적용함으로써 유효성 검증기^{validator}에게 알려줄 수 있다. 이러한 규칙을 위한 @NotNull, @Size, @Pattern 애너테이션을 적용한다. 이 애너테이션을 적용하려면 프로젝트 내에서 spring-boot-starter-validation이라는 새로운 스타터를 사용해야 한다. 이 스타터는 JSR-303 유효성 검증 도구의 하이버네이트 구현체를 가져온다.

스프링 이니셜라이저에서 batch, jdbc, mysql, validation 의존성을 포함하는 새로운 프로젝트를 생성하는 것부터 시작한다. 새 프로젝트를 만들면 예제 8-2의 코드를 도메인 객체로 추가하자. 다음으로 JSR-303 애너테이션을 사용해 유효성 검증 규칙을 적용한다. 예제 8-3은 이를 적용한 Customer 객체다.

▼ 예제 8-3 유효성 검증 애너테이션을 적용한 Customer 객체

```
...
public class Customer {

    @NotNull(message="First name is required")
    @Pattern(regexp="[a-zA-Z]+", message="First name must be alphabetical")
```

```
    private String firstName;

    @Size(min=1, max=1)
    @Pattern(regexp="[a-zA-Z]", message="Middle initial must be alphabetical")
    private String middleInitial;

    @NotNull(message="Last name is required")
    @Pattern(regexp="[a-zA-Z]+", message="Last name must be alphabetical")
    private String lastName;

    @NotNull(message="Address is required")
    @Pattern(regexp="[0-9a-zA-Z\\. ]+")
    private String address;

    @NotNull(message="City is required")
    @Pattern(regexp="[a-zA-Z\\. ]+")
    private String city;

    @NotNull(message="State is required")
    @Size(min=2,max=2)
    @Pattern(regexp="[A-Z]{2}")
    private String state;

    @NotNull(message="Zip is required")
    @Size(min=5,max=5)
    @Pattern(regexp="\\d{5}")
    private String zip;

    // Accessors go here
...
}
```

예제 8-3에 정의한 규칙을 살펴볼 때, @Pattern으로 정의한 정규식만 사용해도 원하는 모든 경우가 충족될 텐데 왜 @Size와 @Pattern 애너테이션을 굳이 함께 적용했는지 궁금할 수도 있다. 그 말도 맞다. 하지만 애너테이션을 각각 적용하면 원하는 고유한 메시지를 지정할 수 있다. 게다가 필드 값의 길이가 잘못됐는지 또는 형식이 잘못됐는지 식별할 수 있다는 점은 향후에 도움이 된다.

지금까지 Customer 아이템에 사용할 유효성 검증 규칙을 정의했다. 이 기능을 동작시키려면 스프링 배치가 각 아이템을 검증하는 메커니즘을 제공해야 한다. org.springframework. batch.item.validator.BeanValidatingItemProcessor가 이 일을 할 것이다. 구체적으로 이 ItemProcessor는 JSR-303을 활용해 유효성 검증을 제공하는 ValidationItemProcessor 를 상속한 ItemProcessor이다.

ValidatingItemProcessor의 유효성 검증 기능은 org.springframework.batch.item. validator.Validator 구현체를 통해 제공된다. 이 Validator 인터페이스는 void validate (T value)라는 단일 메서드를 가지고 있다. 이 메서드는 아이템이 유효할 때는 아무것도 수 행하지 않으며, 유효성 검증에 실패하면 org.springframework.batch.item.validator. ValidationException 예외를 발생시킨다. BeanValidatingItemProcessor는 JSR-303 사 양에 따르는 Validator 객체를 생성한다는 점에서 특별한 ItemProcessor이다.

노트   스프링 배치 프레임워크가 제공하는 Validator 인터페이스는 코어 스프링 프레임워크의 일부인
Validator 인터페이스와 동일하지 않다. 스프링 배치는 이 문제를 다룰 수 있도록 SpringValidator라는
어댑터 클래스를 제공한다.

지금까지 작성한 코드가 어떻게 어우러져 동작하는지 알 수 있도록 잡을 만들어보자. 7장에 서 했던 것처럼, 잡은 쉼표로 구분된 파일을 읽어들여 Customer 객체로 만든 다음에 유효성 검증을 수행한 후 csv 파일에 결과를 기록한다. 예제 8-4는 예제에서 처리할 입력 데이터다.

▼ 예제 8-4 customer.csv

```
Richard,N,Darrow,5570 Isabella Ave,St. Louis,IL,58540
Barack,G,Donnelly,7844 S. Greenwood Ave,Houston,CA,38635
Ann,Z,Benes,2447 S. Greenwood Ave,Las Vegas,NY,55366
Laura,9S,Minella,8177 4th Street,Dallas,FL,04119
Erica,Z,Gates,3141 Farnam Street,Omaha,CA,57640
Warren,L,Darrow,4686 Mt. Lee Drive,St. Louis,NY,94935
Warren,M,Williams,6670 S. Greenwood Ave,Hollywood,FL,37288
Harry,T,Smith,3273 Isabella Ave,Houston,FL,97261
Steve,O,James,8407 Infinite Loop Drive,Las Vegas,WA,90520
Erica,Z,Neuberger,513 S. Greenwood Ave,Miami,IL,12778
```

```
Aimee,C,Hoover,7341 Vel Avenue,Mobile,AL,35928
Jonas,U,Gilbert,8852 In St.,Saint Paul,MN,57321
Regan,M,Darrow,4851 Nec Av.,Gulfport,MS,33193
Stuart,K,Mckenzie,5529 Orci Av.,Nampa,ID,18562
Sydnee,N,Robinson,894 Ornare. Ave,Olathe,KS,25606
```

입력 데이터의 4번째 줄의 middle initial 필드의 값이 9S이므로 유효한 값이 아니다. 이 지점에서 유효성 검증이 실패한다. 입력 파일을 정의했으니 이제 잡을 구성해보자. 실행할 예제 잡은 입력 데이터를 읽고 `ValidatingItemProcessor` 인스턴스에 전달한 다음에 표준 출력으로 기록하는 단일 스텝으로 구성된다. 예제 8-5는 예제 잡의 구성이다.

▼ 예제 8-5 ValidationJob

```
...
@EnableBatchProcessing
@SpringBootApplication
public class ValidationJob {

    @Autowired
    public JobBuilderFactory jobBuilderFactory;

    @Autowired
    public StepBuilderFactory stepBuilderFactory;

    @Bean
    @StepScope
    public FlatFileItemReader<Customer> customerItemReader(
            @Value("#{jobParameters['customerFile']}")Resource inputFile) {

        return new FlatFileItemReaderBuilder<Customer>()
                .name("customerItemReader")
                .delimited()
                .names(new String[] {"firstName",
                        "middleInitial",
                        "lastName",
                        "address",
                        "city",
                        "state",
                        "zip"})
```

```java
                .targetType(Customer.class)
                .resource(inputFile)
                .build();
    }

    @Bean
    public ItemWriter<Customer> itemWriter() {
        return (items) -> items.forEach(System.out::println);
    }

    @Bean
    public BeanValidatingItemProcessor<Customer> customerValidatingItemProcessor() {
        return new BeanValidatingItemProcessor<>();
    }

    @Bean
    public Step copyFileStep() {
        return this.stepBuilderFactory.get("copyFileStep")
                .<Customer, Customer>chunk(5)
                .reader(customerItemReader(null))
                .processor(customerValidatingItemProcessor())
                .writer(itemWriter())
                .build();
    }

    @Bean
    public Job job() throws Exception {
        return this.jobBuilderFactory.get("job")
                .start(copyFileStep())
                .build();
    }

    public static void main(String[] args) {
        SpringApplication.run(ValidationJob.class, "customerFile=/input/customer.csv");
    }
}
```

예제 8-5의 ValidationJob 클래스에서 입력 파일 정의와 리더 정의부터 알아보자. 해당 클래스에서 사용하는 리더는 구분자를 사용해 구분된 파일의 필드를 Customer 객체에 매핑하는 간단한 파일 리더이다. 다음은 출력과 관련된 구성 코드로, `ItemWriter`가 표준 출력에 어떻게 쓰기 작업을 수행하는지 정의하는 람다로 구성된다. 이처럼 입력 및 출력과 관련된 정의가 끝나면 `ItemProcessor`의 역할을 하는 `customerValidatingItemProcessor` 빈을 정의한다. 이 예제에서 사용하는 `BeanValidatingItemProcessor`는 기본적으로 아이템을 `ItemReader`에서 `ItemWriter`로 전달하기만 하는 `ItemProcessor`이다.

이처럼 모든 빈을 정의한 이후에 스텝을 구성한다. 스텝에 리더, 프로세서, 라이터를 정의하기만 하면 된다. 스텝 정의가 끝나면 잡을 구성해 코드를 완성한다.

잡을 실행하기 위해 프로젝트의 target 디렉터리에서 예제 8-6의 명령을 실행하자.

▼ 예제 8-6 copyJob 실행하기

```
java -jar itemProcessors-0.0.1-SNAPSHOT.jar customerFile=/input/customer.csv
```

앞에서 살펴본 내용과 같이 유효성 검증을 통과하지 못하는 잘못된 입력 데이터가 존재한다. 잡을 실행하면 `ValidationException` 예외가 발생해 잡 실행이 실패한다. 잡을 성공적으로 완료하려면 유효성 검증을 통과하도록 입력 데이터를 수정해야 한다. 예제 8-7은 입력 데이터가 유효성 검증에 실패했을 때의 출력 결과다.

▼ 예제 8-7 copyJob의 출력 결과

```
2020-12-29 21:14:08.465  INFO 30872 --- [              main] o.s.batch.core.job.SimpleStep
Handler     : Executing step: [copyFileStep]
2020-12-29 21:14:08.705 ERROR 30872 --- [              main] o.s.batch.core.step.Abstract
Step         : Encountered an error executing step copyFileStep in job job
org.springframework.batch.item.validator.ValidationException: Validation failed for Customer
{firstName='Laura', middleInitial='9S', lastName='Minella', address='8177 4th Street',
city='Dallas', state='FL', zip='04119'}:
Field error in object 'item' on field 'middleInitial': rejected value [9S]; codes [Size.
item.middleInitial,Size.middleInitial,Size.java.lang.String,Size]; arguments[org.
springframework.context.support.DefaultMessageSourceResolvable: codes [item.
middleInitial,middleInitial]; arguments []; default message [middleInitial],1,1]; default
message [size must be between 1 and 1]
Field error in object 'item' on field 'middleInitial': rejected value [9S]; codes [Pattern.
item.middleInitial,Pattern.middleInitial,Pattern.java.lang.String,Pattern]; arguments
```

```
[org.springframework.context.support.DefaultMessageSourceResolvable: codes [item.
middleInitial,middleInitial]; arguments []; default message [middleInitial],[Ljavax.
validation.constraints.Pattern$Flag;@3cd206b5,[a-zA-Z]]; default message [Middle initial
must
be alphabetical]
at org.springframework.batch.item.validator.SpringValidator.
validate(SpringValidator.java:54) ~[spring-batch-infrastructure-4.2.5.RELEASE
.jar:4.2.5.RELEASE]
. . .
```

JSR-303을 사용해 스프링 배치 잡이 아이템 유효성 검증을 수행하도록 하는 데 필요한 것은
애너테이션을 적용하는 것뿐이다. 그런데 만약 검증 기능을 직접 구현하고 싶다면 어떻게 해
야 할까? 유효성 검증 기능을 직접 구현하기 위해 `BeanValidatingItemProcessor`를 `Vali
datingItemProcessor`로 변경하고, 직접 구현한 `Validator` 인터페이스 구현체를 주입할 것
이다.

데이터셋 내에서 `lastName` 필드의 값이 고유해야 한다고 가정해보자. 레코드가 해당 사항을
준수하는지 확인하기 위해, `lastName`을 추적하는 상태를 가진^{stateful} 유효성 검증기를 구현
한다. 재시작 시에도 상태를 유지하려면 유효성 검증기는 `ItemStreamSupport`를 상속해
`ItemStream` 인터페이스를 구현함으로써, 각 커밋과 `lastName`을 `ExecutionContext`에 저장
해야 한다. 예제 8-8은 이러한 로직을 처리하는 새로운 유효성 검증기 코드다.

▼ 예제 8-8 데이터셋 내에서 lastName이 유일한지 유효성 검증하기

```
...
public class UniqueLastNameValidator extends ItemStreamSupport
    implements Validator<Customer> {

    private Set<String> lastNames = new HashSet<>();

    @Override
    public void validate(Customer value) throws ValidationException {
        if(lastNames.contains(value.getLastName())) {
            throw new ValidationException("Duplicate last name was found: "
                + value.getLastName());
    }
```

```
                    this.lastNames.add(value.getLastName());
        }


        @Override
        public void open(ExecutionContext executionContext) {
                String lastNames = getExecutionContextKey("lastNames");

                if(executionContext.containsKey(lastNames)) {
                        this.lastNames = (Set<String>) executionContext.get(lastNames);
                }
        }


        @Override
        public void update(ExecutionContext executionContext) {
                Iterator<String> itr = lastNames.iterator();
                Set<String> copiedLastNames = new HashSet<String>();
                while(itr.hasNext()) {
                        copiedLastNames.add(itr.next());
                }

                executionContext.put(getExecutionContextKey("lastNames"), copiedLastNames);
        }
}
```

코드의 앞 부분부터 살펴보면, 클래스는 JobExecution 간에 상태를 저장할 수 있도록
ItemStreamSupport를 상속했으며 Validator 인터페이스를 구현했다. 그다음에 정의한 Set
에 lastName 값을 저장하고 Validator 인터페이스가 제공하는 validate 메서드에서 원하는
동작이 수행되도록 구현해야 한다. 현재 레코드의 lastName 값이 Set에 존재하지 않는다면
추가하고, 이전 레코드에 의해 해당 lastName 값이 이미 Set에 존재한다면 해당 데이터를
잘못된 데이터로 식별해 ValidationExecption 예외가 발생하도록 돼 있는지 확인하자. 마
지막 두 메서드인 update와 open 메서드는 Execution 간에 상태를 유지하는 데 사용된다.
open 메서드는 lastNames 필드가 이전 Execution에 저장돼 있는지 확인한다. 만약 저장돼
있다면 스텝 처리가 시작되기 전에 해당 값으로 원복한다. update 메서드(트랜잭션이 커밋되면
청크당 한 번 호출됨)는 다음 청크에 오류가 발생할 경우 현재 상태를 ExecutionContext에 저

장한다.

유효성 검증기 구현체를 작성했다면 이제 해당 구현체를 구성해보자. 이 유효성 검증 메커니즘의 구성은 세 부분으로 이뤄져 있다. 먼저 UniqueLastNameValidator를 빈으로 정의한 다음 해당 빈을 ValidatingItemProcessor에 주입하고, 마지막으로 UniqueLastNameValidator를 스텝 내에서 스트림으로 등록해 스프링 배치가 ItemStream 관련 메서드를 호출하도록 한다. 예제 8-9는 UniqueLastNameValidator 구성 클래스다.

▼ 예제 8-9 UniqueLastNameValidator 구성

```
...
@Bean
public UniqueLastNameValidator validator() {
    UniqueLastNameValidator uniqueLastNameValidator = new UniqueLastNameValidator();

    uniqueLastNameValidator.setName("validator");

    return uniqueLastNameValidator;
}

@Bean
public ValidatingItemProcessor<Customer> customerValidatingItemProcessor() {
    return new ValidatingItemProcessor<>(validator());
}

@Bean
public Step copyFileStep() {
        return this.stepBuilderFactory.get("copyFileStep")
        .<Customer, Customer>chunk(5)
        .reader(customerItemReader(null))
        .processor(customerValidatingItemProcessor())
        .writer(itemWriter())
        .stream(validator())
        .build();
}
...
```

예제 8-4에서 정의한 데이터를 입력하고 예제 8-9처럼 구성한 후 실행했을 때, 잡을 완료

하기 위해서는 잡 실행을 세 번 시도해야 한다.

1. 첫 번째 시도는 첫 번째 청크(5개의 레코드)를 커밋한 다음, 두 번째 청크에서 실패한다.

2. 입력 파일에서 6번째 줄을 삭제하고 다시 실행한다. 이번에는 첫 번째 청크의 레코드를 건너뛰고 두 번째 청크를 커밋한다. 세 번째 청크는 동일한 lastName(첫 번째 실행 시에 저장됐던 ExecutionContext에서 원복됐기 때문에 이 lastName 값이 이미 존재하는 상태임)이 발견돼 실패한다.

3. 13번째 줄(두 번째 시도에서 10번째 줄까지 완료됨)을 삭제하고, 마지막으로 실행해 잡이 잘 완료됐는지 확인한다.

ValidatingItemProcessor와 이 클래스의 서브클래스인 BeanValidatingItemProcessor는 아이템 처리 시 수행할 유효성 검증을 적용하는 데 유용하다. 그러나 이것은 스프링 배치가 제공하는 ItemProcessor 인터페이스 구현체가 가진 세 가지 중요한 부분 중 하나일 뿐이다. 다음 절에서는 ItemProcessorAdapter를 알아보고, 이미 만들어진 서비스를 ItemProcessor 로써 사용하는 방법을 살펴본다.

ItemProcessorAdapter

7장에서는 기존 서비스를 사용해 잡에 입력 데이터를 제공하는 ItemReaderAdapter를 살펴 봤다. 스프링 배치를 사용하면, org.springframework.batch.item.adapter.ItemProcessorAdapter를 사용해 이미 개발된 다양한 서비스가 ItemProcessor 역할을 하도록 만들 수 있다. 이 절에서는 ItemProcessorAdapter를 살펴보고, 기존에 존재하던 서비스를 어떻게 배치 잡 아이템 처리용 프로세서로 사용하는지 살펴본다.

이 기능을 살펴보기 위해 고객 이름(first name, middle initial, last name)을 대문자로 변경하는 서비스를 만든다. 이 서비스를 UpperCaseNameService라고 하자. 이 서비스는 단일 메서드를 가지고 있는데, 해당 메서드는 입력으로 전달받은 Customer 객체를 새로운 Customer 출력 객체로 복사하고(멱등으로 만들기 위함) 이 새 인스턴스의 이름 값을 대문자로 변경한 후 반환한다. 예제 8-10은 UpperCaseNameService의 코드다.

```
...
@Service
public class UpperCaseNameService {

    public Customer upperCase(Customer customer) {
        Customer newCustomer = new Customer(customer);

        newCustomer.setFirstName(newCustomer.getFirstName().toUpperCase());
        newCustomer.setMiddleInitial(newCustomer.getMiddleInitial().toUpperCase());
        newCustomer.setLastName(newCustomer.getLastName().toUpperCase());

        return newCustomer;
    }
}
```

서비스를 정의했다면 앞서 수행했던 잡의 유효성 검증 기능을 이 새로운 서비스의 대문자 변환 기능으로 대체할 것이다. 예제 8-11은 새로운 ItemProcessor와 변경한 스텝 구성 코드다.

▼ 예제 8-11 ItemProcessorAdapter 구성

```
...
@Bean
public ItemProcessorAdapter<Customer, Customer> itemProcessor(UpperCaseNameService service)
{
    ItemProcessorAdapter<Customer, Customer> adapter = new ItemProcessorAdapter<>();

    adapter.setTargetObject(service);
    adapter.setTargetMethod("upperCase");

    return adapter;
}

@Bean
public Step copyFileStep() {
    return this.stepBuilderFactory.get("copyFileStep")
                .<Customer, Customer>chunk(5)
                .reader(customerItemReader(null))
```

```
            .processor(itemProcessor(null))
            .writer(itemWriter())
            .build();
}
...
```

예제 8-11은 `ItemProcessorAdapter` 빈 정의부터 시작한다. 먼저, 예제 8-10에서 정의한 `UpperCaseNameService`를 주입한다. `ItemProcessorAdapter` 어댑터를 사용할 때 두 개의 값은 필수적으로 설정해야 하며, 나머지 하나는 필요한 경우에 설정한다. 이때 대상 객체(호출하려는 인스턴스)와 대상 메서드(해당 인스턴스에서 호출할 메서드)는 필수로 설정해야 한다. 추가로 아규먼트의 배열을 전달하도록 구성할 수도 있지만 `ItemProcessorAdapter`에서 이렇게 전달된 값은 무시된다.

어댑터가 구성된 상태에서 예제 8-11에 표시된 대로 스텝이 해당 어댑터를 참조하도록 스텝 구성을 변경해야 한다. 스텝 구성을 완료하고 잡을 실행하면 예제 8-12와 같이 고객의 이름 필드가 대문자로 변경돼 출력된다.

▼ 예제 8-12 ItemProcessorAdapterJob 출력 결과

```
...
2020-12-29 22:15:33.747  INFO 30632 --- [         main] o.s.batch.core.job.SimpleStep
Handler      : Executing step: [copyFileStep]
Customer{firstName='RICHARD', middleInitial='N', lastName='DARROW', address='5570 Isabella
Ave', city='St. Louis', state='IL', zip='58540'}
Customer{firstName='BARACK', middleInitial='G', lastName='DONNELLY', address='7844 S.
Greenwood Ave', city='Houston', state='CA', zip='38635'}
Customer{firstName='ANN', middleInitial='Z', lastName='BENES', address='2447 S. Greenwood
Ave', city='Las Vegas', state='NY', zip='55366'}
Customer{firstName='LAURA', middleInitial='9S', lastName='MINELLA', address='8177 4th
Street', city='Dallas', state='FL', zip='04119'}
Customer{firstName='ERICA', middleInitial='Z', lastName='GATES', address='3141 Farnam
Street', city='Omaha', state='CA', zip='57640'}
...
```

그루비[Groovy]가 등장한 이래로 스크립트 언어와 JVM에 대한 지원이 크게 향상됐다. 이제 JVM에서 루비[Ruby], 자바스크립트[JavaScript], 그루비[Groovy] 및 기타 다양한 스크립트 언어를 실

행할 수 있다. 다음 절에서는 `ItemProcessor`를 구현하기 위해 스크립트를 어떻게 사용할 수 있는지 알아본다.

ScriptItemProcessor

스크립트 언어는 많은 특별한 기회를 제공한다. 스크립트는 일반적으로 작성과 수정이 용이해서 자주 변경되는 컴포넌트의 경우 스크립트가 큰 유연성을 제공할 수 있다. 프로토타이핑 Prototyping은 자바와 같이 정적으로 타입이 지정되는 언어가 필요로 하는 모든 형식ceremony을 수행하는 대신 스크립트를 사용하는 또 다른 영역이다. 스프링 배치를 사용하면 스크립트를 `ItemProcessor`로써 실행할 수 있어서 유연하게 배치 잡에 주입할 수 있다. `org.spring` `framework.batch.item.support.ScriptItemProcessor`를 사용해서 `ItemProcessor`의 입력을 받아들이고 `ItemProcessor`의 출력 객체를 반환하는 스크립트를 지정할 수 있다. 이 절에서는 `ItemProcessorAdapter`의 사용 사례에서 사용했던 동일한 기능을 구현한다. 그러나 자바 서비스를 사용해 로직을 수행하는 대신에 자바스크립트JavaScript 스크립트에 로직을 넣는다.

`ScriptItemProcessor`를 사용하려면 지금까지와 다르게 익숙하지 않은 자바스크립트를 작성해야 한다. 만들려는 스크립트는 실제로 매우 간단하다. `ScriptItemProcessor`는 기본적으로 `ItemProcessor`의 입력을 변수 아이템에 바인딩한다(변경하고 싶다면 값을 구성할 수 있다). 그곳에서 모든 자바스크립트 기능을 사용할 수 있으며 결과를 `ItemProcessor`에게 반환할 수 있다. 이 예제에서는 예제 8-13처럼 이름, 중간 이름 첫 글자, 성을 대문자로 바꾼다.

▼ 예제 8-13 upperCase.js

```
item.setFirstName(item.getFirstName().toUpperCase());
item.setMiddleInitial(item.getMiddleInitial().toUpperCase());
item.setLastName(item.getLastName().toUpperCase());
item;
```

스크립트를 작성한 이후에 `ScriptItemProcessor`를 사용하도록 잡을 변경한다. 이 `Item` `Processor`에 제공할 유일한 의존성은 사용할 스크립트 파일을 가리키는 리소스다(인라인 스크립트를 문자열로 정의할 수도 있다). 예제 8-14는 잡의 `ScriptItemProcessor` 구성이다.

▼ 예제 8-14 ScriptItemProcessor 구성

```
...
@Bean
@StepScope
public ScriptItemProcessor<Customer, Customer> itemProcessor(
    @Value("#{jobParameters['script']}") Resource script) {

    ScriptItemProcessor<Customer, Customer> itemProcessor =
        new ScriptItemProcessor<>();

    itemProcessor.setScript(script);

    return itemProcessor;
}
...
```

이렇게 구성하고 스크립트 파일의 위치를 나타내는 추가적인 잡 파라미터를 전달해 잡을 실행하도록 `java -jar copyJob.jar customerFile=/input/customer.csv script=/upperCase.js` 명령을 작성한다. 이 명령을 실행했을 때 이 잡의 출력이 예제 8-12의 `ItemProcessor Adapter` 잡의 출력과 동일해야 한다.

한 트랜잭션 내에서 하나의 아이템에 한 가지 처리만을 수행한다는 생각은 특정 상황에서 제한적일 수 있다. 예를 들어 일부 아이템에 대해서만 일련의 계산을 수행해야 한다면 처리할 필요 없는 아이템을 필터링하고 싶을 것이다. 다음 절에서는 스텝 내에서 각 아이템을 처리할 때 여러 `ItemProcessor`를 실행하도록 스프링 배치를 구성하는 방법을 알아본다.

CompositeItemProcessor

지금까지 하나의 스텝을 세 단계(읽기, 처리, 쓰기)로 나눠 컴포넌트 간에 책임을 분담했다. 마찬가지로 주어진 아이템에 적용해야 하는 비즈니스 로직을 단일 `ItemProcessor`로 모두 몰아두는 것이 적절하지 않을 수 있다. 스프링 배치를 사용하면 스텝 내에서 여러

ItemProcessor를 체인처럼 연결할 수 있으므로 비즈니스 로직 내에서도 동일하게 책임을 분담할 수 있다. 이 절에서는 스텝의 ItemProcessor 처리 과정에서 더욱 복잡한 오케스트레이션을 수행할 수 있게 해주는 컴포지션composition을 살펴본다.

org.springframework.batch.item.support.CompositeItemProcessor를 알아보는 것부터 시작한다. 이 프로세서는 아이템의 처리를 ItemProcessor 구현체 목록에 순서대로 위임하는 ItemProcessor 인터페이스의 구현체다. 각 ItemProcessor가 결과를 반환하면 해당 결과는 다음 프로세서로 전달되는데, 이 과정은 모든 ItemProcessor의 호출이 끝날 때까지 진행된다. 이 패턴은 반환 타입에 관계 없이 발생하므로 첫 번째 ItemProcessor가 입력을 문자열로 가져와 출력으로 Product 객체를 반환하더라도, 다음 ItemProcessor가 Product를 입력으로 가져가기만 하면 된다. 결국 결괏값은 스텝에 구성된 ItemWriter에게 전달된다. 다른 ItemProcessor와 마찬가지로 이 프로세서 내에서 null을 반환하는 위임 프로세서가 있다면 해당 아이템은 더 이상 처리되지 않는다는 점을 기억하자. 그림 8-1은 Composite ItemProcessor의 처리 과정을 보여준다.

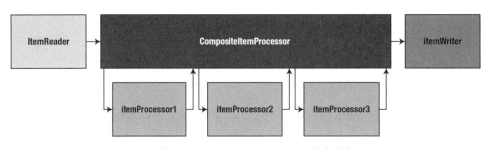

▲ 그림 8-1 CompositeItemProcessor의 처리 과정

그림 8-1과 같이 CompositeItemProcessor는 여러 ItemProcessor의 래퍼wrapper 역할을 하며 순서대로 ItemProcessor를 호출한다. 한 ItemProcessor의 처리가 완료되면, 다음 Item Processor를 호출하면서 이전 ItemProcessor가 반환한 아이템을 전달한다. 이 과정이 실제로 어떻게 이뤄지는지 살펴보자.

8장 앞에서 사용했던 예제를 참고해 이번 예제에 모두 한 번에 적용할 것이다. 다음을 순서대로 수행하는 ItemProcessor의 체인을 작성한다.

1. 잘못된 레코드를 필터링하도록 입력 데이터의 유효성 검증을 수행한다.
2. UpperCaseNameService를 사용해 이름을 대문자로 변경한다.
3. 자바스크립트 스크립트를 사용해 address, city, state 필드의 값을 소문자로 변경한다.

ItemProcessor가 전달한 Customer 객체의 유효성 검증에 사용할 ItemProcessor를 구성해 보자. 이를 위해 예제 8-9에서 했던 것과 동일한 구성에 약간 변경을 가할 것이다. 기본적으로 ValidatingItemProcessor는 아이템이 유효하지 않으면 ValidationException 예외를 발생시킨다. 그러나 일부 사례(예를 들어, 이번 예제)에서 이러한 조치는 너무 극단적인 조치일 수도 있다. 그래서 유효성 검증을 통과하지 못한 아이템을 걸러내기만 하도록 해당 ItemProcessor를 구성할 수도 있다. 이번 예제에서는 유효성 검증을 통과하지 못한 아이템을 필터링하도록 로직을 작성한다. 예제 8-15는 변경한 ItemProcessor 구성이다.

▼ 예제 8-15 아이템을 필터링하도록 구성한 ValidatingItemProcessor

```
...
@Bean
public UniqueLastNameValidator validator() {
    UniqueLastNameValidator uniqueLastNameValidator = new UniqueLastNameValidator();

    uniqueLastNameValidator.setName("validator");

    return uniqueLastNameValidator;
}

@Bean
public ValidatingItemProcessor<Customer> customerValidatingItemProcessor() {
    ValidatingItemProcessor<Customer> itemProcessor =
            new ValidatingItemProcessor<>(validator());

    itemProcessor.setFilter(true);

    return itemProcessor;
}
...
```

첫 번째 ItemProcessor와 관련된 작업은 끝났고 이제 두 개가 더 남았다. 구성할 두 번째 ItemProcessor는 고객의 이름을 대문자로 변경하도록 구성한 ItemProcessorAdapter이다. 이 구성은 예제 8-16처럼 이전에 사용한 ItemProcessAdapter 구성과 동일하다.

▼ 예제 8-16 ItemProcessAdapter 구성

```
...
@Bean
public ItemProcessorAdapter<Customer, Customer> upperCaseItemProcessor(
        UpperCaseNameService service) {

    ItemProcessorAdapter<Customer, Customer> adapter = new ItemProcessorAdapter<>();

    adapter.setTargetObject(service);
    adapter.setTargetMethod("upperCase");

    return adapter;
}
...
```

세 번째 ItemProcessor의 경우 먼저 새로운 스크립트를 작성해야 한다. 이번에는 고객의 이름 관련 필드를 대문자로 변경하는 대신, 고객의 모든 주소 관련 필드를 소문자로 변경한다. 예제 8-17은 자바스크립트로 새로 작성한 스크립트다.

▼ 예제 8-17 lowerCase.js

```
item.setAddress(item.getAddress().toLowerCase());
item.setCity(item.getCity().toLowerCase());
item.setState(item.getState().toLowerCase());
item;
```

스크립트를 사용하도록, 예제 8-18의 구성을 사용해 ScriptItemProcessor를 구성한다.

▼ 예제 8-18 lowerCaseItemProcessor

```
...
@Bean
```

```
@StepScope
public ScriptItemProcessor<Customer, Customer> lowerCaseItemProcessor(
            @Value("#{jobParameters['script']}") Resource script) {

    ScriptItemProcessor<Customer, Customer> itemProcessor =
                new ScriptItemProcessor<>();

    itemProcessor.setScript(script);

    return itemProcessor;
}
...
```

마지막으로 모든 것을 종합하려면 CompositeItemProcessor를 구성해야 한다. 이 ItemProcessor는 실행할 ItemProcessor 목록을 가져오는데, 이때 순서가 중요하다. 예제 8-19는 위임 체인chain of delegates을 사용한 CompositeItemProcessor 구성이다.

▼ 예제 8-19 CompositeItemProcessor 구성

```
...
@Bean
public CompositeItemProcessor<Customer, Customer> itemProcessor() {
    CompositeItemProcessor<Customer, Customer> itemProcessor =
                new CompositeItemProcessor<>();

    itemProcessor.setDelegates(Arrays.asList(
                customerValidatingItemProcessor(),
                upperCaseItemProcessor(null),
                lowerCaseItemProcessor(null)));

    return itemProcessor;
}
...
```

이렇게 변경한 잡을 실행하면 대문자로 변경된 모든 이름 필드, 소문자로 변경된 모든 주소 관련 필드, 두 개의 레코드(Warren M. Darrow 및 Regan M. Darrow 레코드)가 필터링된 출력 결과가 표시된다. 예제 8-20은 잡 실행 후 출력 결과다.

```
...
2020-12-29 22:28:33.106  INFO 19372 --- [           main] o.s.batch.core.job.SimpleStep
Handler     : Executing step: [copyFileStep]
Customer{firstName='RICHARD', middleInitial='N', lastName='DARROW', address='5570 isabella
ave', city='st. louis', state='il', zip='58540'}
Customer{firstName='BARACK', middleInitial='G', lastName='DONNELLY', address='7844 s.
greenwood ave', city='houston', state='ca', zip='38635'}
Customer{firstName='ANN', middleInitial='Z', lastName='BENES', address='2447 s. greenwood
ave', city='las vegas', state='ny', zip='55366'}
...
```

CompositeItemProcessor를 사용하면 소프트웨어가 적절하게 설계될 수 있도록 여러 컴포
넌트를 단일 ItemProcessor로 구성할 수 있다. 이때, 목록 내의 모든 ItemProcessor에게 모
든 아이템을 전달하고 싶지 않다면 어떻게 해야 할까? 일부 아이템은 ItemProcessorA에게
전달하고 일부 아이템은 ItemProcessorB에게 전달려면 어떻게 해야 할까? 이런 상황에서
사용할 수 있는 컴포넌트가 ClassifierCompositeItemProcessor다.

ClassifierCompositeItemProcessor는 org.springframework.classify.Classifier 구현
체로 사용할 ItemProcessor를 선택한다. 분류기[Classifier]의 classify 메서드는 입력 아이템
을 받아들이고 해당 아이템을 처리할 적절한 ItemProcessor를 반환하도록 구현돼야 한다.
이번 예제에서는 우편번호가 홀수일 때는 이름을 대문자로 변환해 반환하는 ItemProcessor
를, 우편번호가 짝수일 때는 주소를 소문자로 변환해 반환하는 ItemProcessor를 반환하는
분류기를 만들어본다.

분류기를 만들기 위해 작성해야 하는 주요 코드는 Classifier 구현체다. 이 구현체는 우편번
호가 짝수인지 홀수인지 확인하고 올바른 위임자를 반환한다. 예제 8-21은 ZipCodeCla
ssifier 코드다.

▼ 예제 8-21 ZipCodeClassifier

```
...
public class ZipCodeClassifier implements Classifier<Customer, ItemProcessor<Customer,
Customer>> {
```

```
        private ItemProcessor<Customer, Customer> oddItemProcessor;
        private ItemProcessor<Customer, Customer> evenItemProcessor;

        public ZipCodeClassifier(ItemProcessor<Customer, Customer> oddItemProcessor,
                    ItemProcessor<Customer, Customer> evenItemProcessor) {

            this.oddItemProcessor = oddItemProcessor;
            this.evenItemProcessor = evenItemProcessor;
        }

        @Override
        public ItemProcessor<Customer, Customer> classify(Customer classifiable) {
            if(Integer.parseInt(classifiable.getZip()) % 2 == 0) {
                return evenItemProcessor;
            }
            else {
                return oddItemProcessor;
            }
        }
    }
}
```

Classifier 구현체를 작성했으니, 이제 잡에서 ClassifierCompositeItemProcessor를 구성해보자. 먼저 upperCaseItemProcessor와 lowerCaseItemProcessor를 각각 생성자에 주입해 ZipCodeClassifier를 구성한다. 그다음으로 ClassifierCompositeItemProcessor의 구성이 이뤄지고 분류기가 유일한 의존성으로 설정된다. 예제 8-22는 ClassifierCompositeItemProcessor 구성 코드다.

▼ 예제 8-22 ClassifierCompositeItemProcessor 구성

```
...
@Bean
public Classifier classifier() {
    return new ZipCodeClassifier(upperCaseItemProcessor(null),
                lowerCaseItemProcessor(null));
}

@Bean
```

```
public ClassifierCompositeItemProcessor<Customer, Customer> itemProcessor() {
    ClassifierCompositeItemProcessor<Customer, Customer> itemProcessor =
            new ClassifierCompositeItemProcessor<>();

    itemProcessor.setClassifier(classifier());

    return itemProcessor;
}
...
```

이렇게 ItemProcessor를 구성한 후 잡을 빌드하고 실행하면 예제 8-23과 같이 결과가 출력된다.

▼ 예제 8-23 ClassifierCompositeItemProcessor 잡의 출력 결과

```
...
2020-12-29 22:35:45.041  INFO 25000 --- [            main] o.s.b.c.l.support.SimpleJob
Launcher      : Job: [SimpleJob: [name=job]] launched with the following parameters:
[{script=/lowerCase.js, customerFile=/input/customer.csv}]
2020-12-29 22:35:45.098  INFO 25000 --- [            main] o.s.batch.core.job.SimpleStep
Handler       : Executing step: [copyFileStep]
Customer{firstName='Richard', middleInitial='N', lastName='Darrow', address='5570 isabella
ave', city='st. louis', state='il', zip='58540'}
Customer{firstName='BARACK', middleInitial='G', lastName='DONNELLY', address='7844 S.
Greenwood Ave', city='Houston', state='CA', zip='38635'}
Customer{firstName='Ann', middleInitial='Z', lastName='Benes', address='2447 s. greenwood
ave', city='las vegas', state='ny', zip='55366'}
...
```

ClassifierCompositeItemProcessor는 ItemProcessor에서 복잡한 플로우를 만들 수 있는 또 다른 방법이기도 하다. CompositeItemProcessor와 결합하면 스텝 내의 ItemProcessor 처리 단계에서 거의 한계 없이 복잡한 ItemProcessor 체인을 구축할 수 있다.

다음 절에서는 ItemWriter에 전달할 아이템을 필터링하는 ItemProcessor를 어떻게 만드는지 살펴본다. 이전 절에서 레코드를 필터링했지만, 아직 ItemProcessor를 직접 구현하지는 않았다. 다음 절에서는 ItemProcessor를 직접 구현해 사용하는 방법을 살펴본다.

ItemProcessor 직접 만들기

ItemProcessor는 실제로 스프링 프레임워크에서 직접 구현하기 가장 쉬우며, 그렇게 되도록 의도적으로 설계됐다. 입력과 출력은 환경이나 비즈니스 사례에서 표준화돼 있다. 파일 내에 재무 데이터가 포함돼 있든지, 과학 데이터가 포함돼 있든지 상관없이 파일 읽기는 동일하게 동작한다. 데이터베이스에 데이터를 기록하는 작업은 객체가 어떻게 생겼든지 관계없이 동일하게 동작한다. 그러나 ItemProcessor는 처리할 비즈니스 로직이 담기는 곳이다. 그러므로 사실상 항상 직접 구현해야 한다. 이 절에서는 읽어들인 특정 아이템을 필터링하는 커스텀 ItemProcessor 구현체를 어떻게 만들 수 있는지 살펴본다.

아이템 필터링하기

이전 절에서는 우편번호가 짝수인지 홀수인지에 따라 서로 다른 로직을 수행했다. 이 절에서는 홀수 우편번호만 기록하도록 짝수 우편번호를 필터링하고 홀수 우편번호만 남겨두는 ItemProcessor를 작성한다.

그렇다면 아이템 레코드가 ItemProcessor를 통과할 때 어떻게 필터링될까? 스프링 배치는 ItemProcessor가 null을 반환하기만 하면 해당 아이템이 필터링되도록 함으로써 필터링 과정을 단순화한다. 프로세서 내에서 아이템을 필터링하면 해당 아이템은 그 이후에 수행되는 여러 ItemProcessor나 ItemWriter에게 전달되지 않는데, 이때 스프링 배치는 필터링된 레코드 수를 보관하고 JobRepository에 저장한다.

ItemProcessor를 구현하려면 ItemProcessor 인터페이스를 구현하는 클래스를 만들어야 한다. 우편번호가 짝수이면 null을 반환하고, 우편번호가 홀수이면 입력 아규먼트를 수정하지 않고 반환하도록 process 메서드 내에 로직을 작성한다. 예제 8-24는 해당 코드다.

▼ 예제 8-24 EvenFilteringItemProcessor

```
...
public class EvenFilteringItemProcessor implements ItemProcessor<Customer, Customer> {

    @Override
    public Customer process(Customer item) {
```

```
            return Integer.parseInt(item.getZip()) % 2 == 0 ? null : item;
    }
}
```

이제 남은 것은 해당 `ItemProcessor`를 사용하도록 잡을 구성하는 것이다. 예제 8-25는 새로운 `ItemProcessor`의 구성이다.

▼ 예제 8-25 커스텀 ItemProcessor의 구성

```
...
@Bean
public EvenFilteringItemProcessor itemProcessor() {
    return new EvenFilteringItemProcessor();
}
...
```

새로운 `ItemProcessor`를 구성하고 잡을 실행하면, 예제 8-26과 같이 `EvenFilteringItem Processor`가 9개의 레코드를 필터링해 6개 레코드만 표준 출력으로 쓰여진다.

▼ 예제 8-26 커스텀 ItemProcessor 잡의 출력 결과

```
...
2020-12-29 22:39:53.736  INFO 7744 --- [           main] o.s.batch.core.job.SimpleStep
Handler     : Executing step: [copyFileStep]
Customer{firstName='Barack', middleInitial='G', lastName='Donnelly', address='7844 S.
Greenwood Ave', city='Houston', state='CA', zip='38635'}
Customer{firstName='Laura', middleInitial='9S', lastName='Minella', address='8177 4th
Street', city='Dallas', state='FL', zip='04119'}
Customer{firstName='Warren', middleInitial='L', lastName='Darrow', address='4686 Mt. Lee
Drive', city='St. Louis', state='NY', zip='94935'}
Customer{firstName='Harry', middleInitial='T', lastName='Smith', address='3273 Isabella
Ave', city='Houston', state='FL', zip='97261'}
Customer{firstName='Jonas', middleInitial='U', lastName='Gilbert', address='8852 In St.',
city='Saint Paul', state='MN', zip='57321'}
Customer{firstName='Regan', middleInitial='M', lastName='Darrow', address='4851 Nec Av.',
city='Gulfport', state='MS', zip='33193'}
2020-12-29 22:39:53.943  INFO 7744 --- [           main] o.s.b.c.l.support.SimpleJob
Launcher     : Job: [SimpleJob: [name=job]] completed with the following parameters:
```

```
[{in=50, customerFile=/input/customer.csv}] and the following status: [COMPLETED]
...
```

레코드를 필터링할 때 얼마나 많은 레코드가 필터링됐는지 쉽게 알 수 있다면 좋을 것이다. 스프링 배치는 필터링된 아이템 수를 JobRepository에 기록한다. 예제 8-4의 데이터를 보면 15개의 레코드를 읽어서 9개를 필터링하고 6개를 기록했다는 것을 알 수 있다. 예제 8-27은 JobRepository의 데이터다.

▼ 예제 8-27 JobRepository에 저장된 필터링된 아이템의 개수

```
mysql> select step_execution_id as id, step_name, status, commit_count, read_count, filter_
count, write_count from spring_batch.batch_step_execution;

+----+-------------+-----------+--------------+------------+--------------+-------------+
| id | step_name | status | commit_count | read_count | filter_count | write_count |
+----+-------------+-----------+--------------+------------+--------------+-------------+
| 1 | copyFileStep | COMPLETED | 4 | 15 | 9 | 6 |
+----+-------------+-----------+--------------+------------+--------------+-------------+
1 row in set (0.01 sec)
```

4장에서는 처리하지 않을 레코드를 식별하는 방법으로 예외를 사용하는 아이템 건너뛰기^{skip} 방법을 배웠다. 앞서 알아본 ItemProcessor에서 필터링하는 방식과 아이템 건너뛰기 방식의 차이는 아이템 건너뛰기 방식이 기술적으로 유효한 레코드를 대상으로 한다는 점이다. 고객의 데이터에 우편번호가 포함돼 있지만, 비즈니스 규칙에 따라 우편번호 레코드를 처리할 수 없으므로 스텝 결과에서 필터링했다.

간단한 개념이지만 ItemProcessor는 모든 배치 개발자가 많은 시간을 소비하는 스프링 배치 프레임워크의 일부분이다. 이곳에 비즈니스 로직을 작성해 아이템 처리 시에 사용한다.

요약

ItemProcessor는 잡이 처리하는 아이템에 비즈니스 로직을 적용하는 곳이다. 스프링 배치는 개발자가 비즈니스 로직을 개발하는 것을 돕는 대신 ItemProcessor와 관련된 일을 수행

한다. 다시 말해 스프링 배치 프레임워크는 개발자가 자신만의 방법으로 비즈니스 로직을 개발하게 하고, 그 대신 필요에 맞게 비즈니스의 로직를 적용하는 방법을 결정할 수 있게 해준다. 9장에서는 마지막 스프링 배치의 마지막 핵심 컴포넌트인 ItemWriter를 자세히 살펴본다.

9장

ItemWriter

컴퓨터의 능력은 놀랍다. 숫자를 마음대로 다룰 수 있고 이미지도 처리할 수 있다. 하지만 컴퓨터가 처리한 결과물을 출력할 수 없다면 의미가 없다. ItemWriter는 스프링 배치의 출력을 담당하는 기능을 한다. 스프링 배치 처리 결과를 포맷에 맞게 출력할 필요가 있을 때 스프링 배치가 제공하는 ItemWriter를 사용한다. 9장에서는 스프링 배치가 제공하는 다양한 유형의 ItemWriter를 알아보고 필요에 따라 특정 상황에 맞는 ItemWriter 개발 방법을 살펴본다. 논의할 주요한 내용은 다음과 같다.

- **ItemWriter 소개**: 스텝 실행 시 반대쪽 끝에 존재하는 ItemReader와 유사하게 Item Writer도 자신만의 특별한 영역이 있다. 9장에서는 ItemWriter가 어떻게 동작하는지 개략적으로 살펴본다.

- **파일 기반**File-based **ItemWriter**: 파일 기반으로 출력하도록 설정하는 것은 가장 쉬운 출력 방법이며, 배치 처리에 사용되는 가장 일반적인 형식 중 하나다. 이러한 이유로 플랫flat 파일과 XML 파일로 출력하는 방법을 알아보는 것부터 시작해 ItemWriter를 배운다.

- **데이터베이스 ItemWriter**: 데이터 저장소로 사용되는 관계형 데이터베이스는 기업에서 가장 중요하다. 그런데 데이터베이스에서 대량 데이터를 다루는 작업이 일어나면 특

정한 문제가 발생할 수 있다. 이러한 문제를 스프링 배치만의 아키텍처를 통해 어떻게 해결할 수 있는지 살펴본다.

- **NoSQL ItemWriter**: 관계형 데이터베이스가 최고일 수도 있지만, 최근에는 몽고DB^{MongoDB}, 아파치 지오드$^{Apache\ Geode}$, 네오4j^{Neo4j}와 같은 NoSQL 저장소도 데이터 저장소로 많이 사용한다. 이 절에서는 다양한 형태의 NoSQL 저장소를 지원하는 ItemWriter를 살펴본다.

- **그밖의 출력 방식을 위한 ItemWriter**: 엔터프라이즈 소프트웨어가 출력하는 미디어의 종류가 파일과 데이터베이스만 있는 것은 아니다. 시스템은 이메일을 보내고, JMS$^{Java\ Messaging\ Service}$ 엔드포인트에 데이터를 쓰고, 또 다른 시스템을 통해 데이터를 저장한다. 이 절에서 스프링 배치가 지원하는 덜 일반적이지만 여전히 유용한 몇 가지 출력 방법을 살펴본다.

- **여러 자원을 사용하는 ItemWriter**: 일반적으로 단일 소스에서 데이터를 읽어온 뒤 Item Processor로 해당 데이터를 보강하는 읽기 처리와는 달리 출력은 여러 소스로 내보내는 것이 일반적이다. 스프링 배치는 여러 ItemWriter의 기능을 묶어 단일 ItemWriter로 구성하는 기능을 제공할 뿐만 아니라 여러 시스템에 쓰기 작업을 수행할 수 있는 방법을 제공한다. 이 절에서는 다중 리소스 또는 다중 출력 포맷으로 쓰기 작업을 수행하는 ItemWriter를 살펴본다.

먼저 ItemWriter가 어떻게 동작하는지, 스텝에서 ItemWriter를 어떻게 사용하는지 살펴보자.

ItemWriter 소개

ItemWriter는 스프링 배치의 출력 메커니즘이다. 스프링 배치가 처음 나왔을 때 ItemWriter는 본질적으로 ItemReader와 동일하게 각 아이템이 처리되는 대로 출력했다. 그러나 스프링 배치 2에서 청크 기반$^{chunk-based}$ 처리 방식이 도입되면서 ItemWriter의 역할이 바뀌었다. 각 아이템을 처리하면서 바로 출력하는 것이 더 이상 의미가 없게 됐다.

청크 기반으로 처리하는 ItemWriter는 아이템을 건건이 쓰지 않는다. 대신 아이템을 묶음(청크)

단위로 쓴다. 이런 이유로 org.springframework.batch.item.ItemWriter 인터페이스는
ItemReader 인터페이스와 약간 다르다. 7장에서 살펴봤던 ItemReader 인터페이스의 read
메서드의 반환 값이 단 하나의 아이템인 반면에 예제 9-1처럼 ItemWriter 인터페이스의
write 메서드는 아이템의 목록(List<T>)을 전달받는다.

▼ 예제 9-1 ItemWriter

```
package org.springframework.batch.item;

import java.util.List;

public interface ItemWriter<T> {
    void write(List<? extends T> items) throws Exception;
}
```

그림 9-1은 스텝 내에서 ItemWriter를 어떻게 사용하는지 알 수 있도록 스텝 내 처리 과정
을 보여주는 시퀀스 다이어그램이다. 스텝은 ItemReader를 사용해 각 아이템을 개별적으로
읽은 뒤 ItemProcessor에게 전달해 필요한 처리를 수행한다. 이러한 과정은 처리된 아이템
수가 하나의 청크를 완성할 때까지 계속된다. 청크 하나가 완성되면 해당 아이템 목록이
ItemWriter에 전달돼 쓰기 작업이 수행된다.

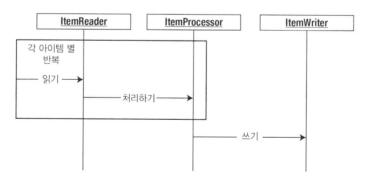

▲ 그림 9-1 쓰기 작업을 수행할 수 있는 방법을 사용하는 스텝의 동작 방식

청크 기반 처리 방식이 도입된 이후, ItemWriter를 호출하는 횟수가 이전보다 훨씬 적어졌
다. 하지만 청크 기반으로 처리할 때는 그렇지 않을 때에 비해 약간 다른 처리 방법이 필요하

다. 파일과 같이 트랜잭션이 적용되지 않는 리소스를 처리하는 작업을 예로 들어보자. 파일 쓰기에 실패했을 때 이미 쓰여진 내용을 롤백할 방법이 없다. 따라서 쓰기 작업 도중에 발생하는 오류를 줄일 수 있도록 추가적인 보호 조치를 취해야 한다.

스프링 배치는 대부분의 출력 시나리오에서 사용할 수 있는 많은 `ItemWriter`를 제공한다. 그중 `FlatFileItemWriter`부터 살펴보자.

파일 기반 ItemWriter

엔터프라이즈 환경의 배치 처리에서는 많은 양의 데이터가 파일을 통해 움직인다. 이유는 다음과 같다. 먼저 파일은 간단하고 신뢰할 수 있다. 그리고 백업이 쉽다. 재시작을 해야 하는 경우 복구도 마찬가지다. 이 절에서 형식화된 레코드(고정 너비^{fixed width} 방식이나 그밖의 다양한 방식 등)나 구분자로 구분된 파일^{delimited file}을 비롯해, 다양한 형식을 가진 플랫^{flat} 파일을 생성하는 방법을 알아보며 파일 생성 시 발생하는 문제를 스프링 배치가 어떻게 다루는지 배운다.

FlatFileItemWriter

`org.springframework.batch.item.file.FlatFileItemWriter`는 텍스트 파일 출력을 만들 때 사용할 수 있도록 스프링 배치가 제공하는 `ItemWriter` 인터페이스 구현체다. 여러 측면에서 `FlatFileItemReader`와 유사하게, 해당 클래스는 명확하고 일관된 인터페이스를 제공해 자바의 파일 기반 출력 문제를 해결한다. 그림 9-2는 `FlatFileItemWriter`가 어떻게 구성돼 있는지 보여준다.

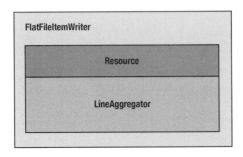

▲ 그림 9-2 FlatFileItemWriter의 구성 요소

그림 9-2와 같이 FlatFileItemWriter는 출력할 리소스와 LineAggregator 구현체로 구성된다. org.springframework.batch.item.file.transform.LineAggregator 인터페이스는 7장에서 살펴봤던 FlatFileItemReader의 LineMapper에 해당한다. FlatFileItemReader의 LineMapper가 문자열을 객체로 변환하기 위해 문자열을 파싱하는 역할을 담당했다면, FlatFileItemWriter의 LineAggregator는 객체를 기반으로 출력 문자열 생성하는 역할을 담당한다.

표 9-1는 FlatFileItemWriter의 흥미로운 여러 구성 옵션이다.

▼ 표 9-1 FlatFileItemWriter 구성 옵션

Option	Type	Default	Description
encoding	String	UTF-8	파일의 문자 인코딩
footerCallback	FlatFileFooterCallback	null	쓰기 작업 대상 파일의 마지막 아이템이 처리된 후 실행됨
headerCallback	FlatFileHeaderCallback	null	쓰기 작업 대상 파일의 첫 번째 아이템이 처리되기 전에 실행됨
lineAggregator	LineAggregator	null (필수)	개별 아이템을 출력용 문자열로 변환하는 데 사용됨
lineSeparator	String	시스템의 개행 문자	생성된 파일의 개행 문자
resource	Resource	null (필수)	쓰기 작업 대상 파일 또는 스트림
saveState	boolean	true	처리 시 라이터의 상태를 ExecutionContext에 저장할지 여부를 지정
shouldDeleteIfEmpty	boolean	false	true로 설정하면, 기록할 레코드가 한 건도 없을 때(헤더/푸터 레코드는 제외) 리더를 닫는 시점에 파일을 삭제함
appendAllowed	boolean	false	true로 설정하면 기록 대상 파일이 이미 존재할 때 새로운 파일을 생성하지 않고 기존 파일에 추가함. 이 설정값이 true이면 shouldDeleteIfExists도 자동으로 false로 설정됨
shouldDeleteIfExists	boolean	true	true로 설정하면 출력 쓰기 작업 수행 시 쓰기 작업 대상 파일이 이미 존재할 때 해당 파일이 삭제되고 새 파일이 생성됨

transactional	boolean	true	true로 설정하면 트랜잭션 활성화 상태에서 해당 트랜잭션이 커밋될 때까지 파일에 대한 데이터 쓰기가 지연됨

FlatFileItemReader의 LineMapper와 달리 LineAggregator의 의존성과 관련된 내용은 어렵지 않다. 그러나 그와 관련된 인터페이스인 org.springframework.batch.item.file.transform.FieldExtractor는 잘 알고 있어야 한다. FieldExtractor 인터페이스는 제공되는 아이템의 필드에 접근할 수 있게 해주는데, 스프링 배치가 제공하는 대부분의 LineAggregator 구현체에서 사용된다. 스프링 배치는 두 개의 FieldExtractor 인터페이스를 제공한다. 그중 하나인 org.springframework.batch.item.file.transform.BeanWrapperFieldExtractor는 클래스의 접근자[getter]를 사용해 전통적인 자바 빈[Bean] 프로퍼티에 접근한다. 또 다른 하나는 org.springframework.batch.item.file.transform.PassThroughFieldExtractor로써 아이템을 바로 반환한다. 이 FieldExtractor는 아이템이 문자열인 경우 등에 유용하다.

이 절에서 LineAggregator 구현체의 일부를 살펴볼 것이다. 하지만 어떻게 파일을 형식화할 수 있는지 알아보기 전에, 잠시 시간을 내서 트랜잭션과 관련된 이야기를 해보자. 스프링 배치의 트랜잭션 모델은 청크 기반 처리에 맞게 이뤄지는데, 일반적으로 스텝의 읽기 쪽(트랜잭션 큐는 제외)에는 영향을 미치지 않지만 쓰기 쪽에는 큰 영향을 미친다. 플랫 파일을 사용해 작업할 때 트랜잭션이 어떻게 동작할까?

노트 FlatFileItemWriter는 쓰기 데이터의 노출을 제한해 롤백이 가능한 커밋 전 마지막 순간까지 출력 데이터의 저장을 지연시킨다.

FlatFileItemWriter는 트랜잭션 주기 내에서 실제 쓰기 작업을 가능한 한 늦게 수행하도록 설계됐다. FlatFileItemWriter는 실제로 데이터를 기록할 때 TransactionSynchronizationAdapter의 beforeCommit 메서드를 사용해서 해당 매커니즘을 구현했다. 즉, 쓰기 외 모든 처리 작업을 완료한 뒤 라이터로 데이터를 실제로 디스크에 기록하기 직전에 PlatformTransactionManager가 트랜잭션을 커밋한다. 데이터가 디스크로 플러시[flush]되면 롤백할 수

없기 때문에, 문제를 야기할 수 있는 다른 상호작용(데이터베이스에 데이터를 저장하는 등)의 실패가 데이터를 디스크에 실제로 쓰기 전에 이뤄지도록 한다. 트랜잭션이 적용되지 않는 모든 데이터 저장소는 트랜잭션 도중에 데이터를 저장할 때 이와 유사한 메커니즘을 사용한다.

다음 절에서 형식화된 파일을 생성해보며 `FlatFileItemWriter`가 실제로 어떻게 동작하는지 살펴본다.

형식화된 텍스트 파일

입력을 다룰 때 알아봤던 텍스트 파일에는 고정 너비^{fixed width} 유형, 구분자로 구분된 파일 ^{delimited} 유형, XML 유형과 같이 세 가지 유형이 있었다. 출력도 여전히 구분자로 구분된 유형 및 XML 유형을 가지고 있지만, 고정 너비 유형은 더 이상 단순히 고정 너비가 아니다. 출력 측면으로 보면 형식화된 레코드다. 이 절에서 배치 출력을 형식화된 텍스트 파일로 구성하는 방법을 살펴본다.

고정 너비^{fixed width} 입력 파일과 형식화된^{formatted} 출력 파일의 차이점은 무엇일까? 기술적으로 차이는 없다. 둘 다 어떤 식으로든 특정한 형식을 가진 레코드가 기록된 파일이므로, 열 너비를 정의하든지 또는 다른 형식을 정의하는지 여부는 중요하지 않다. 그러나 일반적으로 입력 파일에는 데이터 외의 레코드는 없으며 파일과는 별도로 칼럼을 사용해서 읽을 형식을 정의하는 반면 출력 파일은 고정 너비일 수도 있고 훨씬 복잡한 형식일 수도 있다(9장 뒷부분에서 거래명세서 잡을 통해 관련 내용을 살펴본다).

이 예제에서는 고객 목록과 거주 지역 출력을 생성한다. 먼저 스프링 이니셜라이저^{Initializr}에서 batch, jdbc, mysql과 같은 일반적인 의존성을 포함하도록 새 프로젝트를 생성한다. 프로젝트 생성이 완료되면 작업 시에 어떤 입력을 사용할지 살펴보자. 예제 9-2는 customer. csv 파일의 예다.

▼ 예제 9-2 customer.csv

```
Richard,N,Darrow,5570 Isabella Ave,St. Louis,IL,58540
Warren,L,Darrow,4686 Mt. Lee Drive,St. Louis,NY,94935
Barack,G,Donnelly,7844 S. Greenwood Ave,Houston,CA,38635
Ann,Z,Benes,2447 S. Greenwood Ave,Las Vegas,NY,55366
```

```
Erica,Z,Gates,3141 Farnam Street,Omaha,CA,57640
Warren,M,Williams,6670 S. Greenwood Ave,Hollywood,FL,37288
Harry,T,Darrow,3273 Isabella Ave,Houston,FL,97261
Steve,O,Darrow,8407 Infinite Loop Drive,Las Vegas,WA,90520
```

예제 9-2에서 알 수 있듯이, 입력 파일에는 이 책에서 지금까지 사용해 왔던 고객 파일과 유사한 파일을 사용한다. 그러나 이 잡의 출력은 약간 다르다. 이번에는 각 고객별로 "Richard Darrow lives at 5570 Isabella Ave in St. Louis, IL."과 같이 완전한 문장을 만들어 출력하려고 한다. 예제 9-3은 출력 파일의 예다.

▼ 예제 9-3 형식화된 고객 정보 출력의 예

```
Richard N Darrow lives at 5570 Isabella Ave in St. Louis, IL.
Warren L Darrow lives at 4686 Mt. Lee Drive in St. Louis, NY.
Barack G Donnelly lives at 7844 S. Greenwood Ave in Houston, CA.
Ann Z Benes lives at 2447 S. Greenwood Ave in Las Vegas, NY.
Laura 9S Minella lives at 8177 4th Street in Dallas, FL.
Erica Z Gates lives at 3141 Farnam Street in Omaha, CA.
Warren M Williams lives at 6670 S. Greenwood Ave in Hollywood, FL.
Harry T Darrow lives at 3273 Isabella Ave in Houston, FL.
Steve O Darrow lives at 8407 Infinite Loop Drive in Las Vegas, WA.
Erica Z Minella lives at 513 S. Greenwood Ave in Miami, IL.
```

이렇게 출력하려면 어떻게 해야 할까? 이 예제에서는 입력 파일을 읽어들이고 출력 파일에 쓰기 작업을 수행하는 단일 스텝을 가진 잡을 사용한다. 이 예제에서 ItemProcessor는 필요하지 않다. 작성해야 하는 유일한 코드는 Customer 클래스다. 이 클래스를 작성하는 것부터 시작해보자. 예제 9-4를 참고하라.

▼ 예제 9-4 Customer.java

```java
...
public class Customer {
    private static final long serialVersionUID = 1L;

    private long id;
    private String firstName;
```

```
        private String middleInitial;
        private String lastName;
        private String address;
        private String city;
        private String state;
        private String zip;

        // Accessors go here
        ...
}
```

예제 9-4에서 볼 수 있듯이 Customer 객체의 필드는 customer.csv 파일의 필드에 매핑된다.[1] 아이템을 코드화했으니, 이제 잡 구성을 시작해보자. 입력과 관련된 부분은 7장에서 알아봤으므로 익숙할 것이다. 예제 9-5는 입력 파일의 구성(리소스가 잡 파라미터를 통해 전달됨), FlatFileItemReader 구성, Customer 객체에 대한 필수 참조다.

▼ 예제 9-5 잡의 입력 형식 구성하기

```
...
@Bean
@StepScope
public FlatFileItemReader<Customer> customerFileReader(
            @Value("#{jobParameters['customerFile']}")Resource inputFile) {

    return new FlatFileItemReaderBuilder<Customer>()
                .name("customerFileReader")
                .resource(inputFile)
                .delimited()
                .names(new String[] {"firstName",
                    "middleInitial",
                    "lastName",
                    "address",
                    "city",
                    "state",
                    "zip"})
```

---

1   Customer 객체는 id라는 애트리뷰트(나중에 사용됨)를 가지고 있는데, 파일 내에 해당 애트리뷰트에 매핑되는 데이터는 존재하지 않는다.

```
                       .targetType(Customer.class)
                       .build();
}
...
```

예제 9-4의 구성에 놀랄 만한 것은 없다. 먼저 잡 파라미터를 이용해 입력 파일의 위치를 주입할 수 있도록 스텝 스코프^{step scope} 빈을 정의한다. 그다음 해당 빈 내에서 FlatFileItemReaderBuilder를 사용해 이름을 정의하고, 리소스를 주입하고, 파일이 쉼표로 구분되는 파일임을 지정하고, 각 열의 이름과 반환할 객체 타입을 전달해 FlatFileItemReader를 구성한다. 스프링 배치는 이 정보를 사용해서 DefaultLineMapper를 생성한다. DefaultLineMapper는 DelimitedLineTokenizer를 사용해 라인을 파싱하고 BeanWrapperFieldSetMapper를 사용해 도메인 객체에 값을 채워 넣는다.

한편 출력은 FlatFileItemWriter와 LineAggregator가 담당한다. 이 예제는 스프링 배치가 제공하는 org.springframework.batch.itemfile.transform.FormatterLineAggregator를 사용한다. FieldExtractor 인터페이스와 LineAggregator를 직접 구성하는 것은 손이 많이 가는 일이므로, 프레임워크는 해당 컴포넌트의 구성을 FlatFileItemWriterBuilder를 통해 간단하게 할 수 있게 해준다. 예제 9-6은 잡의 출력 구성이다.

▼ 예제 9-6 잡의 출력 형식 구성하기

```
...
@Bean
@StepScope
public FlatFileItemWriter<Customer> customerItemWriter(
            @Value("#{jobParameters['outputFile']}") Resource outputFile) {

    return new FlatFileItemWriterBuilder<Customer>()
                .name("customerItemWriter")
                .resource(outputFile)
                .formatted()
                .format("%s %s lives at %s %s in %s, %s.")
                .names(new String[] {"firstName",
                    "lastName",
                    "address",
```

```
                    "city",
                    "state",
                    "zip"})
            .build();
}
...
```

예제 9-6에서 볼 수 있듯이, 빈을 스텝 스코프로 구성하며 출력 파일 생성 경로를 잡 파라미터로 주입한다. 다음으로 `FlatFileItemWriterBuilder`를 사용해 `ItemWriter`를 구성한다. 먼저, 사용할 이름과 리소스를 지정한다. 그다음 스프링 배치가 형식화된 출력 파일을 생성할 수 있도록 해 `FormattedBuilder`를 반환받는다. `FormattedBuilder`에는 생성하고자 하는 출력물의 포맷을 구성한 뒤 포맷 내에 표시할 추출 대상 필드를 순서대로 구성한다. 그 뒤 실제 `ItemWriter` 인스턴스를 생성하기 위해 build 메서드를 호출한다.

입력 및 출력과 관련된 모든 구성을 마쳤다면, 잡 구성을 최종적으로 완료하기 위해 남은 일은 스텝과 잡 구성이다. 예제 9-7은 앞서 작성했던 입력과 출력 구성을 포함한 `formatJob` 잡의 전체 구성이다.

▼ 예제 9-7 FormattedTextFileJob

```
...
@EnableBatchProcessing
@Configuration
public class FormattedTextFileJob {

    private JobBuilderFactory jobBuilderFactory;

    private StepBuilderFactory stepBuilderFactory;

    public FormattedTextFileJob(JobBuilderFactory jobBuilderFactory,
                StepBuilderFactory stepBuilderFactory) {

        this.jobBuilderFactory = jobBuilderFactory;
        this.stepBuilderFactory = stepBuilderFactory;
    }

    @Bean
```

```java
@StepScope
public FlatFileItemReader<Customer> customerFileReader(
        @Value("#{jobParameters['customerFile']}")Resource inputFile) {

    return new FlatFileItemReaderBuilder<Customer>()
            .name("customerFileReader")
            .resource(inputFile)
            .delimited()
            .names(new String[] {"firstName",
                    "middleInitial",
                    "lastName",
                    "address",
                    "city",
                    "state",
                    "zip"})
            .targetType(Customer.class)
            .build();
}

@Bean
@StepScope
public FlatFileItemWriter<Customer> customerItemWriter(
        @Value("#{jobParameters['outputFile']}") Resource outputFile) {

                return new FlatFileItemWriterBuilder<Customer>()
                            .name("customerItemWriter")
                            .resource(outputFile)
                            .formatted()
                            .format("%s %s lives at %s %s in %s, %s.")
                            .names(new String[] {"firstName",
                                    "lastName",
                                    "address",
                                    "city",
                                    "state",
                                    "zip"})
                            .build();
}

@Bean
public Step formatStep() {
    return this.stepBuilderFactory.get("formatStep")
```

```
                .<Customer, Customer>chunk(10)
                .reader(customerFileReader(null))
                .writer(customerItemWriter(null))
                .build();
        }

        @Bean
        public Job formatJob() {
                return this.jobBuilderFactory.get("formatJob")
                        .start(formatStep())
                        .incrementer(new RunIdIncrementer())
                        .build();
        }
}
```

메이븐^{Maven}의 `mvn clean install` 명령을 사용해 프로젝트를 빌드한 후, 예제 9–8의 명령
으로 스프링 부트를 기동함으로써 예제를 실행할 수 있다.

▼ 예제 9–8 명령행으로 formatJob 실행하는 방법

```
java -jar itemWriters-0.0.1-SNAPSHOT.jar
customerFile=/data/customer.csv outputFile=file:/output/formattedCustomers.txt
```

예제 9–2와 같은 입력 파일을 사용하도록 잡을 실행하면, 그 결과로 예제 9–9와 같은 내용
을 가진 formattedCustomers.txt라는 새로운 파일이 생성된다.

▼ 예제 9–9 formattedCustomers.txt

```
Richard Darrow lives at 5570 Isabella Ave St. Louis in IL, 58540.
Warren Darrow lives at 4686 Mt. Lee Drive St. Louis in NY, 94935.
Barack Donnelly lives at 7844 S. Greenwood Ave Houston in CA, 38635.
Ann Benes lives at 2447 S. Greenwood Ave Las Vegas in NY, 55366.
Erica Gates lives at 3141 Farnam Street Omaha in CA, 57640.
Warren Williams lives at 6670 S. Greenwood Ave Hollywood in FL, 37288.
Harry Darrow lives at 3273 Isabella Ave Houston in FL, 97261.
Steve Darrow lives at 8407 Infinite Loop Drive Las Vegas in WA, 90520.
```

이렇게 출력 형식을 지정하는 방법은 여러 다른 요구 사항에 적용할 수 있다. 이 예제처럼 아이템 내용을 사람이 읽게 할 목적으로 문장 형태로 출력 형식을 지정하든, 7장에서 입력할 때 사용했던 고정 너비 파일로 형식을 지정하든, LineAggregator에 구성하는 format 문자열만 변경하면 된다.

자주 접하는 또 다른 기본적인 유형의 플랫 파일은 구분자로 구분된 파일이다. 예를 들어 customer.csv는 콤마(,)로 구분된 파일이다. 다음 절에서는 구분자로 구분된 형태로 파일에 출력하는 방법을 살펴본다.

구분자로 구분된 파일

앞 절에서 살펴봤던 형식화된 파일과 달리, 구분자로 구분된 파일은 미리 정의된 형식을 전혀 갖고 있지 않다. 대신에 각 값은 사전에 정의된 구분자를 이용해 구분된다. 이 절에서는 스프링 배치를 사용해 구분자로 구분된 파일을 생성하는 방법을 살펴본다.

구분자로 구분된 파일을 어떻게 생성하는지 알아보기 위해, 앞서 사용했던 입력과 동일한 입력을 사용한다. 대신 ItemWriter가 구분자로 구분된 출력을 새롭게 생성하도록 출력 부분을 리팩토링할 것이다. 구체적으로 필드 순서를 변경하고, 구분자^{delimiter}를 쉼표(,)에서 세미콜론(:)으로 변경한다. 예제 9-10은 변경한 formatJob을 수행한 이후 얻은 출력 결과의 일부이다.

▼ 예제 9-10 formatJob의 실행 결과인 구분자로 구분된 출력 결과

```
58540;IL;St. Louis;5570 Isabella Ave;Darrow;Richard
94935;NY;St. Louis;4686 Mt. Lee Drive;Darrow;Warren
38635;CA;Houston;7844 S. Greenwood Ave;Donnelly;Barack
55366;NY;Las Vegas;2447 S. Greenwood Ave;Benes;Ann
57640;CA;Omaha;3141 FarnamStreet;Gates;Erica
37288;FL;Hollywood;6670 S. Greenwood Ave;Williams;Warren
97261;FL;Houston;3273 Isabella Ave;Darrow;Harry
90520;WA;Las Vegas;8407 Infinite Loop Drive;Darrow;Steve
```

예제 9-10과 같은 출력을 만들기 위해서는 LineAggregator 구성만 변경하면 된다. FormatterLineAggregator를 사용하는 대신에 스프링 배치가 제공하는 org.springframework.

batch.item.file.transform.DelimitedLineAggregator 구현체를 사용한다. Delimited
LineAggregator는 동일한 BeanWrapperFieldExtractor를 사용해 Object 배열을 추출한 후,
미리 구성해둔 구분자를 해당 배열의 각 엘리먼트 사이에 넣어 문자열을 연결한다. 이전 예
제에서 formatted()를 호출했을 때와 마찬가지로, FlatFileItemWriterBuilder는
delimited()를 호출하면 구분자로 구분된 파일을 생성하는 데 필요한 LineAggregator 리소
스를 구성하는 별도의 빌더를 제공한다. 예제 9-11은 변경된 ItemWriter 구성이다.

▼ 예제 9-11 flatFileOutputWriter 구성

```
...
@Bean
@StepScope
public FlatFileItemWriter<Customer> customerItemWriter(
        @Value("#{jobParameters['outputFile']}") Resource outputFile) {

    return new FlatFileItemWriterBuilder<Customer>()
                .name("customerItemWriter")
                .resource(outputFile)
                .delimited()
                .delimiter(";")
                .names(new String[] {"zip",
                                "state",
                                "city",
                                "address",
                                "lastName",
                                "firstName"})
                .build();
}
...
```

이전 예제에서 사용한 FormatterLineAggregator 구성 대신 DelimitedLineAggregator를
사용하면서 발생한 유일한 변화는 포맷 관련 의존성을 제거하고 구분자 정의를 추가한 것이
다. 이전 예제와 마찬가지로 mvn clean install 명령으로 프로젝트를 빌드한 후, 예제 9-12
의 명령으로 잡을 실행할 수 있다.

```
java -jar itemWriters-0.0.1-SNAPSHOT.jar
customerFile=/input/customer.csv outputFile=file:/output/delimitedCustomers.txt
```

예제 9–13은 구성을 변경한 formatJob의 실행 결과다.

▼ 예제 9–13 구분자로 구분된 형식으로 파일에 쓰기 작업을 수행하는 formatJob의 실행 결과

```
58540;IL;St. Louis;5570 Isabella Ave;Darrow;Richard
94935;NY;St. Louis;4686 Mt. Lee Drive;Darrow;Warren
38635;CA;Houston;7844 S. Greenwood Ave;Donnelly;Barack
55366;NY;Las Vegas;2447 S. Greenwood Ave;Benes;Ann
57640;CA;Omaha;3141 FarnamStreet;Gates;Erica
37288;FL;Hollywood;6670 S. Greenwood Ave;Williams;Warren
97261;FL;Houston;3273 Isabella Ave;Darrow;Harry
90520;WA;Las Vegas;8407 Infinite Loop Drive;Darrow;Steve
```

스프링 배치를 사용하면 플랫 파일을 쉽게 생성할 수 있다. 도메인 객체를 제외하고 어떠한 코드도 새로 작성하지 않더라도 파일을 읽어서 형식화된 파일이나 구분자로 구분된 파일로 변환할 수 있다. 플랫 파일 처리와 관련된 위 두 예제에서는 파일이 매번 새로 생성되는 시나리오로 가정했다. 다음 절에서는 파일에 쓰기 작업을 수행할 때 스프링 배치가 제공하는 몇 가지 고급 옵션을 살펴본다.

파일 관리 옵션

읽기 처리의 경우 읽을 파일이 반드시 존재해야 하며 존재하지 않는다면 일반적으로 오류로 판단한다. 하지만 출력 파일은 처리 시에 존재할 수도 있고 존재하지 않을 수 있으며 이 두 상황 모두 정상일 수도 있고 아닐 수도 있다. 스프링 배치는 필요에 따라 이러한 각 시나리오를 처리할 수 있는 기능을 제공한다. 이 절에서 다중 파일 생성 시나리오를 처리할 수 있도록 FlatFileItemWriter를 구성하는 방법을 살펴본다.

표 9–1에서 파일 생성과 관련된 FlatFileItemWriter의 두 가지 옵션인 shouldDelete IfEmpty와 shouldDeleteIfExists를 볼 수 있었다. shouldDeleteIfEmpty는 스텝이 완료될

때 사용된다. 기본값은 false이다. shouldDeleteIfEmpty가 true로 설정돼 있을 때, 스텝이 실행됐음에도 아무 아이템도 파일에 써지지 않았다면(헤더와 푸터가 만들어졌지만 아이템 레코드가 기록되지 않는 경우) 스텝이 완료되는 시점에 해당 파일이 삭제된다. 하지만 false가 기본값이므로, 파일이 생성되고 비어 있는 채로 남아 있을 것이다. 이전 절에서 실행한 formatJob으로 이러한 동작을 확인할 수 있다. 예제 9–14처럼 shouldDeleteIfEmpty를 true로 설정하도록 flatFileOutputWriter의 구성을 변경하면, 비어 있는 파일이 삭제되면서 출력 파일이 존재하지 않는다는 것을 확인할 수 있다.

▼ 예제 9–14 아이템이 기록되지 않은 경우 출력 파일을 삭제하도록 formatJob 구성하기

```
...
@Bean
@StepScope
public FlatFileItemWriter<Customer> delimitedCustomerItemWriter(
            @Value("#{jobParameters['outputFile']}") Resource outputFile) {

    return new FlatFileItemWriterBuilder<Customer>()
                .name("customerItemWriter")
                .resource(outputFile)
                .delimited()
                .delimiter(";")
                .names(new String[] {"zip",
                                "state",
                                "city",
                                "address",
                                "lastName",
                                "firstName"})
                .shouldDeleteIfEmpty(true)
                .build();
}
...
```

변경한 formatJob을 실행할 때 비어 있는 customer.csv 파일을 입력으로 전달하면, 출력 파일이 남지 않는다. 하지만 이때에도 해당 출력 파일이 생성되고 open과 close가 수행된다는 점을 기억하자. 실제로 스텝이 파일에 헤더나 푸터를 쓰도록 구성된 경우에는 쓰기 작업도

수행된다. 그러나 파일에 쓰기 작업이 수행된 아이템 수가 0이면 스텝이 끝날 때 해당 파일이 삭제된다.

다음으로 알아볼 파일 생성 및 삭제와 관련된 구성 파라미터는 shouldDeleteIfExists 플래그다. 기본값이 true인 이 플래그는 스텝의 쓰기 작업 대상 출력 파일과 이름이 같은 파일이 존재하면 해당 파일을 삭제한다. /output/jobRun.txt 파일에 쓰기 작업을 수행하는 잡을 실행할 때, 잡 시작 시점에 해당 파일이 이미 존재한다면 스프링 배치는 해당 파일을 삭제하고 새 파일을 생성한다. 해당 파일이 존재하는 상황에서 플래그가 false로 설정돼 있다면, 스텝이 새 파일을 생성하려고 시도할 때 org.springframework.batch.item.ItemStreamException이 발생한다. 예제 9-15는 출력 파일이 이미 존재할 때 해당 파일을 삭제하지 않도록 구성한 formatJob의 flatFileOutputWriter이다.

▼ 예제 9-15 출력 파일이 이미 존재할 때 해당 파일을 삭제하지 않도록 formatJob 구성하기

```
...
@Bean
@StepScope
public FlatFileItemWriter<Customer> delimitedCustomerItemWriter(
            @Value("#{jobParameters['outputFile']}") Resource outputFile) {

    return new FlatFileItemWriterBuilder<Customer>()
                .name("customerItemWriter")
                .resource(outputFile)
                .delimited()
                .delimiter(";")
                .names(new String[] {"zip",
                                "state",
                                "city",
                                "address",
                                "lastName",
                                "firstName"})
                .shouldDeleteIfExists(false)
                .build();
}
...
```

예제 9-15처럼 구성한 잡을 실행하면, 예제 9-16처럼 앞서 언급했던 ItemStreamException을 볼 수 있다.

▼ 예제 9-16 이미 출력 파일이 존재해 쓰기 작업을 수행할 수 없는 잡의 실행 결과

```
020-12-29 23:59:30.378  INFO 34124 --- [           main] o.s.batch.core.job.SimpleStep
Handler     : Executing step: [delimitedStep]
2020-12-29 23:59:30.474 ERROR 34124 --- [           main] o.s.batch.core.step.
AbstractStep          : Encountered an error executing step delimitedStep in job delimitedJob

org.springframework.batch.item.ItemStreamException: File already exists:
[/output/delimitedCustomers.txt]
at org.springframework.batch.item.util.FileUtils.setUpOutputFile(FileUtils.java:56)
~[spring-batch-infrastructure-4.2.5.RELEASE.jar:4.2.5.RELEASE]
at org.springframework.batch.item.support.AbstractFileItemWriter$OutputState.
initializeBufferedWriter(AbstractFileItemWriter.java:553) ~[spring-batch-infrastructure
-4.2.5.RELEASE.jar:4.2.5.RELEASE]
at org.springframework.batch.item.support.AbstractFileItemWriter$OutputState.
access$000(AbstractFileItemWriter.java:385) ~[spring-batch-infrastructure-4.2.5.RELEASE.
jar:4.2.5.RELEASE]
at org.springframework.batch.item.support.AbstractFileItemWriter.doOpen(AbstractFile
ItemWriter.java:319) ~[spring-batch-infrastructure-4.2.5.RELEASE.jar:4.2.5.RELEASE]
at org.springframework.batch.item.support.AbstractFileItemWriter.open(AbstractFile
ItemWriter.java:309) ~[spring-batch-infrastructure-4.2.5.RELEASE.jar:4.2.5.RELEASE]
```

매번 잡을 실행한 결과를 보호하기 원하는 환경이라면 이 파라미터를 사용하는 것이 좋다. 이렇게 하면 이전 출력 결과 파일을 실수로 덮어쓰는 것을 방지할 수 있다.

파일 생성과 관련된 마지막 옵션은 appendAllowed 파라미터다. append 메서드 호출을 통해 이 플래그(기본값은 false)를 true로 설정하면 스프링 배치는 shouldDeleteIfExists 플래그를 false로 자동 설정하고, 결과 파일이 존재하지 않는 경우 새 파일을 생성하며 결과 파일이 존재하는 경우 기존 파일에 데이터를 추가한다. 이 옵션은 여러 스텝이 하나의 출력 파일에 쓰기 작업을 할 때 유용하다. 예제 9-17은 출력 파일이 존재할 때 데이터를 추가하도록 구성한 formatJob이다.

```
...
@Bean
@StepScope
public FlatFileItemWriter<Customer> delimitedCustomerItemWriter(
            @Value("#{jobParameters['outputFile']}") Resource outputFile) {

    return new FlatFileItemWriterBuilder<Customer>()
                .name("customerItemWriter")
                .resource(outputFile)
                .delimited()
                .delimiter(";")
                .names(new String[] {"zip",
                            "state",
                            "city",
                            "address",
                            "lastName",
                            "firstName"})
                .append(true)
                .build();
}
...
```

이렇게 구성하면 서로 다른 여러 입력 파일을 사용해 잡을 여러 번 실행하더라도 동일한 출력 파일을 사용할 수 있으며, 스프링 배치는 현재 잡의 출력을 기존 출력 파일의 끝에 추가한다.

앞서 살펴봤듯이 구분자로 구분된 파일을 생성해 레코드를 형식화하는 방법뿐만 아니라 이미 출력 파일이 존재하는 상황을 다룰 수 있는 방법까지 스프링 배치는 파일 기반 플랫 파일을 다룰 때 사용할 수 있는 다양한 옵션을 제공한다. 그런데 출력 유형에 플랫 파일만 존재하는 것은 아니다. 다음에 살펴볼 스프링 배치가 제공하는 또 다른 유형의 파일 출력은 XML이다.

StaxEventItemWriter

7장에서 XML 읽기와 관련된 내용을 알아보면서 스프링 배치가 프래그먼트^{fragment} 내의 XML을 어떻게 다루는지 알아봤다. 이러한 각 프래그먼트는 처리할 단일 아이템의 XML 표현이다. `ItemWriter`에서도 동일한 개념이 존재한다. 스프링 배치는 `ItemWriter`가 전달받은 아이템당 각각 하나씩 XML 프래그먼트를 생성하고 해당 프래그먼트를 파일에 쓴다. 이 절에서는 스프링 배치가 어떻게 XML 출력을 다루는지 살펴본다.

스프링 배치를 사용해 XML을 작성할 때는 `org.springframework.batch.item.xml.StaxEventItemWriter`를 사용한다. 이 `ItemWriter`는 `ItemReader`와 마찬가지로 StAX Streaming API for XML 구현체를 사용하는데, 스프링 배치는 각 청크가 처리될 때 해당 `ItemWriter`를 사용해 XML 프래그먼트의 쓰기 작업을 수행한다. `FlatFileItemWriter`와 동일하게 `StaxEventItemWriter`는 한 번에 청크 단위로 XML을 생성하며 로컬 트랜잭션이 커밋되기 직전에 파일에 쓴다. 이렇게 함으로써 파일에 실제로 쓰는 작업을 하는 동안에 발생하는 오류로 인해 일부만 기록돼 버리는 문제를 방지한다.

`StaxEventItemReader`는 리소스(읽을 파일), 루트 엘리먼트 이름(각 프래그먼트의 루트 태그), XML 입력을 객체로 변환하는 언마샬러Unmarshaller로 구성된다. `StaxEventItemWriter`의 구성도 거의 동일하며, 출력 데이터를 기록할 리소스, 루트 엘리먼트 이름(생성할 각 프래그먼트의 루트 태그), 각 아이템을 XML 프래그먼트로 변환하는 마샬러Marshaller로 구성된다.

`StaxEventItemWriter`는 표 9-2와 같은 애트리뷰트를 구성할 수 있다.

▼ 표 9-2 StaxEventItemWriter에 적용할 수 있는 애트리뷰트

Option	Type	Default	Description
encoding	String	UTF-8	파일의 문자 인코딩
footerCallback	StaxWriterCallback	null	쓰기 작업 대상 파일의 마지막 아이템이 처리된 후 실행됨
headerCallback	StaxWriterCallback	null	쓰기 작업 대상 파일의 첫 번째 아이템이 처리되기 전에 실행됨
marshaller	Marshaller	null(필수)	출력을 위해 개별 아이템을 XML 프래그먼트로 변환하는 데 사용됨
overwriteOutput	boolean	true	기본적으로, 출력 파일이 이미 존재하면 새 파일로 대체됨. false로 설정된 상태에서 파일이 존재하면 ItemStreamException이 발생함
resource	Resource	null(필수)	쓰기 작업 대상 파일 또는 스트림

rootElementAttributes	Map(String, String)	null	이 키/값 쌍은 각 프래그먼트의 루트 태그에 더해 지며, 이때 키는 애트리뷰트 이름으로 값은 해당 애트리뷰트의 값으로 사용됨
rootTagName	String	null(필수)	XML 문서의 루트 XML 태그를 정의
saveState	boolean	true	스프링 배치가 ItemWriter의 상태(쓰기 작업이 수행된 항목의 수 등)를 추적할지 여부를 결정함
transactional	boolean	true	true로 설정하면, 롤백 문제를 방지하기 위해 트랜잭션이 커밋될 때까지 출력 쓰기가 지연됨
version	String	"1.0"	파일에 작성된 XML의 버전

`StaxEventItemWriter`의 동작 방식을 살펴보기 위해, XML로 고객 정보를 출력하도록 `formatJob`을 변경한다. 입력은 이전 예제와 동일하다. 예제 9-18는 변경한 잡이 출력하는 새로운 XML 출력 내용이다.

▼ 예제 9-18 customer.xml

```xml
<?xml version="1.0" encoding="UTF-8"?>
<customers>
  <customer>
    <id>0</id>
    <firstName>Richard</firstName>
    <middleInitial>N</middleInitial>
    <lastName>Darrow</lastName>
    <address>5570 Isabella Ave</address>
    <city>St. Louis</city>
    <state>IL</state>
    <zip>58540</zip>
  </customer>
    ...
</customers>
```

`formatJob` 구성을 대부분 재사용하지만, 예제 9-18처럼 출력을 생성하기 위해 flatFileOutputWriter를 xmlOutputWriter(ItemWriter 구현체인 StaxEventItemWriter)로 교체한다. 이 새로운 ItemWriter는 예제 9-19에 표시된 세 가지 의존성(기록할 리소스, org.springframework. oxm.Marshaller 구현체의 참조, 루트 태그 이름(이 예제에서는 customers))을 제공해 구성한다.

```
...
@Configuration
public class XmlFileJob {

    private JobBuilderFactory jobBuilderFactory;

    private StepBuilderFactory stepBuilderFactory;

    public XmlFileJob(JobBuilderFactory jobBuilderFactory,
            StepBuilderFactory stepBuilderFactory) {

        this.jobBuilderFactory = jobBuilderFactory;
        this.stepBuilderFactory = stepBuilderFactory;
    }

    @Bean
    @StepScope
    public FlatFileItemReader<Customer> customerFileReader(
            @Value("#{jobParameters['customerFile']}") Resource inputFile) {

        return new FlatFileItemReaderBuilder<Customer>()
                .name("customerFileReader")
                .resource(inputFile)
                .delimited()
                .names(new String[] {"firstName",
                                "middleInitial",
                                "lastName",
                                "address",
                                "city",
                                "state",
                                "zip"})
                .targetType(Customer.class)
                .build();
    }

    @Bean
    @StepScope
    public StaxEventItemWriter<Customer> xmlCustomerWriter(
        @Value("#{jobParameters['outputFile']}") Resource outputFile) {
```

```java
        Map<String, Class> aliases = new HashMap<>();
        aliases.put("customer", Customer.class);

        XStreamMarshaller marshaller = new XStreamMarshaller();

        marshaller.setAliases(aliases);

        marshaller.afterPropertiesSet();

        return new StaxEventItemWriterBuilder<Customer>()
                    .name("customerItemWriter")
                    .resource(outputFile)
                    .marshaller(marshaller)
                    .rootTagName("customers")
                    .build();
    }

    @Bean
    public Step xmlFormatStep() throws Exception {

        return this.stepBuilderFactory.get("xmlFormatStep")
                    .<Customer, Customer>chunk(10)
                    .reader(customerFileReader(null))
                    .writer(xmlCustomerWriter(null))
                    .build();
    }

    @Bean
    public Job xmlFormatJob() throws Exception {
        return this.jobBuilderFactory.get("xmlFormatJob")
                    .start(xmlFormatStep())
                    .build();
    }
}
```

예제 9-7의 formatJob을 구성할 때 약 80여 줄의 자바 코드를 작성했는데, 예제 9-19의 formatJob은 해당 코드에서 customerItemWriter 메서드만 변경했다. 변경 내용은 새로운 ItemWriter인 xmlOutputWriter를 정의하는 것부터 시작한다. 해당 빈은 이번 절에서 설명한 StaxEventItemWriter에 대한 참조로써, 쓰기 작업을 수행하는 데 필요한 세 가지 의존성을 정의한다. 이 세 가지 의존성은 출력으로 쓸 리소스, 마샬러 구현체, 마샬러가 생성할 각 XML 프래그먼트의 루트 태그 이름이다.

마샬러를 인라인으로 구성했다. 해당 객체는 잡이 처리한 각 아이템의 XML 프래그먼트를 생성하는 데 사용된다. 스프링의 `org.springframework.oxm.xtream.XStreamMarshaller` 클래스를 사용한다면, 추가해야 할 유일한 구성은 마샬러가 접하는 각 유형에 사용할 별칭 aliase Map이다. 기본적으로 마샬러는 애트리뷰트의 이름을 태그 이름으로 사용하지만 `XStreamMarshaller`는 기본적으로 클래스의 전체 이름(예를 들어 Customer가 아닌 com.apress. springbatch.chatper8.Customer처럼 클래스 전체 이름을 사용함)을 각 프래그먼트의 루트 태그로 사용하기 때문에 `Customer` 클래스의 별칭을 제공하자.

잡을 컴파일하고 실행하기 전에 한 가지를 더 변경해야 한다. XML을 처리하려면 XML 처리에 사용하는 XStream 라이브러리뿐만 아니라 스프링의 OXM^{Object/XML Mapping} 라이브러리에 대한 참조를 새로운 의존성으로 POM 파일에 추가해야 한다. 예제 9-20은 변경한 POM 파일이다.

▼ 예제 9-20 스프링 OXM 라이브러리의 메이븐 의존성

```
...
<dependency>
        <groupId>org.springframework</groupId>
        <artifactId>spring-oxm</artifactId>
</dependency>
<dependency>
        <groupId>com.thoughtworks.xstream</groupId>
        <artifactId>xstream</artifactId>
        <version>1.4.10</version>
</dependency>
 ...
```

POM을 변경한 후 잡이 모두 구성되면 `formatJob`을 빌드하고 실행해 XML 출력 결과를 생성할 수 있다. 명령행에서 `mvn clean install` 명령을 실행한 후, 예제 9-21의 명령을 사용해 잡을 실행해볼 수 있다.

```
java -jar itemWriters-0.0.1-SNAPSHOT.jar
customerFile=/input/customer.csv outputFile=file:/output/xmlCustomer.xml
```

이번 예제에 그 어떠한 포맷도 적용하지 않았는데도 XML 결과 파일이 생성되는 것을 보면
추가했던 라이브러리를 통해 XML이 생성됐음을 분명히 알 수 있다. IDE나 선호하는 텍스트
편집기를 사용해 출력 파일을 열어보면 결과가 예상했던 것임을 명확하게 알 수 있다. 예제
9-22는 생성된 출력 XML의 예다.

▼ 예제 9-22 formatJob의 XML 출력 결과

```
<?xml version="1.0" encoding="UTF-8"?>
<customers>
        <customer>
                <id>0</id>
                <firstName>Richard</firstName>
                <middleInitial>N</middleInitial>
                <lastName>Darrow</lastName>
                <address>5570 Isabella Ave</address>
                <city>St. Louis</city>
                <state>IL</state>
                <zip>58540</zip>
        </customer>
  ...
</customers>
```

자바 코드 몇 줄만 작성하면 스프링이 지원하는 XML 마샬러의 막강한 힘으로 XML 출력 결
과를 쉽게 생성할 수 있다.

XML 입력과 XML 출력 둘 다 처리하는 능력은 플랫 파일을 처리하는 능력과 마찬가지로 오
늘날 엔터프라이즈 환경에서 중요하다. 지금까지 살펴본 것처럼 배치 처리에서 파일은 큰 부
분을 차지하지만, 오늘날 기업에서 더 널리 사용되는 것은 따로 있다. 관계형 데이터베이스
가 바로 그것이다. 따라서 배치 처리 시에 데이터베이스에서 데이터를 읽어들일 수 있어야
할 뿐만 아니라 (7장에서 이미 살펴본 바와 같이) 데이터베이스에 쓰기 작업도 수행할 수 있어야

한다. 다음 절에서는 스프링 배치를 사용해 데이터베이스에 쓰기 작업을 수행하는 더 일반적인 방법을 살펴본다.

데이터베이스 기반 ItemWriter

데이터베이스에 쓰기 작업을 수행하는 일에는 파일에 출력하는 것과 다른 제약이 있다. 첫째, 데이터베이스는 파일과 달리 트랜잭션이 적용되는 리소스다. 그래서 쓰기 작업을 트랜잭션과 분리하는 파일 기반 처리와는 달리, 물리적인 쓰기를 트랜잭션의 일부분으로 포함할 수 있다. 또한 데이터베이스에 접근하는 다양한 옵션이 존재한다. JDBC, JPA^Java Persistence API, 하이버네이트 모두 고유한 특징을 가지고 있으며 강력한 데이터베이스 쓰기 방법을 제공한다. 이 절에서는 어떻게 JDBC, JPA, 하이버네이트를 사용해 배치 처리 출력을 데이터베이스에 쓰는지 살펴본다.

JdbcBatchItemWrite

데이터베이스에 쓰기 작업을 수행하는 첫 번째 방법은 많은 사람들이 스프링으로 데이터베이스에 접근할 때 사용하는 방법인 JDBC를 사용하는 것이다. 스프링 배치의 JdbcBatchItemWriter는 JdbcTemplate을 사용하며, JdbcTemplate의 배치 SQL 실행 기능을 사용해 한 번에 청크 하나에 대한 모든 SQL을 실행한다. 이 절에서는 JdbcBatchItemWriter를 사용해 어떻게 스텝의 출력을 데이터베이스에 저장하는지 살펴본다.

org.springframework.batch.item.database.JdbcBatchItemWriter는 org.springframework.jdbc.support.JdbcTemplate을 살짝 감싸고 있는 래퍼에 지나지 않으며, 네임드 파라미터^named parameter가 데이터베이스 대량 데이터 삽입^insert/수정^update SQL에 사용됐는지 여부에 따라 JdbcTemplate.batchUpdate나 JdbcTemplate.execute 메서드를 사용한다. 여기서 유의해야 할 점은 데이터 한 건마다 SQL문을 한 번씩 호출하는 대신 스프링은 하나의 청크에 대한 모든 SQL문을 한 번에 실행하기 위해 PreparedStatement의 배치 업데이트 기능을 사용한다는 점이다. 이렇게 하면 실행 성능을 크게 향상시킬 수 있으면서도 데이터 변경

실행을 현재 트랜잭션 내에서 할 수 있다.

JdbcBatchItemWriter의 동작 방식을 확인하기 위해, 파일 기반의 라이터 예제에서 사용한 것과 동일한 입력 데이터를 사용하지만 파일에 쓰는 대신 고객 데이터베이스 테이블을 채우도록 한다. 그림 9–3은 고객 정보를 삽입할 테이블 설계다.

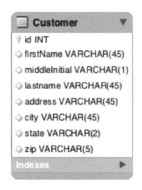

▲ 그림 9–3 Customer 테이블 설계

그림 9–3에서 볼 수 있듯이 Customer 테이블의 열은 customer.csv 파일의 엘리먼트와 거의 일대일로 일치한다. 유일한 차이점은 id 필드이며, 해당 필드의 값은 데이터베이스가 채운다. 테이블에 값을 삽입하려면 두 가지 방법 중 하나를 사용해 SQL을 작성해야 한다. 첫 번째는 물음표(?)를 값의 플레이스홀더placeholder로 사용하는 방법이며, 두 번째는 네임드 파라미터(예를 들어 :name처럼 사용함)를 플레이스홀더로 사용하는 방법이다. 두 방법으로 값을 채울 때는 약간 다른 접근법이 필요하다. 예제 9–23처럼 SQL문에 물음표를 사용하는 방법부터 살펴보자.

▼ 예제 9–23 Customer 테이블에 값을 삽입하는 Prepared Statement

```
insert into customer (firstName, middleInitial, lastName, address, city,
state, zip) values (?, ?, ?, ?, ?, ?, ?)
```

예제에서 볼 수 있듯이 해당 Prepared Statement에서 특별한 것은 없다. 그러나 SQL문을 지정하는 것은 JdbcBatchItemWriter의 구성 옵션 중 하나일 뿐이다. 표 9–3에서 모든 구성 옵션 목록을 볼 수 있다.

Option	Type	Default	Description
assertUpdates	boolean	true	true이면, JdbcBatchItemWriter는 모든 아이템이 삽입이나 수정됐는지 검증함. 아이템이 레코드의 삽입이나 수정을 일으키지 않으면 EmptyResult DataAccessException이 발생함
dataSource	DataSource	null(필수)	필요한 데이터베이스에 대한 접근을 제공함
itemPrepared StatementSetter	ItemPrepared StatementSetter	null	표준 PreparedStatement가 제공된다면(파라미터 위치에 ?를 사용), JdbcBatchItemWriter는 이 클래스를 사용해 파라미터 값을 채움
itemSqlParameter SourceProvider	ItemSqlParameter SourceProvider	null	제공된 SQL에 네임드 파라미터가 사용된다면, Jdbc BatchItemWriter는 이 클래스를 사용해 파라미터 값을 채움
simpleJdbcTemplate	SimpleJdbcTemplate	null	SimpleJdbcOperations 인터페이스의 구현체를 주입할 수 있음
sql	String	null(필수)	각 아이템당 수행할 SQL

기존에 사용하던 xmlOutputWriter를 새로운 라이터인 jdbcBatchWriter 빈으로 변경해 formatJob이 JdbcBatchItemWriter를 사용하도록 한다. 또한 표준 PreparedStatement 구문(물음표를 사용함)을 사용해 질의할 것이므로 데이터 소스^{dataSource}, 실행할 SQL, org. springframework.batch.item.database.ItemPreparedStatementSetter 인터페이스의 구현체를 제공해야 한다. 이렇게 동작하도록 만들기 위해서 코드를 작성해야 할 것이라는 사실을 깨달았다면 그것은 정확한 생각이다.

ItemPreparedStatementSetter는 각 아이템의 값을 추출하고 PreparedStatement에 그 값을 세팅하는 것을 추상화한 간단한 인터페이스다. 예제 9-24처럼 메서드 하나가 포함돼 있다.

▼ 예제 9-24 ItemPreparedStatementSetter 인터페이스

```
package org.springframework.batch.item.database;

import java.sql.PreparedStatement;
import java.sql.SQLException;

public interface ItemPreparedStatementSetter<T> {
```

```
        void setValues(T item, PreparedStatement ps) throws SQLException;
}
```

ItemPreparedStatementSetter 인터페이스의 구현체인 CustomerItemPreparedStatement
Setter라는 클래스를 작성해보자. 이 클래스는 ItemPreparedStatementSetter 인터페이스
의 구현체라면 구현해야 할 setValues라는 단 하나의 메서드를 구현한다. 해당 메서드는 아이
템에서 추출한 적절한 값을 일반적인 PreparedStatement API를 사용해 PreparedStatement
의 각 값에 채우도록 구현돼 있다. 예제 9-25는 CustomerItemPreparedStatementSetter 코
드다.

▼ 예제 9-25 CustomerItemPreparedStatementSetter

```
...
public class CustomerItemPreparedStatementSetter implements
            ItemPreparedStatementSetter<Customer> {

    public void setValues(Customer customer, PreparedStatement ps)
                throws SQLException {

        ps.setString(1, customer.getFirstName());
        ps.setString(2, customer.getMiddleInitial());
        ps.setString(3, customer.getLastName());
        ps.setString(4, customer.getAddress());
        ps.setString(5, customer.getCity());
        ps.setString(6, customer.getState());
        ps.setString(7, customer.getZip());
    }
}
```

예제 9-25에서 알 수 있듯이 각 PreparedStatement의 값을 설정하는 데 특별한 방법이 있
는 것은 아니다. 예제 코드를 사용하면 formatJob의 구성을 변경해 출력 결과를 데이터베이
스에 쓸 수 있다. 예제 9-26은 새롭게 변경한 ItemWriter의 구성이다.

```
...
@Bean
@StepScope
public JdbcBatchItemWriter<Customer> jdbcCustomerWriter(DataSource dataSource) throws
Exception {
      return new JdbcBatchItemWriterBuilder<Customer>()
                  .dataSource(dataSource)
                  .sql("INSERT INTO CUSTOMER (first_name, " +
                              "middle_initial, " +
                              "last_name, " +
                              "address, " +
                              "city, " +
                              "state, " +
                              "zip) VALUES (?, ?, ?, ?, ?, ?, ?)")
                  .itemPreparedStatementSetter(new
                        CustomerItemPreparedStatementSetter())
                  .build();
}
...
```

예제 9-26에서 볼 수 있듯이 새로운 jdbcBatchItemWriter는 스프링 부트로부터 dataSource
빈을 참조할 수 있다(고객 테이블은 JobRepository가 사용하는 스프링 배치 테이블과 동일한 스키마 내
에 존재한다). SQL은 앞서 예제 9-23에서 정의한 SQL문과 동일하다. 마지막으로 제공한 의
존성은 CustomerItemPreparedStatementSetter에 대한 참조다.

새로운 ItemWriter를 구성하는 퍼즐의 마지막 부분은 새로운 ItemWriter를 참조하도록 스
텝의 구성을 변경하는 것이다. 그러려면 이전 절에서 작성했던 xmlOutputWriter를 참조하
는 대신에 jdbcBatchWriter 빈을 참조하도록 formatStep의 구성을 변경하기만 하면 된다.
예제 9-27은 데이터베이스에 쓰기 작업을 수행하도록 구성한 formatJob의 전체 코드다.

▼ 예제 9-27 JDBC 데이터베이스에 쓰기 작업을 수행하도록 구성한 잡

```
...
@Configuration
public class JdbcFormatJob {
```

```java
private JobBuilderFactory jobBuilderFactory;

private StepBuilderFactory stepBuilderFactory;

public JdbcFormatJob(JobBuilderFactory jobBuilderFactory,
            StepBuilderFactory stepBuilderFactory) {

    this.jobBuilderFactory = jobBuilderFactory;
    this.stepBuilderFactory = stepBuilderFactory;
}

@Bean
@StepScope
public FlatFileItemReader<Customer> customerFileReader(
            @Value("#{jobParameters['customerFile']}") Resource inputFile) {

    return new FlatFileItemReaderBuilder<Customer>()
                .name("customerFileReader")
                .resource(inputFile)
                .delimited()
                .names(new String[] {"firstName",
                                "middleInitial",
                                "lastName",
                                "address",
                                "city",
                                "state",
                                "zip"})
                .targetType(Customer.class)
                .build();
}

@Bean
@StepScope
public JdbcBatchItemWriter<Customer> jdbcCustomerWriter(DataSource dataSource)
throws Exception {
    return new JdbcBatchItemWriterBuilder<Customer>()
                .dataSource(dataSource)
                .sql("INSERT INTO CUSTOMER (first_name, " +
                                "middle_initial, " +
                                "last_name, " +
                                "address, " +
```

```
                                                "city, " +
                                                "state, " +
                                                "zip) VALUES (?, ?, ?, ?, ?, ?, ?)")
                        .itemPreparedStatementSetter(
                            new CustomerItemPreparedStatementSetter())
                        .build();
        }


        @Bean
        public Step xmlFormatStep() throws Exception {
            return this.stepBuilderFactory.get("xmlFormatStep")
                        .<Customer, Customer>chunk(10)
                        .reader(customerFileReader(null))
                        .writer(jdbcCustomerWriter(null))
                        .build();
        }


        @Bean
        public Job xmlFormatJob() throws Exception {
            return this.jobBuilderFactory.get("xmlFormatJob")
                        .start(xmlFormatStep())
                        .build();
        }
}
```

POM에 JDBC 드라이버가 구성돼 있고 JobRepository가 사용하도록 구성된 dataSource가
이미 존재하므로 이제 해야 할 일은 mvn clean install 명령을 실행한 후 예제 9-28의 명령
을 실행해 변경된 jdbcFormatJob의 결과를 보기만 하면 된다.

▼ 예제 9-28 jdbcFormatJob을 실행하는 명령

```
java -jar itemWriters-0.0.1-SNAPSHOT.jar customerFile=/input/customer.csv
```

이 잡의 실행 결과가 이번에는 파일이 아니라 데이터베이스에 남는다. 두 가지 방법으로 실
행 결과를 확인할 수 있다. 첫 번째는 입력의 유효성 검증을 위해 데이터베이스를 확인해보
는 것이다. 예제 9-29는 데이터베이스에 저장된 잡의 실행 결과다.

```
mysql> select id, first_name, middle_initial as middle, last_name, address, city, state as
st, zip from spring_batch.customer;
+----+------------+--------+-----------+-------------------------+-----------+------+------
-+
| id | first_name | middle | last_name | address                 | city      | st   | zip |
+----+------------+--------+-----------+-------------------------+-----------+------+------
-+
| 1  | Richard    | N      | Darrow    | 5570 Isabella Ave       | St. Louis | IL   | 58540 |
| 2  | Warren     | L      | Darrow    | 4686 Mt. Lee Drive      | St. Louis | NY   | 94935 |
| 3  | Barack     | G      | Donnelly  | 7844 S. Greenwood Ave   | Houston   | CA   | 38635 |
| 4  | Ann        | Z      | Benes     | 2447 S. Greenwood Ave   | Las Vegas | NY   | 55366 |
| 5  | Erica      | Z      | Gates     | 3141 Farnam Street      | Omaha     | CA   | 57640 |
| 6  | Warren     | M      | Williams  | 6670 S. Greenwood Ave   | Hollywood | FL   | 37288 | | 7 | Harry |
T  | Darrow     | 3273 Isabella Ave | Houston   | FL | 97261 | | 8 | Steve | O | Darrow | 8407
Infinite Loop Drive | Las Vegas | WA | 90520 | +----+------------+--------+-----------+-----
--------------------+-----------+------+-------+ 8 rows in set (0.00 sec)
```

PreparedStatement 표기법은 대부분의 자바 개발자에게 익숙하다는 점에서 유용하다. 그러나 스프링의 JdbcTemplate이 제공하는 네임드 파라미터$^{named parameter}$ 접근법은 훨씬 더 안전한 방법이며, 대부분의 스프링 환경에서 파라미터를 채우는 데 선호하는 방법이다. 다음과 같이 두 가지 구성을 살짝 변경하면 네임드 파라미터 방식을 사용할 수 있다.

- 이전 예제에서 작성했던 ItemPreparedStatementSetter 구현체를 제거하고 ItemSql ParameterSourceProvider 인터페이스 구현체를 사용하도록 구성을 변경하라.
- 파라미터에 물음표 대신 네임드 파라미터를 사용하도록 SQL을 변경하라.

org.springframework.batch.item.database.ItemSqlParameterSourceProvider 인터페이스는 실행할 Statement의 파라미터를 설정하지 않는다는 점에서 ItemPreparedState mentSetter 인터페이스와 약간 다르다. 대신 ItemSqlParameterSourceProvider 구현체는 아이템에서 파라미터 값을 추출해 org.springframework.jdbc.core.namedparam.Sql ParameterSource 객체로 반환하는 역할을 담당한다.

이러한 접근법이 좋은 이유는 더 안전할 뿐만 아니라 (구성 코드에서 사용하는 SQL을 ItemPre

paredStatementSetter 구현체 코드와 짝을 맞춰 관리할 필요가 없음), 스프링 배치가 이 인터페이스의 구현체를 제공하기 때문에 아이템에서 값을 추출하려고 직접 코딩할 필요가 없다. 이 예제에서 스프링 배치의 BeanPropertyItemSqlParameterSourceProvider(빠르게 세 번 읽어보면 얼마나 어려운 이름인지 알 수 있다)를 사용해 SQL에 채울 값을 아이템에서 추출하는데, 이때 해야 할 일은 단지 JdbcBatchItemWriterBuilder의 beanMapped() 메서드를 호출하는 것이다. 예제 9-30은 변경된 jdbcBatchWriter 구성이다.

▼ 예제 9-30 BeanPropertyItemSqlParameterSourceProvider를 사용하는 jdbcBatchWriter

```
...
@Bean
public JdbcBatchItemWriter<Customer> jdbcCustomerWriter(DataSource dataSource)
throws Exception {
    return new JdbcBatchItemWriterBuilder<Customer>()
                    .dataSource(dataSource)
                    .sql("INSERT INTO CUSTOMER (first_name, " +
                            "middle_initial, " +
                            "last_name, " +
                            "address, " +
                            "city, " +
                            "state, " +
                            "zip) VALUES (:firstName, " +
                            ":middleInitial, " +
                            ":lastName, " +
                            ":address, " +
                            ":city, " +
                            ":state, " +
                            ":zip)")
                    .beanMapped()
                    .build();
}
...
```

예제 9-30에서 ItemPreparedStatementSetter 구현체에 대한 참조가 없다는 사실을 금방 알아차릴 수 있다. 이렇게 구성하면 커스텀 코드가 필요하지 않다. 그럼에도 결과는 동일하다.

JDBC는 그보다 상위의 다른 퍼시스턴스 프레임워크에 비해 속도가 빠른 것으로 알려져 있지만, 엔터프라이즈 환경에서는 상위 퍼시스턴스 프레임워크가 널리 사용된다. 다음으로 데이터베이스 쓰기 작업에 가장 많이 사용되는 프레임워크인 하이버네이트를 살펴본다.

HibernateItemWriter

대부분의 데이터베이스 테이블과 애플리케이션이 이미 하이버네이트로 매핑돼 있다면, 이를 모두 재사용하는 것이 논리적인 선택이다. 7장에서는 하이버네이트가 얼마나 강력한 리더로 동작하는지 살펴봤다. 이 절에서는 HibernateItemWriter를 사용해 어떻게 데이터베이스에 데이터의 변경을 적용할 수 있는지 살펴본다.

JdbcBatchItemWriter와 마찬가지로 org.springframework.batch.item.database. HibernateItemWriter는 하이버네이트 세션 API의 간단한 래퍼에 지나지 않는다. 청크가 완료되면 아이템 목록이 HibernateItemWriter로 전달되며, HibernateItemWriter 내에서는 세션과 아직 연관되지 않은 각 아이템에 대해 하이버네이트의 Session.saveOrUpdate 메서드를 호출한다. 모든 아이템이 저장되거나 수정되면 HibernateItemWriter는 Session의 flush 메서드를 한 번 호출해 모든 변경 사항을 한 번에 실행한다. 이 라이터는 SQL을 직접 다루지 않고 JdbcBatchItemWriter 구현체가 제공하는 것과 유사한 배치 기능을 제공한다.

HibernateItemWriter 구성은 간단하다. 실제 ItemWriter 구성을 제외한 모든 구성은 하이버네이트를 지원하는 ItemReader의 구성 및 코딩 내용과 동일하므로 익숙할 것이다. 하이버네이트를 사용하도록 formatJob을 수정하려면 다음을 변경해야 한다.

- pom: POM에 하이버네이트 의존성을 포함해야 한다.
- application.yml: spring.jpa.properties.hibernate.current_session_context_class=org.springframework.orm.hibernate5.SpringSessionContext 프로퍼티를 통해 CurrentSessionContext 클래스를 구성해야 한다.
- Customer: 애너테이션을 사용해 Customer 객체의 매핑을 구성할 것이므로, Customer 클래스에 애너테이션을 추가해야 한다.
- SessionFactory: 하이버네이트를 지원하도록 SessionFactory와 새로운 Transaction Manager를 둘 다 구성해야 한다.

- **HibernateItemWriter**: HibernateItemWriter라는 새로운 라이터를 사용하도록 구성해야 한다.

먼저 POM을 수정하는 것부터 시작해보자. 하이버네이트가 스프링 배치와 함께 동작하도록 스프링 JPA 스타터를 사용할 것이다. 해당 스타터가 이 예제에서 필요한 모든 것을 제공하기 때문이다. 예제 9-31는 POM에 추가해야 할 내용이다.

▼ 예제 9-31 하이버네이트를 지원하도록 추가된 POM

```
...
<dependency>
      <groupId>org.springframework.boot</groupId>
      <artifactId>spring-boot-starter-data-jpa</artifactId>
</dependency>
...
```

이제 formatJob을 변경해보자. 작성해야 하는 유일한 코드부터 살펴보자. 데이터베이스에 매핑시키도록 Customer 클래스에 추가한 애너테이션이 바로 그것이다. 예제 9-32는 변경된 Customer 클래스다.

▼ 예제 9-32 Customer 테이블에 매핑된 Customer.java

```
...
@Entity
@Table(name = "customer")
public class Customer implements Serializable {
      private static final long serialVersionUID = 1L;

      @Id
      @GeneratedValue(strategy = GenerationType.IDENTITY)
      private long id;
      private String firstName;
      private String middleInitial;
      private String lastName;
      private String address;
      private String city;
      private String state;
```

```
    private String zip;

    // Accessors go here
    ....
}
```

이 예제에서 사용하는 애너테이션은 7장의 `ItemReader` 예제에서 사용했던 애너테이션과 동일하다. Customer 클래스의 매핑은 Customer 테이블의 열 이름이 Customer 클래스의 열 이름과 일치하므로 매우 간단하다. 또 다른 주목할 점은 하이버네이트에 특화된 애너테이션을 사용하지 않는다는 것이다. 여기에 사용된 모든 애너테이션은 JPA 지원 애너테이션이며, 하이버네이트를 사용하다가 다른 JPA 지원 구현체로 전환하더라도 코드를 변경하지 않아도 된다.

하이버네이트를 사용할 때 추가해야 하는 다음 항목은 커스텀 `HibernateBatchConfigurer`이다. 이것도 7장에서 사용한 것과 동일하다. `HibernateBatchConfigurer`는 일반적으로 제공되는 `DataSourceTransactionManager` 대신 `HibernateTransactionManager`를 제공한다. 예제 9-33은 `HibernateBatchConfigurer`이다.

▼ 예제 9-33 HibernateBatchConfigurer

```
...
@Component
public class HibernateBatchConfigurer implements BatchConfigurer {

    private DataSource dataSource;
    private SessionFactory sessionFactory;
    private JobRepository jobRepository;
    private PlatformTransactionManager transactionManager;
    private JobLauncher jobLauncher;
    private JobExplorer jobExplorer;

    public HibernateBatchConfigurer(DataSource dataSource,
                EntityManagerFactory entityManagerFactory) {

        this.dataSource = dataSource;
        this.sessionFactory = entityManagerFactory.unwrap(SessionFactory.class);
```

```java
    }

    @Override
    public JobRepository getJobRepository() throws Exception {
        return this.jobRepository;
    }

    @Override
    public PlatformTransactionManager getTransactionManager() throws Exception {
        return this.transactionManager;
    }

    @Override
    public JobLauncher getJobLauncher() throws Exception {
        return this.jobLauncher;
    }

    @Override
    public JobExplorer getJobExplorer() throws Exception {
        return this.jobExplorer;
    }

    @PostConstruct
    public void initialize() {

        try {
            HibernateTransactionManager transactionManager =
                    new HibernateTransactionManager(sessionFactory);
            transactionManager.afterPropertiesSet();

            this.transactionManager = transactionManager;

            this.jobRepository = createJobRepository();
            this.jobExplorer = createJobExplorer();
            this.jobLauncher = createJobLauncher();
        }
        catch (Exception e) {
            throw new BatchConfigurationException(e);
        }
    }
}
```

```java
    private JobLauncher createJobLauncher() throws Exception {
        SimpleJobLauncher jobLauncher = new SimpleJobLauncher();

        jobLauncher.setJobRepository(this.jobRepository);
        jobLauncher.afterPropertiesSet();

        return jobLauncher;
    }

    private JobExplorer createJobExplorer() throws Exception {
        JobExplorerFactoryBean jobExplorerFactoryBean = new JobExplorerFactoryBean();

        jobExplorerFactoryBean.setDataSource(this.dataSource);
        jobExplorerFactoryBean.afterPropertiesSet();

        return jobExplorerFactoryBean.getObject();
    }

    private JobRepository createJobRepository() throws Exception {
        JobRepositoryFactoryBean jobRepositoryFactoryBean = new
                JobRepositoryFactoryBean();

        jobRepositoryFactoryBean.setDataSource(this.dataSource);
        jobRepositoryFactoryBean.setTransactionManager(this.transactionManager);
        jobRepositoryFactoryBean.afterPropertiesSet();

        return jobRepositoryFactoryBean.getObject();
    }
}
```

마지막으로 HibernateItemWriter를 구성한다. 다른 컴포넌트와 하이버네이트 프레임워크가 모든 일을 해준다는 점에서 여러 ItemWriter 중에서 가장 쉽게 구성할 수 있는 ItemWriter일 것이다. HibernateItemWriter는 필수 의존성 하나와 필수가 아닌 의존성 하나를 가지고 있다. 필수 의존성은 SessionFactory에 대한 참조다. 필수가 아닌 의존성(이 예제에서는 사용하지 않음)은 flush를 호출한 후 라이터가 Session에서 clear를 호출해야 할 때 사용한다(기본값은 true). 예제 9-34는 새로운 라이터인 HibernateItemWriter를 사용하도록 구성한 잡이다.

```
...
@Configuration
public class HibernateImportJob {

    private JobBuilderFactory jobBuilderFactory;

    private StepBuilderFactory stepBuilderFactory;

    public HibernateImportJob(JobBuilderFactory jobBuilderFactory,
                StepBuilderFactory stepBuilderFactory) {

        this.jobBuilderFactory = jobBuilderFactory;
        this.stepBuilderFactory = stepBuilderFactory;
    }

    @Bean
    @StepScope
    public FlatFileItemReader<Customer> customerFileReader(
                @Value("#{jobParameters['customerFile']}") Resource inputFile) {

        return new FlatFileItemReaderBuilder<Customer>()
                    .name("customerFileReader")
                    .resource(inputFile)
                    .delimited()
                    .names(new String[] {"firstName",
                                "middleInitial",
                                "lastName",
                                "address",
                                "city",
                                "state",
                                "zip"})
                    .targetType(Customer.class)
                    .build();
    }

    @Bean
    public HibernateItemWriter<Customer> hibernateItemWriter(
                EntityManagerFactory entityManager) {

        return new HibernateItemWriterBuilder<Customer>()
```

```
                    .sessionFactory(entityManager.unwrap(SessionFactory.class))
                    .build();
    }

    @Bean
    public Step hibernateFormatStep() throws Exception {
        return this.stepBuilderFactory.get("jdbcFormatStep")
                    .<Customer, Customer>chunk(10)
                    .reader(customerFileReader(null))
                    .writer(hibernateItemWriter(null))
                    .build();
    }

    @Bean
    public Job hibernateFormatJob() throws Exception {
        return this.jobBuilderFactory.get("hibernateFormatJob")
                    .start(hibernateFormatStep ())
                    .build();
    }
}
```

이 예제 잡의 구성은 `hibernateBatchWriter` 구성과 `hibernateFormatStep`이 해당 `Item Writer`를 참조하는 부분만 변경됐다. 앞에서 본 것처럼 `HibernateItemWriter`는 스프링 부트가 제공하는 `SessionFactory`에 대한 참조만 필요하다. 이 잡을 실행하면 이전의 `Jdbc BatchItemWriter` 예제와 동일한 결과가 반환된다.

이 하이버네이트 예제에서 볼 수 있듯이, 다른 프레임워크가 많은 일을 수행해줄수록 스프링 배치 구성은 매우 간단해진다. 하이버네이트 공식 사양의 사촌격인 JPA는 데이터베이스 쓰기 작업에 사용할 수 있는 또 다른 데이터베이스 접근 프레임워크다.

JpaItemWriter

JPA^{Java Persistence API}는 마치 하이버네이트의 사촌처럼 하이버네이트와 매우 유사한 기능을 제공하며 거의 동일한 구성이 필요하다. JPA는 하이버네이트와 마찬가지로 데이터베이스에 쓰는 작업과 관련해 많은 일을 수행해주므로 정작 스프링 배치가 할 일은 아주 적다. 이 절에서 데이터베이스 쓰기 작업에 JPA를 사용하도록 구성하는 방법을 살펴본다.

org.springframework.batch.item.writer.JpaItemWriter를 보면 JPA의 javax.per
sistence.EntityManager를 감싼 간단한 래퍼에 불과하다는 것을 알 수 있다. 청크가 완료
되면 청크 내의 아이템 목록이 JpaItemWriter로 전달된다. JpaItemWriter는 모든 아이템을
저장한 뒤 flush를 호출하기 전에 아이템 목록 내 아이템을 순회하면서 아이템마다
EntityManager의 merge 메서드를 호출한다.

JpaItemWriter의 실제 동작을 확인하기 위해 이전 예제에서 사용했던 입력 정보인 고객 정
보를 동일하게 Customer 테이블에 삽입한다. JPA를 잡에 연결하려면 다음 두 가지 작업을 수
행해야 한다.

1. JpaTransactionManager를 생성하는 BatchConfigurer 구현체를 작성하라. 이는 이
    전 절의 하이버네이트 예제에서와 동일하게 동작한다.
2. JpaItemWriter를 구성하라. 구성의 마지막 단계는 잡이 읽은 아이템을 저장하는 새
    로운 ItemWriter를 구성하는 것이다.

나머지 필요한 것은 스프링 부트가 제공한다. JpaBatchConfigurer 코드를 살펴보는 것부터
시작하자. 해당 코드는 두 가지 사소한 것을 제외하고 이전 절의 하이버네이트 예제와 완전
히 동일하다. 먼저 생성자에서 SessionFactory 대신 EntityManager를 저장한다. 둘째,
initialize 메서드에서 HibernateTransactionManager를 생성하는 대신 JpaTransaction
Manager를 생성한다. 예제 9-35는 해당 구성이다.

▼ 예제 9-35 JpaBatchConfigurer

```
...
@Component
public class JpaBatchConfigurer implements BatchConfigurer {

    private DataSource dataSource;
    private EntityManagerFactory entityManagerFactory;
    private JobRepository jobRepository;
    private PlatformTransactionManager transactionManager;
    private JobLauncher jobLauncher;
```

```java
    private JobExplorer jobExplorer;

    public JpaBatchConfigurer(DataSource dataSource,
                EntityManagerFactory entityManagerFactory) {
        this.dataSource = dataSource;
        this.entityManagerFactory = entityManagerFactory;
    }

    @Override
    public JobRepository getJobRepository() throws Exception {
        return this.jobRepository;
    }

    @Override
    public PlatformTransactionManager getTransactionManager() throws Exception {
        return this.transactionManager;
    }

    @Override
    public JobLauncher getJobLauncher() throws Exception {
        return this.jobLauncher;
    }

    @Override
    public JobExplorer getJobExplorer() throws Exception {
        return this.jobExplorer;
    }

    @PostConstruct
    public void initialize() {

        try {
            JpaTransactionManager transactionManager =
                    new JpaTransactionManager(entityManagerFactory);
            transactionManager.afterPropertiesSet();

            this.transactionManager = transactionManager;

            this.jobRepository = createJobRepository();
            this.jobExplorer = createJobExplorer();
            this.jobLauncher = createJobLauncher();
        }
```

```
        catch (Exception e) {
            throw new BatchConfigurationException(e);
        }
    }

    private JobLauncher createJobLauncher() throws Exception {
        SimpleJobLauncher jobLauncher = new SimpleJobLauncher();

        jobLauncher.setJobRepository(this.jobRepository);
        jobLauncher.afterPropertiesSet();

        return jobLauncher;
    }

    private JobExplorer createJobExplorer() throws Exception {
        JobExplorerFactoryBean jobExplorerFactoryBean =
            new JobExplorerFactoryBean();

        jobExplorerFactoryBean.setDataSource(this.dataSource);
        jobExplorerFactoryBean.afterPropertiesSet();

        return jobExplorerFactoryBean.getObject();
    }

    private JobRepository createJobRepository() throws Exception {
        JobRepositoryFactoryBean jobRepositoryFactoryBean =
            new JobRepositoryFactoryBean();

        jobRepositoryFactoryBean.setDataSource(this.dataSource);
        jobRepositoryFactoryBean.setTransactionManager(this.transactionManager);
        jobRepositoryFactoryBean.afterPropertiesSet();

        return jobRepositoryFactoryBean.getObject();
    }
}
```

이전 절에서 이미 JPA 애너테이션을 사용해 Customer 객체를 매핑했으므로 이 예제에서 수정하지 않아도 된다. JPA를 사용하도록 잡을 구성하는 마지막 단계는 JpaItemWriter를 구성하는 것이다. EntityManagerFactory에 대한 참조인 단 하나의 의존성만 있으면, 작업할

EntityManager를 얻을 수 있다. 예제 9-36은 새로운 **ItemWriter** 구성 및 이를 사용하도록
변경된 잡이다.

▼ 예제 9-36 JpaItemWriter를 사용하도록 구성한 jpaFormatJob

```
...
@Configuration
public class JpaImportJob {

    private JobBuilderFactory jobBuilderFactory;

    private StepBuilderFactory stepBuilderFactory;

    public JpaImportJob(JobBuilderFactory jobBuilderFactory,
                StepBuilderFactory stepBuilderFactory) {

        this.jobBuilderFactory = jobBuilderFactory;
        this.stepBuilderFactory = stepBuilderFactory;
    }

    @Bean
    @StepScope
    public FlatFileItemReader<Customer> customerFileReader(
                @Value("#{jobParameters['customerFile']}") Resource inputFile) {

        return new FlatFileItemReaderBuilder<Customer>()
                    .name("customerFileReader")
                    .resource(inputFile)
                    .delimited()
                    .names(new String[] {"firstName",
                                    "middleInitial",
                                    "lastName",
                                    "address",
                                    "city",
                                    "state",
                                    "zip"})
                    .targetType(Customer.class)
                    .build();
    }

    @Bean
```

```
public JpaItemWriter<Customer> jpaItemWriter(
            EntityManagerFactory entityManagerFactory) {

    JpaItemWriter<Customer> jpaItemWriter = new JpaItemWriter<>();

    jpaItemWriter.setEntityManagerFactory(entityManagerFactory);

    return jpaItemWriter;
}

@Bean
public Step jpaFormatStep() throws Exception {
    return this.stepBuilderFactory.get("jpaFormatStep")
            .<Customer, Customer>chunk(10)
            .reader(customerFileReader(null))
            .writer(jpaItemWriter(null))
            .build();
}

@Bean
public Job jpaFormatJob() throws Exception {
    return this.jobBuilderFactory.get("jpaFormatJob")
            .start(jpaFormatStep())
            .build();
}
}
```

이제 빠르게 mvn clean install 명령을 실행해 잡을 빌드해볼 수 있다. 예제 9-37의 명령을
사용하면 잡이 실행되며 다른 데이터베이스 예제에서 봤던 결과를 얻을 수 있다.

▼ 예제 9-37 JPA가 구성된 formatJob 실행 명령

```
java -jar itemWriters-0.0.1-SNAPSHOT.jar customerFile=/input/customer.csv
```

관계형 데이터베이스는 현대 엔터프라이즈 환경에서 좋든 싫든 사용되는데, 앞서 살펴본 것
처럼 스프링 배치를 사용하면 데이터베이스에 잡의 실행 결과를 쉽게 저장할 수 있다. 그러
나 엔터프라이즈 환경에서 관계형 데이터베이스만 필요로 하는 것은 아니며, 스프링 배치도

관계형 데이터베이스만 지원하는 것은 아니다. 다음 절에서 스프링 데이터^{Spring Data}가 지원하는 또 다른 저장소인 NoSql 저장소를 살펴본다.

스프링 데이터의 ItemWriter

7장에서 스프링 데이터^{Spring Data} 프로젝트에 대해 살펴봤으며, 스프링 데이터가 어떻게 다양한 데이터 저장소를 대상으로 공통 프로그래밍 모델을 제공하는지 알아봤다. 스프링 배치는 스프링 데이터의 막강한 기능을 활용해 여러 NoSql 데이터 저장소(특히 몽고DB, 네오4j, 피보탈 젬파이어 또는 아파치 지오드)에 쓰기 작업을 할 수 있으며, CrudRepository를 제공해 또 다른 스프링 데이터 프로젝트를 지원한다. 이 절에서 이러한 각 옵션을 스프링 배치 프로젝트에 어떻게 통합하는지 살펴본다.

몽고DB

몽고DB^{MongoDB}는 고성능, 고확장성 데이터 저장소로 기업에게 매력적이다. 스프링 배치는 MongoItemWriter를 제공해 몽고DB 컬렉션에 객체를 문서로 저장할 수 있도록 지원한다.

몽고DB를 사용하려면 먼저 Customer 객체를 조금 수정해야 한다. 우선 몽고DB는 ID로 long 값을 사용할 수 없어서 문자열 ID로 대체해야 한다. 둘째, 몽고DB에는 테이블이 없기 때문에 Customer 객체에서 JPA 애너테이션을 제거해야 한다. 예제 9-38은 이렇게 변경한 Customer 도메인 객체다.

▼ 예제 9-38 몽고DB용 Customer

```
...
public class Customer implements Serializable {
    private static final long serialVersionUID = 1L;

    @Id
    private String id;
    private String firstName;
    private String middleInitial;
```

```
        private String lastName;
        private String address;
        private String city;
        private String state;
        private String zip;

        // Getters and setters removed

        @Override
        public String toString() {
            return "Customer{" +
                        "id=" + id +
                        ", firstName='" + firstName + '\" +
                        ", middleInitial='" + middleInitial + '\" +
                        ", lastName='" + lastName + '\" +
                        ", address='" + address + '\" +
                        ", city='" + city + '\" +
                        ", state='" + state + '\" +
                        ", zip='" + zip + '\" +
                        '}';
        }
}
```

도메인 객체를 변경했으니 이제는 몽고DB 의존성을 가져올 수 있도록 pom.xml에 적절한 의존성을 추가해야 한다. 스프링 부트를 사용해 새로운 기능을 도입할 때 대부분 그랬듯이 적절한 스타터를 사용할 것이다. 이번 예제에서 사용하는 스타터는 예제 9-39에 표시된 것처럼 spring-boot-starter-data-mongodb이다.

▼ 예제 9-39 spring-boot-starter-data-mongodb

```
...
<dependency>
        <groupId>org.springframework.boot</groupId>
        <artifactId>spring-boot-starter-data-mongodb</artifactId>
</dependency>
...
```

다음으로 구성해야 하는 것은 몽고DB 데이터베이스를 가리키는 application.yml이다. 기본적으로 스프링 부트는 표준 로그인 자격 증명을 사용해 localhost에서 해당 데이터베이스를 찾기 때문에 별다른 구성을 할 필요가 없지만, 이 예제에서는 사용할 데이터베이스의 이름인 customerdb를 애플리케이션에게 알려줘야 한다. 해당 데이터베이스 이름은 spring.data.mongodb.database 프로퍼티를 사용해 설정한다.

몽고DB ItemWriter는 하이버네이트 및 JPA 기반 ItemWriter와 유사한 방식으로 동작한다. 매핑은 도메인 객체의 애너테이션을 통해 처리되므로, ItemWriter와 관련된 구성은 최소한으로만 하면 된다. 이 예제에서는 고객 정보의 쓰기 작업을 수행할 데이터베이스의 컬렉션 이름을 구성하고, MongoOperations 인스턴스를 제공하며, build를 호출해야 한다. 유일하게 다른 구성은 ItemWriter가 매칭되는 아이템을 삭제할지 또는 저장할지를 지정하는 delete 플래그다. 기본 구성은 매칭되는 아이템을 저장하는 것이다. 예제 9-40은 변경된 Mongo ItemWriter를 포함한 mongoFormatJob의 구성이다.

▼ 예제 9-40 mongoFormatJob

```
...
@Configuration
public class MongoImportJob {

    private JobBuilderFactory jobBuilderFactory;

    private StepBuilderFactory stepBuilderFactory;

    public MongoImportJob(JobBuilderFactory jobBuilderFactory,
            StepBuilderFactory stepBuilderFactory) {

        this.jobBuilderFactory = jobBuilderFactory;
        this.stepBuilderFactory = stepBuilderFactory;
    }

    @Bean
    @StepScope
    public FlatFileItemReader<Customer> customerFileReader(
            @Value("#{jobParameters['customerFile']}") Resource inputFile) {

        return new FlatFileItemReaderBuilder<Customer>()
                .name("customerFileReader")
```

```
                            .resource(inputFile)
                            .delimited()
                            .names(new String[] {"firstName",
                                            "middleInitial",
                                            "lastName",
                                            "address",
                                            "city",
                                            "state",
                                            "zip"})
                            .targetType(Customer.class)
                            .build();
        }


        @Bean
        public MongoItemWriter<Customer> mongoItemWriter(MongoOperations mongoTemplate) {
                return new MongoItemWriterBuilder<Customer>()
                            .collection("customers")
                            .template(mongoTemplate)
                            .build();
        }


        @Bean
        public Step mongoFormatStep() throws Exception {
                return this.stepBuilderFactory.get("mongoFormatStep")
                            .<Customer, Customer>chunk(10)
                            .reader(customerFileReader(null))
                            .writer(mongoItemWriter(null))
                            .build();
        }


        @Bean
        public Job mongoFormatJob() throws Exception {
                return this.jobBuilderFactory.get("mongoFormatJob")
                            .start(mongoFormatStep())
                            .build();
        }
}
```

많은 기업에서 몽고DB와 관련된 논쟁 중 하나는, 역사적으로 몽고DB가 ACID(Atomicity^{원자}
^성, Consistency^{일관성}, Isolation^{고립성}, Durability^{지속성}) 트랜잭션을 지원하지 않는 것이다. 이때문에

스프링 배치는 트랜잭션을 지원하지 않는 다른 데이터 저장소처럼 몽고DB를 취급해 커밋이 발생하기 직전까지 쓰기를 버퍼링하고 가장 마지막 순간에 실제 쓰기 작업을 수행한다.

잡을 작성하고 빌드한 뒤 실행하면, GUI 클라이언트 Robo 3T[2]를 통해 그림 9와 같이 8개의 문서가 컬렉션에 삽입된 것을 볼 수 있다.

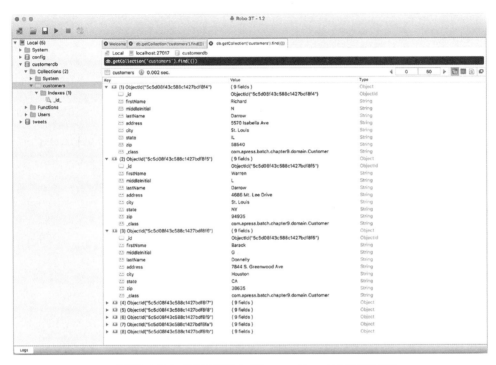

▲ 그림 9-4 Robo 3T로 확인할 수 있는 mongoFormatJob의 출력 결과

몽고DB는 시장에서 가장 널리 사용되는 NoSQL 데이터 저장소일 수 있지만, 문서 저장 방식이 모든 사례에 적합한 것은 아니다. 데이터에 적합한 데이터 저장소를 사용하는 것이 NoSQL의 기본 사상이다. 다음 절에서는 완전히 다른 모델을 가진 또 다른 NoSQL 저장소인 그래프 데이터베이스를 살펴본다.

---

2   https://robomongo.org/

네오4j

모든 것이 연결돼 있는 사회에서 우리의 삶은 커다란 그래프로 바뀌었다. 페이스북^{Facebook}의 친구 그래프, 링크드인^{LinkedIn}의 연결 네트워크… 더 많은 예를 들 수도 있다. 이러한 그래프의 각 노드는 기존 관계형 데이터와는 매우 다른 관계 형식을 가지므로, 기존 관계형 데이터 저장소에 이러한 종류의 데이터를 저장하는 것은 비효율적이다. 네오4j^{Neo4J}는 현재 300만 건 이상 다운로드됐으며, 다운로드 건수가 월 5만 건씩 계속 증가하고 있는 업계 최고의 그래프 데이터베이스다.[3] 스프링 데이터는 네오4j의 스프링 포트폴리오를 지원한다. 이 절에서 Neo4jItemWriter를 사용해 네오4j 데이터베이스에 레코드를 쓰는 방법을 살펴본다.

JPA나 몽고DB와 마찬가지로, 네오4j를 사용하려면 먼저 애너테이션을 사용해 데이터를 데이터베이스 표현으로 매핑한다. 네오4j 데이터베이스에 매핑하려면 적절한 애너테이션을 사용하도록 Customer 클래스를 변경해야 한다. 먼저 클래스 레벨에 @NodeEntity 애너테이션을 적용해 해당 클래스가 그래프의 노드를 나타냄을 ItemWriter에게 알려준다. 네오4j에는 그래프에서 노드 간의 관계^{relationship}를 매핑할 수 있는 @Relationship 애너테이션도 있다. 이 예제에서는 어떠한 관계도 가지고 있지 않지만 id는 식별해야 한다. 관계형 데이터베이스를 사용할 때는 long 타입의 id를 사용했다. 반면 몽고DB를 사용할 때는 문자열을 사용해야 했다. 네오4j는 UUID를 사용한다. 예제 9-41은 네오4j용으로 매핑되도록 수정한 Customer 도메인 객체다.

▼ 예제 9-41 네오4j용으로 매핑된 Customer

```
...
@NodeEntity
public class Customer implements Serializable {
    private static final long serialVersionUID = 1L;

    @Id
    @GeneratedValue(strategy = UuidStrategy.class)
    private UUID id;
    private String firstName;
```

---

3 https://neo4j.com/top-ten-reasons/

```java
        private String middleInitial;
        private String lastName;
        private String address;
        private String city;
        private String state;
        private String zip;

        // Getters and setters removed
        @Override
        public String toString() {
            return "Customer{" +
                        "id=" + id +
                        ", firstName='" + firstName + '\" +
                        ", middleInitial='" + middleInitial + '\" +
                        ", lastName='" + lastName + '\" +
                        ", address='" + address + '\" +
                        ", city='" + city + '\" +
                        ", state='" + state + '\" +
                        ", zip='" + zip + '\" +
                        '}';
        }
}
```

네오4j를 애플리케이션에서 사용하려면 적절한 스프링 부트 스타터를 pom.xml에 추가해야한다. 지금까지 예제를 잘 따라왔다면 이 시점에서 가져올 스타터가 예제 9-42에 표시된 것처럼 spring-boot-starter-data-neo4j 아티팩트라는 사실이 놀랍지 않을 것이다.

▼ 예제 9-42 네오4j 의존성

```xml
...
<dependency>
    <groupId>org.springframework.boot</groupId>
    <artifactId>spring-boot-starter-data-neo4j</artifactId>
</dependency>
...
```

애플리케이션에 적절한 의존성을 포함시켰다면, 이제 application.yml에 올바른 구성을 추

가해야 한다. 처음 접해보기에는 커뮤니티 에디션 네오4j 서버를 사용하는 것이 좋다.[4] 해당
서버를 사용하려면 예제 9-43에서 볼 수 있듯이 사용자 이름, 비밀번호, uri를 구성해야 한다.

▼ 예제 9-43 application.yml 구성

```
spring:
  data:
...
    neo4j:
      username: neo4j
      password: password
      embedded:
        enabled: false
      uri: bolt://localhost:7687
```

네오4j를 `ItemWriter`로 사용하는 데 필요한 마지막 작업은 실제로 `ItemWriter`를 구성하는
것이다. `Neo4jItemWriter`는 스프링 부트가 앞서 추가한 스타터를 통해 제공하는 `org.`
`neo4j.orgm.session.SessionFactory` 인스턴스 하나만 필요로 한다. 예제 9-44는 네오4j
에 쓰기 작업을 하도록 구성한 잡 전체다.

▼ 예제 9-44 Neo4jImportJob

```
...
@Configuration
public class Neo4jImportJob {

    private JobBuilderFactory jobBuilderFactory;

    private StepBuilderFactory stepBuilderFactory;

    public Neo4jImportJob(JobBuilderFactory jobBuilderFactory,
            StepBuilderFactory stepBuilderFactory) {

        this.jobBuilderFactory = jobBuilderFactory;
        this.stepBuilderFactory = stepBuilderFactory;
```

---

4 https://neo4j.com/download-center/#releases

```java
        }

        @Bean
        @StepScope
        public FlatFileItemReader<Customer> customerFileReader(
                    @Value("#{jobParameters['customerFile']}") Resource inputFile) {

            return new FlatFileItemReaderBuilder<Customer>()
                        .name("customerFileReader")
                        .resource(inputFile)
                        .delimited()
                        .names(new String[] {"firstName",
                                            "middleInitial",
                                            "lastName",
                                            "address",
                                            "city",
                                            "state",
                                            "zip"})
                        .targetType(Customer.class)
                        .build();
        }

        @Bean
        public Neo4jItemWriter<Customer> neo4jItemWriter(SessionFactory sessionFactory) {
            return new Neo4jItemWriterBuilder<Customer>()
                        .sessionFactory(sessionFactory)
                        .build();
        }

        @Bean
        public Step neo4jFormatStep() throws Exception {
            return this.stepBuilderFactory.get("neo4jFormatStep")
                        .<Customer, Customer>chunk(10)
                        .reader(customerFileReader(null))
                        .writer(neo4jItemWriter(null))
                        .build();
        }

        @Bean
        public Job neo4jFormatJob() throws Exception {
            return this.jobBuilderFactory.get("neo4jFormatJob")
                        .start(neo4jFormatStep())
```

```
                    .build();
        }
}
```

Neo4jFormatJob을 빌드하고 실행한 후, 서버가 제공하는 네오4j 브라우저를 열어 결과가 데이터베이스에 저장됐는지 확인할 수 있다. 네오4j 브라우저를 열고서 SELECT firstName, lastName FROM customer와 동일한 의미인 MATCH(c:Customer) RETURN c.firstName, c.lastName 라는 사이퍼^{Cypher} 쿼리를 실행하면 그림 9-5와 같은 결과를 볼 수 있다.

▲ 그림 9-5 네오4j 브라우저에서 볼 수 있는 neo4jFormatJob의 출력 결과

그래프 데이터베이스는 이상 탐지나 추천 엔진 같은 적절한 분야의 문제를 해결하는 데 강력한 도구를 제공한다. 이 외에도 스프링 배치가 지원하는 또 다른 데이터 저장소가 있으며, 해당 데이터 저장소도 자신만의 저장소 모델을 사용한다. 다음 절의 인메모리 사용 사례에서는 고성능 처리를 위해 특정한 키-값 저장소를 사용하는 방법을 살펴본다.

피보탈 젬파이어와 아파치 지오드

금융권에서는 밀리초 단위를 다뤄야 한다. 소매 거래 중에 발생하는 부정행위 감지^{Fraud detection} 시에는 네트워크의 여러 홉에 걸쳐 데이터를 검색하거나 저속 디스크에서 데이터를 검색할 시간이 없다. 이러한 유형의 환경에서 처리를 충분히 빠르게 하려면 메모리에 데이터를 캐시해야 한다. 이것이 피보탈 젬파이어^{Pivotal Gemfire}가 탄생한 환경적 배경이다. 이 절에서 피보탈 젬파이어 및 젬파이어의 오픈소스 버전인 아파치 지오드^{Apache Geode}를 알아보고, 스프링 배치를 사용해 어떻게 해당 데이터 저장소에 데이터를 쓰는지 살펴본다.

피보탈 젬파이어는 인메모리 데이터 그리드이다. 핵심은 고성능 분산 HashMap이다. 해당 저장소는 모든 데이터를 메모리에 보관하는 키-값 저장소이며, 그 자신의 네트워크 토폴로지로 인해 극도로 빠른 읽기 시간을 제공한다. 그런데 이 저장소가 스프링 배치와 어떤 관련이 있는 것일까? 단순하다. 젬파이어의 주요 사용 사례 중 하나는 캐싱이다. 캐시가 유용하려면 미리 준비돼 있어야 한다. 스프링 배치는 애플리케이션 시작 시에 효율적인 방법으로 비어 있는 캐시를 준비 상태로 만들 수 있는 우수한 기능을 제공한다.

앞서 몇 개의 절에서 그래왔던 것처럼 도메인 객체의 매핑을 변경하는 것부터 시작한다. 젬파이어는 키-값 저장소로 동작하므로 도메인 객체에서 파생된 무엇인가가 키가 될 것이며 도메인 객체 자체가 값이 될 것이다. 실제로 필요한 것은 값이 저장될 리전^{Region}(몽고DB의 컬렉션과 유사함)을 식별하는 것이다. 이를 위해 예제 9-45처럼 Customer 클래스에 @Region 애너테이션을 추가한다.

▼ 예제 9-45 @Region 애너테이션을 적용한 Customer

```
...
@Region(value = "Customers")
public class Customer implements Serializable {
    private static final long serialVersionUID = 1L;

    private long id;
    private String firstName;
    private String middleInitial;
    private String lastName;
    private String address;
    private String city;
    private String state;
    private String zip;

    // Accessors removed for brevity
```

```
        @Override
        public String toString() {
                return "Customer{" +
                                "id=" + id +
                                ", firstName='" + firstName + '\" +
                                ", middleInitial='" + middleInitial + '\" +
                                ", lastName='" + lastName + '\" +
                                ", address='" + address + '\" +
                                ", city='" + city + '\" +
                                ", state='" + state + '\" +
                                ", zip='" + zip + '\" +
                                '}';
        }
}
```

도메인 객체를 정의한 다음에는 pom.xml을 변경해 피보탈 젬파이어 의존성을 가져와야 한다. 이렇게 하려면 pom에서 두 곳을 변경해야 한다. 먼저 두 가지 새로운 의존성인 스프링 데이터 젬파이어Spring Data Gemfire와 스프링 셸Shell(스프링 데이터 젬파이어가 필요로 함)을 추가해야 한다. 해야 할 또 다른 일은 스프링 부트가 기본적으로 사용하는 로깅과 젬파이어가 기본적으로 사용하는 로깅의 충돌을 막기 위해 spring-boot-starter-batch에서 로깅 의존성을 제외하는 것이다. 예제 9-46는 수정해야 할 pom 변경 사항이다.

▼ 예제 9-46 피보탈 젬파이어를 사용할 수 있도록 변경한 pom.xml

```
...
<dependency>
        <groupId>org.springframework.boot</groupId>
        <artifactId>spring-boot-starter-batch</artifactId>
        <exclusions>
                <exclusion>
                        <groupId>org.springframework.boot</groupId>
                        <artifactId>spring-boot-starter-logging</artifactId>
                </exclusion>
        </exclusions>
</dependency>
...
<dependency>
```

```
    <groupId>org.springframework.data</groupId>
    <artifactId>spring-data-gemfire</artifactId>
</dependency>
<dependency>
    <groupId>org.springframework.shell</groupId>
    <artifactId>spring-shell</artifactId>
</dependency>
...
```

의존성을 추가했으므로 이제 피보탈 젬파이어를 구성할 수 있다. 지금까지 사용한 다른 데이터 저장소가 애플리케이션 외부에 존재했던 것과 달리, 피보탈 젬파이어를 애플리케이션 내부에서 실행할 것이다. 이 방법이 네트워크 홉의 증가를 제한하는 일반적인 관행이기 때문이다.

구성의 시작은 @PeerCacheApplication 애너테이션을 구성 클래스에 추가하는 것이다. 이 애너테이션은 애플리케이션 내에서 피보탈 젬파이어 서비스를 부트스트랩한다. 그리고 해당 애너테이션에 피보탈 젬파이어 애플리케이션의 이름과 원하는 로깅 수준의 두 가지 옵션을 지정한다. 다음으로, 구성 클래스 내에서 리전^{Region}을 구성해야 한다. 앞에서 언급했듯이 젬파이어의 리전은 몽고DB의 컬렉션과 유사하다. 피보탈 젬파이어를 사용하면 외부 메커니즘을 사용하는 대신에 스프링을 통해 이와 같은 것을 직접 구성할 수 있다. 리전이 구성되면 ItemWriter에서 사용할 GemfireTemplate을 만들어야 한다. GemfireTemplate을 생성하려면 리전 의존성 하나가 필요하다. 템플릿을 정의한 이후에 ItemWriter를 작성한다. Gemfire ItemWriter에는 두 개의 항목을 구성해야 한다. 첫 번째는 조금 전에 작성한 템플릿이다. 두 번째는 org.springframework.core.convert.converter.Converter이다. 이 컨버터 인스턴스는 피보탈 젬파이어에 저장되는 아이템을 사용할 키로 변환하는 데 사용된다. 이 예제에서는 스프링 배치가 제공하는 구현체 중 하나인 SpELItemKeyMapper를 사용한다. 이 구현체는 SpEL 표현식을 사용해 현재 아이템에서 키를 생성한다. 마지막으로 추가한 것은 새로운 CommandLineRunner이다. 결과를 확인할 수 있는 GUI가 없고 애플리케이션이 종료되면 피보탈 젬파이어 서버가 종료되기 때문에, 해당 러너를 사용해 잡이 성공적으로 실행됐는지 검증할 것이다. 이 CommandLineRunner는 젬파이어 인스턴스를 질의하고 해당 아이템을 나열한다. 예제 9-47은 피보탈 젬파이어 인스턴스와 스프링 배치 잡이 로딩되도록 작성한 구성이다.

```
...
@Configuration
@PeerCacheApplication(name = "AccessingDataGemFireApplication", logLevel = "info")
public class GemfireImportJob {

    private JobBuilderFactory jobBuilderFactory;

    private StepBuilderFactory stepBuilderFactory;

    public GemfireImportJob(JobBuilderFactory jobBuilderFactory,
                StepBuilderFactory stepBuilderFactory) {

        this.jobBuilderFactory = jobBuilderFactory;
        this.stepBuilderFactory = stepBuilderFactory;
    }

    @Bean
    @StepScope
    public FlatFileItemReader<Customer> customerFileReader(
                @Value("#{jobParameters['customerFile']}")Resource inputFile) {

        return new FlatFileItemReaderBuilder<Customer>()
                    .name("customerFileReader")
                    .resource(inputFile)
                    .delimited()
                    .names(new String[] {"firstName",
                                "middleInitial",
                                "lastName",
                                "address",
                                "city",
                                "state",
                                "zip"})
                    .targetType(Customer.class)
                    .build();
    }

    @Bean
    public GemfireItemWriter<Long, Customer> gemfireItemWriter(
                GemfireTemplate gemfireTemplate) {
```

```java
        return new GemfireItemWriterBuilder<Long, Customer>()
                .template(gemfireTemplate)
                .itemKeyMapper(new SpELItemKeyMapper<>(
                        "firstName + middleInitial + lastName"))
                .build();
}

@Bean
public Step gemfireFormatStep() throws Exception {
    return this.stepBuilderFactory.get("gemfireFormatStep")
                .<Customer, Customer>chunk(10)
                .reader(customerFileReader(null))
                .writer(gemfireItemWriter(null))
                .build();
}

@Bean
public Job gemfireFormatJob() throws Exception {
    return this.jobBuilderFactory.get("gemfireFormatJob")
                .start(gemfireFormatStep())
                .build();
}

@Bean(name="customer")
public Region<Long, Customer> getCustomer(final GemFireCache cache) throws Exception {
    LocalRegionFactoryBean<Long, Customer> customerRegion =
            new LocalRegionFactoryBean<>();
    customerRegion.setCache(cache);
    customerRegion.setName("customer");
    customerRegion.afterPropertiesSet();
    Region<Long, Customer> object = customerRegion.getRegion();
    return object;
}

@Bean
public GemfireTemplate gemfireTemplate() throws Exception {
    return new GemfireTemplate(getCustomer(null));
}

@Bean
public CommandLineRunner validator(final GemfireTemplate gemfireTemplate) {
```

```
        return args -> {
            List<Object> customers =
                gemfireTemplate.find("select * from /customer").asList();

            for (Object customer : customers) {
                System.out.println(">> object: " + customer);
            }
        };
    }
}
```

이렇게 구성한 후 잡을 빌드하고 실행한다. 예제 9-48에서 볼 수 있듯이 실행 결과가 System. out으로 써지는데, 젬파이어 리진에 로드된 모든 아이템을 볼 수 있다.

▼ 예제 9-48 GemfireImportJob의 실행 결과

```
...
2020-12-30 02:13:47.773  INFO 32352 --- [          main] o.s.b.c.l.support.SimpleJob
Launcher     : Job: [SimpleJob: [name=gemfireFormatJob]] completed with the following
parameters: [{customerFile=/data/customer.csv, count=0024}] and the following status:
[COMPLETED]
>> object: Customer{id=0, firstName='Ann', middleInitial='Z', lastName='Benes',
address='2447 S. Greenwood Ave', city='Las Vegas', state='NY', zip='55366'}
>> object: Customer{id=0, firstName='Warren', middleInitial='L', lastName='Darrow',
address='4686 Mt. Lee Drive', city='St. Louis', state='NY', zip='94935'}
>> object: Customer{id=0, firstName='Steve', middleInitial='O', lastName='Darrow',
address='8407 Infinite Loop Drive', city='Las Vegas', state='WA', zip='90520'}
>> object: Customer{id=0, firstName='Erica', middleInitial='Z', lastName='Gates',
address='3141 Farnam Street', city='Omaha', state='CA', zip='57640'}
>> object: Customer{id=0, firstName='Warren', middleInitial='M', lastName='Williams',
address='6670 S. Greenwood Ave', city='Hollywood', state='FL', zip='37288'}
>> object: Customer{id=0, firstName='Barack', middleInitial='G', lastName='Donnelly',
address='7844 S. Greenwood Ave', city='Houston', state='CA', zip='38635'}
>> object: Customer{id=0, firstName='Richard', middleInitial='N', lastName='Darrow',
address='5570 Isabella Ave', city='St. Louis', state='IL', zip='58540'}
>> object: Customer{id=0, firstName='Harry', middleInitial='T', lastName='Darrow',
address='3273 Isabella Ave', city='Houston', state='FL', zip='97261'}
2020-12-30 02:13:47.894  INFO 32352 --- [m shutdown hook] o.a.g.d.i.InternalDistributed
System       : VM is exiting - shutting down distributed system
...
```

피보탈 젬파이어와 아파치 지오드는 다양한 워크로드에서 동급 최고의 성능을 제공한다. 스프링 배치는 피보탈 젬파이어나 아파치 지오드 내의 아이템을 갱신하는 효율적인 메커니즘도 제공한다. 마지막으로 알아볼 스프링 데이터 관련 ItemWriter는 RepositoryItemWriter이다. 7장에서 논의한 RepositoryItemReader와 마찬가지로, 이 ItemWriter는 스프링 데이터의 Repository 추상화를 활용해 스프링 데이터가 지원하는 모든 데이터 저장소에 레코드를 저장한다. 다음 절에서 RepositoryItemWriter를 이어서 살펴본다.

리포지터리

스프링 데이터Spring Data의 Repository 추상화는 ItemWriter를 구성하는 매우 유용한 방법을 제공한다. 7장에서는 스프링 데이터가 제공하는 PagingAndSortingRepository를 사용해 ItemReader를 생성하는 방법을 살펴봤다. 이렇게 생성한 ItemReader는 스프링 데이터가 지원하는 리포지터리의 모든 데이터에 사용할 수 있었다. 그런데 리더가 사용하는 리포지터리와 라이터가 사용하는 리포지터리는 다르다. 읽을 때는 PaginginAndSortingRepository를 사용했다. 반면에 쓰기 작업을 수행할 때는 페이징이나 정렬과 관련해 걱정할 필요가 없으므로 슈퍼 인터페이스인 org.springframework.data.repository.CrudRepository를 사용한다. 이 절에서 RepositoryItemWriter를 사용해 스프링 데이터가 지원하는 데이터 저장소에 데이터를 저장하는 방법을 살펴본다.

이 ItemWriter의 동작 방식을 살펴보기 위해, 9장의 이전 예제 중 JPA 예제에서와 같이 Customer 테이블에 데이터를 저장해보자. 그런데 이번에는 JpaItemWriter를 사용하는 대신 RepositoryItemWriter를 사용한다. 도메인 객체부터 만들어보자. 이 예제는 JPA를 사용하므로, 실제로 9장의 JPA 절에서 수행한 것과 동일한 도메인 객체 구성을 사용할 수 있다. 편의를 위해 예제 9-49에 해당 클래스를 다시 표시했다.

▼ 예제 9-49 JPA 용으로 매핑된 Customer

```
...
@Entity
@Table(name = "customer")
public class Customer implements Serializable {
    private static final long serialVersionUID = 1L;
```

```
@Id
@GeneratedValue(strategy = GenerationType.IDENTITY)
private long id;
private String firstName;
private String middleInitial;
private String lastName;
private String address;
private String city;
private String state;
private String zip;

// Getters and setters removed for brevity

@Override
public String toString() {
    return "Customer{" +
                    "id=" + id +
                    ", firstName='" + firstName + '\" +
                    ", middleInitial='" + middleInitial + '\" +
                    ", lastName='" + lastName + '\" +
                    ", address='" + address + '\" +
                    ", city='" + city + '\" +
                    ", state='" + state + '\" +
                    ", zip='" + zip + '\" +
                    '}';
    }
}
```

필요에 맞게 도메인 객체를 구성했으니, 이제 리포지터리 정의를 만들 수 있다. Customer 객체를 데이터베이스에 저장할 것이므로 CrudRepository를 확장하는 인터페이스를 만들기만 하면 된다. 나머지 일은 스프링 데이터가 처리한다. 예제 9-50은 CustomerRepository 정의이다.

▼ 예제 9-50 CustomerRepository

```
...
public interface CustomerRepository extends CrudRepository<Customer, Long> {
}
```

JPA 관련 의존성을 이미 가져왔으므로 다시 추가할 필요가 없고, 잡만 구성하면 된다. RepositoryItemWriter는 두 가지 의존성을 가지고 있다. 하나는 리포지터리고 다른 하나는 호출할 메서드 이름이다. 여기에서 새로운 유일한 것은 리포지터리의 기능을 부트스트랩하기 위해 스프링에게 Repository를 어디서 찾아야 하는지 알려줘야 한다는 것이다. 이를 위해 @EnableJpaRepositories를 적용하면서 리포지터리가 존재하는 패키지 내의 클래스를 지정한다. 예제 9-51은 잡 구성이다.

▼ 예제 9-51 RepositoryImportJob

```
...
@Configuration
@EnableJpaRepositories(basePackageClasses = Customer.class)
public class RepositoryImportJob {

    private JobBuilderFactory jobBuilderFactory;

    private StepBuilderFactory stepBuilderFactory;

    public RepositoryImportJob(JobBuilderFactory jobBuilderFactory,
                StepBuilderFactory stepBuilderFactory) {

        this.jobBuilderFactory = jobBuilderFactory;
        this.stepBuilderFactory = stepBuilderFactory;
    }

    @Bean
    @StepScope
    public FlatFileItemReader<Customer> customerFileReader(
                @Value("#{jobParameters['customerFile']}") Resource inputFile) {

        return new FlatFileItemReaderBuilder<Customer>()
                    .name("customerFileReader")
                    .resource(inputFile)
                    .delimited()
                    .names(new String[] {"firstName",
                                "middleInitial",
                                "lastName",
                                "address",
                                "city",
```

```
                                    "state",
                                    "zip"})
                    .targetType(Customer.class)
                    .build();
}

    @Bean
    public RepositoryItemWriter<Customer> repositoryItemWriter(
            CustomerRepository repository) {

        return new RepositoryItemWriterBuilder<Customer>()
                    .repository(repository)
                    .methodName("save")
                    .build();
    }

    @Bean
    public Step repositoryFormatStep() throws Exception {
        return this.stepBuilderFactory.get("repositoryFormatStep")
                    .<Customer, Customer>chunk(10)
                    .reader(customerFileReader(null))
                    .writer(repositoryItemWriter(null))
                    .build();
    }

    @Bean
    public Job repositoryFormatJob() throws Exception {
        return this.jobBuilderFactory.get("repositoryFormatJob")
                    .start(repositoryFormatStep())
                    .build();
    }
}
```

잡을 빌드하고 실행한 후, MySql의 Customer 테이블을 보고 결과를 확인할 수 있다. 예제 9-52는 실행 결과다.

▼ 예제 9-52 RepositoryImportJob의 실행 결과

```
mysql> select id, first_name, middle_initial as middle, last_name, address, city, state as
st, zip from spring_batch.customer;
```

```
+----+------------+--------+----------+-------------------------+-----------+------+------
-+
| id | first_name | middle | last_name | address                | city      | st   | zip |
+----+------------+--------+----------+-------------------------+-----------+------+------
-+
|  1 | Richard    | N      | Darrow   | 5570 Isabella Ave      | St. Louis | IL   | 58540 |
|  2 | Warren     | L      | Darrow   | 4686 Mt. Lee Drive     | St. Louis | NY   | 94935 |
|  3 | Barack     | G      | Donnelly | 7844 S. Greenwood Ave  | Houston   | CA   | 38635 |
|  4 | Ann        | Z      | Benes    | 2447 S. Greenwood Ave  | Las Vegas | NY   | 55366 |
|  5 | Erica      | Z      | Gates    | 3141 Farnam Street     | Omaha     | CA   | 57640 |
|  6 | Warren     | M      | Williams | 6670 S. Greenwood Ave  | Hollywood | FL   | 37288 |
|  7 | Harry      | T      | Darrow   | 3273 Isabella Ave      | Houston   | FL   | 97261 |
|  8 | Steve      | O      | Darrow   | 8407 Infinite Loop Drive | Las Vegas | WA | 90520 |
+----+------------+--------+----------+-------------------------+-----------+------+------
-+
8 rows in set (0.01 sec)
```

스프링 배치에서 사용할 수 있는 데이터베이스는 앞서 살펴본 것처럼 꽤 많다. 그러나 스프링 배치 잡으로 데이터베이스와 파일만 기록할 수 있는 것은 아니다. 그 외의 출력 방식도 살펴보자.

그밖의 출력 방식을 위한 ItemWriter

파일과 데이터베이스만이 아이템 처리의 최종 결과를 전달할 수 있는 유일한 방법은 아니다. 현업에서는 아이템을 처리한 후 이를 저장하는 여러 다른 수단을 사용한다. 7장에서 이미 존재하는 스프링 서비스를 호출해 데이터를 얻는 스프링 배치 기능을 살펴봤다. 스프링 배치 프레임워크는 출력에서도 유사한 기능을 제공한다. 또한 스프링 배치는 JmsItemWriter를 통해 스프링 프레임워크가 제공하는 막강한 JMS 연동 기능을 제공한다. 마지막으로, 배치 처리 시 이메일을 보내야 하는 경우에도 스프링 배치를 통해 처리할 수 있다. 이 절에서는 스프링 배치가 제공하는 ItemWriter를 사용해 이미 존재하는 스프링 서비스를 호출하는 방법, JMS 목적지^{destination}에 쓰기 작업을 수행하는 방법, 이메일을 보내는 방법을 살펴본다.

ItemWriterAdapter

스프링을 사용하는 대부분의 기업은 운영 환경에 이미 만들어진 후 치열한 테스트를 거친 수많은 기존 서비스를 가지고 있다. 배치 처리 시 이런 기존 서비스를 재사용하지 못할 이유는 없다. 7장에서는 기존 서비스를 잡의 입력 소스로 사용하는 방법을 살펴봤다. 이 절에서는 ItemWriterAdapter를 사용해 기존 스프링 서비스를 ItemWriter로 사용하는 방법을 살펴본다.

org.springframework.batch.item.adapter.ItemWriterAdapter는 기존 서비스를 살짝 감싼 래퍼일 뿐이다. 다른 ItemWriter와 마찬가지로 write 메서드는 쓰기 작업 대상 아이템 목록을 받아들인다. ItemWriterAdapter는 아이템 목록의 각 아이템 처리 시에 기존 서비스 메서드를 호출하는 작업을 반복한다. ItemWriterAdapter가 호출하는 메서드는 처리 중인 아이템 타입만 받아들일 수 있다는 점에 유의해야 한다. 예를 들어 스텝이 Car 객체를 처리한다면 호출되는 메서드는 Car 타입의 아규먼트 하나만 취해야 한다.

ItemWriterAdapter를 구성하려면 두 가지 의존성이 필요하다.

- targetObject: 호출할 메서드를 가지고 있는 스프링 빈
- targetMethod: 각 아이템을 처리할 때 호출할 메서드

노트   ItemWriterAdapter가 호출하는 메서드는 현재 스텝에서 처리 중인 타입의 아규먼트 단 하나만 받아들여야 한다.

사용할 ItemWriterAdapter의 예를 살펴보자. 예제 9-53은 Customer 아이템을 System.out으로 쓰기 작업을 수행하는 서비스 코드다.

▼ 예제 9-53 CustomerService

```
package com.apress.springbatch.chapter9;

@Service
public class CustomerService {

public void logCustomer(Customer cust) {
```

```
        System.out.println("I just saved " + cust);
    }
}
```

예제 9-53에서 볼 수 있듯이, `CustomerService`는 짧고 간결하며 명료하다. 그러면서도 목적에 부합한다. `formatJob`에서 이 서비스를 사용하려면 해당 서비스를 새로운 `ItemWriter`인 `ItemWriterAdapter`의 `target`으로 구성한다. 예제 9-54는 9장의 이전 잡에서 사용했던 것과 동일한 입력 구성을 사용하면서도, `CustomerServiceImpl`의 `logCustomer` 메서드를 사용하는 `ItemWriter` 및 해당 `ItemWriter`를 참조하는 잡의 구성이다.

▼ 예제 9-54 ItemWriterAdapter 구성

```
...
@Bean
public ItemWriterAdapter<Customer> itemWriter(CustomerService customerService) {
    ItemWriterAdapter<Customer> customerItemWriterAdapter = new ItemWriterAdapter<>();

    customerItemWriterAdapter.setTargetObject(customerService);
    customerItemWriterAdapter.setTargetMethod("logCustomer");

    return customerItemWriterAdapter;
}

@Bean
public Step formatStep() throws Exception {
    return this.stepBuilderFactory.get("jpaFormatStep")
            .<Customer, Customer>chunk(10)
            .reader(customerFileReader(null))
            .writer(itemWriter(null))
            .build();
}

    @Bean
    public Job itemWriterAdapterFormatJob() throws Exception {
        return this.jobBuilderFactory.get("itemWriterAdapterFormatJob")
            .start(formatStep())
            .build();
    }
...
```

예제 9-54는 itemWriterAdapter로 ItemWriter를 구성하는 코드로 시작된다. 사용하는 두 가지 의존성은 customerService에 대한 참조와 logCustomer 메서드의 이름이다. 마지막으로 잡에서 사용하는 스텝이 itemWriterAdapter를 참조한다.

이 잡을 실행하려면 먼저 명령행에서 mvn clean install 명령을 수행해 이제까지의 잡과 마찬가지로 빌드한다. 잡을 빌드했다면 예전처럼 jar 파일을 실행해볼 수 있다. 예제 9-55는 이 잡의 출력 예다.

▼ 예제 9-55 ItemWriterAdapter의 출력 결과

```
2020-12-30 02:29:11.187  INFO 36428 --- [            main] o.s.b.c.l.support.
SimpleJobLauncher     : Job: [SimpleJob: [name=itemWriterAdapterFormatJob]] launched
with the following parameters: [{customerFile=/data/customer.csv}]
2020-12-30 02:29:11.276  INFO 36428 --- [            main] o.s.batch.core.job.
SimpleStepHandler      : Executing step: [jpaFormatStep]
I just saved Customer{id=0, firstName='Richard', middleInitial='N', lastName='Darrow',
address='5570 Isabella Ave', city='St. Louis', state='IL', zip='58540'}
I just saved Customer{id=0, firstName='Warren', middleInitial='L', lastName='Darrow',
address='4686 Mt. Lee Drive', city='St. Louis', state='NY', zip='94935'}
I just saved Customer{id=0, firstName='Barack', middleInitial='G', lastName='Donnelly',
address='7844 S. Greenwood Ave', city='Houston', state='CA', zip='38635'}
I just saved Customer{id=0, firstName='Ann', middleInitial='Z', lastName='Benes',
address='2447 S. Greenwood Ave', city='Las Vegas', state='NY', zip='55366'}
I just saved Customer{id=0, firstName='Erica', middleInitial='Z', lastName='Gates',
address='3141 Farnam Street', city='Omaha', state='CA', zip='57640'}
I just saved Customer{id=0, firstName='Warren', middleInitial='M', lastName='Williams',
address='6670 S. Greenwood Ave', city='Hollywood', state='FL', zip='37288'}
I just saved Customer{id=0, firstName='Harry', middleInitial='T', lastName='Darrow',
address='3273 Isabella Ave', city='Houston', state='FL', zip='97261'}
I just saved Customer{id=0, firstName='Steve', middleInitial='O', lastName='Darrow',
address='8407 Infinite Loop Drive', city='Las Vegas', state='WA', zip='90520'}
2020-12-30 02:29:11.443  INFO 36428 --- [            main] o.s.b.c.l.support.
SimpleJobLauncher      : Job: [SimpleJob: [name=itemWriterAdapterFormatJob]] completed
with the following parameters: [{customerFile=/data/customer.csv}] and the following
status: [COMPLETED]
```

예상대로 스프링 배치를 사용하면 스텝 내에서 처리되는 아이템을 파라미터로 전달해 기존 서비스를 쉽게 호출할 수 있다. 그러나 처리해야 하는 객체를 해당 서비스가 받아들이지 않

는다면 어떻게 해야 할까? 스프링 배치를 사용해 아이템에서 값을 추출해 서비스에 전달할 수 있다. 다음으로 알아볼 ItemWriter가 바로 PropertyExtractingDelegatingItemWriter (정말로 이름이 이렇다)이다.

PropertyExtractingDelegatingItemWriter

ItemWriterAdapter의 사용 사례는 매우 단순하다. 처리 중인 아이템을 가져와 기존 스프링 서비스에 전달하면 된다. 그러나 소프트웨어가 그렇게 간단한 경우는 드물다. 그렇기에 스프링 배치는 아이템에서 값을 추출한 후 이를 서비스에 파라미터로 전달하는 메커니즘을 제공한다. 이 절에서 PropertyExtractingDelegatingItemWriter를 살펴보고, 이 ItemWriter를 기존 서비스와 어떻게 함께 사용할 수 있는지도 살펴본다.

이름이 길지만 org.springframework.batch.item.adapter.PropertyExtractingDelegatingItemWriter는 ItemWriterAdapter와 많이 비슷하다. PropertyExtractingDelegatingItemWriter는 ItemWriterAdapter와 마찬가지로 참조하는 스프링 서비스의 지정된 메서드를 호출한다. 차이점은 ItemWriterAdapter가 스텝에서 처리 중인 아이템을 있는 그대로 전달하는 반면 PropertyExtractingDelegatingItemWriter는 요청한 아이템의 속성만 전달한다는 점이다. 데이터베이스 id, name, price, SKU 번호에 대한 필드를 포함하는 Product 타입의 아이템이 있다고 가정해보면, ItemWriterAdapter는 Product 객체를 서비스 메서드에 전달한다. 그러나 PropertyExtractingDelegatingItemWriter를 사용하면 데이터베이스 id와 price만 서비스에 파라미터로 전달하도록 지정할 수 있다.

예를 들어 지금까지 봐 와서 익숙한 고객 정보 입력에 이를 적용해볼 수 있다. CustomerService에 처리 중인 Customer 아이템의 address를 로깅하는 메서드를 만든 다음, PropertyExtractingDelegatingItemWriter가 해당 메서드를 호출하도록 한다. 예제 9-56의 변경한 CustomerService를 살펴보자.

▼ 예제 9-56 logAddress() 메서드를 가지고 있는 CustomerServiceImpl

```
...
@Service
```

```
public class CustomerService {

    public void logCustomer(Customer customer) {
            System.out.println(customer);
    }

    public void logCustomerAddress(String address,
            String city,
            String state,
            String zip) {
        System.out.println(
                String.format("I just saved the address:\n%s\n%s, %s\n%s",
                        address,
                        city,
                        state,
                        zip));
    }
}
```

예제 9-56에서 볼 수 있듯이 새로운 메서드인 **logCustomerAddress**를 추가했다. 그러나 이 새로운 메서드는 고객 아이템을 사용하지 않는다. 대신 아이템 내부의 일부 값을 받아들인다. 해당 메서드를 사용하려면 **PropertyExtractingDelegatingItemWriter**를 사용해 각 **Customer** 아이템에서 주소 관련 필드(address, city, state, zip)를 추출한 후 그 값을 전달하며 서비스를 호출한다. 그리고 이 **ItemWriter**를 구성하려면 서비스 객체 및 호출할 메서드를 지정하고 아이템에서 추출할 프로퍼티 목록을 순서에 맞게 전달한다. 전달한 목록은 프로퍼티를 세팅하는 데 필요한 파라미터와 동일한 순서이다. 스프링은 점 표기법(예를 들어 address.city)과 인덱스 프로퍼티(예를 들어 e-mail[5])를 둘 다 지원한다. **ItemWriterAdapter**와 마찬가지로 이 **ItemWriter** 구현체도 사용되지 않는 arguments 프로퍼티를 노출한다. arguments 프로퍼티를 사용할 수 없는 이유는 해당 **ItemWriter**가 동적으로 아규먼트를 추출하기 때문이다. 예제 9-57은 완전한 **Customer** 아이템을 처리하는 대신에 주소 관련 필드를 전달해 **logAddress** 메서드를 호출하도록 변경한 잡이다.

```
    ...
@Bean
public PropertyExtractingDelegatingItemWriter<Customer> itemWriter(CustomerService
customerService) {

        PropertyExtractingDelegatingItemWriter<Customer> itemWriter =
                    new PropertyExtractingDelegatingItemWriter<>();

        itemWriter.setTargetObject(customerService);
        itemWriter.setTargetMethod("logCustomerAddress");
        itemWriter.setFieldsUsedAsTargetMethodArguments(
                    new String[] {"address", "city", "state", "zip"});

        return itemWriter;
}

@Bean
public Step formatStep() throws Exception {
        return this.stepBuilderFactory.get("formatStep")
                    .<Customer, Customer>chunk(10)
                    .reader(customerFileReader(null))
                    .writer(itemWriter(null))
                    .build();
}

@Bean
public Job propertiesFormatJob() throws Exception {
        return this.jobBuilderFactory.get("propertiesFormatJob")
                    .start(formatStep())
                    .build();
}
    ...
```

잡을 실행했을 때 실행 결과는 주소 값을 형식화해 System.out으로 출력한 문장이다. 예제 9-58은 예상할 수 있는 출력 예다.

```
2020-12-30 02:37:40.899  INFO 31984 --- [          main] o.s.b.c.l.support.
SimpleJobLauncher     : Job: [SimpleJob: [name=propertiesFormatJob]] launched
with the following parameters: [{customerFile=/data/customer.csv}]
2020-12-30 02:37:40.969  INFO 31984 --- [          main] o.s.batch.core.job.
SimpleStepHandler     : Executing step: [formatStep]
I just saved the address:
5570 Isabella Ave
St. Louis, IL
58540
I just saved the address:
4686 Mt. Lee Drive
St. Louis, NY
94935
I just saved the address:
7844 S. Greenwood Ave
Houston, CA
38635
I just saved the address:
2447 S. Greenwood Ave
Las Vegas, NY
55366
I just saved the address:
3141 Farnam Street
Omaha, CA
57640
I just saved the address:
6670 S. Greenwood Ave
Hollywood, FL
37288
I just saved the address:
3273 Isabella Ave
Houston, FL
97261
I just saved the address:
8407 Infinite Loop Drive
Las Vegas, WA
90520
2020-12-30 02:37:41.166  INFO 31984 --- [          main] o.s.b.c.l.support.
SimpleJobLauncher     : Job: [SimpleJob: [name=propertiesFormatJob]] completed
```

```
with the following parameters: [{customerFile=/data/customer.csv}] and the following
status: [COMPLETED]
```

스프링 배치는 기존 스프링 서비스를 `ItemWriter`로 재사용할 합리적인 이유와 관련 기능을 제공한다. 기업이 보유한 코드는 운영 환경에서 치열한 테스트를 거쳤으므로, 이를 재사용하면 새로운 버그가 발생할 가능성이 적고 개발 시간도 단축할 수 있다. 다음 절에서는 하나의 스텝 내에서 처리된 아이템을 대상으로 JMS 리소스를 사용하는 방법을 살펴본다.

JmsItemWriter

JMS^Java Messaging Service는 둘 이상의 엔드포인트 간에 통신하는 메시지지향message-oriented적인 방식이다. 자바 애플리케이션은 지점 간 통신^JMS queue 또는 발행-구독publish-subscribe 모델(JMS 토픽)을 사용해, 해당 메시징 구현체와 인터페이스할 수 있는 다른 모든 기술과 통신할 수 있다. 이 절에서 스프링 배치의 `JmsItemWriter`를 사용해 JMS 큐에 메시지를 넣는 방법을 살펴본다.

스프링은 많은 일반적인 자바 개념을 단순화하는 데 큰 진전을 이뤘다. JDBC와 다양한 ORM 프레임워크와의 통합이 그 예다. JMS 자원과의 인터페이스를 단순화하기 위해 스프링이 하는 일은 그만큼 인상적이다. JMS을 사용해 작업을 하려면 JMS 브로커를 사용해야 한다. 이 예제는 아파치^Apache의 액티브MQ^ActiveMQ를 사용한다. 아파치 액티브MQ는 이 예제에서 인메모리로 사용할 수 있는 간단한 브로커다.

액티브MQ로 작업하기 전에, POM에 액티브MQ 의존성과 스프링의 JMS 의존성을 추가해야 사용할 수 있다. 이 예제는 액티브MQ 버전 5.15.3에서 작동하며, 이 버전이 책을 쓰는 시점에 최신 버전이다[5]. 예제 9-5는 POM에 추가해야 하는 의존성이다.

▼ 예제 9-59 액티브MQ 및 스프링 JMS 의존성

```
...
<dependency>
```

---

5   이 책을 번역하는 시점에 최신 버전은 5.16.0이다. - 옮긴이

```
        <groupId>org.springframework.boot</groupId>
        <artifactId>spring-boot-starter-activemq</artifactId>
</dependency>
<dependency>
        <groupId>org.apache.activemq</groupId>
        <artifactId>activemq-broker</artifactId>
</dependency>
...
```

이제 액티브MQ를 동작시켜 볼 수 있다. 하지만 이 잡의 처리 과정이 이전과 약간 다르므로 코드를 작성하기 전에 처리 과정과 관련된 내용을 먼저 살펴보자.

9장의 이전 예제에서는 단일 스텝 내에서 customer.csv 파일을 읽고 단일 ItemWriter를 사용해 쓰기 작업을 수행했다. 그러나 이 예제로는 충분하지 않다. 아이템을 읽고 JMS 큐에 쓰더라도, 큐에 있는 내용을 볼 수 없기 때문에 모든 것이 큐에 올바르게 도착했는지 알 수 없다. 그래서 이번 예제에서는 그림 9-6에 표시된 것처럼 이 잡에 두 개의 스텝을 사용한다. 첫 번째 스텝은 customer.csv 파일을 읽고 액티브MQ 큐에 쓴다. 두 번째 스텝은 큐에서 레코드를 읽고 XML 파일에 쓴다.

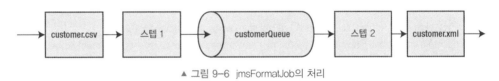

▲ 그림 9-6 jmsFormatJob의 처리

모든 메시지가 큐에 담길 때까지 단 하나의 메시지도 큐에서 꺼내지지 않기 때문에, 실제 운영 환경에서는 이렇게 동작하기를 원하지는 않을 것이다. 이렇게 하면 구성 방법이나 가용한 리소스에 따라 큐의 공간이 부족해질 수 있다. 그럼에도 소량의 고객 정보만 처리하는 이번 예제에서는 이 접근법이 몇 가지 중요한 개념을 보여준다.

- MessageConverter: 지점 간 전송을 위해 메시지를 JSON으로 변환한다.
- JmsTemplate: 스프링 부트가 JmsTemplate을 자동으로 구성해 제공하지만, 해당 JmsTemplate은 JmsTemplate을 사용할 때 권장되는 접근 방식인 CachingConnection Factory를 사용하지 않는다. 그래서 JmsTemplate을 직접 구성한다.

먼저 MessageConverter를 살펴보자. 기본적으로 스프링 인티그레이션^{Spring Integration}은 자바 직렬화^{serialization}를 통해 자체적으로 Message 객체를 직렬화한다. 그러나 이 기능은 그다지 유용하지 않다. 대신 액티브MQ의 지점 간 전송에 메시지가 JSON으로 전달되도록 변환하는 MessageConverter를 구성한다.

다음으로 구성해야 할 빈은 JmsTemplate이다. 스프링 부트가 JmsTemplate을 제공하지만, 스프링 부트가 제공하는 ConnectionFactory는 JmsTemplate과 잘 동작하지 않는다. 이 때문에 CachingConnectionFactory를 활용해 JmsTemplate을 구성한다.

▼ 예제 9-60 JMS 리소스 구성

```
...
@Bean
public MessageConverter jacksonJmsMessageConverter() {
    MappingJackson2MessageConverter converter = new MappingJackson2MessageConverter();
    converter.setTargetType(MessageType.TEXT);
    converter.setTypeIdPropertyName("_type");
    return converter;
}

@Bean
public JmsTemplate jmsTemplate(ConnectionFactory connectionFactory) {
    CachingConnectionFactory cachingConnectionFactory = new CachingConnectionFactory
            (connectionFactory);
    cachingConnectionFactory.afterPropertiesSet();

    JmsTemplate jmsTemplate = new JmsTemplate(cachingConnectionFactory);
    jmsTemplate.setDefaultDestinationName("customers");
    jmsTemplate.setReceiveTimeout(5000L);

    return jmsTemplate;
}
...
```

이제 잡을 구성해보자. 첫 번째 스텝에서는 9장에서 지금까지 사용했던 것과 동일한 리더를 사용하고, 두 번째 스텝에서는 9장의 앞선 XML 예제에서 사용한 것과 동일한 라이터를 사용한다. 예제 9-61는 해당 구성이다.

```
...
@Bean
@StepScope
public FlatFileItemReader<Customer> customerFileReader(
            @Value("#{jobParameters['customerFile']}") Resource inputFile) {

    return new FlatFileItemReaderBuilder<Customer>()
                .name("customerFileReader")
                .resource(inputFile)
                .delimited()
                .names(new String[] {"firstName",
                                    "middleInitial",
                                    "lastName",
                                    "address",
                                    "city",
                                    "state",
                                    "zip"})
                .targetType(Customer.class)
                .build();
}

@Bean
@StepScope
public StaxEventItemWriter<Customer> xmlOutputWriter(
            @Value("#{jobParameters['outputFile']}") Resource outputFile) {

    Map<String, Class> aliases = new HashMap<>();
    aliases.put("customer", Customer.class);

    XStreamMarshaller marshaller = new XStreamMarshaller();
    marshaller.setAliases(aliases);

    return new StaxEventItemWriterBuilder<Customer>()
                .name("xmlOutputWriter")
                .resource(outputFile)
                .marshaller(marshaller)
                .rootTagName("customers")
                .build();
}
...
```

JmsReader와 JmsWriter는 동일한 방식으로 구성된다. 둘 다 예제 9-60에 구성된 JmsTem plate을 참조하는 기본적인 스프링 빈이다. 예제 9-62는 JmsItemReader와 JmsItemWriter 구성 및 구성한 모든 리더/라이터를 동작하게 만드는 잡이다.

▼ 예제 9-62 JmsItemReader/JmsItemWriter와 이를 사용하는 jmsFormatJob 잡

```
...
@Bean
public JmsItemReader<Customer> jmsItemReader(JmsTemplate jmsTemplate) {
    return new JmsItemReaderBuilder<Customer>()
                .jmsTemplate(jmsTemplate)
                .itemType(Customer.class)
                .build();
}

@Bean
public JmsItemWriter<Customer> jmsItemWriter(JmsTemplate jmsTemplate) {
    return new JmsItemWriterBuilder<Customer>()
                .jmsTemplate(jmsTemplate)
                .build();
}

@Bean
public Step formatInputStep() throws Exception {
    return this.stepBuilderFactory.get("formatInputStep")
                .<Customer, Customer>chunk(10)
                .reader(customerFileReader(null))
                .writer(jmsItemWriter(null))
                .build();
}

@Bean
public Step formatOutputStep() throws Exception {
    return this.stepBuilderFactory.get("formatOutputStep")
                .<Customer, Customer>chunk(10)
                .reader(jmsItemReader(null))
                .writer(xmlOutputWriter(null))
                .build();
}

@Bean
```

```java
public Job jmsFormatJob() throws Exception {
    return this.jobBuilderFactory.get("jmsFormatJob")
                .start(formatInputStep())
                .next(formatOutputStep())
                .build();
}
...
```

해야 할 일은 이게 전부다! 모든 리소스가 구성됐으며, 이 잡을 빌드하고 실행하는 작업은 이전에 해봤던 다른 잡과 다르지 않다. 그러나 이 잡을 실행할 때 JobRepository를 살펴보거나 두 번째 스텝이 실행되기 전에 큐 내부를 확인해 보는 것 외에는 스텝 1의 실행 결과가 명확하게 보이지 않는다는 점에 유의하자. 스텝 2가 생성한 XML을 확인해야 메시지가 예상내로 큐에 전달됐음을 알 수 있다. 예제 9–63은 이 잡이 생성한 XML 출력 예다.

▼ 예제 9–63 JMS 버전의 formatJob이 생성한 출력 예

```xml
<?xml version="1.0" encoding="UTF-8"?>
<customers>
    <customer>
        <id>0</id>
        <firstName>Richard</firstName>
        <middleInitial>N</middleInitial>
        <lastName>Darrow</lastName>
        <address>5570 Isabella Ave</address>
        <city>St. Louis</city>
        <state>IL</state>
        <zip>58540</zip>
    </customer>

    <customer>
        <id>0</id>
        <firstName>Warren</firstName>
        <middleInitial>L</middleInitial>
        <lastName>Darrow</lastName>
        <address>4686 Mt. Lee Drive</address>
        <city>St. Louis</city>
        <state>NY</state>
        <zip>94935</zip>
```

```
    </customer>
    ...
</customers>
```

스프링 배치는 스프링의 `JmsTemplate`을 이용해, 스프링의 JMS 처리 기능의 모든 능력을 최
소한의 노력으로 배치 처리에 사용할 수 있도록 만들어준다. 다음 절에서는 생각지도 못했을
라이터를 살펴본다. 해당 라이터는 배치 처리 시에 이메일을 보낼 수 있게 해준다.

SimpleMailMessageItemWriter

이메일을 보내는 기능은 매우 유용하게 느껴질 수 있다. 잡이 완료되면 일이 잘 끝났다는 이
메일을 받는 것이 편할 수도 있다. 하지만 이러한 기능은 `ItemWriter`를 위한 것이 아니다.
이메일을 보내는 `ItemWriter` 역시 일종의 `ItemWriter`이므로, 해당 라이터를 사용하는 스텝
에서 처리된 각 아이템당 한 번씩 호출된다. 만약 스팸 메일을 보내고 싶다면 바로 이
`ItemWriter`를 사용하면 된다! 이 절에서는 스프링 배치의 `SimpleMailMessageItemWriter`를
사용해 어떻게 잡에서 이메일을 보낼 수 있는지 살펴본다.

이 `ItemWriter`를 사용해 스팸 메일을 보내는 프로그램을 만드는 대신 다른 용도로도 사용할
수 있다. 지금까지 처리해왔던 고객 정보 파일이 실제로 고객 정보 파일이라고 가정해보자.
모든 신규 고객 정보를 불러온 후 신규 고객 각각에게 환영 이메일을 보내려고 한다. 이때
`org.springframework.batch.item.mail.SimpleMailMessageItemWriter`를 사용하는 것이
완벽한 방법이다.

이 예제도 JMS 예제처럼 두 개의 스텝 처리가 존재한다. 첫 번째 스텝은 customer.csv 파일
의 데이터를 customer 데이터베이스 테이블로 적재한다. 두 번째 스텝은 가져온 모든 고객
정보를 읽어 환영 이메일을 보낸다. 그림 9-7은 이 잡의 흐름이다.

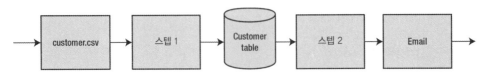

▲ 그림 9-7 customerImport 잡의 흐름

코딩을 시작하기 전에 SimpleMailMessageItemWriter를 살펴보자. 다른 모든 ItemWriter와 마찬가지로, 객체 목록을 받아들이는 ItemWriter 인터페이스의 단일 write 메서드를 구현했다. 그러나 지금까지 살펴본 ItemWriter와 달리 SimpleMailMessageItemWriter는 일반적인 아이템을 취하지 않는다. 또한 이메일을 보내려면 이메일로 보낼 텍스트 내용뿐만 아니라 더 많은 정보가 필요하다. 제목, 받는 사람 이메일 주소, 보낸 사람 이메일 주소가 필요하다. 이러한 이유로 SimpleMailMessageItemWriter가 받아들이는 객체 목록은 스프링의 Simple MailMessage를 확장한 객체의 목록이어야 한다. 이렇게 하면 SimpleMailMessageItem Writer는 이메일 메시지를 만드는 데 필요한 모든 정보를 가지게 된다.

그런데 읽어들인 모든 아이템이 반드시 SimpleMailMessage를 상속해야 한다는 것을 의미하는 것일까? 이는 이메일 기능을 비즈니스 로직과 분리하는 데 있어서 옳지 못한 일이다. 따라서 아이템이 SimpleMailMessage를 상속할 필요가 없다. 기억한다면 8장에서 Item Processor는 전달받는 것과 꼭 동일한 타입의 객체를 반환할 필요는 없다고 언급했다. 예를 들어 Car 객체를 전달받고, House 타입의 객체를 반환할 수 있다. 이 예제에서도 Customer 객체를 가져와 필요한 SimpleMailMessage를 반환하는 ItemProcessor를 만들도록 한다.

이렇게 작업하기 위해 기존과 동일한 포맷의 입력 파일이지만 데이터 끝에 고객의 이메일 주소 필드 하나가 추가된 입력 파일 형식을 사용한다. 예제 9-64는 처리할 입력 파일의 예다.

▼ 예제 9-64 customerWithEmail.csv

```
Ann,A,Smith,2501 Mt. Lee Drive,Miami,NE,62935,ASmith@yahoo.com
Laura,B,Jobs,9542 Isabella Ave,Aurora,FL,62344,LJobs@yahoo.com
Harry,J,Williams,1909 4th Street,Seatle,TX,48548,HWilliams@hotmail.com
Larry,Y,Minella,7839 S. Greenwood Ave,Miami,IL,65371,LMinella@hotmail.com
Richard,Q,Jobs,9732 4th Street,Chicago,NV,31320,RJobs@gmail.com
Ann,P,Darrow,4195 Jeopardy Lane,Aurora,CA,24482,ADarrow@hotmail.com
Larry,V,Williams,3075 Wall Street,St. Louis,NY,34205,LWilliams@hotmail.com
Michael,H,Gates,3219 S. Greenwood Ave,Boston,FL,24692,MGates@gmail.com
Harry,H,Johnson,7520 Infinite Loop Drive,Hollywood,MA,83983,HJohnson@hotmail.com
Harry,N,Ellison,6959 4th Street,Hollywood,MO,70398,HEllison@gmail.com
```

고객 정보마다 이메일 주소가 필요하므로 Customer 객체에 이메일 필드를 추가한다. 예제

9-65는 변경한 Customer 클래스다.

▼ 예제 9-65 이메일 필드가 추가된 Customer

```java
package com.apress.springbatch.chapter9;

import java.io.Serializable;

import javax.persistence.Entity;
import javax.persistence.GeneratedValue;
import javax.persistence.GenerationType;
import javax.persistence.Id;
import javax.persistence.Table;

@Entity
@Table(name="customer")
public class Customer implements Serializable {
    private static final long serialVersionUID = 1L;

    @Id
    @GeneratedValue(strategy = GenerationType.IDENTITY)
    private long id;
    private String firstName;
    private String middleInitial;
    private String lastName;
    private String address;
    private String city;
    private String state;
    private String zip;
    private String email;

    // Accessors go here
    ...
}
```

이 잡이 고객 정보를 데이터베이스에 어떻게 저장하는지 동작 과정을 간단히 살펴보자. 먼저 그림 9-8에서는 이 예제에서 사용할 Customer 테이블의 데이터 모델을 살펴본다.

▲ 그림 9-8 Customer 테이블

이메일 처리 코드를 작성하려면 POM 파일에 올바른 의존성을 추가해야 한다. 스프링 부트는 예제 9-66에 표시된 것처럼 메일 스타터라는 단일 의존성을 통해서 애플리케이션에 이메일 지원 기능을 간단하게 추가할 수 있게 해준다.

▼ 예제 9-66 자바 Mail 의존성

```
...
<dependency>
    <groupId>org.springframework.boot</groupId>
    <artifactId>spring-boot-starter-mail</artifactId>
</dependency>
...
```

이메일을 보내려면 스타터를 추가한 후 약간의 구성을 해야 한다. 이 예제에서는 개인 Gmail 계정으로 구글^{Google} SMTP 서버를 통해 이메일을 보낸다.[6] Gmail을 사용한다면 서비스 약관의 범위 내에서 같은 작업을 수행할 수 있다. 예제 9-67은 application.properties에 구성해야 하는 프로퍼티이다.

▼ 예제 9-67 application.properties에 구성해야 하는 프로퍼티

```
spring.mail.host=smtp.gmail.com
```

---

6   구글의 SMTP 서버를 사용하기 위해 보안적으로 덜 안전한 애플리케이션을 허용해야 할 수도 있다. 더 많은 내용을 알아보려면 https://support.google.com/accounts/answer/6010255?hl=en을 참고하라.

```
spring.mail.port=587
spring.mail.username=<SOME_USERNAME>
spring.mail.password=<SOME_PASSWORD>
spring.mail.properties.mail.smtp.auth=true
spring.mail.properties.mail.smtp.starttls.enable=true
```

이메일 구성이 완료되면 이제 잡의 컴포넌트를 구성한다. 처음 세 개의 빈은 모두 익숙할 것이다. 이전 예제에서 사용했던 두 개의 `ItemReader`와 하나의 `ItemWriter`이다. `customerEmailFileReader`는 9장에서 사용했던 다른 `FlatFileItemReader`와 동일하며, 각 레코드에서 추가된 필드(email)도 읽도록 구성한다. 해당 빈 다음에는 `customerBatchWriter`를 구성한다. 이 `ItemWriter`는 JDBC를 사용해 데이터베이스에 쓰기 작업을 하도록 구성된 `JdbcBatchItemWriter`이다. 예제 9-68은 스텝 1에서 사용할 리더와 라이터다.

▼ 예제 9-68 스텝 1에서 사용할 ItemReader와 ItemWriter

```
...
@Bean
@StepScope
public FlatFileItemReader<Customer> customerEmailFileReader(
            @Value("#{jobParameters['customerFile']}") Resource inputFile) {

    return new FlatFileItemReaderBuilder<Customer>()
                .name("customerFileReader")
                .resource(inputFile)
                .delimited()
                .names(new String[] {"firstName",
                            "middleInitial",
                            "lastName",
                            "address",
                            "city",
                            "state",
                            "zip",
                            "email"})
                .targetType(Customer.class)
                .build();
}

@Bean
```

```
public JdbcBatchItemWriter<Customer> customerBatchWriter(DataSource dataSource) {

    return new JdbcBatchItemWriterBuilder<Customer>()
                .namedParametersJdbcTemplate(new NamedParameterJdbcTemplate
                    (dataSource))
                .sql("INSERT INTO CUSTOMER (first_name, middle_initial, last_name, " +
                "address, city, state, zip, email) " +
                            "VALUES(:firstName, :middleInitial, :lastName,
                            :address, :city, :state, :zip, :email)")
                .beanMapped()
                .build();
}
...
```

첫 번째 스텝을 구성한 후, 두 번째 스텝에서 사용할 리더 컴포넌트인 customerCursorItem Reader를 구성한다. 해당 ItemReader는 Customer 테이블의 모든 데이터를 반환하는 JdbcCursorItemReader이다. 커스텀 RowMapper를 개발하는 대신, BeanPropertyRowMapper 를 사용해서 데이터베이스의 데이터와 빈 수정자의 칼럼 이름을 매핑한다.

지금까지의 구성은 이전 예제에서 본 적이 있기 때문에 새롭게 느껴지진 않을 것이다. 하지 만 스텝 2의 ItemWriter를 구성할 때 새로운 컴포넌트를 사용한다. 스텝 2에서는 Simple MailMessageItemWriter를 ItemWriter로 사용한다. 예제 9-69는 잡 구성과 스텝 2에 필요 한 빈 구성이다.

▼ 예제 9-69 스텝 2와 잡 구성

```
...
@Bean
public JdbcCursorItemReader<Customer> customerCursorItemReader(DataSource dataSource) {

    return new JdbcCursorItemReaderBuilder<Customer>()
                    .name("customerItemReader")
                    .dataSource(dataSource)
                    .sql("select * from customer")
                    .rowMapper(new BeanPropertyRowMapper<>(Customer.class))
                    .build();
}
```

```java
@Bean
public SimpleMailMessageItemWriter emailItemWriter(MailSender mailSender) {

    return new SimpleMailMessageItemWriterBuilder()
                    .mailSender(mailSender)
                    .build();
}


@Bean
public Step importStep() throws Exception {

    return this.stepBuilderFactory.get("importStep")
                    .<Customer, Customer>chunk(10)
                    .reader(customerEmailFileReader(null))
                    .writer(customerBatchWriter(null))
                    .build();
}


@Bean
public Step emailStep() throws Exception {

    return this.stepBuilderFactory.get("emailStep")
                    .<Customer, SimpleMailMessage>chunk(10)
                    .reader(customerCursorItemReader(null))
                    .processor((ItemProcessor<Customer, SimpleMailMessage>) customer -> {
                        SimpleMailMessage mail = new SimpleMailMessage();
                        mail.setFrom("prospringbatch@gmail.com");
                        mail.setTo(customer.getEmail());
                        mail.setSubject("Welcome!");
                        mail.setText(String.format("Welcome %s %s,\nYou were " +
                        "imported into the system using Spring Batch!",
                                    customer.getFirstName(), customer.
                                    getLastName()));
                        return mail;
                    })
                    .writer(emailItemWriter(null))
                    .build();
}

@Bean
```

```
public Job emailJob() throws Exception {
    return this.jobBuilderFactory.get("emailJob")
                    .start(importStep())
                    .next(emailStep())
                    .build();
}
...
```

SimpleMailMessageItemWriter에게는 스프링 부트가 제공하는 MailSender라는 하나의 의존성만 필요하다. 해당 ItemWriter가 구성되면 이제 스텝을 구성한다. importStep에 Item Reader와 ItemWriter를 모두 지정했으며, 이는 앞서 살펴본 다른 스텝과 동일해 보인다. 두 번째 스텝인 emailStep도 ItemReader와 ItemWriter를 사용한다. 그러나 ItemProcessor에서 람다식을 사용해 Customer 아이템을 SimpleMailMessage(ItemWriter의 입력 타입)로 변환해야 한다. 필요한 작업을 모두 마쳤다. 명령행에서 mvn clean install 명령으로 이 잡을 빌드한 후 예제 9-70의 명령으로 잡을 실행하면 입력 파일을 처리하고 이메일을 보낼 수 있다.

▼ 예제 9-70 이메일 잡을 실행하기

```
java -jar itemWriters-0.0.1-SNAPSHOT.jar customerFile=/input/customerWithEmail.csv
```

잡이 완료되면 그림 9-9와 같이 이메일 편지함을 열어서 고객이 이메일을 성공적으로 수신했는지 확인할 수 있다.

▲ 그림 9-9 이메일 잡의 실행 결과

스프링 배치는 필요한 대부분의 출력 처리를 다룰 수 있는 많은 `ItemWriter` 컬렉션을 제공한다. 다음 절에서는 각 `ItemWriter`의 개별 기능을 함께 사용해 다양한 시나리오 기반으로 여러 곳에 쓰기 작업을 하는 좀 더 복잡한 출력 시나리오를 해결하는 방법을 살펴본다.

여러 자원을 사용하는 ItemWriter

새로운 시스템의 특정 기능에 고객 데이터를 두 가지 형식으로 추출해야 하는 요구 사항이 있다. 일단 영업 부서의 CRM(고객 관계 관리) 애플리케이션이 사용하는 XML 파일이 필요하다. 또한 결제 부서의 데이터베이스로 데이터를 입력하는 시스템이 사용할 CSV 파일도 필요하다. 문제는 100만 명의 고객 정보를 추출할 것으로 예상된다는 점이다.

지금까지 살펴봤던 여러 도구를 사용하면, 아이템 100만 개 처리를 두 번(XML 파일을 출력하는 스텝에서 한 번, CSV 파일을 출력하는 스텝에서 한 번) 반복하거나 아이템을 처리할 때마다 각 파일에 기록하는 커스텀 아이템 라이터 구현체를 만들어야 하므로 당혹스러울 것이다. 이 가운데 어느 것도 원하는 것이 아니다. 첫 번째 방법은 리소스에 부하가 발생하므로 너무 오래 걸릴 것이다. 다른 하나는 프레임워크가 제공해야 할 기능을 사용자가 직접 코딩하고 테스트해야 한다. 다행히도 스프링 배치 프레임워크가 이 문제를 해결할 방법을 제공한다. 이 절에서는 스프링 배치에서 사용할 수 있는 복합 `ItemWriter`를 사용해 더욱 복잡한 출력 시나리오를 해결하는 방법을 살펴본다.

MultiResourceItemWriter

7장에서는 동일한 포맷의 다중 파일을 단일 스텝 내에서 읽는 스프링 배치의 기능을 알아봤다. 스프링 배치는 `ItemWriter`에도 비슷한 기능을 제공한다. 이 절에서는 기록되는 아이템 개수를 기준으로 다중 리소스를 생성하는 방법을 살펴본다.

스프링 배치는 지정된 개수의 레코드만큼 처리한 후 새로운 리소스를 생성하는 기능을 제공한다. 모든 고객 레코드를 추출하며, 파일당 10명의 고객 정보가 담긴 XML 파일을 생성한다고 가정해보자. 이때 `MultiResourceItemWriter`를 사용한다.

MultiResourceItemWriter는 처리한 레코드 수에 따라 출력 리소스를 동적으로 만든다. 해당 라이터는 처리할 각 아이템을 위임 라이터에게 전달해 위임 라이터가 실제 쓰기 작업을 처리하도록 한다. 모든 MultiResourceItemWriter는 현재 처리되는 아이템 수를 관리하며, 아이템이 처리 시에 필요한 경우 새로운 리소스를 생성하는 역할을 담당한다. 그림 9–10은 org.springframework.batch.item.file.MultiResourceItemWriter를 사용하는 스텝의 흐름이다.

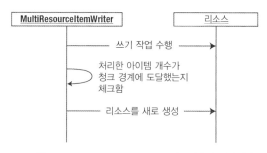

▲ 그림 9–10 MultiResourceItemWriter를 사용해 처리하기

MultiResourceItemWriter의 write 메서드가 호출되면 해당 라이터는 현재 리소스가 이미 생성된 상태로 열려 있는지(그렇지 않다면 새 파일을 생성해서 엶) 확인해 아이템을 위임 ItemWriter에 전달한다. 아이템의 쓰기 작업이 이뤄지면 파일에 기록된 아이템 개수가 새 리소스 생성을 위해 구성된 임곗값에 도달했는지 확인한다. 만약 도달했다면 현재 파일을 닫는다.

MultiResourceItemWriter가 청크 중간에 새 리소스를 생성하지 않는다는 점에 유의해야 한다. 새 리소스를 만들기 전에 청크가 끝날 때까지 기다린다. 예를 들어 15개의 아이템이 처리된 후 새 파일을 생성하도록 구성돼 있더라도, 청크 크기를 20으로 구성했다면 Multi ResourceItemWriter는 새 리소스를 만들기 전에 청크 내의 20개의 아이템을 대상으로 쓰기 작업을 한다.

MultiResourceItemWriter에는 구성할 수 있는 5가지 의존성이 있다. 표 9–4는 각 의존성 및 그 사용법이다.

Option	Type	Default	Description
delegate	ResourceAwareItemWriter ItemStream	null(필수)	MultiResourceItemWriter가 각 아이템을 쓰는 데 사용하는 위임 ItemWriter
itemCountLimitPerResource	int	Integer.MAX_VALUE	각 리소스에 쓰기 작업을 수행할 아이템 수
resource	Resource	null(필수)	MultiResourceItemWriter가 생성할 리소스의 프로토타입
resourceSuffixCreator	ResourceSuffixCreator	null	선택적으로 이 클래스를 지정하면, MultiResourceItem Writer는 생성하는 파일 이름의 끝에 접미사를 붙일 때 이 클래스를 사용함
saveState	boolean	true	false로 지정하면, ItemWriter의 상태가 JobRepository에 유지되지 않음

이 기능이 어떻게 동작하는지 살펴보기 위해 데이터베이스에서 고객 정보를 추출한 후 각 XML마다 10개의 고객 정보가 포함되도록 파일을 생성한다. 이렇게 동작하도록 새로운 코드를 개발할 필요는 없다(XML 만드는 일을 이미 해봤다). 해야 할 일은 모든 것을 연결하는 것이다. 잡 구성을 알아보면서 이 예제를 시작해보자.

예제 9-71은 이 예제의 **ItemReader** 구성이다. 이번 예제에서 사용하는 리더는 모든 고객 정보를 조회하도록 구성된 간단한 **JdbcCursorItemReader**이다. 해당 리더는 데이터베이스에서 가져온 고객 정보를 이 다음에 구성할 **ItemWriter**로 전달한다.

▼ 예제 9-71 다중 리소스를 처리하는 잡의 ItemReader

```
...
@Bean
public JdbcCursorItemReader<Customer>
        customerJdbcCursorItemReader(DataSource dataSource) {

    return new JdbcCursorItemReaderBuilder<Customer>()
            .name("customerItemReader")
```

```
                                    .dataSource(dataSource)
                                    .sql("select * from customer")
                                    .rowMapper(new BeanPropertyRowMapper<>(Customer.class))
                                    .build();
}
...
```

이 예제의 ItemWriter는 계층적으로 구성돼 있다. 먼저 XML 생성에 사용하는 StaxEventItem
Writer를 구성한다. 그리고 StaxEventItemWriter가 쓰기 작업을 수행할 여러 리소스를 생
성하기 위해 MultiResourceItemWriter를 가장 상위에 계층화한다. 예제 9-72는 스텝과 잡
구성뿐만 아니라 잡 출력과 관련된 구성의 절반이다.

▼ 예제 9-72 ItemWriter와 스텝과 잡 구성

```
...
@Bean
@StepScope
public StaxEventItemWriter<Customer> delegateItemWriter() throws Exception {

        Map<String, Class> aliases = new HashMap<>();
        aliases.put("customer", Customer.class);

        XStreamMarshaller marshaller = new XStreamMarshaller();

        marshaller.setAliases(aliases);

        marshaller.afterPropertiesSet();

        return new StaxEventItemWriterBuilder<Customer>()
                        .name("customerItemWriter")
                        .marshaller(marshaller)
                        .rootTagName("customers")
                        .build();
}

@Bean
public MultiResourceItemWriter<Customer> multiCustomerFileWriter() throws Exception {

        return new MultiResourceItemWriterBuilder<Customer>()
```

```
                .name("multiCustomerFileWriter")
                .delegate(delegateItemWriter())
                .itemCountLimitPerResource(25)
                .resource(new FileSystemResource("Chapter09/target/customer"))
                .build();
}

@Bean
public Step multiXmlGeneratorStep() throws Exception {
    return this.stepBuilderFactory.get("multiXmlGeneratorStep")
                .<Customer, Customer>chunk(10)
                .reader(customerJdbcCursorItemReader(null))
                .writer(multiCustomerFileWriter())
                .build();
}

@Bean
public Job xmlGeneratorJob() throws Exception {
    return this.jobBuilderFactory.get("xmlGeneratorJob")
                .start(multiXmlGeneratorStep())
                .build();
}
...
```

필요에 따라 XML을 생성하도록 delegateItemWriter를 구성할 수 있다. 이전 다른 예제에서 구성했던 StaxEventItemWriter와 유사하지만 delegateItemWriter에는 출력 파일에 대한 직접적인 참조가 없다. 대신 필요할 때 multiResourceItemWriter가 제공해준다.

이 예제에서 multiCustomerFileWriter는 세 가지 의존성을 사용한다. 첫 번째는 파일 생성 위치의 템플릿으로 사용할 리소스(디렉터리와 파일 이름), 두 번째는 출력 파일에 실제로 쓰기 작업을 수행하는 delegateItemWriter, 세 번째는 ItemWriter가 파일당 쓰기 작업을 수행할 아이템 수(itemCountLimitPerResource의 값이며, 이 예제에서 25이다)이다. 해야 할 마지막 부분은 사용할 스텝과 잡을 구성하는 것이다. 잡의 구성은 예제 9-72와 같이 간단하다. 이 잡을 사용하려면 예제 9-73의 명령을 수행한다.

▼ 예제 9-73 multiResource 잡을 실행하는 명령

```
java -jar itemWriters-0.0.1-SNAPSHOT.jar
```

이 잡의 출력을 보면, 현재 데이터베이스에 적재된 10명의 고객당 파일 하나씩 /output 디렉터리 내에 존재함을 알 수 있다. 이때 스프링 배치는 흥미로운 작업을 수행했다. 먼저 잡에 전달한 outputFile 파라미터에 파일 확장자를 전달하지 않았다. 이유가 있다. 예제 9-74처럼 디렉터리 내부의 파일 목록을 조회해보면 MultiResourceItemWriter가 각 파일에 .X를 추가한 것을 볼 수 있다. 여기서 말하는 X는 생성된 파일의 순번을 의미한다.

▼ 예제 9-74 잡이 생성한 다중 파일의 이름

```
$ ls Chapter09/target/customer
customer.1 customer.2 customer.3 customer.4
```

이렇게 각 파일 이름을 다른 파일 이름과 구별하는 것이 합리적이긴 하지만 이렇게 파일 이름을 지정하는 방법이 적절할 수도 있고 아닐 수도 있다(해당 파일을 널리 사용되는 에디터로 열려고 했을 때 기본적으로 열리지는 않을 것이다). 이런 이유로 스프링 배치는 생성된 각 파일의 접미사를 구성할 수 있게 해준다. 그러려면 org.springframework.batch.item.file.ResourceSuffixCreator 인터페이스를 구현하고 multiResourceItemWriter 빈에 의존성으로 추가하면 된다. MultiResourceItemWriter는 새 파일을 생성할 때 ResourceSuffixCreator를 사용해 새 파일 이름 끝에 붙일 접미사를 생성한다. 예제 9-75는 예제에서 사용할 접미사 생성기다.

▼ 예제 9-75 CustomerOutputFileSuffixCreator

```
...
@Component
public class CustomerOutputFileSuffixCreator implements ResourceSuffixCreator {

    @Override
    public String getSuffix(int arg0) {
        return arg0 + ".xml";
    }
}
```

예제 9-75처럼 ResourceSuffixCreator의 유일한 메서드인 getSuffix를 구현해, 전달받은 숫자와 .xml 확장자를 결합한 접미사를 반환하도록 한다. 전달받은 숫자는 생성 중인 파일의 순번이다. 기본값과 동일한 확장자를 만들어보고 싶다면 점(.)과 전달받은 숫자를 결합해 반환하면 된다.

CustomerOutputFileSuffixCreator를 사용하기 위해 해당 클래스를 빈으로 구성하고, multiResourceItemWriter에 resourceSuffixCreator 프로퍼티를 사용해 의존성을 추가한다. 예제 9-76은 추가된 구성이다.

▼ 예제 9-76 CustomerOutputFileSuffixCreator 구성하기

```
...
@Bean
public MultiResourceItemWriter<Customer> multiCustomerFileWriter(
            CustomerOutputFileSuffixCreator suffixCreator) throws Exception {

    return new MultiResourceItemWriterBuilder<Customer>()
                .name("multiCustomerFileWriter")
                .delegate(delegateItemWriter())
                .itemCountLimitPerResource(25)
                .resource(new FileSystemResource("Chapter9/target/customer"))
                .resourceSuffixCreator(suffixCreator)
                .build();
}
...
```

예제 9-76처럼 추가된 구성으로 잡을 다시 실행하면 예제 9-77에 표시된 것처럼 약간 다른 결과를 얻을 수 있다.

▼ 예제 9-77 ResourceSuffixCreator를 사용한 결과

```
michael-minellas-macbook-pro:outputmminella$ ls Chapter09/target/customer
customer1.xml customer2.xml customer3.xml customer4.xml
```

예제 9-77에서 볼 수 있는 파일 이름이 XML 파일 생성 예제의 수행 결과에 더 가깝다.

헤더와 푸터 XML 프래그먼트

이전 예제에서 봤던 것처럼, 스텝이나 잡이 생성하는 파일은 단일 파일이건 다중 파일이건 일반적으로 파일 내에 헤더나 푸터를 생성할 수 있어야 한다. 헤더를 사용해 플랫 파일의 형식(파일에 존재하는 필드 또는 순서)을 정의하거나, 아이템과 관련 없는 별도의 섹션을 XML 파일에 포함시킬 수 있다. 푸터에는 파일에서 처리된 레코드 수나 파일이 처리된 후 무결성 검사에 사용할 총계가 포함될 수 있다. 이 절에서 스프링 배치의 콜백을 사용해 헤더와 푸터 레코드를 생성하는 방법을 살펴본다.

파일을 열거나 닫을 때 스프링 배치는 파일에 헤더나 푸터를 추가하는 기능을 제공한다. 파일에 헤더나 푸터를 추가하는 것은 플랫 파일인지 XML 파일인지에 따라 다른 의미를 갖는다. 플랫 파일의 경우 헤더를 추가한다는 것은 파일의 상단 또는 하단에 하나 이상의 레코드를 추가하는 것을 의미한다. XML 파일의 경우 파일의 맨 위 또는 맨 아래에 XML 세그먼트를 추가할 수 있다. 플랫 파일에 대한 일반 텍스트 생성은 XML 파일에 대한 XML 세그먼트 생성과 다르기 때문에, 스프링 배치는 두 가지 인터페이스를 제공한다. 먼저 XML 콜백 인터페이스인 org.springframework.batch.item.xml.StaxWriterCallback을 살펴보자.

StaxWriterCallback 인터페이스는 현재 XML 문서에 XML을 추가하는 데 사용되는 write 메서드 하나만을 가지고 있다. 스프링 배치는 구성에 따라 파일의 헤더나 푸터에 구성된 콜백을 한 번씩 실행한다. 어떻게 동작하는지 보기 위해 이 예제에서 이 잡을 작성한 사람(저자)의 이름이 포함된 XML 프래그먼트를 추가하는 StaxWriterCallback 구현체를 작성해보자. 예제 9-78는 구현 코드다.

▼ 예제 9-78 CustomerXmlHeaderCallback

```
...
@Component
public class CustomerXmlHeaderCallback implements StaxWriterCallback {

    @Override
    public void write(XMLEventWriter writer) throws IOException {
            XMLEventFactory factory = XMLEventFactory.newInstance();

        try {
```

```
                writer.add(factory.createStartElement("", "", "identification"));
                writer.add(factory.createStartElement("", "", "author"));
                writer.add(factory.createAttribute("name", "Michael Minella"));
                writer.add(factory.createEndElement("", "", "author"));
                writer.add(factory.createEndElement("", "", "identification"));
        } catch (XMLStreamException xmlse) {
                System.err.println("An error occured: " + xmlse.getMessage());
                xmlse.printStackTrace(System.err);
        }
    }
}
```

예제 9–78에서는 CustomerXmlHeaderCallback을 볼 수 있다. 콜백 내에서 XML 파일에 두 개의 태그를 추가한다. 하나는 identification 섹션이고 다른 하나는 author 섹션이다. author 섹션에는 name이라는 애트리뷰트 하나가 포함돼 있으며 값은 Michael Minella이다. 태그를 생성하기 위해 javax.xml.stream.XMLEventFactory의 createStartElement와 createEndElement 메서드를 사용한다. 이러한 각 메서드는 세 가지 파라미터인 접두사, 네임스페이스, 태그 이름을 사용한다. 예제에서는 접두사와 네임스페이스는 사용하지 않기 때문에 빈 문자열을 전달한다. 이 구현체를 사용하려면 콜백 호출 시 headerCallback을 호출하도록 StaxEventItemWriter를 구성해야 한다. 예제 9–79는 이 예제의 구성이다.

▼ 예제 9–79 CustomerXmlHeaderCallback을 위한 구성

```
...
@Bean
@StepScope
public StaxEventItemWriter<Customer> delegateItemWriter(
            CustomerXmlHeaderCallback headerCallback) throws Exception {

    Map<String, Class> aliases = new HashMap<>();
    aliases.put("customer", Customer.class);

    XStreamMarshaller marshaller = new XStreamMarshaller();

    marshaller.setAliases(aliases);

    marshaller.afterPropertiesSet();
```

```
            return new StaxEventItemWriterBuilder<Customer>()
                        .name("customerItemWriter")
                        .marshaller(marshaller)
                        .rootTagName("customers")
                        .headerCallback(headerCallback)
                        .build();
}
...
```

예제 9-79의 헤더 구성을 사용해 이전 예제인 multiResource 잡을 실행하면, 각 출력 파일이 예제 9-80과 같은 XML 프래그먼트로 시작된다.

▼ 예제 9-80 XML 헤더

```
<?xml version="1.0" encoding="UTF-8"?>
<customers>
      <identification>
            <author name="Michael Minella"/>
      </identification>
<customer>
 ...
```

이처럼 XML 파일의 시작 또는 끝에 XML 프래그먼트를 추가하는 것은 매우 쉽다. Stax WriterCallback 인터페이스를 구현한 후, 이를 헤더나 푸터로 호출하도록 ItemWriter를 구성하면 된다!

플랫 파일 내의 헤더와 푸터

다음으로 플랫 파일에 헤더와 푸터를 추가할 수 있다. XML 파일에 헤더와 푸터를 생성할 때 동일한 인터페이스를 사용했던 것과는 달리 플랫 파일에 헤더를 생성하려면 푸터를 생성할 때와 다른 인터페이스를 구현해야 한다. 구체적으로 헤더를 생성하려면 org.springframe work.batch.item.file.FlatFileHeaderCallback을 구현한다. 푸터를 생성하려면 org. springframework.batch.item.file.FlatFileFooterCallback을 구현한다. 두 인터페이스 각각 단일 메서드인 writeHeader와 writeFooter로 구성된다. 현재 파일에 처리한 레코드

수를 기록하는 푸터를 어떻게 생성하는지 살펴보자.

이 예제에서는 각 파일에 형식화된 레코드 30개와 파일에 기록된 레코드 수를 나타내는 1개의 푸터를 기록하는 MultiResourceItemWriter를 사용한다. 파일에 쓰기 작업을 수행한 아이템 수를 계산하려면 몇 가지 애스펙트^{aspect}를 사용해야 한다. 첫 번째 포인트컷^{pointcut}은 FlatFileItemWriter.open 메서드를 호출하기 전에 수행된다. 이 포인트컷을 사용해 새 파일을 열 때마다 카운터를 초기화한다. 두 번째 포인트컷은 FlatFileItemWriter.write를 호출하기 전에 수행되며 카운터를 증가시킨다.

갑자기 왜 ItemWriteListener.beforeWrite를 호출하지 않고 애스펙트를 사용하는 방식으로 뛰어넘어갔는지 궁금해할지도 모른다. 그 이유는 호출 순서 때문이다. MulitResource ItemWriter.write를 호출하기 전에 ItemWriteListener.beforeWrite가 호출된다. 그러나 FlatFileItemWriter.open에 대한 호출은 MultiResourceItemWriter.write 메서드 내에서 호출된다. 따라서 FlatFileItemWriter.write를 호출하기 전에 카운터를 초기화해야 하므로 애스펙트를 사용해야 한다.

해야 할 일은 FlatFileFooterCallback을 구현하는 것뿐만 아니라, 두 애스펙트가 포함된 컴포넌트를 작성하는 것이다. 두 애스펙트는 콜백 상태(현재 파일에 작성된 레코드 수)를 관리하고 FlatFileFooterCallback.writeFooter 메서드는 결과를 기록한다. 예제 9-81은 구현 코드다.

▼ 예제 9-81 CustomerRecordCountFooterCallback

```
...
@Component
@Aspect
public class CustomerRecordCountFooterCallback implements FlatFileFooterCallback {

    private int itemsWrittenInCurrentFile = 0;

    @Override
    public void writeFooter(Writer writer) throws IOException {
        writer.write("This file contains " +
                    itemsWrittenInCurrentFile + " items");
    }
```

484

```java
@Before("execution(* org.springframework.batch.item.support.AbstractFileItemWriter.
open(..))")
public void resetCounter() {
    this.itemsWrittenInCurrentFile = 0;
}

@Before("execution(*org.springframework.batch.item.support.AbstractFileItemWriter.
write(..))")
public void beforeWrite(JoinPoint joinPoint) {
    List<Customer> items = (List<Customer>) joinPoint.getArgs()[0];

    this.itemsWrittenInCurrentFile += items.size();
}
}
```

예제 9-81에서 알 수 있듯이 CustomerRecordCountFooterCallback에 @Component와 @Aspect 애너테이션이 적용됐다. 첫 번째 애너테이션은 해당 클래스를 스프링 빈으로 만들어 엮는다. 두 번째 애너테이션은 해당 클래스를 AspectJ의 애스펙트로 식별한다. 이 클래스는 FlatFileFooterCallback 인터페이스의 writeFooter 메서드를 구현한다. 이 메서드가 실제 푸터를 생성한다. 그다음에 볼 수 있는 두 개의 메서드는 애스펙트 메서드이다. 첫 번째 메서드인 resetCounter는 FlatFileItemWriter의 open 메서드 수행 전에 호출되도록 구성되며, 현재 카운트를 0으로 재설정한다. 이 메서드는 파일당 한 번 호출된다. 두 번째 메서드는 beforeWrite 메서드로, FlatFileItemWriter.write 메서드에 전달된 아이템 수에 따라 카운트를 증가시킨다.

콜백을 사용하려면 MultiResourceJob을 두 가지 방법으로 변경해야 한다. 먼저 이전에 사용한 XML 기반 ItemWriter 대신에 FlatFileItemWriter를 위임자로 사용해야 한다. 두 번째로 콜백을 사용하도록 ItemWriter를 구성해야 한다. 예제 9-82는 새로운 ItemWriter의 구성이다.

▼ 예제 9-82 delegateCustomerItemWriter

```java
@Bean
@StepScope
```

```
public FlatFileItemWriter<Customer> delegateCustomerItemWriter(
CustomerRecordCountFooterCallback footerCallback) throws Exception {

    BeanWrapperFieldExtractor<Customer> fieldExtractor = new BeanWrapperField
        Extractor<>();
    fieldExtractor.setNames(new String[] {"firstName", "lastName", "address", "city",
        "state", "zip"});
    fieldExtractor.afterPropertiesSet();

    FormatterLineAggregator<Customer> lineAggregator = new FormatterLineAggregator<>();

    lineAggregator.setFormat("%s %s lives at %s %s in %s, %s.");
    lineAggregator.setFieldExtractor(fieldExtractor);

    FlatFileItemWriter<Customer> itemWriter = new FlatFileItemWriter<>();

    itemWriter.setName("delegateCustomerItemWriter");
    itemWriter.setLineAggregator(lineAggregator);
    itemWriter.setAppendAllowed(true);
    itemWriter.setFooterCallback(footerCallback);

    return itemWriter;
}
```

MultiResourceItemWriter를 사용하면 파일마다 레코드 수를 기록하는 일을 다중 파일을 대상으로 쉽게 할 수 있다. 스프링의 헤더와 푸터 레코드 추가 기능도 적절한 인터페이스 및 구성을 사용해 간단하고 실용적인 방식으로 수행할 수 있다. 다음 절에서는 코드를 추가하지 않고 여러 라이터가 동일한 아이템을 대상으로 쓰기 작업을 수행하게 하는 방법을 살펴본다.

CompositeItemWriter

그렇게 보이지 않을 수도 있지만, 9장에서 지금까지 검토했던 예제는 간단했다. 하나의 스텝이 하나의 출력 결과를 만들어 저장하도록 했다. 저장 위치는 데이터베이스, 파일, 이메일 등일 수 있지만, 어떤 것이든지 하나의 엔드포인트에 쓰기 작업이 이뤄졌다. 그러나 배치 처리의 쓰기 작업이 항상 그렇게 간단한 것은 아니다. 기업 환경에서는 데이터를 데이터웨어하우스에 저장해야 할 수도 있고, 웹 애플리케이션이 사용하는 데이터베이스에 저장해야 할 수 있다. 또한 아이템을 처리하는 동안 다양한 비즈니스 지표를 기록해야 할 수도 있다. 스프링 배치를 사용하면 스텝에서 각 아이템을 처리할 때 여러 장소에 쓰기 작업을 할 수 있다. 이 절에서는 `CompositeItemWriter`를 이용해 스텝 내에서 여러 `ItemWriter`가 동일한 아이템에 대해 쓰기 작업을 수행하는 방법을 살펴본다.

스프링 배치의 대부분의 기능을 사용할 때와 마찬가지로 각 아이템의 쓰기 작업을 수행할 때 여러 `ItemWriter`를 호출하는 것은 매우 쉽다. 그러나 코드를 살펴보기 전에 여러 `ItemWriter`가 동일한 아이템에 대해 쓰기 작업을 수행하는 흐름을 살펴보자. 그림 9-11은 처리 과정을 볼 수 있는 시퀀스 다이어그램이다.

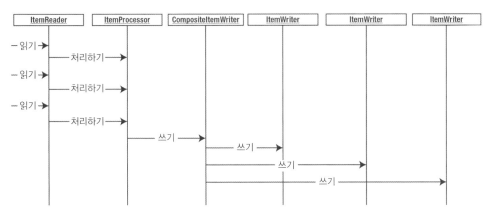

▲ 그림 9-11 여러 ItemWriter가 쓰기 작업을 수행하는 과정을 보여주는 시퀀스 다이어그램

그림 9-11을 보면, 읽기 작업과 처리 작업은 아이템 하나당 한 번씩 발생함을 알 수 있다. 또한 해당 다이어그램은 `ItemWriter`의 쓰기 작업이 청크 단위로 이뤄진다는 사실과 `ItemWriter`의 호출이 `ItemWriter`의 구성 순서대로 이뤄짐을 보여준다.

이 기능의 동작 방식을 알아보기 위해 9장의 앞부분에서 다뤘던 customerWithEmail.csv 파일을 읽는 잡을 만든다. 먼저 입력 부분부터 살펴보자. 예제 9-83은 customerWith Email.csv 파일에서 아이템을 읽는 구성이다.

▼ 예제 9-83 customerWithEmail.csv 파일 읽기

```
...
@Bean
```

```
@StepScope
public FlatFileItemReader<Customer> compositewriterItemReader(
                    @Value("#{jobParameters['customerFile']}") Resource inputFile) {

      return new FlatFileItemReaderBuilder<Customer>()
                        .name("compositewriterItemReader")
                        .resource(inputFile)
                        .delimited()
                        .names(new String[] {"firstName",
                                             "middleInitial",
                                             "lastName",
                                             "address",
                                             "city",
                                             "state",
                                             "zip",
                                             "email"})
                        .targetType(Customer.class)
                        .build();
}
...
```

예제 9-83의 코드는 새로울 것이 없다. 9장의 앞선 예제에서 사용한 것과 동일한 입력 파일을 사용한다. 그리고 DelimitedLineTokenizer(.delimited() 호출)와 BeanWrapperFieldSetMapper(.targetType(Customer.class) 호출)를 사용해 파일을 읽는 FlatFileItemReader를 구성한다.

출력 부분은 세 가지 ItemWriter를 생성해야 하는데, 첫 번째는 XML 라이터와 관련 종속성, 두 번째는 JDBC 라이터와 관련 종속성, 마지막은 이 두 ItemWriter를 래핑하는 Composite ItemWriter이다. 예제 9-84는 이 스텝의 출력부, 스텝, 잡의 구성이다.

▼ 예제 9-84 출력부, 스텝, 잡의 구성

```
...
@Bean
@StepScope
public StaxEventItemWriter<Customer> xmlDelegateItemWriter(
            @Value("#{jobParameters['outputFile']}") Resource outputFile) throws
            Exception {
```

```java
        Map<String, Class> aliases = new HashMap<>();
        aliases.put("customer", Customer.class);

        XStreamMarshaller marshaller = new XStreamMarshaller();

        marshaller.setAliases(aliases);

        marshaller.afterPropertiesSet();

        return new StaxEventItemWriterBuilder<Customer>()
                    .name("customerItemWriter")
                    .resource(outputFile)
                    .marshaller(marshaller)
                    .rootTagName("customers")
                    .build();
    }

    @Bean
    public JdbcBatchItemWriter<Customer> jdbcDelgateItemWriter(DataSource dataSource) {

        return new JdbcBatchItemWriterBuilder<Customer>()
                    .namedParametersJdbcTemplate(new NamedParameterJdbcTemplate
                        (dataSource))
                    .sql("INSERT INTO CUSTOMER (first_name, " +
                            "middle_initial, " +
                            "last_name, " +
                            "address, " +
                            "city, " +
                            "state, " +
                            "zip, " +
                            "email) " +
                            "VALUES(:firstName, " +
                            ":middleInitial, " +
                            ":lastName, " +
                            ":address, " +
                            ":city, " +
                            ":state, " +
                            ":zip, " +
                            ":email)")
                    .beanMapped()
                    .build();
```

```java
}

@Bean
public CompositeItemWriter<Customer> compositeItemWriter() throws Exception {
    return new CompositeItemWriterBuilder<Customer>()
                .delegates(Arrays.asList(xmlDelegateItemWriter(null),
                        jdbcDelgateItemWriter(null)))
                .build();
}

@Bean
public Step compositeWriterStep() throws Exception {
    return this.stepBuilderFactory.get("compositeWriterStep")
                .<Customer, Customer>chunk(10)
                .reader(compositewriterItemReader(null))
                .writer(compositeItemWriter())
                .build();
}

@Bean
public Job compositeWriterJob() throws Exception {
    return this.jobBuilderFactory.get("compositeWriterJob")
                .start(compositeWriterStep())
                .build();
}
...
```

ItemWriter의 구성은 예상할 수 있을 것이다. 9장의 앞부분에 나왔던 예제처럼 구성된 XML 라이터(xmlDelegateItemWriter) 코드로 시작된다. 그다음은 JDBC ItemWriter 구성으로, 네임드 파라미터^{named parameter}를 사용해 Prepared Statement를 구성하고 이를 처리할 수 있도록 NamedParameterTemplate을 주입한다. beanMapped() 호출은 스프링 배치가 아이템의 필드 이름을 사용해 SQL문의 이름을 매핑하도록 만든다. 마지막으로 드디어 CompositeItem Writer를 정의한다. compositeItemWriter에 이 래퍼가 호출할 ItemWriter 목록을 구성한다. 이렇게 구성된 여러 ItemWriter는 구성된 순서대로 청크 내의 모든 아이템을 전달받으며 호출된다. 따라서 청크 내에 10개의 아이템이 있다면, 첫 번째 ItemWriter가 먼저 10개의 아이템을 전달받으며 호출되고, 그다음 ItemWriter가 그 이후에 동일한 10개의 아이템을 전달받으며 호출된다. 또한 쓰기 실행이 순차적으로 일어나며(한 번에 하나의 라이터), 모든 ItemWriter에 대한 쓰기 작업이 동일한 트랜잭션에서 발생한다는 점에 유의해야 한다. 따라서 청크의 특정 시점에서 아이템에 대한 쓰기 작업을 수행하지 못했다면 전체 청크가 롤백된다.

구성된 잡을 java -jar itemWriters-0.0.1-SNAPSHOT.jar customerFile=/data/customerWithEmail.csv outputFile=file:/output/xmlCustomer.xml 명령을 통해 실행하면 모든 출력 레코드가 데이터베이스와 XML 파일 모두에 기록돼 있음을 알 수 있다. 파일에 100명의 고객 정보가 있다고 했을 때, 스프링 배치가 200개의 쓰기 처리가 수행됐다고 판단하지는 않을까 하는 생각이 들 수도 있을 것이다. 하지만 스프링 배치가 JobRepository에 기록한 내용을 보면 100개의 쓰기 작업이 수행됐음을 확인할 수 있다.

이는 스프링 배치가 기록된 아이템 수를 세고 있기 때문이다. 아이템을 몇 군데에 쓰든지 상관없다. 잡이 실패하면 재시작 지점은 각 출력 지점에 쓰기 작업이 수행된 아이템 수가 아니라, 읽기 작업과 처리 작업을 수행한 아이템 수에 따라 달라진다(어쨌든 문제 아이템은 롤백됐기 때문이다).

CompositeItemWriter를 사용하면 모든 아이템을 여러 위치에 쉽게 기록할 수 있다. 그러나 때로는 여러 위치에 각기 다른 것을 기록하고 싶을 수도 있다. 9장에서 마지막으로 알아볼 ItemWriter는 ClassifierCompositeItemWriter이다.

ClassifierCompositeItemWriter

7장에서는 여러 레코드 유형이 포함된 단일 파일을 사용하는 시나리오를 알아봤다. 서로 다른 유형의 레코드를 서로 다른 파서와 매퍼가 처리할 수 있도록 매핑한 후 처리해 각각 올바른 객체로 만드는 것은 쉬운 일이 아니다. 그러나 쓰기 작업 측면에서 스프링 배치를 사용하면 좀 더 쉽게 처리할 수 있다. 이 절에서는 ClassifierCompositeItemWriter를 사용해 미리 정한 기준에 따라 아이템의 쓰기 작업을 수행할 위치를 선택하는 방법을 살펴본다.

Org.springframework.batch.item.support.ClassifierCompositeItemWriter는 서로 다른 유형의 아이템을 확인하고 어떤 ItemWriter를 사용해 쓰기 작업을 수행할지 판별한 후

적절한 라이터에 아이템을 전달하는 데 사용된다. 이 기능은 ClassifierCompositeItem Writer와 org.springframework.batch.classify.Classifier 인터페이스의 구현체를 기반으로 한다. 먼저 Classifier 인터페이스를 살펴보자.

예제 9-85에서 볼 수 있는 Classifier 인터페이스는 classify 메서드 하나만으로 구성돼 있다. ClassifierCompositeItemWriter가 사용하는 Classifier 구현체의 classify 메서드는 아이템을 입력으로 전달받고 해당 아이템에 대해 쓰기 작업을 수행할 ItemWriter를 반환한다. 본질적으로 Classifier 구현체는 여러 ItemWriter의 전략^{strategy} 구현체로써 컨텍스트 역할을 한다.

▼ 예제 9-85 Classifier 인터페이스

```
package org.springframework.batch.classify;

public interface Classifier<C, T> {
    T classify(C classifiable);
}
```

ClassifierCompositeItemWriter는 하나의 의존성을 가지고 있는데, 그것은 Classifier 인터페이스의 구현체의 참조다. 각 아이템의 쓰기 작업을 수행할 ItemWriter를 해당 구현체에서 가져온다.

모든 ItemWriter에 모든 아이템을 쓰는 일반 CompositeItemWriter와 달리 Classifier CompositeItemWriter를 통해 각 ItemWriter가 쓰기 작업을 수행한 아이템의 수는 서로 다르다. A~M까지 문자로 시작하는 주^{state}에 사는 모든 고객은 플랫 파일에 기록하고, N~Z까지 문자로 시작하는 주에 사는 모든 고객은 데이터베이스에 저장하는 예를 살펴보자.

짐작할 수 있듯이 Classifier 구현체는 ClassifierCompositeItemWriter를 동작시키는 열쇠이므로 먼저 살펴본다. 예제 9-86처럼 Classifier를 구현하려면, classify 메서드의 유일한 파라미터로 Customer 객체를 사용한다. 메서드 내에서는 정규식을 사용해 플랫 파일이나 데이터베이스 중 어디에 쓰기 작업을 수행할지 판별하고 해당 작업을 수행하는 Item Writer를 반환한다.

```
…
public class CustomerClassifier implements
            Classifier<Customer, ItemWriter<? Super Customer>> {

    private ItemWriter<Customer> fileItemWriter;
    private ItemWriter<Customer> jdbcItemWriter;

    public CustomerClassifier(StaxEventItemWriter<Customer> fileItemWriter,
                JdbcBatchItemWriter<Customer> jdbcItemWriter) {
        this.fileItemWriter = fileItemWriter;
        this.jdbcItemWriter = jdbcItemWriter;
    }

    @Override
    public ItemWriter<Customer> classify(Customer customer) {
        if(customer.getState().matches("^[A-M].*")) {
            return fileItemWriter;
        } else {
            return jdbcItemWriter;
        }
    }
}
```

이렇게 코딩한 CustomerClassifier를 잡과 ItemWriter 구성에 사용할 수 있다. 이전 절의
CompositeItemWriter 예제에서 사용한 것과 동일한 입력 데이터와 개별 ItemWriter를 재
사용하고, ClassifierCompositeItemWriter 구성만 새로 한다. 예제 9-87는 Classifier
CompositeItemWriter와 CustomerClassifier 구성이다.

▼ 예제 9-87 ClassifierCompositeItemWriter와 의존성 구성

```
…
@Bean
public ClassifierCompositeItemWriter<Customer> classifierCompositeItemWriter() throws
Exception {
    Classifier<Customer, ItemWriter<? super Customer>> classifier =
            new CustomerClassifier(xmlDelegate(null), jdbcDelgate(null));

    return new ClassifierCompositeItemWriterBuilder<Customer>()
```

```
                .classifier(classifier)
                .build();
}

@Bean
public Step classifierCompositeWriterStep() throws Exception {
    return this.stepBuilderFactory.get("classifierCompositeWriterStep")
                .<Customer, Customer>chunk(10)
                .reader(classifierCompositeWriterItemReader(null))
                .writer(classifierCompositeItemWriter())
                .build();
}

@Bean
public Job classifierCompositeWriterJob() throws Exception {
    return this.jobBuilderFactory.get("classifierCompositeWriterJob")
                .start(classifierCompositeWriterStep())
                .build();
}
…
```

잡을 빌드하고 java -jar itemWriters-0.0.1- SNAPSHOT.jar jobs/formatJob.xml format
JobcustomerFile=/input/customerWithEmail.csv outputFile=/output/xmlCustomer.xml
명령을 사용해 실행하면 다소 놀라운 결과를 얻을 수 있다. 잡이 동작하지 않는다. 예상대로
잡이 완료됐음을 알려주는 스프링의 정상적인 출력 대신 예제 9-88처럼 예외를 확인할 수
있다.

▼ 예제 9-88 classifierFormatJob의 실행 결과

```
2020-12-30 04:50:28.299  INFO 36684 --- [           main] o.s.b.c.l.support.SimpleJob
Launcher     : Job: [SimpleJob: [name=classifierCompositeWriterJob]] launched with the
following parameters: [{customerFile=/data/customerWithEmail.csv, outputFile=file:/
output/xmlCustomer.xml}]
2020-12-30 04:50:28.364  INFO 36684 --- [           main] o.s.batch.core.job.SimpleStep
Handler      : Executing step: [classifierCompositeWriterStep]
2020-12-30 04:50:28.521 ERROR 36684 --- [           main] o.s.batch.core.step.Abstract
Step         : Encountered an error executing step classifierCompositeWriterStep in job
classifierCompositeWriterJob
```

494

```
org.springframework.batch.item.WriterNotOpenException: Writer must be open before it can be
written to
    at org.springframework.batch.item.xml.StaxEventItemWriter.write(StaxEventItemWriter.
    java:761) ~[spring-batch-infrastructure-4.2.5.RELEASE.jar:4.2.5.RELEASE]
    at org.springframework.batch.item.xml.StaxEventItemWriter$$FastClassBySpringCGLIB$$d105
    dd1.invoke(<generated>) ~[spring-batch-infrastructure-4.2.5.RELEASE.jar:4.2.5.RELEASE]
    at org.springframework.cglib.proxy.MethodProxy.invoke(MethodProxy.java:218) ~[spring-
    core-5.2.12.RELEASE.jar:5.2.12.RELEASE]
    at org.springframework.aop.framework.CglibAopProxy$CglibMethodInvocation.
    invokeJoinpoint(CglibAopProxy.java:771) ~[spring-aop-5.2.12.RELEASE.jar:5.2.12.RELEASE]
    at org.springframework.aop.framework.ReflectiveMethodInvocation.proceed(Reflective
    MethodInvocation.java:163) [spring-aop-5.2.12.RELEASE.jar:5.2.12.RELEASE]
```

무엇이 잘못된 걸까? 작업한 것이라고는 이전 절에서 사용한 CompositeItemWriter를 새로운 ClassifierCompositeItemWriter로 교체한 것뿐이다. 이 문제의 중심에는 ItemStream 인터페이스가 있다.

ItemStream 인터페이스

ItemStream 인터페이스는 주기적으로 상태를 저장하고 복원하는 역할을 한다. ItemStream 인터페이스는 open, update, close의 세 가지 메서드로 구성되며, 상태를 가진[stateful] ItemReader나 ItemWriter에 의해 구현된다. 예를 들어 입력이나 출력에 파일을 사용한다면 open 메서드는 필요한 파일을 열고 close 메서드는 필요한 파일을 닫는다. update 메서드는 각 청크가 완료될 때 현재 상태(기록된 레코드 수 등)를 기록한다.

CompositeItemWriter와 ClassifierCompositeItemWriter의 차이점은 CompositeItem Writer가 org.springframework.batch.item.ItemStream 인터페이스를 구현했다는 것이다. CompositeItemWriter에서 open 메서드는 필요에 따라 위임 ItemWriter의 open 메서드를 반복적으로 호출한다. close와 update 메서드도 동일한 방식으로 동작한다. 반면 Classi fierCompositeItemWriter는 ItemStream의 메서드를 구현하지 않는다. 이 때문에 XML 파일이 열리지 않은 상태에서 XMLEventFactory가 생성되거나 XML 쓰기가 시도돼 예제 9-88에 표시된 예외가 발생한다.

이 오류를 어떻게 해결할 수 있을까? 스프링 배치는 스텝 내에서 수동으로 처리할 Item Stream을 등록할 수 있는 기능을 제공한다. ItemReader나 ItemWriter가 ItemStream을 구현하면 해당 메서드가 처리된다. ClassifierCompositeItemWriter를 사용했을 때처럼 Item Stream을 구현하지 않은 ItemReader나 라이터를 사용한다면, 상태를 유지하며 작업을 수행할 수 있도록 해당 ItemReader나 ItemWriter를 stream으로써 등록해야 한다. 예제 9-89는 xmlOutputWriter를 ItemStream으로 등록하도록 변경된 잡 구성이다.[7]

▼ 예제 9-89 오류 없이 동작하도록 적절히 ItemStream을 등록해 변경한 구성

```
...
@Bean
public Step classifierCompositeWriterStep() throws Exception {
    return this.stepBuilderFactory.get("classifierCompositeWriterStep")
                    .<Customer, Customer>chunk(10)
                    .reader(classifierCompositeWriterItemReader(null))
                    .writer(classifierCompositeItemWriter())
                    .stream(xmlDelegate(null))
                    .build();
}

@Bean
public Job classifierCompositeWriterJob() throws Exception {
    return this.jobBuilderFactory.get("classifierCompositeWriterJob")
                    .start(classifierCompositeWriterStep())
                    .build();
}
...
```

구성을 수정한 후 잡을 다시 빌드하고 실행하면 모든 레코드가 예상대로 처리되는 것을 볼 수 있다.

---

7   xmlDelegate만 스트림으로 등록하면 된다. JdbcBatchItemWriter는 상태를 유지하지 않기 때문에 ItemStream 인터페이스를 구현하지 않아도 된다.

요약

스프링 배치의 `ItemWriter`는 다양한 출력 옵션을 제공한다. 간단한 플랫 파일에 아이템을 쓰는 것부터, 실행 중에 특정 아이템을 기록하는 데 사용할 아이템 라이터를 선택하는 것에 이르기까지, 스프링 배치가 제공하는 컴포넌트를 사용하면 처리하지 못할 시나리오가 별로 없다.

9장에서는 스프링 배치가 제공하는 대부분의 `ItemWriter`를 살펴봤다. 또한 프레임워크가 제공하는 `ItemWriter`를 사용해 예제 애플리케이션을 만드는 방법도 배웠다. 10장에서는 프레임워크의 확장성 기능을 사용해 필요에 따라 잡을 확장해 수행하는 방법을 살펴본다.

예제 애플리케이션

인터넷에서 찾아낸 기술 튜토리얼을 읽어보면 이해하기 어려울 때가 많다. 대부분은 새로운 개념을 다룰 때 "Hello, World!"를 넘어서는 복잡한 수준으로 넘어가는 일이 드물다. 튜토리얼을 보면 해당 기술을 기본적으로 이해하는 데 도움이 될 수는 있지만, 실전은 튜토리얼 예제의 결과물보다 훨씬 복잡하다는 데 모두 공감할 것이다. 이 때문에 10장에서 스프링 배치 잡의 실제 사례를 살펴본다.

10장에서는 다음 내용을 다룬다.

- **거래명세서 잡 검토하기**: 새로운 기능을 개발하기 전에 3장에서 간략하게 알아봤던 것처럼 개발할 잡의 목표를 검토한다.
- **프로젝트 초기 구성하기**: 스프링 이니셜라이저를 이용해 새 스프링 배치 프로젝트를 생성한다.
- **잡 개발하기**: 3장에서 개략적으로 살펴봤던 거래명세서 잡에 대한 전체 개발 프로세스를 알아본다.

개발하는 거래명세서 잡이 어떤 일을 해야 하는지 검토하는 것부터 시작하자.

거래명세서 잡 검토하기

10장에서 개발할 잡은 Apress 은행이라고 부르는 전설적인 은행에서 사용하는 잡이다. Apress 은행은 많은 고객과 각 고객마다 여러 개의 전통적인 거래 계좌를 보유하고 있다. 매월 말 고객은 자신의 모든 계좌, 지난 달에 발생한 모든 거래, 계좌에 입금된 총 금액, 계좌에서 차감된 총 금액, 현재 잔액을 나열한 거래명세서를 전달받는다.

이러한 요구 사항을 충족하기 위해, 그림 10-1에서 개략적으로 보인 것처럼 네 개의 스텝을 가진 잡을 사용한다.

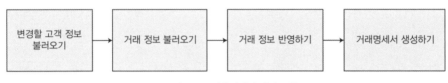

▲ 그림 10-1 거래명세서 잡의 흐름

스텝 1이 고객 데이터 가져오는 것부터 잡이 시작된다. 스텝 1에서는 다양한 레코드 형식으로 구성된 CSV 파일 하나를 읽어들인다. 파일 내에서 다양한 레코드 형식으로 작성된 데이터는 고객 정보를 갱신하는 데 사용된다. 두 번째 스텝에서 거래 정보를 가져오기 전에 이러한 변경 사항을 데이터베이스의 고객 레코드에 적용한다.

발생한 거래 정보는 XML 문서 형태로 제공되며 이를 읽어들여 데이터베이스의 새 레코드로 기록한다. 모든 거래 레코드가 데이터베이스에 적재되면, 모든 입금credits 내역을 더하고 모든 출금debits 내역을 빼 현재 잔액에 적용해야 한다. 잡의 스텝 3에서 이 일을 한다.

잡의 마지막 스텝에서는 거래명세서 파일이 생성된다. 고객별로 파일이 하나씩 생성되며, 각 파일의 헤더에는 고객의 주소가 포함돼 있다. 이 파일 내에서는 해당 고객이 보유한 하나 이상의 계좌에 대해 계좌별로 계좌 헤더, 모든 거래 내역, 총 입금, 총 출금, 잔액 정보가 모두 출력된다. 10장에서는 이러한 여러 스텝을 구현해보며 왜 잡이 이렇게 구성됐는지 상세히 알아볼 것이다.

이 책 전반에서 여러 번 새로운 프로젝트를 만들어봤는데, 이번에는 다음 절에서 스프링 이니셜라이저Intializr를 사용해 새로운 셸shell 프로젝트를 만드는 것부터 시작할 것이다.

새 프로젝트 초기 구성하기

스프링 부트 기반 프로젝트를 시작하기에 가장 좋은 곳은 https://start.spring.io이다. 이곳은 Spring Developer Advocate의 조쉬 롱Josh Long이 인터넷상에서 두 번째로 좋아하는 장소다. 스프링 툴 스위트Spring Tool Suite나 인텔리JIntelliJ IDEA와 같은 IDE를 사용하면, 해당 IDE에서 직접 이 작업을 할 수 있다. IDEA 사용자 기준으로 어떻게 하면 되는지 알아보자.

File ▶ New Project로 이동하자. 왼쪽에서 Spring Initializr 항목을 선택할 수 있다. 이를 선택하면 Project SDK 및 Service URL을 선택할 수 있다. 이 프로젝트에서는 스프링 부트 2의 기본 자바인 자바 8을 사용한다. 또한 기본default Service URL을 사용할 것이다.[1] 그림 10-2는 선택 사항을 보여준다.

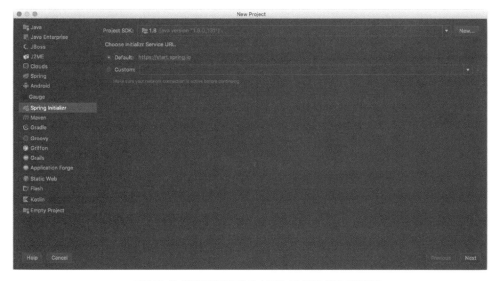

▲ 그림 10-2 인텔리J IDEA에서 스프링 이니셜라이저 사용하기

이렇게 선택한 다음에 next를 클릭하면 프로젝트 메타데이터를 입력할 수 있다. 이 책 전반에 걸쳐 아파치 메이븐Apache Maven을 사용해 왔으므로 이번 예제에서도 메이븐을 사용한다. Group ID와 Artifact ID를 입력하고, Maven Project(이를 선택하면 메이븐 기반 프로젝트의 전

---

1   일부 기업은 자체적인 스프링 이니셜라이저 인스턴스를 직접 사용함으로써 커스터마이징할 수 있게 하거나, 개발자 장비가 인터넷에 접속할 필요가 없게 하기도 한다. 이럴 때는 IDE에 커스텀 URL을 입력한다.

체 셸이 제공됨) 및 사용할 언어인 자바^{Java}를 선택한다. 패키징 방법으로는 JAR를 선택한다. 이렇게 하면 uber-jar를 생성하는 스프링 부트 플러그인이 구성된 POM을 생성할 수 있다. 자바 버전은 8을 선택한다. 자바 버전을 두 번 선택해야 하는 이유가 무엇일까? 첫 번째 것은 IDE가 프로젝트를 빌드하고 실행하는 데 사용한다. 두 번째 것은 메이븐 POM에 구성하는 것으로 컴파일에 사용된다. 그 외에도 Version, Name, Description, Default Package를 구성해 마무리한다. 이번 예제에서 구성한 모든 값은 다음과 같다.

- Group ID: com.apress.batch
- Artifact ID: chapter10
- Version: 0.0.1-SNAPSHOT
- Name: Statement Batch Job
- Description: Apress Banking statement generation batch job
- Default Package: com.apress.batch.chapter10

next를 클릭하면 필요한 여러 의존성을 선택할 수 있는 곳으로 이동한다. 필요한 의존성은 스프링 부트 스타터 관련 의존성으로, 예제 프로젝트에 포함되도록 해당 항목을 선택해야 한다. 이 예제 프로젝트에서는 Batch, JDBC, HSQLDB를 선택해야 한다. 각 의존성은 윈도우 상단의 검색창에 글자를 입력하고 엔터 키를 눌러 추가할 수 있다. 프로젝트에 필요하지만 스프링 부트 스타터에 포함되지 않은 의존성이 몇 개 더 있다. 의존성을 선택한 모습을 그림 10-3에서 볼 수 있다.

▲ 그림 10-3 IDEA 내에서 프로젝트에 필요한 의존성 선택하기

마지막 화면에서 프로젝트 이름을 지정하고 나면 프로젝트를 다운로드할 디렉터리를 선택하라는 메시지가 표시된다. 각자 개발하는 환경에 적합한 경로를 지정하고 완료를 클릭하자. 그러면 프로젝트가 구성된 상태로 새 IDEA 창이 열린다.

이 프로젝트는 다른 메이븐 프로젝트와 비슷해 보일 것이다. 스프링 이니셜라이저는 스프링 부트를 부트스트랩하는 데 필요한 main 메서드를 가진 기본 클래스를 기본 패키지의 루트에 제공한다. 또한 ApplicationContext를 생성하는 것 외에는 아무것도 하지 않는 테스트 클래스 하나를 제공한다. 기본적으로 스프링 부트는 자신이 찾아낸 스프링 배치 잡을 기동하기 때문에 해당 테스트 클래스가 그다지 유용하지 않으므로 삭제해도 된다.

이렇게 설정이 다 됐다면 프로젝트의 루트에서 명령창을 열고 ./mvnw clean install 명령을 사용해 메이븐 빌드를 실행할 수 있으며, 아마도 성공적으로 빌드될 것이다. 이로써 배치 잡을 구축해볼 수 있게 됐다. @EnableBatchProcessing 애너테이션을 메인 클래스에 추가해야 한다. 예제 10-1은 애너테이션이 적용된 메인 클래스를 보여준다.

▼ 예제 10-1 Chapter10Application

```
...
@EnableBatchProcessing
```

```
@SpringBootApplication
public class Chapter10Application {

    public static void main(String[] args) {
        SpringApplication.run(Chapter10Application.class, args);
    }
}
```

메인 클래스가 구성되면 잡과 첫 번째 스텝을 시작해볼 수 있다. 그림 10-1에서 볼 수 있는 다이어그램처럼, 첫 번째 스텝은 고객 정보를 갱신한다. 다음 절에서는 이 스텝에 필요한 기능을 어떻게 만들어내는지 알아본다.

갱신할 고객 정보 가져오기

앞에서 언급했듯이 잡의 첫 번째 스텝의 역할은 갱신할 고객 정보를 가져오는 것이다. 이 예제에서는 CSV 파일 하나를 전달받는데, 이 파일에는 세 가지 형식의 레코드가 포함돼 있다. 이 절에서는 이러한 레코드를 파싱parsing하고, 관련된 변경 사항을 데이터베이스 내에 적용하는 방법을 살펴본다.

그런데 배치 코드를 상세히 살펴보기 전에 이 잡의 데이터 모델을 검토해보자. 이 잡의 데이터 모델은 대부분의 엔터프라이즈급 데이터 모델과 비교할 때 매우 간단하지만 필요한 것은 모두 포함돼 있다. 모델은 고객(customer) 테이블로 시작한다. 이 테이블에는 이름, 주소를 비롯해 이메일 주소나 여러 유형의 전화번호 등 다양한 연락처 정보가 포함돼 있다. 또한 고객 자신이 연락받을 때 선호하는 방식을 나타내는 필드를 갖고 있다. 다음은 계좌(account) 테이블이다. 고객 테이블은 계좌 테이블과 다대다 관계를 갖는다(고객은 여러 계좌를 가질 수 있고, 계좌는 여러 고객을 가질 수 있음). 계좌 테이블은 매우 간단하며 ID, 현재 잔액, 마지막으로 발행된 거래명세서의 날짜만 포함한다. 비즈니스 데이터가 포함된 마지막 테이블은 거래(transaction) 테이블이다. 이 테이블에는 계좌 내에서 발생한 각 거래의 세부 정보가 포함돼 있다. 예상할 수 있듯이 계좌 테이블은 거래 테이블과 일대다 관계를 가진다. 이렇게 모든 비즈니스 테이블이 정의됐다. 추가로 데이터 모델의 네 번째 테이블이자 마지막 테이블은 고객_계좌(customer_account) 테이블이며 고객 테이블과 계좌 테이블 사이의 조인 테이블 역할을 한다. 그림 10-4는 예제 잡에서 사용할 데이터 모델이다.

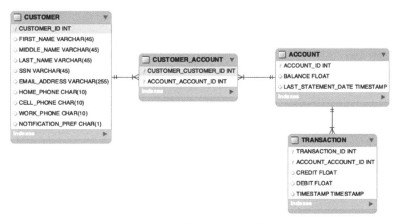

▲ 그림 10-4 거래명세서 잡의 데이터 모델

고객 파일에서 데이터를 가져오려면 받아올 파일의 형식을 이해해야 한다. 파일 내에 존재하는 레코드 형식의 종류는 세 가지다. 하나는 고객 이름 필드 갱신 용도이고, 다른 하나는 고객 주소 필드 갱신 용도이며, 또 다른 하나는 고객 연락 방식 갱신 용도로 사용한다. 예제 10-2는 파일 형식의 예다.

▼ 예제 10-2 customer_update.csv 파일의 예

```
2,2,,,Montgomery,Alabama,36134
2,2,,,Montgomery,Alabama,36134
3,441,,,,316-510-9138,2
3,174,trothchild3o@pinterest.com,,785-790-7373,467-631-6632,5
2,287,,,Rochester,New York,14646
2,287,,,Rochester,New York,14646
1,168,Rozelle,Heda,Farnill
2,204,2 Warner Junction,,Akron,Ohio,44305
```

각 레코드 유형은 레코드의 첫 번째 필드를 통해 표시된다. 파일을 파싱할 때 이를 활용한다. 바로 각 레코드별 유형을 살펴보자. 레코드 유형 1(숫자 1로 시작하는 레코드)은 고객 레코드 필드를 갱신할 데이터다. 이 레코드 유형에는 다음과 같이 5개의 필드가 있다.

1. **레코드 유형**: 레코드 유형 1의 경우 항상 1이다.
2. **고객 ID**: 갱신할 고객 레코드의 ID
3. **이름**: 갱신할 고객 레코드의 고객 이름. 비어 있다면 이름을 갱신하지 않아야 한다.
4. **중간 이름**: 갱신할 고객 레코드의 고객 중간 이름. 비어 있다면 중간 이름을 갱신하지 않아야 한다.
5. **성**: 갱신할 고객 레코드의 고객 성娋. 비어 있다면 성을 갱신하지 않아야 한다.

레코드를 갱신하기 전에 고객 정보가 데이터베이스에 존재해야 한다는 점에 유의해야 한다. 이와 관련된 유효성 검증을 이 스텝 내에서 수행할 것이다.

다음 레코드 형식은 레코드 유형 2이다. 레코드 유형 2에는 7개의 필드가 있다.

1. **레코드 유형**: 레코드 유형 2인 경우 항상 2이다.
2. **고객 ID**: 갱신할 고객 레코드의 ID
3. **주소 1**: 갱신할 주소의 첫 번째 줄. 비어 있다면 갱신하지 않아야 한다.
4. **주소 2**: 갱신할 주소의 두 번째 줄(선택 사항). 비어 있다면 갱신하지 않아야 한다.
5. **도시**: 고객이 살고 있는 도시. 비어 있다면 갱신하지 않아야 한다.
6. **주**: 고객이 살고 있는 주. 비어 있다면 갱신하지 않아야 한다.
7. **우편번호**: 고객의 우편번호. 비어 있다면 갱신하지 않아야 한다.

고객 갱신 파일의 마지막 레코드 형식은 레코드 형식 3이다. 이 레코드 형식은 고객 연락처 정보를 갱신하는 데 사용된다. 레코드에는 7개의 필드가 있다.

1. **레코드 유형**: 레코드 유형 3인 경우 항상 3이다.
2. **고객 ID**: 갱신할 고객 레코드의 ID
3. **이메일 주소**: 갱신할 고객 레코드의 이메일 주소. 비어 있다면 갱신하지 않아야 한다.
4. **집 전화번호**: 갱신할 고객 레코드의 집 전화번호. 비어 있다면 갱신하지 않아야 한다.
5. **휴대폰**: 갱신할 고객 레코드의 휴대폰 번호. 비어 있다면 갱신하지 않아야 한다.
6. **회사 전화번호**: 갱신할 고객 레코드의 회사 전화번호. 비어 있다면 갱신하지 않아야 한다.

7. **알림 환경 설정**: 고객에게 연락하는 방식을 표시. 비어 있다면 갱신하지 않아야 한다.

이 파일을 처리하기 위해 먼저 잡과 첫 번째 스텝을 정의하는 것부터 시작할 것이다. 잡의 구성은 com.apress.batch.chapter10.configuration.ImportJobConfiguration 클래스에서 이뤄진다. 예제 10-3에서 잡 구성과 첫 번째 스텝을 볼 수 있다.

▼ 예제 10-3 importJob의 정의

```
...
@Configuration
public class ImportJobConfiguration {

    @Autowired
    private JobBuilderFactory jobBuilderFactory;

    @Autowired
    private StepBuilderFactory stepBuilderFactory;

    @Bean
    public Job job() throws Exception {
        return this.jobBuilderFactory.get("importJob")
                .start(importCustomerUpdates())
                .build();
    }

    @Bean
    public Step importCustomerUpdates() throws Exception {
        return this.stepBuilderFactory.get("importCustomerUpdates")
                .<CustomerUpdate, CustomerUpdate>chunk(100)
                .reader(customerUpdateItemReader(null))
                .processor(customerValidatingItemProcessor(null))
                .writer(customerUpdateItemWriter())
                .build();
    }
...
```

이 예제는 간단하다. @Configuration을 사용해 스프링 구성 클래스를 정의하는 것부터 시작하자. 이로써 @EnableBatchProcessing(main 클래스에 적용돼 있음)이 제공하는 JobBuilder

Factory 및 StepBuilderFactory를 자동와이어링할 수 있다. 빌더가 자동와이어링이 되도록 구성했다면, 이제 잡과 스텝을 정의해보자. 잡은 jobBuilderFactory를 통해 정의되는데, importCustomerUpdates 스텝을 실행하도록 지정한 후에 build 메서드를 호출한다.

importCustomerUpdates 스텝은 StepBuilderFactory를 통해 정의되는데, 이 StepBuilder Factory를 사용하면 청크 기반으로 처리가 이뤄지도록 구성을 할 수 있는 StepBuilder를 가져올 수 있다. 각 청크는 100개의 아이템으로 구성된다. 이 스텝에서는 customerUpdateItem Reader라는 ItemReader, customerValidatingItemProcessor라는 ItemProcessor, customerUpdateItemWriter라는 ItemWriter를 사용한다. 이러한 컴포넌트는 각각 Customer Update 객체를 읽고, 처리하고, 기록한다. 다 멋지게 들린다. 그런데 해당 ItemReader, ItemProcessor, ItemWriter는 실제로 어떻게 생겼을까? 우선 ItemReader부터 알아보자.

이 스텝에서 사용하는 ItemReader는 FlatFileItemReader이다. 실제 구성은 매우 간단하다. FlatFileItemReaderBuilder를 사용해 이름(재시작 기능을 지원하기 위한), 리소스(읽을 파일), 파일 내 레코드를 파싱하는 LineTokenizer, 파싱된 개별 토큰을 도메인 객체에 매핑하는 FieldSetMapper를 구성한다. 예제 10-4는 이 ItemReader의 코드다.

▼ 예제 10-4 고객 정보 갱신 파일 읽기

```
...
@Bean
@StepScope
public FlatFileItemReader<CustomerUpdate> customerUpdateItemReader(
@Value("#{jobParameters['customerUpdateFile']}") Resource inputFile) throws Exception {


    return new FlatFileItemReaderBuilder<CustomerUpdate>()
                .name("customerUpdateItemReader")
                .resource(inputFile)
                .lineTokenizer(customerUpdatesLineTokenizer())
                .fieldSetMapper(customerUpdateFieldSetMapper())
                .build();
}
...
```

`customerUpdateItemReader`는 스텝 스코프 빈이며, 잡 파라미터를 사용해 읽을 파일의 위치를 지정한다.

`ItemReader`를 정의했으므로 `LineTokenizer` 및 `FieldSetMapper`도 정의해야 한다. 읽어들일 파일에 세 가지 종류의 레코드 형식이 있다고 앞서 언급했는데, 하나의 `LineTokenizer`만으로 어떻게 파싱할 수 있을까? 간단히 말해 불가능하다. 대신 각 파일에서 읽어들인 데이터의 유형에 맞게 적절한 `LineTokenizer`에 처리를 위임하도록 합성 패턴^{composite pattern}을 사용할 것이다. 스프링 배치는 이와 같은 사례에서 바로 사용할 수 있는 `PatternMatchingComposit eLineTokenizer`를 제공한다. `Map<String, LineTokenizer>`를 만들어야 한다. 각 `Map` 엔트리의 문자열은 해당 `LineTokenzier`를 사용하기 위해 일치해야 하는 레코드 패턴을 정의한다. 실제로 할 일은 세 가지 종류의 `LineTokenizer` 구현체를 정의하고, 각 `LineTokenizer`를 어떤 경우에 사용할지를 식별하도록 패턴을 정의하는 것뿐이다. 예제 10-5는 해당 구성이다.

▼ 예제 10-5 고객 정보 갱신 파일 처리에 사용하는 LineTokenizer 구성

```
...
@Bean
public LineTokenizer customerUpdatesLineTokenizer() throws Exception {
    DelimitedLineTokenizer recordType1 = new DelimitedLineTokenizer();

    recordType1.setNames("recordId", "customerId", "firstName",
        "middleName", "lastName");

    recordType1.afterPropertiesSet();

    DelimitedLineTokenizer recordType2 = new DelimitedLineTokenizer();

    recordType2.setNames("recordId", "customerId", "address1",
        "address2", "city", "state", "postalCode");

    recordType2.afterPropertiesSet();

    DelimitedLineTokenizer recordType3 = new DelimitedLineTokenizer();

    recordType3.setNames("recordId", "customerId", "emailAddress",
```

```
                "homePhone", "cellPhone", "workPhone", "notificationPreference");

        recordType3.afterPropertiesSet();

        Map<String, LineTokenizer> tokenizers = new HashMap<>(3);
        tokenizers.put("1*", recordType1);
        tokenizers.put("2*", recordType2);
        tokenizers.put("3*", recordType3);

        PatternMatchingCompositeLineTokenizer lineTokenizer =
                new PatternMatchingCompositeLineTokenizer();

        lineTokenizer.setTokenizers(tokenizers);

        return lineTokenizer;
}
...
```

예제 10-5에서 볼 수 있듯이 각 레코드 유형에 맞게 필드를 정의한 DelimitedLine Tokenizer 인스턴스 세 개를 구성한다. 그런 다음에 각 레코드 유형을 식별하는 접두사 패턴에 각 인스턴스를 매핑한다. PatternMatchingCompositeLineTokenizer는 해당 패턴을 기반으로 적절한 LineTokenizer에게 파싱 처리를 위임한다.

파일을 읽는 마지막 부분은, 파일을 도메인 객체에 매핑하는 부분이다. 세 개의 레코드 유형에 대응하는 모든 필드를 가진 도메인 객체 하나만 정의하고, 해당 필드에 데이터 채우는 일을 처리하는 간단한 FieldSetMapper를 사용할 수도 있다. 하지만 이렇게 하면 데이터를 처리하는 데 다소 복잡해진다. 그래서 각 레코드 유형마다 하나씩, 총 세 개의 고유한 도메인 객체를 만들기로 한다. 레코드 유형 1은 CustomerNameUpdate 객체를 사용하고 레코드 유형 2는 CustomerAddressUpdate 객체를 사용하며 레코드 유형 3은 Customer ContactUpdate 객체를 사용한다. 이들 각각은 공통 클래스인 CustomerUpdate를 상속한다. CustomerUpdate는 customerId 필드를 포함한다. 이 수퍼[super] 클래스는 두 가지 목적으로 사용된다. 첫 번째 목적은 customerId를 공통으로 갖도록 하는 것이다. 그러나 그보다 더 중요한 목적은 스텝 구성 시 제네릭으로 CustomerUpdate를 사용할 수 있게 하는 것이다(예제

10-3을 다시 살펴보면서 정말 그런지 확인해보라). 예제 10-6은 이 스텝에서 사용하는 도메인 객체다.

▼ 예제 10-6 고객 정보 갱신 스텝에서 사용하는 도메인 객체

```
...
public class CustomerUpdate {
    protected final long customerId;

    public CustomerUpdate(long customerId) {
        this.customerId = customerId;
    }
    // accessors removed
}

...
public class CustomerNameUpdate extends CustomerUpdate {

    private final String firstName;

    private final String middleName;

    private final String lastName;

    public CustomerNameUpdate(long customerId, String firstName,
                String middleName, String lastName) {

        super(customerId);
        this.firstName = StringUtils.hasText(firstName) ? firstName : null;
        this.middleName = StringUtils.hasText(middleName) ? middleName : null;
        this.lastName = StringUtils.hasText(lastName) ? lastName : null;
    }
    // accessors removed
}

...
public class CustomerAddressUpdate extends CustomerUpdate {

    private final String address1;

    private final String address2;
```

```java
    private final String city;

    private final String state;

    private final String postalCode;

    public CustomerAddressUpdate(long customerId, String address1,
            String address2, String city, String state, String postalCode) {

        super(customerId);
        this.address1 = StringUtils.hasText(address1) ? address1 : null;
        this.address2 = StringUtils.hasText(address2) ? address2 : null;
        this.city = StringUtils.hasText(city) ? city : null;
        this.state = StringUtils.hasText(state) ? state : null;
        this.postalCode = StringUtils.hasText(postalCode) ? postalCode : null;
    }
    // accessors removed
}

...
public class CustomerContactUpdate extends CustomerUpdate {

    private final String emailAddress;

    private final String homePhone;

    private final String cellPhone;

    private final String workPhone;

    private final Integer notificationPreferences;

    public CustomerContactUpdate(long customerId, String emailAddress, String homePhone,
    String cellPhone, String workPhone, Integer notificationPrefernces) {

        super(customerId);
        this.emailAddress = StringUtils.hasText(emailAddress) ? emailAddress : null;
        this.homePhone = StringUtils.hasText(homePhone) ? homePhone : null;
        this.cellPhone = StringUtils.hasText(cellPhone) ? cellPhone : null;
        this.workPhone = StringUtils.hasText(workPhone) ? workPhone : null;
```

```
            this.notificationPreferences = notificationPrefernces;
        }
        // accessors removed
}
```

어떤 객체를 반환할지 결정하려면 레코드 유형에 맞는 올바른 도메인 객체를 생성하고 반환하는 FieldSetMapper가 필요하다. 예제 10-7은 어떻게 단순함을 유지하며 람다식을 사용해 이러한 매핑을 처리하는 FieldSetMapper를 만들 수 있는지 보여준다.

▼ 예제 10-7 고객 정보 갱신 파일을 처리하는 데 사용하는 FieldSetMapper 구성

```
...
@Bean
public FieldSetMapper<CustomerUpdate> customerUpdateFieldSetMapper() {
    return fieldSet -> {
        switch (fieldSet.readInt("recordId")) {
            case 1: return new CustomerNameUpdate(
                            fieldSet.readLong("customerId"),
                            fieldSet.readString("firstName"),
                            fieldSet.readString("middleName"),
                            fieldSet.readString("lastName"));
            case 2: return new CustomerAddressUpdate(
                            fieldSet.readLong("customerId"),
                            fieldSet.readString("address1"),
                            fieldSet.readString("address2"),
                            fieldSet.readString("city"),
                            fieldSet.readString("state"),
                            fieldSet.readString("postalCode"));
            case 3:
                    String rawPreference =
                            fieldSet.readString("notificationPreference");

                    Integer notificationPreference = null;

                    if(StringUtils.hasText(rawPreference)) {
                            notificationPreference = Integer.
                                                parseInt(rawPreference);
                    }
```

```
                return new CustomerContactUpdate(
                        fieldSet.readLong("customerId"),
                        fieldSet.readString("emailAddress"),
                        fieldSet.readString("homePhone"),
                        fieldSet.readString("cellPhone"),
                        fieldSet.readString("workPhone"),
                        notificationPreference);
            default: throw new IllegalArgumentException(
                "Invalid record type was found:" +
                    fieldSet.readInt("recordId"));
        }
    };
}
...
```

예제 10-7에서 살펴본 람다는 각 레코드의 레코드 유형 필드를 보고, 적절한 도메인 객체의 새 인스턴스를 생성한다. 적절한 레코드를 찾을 수 없다면 레코드 유형이 유효하지 않음을 나타내는 예외가 발생된다.

읽기는 고객 정보를 갱신하는 과정의 첫 번째 부분일 뿐이다. 이 스텝의 목표는 데이터를 데이터베이스에 적재하는 것이다. 그러기 위해서는 먼저 각 레코드가 실제로 유효한 고객 ID를 가지고 있는지 확인해야 한다. 다음 절에서는 스프링 배치로 이를 수행하는 방법을 살펴본다.

고객 ID 유효성 검증하기

스텝을 정의할 때 customerValidatingItemProcessor라는 ItemProcessor를 정의했다. 이 컴포넌트의 목적은 자신이 전달받은 CustomerUpdate 객체의 고객 ID를 조회하는 것이다. 해당 ID를 가진 고객 정보가 데이터베이스에 존재하면 해당 레코드를 이후 처리로 넘긴다. 만약 존재하지 않으면 해당 레코드를 걸러낸다. 실제 시나리오에서는 이렇게 존재하지 않는 고객 ID를 가진 아이템을 추후 잡의 디버깅 용도로 별도의 파일에 기록하려 하겠지만, 이 예제에서는 존재하지 않는 레코드를 걸러내는 것만으로도 충분하다.

이러한 처리를 위해 스프링 배치의 ValidatingItemProcessor를 사용할 수 있다. 이 Item

Processor는 org.springframework.batch.item.validator.Validator의 구현체(스프링 프레임워크의 Validator 인터페이스와 다름)를 전달받는다. 이 예제에서는 데이터베이스에서 고객 ID를 조회해보고 없다면 ValidationException을 던지는 커스텀 Validator 구현체를 생성할 것이다. 예제 10-8은 CustomerItemValidator의 코드다.

▼ 예제 10-8 CustomerItemValidator

```
...
@Component
public class CustomerItemValidator implements Validator<CustomerUpdate> {

    private final NamedParameterJdbcTemplate jdbcTemplate;

    private static final String FIND_CUSTOMER =
            "SELECT COUNT(*) FROM CUSTOMER WHERE customer_id = :id";

    public CustomerItemValidator(DataSource dataSource) {
        this.jdbcTemplate = new NamedParameterJdbcTemplate(dataSource);
    }

    @Override
    public void validate(CustomerUpdate customer) throws ValidationException {
        Map<String, Long> parameterMap =
                Collections.singletonMap("id", customer.getCustomerId());

        Long count = jdbcTemplate.queryForObject(FIND_CUSTOMER, parameterMap,
                                                 Long.class);

        if(count == 0) {
            throw new ValidationException(
                    String.format("Customer id %s was not able to be found",
                        customer.getCustomerId() ));
        }
    }
}
```

유효성 검증기를 정의했으니, 이제는 ItemProcessor를 구성해보자. 예제 10-9는 Validating ItemProcessor의 구성이다.

```
...
@Bean
public ValidatingItemProcessor<CustomerUpdate> customerValidatingItemProcessor(
CustomerItemValidator validator) {

    ValidatingItemProcessor<CustomerUpdate> customerValidatingItemProcessor =
                new ValidatingItemProcessor<>(validator);

    customerValidatingItemProcessor.setFilter(true);

    return customerValidatingItemProcessor;
}
...
```

ItemProcessor까지 구성된 상태에서 남은 것은 이 스텝의 ItemWriter를 구성하는 것이다. 그런데 스텝의 라이터가 세 가지 유형의 아이템을 각각 어떻게 처리해야 할까? 다음 절에서 그 방법을 살펴본다.

고객 정보 갱신

첫 번째 스텝의 마지막 부분은 갱신 내용을 고객 테이블에 적용하는 것이다. 세 가지 서로 다른 갱신 유형을 의미하는 세 가지 종류의 레코드 유형이 있으므로, 세 개의 서로 다른 Item Writer에게 위임할 수 있어야 한다. 이때는 사용자가 직접 구현한 Classifier를 기반으로 여러 ItemWriter 구현체에게 처리를 위임할 수 있게 해주는 스프링 배치의 ClassifierCom positeItemWriter를 사용할 수 있다.

구성해야 할 세 가지 ItemWriter 구현체를 우선 살펴보자. 갱신에 사용하는 SQL을 제외하고 모두 동일하다. JdbcBatchItemWriterBuilder를 사용하면 코드 몇 줄 만으로도 SQL, DataSource를 구성할 수 있으며, 또한 스프링이 빈 이름으로 쿼리 파라미터를 매핑하도록 만들 수 있다. 예제 10-10은 예제로 구성할 세 개의 JdbcBatchItemWriter 각각의 구성이다.

```
...
@Bean
public JdbcBatchItemWriter<CustomerUpdate> customerNameUpdateItemWriter(DataSource
dataSource) {
    return new JdbcBatchItemWriterBuilder<CustomerUpdate>()
            .beanMapped()
            .sql("UPDATE CUSTOMER " +
                    "SET FIRST_NAME = COALESCE(:firstName, FIRST_NAME), " +
                    "MIDDLE_NAME = COALESCE(:middleName, MIDDLE_NAME), " +
                    "LAST_NAME = COALESCE(:lastName, LAST_NAME) " +
                    "WHERE CUSTOMER_ID = :customerId")
            .dataSource(dataSource)
            .build();
}

@Bean
public JdbcBatchItemWriter<CustomerUpdate> customerAddressUpdateItemWriter(DataSource
dataSource) {
    return new JdbcBatchItemWriterBuilder<CustomerUpdate>()
            .beanMapped()
            .sql("UPDATE CUSTOMER SET " +
                    "ADDRESS1 = COALESCE(:address1, ADDRESS1), " +
                    "ADDRESS2 = COALESCE(:address2, ADDRESS2), " +
                    "CITY = COALESCE(:city, CITY), " +
                    "STATE = COALESCE(:state, STATE), " +
                    "POSTAL_CODE = COALESCE(:postalCode, POSTAL_CODE) " +
                    "WHERE CUSTOMER_ID = :customerId")
            .dataSource(dataSource)
            .build();
}

@Bean
public JdbcBatchItemWriter<CustomerUpdate> customerContactUpdateItemWriter(DataSource
dataSource) {
    return new JdbcBatchItemWriterBuilder<CustomerUpdate>()
            .beanMapped()
            .sql("UPDATE CUSTOMER SET " +
                    "EMAIL_ADDRESS = COALESCE(:emailAddress, EMAIL_ADDRESS), " +
                    "HOME_PHONE = COALESCE(:homePhone, HOME_PHONE), " +
                    "CELL_PHONE = COALESCE(:cellPhone, CELL_PHONE), " +
```

```
                        "WORK_PHONE = COALESCE(:workPhone, WORK_PHONE), " +
                        "NOTIFICATION_PREF = COALESCE(:notificationPreferences,  " +
                        "NOTIFICATION_PREF) " +
                        "WHERE CUSTOMER_ID = :customerId")
                .dataSource(dataSource)
                .build();
}
...
```

예제 10-10의 각 `ItemWriter` 구성은 모두 동일한 작업을 수행한다. 다만 설정하는 칼럼과 칼럼에 해당하는 값에만 차이가 있다. SQL문에서 각 값에 `COALESCE`를 사용하는 이유는 입력 파일에서 제공한 값만 갱신하고 싶기 때문이다. 입력 파일이 제공한 값이 `null`이라면 갱신하지 않아야 한다.

세 개의 `ItemWriter`가 구성됐으므로, 이제는 전달되는 아이템의 유형에 따라 올바른 라이터가 선택되도록 해야 한다(아이템 유형은 입력 파일의 레코드 유형을 기반으로 하기 때문이다). 이렇게 선택되도록 하기 위해 주어진 아이템을 분석하고 적절한 `ItemWriter`를 반환하는 `org.springframework.classify.Classifier`를 구현할 것이다. 예제 10-11은 이번 예제에서 사용할 간단한 `Classifier`의 구현체이다.

▼ 예제 10-11 CustomerUpdateClassifier

```
...
public class CustomerUpdateClassifier implements
Classifier<CustomerUpdate, ItemWriter<? super CustomerUpdate>> {

    private final JdbcBatchItemWriter<CustomerUpdate> recordType1ItemWriter;
    private final JdbcBatchItemWriter<CustomerUpdate> recordType2ItemWriter;
    private final JdbcBatchItemWriter<CustomerUpdate> recordType3ItemWriter;

    public CustomerUpdateClassifier(
            JdbcBatchItemWriter<CustomerUpdate> recordType1ItemWriter,
            JdbcBatchItemWriter<CustomerUpdate> recordType2ItemWriter,
            JdbcBatchItemWriter<CustomerUpdate> recordType3ItemWriter) {

        this.recordType1ItemWriter = recordType1ItemWriter;
        this.recordType2ItemWriter = recordType2ItemWriter;
```

```
                    this.recordType3ItemWriter = recordType3ItemWriter;
}


@Override
public ItemWriter<? super CustomerUpdate> classify(CustomerUpdate classifiable) {

        if(classifiable instanceof CustomerNameUpdate) {
            return recordType1ItemWriter;
        }
        else if(classifiable instanceof CustomerAddressUpdate) {
            return recordType2ItemWriter;
        }
        else if(classifiable instanceof CustomerContactUpdate) {
            return recordType3ItemWriter;
        }
        else {
            throw new IllegalArgumentException("Invalid type: " +
                    classifiable.getClass().getCanonicalName());
        }
    }
}
```

보다시피 Classifier는 각 ItemWriter 인스턴스를 생성자 파라미터로 전달받는다. 그런 다음 전달받은 아이템의 유형에 따라 적절한 ItemWriter를 반환한다. 거래명세서 잡의 첫 번째 스텝의 마지막 부분은 ClassifierCompositeItemWriter를 구성하는 것이다. 모든 작업이 Classifier 및 위임 ItemWriter 인스턴스에서 수행되므로, 해당 ItemWriter의 구성은 매우 간단하다. 예제 10-12는 customerUpdateItemWriter 구성이다.

▼ 예제 10-12 customerUpdateItemWriter

```
...
@Bean
public ClassifierCompositeItemWriter<CustomerUpdate> customerUpdateItemWriter() {

    CustomerUpdateClassifier classifier =
                new CustomerUpdateClassifier(customerNameUpdateItemWriter(null),
                        customerAddressUpdateItemWriter(null),
                        customerContactUpdateItemWriter(null));
```

```
    ClassifierCompositeItemWriter<CustomerUpdate> compositeItemWriter =
            new ClassifierCompositeItemWriter<>();

    compositeItemWriter.setClassifier(classifier);

    return compositeItemWriter;
}
...
```

첫 번째 스텝의 모든 컴포넌트를 작성하고 구성한 후 배치 잡을 실행해 봄으로써 첫 번째 스텝을 실행해볼 수 있다. 결과를 확인해볼 수 있도록, 예제 10-13의 스프링 부트 프로퍼티를 사용해 "실제 사용할 데이터베이스" 정보를 기반으로 구성하자.

▼ 예제 10-13 application.properties

```
spring.datasource.driverClassName=com.mysql.jdbc.Driver
spring.datasource.url=jdbc:mysql://localhost:3306/statement
spring.datasource.username=<USERNAME>
spring.datasource.password=<PASSWORD>
spring.datasource.schema=schema-mysql.sql
spring.datasource.initialization-mode=always
spring.batch.initialize-schema=always
```

잡을 실행해 첫 번째 스텝을 테스트하기 위해 구성해야 할 마지막 부분은 MySql용 드라이버를 추가하는 것이다(이 예제는 MySql을 사용하고 있다. 다른 데이터베이스가 필요하다면 구성 값을 변경하고 드라이버를 교체하면 된다). 예제 10-14에서 MySql 메이븐 의존성을 볼 수 있다(필요 버전은 스프링 부트가 제공한다).

▼ 예제 10-14 MySql 의존성

```
<dependency>
    <groupId>mysql</groupId>
    <artifactId>mysql-connector-java</artifactId>
</dependency>
```

이처럼 모든 값의 구성이 끝나면 명령 줄에서 `./mvnw clean install` 명령을 수행해 프로젝트를 빌드할 수 있다. 빌드가 완료되면 프로젝트의 대상 디렉터리에서 `java -jar chapter 10-0.0.1-SNAPSHOT.jar customerUpdateFile=<PATH_TO_CUSTOMER_FILE>` 명령을 사용해 잡을 실행할 수 있다. 그런 다음에 고객 테이블에 데이터가 올바르게 적용됐는지 확인할 수 있을 것이다.

다음 절에서는 거래 파일을 가져오는 일을 수행하는 두 번째 스텝을 알아볼 것이다.

거래 정보 가져오기

고객 정보가 갱신되면 이제는 거래 파일에서 거래 정보를 가져온다. 고객 입력 파일에는 처리해야 하는 여러 레코드 유형이 존재했기 때문에 복잡했지만, 거래 파일은 실제로 매우 단순하다. 거래 파일은 데이터베이스의 거래 테이블로 직접 읽어올 간단한 XML 파일이다. 예제 10-15는 가져올 거래 파일의 예다.

▼ 예제 10-15 거래 정보 파일

```xml
<?xml version='1.0' encoding='UTF-8'?>
<transactions>
    <transaction>
        <transactionId>2462744</transactionId>
        <accountId>405</accountId>
        <description>Skinix</description>
        <credit/>
        <debit>-438</debit>
        <timestamp>2018-06-01 19:39:53</timestamp>
    </transaction>
    <transaction>
        <transactionId>4243424</transactionId>
        <accountId>584</accountId>
        <description>Yakidoo</description>
        <credit>8681.98</credit>
        <debit/>
        <timestamp>2018-06-12 18:39:09</timestamp>
    </transaction>
```

```
...
</transactions>
```

거래 파일은 개별 transaction 엘리먼트를 가장 바깥쪽에서 감싸는 transactions 엘리먼트
로 시작된다. 각 거래 정보 청크는 한 건의 은행 거래를 나타내며, 이것이 배치 잡 내에 아이
템 하나가 된다. 이 블록은 예제 10-16의 Transaction 도메인 객체에 매핑된다.

▼ 예제 10-16 Transaction 도메인 객체

```
...
@XmlRootElement(name = "transaction")
public class Transaction {

    private long transactionId;

    private long accountId;

    private String description;

    private BigDecimal credit;

    private BigDecimal debit;

    private Date timestamp;

    public Transaction() {
    }

    public Transaction(long transactionId,
                       long accountId,
                       String description,
                       BigDecimal credit,
                       BigDecimal debit,
                       Date timestamp) {

        this.transactionId = transactionId;
        this.accountId = accountId;
        this.description = description;
        this.credit = credit;
```

```
            this.debit = debit;
            this.timestamp = timestamp;
    }

    // accessors removed for brevity

    @XmlJavaTypeAdapter(JaxbDateSerializer.class)
    public void setTimestamp(Date timestamp) {
            this.timestamp = timestamp;
    }

    public BigDecimal getTransactionAmount() {
            if(credit != null) {
                    if(debit != null) {
                            return credit.add(debit);
                    }
                    else {
                            return credit;
                    }
            }
            else if(debit != null) {
                    return debit;
            }
            else {
                    return new BigDecimal(0);
            }
    }
}
```

보다시피 Transaction 도메인 객체 내에는 입력 파일의 XML 청크에 직접 매핑되는 필드가
존재한다. 이 클래스에서 주목할 만한 세 부분은 클래스 레벨에 적용된 @XmlRootElement 애
너테이션, timestamp 필드의 수정자^{setter}에 적용된 @XmlJavaTypeAdapter 애너테이션,
getTransactionAmount 메서드다. @XmlRootElement는 해당 도메인 객체의 루트 태그가 무
엇인지 정의하는 JAXB 애너테이션이다. 이 예제에서의 루트 태그는 transaction 태그다.
JAXB가 String을 java.util.Date로 변환하는 세련되고 간편한 도구를 별도로 제공하지는
않으므로, @XmlJavaTypeAdapter를 timestamp 필드의 수정자에 적용한다. 그 때문에 JAX가
변환에 사용할 JaxbDateSerializer라는 클래스를 만들기 위해 코드를 조금 더 작성해야 한

다. 예제 10-17은 `JaxbDateSerializer`이다.

▼ 예제 10-17 JaxbDateSerializer

```
...
public class JaxbDateSerializer extends XmlAdapter<String, Date> {

    private SimpleDateFormat dateFormat = new SimpleDateFormat("yyyy-MM-dd hh:mm:ss");

    @Override
    public String marshal(Date date) throws Exception {
        return dateFormat.format(date);
    }

    @Override
    public Date unmarshal(String date) throws Exception {
        return dateFormat.parse(date);
    }
}
```

`XmlAdapter`를 상속한 `JaxbDateSerializer`는, JAXB가 `String` 타입을 `java.util.Date` 타입으로 형변환할 때 사용된다. `Transaction` 클래스의 마지막에 추가된 것은 `getTransactionAmount` 메서드다. 거래 정보에는 입금[credit] 또는 출금[debit] 내역이 포함돼 있다. 그러나 잔액을 계산할 때는 거래 금액의 유형이 입금인지 출금인지 신경 쓰지 않고 단순히 액수만 따진다. 그러므로 `getTransactionAmount` 메서드는 거래 내역의 실제 값을 반환하면 된다.

도메인 객체를 정의했으므로 두 번째 스텝인 `importTransactions`를 구성하고 구성에 사용되는 컴포넌트를 살펴볼 차례다. 다음 절에서 알아보자.

거래 정보 읽어오기

스텝을 구성하고 잡에 해당 스텝을 추가해 은행 거래 정보를 가져와보자. 예제 10-18은 두 번째 스텝인 `importTransactions`의 구성이다.

```
...
@Bean
public Job job() throws Exception {
    return this.jobBuilderFactory.get("importJob")
                    .start(importCustomerUpdates())
                    .next(importTransactions())
                    .build();
}

@Bean
public Step importTransactions() {
    return this.stepBuilderFactory.get("importTransactions")
                    .<Transaction, Transaction>chunk(100)
                    .reader(transactionItemReader(null))
                    .writer(transactionItemWriter(null))
                    .build();
}
...
```

importTransactions 스텝은 간단한 스텝이다. transactionItemReader라는 리더와 trans
actionItemWriter라는 라이터를 정의한다. ItemReader의 구성을 살펴보자. XML을 읽을
것이기 때문에 StaxEventItemReader를 사용할 것이다. 예제에서 XML을 언마샬하는 방법
을 놓고 보면, 도메인 객체에 이미 JAXB 애너테이션을 적용했으므로, JAXB로 XML 전체를
언마샬할 것이라고 생각했을 수도 있겠다. 하지만 JAXB는 XML 청크를 도메인 객체로 매핑
하는 데에만 사용할 것이다. StaxEventItemReader를 사용하면 리더의 구성이 매우 간단해
진다. 예제 10-19는 이를 구성하는 데 필요한 16줄의 코드다.

▼ 예제 10-19 transactionItemReader

```
...
@Bean
@StepScope
public StaxEventItemReader<Transaction> transactionItemReader(
    @Value("#{jobParameters['transactionFile']}") Resource transactionFile) {

    Jaxb2Marshaller unmarshaller = new Jaxb2Marshaller();
```

```
        unmarshaller.setClassesToBeBound(Transaction.class);

        return new StaxEventItemReaderBuilder<Transaction>()
                    .name("fooReader")
                    .resource(transactionFile)
                    .addFragmentRootElements("transaction")
                    .unmarshaller(unmarshaller)
                    .build();
}
...
```

@StepScope 애너테이션을 적용한 transactionItemReader는 입력 파일의 위치를 trans actionFile이라는 잡 파라미터를 사용해 가져온다. 그 뒤, transactionItemReader 메서드 내에서 새 Jaxb2Marshaller를 생성하고, 이를 예제 10-16에서 정의한 Transaction 도메인 객체에 바인딩한다. 마지막으로 StaxEventItemReaderBuilder를 사용해 ItemReader를 구성한다. 해당 빌더에 리더 이름(재시작이 가능하도록 하기 위함), 잡 파라미터를 통해 주입되는 리소스, 파싱할 각 XML 조각의 루트 엘리먼트(이 예제에서는 transaction)를 전달하며, XML 을 파싱하기 위해 사용할 Jaxb2Marshaller도 전달한다. build를 호출하면 StaxEventItem Reader가 제공된다.

일단 ItemReader가 준비됐으니 이제는 ItemWriter가 필요하다. 이전 스텝과 동일한 유형의 구성이기 때문에 이 또한 친숙할 것이다(단지 좀 더 단순화됐다). 다음 절에서 transactionItem Writer를 구성하는 방법을 알아본다.

거래 정보 기록하기

transactionItemWriter는 데이터베이스의 거래 테이블에 거래 내역을 저장하는 일을 담당한다. 이를 위해 JdbcBatchItemWriter를 다시 살펴보자. 예제 10-20는 해당 구성이다.

▼ 예제 10-20 transactionItemWriter

```
...
@Bean
public JdbcBatchItemWriter<Transaction> transactionItemWriter(DataSource dataSource) {
```

```
            return new JdbcBatchItemWriterBuilder<Transaction>()
                        .dataSource(dataSource)
                        .sql("INSERT INTO TRANSACTION (TRANSACTION_ID, " +
                                "ACCOUNT_ACCOUNT_ID, " +
                                "DESCRIPTION, " +
                                "CREDIT, " +
                                "DEBIT, " +
                                "TIMESTAMP) VALUES (:transactionId, " +
                                ":accountId, " +
                                ":description, " +
                                ":credit, " +
                                ":debit, " +
                                ":timestamp)")
                        .beanMapped()
                        .build();
}
...
```

JdbcBatchItemWriterBuilder는 DataSource와 SQL문을 전달받으며, ItemWriter가 아이템의 프로퍼티 이름을 키로 사용해 SQL문의 값을 설정할 수 있게 하는 등 JdbcBatchItemWriter에 필요한 구성을 하는 데 사용된다.

이것이 두 번째 스텝에 필요한 전부다. ItemReader와 ItemWriter가 구성된 상태에서 ./mvnw clean install 명령을 사용해 잡을 빌드하고, 이전과 동일하지만 새로운 입력 파일 파라미터가 추가된 java -jar chapter10-0.0.1-SNAPSHOT.jar customerUpdateFile=<PATH_TO_CUSTOMER_FILE> transactionFile=<PATH_TO_TRANSACTION_FILE> 명령을 통해 잡을 실행한다. 잡이 성공적으로 완료되면 거래 정보 XML 파일의 값이 데이터베이스의 거래 테이블에 적재됐는지 확인해볼 수 있다.

이렇게 거래 정보를 가져왔다면, 이제는 계좌 테이블의 잔액 값에 반영해야 한다. 다음 절에서는 이러한 목적을 어떻게 달성할 수 있는지 다룰 것이다.

잔액에 거래 내역 적용하기

잡의 다음 스텝은 방금 가져온 거래를 계좌 잔액에 적용하는 것이다. 실제로 구성하기 가장 쉬운 스텝이다. 거래 정보 가져오기 스텝과 마찬가지로 간단한 `ItemReader`와 간단한 `ItemWriter`를 사용한다. 앞의 두 스텝에서와 마찬가지로 `JdbcBatchItemWriter`를 사용할 것이다. 그러나 방금 적재했던 거래 정보 데이터를 입력으로 사용할 것이며, 해당 입력 데이터를 데이터베이스에서 가져올 것이다. 스텝 구성을 살펴보자. 예제 10-21은 applyTransactions 스텝 구성이다.

▼ 예제 10-21 applyTransactions 스텝

```
...
@Bean
public Job job() throws Exception {
    return this.jobBuilderFactory.get("importJob")
                    .start(importCustomerUpdates())
                    .next(importTransactions())
                    .next(applyTransactions())
                    .build();
}
...
@Bean
public Step applyTransactions() {
    return this.stepBuilderFactory.get("applyTransactions")
                    .<Transaction, Transaction>chunk(100)
                    .reader(applyTransactionReader(null))
                    .writer(applyTransactionWriter(null))
                    .build();
}
...
```

예제 10-21에서는 잡 구성에 새 스텝을 추가했으며 그다음에 해당 스텝 빈을 정의했다. 이 스텝은 빌더를 통해 생성되는데, 청크 크기는 100이며 Transaction 도메인 객체를 읽고 쓰도록 구성된다. 리더는 DataSource를 사용하는 팩토리 메서드를 가진 applyTransaction Reader를 사용하고, 라이터 또한 DataSource를 사용하는 applyTransactionWriter를 사용

528

한다. 다음 절에서는 잡에서 사용할 `ItemReader`를 정의하는 방법을 살펴볼 것이다.

거래 데이터 읽어오기

`JdbcCursorItemReader` 덕분에 데이터베이스 테이블에서 방금 막 생성된 거래 데이터를 간단하게 읽어올 수 있다. 해당 리더를 사용하려면 이름(재시작이 가능하도록 하기 위함), `DataSource`, SQL문, `RowMapper` 구현체만 구성하면 된다. `RowMapper` 구현체를 구성할 때는 람다식을 사용한다. 예제 10-22는 이 `ItemReader`를 구성하는 데 필요한 코드다.

▼ 예제 10-22 applyTransactionsReader

```
...
@Bean
public JdbcCursorItemReader<Transaction> applyTransactionReader(DataSource dataSource) {
    return new JdbcCursorItemReaderBuilder<Transaction>()
                .name("applyTransactionReader")
                .dataSource(dataSource)
                .sql("select transaction_id, " +
                            "account_account_id, " +
                            "description, " +
                            "credit, " +
                            "debit, " +
                            "timestamp " +
                            "from transaction " +
                            "order by timestamp")
                .rowMapper((resultSet, i) ->
                            new Transaction(
                                resultSet.getLong("transaction_id"),
                                resultSet.getLong("account_account_id"),
                                resultSet.getString("description"),
                                resultSet.getBigDecimal("credit"),
                                resultSet.getBigDecimal("debit"),
                                resultSet.getTimestamp("timestamp")))
                .build();
}
...
```

이것이 거래 데이터를 읽는 데 필요한 전부다. 다음 절에서는 `JdbcBatchItemWriter`를 사용해 거래를 계좌 잔액에 적용하는 방법을 살펴볼 것이다.

계좌 잔액 갱신하기

각 아이템을 읽을 수 있게 됐으니, 이제 해당 은행 거래 결과를 해당 계좌에 적용해본다. 다행인 점은 이때 SQL 쿼리만 필요하다는 것이다. 이런 작업을 처리하는 데 더 효율적인 방법이 있음을 잠시 시간을 내서 언급하고 싶다. 합계를 내기 위해 필요한 아이템을 조회하고 계좌별 단일 아이템에 적용하면 더 효과적이고 성능이 향상될 것이다. 또한 비즈니스 요건에 따라 이런 방식이 더 효율적일 수 있다(예를 들어 잔액이 음수가 되거나 특정 임곗값 미만이 될 때 추적이 필요할 수도 있음). 그러나 이 예제에서는 가능한 한 단순하고 재사용 가능한 형태를 유지하고자 한다. 예제 10-23은 각 거래를 계좌 잔액에 적용하는 모습을 보여준다.

▼ 예제 10-23 applyTransactionsWriter

```
...
@Bean
public JdbcBatchItemWriter<Transaction> applyTransactionWriter(DataSource dataSource) {
    return new JdbcBatchItemWriterBuilder<Transaction>()
                    .dataSource(dataSource)
                    .sql("UPDATE ACCOUNT SET " +
                            "BALANCE = BALANCE + :transactionAmount " +
                            "WHERE ACCOUNT_ID = :accountId")
                    .beanMapped()
                    .assertUpdates(false)
                    .build();
}
...
```

예제 10-23에서는 잔액에 아이템의 거래 금액을 더하는 SQL 및 `DataSource`를 지정했으며, 빈 프로퍼티를 호출해서 SQL 내의 파라미터들이 채워지도록 `JdbcBatchItemWriter`를 구성한다.

리더와 라이터를 구성했으니 이제 잡을 빌드하고 실행할 수 있다. `importTransactions` 스텝을 빌드한 후 앞서 수행했던 것과 동일한 명령을 사용함으로써(프로젝트를 빌드하기 위한 ./mvnw clean build 명령 및 잡을 실행하기 위한 java -jar chapter10-0.0.1-SNAPSHOT.jar customer UpdateFile=<PATH_TO_CUSTOMER_FILE>transactionFile=<PATH_TO_TRANSACTION_FILE> 명령), 새로 작성한 스텝이 잘 동작해 거래가 정확하게 잔액에 적용됐는지 확인할 수 있다.

다음 절에서는 잡의 마지막 스텝으로 이동해 실제로 거래명세서를 생성한다. 이 스텝은 겉보기에는 간단하지만 좀 더 많은 코드가 관련돼 있다. 다음 절에서 살펴보자.

월별 거래명세서 생성하기

이 배치 잡의 최종 목표는 각 고객별로 계좌 정보를 요약해 거래명세서를 생성하는 것이다. 지금까지의 모든 처리는 이 거래명세서를 생성해내기 위해 갱신하고 준비했던 처리였다. 이 절에서 거래명세서 생성과 관련된 처리를 살펴본다.

거래명세서 데이터 가져오기

지금 살펴보는 마지막 스텝에서 생성할 결과물을 보면, 거래명세서를 생성하려면 상당히 많은 데이터를 조회해야 한다는 것을 바로 알 수 있다. 해당 데이터를 가져 오는 방법을 알아보기 전에 거래명세서 데이터를 나타내는 데 사용할 도메인 객체인 Statement 객체를 살펴본다. 예제 10-24가 바로 이 Statement 객체다.

▼ 예제 10-24 Statement.java

```
...
public class Statement {

    private final Customer customer;
    private List<Account> accounts = new ArrayList<>();

    public Statement(Customer customer, List<Account> accounts) {
        this.customer = customer;
        this.accounts.addAll(accounts);
    }
```

```
        // accessors removed for brevity
...
}
```

거래명세서를 나타내는 Statement 객체는 생성할 거래명세서의 주인인 고객을 나타내는 Customer 인스턴스 및 해당 고객이 가진 각 계좌를 나타내는 Account의 List 객체로 구성된다. 각 Customer 객체에는 데이터베이스의 고객 테이블에 있는 모든 데이터가 포함된다. Account 객체는 예상할 수 있듯이 데이터베이스의 계좌 테이블에 직접 매핑된다. 예제 10-25는 이 두 도메인 객체의 코드다.

▼ 예제 10-25 Customer.java 및 Account.java

```
...
public class Customer {

        private final long id;
        private final String firstName;
        private final String middleName;
        private final String lastName;
        private final String address1;
        private final String address2;
        private final String city;
        private final String state;
        private final String postalCode;
        private final String ssn;
        private final String emailAddress;
        private final String homePhone;
        private final String cellPhone;
        private final String workPhone;
        private final int notificationPreferences;

        public Customer(long id, String firstName, String middleName, String lastName,
        String address1, String address2, String city, String state, String postalCode,
        String ssn, String emailAddress, String homePhone, String cellPhone, String
        workPhone, int notificationPreferences) {

                this.id = id;
```

```
            this.firstName = firstName;

            this.middleName = middleName;

            this.lastName = lastName;

            this.address1 = address1;

            this.address2 = address2;

            this.city = city;

            this.state = state;

            this.postalCode = postalCode;

            this.ssn = ssn;

            this.emailAddress = emailAddress;

            this.homePhone = homePhone;

            this.cellPhone = cellPhone;

            this.workPhone = workPhone;

            this.notificationPreferences = notificationPreferences;
        }


        // accessors removed
        ...
    }


...
public class Account {

    private final long id;
    private final BigDecimal balance;
    private final Date lastStatementDate;
    private final List<Transaction> transactions = new ArrayList<>();

    public Account(long id, BigDecimal balance, Date lastStatementDate) {
            this.id = id;
            this.balance = balance;
            this.lastStatementDate = lastStatementDate;
    }

    // accessors removed
    ...
}
```

예제에서 사용하는 도메인 객체는 거래명세서에 필요한 모든 요소로 구성돼 있지만, 리더가
이를 모두 채워넣지는 않는다. 이 스텝에서는 드라이빙 쿼리 패턴^{driving query pattern}을 사용할

것이다. 이는 ItemReader가 단지 기본 사항(이 예제에서는 Customer)만 읽게 된다는 것을 의미한다. ItemProcessor가 거래명세서를 최종 생성하는 ItemWriter에게 데이터를 넘기기 전에 계좌 정보를 사용해 Statement 객체에 데이터를 추가해 보강할 것이다. 스텝의 구성을 살펴보는 것부터 시작해보자. 예제 10-26은 마지막 스텝 구성 및 잡에 해당 스텝을 추가하는 구성이다.

▼ 예제 10-26 Statement 스텝

```
...
@Bean
public Job job() throws Exception {
    return this.jobBuilderFactory.get("importJob")
                    .start(importCustomerUpdates())
                    .next(importTransactions())
                    .next(applyTransactions())
                    .next(generateStatements(null))
                    .build();
}
...
@Bean
public Step generateStatements(AccountItemProcessor itemProcessor) {
    return this.stepBuilderFactory.get("generateStatements")
                    .<Statement, Statement>chunk(1)
                    .reader(statementItemReader(null))
                    .processor(itemProcessor)
                    .writer(statementItemWriter(null))
                    .build();
}
...
```

잡의 마지막 스텝인 generateStatements는 간단한 ItemReader, ItemProcessor, ItemWriter로 구성된다. 마지막 스텝에서 사용하는 청크 크기가 1인 것에 주목하자. 그 이유는 거래명세서마다 단일 파일로 생성되기를 원하기 때문이다. 거래명세서 생성에는 MultiResourceItemWriter를 사용할 것이다. 하지만 이 라이터는 청크당 하나의 파일을 만들기 때문에, 아이템당 하나의 파일을 생성하려면 청크 크기가 1이어야 한다.

스텝 구성이 끝나면 해당 스텝이 사용하는 ItemReader를 구성해보자. generateStatements 스텝이 사용하는 ItemReader는 간단한 JdbcCursorItemReader이다. JdbcCursorItemReader 는 이름(재시작을 가능하게 하기 위함), DataSource, 실행하려는 SQL문, RowMapper(이 예제에서 는 람다 식)로 구성된다. 예제 10-27은 ItemReader의 구성이다.

▼ 예제 10-27 statementItemReader

```
...
@Bean
public JdbcCursorItemReader<Statement> statementItemReader(DataSource dataSource) {
    return new JdbcCursorItemReaderBuilder<Statement>()
                    .name("statementItemReader")
                    .dataSource(dataSource)
                    .sql("SELECT * FROM CUSTOMER")
                    .rowMapper((resultSet, i) -> {
                        Customer customer =
                                new Customer(resultSet.getLong("customer_id"),
                                    resultSet.getString("first_name"),
                                    resultSet.getString("middle_name"),
                                    resultSet.getString("last_name"),
                                    resultSet.getString("address1"),
                                    resultSet.getString("address2"),
                                    resultSet.getString("city"),
                                    resultSet.getString("state"),
                                    resultSet.getString("postal_code"),
                                    resultSet.getString("ssn"),
                                    resultSet.getString("email_address"),
                                    resultSet.getString("home_phone"),
                                    resultSet.getString("cell_phone"),
                                    resultSet.getString("work_phone"),
                                    resultSet.getInt("notification_pref"));

                        return new Statement(customer);
                    }).build();
}
...
```

이렇게 리더 구성을 마쳤다. 이제 방금 작성한 ItemReader로 읽어들인 Statement 객체에 고객의 계좌 정보를 추가하는 `ItemProcessor`를 작성할 차례다. 다음 절에서 이와 관련된 내용을 자세히 알아본다.

Statement 객체에 계좌 정보 추가하기

각 고객의 정보를 읽어들였으므로, 이제 거래명세서 생성에 필요한 계좌 및 거래 정보를 읽어들여보자. 조회 작업에는 스프링의 `JdbcTemplate`을 사용할 것이다. 그러나 쿼리를 수행한 결과가 부모 자식 관계(계좌는 하나의 부모에 해당하고 여러 거래 정보는 여러 자식에 해당함)이므로, `RowMapper`를 사용할 수 없다. 대신 `ResultSetExtractor`를 사용할 것이다. 단일 행을 객체에 매핑하는 데 사용하는 `RowMapper` 인터페이스와 달리, `ResultSetExtractor`는 `ResultSet` 전체를 본다(`RowMapper`를 사용할 때 `ResultSet`을 직접 다루면 예외가 발생함). 즉, 쿼리를 수행하면 하나의 계좌에 여러 거래가 포함돼 있는 부모 자식 관계를 가진 결과를 얻기 때문에 `ResultSetExtractor`를 사용한다. `ResultSet`에서 각 `Account`를 생성하려면 여러 행을 읽어야 한다. 쿼리를 실행해 `Statement` 객체를 보강하는 `AccountItemProcessor` 코드를 자세히 살펴보자.

▼ 예제 10-28 AccountItemProcessor

```
...
@Component
public class AccountItemProcessor implements ItemProcessor<Statement, Statement> {

    @Autowired
    private final JdbcTemplate jdbcTemplate;

    public AccountItemProcessor(JdbcTemplate jdbcTemplate) {
        this.jdbcTemplate = jdbcTemplate;
    }

    @Override
    public Statement process(Statement item) throws Exception {

        item.setAccounts(this.jdbcTemplate.query("select a.account_id," +
                    "   a.balance," +
                    "   a.last_statement_date," +
```

```
"        t.transaction_id," +
"        t.description," +
"        t.credit," +
"        t.debit," +
"        t.timestamp " +
"from account a left join " + //HSQLDB
"        transaction t on a.account_id = t.account_account_id "+
"where a.account_id in " +
"        (select account_account_id " +
"        from customer_account " +
"        where customer_customer_id = ?) " +
"order by t.timestamp",
new Object[] {item.getCustomer().getId()},
        new AccountResultSetExtractor()));
    return item;
    }
}
```

이 ItemProcessor는 쿼리를 실행해 특정 고객의 모든 계좌 및 해당 거래 정보를 찾는다. 이와 관련된 코드는 매우 간단하다(SQL 쿼리보다는 복잡하다). 실제 "작업"은 예제 10-29에서 살펴볼 AccountResultSetExtractor에서 수행된다.

▼ 예제 10-29 AccountResultSetExtractor

```
...
public class AccountResultSetExtractor implements ResultSetExtractor<List<Account>> {

    private List<Account> accounts = new ArrayList<>();
    private Account curAccount;

    @Nullable
    @Override
    public List<Account> extractData(ResultSet rs) throws SQLException, DataAccessException {

        while (rs.next()) {

            if(curAccount == null) {
                curAccount = new Account(
                        rs.getLong("account_id"),
```

```
                                rs.getBigDecimal("balance"),
                                rs.getDate("last_statement_date"));
            }
            else if (rs.getLong("account_id") != curAccount.getId()) {
                accounts.add(curAccount);

                curAccount = new Account(rs.getLong("account_id"),
                                rs.getBigDecimal("balance"),
                                rs.getDate("last_statement_date"));
            }

            if(StringUtils.hasText(rs.getString("description"))) {
                curAccount.addTransaction(
                    new Transaction(rs.getLong("transaction_id"),
                                rs.getLong("account_id"),
                                rs.getString("description"),
                                rs.getBigDecimal("credit"),
                                rs.getBigDecimal("debit"),
                        new Date(rs.getTimestamp("timestamp").getTime())));
            }
        }

        if(curAccount != null) {
            accounts.add(curAccount);
        }

        return accounts;
    }
}
```

예제에서는 ResultSet에서 처음부터 끝까지 데이터를 순서대로 하나씩 가져오면서 Account 객체를 생성한다. 현재 Account 객체가 null이거나, 현재 Account의 계좌 ID가 ResultSet 에서 가져온 데이터의 계좌 ID와 일치하지 않으면 새 Account 객체를 생성한다. Account 객체가 존재한다면 해당 Account 객체에 Transaction 객체를 추가한다. 이렇게 Account 객체의 List를 만들어 내 ItemProcessor에게 반환함으로써, ItemProcessor가 해당 List를 Statement에 추가할 수 있게 된다. 이제 마지막으로 맞춰야 할 퍼즐 조각은 ItemWriter의 구성이다. 이제 남겨진 것은 가장 멋진 것으로, 거래명세서 파일을 만드는 데 사용되는

ItemWriter를 알아볼 것이다.

거래명세서 생성하기

최종 산출물이 만들어지기 전에는 일반적으로 많은 전처리 작업이 일어난다. 우리가 해온 일도 다르지 않다. 그러나 여기는 최종적인 도착지다. 파일당 하나의 거래명세서를 만들 것이다. 이처럼 ItemWriter가 파일당 하나의 명세서를 만들어내려면 MultiResourceItemWriter가 필요하다. 해당 라이터는 FlatFileItemWriter에게 쓰기 작업을 위임한다. 각 파일마다 고객 정보 및 각 계좌 정보가 포함된 헤더를 만들어야 한다. 먼저 세세한 부분부터 살펴본 뒤 각 기능을 연결해보자. 우선 각 거래명세서에 계좌 정보를 출력하기 위한 커스텀 Line Aggregator부터 만들어야 한다. 예제 10-30는 StatementLineAggregator 코드다.

▼ 예제 10-30 StatementLineAggregator

```
public class StatementLineAggregator implements LineAggregator<Statement> {

    private static final String ADDRESS_LINE_ONE =
                String.format("%121s\n", "Apress Banking");
    private static final String ADDRESS_LINE_TWO =
                String.format("%120s\n", "1060 West Addison St.");
    private static final String ADDRESS_LINE_THREE =
                String.format("%120s\n\n", "Chicago, IL 60613");
    private static final String STATEMENT_DATE_LINE =
                String.format("Your Account Summary %78s ", "Statement Period") +
                    "%tD to %tD\n\n";

    public String aggregate(Statement statement) {
            StringBuilder output = new StringBuilder();
        formatHeader(statement, output);
        formatAccount(statement, output);

        return output.toString();
    }

    private void formatAccount(Statement statement, StringBuilder output) {
        if(!CollectionUtils.isEmpty(statement.getAccounts())) {
```

```java
        for (Account account : statement.getAccounts()) {

            output.append(
                    String.format(STATEMENT_DATE_LINE,
                            account.getLastStatementDate(),
                                    new Date()));

            BigDecimal creditAmount = new BigDecimal(0);
            BigDecimal debitAmount = new BigDecimal(0);
            for (Transaction transaction : account.getTransactions()) {
                if(transaction.getCredit() != null) {
                    creditAmount =
                    creditAmount.add(transaction.getCredit());
                }
                if(transaction.getDebit() != null) {
                    debitAmount =
                            debitAmount.add(transaction.getDebit());
                }

                output.append(
                    String.format(" %tD %-50s %8.2f\n",
                            transaction.getTimestamp(),
                            transaction.getDescription(),
                            transaction.getTransactionAmount()));
            }

            output.append(
        String.format("%80s %14.2f\n", "Total Debit:" , debitAmount));
            output.append(
        String.format("%81s %13.2f\n", "Total Credit:", creditAmount));
            output.append(
        String.format("%76s %18.2f\n\n", "Balance:", account.getBalance()));
            }
        }
    }

    private void formatHeader(Statement statement, StringBuilder output) {
        Customer customer = statement.getCustomer();

        String customerName =
            String.format("\n%s %s",
```

```
                                    customer.getFirstName(),
                                    customer.getLastName());

        output.append(customerName +
            ADDRESS_LINE_ONE.substring(customerName.length()));

        output.append(customer.getAddress1() +
            ADDRESS_LINE_TWO.substring(customer.getAddress1().length()));

        String addressString =
            String.format("%s, %s %s",
                                customer.getCity(),
                                customer.getState(),
                                customer.getPostalCode());
        output.append(addressString +
            ADDRESS_LINE_THREE.substring(addressString.length()));
    }
}
```

코드의 양이 많다. 그러나 대부분은 출력할 내용을 명확히 정의하는 표현식을 사용하는 String.format의 호출이다. formatHeader 메서드는 문자열을 형식에 맞게 만들어내서 출력 문자열에 더하는 역할을 담당한다. formatAccount 메서드는 본질적으로 formatHeader 메서드와 동일한 작업을 수행하며, 각 계좌 및 계좌 내의 거래 정보에 관해 해당 작업을 수행한다.

ItemWriter의 다음 컴포넌트는 HeaderCallback이다. 이 컴포넌트는 각 거래명세서의 일반적인 항목을 제공한다. 예제 10-31은 HeaderCallback의 코드다.

▼ 예제 10-31 StatementHeaderCallback

```
...
public class StatementHeaderCallback implements FlatFileHeaderCallback {

    public void writeHeader(Writer writer) throws IOException {
        writer.write(String.format("%120s\n", "Customer Service Number"));
        writer.write(String.format("%120s\n", "(800) 867-5309"));
        writer.write(String.format("%120s\n", "Available 24/7"));
        writer.write("\n");
```

```
        }
}
```

이 클래스는 본질적으로 형식에 맞게 문자열을 만들고 현재 출력 스트림에 추가한다는 점에서 StatementLineAggregator와 동일한 기능을 수행한다. 그러나 이 데이터는 항상 동일해서 변경될 일이 없다.

이들은 거래명세서 생성에 사용되는 FlatFileItemWriter가 필요로 하는 컴포넌트다. 실제로 FlatFileItemWriter를 구성하려면 바로 앞에서 살펴봤던 두 인스턴스를 빌더에게 전달하기만 하면 된다. 예제 10-32에서 이를 볼 수 있다.

▼ 예제 10-32 individualStatementItemWriter

```
...
@Bean
public FlatFileItemWriter<Statement> individualStatementItemWriter() {
    FlatFileItemWriter<Statement> itemWriter = new FlatFileItemWriter<>();

    itemWriter.setName("individualStatementItemWriter");
    itemWriter.setHeaderCallback(new StatementHeaderCallback());
    itemWriter.setLineAggregator(new StatementLineAggregator());

    return itemWriter;
}
...
```

FlatFileItemWriter는 이름과 방금 전에 살펴봤던 HeaderCallback 및 LineAggregator로 구성된다. FlatFileItemWriter를 구성이 끝나면, 마지막으로 구성할 부분은 MultiResourceItemWriter이다. 이 컴포넌트는 고객당 하나의 파일을 생성하는 데 사용된다. 예제 10-33에서 해당 구성을 볼 수 있다.

▼ 예제 10-33 statementItemWriter

```
...
@Bean
@StepScope
```

```
public MultiResourceItemWriter<Statement> statementItemWriter(
@Value("#{jobParameters['outputDirectory']}") Resource outputDir) {
    return new MultiResourceItemWriterBuilder<Statement>()
                    .name("statementItemWriter")
                    .resource(outputDir)
                    .itemCountLimitPerResource(1)
                    .delegate(individualStatementItemWriter())
                    .build();
}
```

이 퍼즐의 마지막 조각은 `MultiResoureItemWriter`이다. 이름, 생성할 파일이 위치할 디렉
터리를 나타내는 리소스, 리소스당 아이템 개수(이 예제에서는 1)를 구성하며 마지막으로 위임
라이터를 구성한다.

필요한 작업을 모두 마쳤다. 잡에 필요한 컴포넌트를 구성했으니 이제 `mvn clean install`
명령을 수행해 잡을 빌드하고, `java -jar chapter10-0.0.1-SNAPSHOT.jar customer`
`UpdateFile=<PATH_TO_CUSTOMER_FILE> transactionFile=<PATH_TO_TRANSACTION_FILE>`
`outputDirectory=L<PATH_TO_OUTPUT_DIR>`명령을 수행해 잡을 실행한다. 잡 실행의 결과는
예제 10-34에 표시된 전체 내용이다.

▼ 예제 10-34 거래명세서의 예

```
                                                    Customer Service Number
                                                          (800) 867-5309
                                                          Available 24/7
Elliot Winslade                                           Apress Banking
3 Clyde Gallagher Parkway                            1060 West Addison St.
San Antonio, Texas 78250                                Chicago, IL 60613


Your Account Summary                   Statement Period 05/08/18 to 06/20/18
                                    Total Debit:        0.00
                                    Total Credit:       0.00
                                    Balance:        24082.61


Your Account Summary                   Statement Period 05/06/18 to 06/20/18

        06/05/18        Quinu                            10733.88
```

```
06/15/18        Jabbercube                              -1061.00
                                    Total Debit:        -1061.00
                                    Total Credit:       10733.88
                                    Balance:            11413.68
```

요약

구체적인 상황과 관련 없이 단편적으로 어떤 일을 배우면 이를 실세계에 실제로 적용하기 어렵다. 10장에서는 스프링 배치 프레임워크에서 일반적으로 사용되는 요소를 사용해 현실적인 배치 잡 예제를 구성했다.

지금까지는 기초적인 내용을 다뤘으며, 11장부터는 스프링 배치의 고급 주제를 더욱 더 깊이 살펴볼 것이다. 지금까지 사용했던 단일 스레드 실행을 넘어서는 배치 잡 확장 방법을 살펴본다.

확장과 튜닝

미국 국세청은 2018년 1억 1500만 건 이상의 개인 세금 환급을 처리했다. 애틀랜타의 하츠필드잭슨 공항은 2017년에 약 1억 400만 명의 승객을 처리했다. 페이스북에는 하루에 3억 장 이상의 사진이 업로드되고 있다. 애플은 2017년 2억 1600만 대 이상의 아이폰을 판매했다. 세계에서 매일 생성되는 데이터의 양은 엄청나다. 예전에는 데이터가 증가하면 여러 개의 프로세서로 처리했다. 애플리케이션이 충분히 빠르지 않다면 1년 정도 기다렸다가 성능 좋은 새 서버를 구입해서 처리하면 됐기 때문에 문제될 게 없었다.

그러나 이제는 더 이상 그렇지 않다. CPU는 더 이상 빨라지지 않는다. 반면 전체 컴퓨팅 비용은 떨어지고 있다. 처리 속도를 높이는 대신에 단일 칩에서 더 많은 코어를 사용하거나, 분산 시스템에서 더 많은 칩을 사용함으로써 더 큰 컴퓨팅 성능을 얻을 수 있다. 스프링 배치 개발자는 이를 간파하고 병렬 처리를 프레임워크의 주요 특징 중 하나로 만들었다. 11장에서는 다음을 살펴본다.

- **배치 잡 프로파일링**profiling: 배치 잡을 프로파일링하는 절차를 살펴본다. 프로파일링을 하면 최적화와 관련된 의사 결정을 내릴 수 있으므로 배치 잡의 성능을 높이는 데 긍정적인 영향을 줄 수 있다.
- **배치 잡의 여러 확장성**scalability **옵션 검토하기**: 스프링 배치는 여러 가지 확장 방식을 제

공한다. 각 방식을 자세히 검토한다.

배치 처리 프로파일링하기

마이클 A. 잭슨Michael A. Jackson은 자신의 저서 『Principals of Program Design(프로그램 설계의 원리)』(Academic Press, 1975)에서 다음과 같은 최적화와 관련된 최고의 규칙 두 가지를 제시했다.

- 규칙 1. 하지 마시오.
- 규칙 2. (전문가에게만 해당) 아직 하지 마시오.

위 두 규칙 이면에 있는 아이디어는 간단하다. 개발 과정에서 소프트웨어는 변화한다. 이 때문에 시스템이 개발되기 전까지는 시스템 설계 방법에 대한 정확한 의사 결정이 사실상 불가능하다. 시스템이 개발된 이후에야 성능 병목현상을 테스트하고, 필요에 따라 이를 해결할 수 있다. 이런 접근 방식을 취하지 않으면 두 번째로 좋아하는 격언인 윌리엄 울프W. A. Wulf의 최적화와 관련된 격언대로 될 위험이 있다.

> 맹목적인 어리석음을 비롯한 그 어떠한 다른 이유보다도, 효율성이라는 이름으로 더 많은 컴퓨팅과 관련된 죄가 저질러진다.

자바 애플리케이션을 프로파일링할 때, 무료인 방법부터 매우 비싼 방법에 이르기까지 다양한 옵션이 있다. 그래도 무료인 최고의 방법 중 하나는 깃허브Github에서 다운로드받아 사용할 수 있는 VisualVM이다. 이 도구로 배치 잡을 프로파일링할 수 있다. 잡 프로파일링을 시작하기 전에 VisualVM 도구를 간단히 살펴보자.

VisualVM 알아보기

오라클Oracle사의 VisualVM은 JVM이 어떤 상태인지 파악할 수 있는 도구다. JConsole의 형님 격인 VisualVM은 JConsole이 제공하는 JMX 관리뿐만 아니라 CPU 및 메모리 사용량,

메서드 실행 시간, 스레드 관리, 가비지 컬렉션과 관련된 정보도 제공한다. 이 절에서는 VisualVM 도구의 기능을 살펴본다.

VisualVM을 사용하려면 먼저 설치부터 해야 한다. 자바 9 이전에는 VisualVM이 JVM과 함께 제공됐다. 그러나 자바 9부터는 깃허브에서 다운로드해야 사용할 수 있다. https:// visualvm.github.io/index.html에서 최신 버전의 VisualVM 및 설치 설명서를 얻을 수 있다.

VisualVM을 설치한 후 실행시켜보자. VisualVM은 그림 11-1과 같이 왼쪽 메뉴와 오른쪽 시작 페이지로 사용자를 맞이한다.

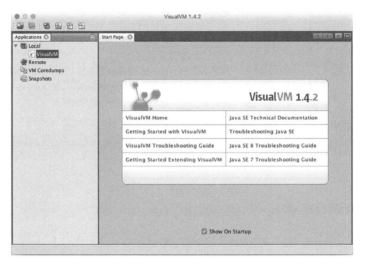

▲ 그림 11-1 VisualVM의 시작 화면

왼쪽의 메뉴는 네 개의 항목으로 나뉜다. Local 및 Remote 항목은 연결할 수 있는 애플리케이션을 찾는 곳이다. VisualVM을 기동하면 자신도 자바 애플리케이션이므로 Local 항목에 표시된다. Local 및 Remote 항목 아래에는 분석을 위해 미리 생성해 둔 자바 VM 코어 덤프를 로드할 수 있는 VM Coredumps 항목이 있다. 또한 그 아래에는 VisualVM을 사용해서 캡쳐한 특정 시점의 VM 상태 스냅샷을 로드할 수 있는 Snapshots 항목이 있다. VisualVM 도구의 기능을 살펴보기 위해 VisualVM을 인텔리J 인스턴스에 연결해보자.

VisualVM에서 실행 중인 JVM에 처음 연결하면 그림 11-2와 같은 화면이 표시된다.

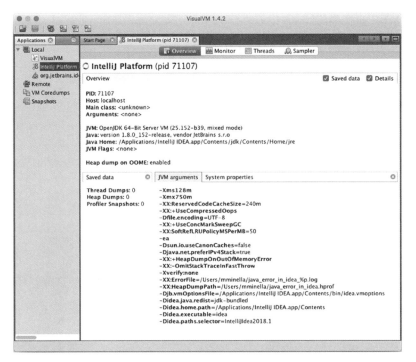

▲ 그림 11-2 자바 프로세스에 연결하기

화면 상단에는 네 개의 탭이 있다.

- Overview: 실행 중인 자바 애플리케이션의 개요를 제공한다. 여기에는 main 클래스, 애플리케이션 이름, 프로세스 ID, 시작 시 JVM에 전달된 아규먼트가 포함된다.

- Monitor: CPU 사용률, 메모리 사용률(Heap과 PermGen), 로딩된 클래스 수, 수행 중인 데몬 스레드 수를 보여주는 차트를 표시한다. 애플리케이션의 가비지 컬렉션을 수행할 수 있으며, 추후 분석을 위해 힙 덤프를 생성할 수도 있다.

- Threads: 애플리케이션이 실행한 모든 스레드와 해당 스레드가 어떤 작업을 하고 있는지(running, sleeping, waiting 또는 monitoring)와 관련된 정보를 표시한다. 해당 데이터는 타임라인 형식, 테이블 형식, 세부 정보 형식으로 표시된다.

- Sampler: 애플리케이션의 CPU 사용률과 메모리 할당 상태를 순간적으로 잡아내 스냅샷을 만들 수 있다. CPU 사용률은 어떤 메서드가 얼마나 오래 실행되는지를 보여준다. 메모리 사용률은 어떤 클래스가 얼마나 많은 메모리를 사용하는지 보여준다.

추가적으로 설명하자면 Overview 탭에는 현재 분석 중인 자바 프로세스의 정보가 표시된다. 여기에는 프로세스 ID, 프로세스가 실행 중인 호스트, JVM 아규먼트, JVM이 알고 있는 전체 시스템 프로퍼티 목록이 포함된다.

두 번째 탭은 그림 11-3에서 볼 수 있는 Monitor 탭이다.

▲ 그림 11-3 인텔리J 인스턴스에 연결한 후 Monitor 탭 확인하기

Monitor 탭은 메모리와 CPU 관점으로 JVM의 전체적인 상태를 보는 곳이다. 다른 여러 탭은 이 Monitor 탭에서 식별된 문제점의 원인을 판별할 때 더 유용하다(메모리가 부족하거나 CPU가 어떤 이유로 점유된 경우 등). Monitor 탭의 모든 차트는 크기를 조정할 수 있으며, 필요에 따라 숨길 수도 있다.

VisualVM에서 사용할 수 있는 다음 탭은 그림 11-4에서 볼 수 있는 Threads 탭이다.

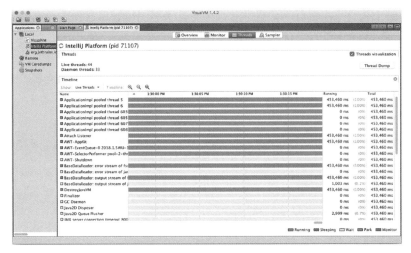

▲ 그림 11-4 VisualVM의 Threads 탭

모든 자바 애플리케이션은 다중 스레드로 동작한다. 최소한 main 실행 스레드와 가비지 컬렉션을 위한 추가 스레드가 있다. 그러나 대부분의 자바 애플리케이션은 여러 이유로 많은 추가 스레드를 생성한다. 이 탭에서는 애플리케이션이 생성한 다양한 스레드의 정보를 확인할 수 있으며 해당 스레드가 무엇을 하고 있는지 볼 수 있다. 그림 11-4처럼 데이터를 표 형태로 표시할 수도 있으며 각 스레드의 상세 그래프로도 표시할 수 있다.

그림 11-5에 표시된 마지막 탭은 Sampler 탭이다.

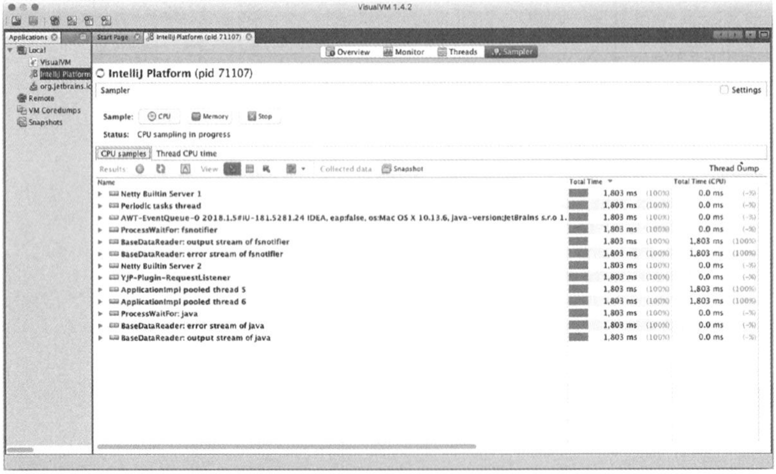

▲ 그림 11-5 VisualVM의 Sampler 탭

이 탭의 화면에는 CPU 및 Memory 버튼을 비롯해 Stop 버튼이 있다. 메서드별 CPU 실행 현황이나 클래스별 메모리 사용 현황을 샘플링하려면 해당 버튼을 클릭하면 된다. 화면에 보이는 테이블에는 VisualVM이 분석한 VM의 현재 상태가 주기적으로 갱신된다.

VisualVM은 강력하고 확장성이 좋은 도구다. VisualVM은 기본 제공 기능을 확장할 수 있도록 더 많은 플러그인을 제공한다. Thread Inspector 플러그인을 사용해 현재 실행 중인 스레드의 스택 트레이스를 볼 수 있으며, Visual GC 플러그인을 사용해 가비지 컬렉션을 시각화할 수 있고, MBean 브라우저를 사용해 MBean에 접근할 수 있다. 이처럼 플러그인을 추가하면 이미 강력한 VisualVM의 기능을 더 확장할 수 있다.

오라클의 VisualVM으로 무엇을 할 수 있는지 알아봤으니, 이제 VisualVM을 사용해 스프링 배치 애플리케이션을 프로파일링하는 방법을 알아보자.

스프링 배치 애플리케이션 프로파일링하기

애플리케이션을 프로파일링할 때는 일반적으로 다음의 두 가지 중 하나를 살펴본다. 하나는 어떤 부분에서 얼마나 많은 CPU를 사용하는가이고, 다른 하나는 무엇 때문에 얼마나 많은 메모리가 사용되는가이다. 첫 번째 질문인 어떤 부분에서 얼마나 많은 CPU를 사용하는가는 CPU가 어떤 작업을 하는가와 연관돼 있다. 잡이 어려운 계산을 수행하는가? CPU가 비즈니스 로직이 아닌 다른 곳에 많은 노력을 들이고 있는가? 예를 들어 실제 계산 수행보다 파일을 파싱^{parsing}하는 데 더 많은 시간을 소비하고 있지는 않은가? 두 번째 질문은 메모리에 관한 것이다. 가용 메모리를 거의 다 소모했는가? 그렇다면 무엇이 메모리를 가득 차지하고 있는가? 컬렉션을 지연 로딩^{lazily loading}하지 않은 하이버네이트 객체로 인해 메모리가 가득차게 됐는가? 이 절에서는 스프링 배치 애플리케이션 내 어디에서 리소스를 소비하는지 확인하는 방법을 살펴본다.

CPU 프로파일링

애플리케이션을 프로파일링할 때, 확인할 사항을 나열한 간단한 점검 목록을 작성하는 것이 좋다. 하지만 쉬운 일이 아니다. 어떤 때는 애플리케이션 프로파일링이 과학이라기보다는 예술처럼 느껴질 수도 있다. 이 절에서는 애플리케이션의 성능과 CPU 사용률과 관련된 데이터를 얻는 방법을 알아본다.

애플리케이션 내에서 CPU가 얼마나 성능을 내는지 살펴볼 때는, 일반적으로 시간을 측정해 핫스팟(예상과 다르게 동작하는 부분)을 찾아낸다. 애플리케이션 내 어느 부분에서 CPU를 가장 많이 사용하는가? 예를 들어 코드 어딘가에 무한 루프가 존재한다면 CPU는 트리거된 이후에 해당 부분에서 많은 시간을 소비할 것이다. 반면 모든 것이 정상적으로 수행된다면 병목 현상이 아예 없거나 사전에 예측한 병목현상만 발생할 것이라고 예상할 수 있다(일반적으로 요즘 시스템에서 발생하는 대부분의 병목은 I/O에 있다).

CPU 프로파일링 기능을 살펴보려면 마지막 장에서 완성했던 거래명세서 잡을 사용해보자. 이 잡은 네 단계로 구성되며, 파일과 데이터베이스를 사용한다. 그림 11–6은 현재 구성된 잡의 개략적인 모습이다.

▲ 그림 11–6 거래명세서 잡

잡을 실행하려면 java -jar chapter10-0.0.1-SNAPSHOT.jar customerUpdateFile=<PATH_TO_CUSTOMER_FILE> transactionFile=<PATH_TO_TRANSACTION_FILE> outputDirectory=<PATH_TO_OUTPUT_DIR> 명령을 사용한다. 잡이 시작되면 VisualVM 화면 왼쪽 아래에 있는 Local 메뉴에 해당 잡이 표시된다. 연결하려면 두 번 클릭하기만 하면 된다.

실행 중인 거래명세서 잡에 연결했으니, 이제 잡 내부에서 어떤 일들이 수행되는지 살펴볼 수 있다. 우선 Monitor 탭을 보고 CPU 사용량이 얼마나 많은지 알아보자. 100명의 고객 정보와 20,000개 이상의 거래 정보가 담긴 고객 거래 정보 파일을 입력으로 전달해 거래명세서 잡을 실행해보면, 이 잡의 CPU 사용률이 미미하다는 것을 알 수 있다. 그림 11–7은 잡 실행 후 Monitor 탭의 차트이다.

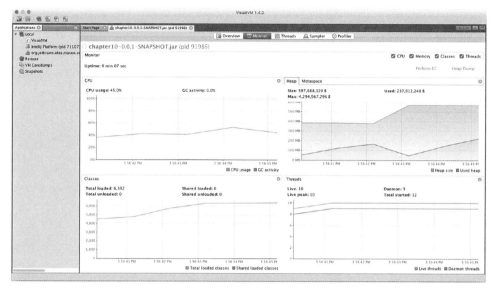

▲ 그림 11-7 거래명세서 잡의 리소스 사용 현황

그림 11-7에서 알 수 있듯이 거래명세서 잡은 CPU를 많이 사용하지 않는다. 실제로 메모리 프로파일을 보더라도 잡이 메모리를 많이 사용하지는 않는다. 그러나 CPU와 메모리를 많이 사용하도록 프로그램을 간단히 변경할 수 있다. 스텝 4(AccountItemProcessor)에서 사용하는 ItemProcessor에 작은 루프를 추가하면 프로그램이 CPU를 많이 사용하도록 빠르게 바꿔볼 수 있다. 예제 11-1은 추가한 루프 코드다.

▼ 예제 11-1 프로세서 내에서 소수 계산하기

```
...
@Component
public class AccountItemProcessor implements ItemProcessor<Statement, Statement> {

    @Autowired
    private final JdbcTemplate jdbcTemplate;

    public AccountItemProcessor(JdbcTemplate jdbcTemplate) {
        this.jdbcTemplate = jdbcTemplate;
    }

    @Override
```

```java
public Statement process(Statement item) throws Exception {

    int threadCount = 10;
    CountDownLatch doneSignal = new CountDownLatch(threadCount);

    for(int i = 0; i < threadCount; i++) {
        Thread thread = new Thread(() -> {
            for (int j = 0; j < 1000000; j++) {
                new BigInteger(String.valueOf(j))
                    .isProbablePrime(0);
            }
            doneSignal.countDown();
        });
        thread.start();
    }
    doneSignal.await();

    item.setAccounts(this.jdbcTemplate.query("select a.account_id," +
                " a.balance," +
                " a.last_statement_date," +
                " t.transaction_id," +
                " t.description," +
                " t.credit," +
                " t.debit," +
                " t.timestamp " +
                "from account a left join " + //HSQLDB
                " transaction t on a.account_id = t.account_account_id " +
//                  "from account a left join " + //MYSQL
//                  " transaction t on a.account_id = t.account_account_id " +
                "where a.account_id in " +
                " (select account_account_id " +
                " from customer_account " +
                " where customer_customer_id = ?) " +
                "order by t.timestamp",
                new Object[] {item.getCustomer().getId()},
                new AccountResultSetExtractor()));

    return item;
    }
}
```

예제 11-1에 나타난 것처럼 여러 스레드를 시작한 뒤 0과 100만 사이의 모든 소수를 계산하는 이 루프 코드는 분명히 원하는 시간 내에 실행을 끝내지 못할 것이다. 그러나 이러한 루프는 수백만 건의 거래 정보를 처리하는 과정에서 배치 잡의 성능에 치명적인 영향을 줄 수 있는 돌발적인 유형의 루프다. 그림 11-8처럼 VirtualVM은 이 작은 루프가 CPU 사용률에 어떠한 영향을 미치는지 보여준다.

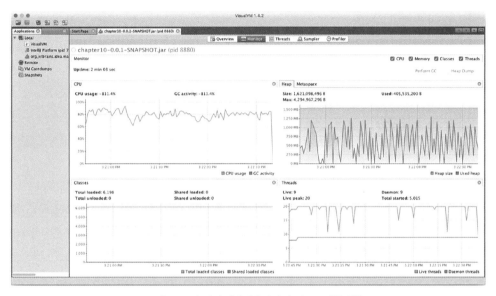

▲ 그림 11-8 수정된 거래명세서 잡의 리소스 사용 현황

예상대로 이 코드는 잡이 광적으로 동작하도록 만들었다. 잡의 처음 세 개의 스텝은 너무 빨리 실행돼 그래프에 나타나지도 않지만, 일단 잡의 마지막 스텝에 도달하면 더 많은 스레드, 메모리, CPU를 소모한다. 그런데 이렇게 리소스를 급작스럽게 많이 소모하는 경우 그 원인을 찾아내려면 다음으로 어디를 살펴봐야 할까?

자원을 급격히 소모하는 부분을 식별했다면 다음에 살펴봐야 할 곳은 **Sampler** 탭이다. 동일한 조건으로 잡을 다시 실행하면, 잡이 실행되는 동안 개별 메서드가 핫스팟으로 표시되는 것을 볼 수 있다. 이 예제에서, 계산을 실행하는 람다 코드가 CPU 시간 기준으로 목록에서 세 번째에 위치해 있다. 그림 11-9와 같이, 해당 메서드는 잡이 끝날 때까지 잡을 실행하는 데 필요한 전체 CPU 시간의 24.2%를 차지했다.

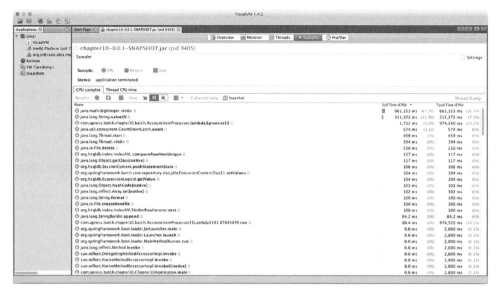

▲ 그림 11-9 AccountItemProcessor가 CPU를 상당히 많이 소모함

이와 같은 시나리오를 접했을 때 CPU 실행 시간과 관련해 분석 시간을 단축하는 더 좋은 방법은, 코드에 사용하는 패키지 이름으로 목록을 필터링하는 것이다. 이 예제에서는 com.apress.batch.chapter10.*로 목록을 필터링해서 어떤 클래스가 총 CPU 사용률 기준으로 몇 퍼센트를 차지하는지 확인할 수 있다. 이렇게 필터링을 해보면 원인은 AccountItemProcessor.lambda$process$0 메서드이며, 전체 CPU 시간의 24.2%를 소모한 것을 확인할 수 있다. 목록에서 그다음으로 높은 순위의 메서드의 CPU 점유 시간은 0%이다. 도구를 통해 얻을 수 있는 모든 정보를 확보했으니, 이제 코드를 살펴봄으로써 AccountItemProcessor 내의 어떤 부분이 CPU를 많이 사용하는지 깊게 파보기 시작하면 된다.

간단하지 않은가? 하지만 사실 그렇지는 않다. 여기에서 사용했던 절차는 어떤 시스템에서든 문제를 좁히는 데 사용하는 절차이지만, 예제와 같이 문제를 쉽게 추적할 수 있는 경우는 드물다. 그러나 VisualVM을 사용하면 문제가 발생한 위치를 점차 좁힐 수 있다. CPU 사용률이 성능의 전부는 아니다. 다음 절에서는 VisualVM을 사용해 메모리를 프로파일링하는 방법을 살펴본다.

메모리 프로파일링

CPU 사용률 문제가 발생할 가능성이 가장 높은 것처럼 보일 수도 있지만, 경험상으로 봤을 때 실제로는 소프트웨어에서 메모리 문제가 발생할 가능성이 높은 게 사실이다. 소프트웨어는 다양한 프레임워크를 사용하는데, 이런 프레임워크가 보이지 않는 여러 작업을 하기 때문이다. 이러한 프레임워크를 잘못 사용하면 별다른 징후 없이 무수히 많은 객체가 생성되며, 메모리를 완전히 소진할 때까지 이런 일이 계속된다. 이 절에서는 VisualVM을 사용해 메모리 사용량을 프로파일링하는 방법을 살펴본다.

메모리를 어떻게 프로파일링하는지 알아보기 위해 앞서 수행했던 작업을 변경해보자. 이번에는 처리 시간이 오래 걸리도록 하는 것이 아니라, 제어할 수 없을 정도의 문자열을 만들어내는 상황을 시뮬레이션하도록 수정한다. 예제 코드를 실제 시스템에서 볼 수는 없겠지만, 과도한 문자열 조작은 메모리 문제를 일으키는 일반적인 원인이다. 예제 11-2는 수정된 AccountItemProcessor의 코드다.

▼ 예제 11-2 프로세서에서 메모리 누수가 발생시키기

```
@Component
public class AccountItemProcessor implements ItemProcessor<Statement, Statement> {

    @Autowired
    private final JdbcTemplate jdbcTemplate;

    public AccountItemProcessor(JdbcTemplate jdbcTemplate) {
        this.jdbcTemplate = jdbcTemplate;
    }

    @Override
    public Statement process(Statement item) throws Exception {

        String memoryBuster = "memoryBuster";

        for (int i = 0; i < 200; i++) {
            memoryBuster += memoryBuster;
        }

        item.setAccounts(this.jdbcTemplate.query("select a.account_id," +
```

```
                          " a.balance," +
                          " a.last_statement_date," +
                          " t.transaction_id," +
                          " t.description," +
                          " t.credit," +
                          " t.debit," +
                          " t.timestamp " +
                          "from account a left join " + //HSQLDB
                          " transaction t on a.account_id = t.account_account_id " +
//                           "from account a left join " + //MYSQL
//                              " transaction t on a.account_id = t.account_account_id " +
                          "where a.account_id in " +
                          " (select account_account_id " +
                          " from customer_account " +
                          " where customer_customer_id = ?) " +
                          "order by t.timestamp",
                          new Object[] {item.getCustomer().getId()},
                              new AccountResultSetExtractor()));

        return item;
    }
}
```

예제 11-2에서 볼 수 있는 버전에서는 현재 처리 중인 청크가 끝나더라도 존재하는 객체의 List를 생성한다. 정상적인 처리라면 청크가 완료된 이후에 해당 청크와 관련된 대부분의 객체는 가비지 컬렉션이 이뤄져 메모리 사용량이 어느 수준으로 유지된다. 이 예제에서와 같은 일을 수행하면 메모리 사용량이 제어 범위를 벗어나게 될 정도로 커질 것이라 예상할 수 있을 것이다.

이 버그를 가진 거래명세서 잡을 실행한 후 VisualVM을 사용해 프로파일링을 수행하면, 해당 잡이 메모리 관점에서 빠르게 통제할 수 없는 상태가 돼 버린다는 사실을 알 수 있다. 스텝 실행 도중에 OutOfMemoryException이 발생한다. 그림 11-10은 메모리 누수가 발생하는 거래명세서 잡이 실행되는 동안에 볼 수 있는 VisualVM의 Monitor 탭이다.

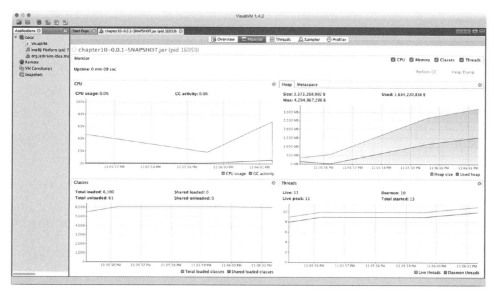

▲ 그림 11-10 메모리 누수가 발생하는 거래명세서 잡의 모니터링 결과

그림 11-10의 오른쪽 상단에 있는 메모리 그래프의 맨 끝에서 볼 수 있는 것처럼, 메모리 사용량이 급증해 OutOfMemoryException이 발생한다는 점에 주목하자. 그런데 이러한 급증의 원인을 어떻게 알 수 있을까? 만약 방법을 모른다면 Sampler 탭에서 실마리를 얻을 수 있다.

앞서 Sampler 탭에서 어떤 메서드의 호출이 CPU를 소모하는지 보여줄 수 있고, 어떤 객체가 소중한 메모리를 차지하고 있는지도 볼 수 있었다. 이를 확인하려면 이전과 같이 잡을 실행하라. 실행 중이라면 VisualVM을 사용해 해당 잡 프로세스에 연결하고 Sampler 탭으로 이동한다. 메모리 누수의 원인을 확인하려면 메모리 사용량이 달라질 때 어떠한 변화가 발생했는지 알아야 한다. 그림 11-11에서 각 블록은 클래스 인스턴스를 나타낸다. 각 열에 블록이 많이 쌓일수록 더 많은 인스턴스가 메모리에 존재한다는 것을 의미한다. 각 열은 JVM 내의 시간별 스냅샷을 나타낸다. 프로그램이 시작될 때 생성된 인스턴스 수는 적다(이 그림에서는 하나다). 인스턴스 수는 시간이 지남에 따라 천천히 증가하고 가비지 컬렉션이 발생할 때 때때로 감소한다. 마지막에 9개의 인스턴스가 생성돼 높은 수치를 찍으며 끝난다. 이것이 VisualVM을 통해 찾아낼 수 있는 메모리 사용량 증가 유형이다.

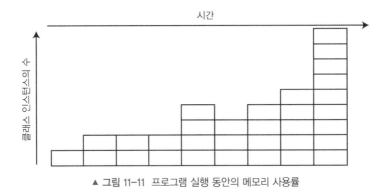

시간

클래스 인스턴스의 수

▲ 그림 11-11 프로그램 실행 동안의 메모리 사용률

배치 잡에서 이러한 유형의 변화를 보려면 VisualVM의 스냅샷snapshot 기능을 사용한다. 잡이 실행되면 화면 중간에 있는 **Snapshot** 버튼을 클릭한다. VisualVM은 해당 스냅샷을 만들때 JVM의 정확한 상태를 기록한다. 이를 다른 스냅샷과 비교해 변화를 확인할 수 있다. 일반적으로 변화는 문제 지점을 알 수 있게 해준다. 그곳이 스모킹 건이 아니라도, 찾아봐야 할곳임은 분명하다.

배치 잡의 처리 능력을 확장scale하는 기능은 11장의 앞 절에서 설명했던 성능과 관련된 버그를 해결하는 데 반드시 필요한 요건은 아니다. 오히려 앞서 살펴본 버그가 존재하는 잡은 처리 능력을 확장해서는 안 된다. 그러므로 스프링 배치를 비롯한 모든 프레임워크가 제공하는확장성 관련 기능을 적용하기 전에 애플리케이션 내의 문제를 해결해야 한다. 성능상 문제가없는 시스템이라면 스프링 배치가 제공하는 싱글 스레드나 싱글 JVM 접근 방식을 넘어서는확장 기능은 어떤 프레임워크도 따라올 수 없을 만큼 강력하다. 11장의 나머지 부분에서는스프링 배치의 확장성 기능을 사용하는 방법에 대해 알아본다.

잡 확장하기

기업의 사업이 잘 되면 데이터 양이 증가한다. 더 많은 고객, 더 많은 거래, 더 많은 사이트조회수, 더, 더, 더욱 더. 이런 상황에서도 배치 잡은 잘 동작해야 한다. 스프링 배치는 처음부터 뛰어난 확장성을 가질 수 있게 설계돼 소규모 배치 잡과 대규모 엔터프라이즈급 배치인프라스트럭처의 요구를 모두 수용할 수 있다. 이 절에서는 스프링 배치가 제공하는 기본 플로우를 넘어서 배치 잡을 확장할 수 있는 다중 스레드 스텝, 병렬 스텝, 원격 청킹, 파티셔닝의 네 가지 접근 방식을 살펴본다.

다중 스레드 스텝

스텝은 기본적으로 단일 스레드로 처리된다. 다중 스레드 스텝은 잡의 실행을 병렬화하는 가장 쉬운 방법이지만, 다중 스레드를 사용하는 환경이라면 공통적으로 고려해야 할 사항이 있다. 이 절에서는 스프링 배치의 다중 스레드 스텝이 무엇인지, 배치 잡에서 다중 스레드 스텝을 어떻게 안전하게 사용하는지 알아본다.

스프링 배치의 다중 스레드 스텝 개념을 적용하면 배치 잡이 스프링의 `org.springframe work.core.task.TaskExecutor` 추상화를 사용해 각 청크가 자체 스레드에서 실행되게 할 수 있다. 그림 11-12는 다중 스레드 스텝을 사용할 때 처리 흐름의 예다.

그림 11-12에서 볼 수 있듯이 잡 내의 모든 스텝은 각 청크를 독립적으로 처리하면서 하나의 스레드 풀 내에서 처리되게 구성할 수 있다. 청크가 처리될 때 스프링 배치는 해당 청크에서 어떤 일이 수행됐는지 추적한다. 스레드 중 하나에서 오류가 발생하면, 잡 처리는 일반적인 스프링 배치 기능에 따라 롤백되거나 종료된다.

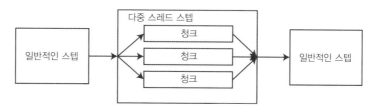

▲ 그림 11-12 다중 스레드 스텝 처리하기

스텝을 다중 스레드 방식으로 실행되도록 구성하려면 해당 스텝이 `TaskExecutor`를 참조하도록 구성하기만 된다. 예제 11-3은 거래명세서 잡을 예제로 사용할 때 다중 스레드 스텝을 사용하도록 단일 스텝 잡을 구성하는 방법을 나타낸다.

```
...
@EnableBatchProcessing
@SpringBootApplication
public class MultithreadedJobApplication {

    @Autowired
    private JobBuilderFactory jobBuilderFactory;

    @Autowired
    private StepBuilderFactory stepBuilderFactory;

    @Bean
    @StepScope
    public FlatFileItemReader<Transaction> fileTransactionReader(
                @Value("#{jobParameters['inputFlatFile']}") Resource resource) {

        return new FlatFileItemReaderBuilder<Transaction>()
                    .name("transactionItemReader")
                    .resource(resource)
                    .saveState(false)
                    .delimited()
                    .names(new String[] {"account", "amount", "timestamp"})
                    .fieldSetMapper(fieldSet -> {
                        Transaction transaction = new Transaction();

                        transaction.setAccount(fieldSet.
                        readString("account"));
                        transaction.setAmount(fieldSet.
                        readBigDecimal("amount"));
                        transaction.setTimestamp(fieldSet.
                        readDate("timestamp", "yyyy-MM-dd HH:mm:ss"));

                        return transaction;
                    })
                    .build();
    }

    @Bean
    @StepScope
    public JdbcBatchItemWriter<Transaction> writer(DataSource dataSource) {
```

562

```
                    return new JdbcBatchItemWriterBuilder<Transaction>()
                            .dataSource(dataSource)
                            .sql("INSERT INTO TRANSACTION (ACCOUNT, AMOUNT, TIMESTAMP) " +
                            "VALUES (:account, :amount, :timestamp)")
                            .beanMapped()
                            .build();
        }


        @Bean
        public Job multithreadedJob() {
                return this.jobBuilderFactory.get("multithreadedJob")
                            .start(step1())
                            .build();
        }


        @Bean
        public Step step1() {
                return this.stepBuilderFactory.get("step1")
                            .<Transaction, Transaction>chunk(100)
                            .reader(fileTransactionReader(null))
                            .writer(writer(null))
                            .taskExecutor(new SimpleAsyncTaskExecutor())
                            .build();
        }

        public static void main(String[] args) {
                String [] newArgs = new String[] {"inputFlatFile=/data/csv/bigtransactions.csv"};

                SpringApplication.run(MultithreadedJobApplication.class, newArgs);
        }
}
```

예제 11-3에서 알 수 있듯이 잡 내의 스텝에 스프링의 다중 스레딩 기능을 추가하는 데 필
요한 일은 스텝 내에서 **TaskExecutor** 구현체를 정의하고(이 예제에서는 org.springframework.
core.task.SimpleAsyncTaskExecutor를 사용함) 참조하는 것이 전부다. 이 잡을 실행하면 스프링
은 스텝 내에서 실행되는 각 청크용으로 새 스레드를 생성해 각 청크를 병렬로 실행한다. 이
기능은 대부분의 잡에 적용할 수 있는 강력한 추가 기능이다.

그러나 다중 스레드 스텝으로 일을 처리할 때 문제가 있다. 스프링 배치가 제공하는 대부분의 `ItemReader`는 상태를 유지하므로 스테이트풀stateful하다. 스프링 배치는 잡을 다시 시작할 때 이 상태를 사용함으로써 처리가 중단된 위치를 알 수 있다. 그러나 다중 스레드 환경에서 여러 스레드가 접근 가능한 상태를 가진 객체(동기화가 돼 있지 않는 등)에는 서로 다른 스레드의 상태로 덮어쓰게 되는 문제가 발생할 수 있다. 이런 이유로 리더의 상태가 저장되지 않도록 해 해당 잡을 재시작할 수 없게 한다.

태스크 실행자task executor를 추가하는 일이 성능을 향상시키는 멋진 첫 번째 단계가 될 수 있다. 그러나 실제로 성능이 크게 나아지지 않는 때도 많다. 예를 들어 이미 입력 메커니즘이 네트워크, 디스크 버스 등과 같은 자원을 모두 소모하고 있다면 성능이 나아지지 않는다. 이어서 살펴볼 스프링 배치 잡을 확장하는 매커니즘은 병렬 스텝이다.

병렬 스텝

다중 스레드 스텝은 잡의 각 스텝 내에서 아이템의 청크를 병렬로 처리하는 기능을 제공하지만, 어떨 때는 모든 스텝을 병렬로 실행하는 것도 도움이 된다. 서로 관련 없는 여러 파일을 가져오는 것을 예로 들어보자. 어떤 한 파일을 읽는 일이 끝나지 않았다고 해서 다른 파일을 읽는 일을 미룰 필요는 없다. 스프링 배치는 스텝은 물론 심지어 플로우(재사용 가능한 스텝의 묶음)까지도 동시에 실행할 수 있으므로 잡의 전반적인 처리량을 늘릴 수 있다. 이 절에서는 스프링 배치의 병렬 스텝과 플로우를 사용해 잡의 전반적인 성능을 향상시키는 방법을 살펴본다.

여러 소스에서 파일을 전달받아야 한다면, 각 고객이 제공하는 파일을 시스템으로 가져오는 시나리오의 예를 살펴보자. 일부 고객은 CSV 형식의 파일을 선호한다. 일부 고객은 XML 형식의 파일을 선호한다. 데이터는 동일하지만 형식이 다르다. 이러한 문제를 해결할 수 있는 다양한 방식이 있을 것이다. 하지만 각 파일이 독립적이므로 병렬 스텝으로 배치를 실행하는 방법은 좋은 방법 중 하나다. 그림 11-13은 병렬 스텝이 실행되는 방법을 보여준다.

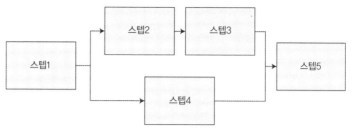

▲ 그림 11-13 주문 처리 잡의 처리 흐름

그림 11-13의 잡은 단일 스텝으로 시작된다. 그런 다음에 병렬로 두 개의 플로우[flow] 처리로 분할된다. 위쪽 플로우 1은 스텝 2를 실행하고 해당 스텝이 완료되면 스텝 3을 실행한다. 아래쪽 플로우 2는 스텝 4를 실행한다. 플로우 1과 2가 모두 완료되면 스텝 5가 실행된다.

실제로 예제로 살펴볼 잡은 간단한 두 개의 스텝을 가진 잡이다. 각 스텝은 서로 다른 입력 형식으로 작성된 데이터를 가져오는 역할을 한다. 스텝 1에서는 XML 파일을 읽어들인다. 스텝 2는 플랫 파일을 읽어들인다. 두 스텝 모두 병렬로 실행된다. 각 형식의 데이터는 동일하다. 계좌, 타임 스탬프, 거래 금액으로 구성된 거래 객체가 모두 포함돼 있다. 이 예제에서는 도메인 모델 자체가 아닌 확장 컴포넌트에 초점을 맞출 수 있도록 단순한 도메인 모델을 사용한다.

병렬 스텝 구성하기

스텝을 병렬로 실행하면 스프링 배치는 스프링의 TaskExecutor를 다시 사용한다. 이 사례에서 각 플로우는 자체 스레드에서 실행되므로 여러 플로우를 병렬로 실행할 수 있다. 이처럼 구성하려면 FlowBuilder의 split 메서드를 사용한다. split 메서드는 TaskExecutor를 아규먼트로 받아서 SplitBuilder를 반환한다. SplitBuilder를 사용하면 원하는 만큼 많은 플로우 객체를 추가할 수 있다. 각 플로우는 기본 TaskExecutor의 규약에 따라 자체 스레드에서 실행된다. 이런 스레드 실행 메커니즘은 각 스텝이나 스텝의 플로우를 병렬로 실행하는 기능을 제공한다.

split 메서드를 사용했을 때 잡의 실행 순서도 일반적인 잡의 실행 순서와 유사하다는 점에 유의하자. 일반적인 잡에서는 스텝 내에서 처리해야 할 모든 아이템이 처리되기 전에는 해당 스텝이 완료되지 않으며 해당 스텝이 완료되지 않았다면 다음 스텝이 시작되지 않는다. split 메서드를 사용했다면 split 메서드를 통해 병렬로 수행되도록 구성된 모든 플로우가 완료될 때까지 이후 스텝은 실행되지 않는다.

노트   split 메서드를 통해 병렬로 수행되도록 구성된 여러 플로우가 모두 완료된 이후에 다음 스텝이 실행된다.

이처럼 각각의 입력 소스를 처리하는 스텝을 병렬로 실행하도록 구성할 것이다. 예제 11-4 는 전체 잡의 구성이다.

▼ 예제 11-4 병렬 스텝의 구성

```java
@EnableBatchProcessing
@SpringBootApplication
public class ParallelStepsJobApplication {

    @Autowired
    private JobBuilderFactory jobBuilderFactory;

    @Autowired
    private StepBuilderFactory stepBuilderFactory;

    @Bean
    public Job parallelStepsJob() {
        Flow secondFlow = new FlowBuilder<Flow>("secondFlow")
                    .start(step2())
                    .build();

        Flow parallelFlow = new FlowBuilder<Flow>("parallelFlow")
                    .start(step1())
                    .split(new SimpleAsyncTaskExecutor())
                    .add(secondFlow)
                    .build();

        return this.jobBuilderFactory.get("parallelStepsJob")
                    .start(parallelFlow)
                    .end()
                    .build();
    }
```

```java
@Bean
@StepScope
public FlatFileItemReader<Transaction> fileTransactionReader(
            @Value("#{jobParameters['inputFlatFile']}") Resource resource) {

    return new FlatFileItemReaderBuilder<Transaction>()
                    .name("flatFileTransactionReader")
                    .resource(resource)
                    .delimited()
                    .names(new String[] {"account", "amount", "timestamp"})
                    .fieldSetMapper(fieldSet -> {
                        Transaction transaction = new Transaction();

                        transaction.setAccount(fieldSet.
                        readString("account"));
                        transaction.setAmount(fieldSet.
                        readBigDecimal("amount"));
                        transaction.setTimestamp(fieldSet.
                        readDate("timestamp", "yyyy-MM-dd HH:mm:ss"));

                        return transaction;
                    })
                    .build();
}

@Bean
@StepScope
public StaxEventItemReader<Transaction> xmlTransactionReader(
        @Value("#{jobParameters['inputXmlFile']}") Resource resource) {
            Jaxb2Marshaller unmarshaller = new Jaxb2Marshaller();
            unmarshaller.setClassesToBeBound(Transaction.class);

            return new StaxEventItemReaderBuilder<Transaction>()
                    .name("xmlFileTransactionReader")
                    .resource(resource)
                    .addFragmentRootElements("transaction")
                    .unmarshaller(unmarshaller)
                    .build();
}
```

```
@Bean
@StepScope
public JdbcBatchItemWriter<Transaction> writer(DataSource dataSource) {
    return new JdbcBatchItemWriterBuilder<Transaction>()
                    .dataSource(dataSource)
                    .beanMapped()
                    .sql("INSERT INTO TRANSACTION (ACCOUNT, AMOUNT, TIMESTAMP) " +
                    " VALUES (:account, :amount, :timestamp)")
                    .build();
}


@Bean
public Step step1() {
    return this.stepBuilderFactory.get("step1")
                    .<Transaction, Transaction>chunk(100)
                    .reader(xmlTransactionReader(null))
                    .writer(writer(null))
                    .build();
}


@Bean
public Step step2() {
    return this.stepBuilderFactory.get("step2")
                    .<Transaction, Transaction>chunk(100)
                    .reader(fileTransactionReader(null))
                    .writer(writer(null))
                    .build();
}


public static void main(String[] args) {
    String [] newArgs = new String[] {"inputFlatFile=/data/csv/
                            bigtransactions.csv","380",
                            "inputXmlFile=/data/xml/bigtransactions.xml"};

    SpringApplication.run(ParallelStepsJobApplication.class, newArgs);
}
}
```

예제 11-4는 잡을 구성하는 데 필요한 모든 것을 보여준다. 이 예제의 주요 항목은 Flow Builder를 사용해 두 개의 플로우를 만드는 부분으로, 예제에서 굵은 글씨로 표시돼 있다.

첫 번째 플로우는 앞서 언급했던 세 개의 필드(계좌, 금액, 타임 스탬프)가 포함된 CSV 파일을 수집하는 스텝을 실행한다. 두 번째 플로우는 실제로 스플릿을 생성하는데, 해당 스플릿은 XML 파일을 수집하는 스텝을 실행할 뿐만 아니라 플로우를 병렬로 수행할 것이다.

예제의 나머지 부분에서는 각 스텝과 해당 스텝이 사용하는 여러 리더와 라이터를 정의한다. 마지막으로 예제의 끝에서 스프링 부트가 사용하는 `main` 메서드를 볼 수 있다. 이 잡을 실행하려면 입력이 필요하다. 예제 11-5는 CSV 파일 입력 예다.

▼ 예제 11-5 bigtransactions.csv

```
5113971498870901,-546.68,2018-02-08 17:46:12
4041373995909987,-37.06,2018-02-02 21:10:33
3573694401052643,-784.93,2018-02-04 13:01:30
3543961469650122,925.44,2018-02-05 23:41:50
3536921428140325,507.57,2018-02-13 02:09:08
4905167183996244409,-575.81,2018-02-15 20:43:12
201904179222112,-964.21,2018-02-08 15:50:21
5602221470889083,23.71,2018-02-14 10:23:41
5038678280559913,979.94,2018-02-05 04:28:31
```

그리고 예제 11-6은 XML 파일 입력에 사용되는 XML 예다.

▼ 예제 11-6 bigtransactions.xml

```
<transactions>
    <transaction>
        <account>633110684460535475</account>
        <amount>961.93</amount>
        <timestamp>2018-02-03 18:30:51</timestamp>
    </transaction>
    <transaction>
        <account>3555221131716404</account>
        <amount>759.62</amount>
        <timestamp>2018-02-12 20:02:01</timestamp>
    </transaction>
    <transaction>
        <account>30315923571992</account>
        <amount>648.92</amount>
```

```
            <timestamp>2018-02-12 23:16:45</timestamp>
    </transaction>
    <transaction>
            <account>5574851814767258</account>
            <amount>-90.11</amount>
            <timestamp>2018-02-04 10:01:04</timestamp>
    </transaction>
</transactions>
```

이 잡을 실행해보면 두 스텝이 동시에 실행되며 두 스텝이 모두 끝나야 잡이 끝나는 것을 로그에서 확인할 수 있다. 예제 11-7은 이를 보여주는 로그 일부다.

▼ 예제 11-7 parallelStepsJob 로그

```
2020-12-30 19:27:50.562  INFO 43344 --- [            main] o.s.b.c.l.support.
SimpleJobLauncher        : Job: [FlowJob: [name=parallelStepsJob]] launched with the
following parameters:
[{inputXmlFile=/data/xml/bigtransactions.xml, inputFlatFile=/data/csv/bigtransactions.csv}]
2020-12-30 19:27:50.633  INFO 43344 --- [cTaskExecutor-1]
o.s.batch.core.job.SimpleStepHandler      : Executing step: [step2]
2020-12-30 19:27:50.643  INFO 43344 --- [cTaskExecutor-2]
o.s.batch.core.job.SimpleStepHandler      : Executing step: [step1]
2020-12-30 19:27:50.860 DEBUG 43344 --- [cTaskExecutor-2] o.s.oxm.jaxb.Jaxb2Marshaller
: Creating JAXBContext with classes to be bound [class com.apress.batch.chapter11.domain.
Transaction]
2020-12-30 19:27:51.125  INFO 43344 --- [            main] o.s.b.c.l.support.
SimpleJobLauncher        : Job: [FlowJob: [name=parallelStepsJob]] completed with the
following parameters:
[{inputXmlFile=/data/xml/bigtransactions.xml, inputFlatFile=/data/csv/bigtransactions.csv}]
and the following status: [COMPLETED]
```

스텝을 병렬로 실행하는 방법은 실행할 스텝이 서로 독립적인 경우에 성능을 향상시키려 할 때 매우 유용하다. 스프링 배치에는 그 외에도 단일 JVM내 스레딩에만 의존하는 AsyncItem Processor와 AsyncItemWriter 조합을 사용하는 또 다른 메커니즘이 있다. 다음 절에서는 해당 메커니즘으로 ItemProcessor의 성능을 향상시키는 방법을 알아볼 것이다.

AsyncItemProcessor와 AsyncItemWriter

어떤 특정 배치 처리의 병목 구간이 `ItemProcessor`에 존재하는 경우가 있다. 예를 들어 `ItemProcessor`가 스텝의 전체 실행 속도를 느리게 만드는 복잡한 계산을 가지고 있을 수 있다. 성능을 향상시키는 방법은 새 스레드에서 스텝의 `ItemProcessor` 부분만 실행하는 것이다. AsyncItemProcessor와 AsyncItemWriter를 사용하면 그렇게 할 수 있다.

AsycnItemProcessor는 사용할 `ItemProcessor` 구현체를 래핑하는 데코레이터^{decorator}이다. 어떤 아이템이 데코레이터에 전달될 때 위임자^{delegate}의 호출은 새 스레드에서 실행된다. 그런 다음에 `ItemProcessor`의 실행 결과로써 반환된 `Future`가 AsyncItemWriter로 전달된다. AsyncItemProcessor와 마찬가지로 AsyncItemWriter도 사용할 `ItemWriter`의 데코레이터이다. 마지막으로, AsyncItemWriter는 `Future`를 처리해 그 결과를 위임 `ItemWriter`에 전달한다. AsycnItemProcessor와 AsyncItemWriter를 함께 사용해야 한다는 점이 중요하다. 그렇지 않으면 AsyncItemProcessor가 반환한 `Future`를 사용자가 직접 처리해 결과를 얻어내야 한다.

노트   반드시 AsyncItemProcessor와 AsyncItemWriter를 함께 사용해야 한다.

AsyncItemProcessor와 AsyncItemWriter를 사용하려면 먼저 스프링 배치 인티그레이션 ^{spring-batch-integration}이라는 새로운 모듈을 프로젝트 내에서 사용해야 한다. 예제 11-8은 pom.xml에 추가할 메이븐^{maven} 구성이다.

▼ 예제 11-8 스프링 배치 인티그레이션

```
...
<dependency>
      <groupId>org.springframework.batch</groupId>
      <artifactId>spring-batch-integration</artifactId>
</dependency>
...
```

이 예제에서는 병렬 스텝을 배울 때 사용했던 사례를 동일하게 사용할 것이다. 그러나 이번에는 CSV 파일만 읽을 것이다. 또 다른 차이점은 각 아이템 처리 시 `Thread.sleep(5)`를 수행하는 `ItemProcessor`를 추가한다는 것이다. 각 아이템 당 5밀리초씩 쉬는 일이 그리 오래 쉬는 것처럼 보이지 않을 수도 있지만, 100만 개의 레코드를 순서대로 처리하면 잡 처리에 한 시간이 넘어간다.[1] 결코 짧은 시간이 아니다. 그러나 병렬화를 하면 즉각적으로 장점을 취할 수 있다.

사용할 `ItemProcessor`를 정의한 이후에, 해당 `ItemProcessor`의 데코레이터인 `AsyncItemProcessor`를 정의한다. 기본 `ItemProcessor.process` 메서드의 호출을 다른 스레드에서 수행하려면 `TaskExecutor`가 필요하다. 예제 11-9는 이 예제에 사용된 `ItemProcessor`의 구성이다.

▼ 예제 11-9 비동기 ItemProcessor

```
...
    @Bean
    public AsyncItemProcessor<Transaction, Transaction> asyncItemProcessor() {
        AsyncItemProcessor<Transaction, Transaction> processor = new
                AsyncItemProcessor<>();

        processor.setDelegate(processor());
        processor.setTaskExecutor(new SimpleAsyncTaskExecutor());

        return processor;
    }

    @Bean
    public ItemProcessor<Transaction, Transaction> processor() {
        return (transaction) -> {
            Thread.sleep(5);
            return transaction;
        };
    }
...
```

---

1   100만 레코드 × 5밀리초 = 1시간 23.34분

ItemProcessor를 정의했다면, 이제 AsyncItemWriter를 추가하고, 스텝이 이 Item Processor와 AsnycItemWriter를 사용하도록 구성한다. 예제 11-10의 시작 부분은 실제로 쓰기 작업을 수행하는 라이터 구성이다. 구성 내용은 병렬 스텝 예제에서 사용한 것과 동일한 ItemWriter이다. 예제의 두 번째 빈은 JdbcBatchItemWriter(실제 쓰기 작업 처리를 담당함)의 데코레이터인 AsyncItemWriter이다. 그다음에는, 구성한 위임자 대신 AsyncItem Processor와 AsyncItemWriter를 사용하도록 스텝을 구성한다. 스텝 세부 구성 중에 주목해야 하는 또 다른 부분은 chunk 메서드 호출에 사용되는 타입이다. chunk 메서드 호출 시 제네릭은 일반적으로 <Transaction, Transaction>이다. 그러나 두 번째 제네릭은 ItemWriter를 나타내므로 <Transaction, Future<Transaction>>으로 변경해야 한다. AsycItem Processor가 실제로 반환하는 객체가 Future<Transaction> 타입이기 때문이다. 예제의 마지막 부분은 방금 구성한 스텝을 사용하는 잡의 구성이다.

▼ 예제 11-10 비동기 ItemWriter

```
...
@Bean
public JdbcBatchItemWriter<Transaction> writer(DataSource dataSource) {
    return new JdbcBatchItemWriterBuilder<Transaction>()
                    .dataSource(dataSource)
                    .beanMapped()
                    .sql("INSERT INTO TRANSACTION (ACCOUNT, AMOUNT, TIMESTAMP) " +
                        "VALUES (:account, :amount, :timestamp)")
                    .build();
}

@Bean
public AsyncItemWriter<Transaction> asyncItemWriter() {
    AsyncItemWriter<Transaction> writer = new AsyncItemWriter<>();

    writer.setDelegate(writer(null));

    return writer;
}

@Bean
public Step step1async() {
```

```
        return this.stepBuilderFactory.get("step1async")
                        .<Transaction, Future<Transaction>>chunk(100)
                        .reader(fileTransactionReader(null))
                        .processor(asyncItemProcessor())
                        .writer(asyncItemWriter())
                        .build();
}

@Bean
public Job asyncJob() {
        return this.jobBuilderFactory.get("asyncJob")
                        .start(step1async())
                        .build();
}
...
```

이제 AsyncItemProcessor 및 AsyncItemWriter를 사용한 잡을 실행하면 100만 개의 레코드
가 있더라도 성능이 크게 향상됐음을 알 수 있다. 한 가지 유의할 점은 이 예제에서 요청당 하
나의 새 스레드를 사용하는 SimpleAsyncTaskExecutor를 사용한다는 점이다. 실제 운영 환
경에서는 ThreadPoolTaskExecutor와 같이 더 안전한 TaskExecutor를 사용해야 할 것이다.

지금까지의 모든 확장 옵션은 단일 JVM 내에서 스레드를 어떻게 사용하는 가와 관련이 있었
다. 단일 JVM이 모든 워크로드를 처리하는 데 적합한 것은 아니다. 스프링 배치가 워크로드
를 확장할 수 있도록 제공하는 다음 옵션을 사용하면, 단일 JVM 내에서 여러 스레드를 사용
하거나 또는 여러 원격 워커worker JVM을 사용할 수 있다. 파티셔닝부터 알아보자.

파티셔닝

배치 기반 워크로드의 대부분은 I/O에 있다. 일반적으로 데이터베이스나 파일에 접근하는
작업은 성능과 확장성에 대한 우려를 낳는다. 이런 상황에서 사용할 수 있도록, 스프링 배치
는 여러 개의 워커worker가 완전한 스텝을 실행할 수 있게 하는 기능을 제공한다. 전체
ItemReader, ItemProcessor, ItemWriter의 동작을 워커에게 넘길 수 있다. 이 절에서는 파
티셔닝이란 무엇인지 알아보며, 이 강력한 스프링 배치 기능을 활용하도록 잡을 구성하는 방

법을 살펴본다.

파티셔닝은 마스터 스텝이 처리할 일을 여러 워커 스텝으로 넘기는 개념이다. 파티션 스텝에서 큰 데이터셋(예: 백만 개의 행이 존재하는 데이터베이스 테이블)은 더 작은 파티션으로 나뉜다. 워커가 이렇게 나눠진 각 파티션을 병렬로 처리한다. 각 워커는 자체적으로 읽기, 처리, 쓰기 등을 담당하는 온전한 스프링 배치 스텝이다. 이 모델에는 큰 장점이 있다. 이 모델에서는 재시작 기능과 같이 스프링 배치가 기본적으로 제공하는 모든 기능을 사용할 수 있다. 워커의 구현체 역시 또 다른 스텝일 뿐이기 때문에 자연스럽게 느껴진다.

스프링 배치 내에서 파티션 스텝을 사용하려면 두 가지 주요 추상화를 이해해야 한다. 첫 번째는 Partitioner 인터페이스다. 이 인터페이스는 파티셔닝할 데이터를 여러 파티션으로 나누는 역할을 담당한다. 100만 개의 행이 있는 데이터베이스 테이블의 예로 돌아가서 생각해보자. Partitioner 구현체는 각 파티션에 배정할 ID를 결정하려고 쿼리를 실행할 수도 있을 것이다. 스프링 배치는 기본적으로 단 하나의 Partitioner 구현체인 MultiResource Partitioner를 제공하는데, 이 MultiResourcePartitioner는 여러 리소스의 배열을 확인하고, 리소스당 파티션을 만든다.

이쯤에서 잠시 멈춰 스프링 배치에서 사용하는 "파티션이란 무엇인가?"라는 질문에 대답해보자. 파티션을 뭐라고 설명해야 할까? 실제로는 매우 간단하다. 파티션은 파티션이 무엇으로 구성돼 있는지 식별하기 위한 필수 데이터를 포함하는 ExecutionContext로 표현된다. 만약 MultiResourcePartitioner를 사용한다면, 스프링 배치는 각 파티션을 위한 Execution Context에 리소스의 이름을 저장한다. 이 이름은 나중에 워커가 참조할 수 있도록 JobRe pository에 저장된다.

Partitioner 인터페이스는 partition(int gridSize)라는 단일 메서드로 구성돼 있다. 이 메서드는 Map<String, ExecutionContext>를 반환한다. gridSize는 전체 클러스터에 효율적인 방식으로 데이터를 분할할 수 있는 워커 개수가 몇 개인지를 구현체에 알려주는 힌트일 뿐이다. 말하자면 스프링 배치 내에서 해당 값을 동적으로 결정하는 부분은 아무데도 없다. gridSize를 계산하거나 설정하는 것은 개발자에게 달려 있다. 메서드가 반환하는 Map은 키와 값의 쌍으로 구성되는데, 키는 파티션의 이름이며 고유해야 한다. 앞서 언급한 것처럼

ExecutionContext는 처리할 대상을 식별하는 파티션 메타데이터를 나타낸다.

스프링 배치의 파티션 스텝 내에서 또 다른 주요 추상화는 PartitionHandler이다. 이 인터페이스는 워커와 의사 소통을 하는 데 사용되는 인터페이스다. 의사 소통하는 내용은 각 워커에게 작업 대상을 어떻게 알려줄지나 모든 작업이 완료된 시점을 어떻게 식별할지와 같은 것들이다. 스프링 배치를 사용할 때 개발자는 Partitioner 구현체를 직접 작성할 수는 있겠지만, 아마도 PartitionHandler 구현체를 직접 작성하지는 않을 것이다.

스프링 포트폴리오는 세 가지 PartitionHandler 구현체를 제공한다. 스프링 배치가 제공하는 두 가지는 TaskExecutorPartitionHandler와 MessageChannelPartitionHandler이다. TaskExecutorPartitionHandler는 단일 JVM 내에서 파티셔닝 개념을 사용할 수 있도록, 동일한 JVM 내의 여러 스레드에서 워커를 실행한다. MessageChannelPartitionHandler는 원격에서 처리를 수행할 수 있도록 원격 JVM에 메타데이터를 전송하는데, 이때 스프링 인티그레이션을 사용한다. 스프링이 제공하는 PartitionHandler의 마지막 구현체는 스프링 클라우드 태스크^{Spring Cloud Task} 프로젝트가 제공한다. 스프링 클라우드 태스크 프로젝트는 DeployerPartitionHandler라는 구현체를 제공한다. 해당 구현체는 스프링 클라우드 디플로이어^{Spring Cloud Deployer} 구현체에게 위임해, 지원되는 플랫폼[2]상에서 온디맨드 방식으로 워커를 실행한다. 이러한 워커는 실시간으로 동적 확장이 이뤄져 시작, 파티션 실행, 종료가 수행된다. 스프링 배치에서 파티셔닝을 자세히 살펴볼 때 이 세 가지를 모두 살펴볼 것이다. 그림 11-14는 파티션된 스프링 배치 스텝에서 다양한 컴포넌트 간 관계를 보여준다.

---

2 이 글을 쓰는 시점에 스프링은 클라우드 파운더리(CloudFoundry), 쿠버네티스(Kubernetes), 로컬을 지원한다.

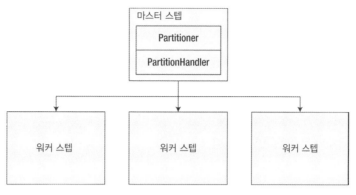

▲ 그림 11-14 파티션된 스프링 배치 스텝

파티션 스텝을 사용할 때 고려해야 할 사항이 있다. 예를 들어 스텝의 상태는 JobRepository 내 유지된다. 이는 마스터와 모든 워커에게 해당되므로 클러스터의 모든 컴포넌트가 동일한 JobRepository 데이터베이스 인스턴스와 통신하도록 구성돼야 한다. 또 다른 고려 사항은 MessageChannelPartitionHandler를 사용하려면 원격 JVM과 통신할 수 있어야 한다는 것이다. 이는 메시징 미들웨어나 해당 통신을 위해 스프링 인티그레이션이 제공하는 또 다른 메커니즘을 설정해야 한다는 것을 의미한다. 다음으로 단일 JVM을 사용할 때 코드 관점에서의 파티셔닝을 알아보자.

TaskExecutorPartitionHandler

TaskExecutorPartitionHandler는 파티션 스텝이 단일 JVM 내에서 여러 스레드를 사용해 워커를 실행할 수 있게 해주는 컴포넌트다. 많은 사례를 보면 이 방법은 원격 JVM의 오케스트레이션과 관련된 다양하고 복잡한 경험을 하기 전에 파티셔닝을 시작해볼 수 있는 좋은 방법이다. 이 방법의 제약 사항은 단일 JVM을 사용하는 데의 제약 사항과 유사하다. 단일 장비 내에서 수행할 수 있는 작업에는 제약(디스크에서 데이터를 얼마나 빨리 가져올 수 있는지, 한 번에 얼마나 많은 네트워크 연결을 가질 수 있는지 등)이 존재한다. 이 방법은 단일 JVM 내에서 최대 성능을 뽑아내려는 것이다.

파티션 스텝을 사용해볼 사례는 여러 파일을 데이터베이스에 적재하는 일이다. 각 파일은 독립적으로 처리될 수 있다. 이러한 유형의 사례(입력 간 의존성이 없는 I/O 바인딩)는 파티셔닝을 사용하는 전형적인 예다. 스플릿^{split} 구성 예에서 사용했던 것과 동일한 입력 CSV 파일을 사용하자. 도메인 객체도 동일하다. 실제로 잡에서 실행할 워커 스텝의 코드는 예제 11-4에서 살펴본 스플릿 잡의 스텝2와 동일하지만 약간의 차이가 있다. 스텝2 메서드의 시그니처를 보면 잡 파라미터에서 읽을 파일 이름을 가져왔다. 하지만 파티셔닝을 사용할 때는 스텝의 ExecutionContext에서 파티션 특화 정보(처리할 파일 등)를 가져온다. 예제 11-11은 워커 스텝 내에서 리더와 관련해 변경한 예제다.

▼ 예제 11-11 fileTransactionReader

```
...
@Bean
@StepScope
public FlatFileItemReader<Transaction> fileTransactionReader(
            @Value("#{stepExecutionContext['file']}") Resource resource) {

    return new FlatFileItemReaderBuilder<Transaction>()
                    .name("flatFileTransactionReader")
                    .resource(resource)
                    .delimited()
                    .names(new String[] {"account", "amount", "timestamp"})
                    .fieldSetMapper(fieldSet -> {
                        Transaction transaction = new Transaction();
                        transaction.setAccount(fieldSet.readString("account"));
                        transaction.setAmount(fieldSet.readBigDecimal("amount"));
                        transaction.setTimestamp(fieldSet.readDate("timestamp",
                                            "yyyy-MM-dd HH:mm:ss"));

                        return transaction;
                    })
                    .build();
}
...
```

스프링 배치가 제공하는 확장 기능을 사용할 때 가장 큰 장점은, 많은 코드 수정 없이도 반복해서 확장 기능을 추가할 수 있다는 것이다. 파티셔닝은 이러한 예 가운데 하나일 뿐이다. 이 잡의 단일 스레드 버전과 파티셔닝 버전에는 두 가지 차이점이 있다. 먼저 파티션 스텝 구성을 추가한 것과, 다음으로 잡 파라미터 대신에 스텝의 ExecutionContext에서 파일 위치를 얻도록 리더를 변경한 것이다.

이제 앞에서 정의하고 재사용한 스텝은 워커 스텝일 뿐 잡의 마스터 스텝이 아니라는 점에 유의해야 한다. 이 때문에 잡은 해당 스텝을 직접 참조하지 않을 것이다. 대신에 두 가지 컴포넌트인 Partitioner 구현체와 PartitionHandler 구현체를 사용해 파티션 스텝을 정의해야 한다. 두 컴포넌트 모두 스프링 배치가 기본적으로 제공하므로 이 예제에 바로 사용할 수 있다. 해야 할 일은 두 구현체를 사용하도록 구성하는 것뿐이다. Partitioner 구성부터 시작해보자.

앞에서 설명한 대로 Partitioner 인터페이스는 데이터셋을 이해하고 해당 데이터셋을 파티션으로 나누는 방법을 담당한다. 스프링 배치는 MultiResourcePartitioner라는 기본 구현체 하나만 제공한다. 이 구현체는 리소스의 배열을 가져와 각 리소스별로 새 파티션을 생성한다. 예제 11-12는 MultiResourcePartitioner의 구성이다.

▼ 예제 11-12 MultiResourcePartitioner

```
...
@Bean
@StepScope
public MultiResourcePartitioner partitioner(
            @Value("#{jobParameters['inputFiles']}") Resource[] resources) {

    MultiResourcePartitioner partitioner = new MultiResourcePartitioner();

    partitioner.setKeyName("file");
    partitioner.setResources(resources);

    return partitioner;
}
```

partitioner 빈은 파라미터 하나를 전달받는다. 해당 파라미터는 Resource 객체의 배열로, 사용자가 잡 파라미터로 전달한 입력 파일의 경로를 스프링이 제공한다. MultiResourcePartitioner에는 두 가지 값을 설정한다. 설정해야 하는 첫 번째 값은 키 이름이다. 워커는 읽어들일 리소스 이름을 이 키를 사용해서 ExecutionContext에서 찾는다. 이 예제에서 설정한 "file"이라는 값은 예제 11-11의 FlatFileItemReader 정의에 사용한 키와 동일하다. Partitioner에 설정해야 하는 두 번째 값은 리소스의 배열이다. 두 값의 설정이 완료되면 인스턴스를 반환한다.

파티션 스텝에서 사용할 다른 컴포넌트는 PartitionHandler 구현체이다. 이 예제에서는 TaskExecutorPartitionHandler를 사용할 것이다. 그리고 해당 구현체에 두 가지 값을 설정한다. 첫 번째는 실행하려는 스텝인 step1이다. 두 번째는 TaskExecutor이다. Partition Handler를 PartitionStepBuilder에 제공하지 않거나, TaskExecutor를 TaskExecutor PartitionHandler에 제공하지 않으면 SyncTaskExecutor가 기본적으로 사용된다. SyncTaskExecutor를 사용하는 것은 성능상 비동기 처리가 필요한 요구 사항에도 부합하지 않을뿐더러, 그 밖의 합리적인 운영 목적으로 쓸 일도 없다. 따라서 PartitionHandler 구현체를 사용할 때는 다중 스레드를 사용할 수 있도록 언제나 TaskExecutor를 사용하게 설정해야 한다. 테스트에서는 SimpleAsyncTaskExecutor를 사용한다.[3] 예제 11-13은 예제 잡과 관련된 TaskExecutorPartitionHandler의 구성을 보여준다.

▼ 예제 11-13 TaskExecutorPartitionHandler

```
...
@Bean
public TaskExecutorPartitionHandler partitionHandler() {
    TaskExecutorPartitionHandler partitionHandler =
            new TaskExecutorPartitionHandler();

    partitionHandler.setStep(step1());
    partitionHandler.setTaskExecutor(new SimpleAsyncTaskExecutor());

    return partitionHandler;
}
...
```

---

3 SimpleAsyncTaskExecutor는 스레드를 재활용하지 않으며 스레스 생성 개수를 제한하지 않기 때문에 운영 환경에서는 사용하지 말아야 한다.

두 개의 새로운 빈이 모두 정의되면, 이제 새로운 파티션 스텝을 생성하고 이 스텝을 잡이 사용하도록 변경할 수 있다. partitionedMaster 스텝 내에서 우선 일반 StepBuilderFactory를 사용해 빌더를 얻는다. 그런 다음에 실행할 스텝 이름과 Partitioner 인스턴스를 파라미터로 전달하면서 partitioner 메서드를 호출한다. 각 파티션별로 스텝의 ExecutionContext를 생성하려면 스텝 이름이 필요하다. 그다음, PartitionHandler를 설정한다. 예제 11-14는 partitionedMaster 스텝과 해당 스텝을 참조하도록 변경한 잡이다.

▼ 예제 11-14 partitionedMaster 스텝과 잡

```
...
@Bean
public Step partitionedMaster() {
    return this.stepBuilderFactory.get("step1")
                    .partitioner(step1().getName(), partitioner(null))
                    .partitionHandler(partitionHandler())
                    .build();
}

@Bean
public Job partitionedJob() {
    return this.jobBuilderFactory.get("partitionedJob")
                    .start(partitionedMaster())
                    .build();
}
...
```

필요한 것을 모두 정의했으므로 잡을 빌드하고 실행해볼 수 있다. jar가 빌드되면 java -jar partition-demo-0.0.1-SNAPSHOT.jar inputFiles=/data/csv/transactions*.csv 명령을 사용해 잡을 실행할 수 있다. 로그의 출력을 보면 이전 예제의 실행 결과와 크게 다르지 않을 것이다. 그러나 두 가지 주요 차이점이 있다. 첫 번째는 /data/csv 디렉터리 내 파일 중, 파일명이 transations로 시작하며 확장자가 .csv인 모든 파일의 내용이 거래 테이블에 적재된다는 점이다. 두 번째는, BATCH_STEP_EXECUTION 테이블에 파티션 스텝과 관련된 레코드 하나뿐만 아니라 실행됐던 각 파티션마다 레코드가 하나씩 추가돼 있다는 것이다. 예제 11-15는 세 개의 파일을 대상으로 잡을 실행한 후 BATCH_STEP_EXECUTION 테이블에 저장된 결과다.

```
mysql> select step_name, status, commit_count, read_count, write_count from scaling.batch_
step_execution;
+------------------+-----------+--------------+------------+-------------+
| step_name        | status    | commit_count | read_count | write_count |
+------------------+-----------+--------------+------------+-------------+
| step1            | COMPLETED | 303          | 30000      | 30000       |
| step1:partition1 | COMPLETED | 101          | 10000      | 10000       |
| step1:partition2 | COMPLETED | 101          | 10000      | 10000       |
| step1:partition0 | COMPLETED | 101          | 10000      | 10000       |
+------------------+-----------+--------------+------------+-------------+
4 rows in set (0.01 sec)
```

TaskExecutorPartitionHandler는 스프링 배치 스텝에 파티셔닝 기능을 추가하는 가장 간단한 방법이다. 그러나 단일 JVM 내에서 수행된다는 점에서 가장 제한적이다. 다음 절에서는 MessageChannelPartitionHandler를 사용해 파티션 워크로드를 여러 JVM에 분배하는 분산 배치 처리를 살펴보자.

MessageChannelPartitionHandler

스프링 인티그레이션^{Spring Integration}은 그레고르 호프^{Gregor Hohpe}와 바비 울프^{Bobby Woolf}의 저서인 『Enterprise Integration Patterns』(Addison-Wesley Professional, 2003)에 제시된 엔터프라이즈 통합 패턴을 구현한 스프링 포트폴리오의 프로젝트다. 스프링 프로젝트에서 여러 JVM 간에 통신하는 방법을 찾을 때 일반적으로 스프링 인티그레이션 프레임워크의 컴포넌트가 떠오를 것이며, 이 예제에서는 MessageChannelPartitionHandler를 사용해본다.

MesssageChannelPartitionHandler는 PartitionHandler 구현체로, 외부 JVM과 통신하는 데 스프링 인티그레이션의 MessageChannel 추상화를 사용한다. 이번 예제에서는 로컬 환경뿐만 아니라 운영 환경에서도 모두 사용하기 쉬운 오픈소스 메시지 브로커인 래빗MQ^{RabbitMQ}를 사용한다.

분산 관점에서 파티션 스텝을 살펴보면, 작기는 하지만 구성에 분명한 변화가 발생한다. 동일한 JVM 내에서 여러 스레드로 실행되는 워커 스텝 구현체 대신에, 각 워커 JVM 내에 워커 스텝 실행 요청을 수신하는 리스너를 사용한다. 그림 11-15는 원격 파티션 스텝을 도식화한 모습이다.

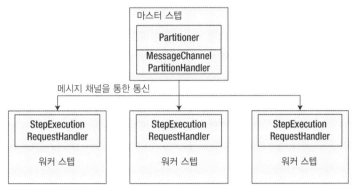

▲ 그림 11-15 원격 파티션된 스프링 배치 스텝

보다시피 마스터 스텝은 메시지를 통해 워커와 통신해 워커 스텝을 실행한다. 각 워커 JVM 은 큐에서 해당 메시지를 청취하는 리스너를 가지고 있다. 요청을 받으면 리스너는 스텝을 실행하고 결과를 반환한다. 이 아키텍처의 몇 가지 세부 사항에 주목해야 한다.

첫 번째는 처리와 관련된 모든 JVM이 동일한 `JobRepository`를 사용하도록 구성돼야 한다 는 점이다. `JobRepository`는 상태가 저장되는 곳이기 때문에, 각 스텝은 처리를 하면서 결과 를 저장해야 할 책임이 있다. 이처럼 공유 상태를 저장하지 않으면 파티션 잡을 재시작할 수 없 다. 두 번째는 각 워커 스텝이 잡 컨텍스트 외부에서 실행된다는 점이다. 따라서 `JobExecution` 또는 잡의 `ExecutionContext`에서 가져오고 싶은 정보가 있더라도 각 워커에서 가져올 수 없 을 것이다.

이제 마스터 측에서 이런 유형의 스텝 구성은 다음 세 가지를 제외하고는 동일하다. 먼저 애 플리케이션이 래빗MQ와 통신할 수 있도록 통신 메커니즘을 구성해야 한다. 이는 스프링 부 트와 스프링 인티그레이션 덕분에 간단히 해결할 수 있다. 두 번째로 해야 할 일은 새로운 `PartitionHandler`인 `MessageChannelPartitionHandler`를 구성하는 것이다. 다행히도 스프 링 배치는 `MessageChannelPartitionHandler` 구성 작업을 완벽히 도와주는 빌더를 제공한 다. 마지막으로 배포를 단순화하기 위해 스프링 프로파일을 사용해 워커 애플리케이션과 마스터 애플리케이션의 컴포넌트를 그룹화한다. 이렇게 하면 JAR 파일을 별도로 분리할 필요 없이, 하나의 JAR를 사용하고 실행 시에 간단한 파라미터를 전달해서 개발한 애플리케이션 을 워커 애플리케이션이나 마스터 애플리케이션으로 동작하게 할 수 있다.

마스터 구성부터 시작해보자. `MasterConfiguration`이라는 새로운 구성 클래스를 만든다. 그다음, 구성 클래스에 `@EnableBatchIntegration`이라는 새로운 애너테이션을 추가한다. 이 애너테이션은 원격 파티션 스텝을 간단한 방법으로 만들 수 있는 빌더를 제공한다. 마스 터 측에는 실제로 두 가지 플로우flow를 구성해야 한다. 아웃바운드 플로우(워커에게 메시지 전 송)와 인바운드 플로우(워커로부터 메시지 수신)이다. 예제 11-16은 아웃바운드 플로우를 구성 한 코드다.

▼ 예제 11-16 MasterConfiguration 및 아웃바운드 플로우

```
...
@Configuration
@Profile("master")
@EnableBatchIntegration
public class MasterConfiguration {

    private final JobBuilderFactory jobBuilderFactory;

    private final RemotePartitioningMasterStepBuilderFactory
        masterStepBuilderFactory;

    public MasterConfiguration(JobBuilderFactory jobBuilderFactory,
            RemotePartitioningMasterStepBuilderFactory masterStepBuilderFactory) {

        this.jobBuilderFactory = jobBuilderFactory;
        this.masterStepBuilderFactory = masterStepBuilderFactory;
    }

    /*
    * Configure outbound flow (requests going to workers)
    */
    @Bean
    public DirectChannel requests() {
        return new DirectChannel();
    }
```

```
    @Bean
    public IntegrationFlow outboundFlow(AmqpTemplate amqpTemplate) {
        return IntegrationFlows.from(requests())
                            .handle(Amqp.outboundAdapter(amqpTemplate)
                            .routingKey("requests"))
                            .get();
    }
...
```

예제 11-16의 코드는 해당 클래스를 구성 클래스로 식별되도록 만들어주는 애너테이션으로 시작하고, master 프로파일을 사용하며, 스프링 배치 인티그레이션 컴포넌트를 사용할 것이다. 해당 클래스 내 첫 번째 빌더 팩토리는 지금까지 모든 잡 정의에 사용했던 것과 동일하다. 그러나 두 번째 빌더 팩토리인 RemotePartitioningMasterStepBuilderFactory는 새로운 것이다. 해당 팩토리는 스텝 빌더를 얻어오는 특수한 빌더 팩토리다. 팩토리를 사용해 가져오는 스텝 빌더로 원격 마스터 파티션 스텝을 만들 수 있다.

예제 코드는 필요한 두 개의 빌더 팩토리를 주입받는 생성자로 이어진다. 예제 코드의 다음 부분은 다이렉트 채널^{direct channel}의 한쪽 끝을 AMQP 템플릿(스프링 부트의 자동 구성으로 제공됨)에 연결하는 아웃바운드 플로우 구성이다. 해당 IntegrationFlow는 스프링 인티그레이션의 자바 DSL을 사용해 해당 플로우를 구성한다. 구성 내용을 말로 옮겨보면 "요청 채널에 메시지가 들어오면 미리 구성한 핸들러로 전달한다. 해당 핸들러는 AMQP 아웃바운드 어댑터로써, 메시지를 requests라는 이름을 가진 래빗MQ 큐로 보낸다"라고 할 수 있다.

아웃바운드 통로를 구성했다면 인바운드 통로를 구성해야 한다. 원격 파티셔닝으로 구성한 워커에서 결과를 가져오는 두 가지 방법이 있다. 첫 번째는 각 워커가 회신한 메시지를 마스터가 수신하면, 이를 집계한 뒤 결과를 평가해서 스텝이 성공했는지 여부를 결정하는 것이다. 예제에서는 첫 번째 방법을 사용한다. 또 다른 대안은 JobRepository를 폴링해 각 StepExecution의 상태를 확인하는 것이다. 데이터베이스에 모두 완료된 것으로 저장되면 그때 상태를 평가할 수 있다. 앞에서 언급했듯이 이 예제에서는 각 워커로부터 결과 메시지를 수신하는 메커니즘을 사용한다. 예제 11-17은 처리 결과 메시지를 수신하는 마스터 플로우 구성이다.

```
...
    /*
    * Configure inbound flow (replies coming from workers)
    */
    @Bean
    public DirectChannel replies() {
        return new DirectChannel();
    }

    @Bean
    public IntegrationFlow inboundFlow(ConnectionFactory connectionFactory) {
        return IntegrationFlows
                        .from(Amqp.inboundAdapter(connectionFactory,"replies"))
                        .channel(replies())
                        .get();
    }
...
```

인바운드 플로우의 구성은 본질적으로 아웃바운드 플로우의 반대이다. 아웃바운드와 마찬가지로 다이렉트 채널을 구성하는 작업부터 시작한다. 그리고 인바운드 플로우를 구성한다. 해당 IntegrationFlow 구성에 스프링 인티그레이션이 제공하는 자바 DSL을 사용하는데, 구성 내용을 말로 옮겨보면 다음과 같다. "래빗MQ의 응답큐에서 메시지를 수신하면 해당 메시지를 가져와 응답 채널에 넣는다."

마스터 측에 구성할 마지막 부분은 스텝과 잡이다. 원격 파티셔닝을 사용할 때는 잡을 master 프로파일로 구성해야 한다는 점에 유의해야 한다. 권장하는 대로 마스터와 각 워커에서 동일한 스프링 부트의 uber-jar를 사용한다면, 명시적으로 잡에 master 프로파일을 지정하지 않는 한 스프링 부트가 자동으로 워커 애플리케이션 외에 마스터 애플리케이션도 실행하기 때문이다. 예제 11-19는 원격 파티셔닝을 수행하는 잡에게 필요한 파티셔너(마스터 스텝에서도 필요함), 스텝, 잡 구성이다.

```
...
    @Bean
    @StepScope
    public MultiResourcePartitioner partitioner(
                @Value("#{jobParameters['inputFiles']}") Resource[] resources) {

        MultiResourcePartitioner partitioner = new MultiResourcePartitioner();
        partitioner.setKeyName("file");
        partitioner.setResources(resources);

        return partitioner;
    }


    @Bean
    public Step masterStep() {
        return this.masterStepBuilderFactory.get("masterStep")
                    .partitioner("workerStep", partitioner(null))
                    .outputChannel(requests())
                    .inputChannel(replies())
                    .build();
    }


    @Bean
    public Job remotePartitioningJob() {
        return this.jobBuilderFactory.get("remotePartitioningJob")
                    .start(masterStep())
                    .build();
    }
```

예제 11-18은 MultiResourcePartitioner를 정의하는 것부터 시작한다. 이는 TaskExecut orPartitionHandler 절의 예제와 동일하다. 데이터가 변경되지 않았으므로 데이터를 나누는 방법도 바꿀 필요가 없다. 다음으로 원격 파티션 스텝을 정의한다. 먼저 팩토리에서 빌더를 가져온다. 그다음 빌더에 파티셔너, 출력 채널(요청), 입력 채널(응답)을 제공한다. 이렇게 해당 컴포넌트를 구성하면 스프링 배치는 아웃바운드 요청을 전송하고, 응답을 수신하며, 수신한 응답을 마스터 스텝에서 사용할 수 있도록 단일 결과로 수집하는 데 필요한 모든 컴포넌트를 연결한다.

마스터 측을 구성했으니 이제 워커 구성을 살펴보자. WorkerConfiguration이라는 추가 구성 클래스를 사용할 것이다. 두 개의 플로우(인바운드 플로우와 아웃바운드 플로우)와 스텝을 구성한다는 점에서 마스터와 매우 유사하게 보일 것이다. 그러나 잡을 구성하는 대신 워커 스텝이 사용하는 리더와 라이터만 구성하면 되는 점에서 마스터와 차이가 있다(힌트: Task ExecutorPartitionHandler 절에서 사용한 것과 동일하다). 예제 11-19는 WorkerConfiguration 클래스다.

▼ 예제 11-19 WorkerConfiguration에 구성하는 인바운드 플로우

```
...
@Configuration
@Profile("!master")
@EnableBatchIntegration
public class WorkerConfiguration {

    private final RemotePartitioningWorkerStepBuilderFactory
        workerStepBuilderFactory;

    public WorkerConfiguration(
        RemotePartitioningWorkerStepBuilderFactory workerStepBuilderFactory) {
        this.workerStepBuilderFactory = workerStepBuilderFactory;
    }

    /*
    * Configure inbound flow (requests coming from the master)
    */
    @Bean
    public DirectChannel requests() {
        return new DirectChannel();
    }

    @Bean
    public IntegrationFlow inboundFlow(ConnectionFactory connectionFactory) {
        return IntegrationFlows
                    .from(Amqp.inboundAdapter(connectionFactory, "requests"))
                    .channel(requests())
                    .get();
    }
```

```
    @Bean
    public DirectChannel replies() {
            return new DirectChannel();
}
...
```

예제 11-17의 MasterConfiguration과 유사하게 @Configuration 애너테이션, @Profile 애너테이션(이 예제에서는 master 프로파일을 사용하지 않을 때 이 구성을 사용할 것을 나타냄), @Enable BatchIntegration 애너테이션으로 시작한다. 원한다면 @EnableBatchIntegration 애너테이션을 main 클래스로 이동해 중복을 방지할 수도 있다.

그다음 WorkerConfiguration 클래스에 예제 11-17의 팩토리와 별도로 새로운 팩토리를 선언했다. 이번에는 RemotePartitioningWorkerStepBuilderFactory를 사용한다. 이 팩토리는 RemotePartitioningMasterStepBuilderFactory에 대응하는 팩토리로, 원격 파티션 스텝의 워커 측에 필요한 컴포넌트를 구성할 수 있는 스텝 빌더를 제공한다. 빌더로 생성할 수 있는 컴포넌트는 StepExecutionRequestHandler와 원격 스텝에서 사용할 그 외의 컴포넌트들이다. StepExecutionRequestHander는 마스터 스텝으로부터 메시지를 수신해 원격 JVM에서 실행하는 역할을 한다. 그다음에는 요청의 라우팅 방법을 정의하기 위해 인바운드 채널, 요청, 통합 플로우를 정의하는 코드가 이어진다. 즉, inboundFlow는 requests라 이름을 가진 AMQP 큐에서 수신한 각 요청을 가져온 뒤 요청 채널에 전달하도록 구성된다. 워커 측에 남은 마지막 작업은 응답 채널을 정의하는 것이다. 이 채널은 각 파티셔닝의 결과를 반환하는 반환 통로의 역할을 한다.

인바운드 통로가 만들어지면, 워커 스텝은 예제 11-20에 표시된 것처럼 새 빌더를 통해 구성된다.

▼ 예제 11-20 workerStep 구성

```
...
public Step workerStep() {
    return this.workerStepBuilderFactory.get("workerStep")
                    .inputChannel(requests())
                    .outputChannel(replies())
```

```
            .<Transaction, Transaction>chunk(100)
            .reader(fileTransactionReader(null))
            .writer(writer(null))
            .build();
}
...
```

마스터 스텝을 작성할 때 이름, 입력 채널, 출력 채널을 지정하는 것부터 시작했던 것처럼 워커의 스텝 작성도 마찬가지로 진행한다. 그러나 이 스텝의 나머지 구성은 여타 스프링 배치 스텝 구성과 다르지 않다. 예제에서 청크 크기, 사용할 리더 및 라이터를 지정하고 build 메서드를 호출한다. 잡에서 사용하는 리더와 라이터는 스레드 기반 파티션 예제에서 사용했던 것과 동일하다.

이 예제를 기동하는 일은 조금 더 복잡하다. 이 예제에서는 이전 예제와 다르게 여러 JVM을 다룬다. 잡을 실행하기 전에 메시징 미들웨어가 설치돼 실행 중이어야 한다. 이 예제에서는 래빗MQ를 사용할 것이므로, 로컬에 래빗MQ가 실행 중인지 확인할 필요가 있다. brew를 통해서 래빗MQ를 설치한 OS X 사용자라면 일반적으로 rabbitmq-server라는 명령어를 사용한다. 래빗MQ가 기동되면 워커 JVM을 시작할 수 있다. 이 예에서는 세 개의 워커 JVM을 실행한다. 이렇게 하려면 세 개의 서로 다른 셸 창에서 동일한 명령을 실행해야 한다. 각각 java -jar target /partitioned-demo-0.0.1-SNAPSHOT.jar --spring.profiles.active =worker 명령으로 실행한다. 이처럼 각 애플리케이션을 시작하고 나면 애플리케이션이 아무 일도 하지 않고 가만히 있다는 사실을 알게 될 것이다. 다른 예제에서는 스프링 부트가 자동으로 잡을 실행했지만 worker 프로파일에는 정의된 잡이 없으므로 스프링 부트가 잡을 실행하지 않는다. 잡을 시작하려면 java -jar target /partitioned-demo-0.0.1-SNAPSHOT.jar --spring.profiles.active=master 명령처럼 master 프로파일로 애플리케이션을 시작해야 한다. 그러면 마스터 애플리케이션이 기동되고 스프링 부트가 잡을 시작한다. 워커의 로그를 모니터링해보면, 마스터에서 각 요청이 종료될 때마다 남긴 로그 외에도 각 워커가 큐에서 요청을 가져가 실행한 로그까지 확인할 수 있다. 아무 데이터도 저장돼 있지 않은 깨끗한 데이터베이스를 사용해 잡을 실행한 후에 해당 데이터베이스에 새로 생성된 실행 결과는 TaskExecutorPartitionHandler 예제에서 본 실행 결과와 일치해야 한다.

지금까지 스프링 배치에서 파티션된 워크로드를 실행하는 두 가지 메커니즘을 살펴봤다. 첫 번째는 단일 JVM 내에 여러 스레드를 이용하는 방법이었고, 두 번째는 전통적인 메시징 워크로드 스타일로 할 일을 기다리는 정적 워커 JVM을 사용하는 방법이었다. 하지만 이러한 옵션 중 어느 것도 클라우드에서 얻을 수 있는 이점에 잘 부합되지 않는다. 세 번째 옵션은 스프링 배치에서 파티셔닝을 사용할 때 클라우드에서 사용할 수 있는 동적 리소스를 활용하도록 설계됐다.

DeployerPartitionHandler

클라우드의 가장 큰 원동력은 온디맨드 방식으로 컴퓨팅을 사용할 수 있다는 것이다. 80% 시간 동안 두 대의 서버가 필요하지만 나머지 20% 시간 동안은 서버 100대가 필요한 경우, 클라우드는 100%의 시간 동안 100대의 서버의 비용을 지불하지 않고도 두 상황에 대처할 수 있다. 이러한 탄력적인 방식을 사용하는 가장 이상적인 예 중 하나는 아마도 배치 처리일 것이다. 생각해보자. 대부분의 배치 처리는 정해진 일정에 따라 실행되고 유한한 시간 내에 실행된 후 다음 실행 시점까지 더 이상 필요하지 않다. 전통적인 자바 배포 방식에서는 해당 애플리케이션이 애플리케이션 컨테이너에 항상 유휴 상태로 배포돼 있으므로 리소스를 낭비한다. 하지만 클라우드에서는 그렇게 할 필요가 없다.

DeployerPartitionHandler는 스프링 포트폴리오에서 제공하는 마지막 PartitionHandler 구현체다. 이 PartitionHandler는 TaskLauncher라는 또 다른 추상화를 사용해 필요에 따라 워커를 실행한다. 흐름은 다음과 같다. 마스터 애플리케이션은 실행 중인 워커가 없는 상태에서 실행된다. 파티션 스텝이 시작되면 마스터는 얼마나 많은 파티션이 있는지 결정한다. 파티션 수가 결정되면 PartitionHandler는 플랫폼에서 애플리케이션의 새 인스턴스를 구동해 파티션을 실행한다. 이때 PartitionHandler는 일을 완료하는 데 필요한 만큼 (구성된 최대 개수까지만) 실행한다. 마스터가 10개의 파티션이 있다고 결정하고, DeployerPartition Handler가 최대 4개의 워커를 사용하도록 구성돼 있다고 가정해보자. DeployerPartition Handler는 10개의 파티션이 모두 실행될 때까지 4개의 워커를 쉴 새 없이 가동할 것이다.

이 접근 방식을 사용하면 클라우드의 동적 확장을 통해 스프링 배치의 파티셔닝(재시작 가능, 처리량 증가 등)을 할 때와 동일한 이점을 얻을 수 있다. 이제 이 기능이 동작하려면 원하는 플랫폼 및 스프링 클라우드 태스크$^{Spring\ Cloud\ Task}$를 지원하는 TaskLauncher가 필요하다. 이 책을 쓰는 시점에 클라우드 파운드리^{CloudFoundry}, 쿠버네티스^{Kubernetes}, 로컬^{Local} 버전용 TaskLauncher가 존재한다. 예제 11-21는 이 예제를 로컬로 실행하는 데 필요한 메이븐 의존성 설정이다.

▼ 예제 11-21 스프링 클라우드 태스트 및 로컬 배포자의 메이븐 의존성

```
<dependency>
    <groupId>org.springframework.cloud</groupId>
    <artifactId>spring-cloud-starter-task</artifactId>
</dependency>
<dependency>
    <groupId>org.springframework.cloud</groupId>
    <artifactId>spring-cloud-deployer-local</artifactId>
</dependency>
...
```

이 PartitionHandler 구현체를 살펴보기 위해 지금까지 사용했던 것과 동일한 잡을 사용할 것이다. 일반적인 구성은 이전에 살펴봤던 두 가지 옵션의 조합처럼 보인다. 독립된 JVM마다 각자 고유한 역할을 부여할 것이므로 프로파일이 두 개 필요하다. 하나의 JVM에서 마스터를 실행하며 나머지 JVM에서 워커를 실행할 것이다. 그러나 마스터 애플리케이션과 워커 애플리케이션 간에 어떠한 메시징 미들웨어도 필요하지 않기 때문에 스프링 인티그레이션 구성을 하지 않을 것이다. 예제 11-22는 실제로 달라진 잡의 구성이다.

▼ 예제 11-22 BatchConfiguration

```
...
@Configuration
public class BatchConfiguration {

    @Autowired
    private JobBuilderFactory jobBuilderFactory;

    @Autowired
    private StepBuilderFactory stepBuilderFactory;

    @Autowired
```

```
private JobRepository jobRepository;

@Autowired
private ConfigurableApplicationContext context;

@Bean
@Profile("master")
public DeployerPartitionHandler partitionHandler(TaskLauncher taskLauncher,
            JobExplorer jobExplorer,
            ApplicationContext context,
            Environment environment) {
    Resource resource =
            context.getResource("file:///path-to-jar/partitioned-demo-0.0.1-
            SNAPSHOT.jar");

    DeployerPartitionHandler partitionHandler =
            new DeployerPartitionHandler(taskLauncher, jobExplorer, resource,
            "step1");

    List<String> commandLineArgs = new ArrayList<>(3);
    commandLineArgs.add("--spring.profiles.active=worker");
    commandLineArgs.add("--spring.cloud.task.initialize.enable=false");
    commandLineArgs.add("--spring.batch.initializer.enabled=false");
    commandLineArgs.add("--spring.datasource.initialize=false");
    partitionHandler.setCommandLineArgsProvider(
            new PassThroughCommandLineArgsProvider(commandLineArgs));
    partitionHandler.setEnvironmentVariablesProvider(
            new SimpleEnvironmentVariablesProvider(environment));
    partitionHandler.setMaxWorkers(3);
    partitionHandler.setApplicationName("PartitionedBatchJobTask");

    return partitionHandler;
}

@Bean
@Profile("worker")
public DeployerStepExecutionHandler stepExecutionHandler(JobExplorer jobExplorer) {
    return new DeployerStepExecutionHandler(this.context, jobExplorer, this.
                jobRepository);
}
...
```

맨 처음에 @Configuration 애너테이션을 적용해 클래스 정의를 작성한다. 그 후 일반적인 스프링 배치 스텝 빌더 팩토리와 잡 빌더 팩토리를 자동와이어링한다. 스텝과 관련된 "특별한" 내용이 없기 때문에 스텝을 생성하는 특수한 빌더가 필요하지는 않다. 또한 JobRepository와 worker 프로파일을 사용하는 애플리케이션의 현재 컨텍스트도 자동와이어링된다. 잠시 후에 해당 컴포넌트의 용도를 알 수 있을 것이다.

이 예제에서 첫 번째로 구성된 빈은 DeployerPartitionHandler이다. 해당 빈 내에서는 해야 할 많은 일이 있으므로, 실제로 구성해보기 전에 해당 빈이 무엇을 할 것인가를 먼저 알아보자. DeployerPartitionHandler는 주어진 플랫폼에서 새로운 애플리케이션 인스턴스를 구동한다. 쿠버네티스에 새로운 애플리케이션을 배포하는 것을 생각해보자. 도커 이미지를 만들어 도커 레지스트리에 게시한 다음, 쿠버네티스 도구를 사용해 이를 다운로드하고 쿠버네티스 클러스터로 푸시한다. DeployerPartitionHandler도 같은 일을 한다. 즉, 도커 이미지를 만들어 도커 레지스트리에 게시한 다음 DeployerPartitionHandler가 이미지를 다운로드해 쿠버네티스 클러스터에 자동으로 푸시한다(쿠버네티스를 사용한다고 가정함). 이제 구성으로 돌아가 수행해야 할 작업과 구성이 어떻게 매핑되는지 살펴보자.

deployerPartitionHandler의 구성은 워커로 실행될 아티팩트 리소스를 얻는 것으로 시작한다. 따라서 애플리케이션 내부에서 쿠버네티스 배포자^{deployer}를 사용한다면 해당 리소스는 도커 리소스를 가리킨다. 여기서는 기본 로컬 배포자를 사용할 것이므로, 해당 리소스가 스프링 배치 uber-jar를 가리키게 한다. 워커가 기동되면 DeployerPartitionHandler는 TaskLauncher에 위임해 실행할 명령을 생성한다(로컬에서는 셸에서 실행되는 java -jar 명령을 생성함).

실행할 리소스의 참조를 얻은 뒤에는 DeployerPartitionHandler 인스턴스를 생성한다. 생성자는 taskLauncher, jobExplorer, 방금 얻은 리소스, 실행 스텝 이름과 같이 네 개의 아규먼트를 사용한다. taskLauncher는 플랫폼에서 애플리케이션을 어떻게 기동시키는지 알고 있는 플랫폼에 특화된 런처다. 책을 쓰는 시점에 스프링은 로컬^{Local}, 클라우드 파운드리^{CloudFoundry}, 쿠버네티스^{Kubernetes}의 세 가지 옵션을 제공한다. JobExplorer는 워커가 완료됐는지 확인하기 위해 JobRepository를 폴링하는 데 사용된다. 리소스는 앞에서 언급한 바와 같이 시작할 리소스다. 마지막으로 실행 스텝 이름은 애플리케이션이 실행됐을 때 워커가 실행할 스텝의 이름을 의미한다.

DeployerPartitionHandler를 생성할 때, 이와 관련된 두 가지 주요 추상화가 있다. 첫 번째는 CommandLineArgsProvider이다. 이 인터페이스는 명령행 아규먼트가 실행될 때 uber-jar로 전달되는 명령행 인수를 사용자가 직접 정의할 수 있게 해주는 전략 인터페이스다. 이 예제에서는 스프링이 기본으로 제공하는 PassThroughCommandLineArgsProvider를 사용해 아규먼트 목록을 전달할 것이다. 우리가 전달하는 아규먼트는 다음과 같다.

- --spring.profiles.active=worker: 기동되는 각 워커의 프로파일을 설정하는 데 사용된다.
- --spring.cloud.task.intialize.enable=false: 각 워커가 데이터베이스 초기화 코드를 실행하지 않도록 스프링 클라우드 태스크에 지시한다. 마스터가 시작될 때 데이터베이스를 초기화하므로(또는 또 다른 방법일 수 있음) 각 워커가 다시 초기화할 필요가 없다.
- --spring-batch.initializer.enabled=false: 앞서 살펴본 아규먼트와 동일한 개념이지만, 스프링 클라우드 태스크 테이블이 아닌 스프링 배치 테이블에만 적용된다.
- --spring.datasource.initialize=false: 앞의 두 아규먼트와 같은 개념으로, uber-jar 내에 선언된 또 다른 데이터베이스 스크립트에 대해서만 적용된다.

CommandLineArgsProvider를 정의했다면, 이 예제의 PartitionHandler와 관련된 또 다른 추상화인 EnvironmentVariablesProvider를 정의해야 한다. 이 인터페이스는 워커 애플리케이션이 실행되는 셸 내의 환경변수를 설정하는 데 사용되는 전략 인터페이스다. 이 예제에서는 SimpleEnvironmentVariablesProvider를 사용해 현재의 Environment를 워커에 복사하고, 그것을 스프링 Environment에 전달할 것이다.

마지막으로 구성해야 할 두 부분은 한 번에 실행할 수 있는 최대 워커 개수와 애플리케이션 이름이다. 스프링이 수많은 워커를 기동하지 않도록 제한할 최대 워커 개수를 구성한다. 이 값을 설정하지 않으면 스프링은 파티션당 하나의 워커를 기동할 것이다. Partitioner가 1,000개의 파티션을 가지고 있다고 판단하면, 1,000개의 워커를 기동한다. 아마도 원하는 방식은 아닐 것이다. 최대 파티션 개수를 3개로 설정했을 때 실행 대상 파티션이 3개 미만이면 `PartitionHandler`는 파티션당 하나의 워커를 기동한다. 파티션이 3개가 넘어가면 `Partition` 핸들러는 최초에 워커 3개를 기동한 다음, 각 워커가 끝나면 모든 파티션을 처리할 때까지 최대 3개를 넘지 않게 나머지 워커를 기동한다. 예제에서 설정해야 할 애플리케이션 이름은 스프링 클라우드 태스크가 태스크 저장소에서 워커 실행을 추적하는 데 사용된다.

`DeployerPartitionHandler`가 구성됐으므로 워커 내에서 요청된 스텝을 실행하는 메커니즘이 필요하다. `MessageChannelPartitionHandler`를 사용한다면 요청 채널을 모니터링하다가 요청이 들어오는 대로 시작하는 리스너인 `StepExecutionRequestHandler`가 존재한다. `DeployerPartitionHandler`를 사용한다면 워커 스텝을 기동하는 또 다른 메커니즘인 `DeployerStepExecutionHandler`가 필요하다. 이 핸들러는 채널을 통해 전달받은 메시지에서 정보를 얻는 대신, 환경 정보에서 사전에 정의된 프로퍼티를 통해 `JobExecution` ID, `StepExecution` ID, 스텝 이름의 값을 가져온다. 그런 다음에 이전 예제의 `StepExecutionRequestHandler`처럼 스텝을 실행한다. `DeployerStepExecutionHandler`를 구성하려면 간단하게 컨텍스트(실행할 스텝에서 핸들러가 핸들을 얻기 위함), `JobExplorer`(실행할 `StepExecution`을 `JobRepository`에서 얻기 위함), `JobRepository`(스텝 구현체 스스로가 다룰 수 없는 스텝 실패 상황과 관련된 `StepExecution`을 갱신함)를 제공하기만 하면 된다.

이렇게 작업한 여러 부분을 제외하면 이전 예제와 동일하다. 다만 예제 실행 방법에는 차이가 있다. 이전 예제에서는 워커를 수동으로 기동해야 했고, 기동 전에 래빗MQ가 실행 중인지 확인해야 했다. 하지만 이 접근법을 사용하면 마스터의 기동만 걱정하면 된다. 마스터가 워커의 기동을 다룰 것이다. 따라서 프로젝트를 빌드하고 나면, `java -jar target/partitioned-demo-0.0.1-SNAPSHOT.jar --spring.profiles.active=master` 명령만 수행하면 된다. `JobRepository`에서 애플리케이션의 진행 상황을 모니터링 할 수는 있지만, 다른 워커가 기동되고 있다는 사실을 확인할 수는 없다. 다른 워커가 실행됐는지 확인하려 할 때, 예제 11-23처럼 마스터의 로그에서 각 `TaskLauncher`의 로그 파일 위치를 확인할 수 있다.

▼ 예제 11-23 워커 JVM 기동하기

```
2020-12-31 00:44:27.638  INFO 68764 --- [            main] o.s.c.t.b.l.TaskBatchExecution
Listener    : The job execution id 1 was run within the task execution 1
```

```
2020-12-31 00:44:27.669  INFO 68764 --- [            main] o.s.batch.core.job.SimpleStep
Handler      : Executing step: [step1]
2020-12-31 00:44:27.933  INFO 68764 --- [            main] o.s.c.t.b.p.DeployerPartition
Handler      : 3 partitions were returned
2020-12-31 00:44:27.960  INFO 68764 --- [            main] o.s.c.d.spi.local.
LocalTaskLauncher        : launching task PartitionedBatchJobTask-2d946eb7-78cb-419f-842f-
ee4cab052575
    Logs will be in /var/folders/6s/175143836299700/PartitionedBatchJobTask-2d946eb7-78cb-
419f-842f-ee4cab052575
2020-12-31 00:44:28.362  INFO 68764 --- [            main] o.s.c.d.spi.local.
LocalTaskLauncher        : launching task PartitionedBatchJobTask-65c4cad2-54b5-456b-aa22-
2b1ef03d19af
    Logs will be in /var/folders/6s/175144216245200/PartitionedBatchJobTask-65c4cad2-54b5-
456b-aa22-2b1ef03d19af
2020-12-31 00:44:28.714  INFO 68764 --- [            main] o.s.c.d.spi.local.
LocalTaskLauncher        : launching task PartitionedBatchJobTask-9b3d45ba-20bb-4b23-b792-
a96603b2f495
    Logs will be in /var/folders/6s/175144604052800/PartitionedBatchJobTask-9b3d45ba-20bb-
4b23-b792-a96603b2f495
```

예제 11-23에서 볼 수 있듯이, 워커 JVM이 로컬 TaskLauncher(기본값)를 사용해 기동되면 로그 파일의 위치가 이 로그에 표시된다. 해당 디렉터리 중 하나를 열면 표준 출력 및 표준 오류 로그인 stdout.log와 stderr.log 파일을 볼 수 있다. stdout.log 파일은 정상적인 상황에서는 일반적인 스프링 부트 로그 파일과 다를 바가 없다. (노트북 팬이 급작스럽게 빠르게 돌아감으로써 알게 되는 것 이외에) JVM이 별도로 기동되는지 확인할 수 있는 또 다른 방법이 있다. jps 명령을 통해 추가 JVM의 실행을 모니터링할 수도 있다. 이 명령은 Unix의 ps 명령과 유사하며, 실행 중인 모든 자바 가상머신 목록을 볼 수 있다. 예제 11-24는 이 잡을 실행할 때의 자바 가상 머신의 목록이다.

▼ 예제 11-24 jps 출력 결과

```
➜  ~ jps
68944 RemoteMavenServer
42899
88027 partitioned-demo-0.0.1-SNAPSHOT.jar
88045 partitioned-demo-0.0.1-SNAPSHOT.jar
88044 partitioned-demo-0.0.1-SNAPSHOT.jar
```

```
88047 Jps
88046 partitioned-demo-0.0.1-SNAPSHOT.jar
```

실행 결과로 자바 JVM 네 개를 확인할 수 있다. 하나는 마스터 JVM이며 나머지 세 개는 워커 JVM이다. 지금까지의 예제와 마찬가지로 출력은 예제 11-25와 같다.

▼ 예제 11-25 파티션 잡 출력 결과

```
mysql> select step_name, status, commit_count, read_count, write_count from scaling.batch_
step_execution;
+------------------+-----------+--------------+------------+-------------+
| step_name        | status    | commit_count | read_count | write_count |
+------------------+-----------+--------------+------------+-------------+
| step1            | COMPLETED | 303          | 30000      | 30000       |
| step1:partition1 | COMPLETED | 101          | 10000      | 10000       |
| step1:partition0 | COMPLETED | 101          | 10000      | 10000       |
| step1:partition2 | COMPLETED | 101          | 10000      | 10000       |
+------------------+-----------+--------------+------------+-------------+
4 rows in set (0.01 sec)
```

워크로드를 파티셔닝하는 것은 단일 JVM 내이건 클러스터에 분산돼 있건 간에 강력한 도구다. IO 제약이 존재하는 사례에서 작업을 할 때, 잡의 성능에 지대한 영향을 줄 수 있다.

그러나 모든 처리가 IO에 의해 제한되는 것은 아니다. 프로세서가 병목 구간인 사례에서 단일 JVM 처리 이상이 필요하다면 원격 청킹이 올바른 확장 방법일 수 있다. 다음 절에서는 스프링 배치 잡의 확장을 위한 마지막 방식을 살펴본다.

원격 청킹

데이터를 클러스터에서 처리하는 분산 컴퓨팅은 여러 분야에서 볼 수 있는 패턴이다. 분산 컴퓨팅의 극단적인 예는 버클리대학교에서 개발한 BOINC 시스템이다. 원래 이 프레임워크는 무선 망원경으로 기록된 무선 신호를 미사용 중인 개인용 컴퓨터로 처리해 외계 지능의 증거를 찾는 SETI@Home 프로젝트와 함께 사용하도록 개발됐다. BOINC는 이후에 SETI@Home 프로젝트에서 빠져나와, 현재 많은 과학계의 @Home 프로젝트(단백질 접힘을 보는 Folding@Home, 펄사를 찾는 Einstein@Home, 질병 연구를 위한 단백질 구조 예측을 수행하는 Rosetta@Home 등)에서 더 일반적으로 사용되는 프레임워크가 됐다. 그러나 BOINC의 아이디어는 실제로 매우 간단하다. 이 시스템은 처리할 데이터를 요구하는 워커의 요청을 수신하는 마스터 명령 서버로 구성된다. 이 서버는 해당 요청 워커가 처리할 입력을 회신한다. 워커는 입력을 다운로드하고 필요한 처리를 수행한 이후에 결과를 업로드한다.

원격 청킹은 풀 모델 대신 푸시 모델로 동작하는 BOINC 방식과 유사하다. 네트워크로 워커에게 메타데이터가 전송되는 원격 파티셔닝과 달리, (BOINC처럼) 원격 청크 방식에서는 처리할 실제 데이터가 네트워크를 통해 전송된다. 마스터가 데이터를 읽고 워커에게 보내서 처리하게 하면, 워커는 처리 후에 산출물을 만든다. 단일 JVM 외부에서 이뤄지는 이러한 유형의 확장은 아이템을 처리하는 부분에 병목이 있는 상황에만 유용하다. 입력이나 출력에 병목이 존재한다면 이러한 유형의 확장은 상황을 악화시킬 뿐이다. 배치 처리를 확장하는 방법으로 원격 청크를 사용하기 전에 고려해야 할 사항이 몇 가지 있다.

- **처리 시에 병목이 존재해야 한다**: 마스터 JVM에서 읽기와 쓰기가 완료되기 때문에, 원격 청크를 사용하려면 병렬 처리로 얻는 이득보다 워커에게 데이터를 처리하도록 데이터를 전송하는 비용이 적어야 한다.
- **보장된 전송이 필요하다**: 스프링 배치는 누가 무엇을 처리하고 있는지에 대한 어떤 종류의 정보도 유지하지 않으므로, 처리 중에 워커 중 하나가 다운되더라도 스프링 배치는 어떤 데이터가 처리되던 중이었는지 알 길이 없다. 따라서 지속적인 통신 형태 (일반적으로 지속적인 메시징 기반 솔루션)가 필요하다.

원격 청킹을 사용하는 잡을 구성하기 위해, 원격으로 실행하려는 스텝이 포함된 일반적인 방법으로 구성된 잡에서부터 시작한다. 스프링 배치를 사용하면 잡 자체의 구성을 변경하지 않고도 이 기능을 추가할 수 있다. 다만 원격으로 처리할 스텝의 `ItemProcessor`를 가로채 `ChunkHandler` 구현체(스프링 배치 인티그레이션이 제공함)의 인스턴스를 주입한다. `org.spring framework.batch.integration.chunk.ChunkHandler` 인터페이스는 `ItemProcessor` 인터페이스처럼 작동하는 `handleChunk`라는 단일 메서드를 가지고 있다. 그러나 `ChunkHandler` 구현체는 주어진 아이템을 사용해 자신이 직접 작업을 수행하는 대신에 원격으로 처리할 아이템을 전송하고 응답을 수신한다. 처리 결과가 반환되면 로컬 `ItemWriter`가 이를 정상적으로 기록한다. 그림 11-16은 원격 청킹을 사용하는 스텝의 구조다.

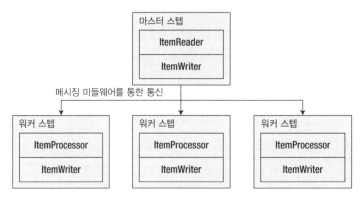

▲ 그림 11-16 원격 청킹을 사용하는 스텝의 구조

그림 11-16에서 볼 수 있듯이 잡의 어떤 스텝이라도 원격 청킹을 통해 처리되도록 구성할 수 있다. 특정 스텝을 원격 청킹으로 구성하면 앞서 언급했던 것처럼 해당 스텝의 `ItemProcessor`가 `ChunkHandler`로 바뀐다. `ChunkHandler`의 구현체는 특수한 라이터(org.springframework.batch.integration.chunk.ChunkMessageChannelItemWriter)를 사용해 아이템을 큐에 기록한다. 워커는 비즈니스 로직을 실행하는 메시지 기반 POJO에 지나지 않는다. 처리가 완료되면 `ItemProcessor`의 출력은 `ItemWriter`를 통해 저장된다.

이 예제에서는 앞서 파티셔닝 예제에서 사용했던 데이터를 가져오는 잡의 수행 과정에서 이뤄지는 데이터의 흐름을 시뮬레이션할 것이다. `MessageChannelPartitionHandler`를 사용했던 파티션 잡과 마찬가지로 마스터 노드와 워커 노드 간의 통신을 구성하려고 두 개의 프로파일 및 스프링 인티그레이션을 사용한다. 마스터 구성부터 시작하자. 예제 11-26은 마스터 스텝의 구성이다.

▼ 예제 11-26 마스터 원격 청킹 스텝

```
...
@EnableBatchIntegration
@Configuration
public class BatchConfiguration {
```

```java
@Configuration
@Profile("!worker")
public static class MasterConfiguration {

    @Autowired
    private JobBuilderFactory jobBuilderFactory;

    @Autowired
    private RemoteChunkingMasterStepBuilderFactory
        remoteChunkingMasterStepBuilderFactory;

    @Bean
    public DirectChannel requests() {
        return new DirectChannel();
    }

    @Bean
    public IntegrationFlow outboundFlow(AmqpTemplate amqpTemplate) {
        return IntegrationFlows.from(requests())
                    .handle(Amqp.outboundAdapter(amqpTemplate)
                            .routingKey("requests"))
                    .get();
    }

    @Bean
    public QueueChannel replies() {
        return new QueueChannel();
    }

    @Bean
    public IntegrationFlow inboundFlow(
            ConnectionFactory connectionFactory) {

        return IntegrationFlows
                    .from(Amqp.inboundAdapter(connectionFactory,
                    "replies"))
                    .channel(replies())
                    .get();
    }
```

```java
@Bean
@StepScope
public FlatFileItemReader<Transaction> fileTransactionReader(
        @Value("#{jobParameters['inputFlatFile']}") Resource resource) {

    return new FlatFileItemReaderBuilder<Transaction>()
                .saveState(false)
                .resource(resource)
                .delimited()
                .names(new String[] {"account",
                            "amount",
                            "timestamp"})
                .fieldSetMapper(fieldSet -> {
                    Transaction transaction = new Transaction();
                    transaction.setAccount(
                        fieldSet.readString("account"));
                    transaction.setAmount(
                        fieldSet.readBigDecimal("amount"));
                    transaction.setTimestamp(
                        fieldSet.readDate("timestamp",
                            "yyyy-MM-dd HH:mm:ss"));
                    return transaction;
                })
                .build();
}


@Bean
public TaskletStep masterStep() {
    return this.remoteChunkingMasterStepBuilderFactory.get("masterStep")
                .<Transaction, Transaction>chunk(100)
                .reader(fileTransactionReader(null))
                .outputChannel(requests())
                .inputChannel(replies())
                .build();
}


@Bean
public Job remoteChunkingJob() {
    return this.jobBuilderFactory.get("remoteChunkingJob")
                .start(masterStep())
                .build();
```

```
            }
        }
...
```

11장 앞부분의 원격 파티셔닝 예제와 마찬가지로 원격 청킹 구성도 `@EnableBatchIntegration` 애너테이션으로 시작한다. 스프링 배치는 원격 청킹을 사용하는 스텝을 만드는 특수한 빌더 팩토리를 제공하는데, `@EnableBatchIntegration` 애너테이션을 사용하면 해당 기능을 사용할 수 있다. 클래스 내부를 들여다보면 내부 클래스를 사용해 마스터/워커 구성을 나눈 것을 볼 수 있다. 먼저 마스터 구성을 살펴보자.

마스터 구성은 `JobBuilderFactory`(모든 스프링 배치 구성 클래스와 동일함)와 `RemoteChunking MasterStepBuilderFactory`라는 새로운 빌더 팩토리를 자동와이어링하는 것으로 시작한다. `RemotePartitioningMasterStepBuilderFactory`가 원격 파티셔닝을 위한 마스터 스텝을 생성하는 특수한 빌더를 제공하는 것처럼, `RemoteChunkingMasterStepBuilderFactory`는 원격 청크 스텝을 위한 마스터 스텝을 생성하는 빌더를 제공한다.

두 개의 자동와이어링된 팩토리 다음에, 아웃바운드 플로우를 위한 채널을 작성한다. 이 채널은 워커가 처리할 수 있도록 래빗MQ에 데이터를 보내는 데 사용한다. 해당 채널을 사용하는 플로우는 그다음 빈으로 정의돼 있다. 이 아웃바운드 플로우가 원격 파티셔닝 예제의 아웃바운드 플로우와 동일하다는 것을 알아챘을 것이다. 스프링 인티그레이션 DSL에 명시된 내용을 말로 풀어보면 "먼저 요청 채널에서 각 메시지를 가져와서 AMQP 아웃바운드 어댑터로 전달한다. 그러면 AMQP 아웃바운드 어댑터는 requests라는 이름을 가진 래빗MQ 큐에 해당 메시지를 전송한다"이다.

아웃바운드 플로우를 구성했으니, 다음에는 인바운드 플로우를 구성한다. 쓰기 작업이 해당 스텝의 워커 측에서 이뤄질 것이기 때문에 어떤 내용을 응답으로 받아야 할지 궁금할 수 있겠다. 워커 측에서 온 응답은 실제로 마스터가 적용할 `StepContribution`이다. 이처럼 마스터에서 각 워커에서 처리한 결과를 전달받아 처리 결과에 반영하면 분산된 스텝이라도 `JobRepository` 내의 통계를 정확하게 유지할 수 있다. 인바운드 플로우를 구성할 때는 다이렉트 채널을 구성한 다음에 인바운드 스프링 인티그레이션 플로우를 구성한다. 이 플로우는 래빗MQ의 응답 큐를 읽고, 메시지를 가져와서 응답 채널에 넣는다.

마스터에 구성된 그다음 컴포넌트는 거래 정보 입력 파일을 읽는 데 사용하는 FlatFileItem Reader이다. 이 ItemReader는 이전에 구성했던 리더와 동일하다. 여기서 FlatFileItem Reader를 언급하는 이유는 이 리더가 마스터 측에 구성된 청크 스텝의 유일한 부분이기 때문이다. ItemProcessor와 ItemWriter는 모두 애플리케이션의 워커 측에 구성된다.

스텝이 사용하는 컴포넌트를 구성했다면, 이제 스텝을 구성할 수 있다. masterStep의 구성은 다른 청크 기반 스텝과 동일하게 시작된다. 이름, 청크 크기, 리더를 지정한다. 그러나 ItemProcessor나 ItemWriter 대신 입력 채널과 출력 채널을 지정한다. 이 채널은 워커와 메시지를 주고받는 스텝을 구성하는 데 사용된다. 마스터 구성의 마지막은 잡 빈의 구성이다. 해당 빈이 master 프로파일로 지정돼 있으므로, 스프링 부트는 해당 잡을 마스터 JVM에서만 실행하며 나머지 JVM에서는 실행하지 않는다.

원격 청크를 구성하려면 마스터를 구성하는 데 7개의 빈이 필요하지만 그중 3개의 빈은 원격 청킹으로 스텝을 확장하지 않더라도 필요한 빈이다. 나쁘지 않다. 워커 구성을 살펴보자. 예제 11-27에서 볼 수 있다.

▼ 예제 11-27 워커 원격 청킹 스텝

```
...
    @Configuration
    @Profile("worker")
    public class WorkerConfiguration {

        @Autowired
        private RemoteChunkingWorkerBuilder<Transaction, Transaction> workerBuilder;

        @Bean
        public DirectChannel requests() {
            return new DirectChannel();
        }

        @Bean
        public DirectChannel replies() {
            return new DirectChannel();
```

```
}

@Bean
public IntegrationFlow inboundFlow(ConnectionFactory connectionFactory) {
    return IntegrationFlows
                .from(Amqp.inboundAdapter(connectionFactory,
                "requests"))
                .channel(requests())
                .get();
}

@Bean
public IntegrationFlow outboundFlow(AmqpTemplate template) {
    return IntegrationFlows.from(replies())
                .handle(Amqp.outboundAdapter(template)
                .routingKey("replies"))
                .get();
}

@Bean
public IntegrationFlow integrationFlow() {
    return this.workerBuilder
                .itemProcessor(processor())
                .itemWriter(writer(null))
                .inputChannel(requests())
                .outputChannel(replies())
                .build();
}

@Bean
public ItemProcessor<Transaction, Transaction> processor() {
    return transaction -> {
        System.out.println("processing transaction = " + transaction);
        return transaction;
    };
}

@Bean
public JdbcBatchItemWriter<Transaction> writer(DataSource dataSource) {
    return new JdbcBatchItemWriterBuilder<Transaction>()
                .dataSource(dataSource)
```

```
                        .beanMapped()
                        .sql("INSERT INTO TRANSACTION (ACCOUNT, AMOUNT, TIMESTAMP) " +
                            "VALUES (:account, :amount, :timestamp)")
                        .build();
            }
        }
}
```

그룹화하기 위해 내부 클래스를 다시 사용하는 것은 해당 빈 구성을 더 합리적으로 할 수 있게 해준다. 이 클래스는 `RemoteChunkingWorkerBuilder`를 자동와이어링하는 구성으로 시작된다. 마스터 구성에서는 팩토리 빈을 자동와이어링했던 반면, 이 예제에서는 팩토리 빈이 아닌 `RemoteChunkingWorkerBuilder`를 자동와이어링했다는 사실을 알게 될 것이다. 팩토리가 필요 없기 때문이다. 이전에 이 빌더가 아닌 다른 빌더를 얻는 데 사용했던 팩토리는 보이지 않는 곳에서 스프링 "마법"을 살짝 부린다. 하지만 `RemoteChunkingWorkerBuilder`는 그런 마법이 필요하지 않으므로 빌더 자체만 직접 주입받으면 된다.

구성한 내용을 아래로 이동하면서 살펴보면, 마스터 측에서 했던 것과 동일한 인바운드 플로우와 아웃바운드 플로우 구성 작업을 또 다시 하게 된다. 그러나 마스터에 구성했던 두 가지 인티그레이션 플로우가 아닌 세 가지 인티그레이션 플로우가 있다는 것을 깨닫게 되면 상황은 조금 달라진다. 워커 측에는 스텝을 구성하는 대신에 원격 청킹을 사용할 때 실제로 사용하는 인티그레이션 플로우을 구성한다. 배후에서 이 빌더는 수신되는 요청을 받아들이고, 관련된 배치 처리를 다루는 서비스 활성화기service activator에게 해당 요청을 전달하며, 결과를 아웃바운드 플로우에 반환하는 체인을 생성한다. 이 플로우를 구성하기 위해, 새 빌더인 `RemoteChunkingWorkerBuilder`를 사용해 `ItemProcessor`, `ItemWriter`, 입력 채널, 출력 채널을 구성한다.

`ItemProcessor`(거래 정보를 `System.out`으로 전달하는 간단한 람다)와 아이템을 데이터베이스 테이블에 저장하는 `ItemWriter`를 구성하면 구성이 완료된다.

구성이 완료되면 프로젝트를 빌드하고 실행해볼 수 있다. 이 예제를 기동하는 메커니즘은 래빗MQ를 사용한 원격 파티셔닝 예제와 실제로 동일하다. 래빗MQ를 아직 실행하지 않았다면

rabbitmq-server를 통해 실행하는 것부터 시작하자. 그리고 java -jar target /chunking-demo-0.0.1-SNAPSHOT.jar 명령으로 각각 워커를 기동할 수 있다. 마지막으로 java -jar target /chunking-demo-0.0.1-SNAPSHOT.jar --spring.profiles.active=master 명령으로 마스터를 실행할 수 있다.

모든 컴포넌트가 실행되면, 지금까지 그랬던 것처럼 예제 11-28와 같이 데이터베이스에서 잡 실행 결과를 살펴볼 수 있다.

▼ 예제 11-28. 원격 청킹 잡의 실행 결과

```
mysql> select step_name, status, commit_count, read_count, write_count from scaling.batch_
step_execution;
+------------------+-----------+--------------+------------+-------------+
| step_name | status | commit_count | read_count | write_count |
+------------------+-----------+--------------+------------+-------------+
| step1 | COMPLETED | 303 | 30000 | 30000 |
+------------------+-----------+--------------+------------+-------------+
1 rows in set (0.01 sec)
```

요약

스프링 배치를 사용하는 주된 이유 중 하나는 기존 코드베이스에 큰 영향을 미치지 않으면서 확장할 수 있기 때문이다. 이러한 확장 기능을 개발자가 직접 작성해볼 수도 있겠지만 그 어느 것도 쉽게 구현할 수 없을 것이며, 군이 직접 개발할 필요 없이 제공되는 기능을 사용하면 된다. 스프링 배치는 잡을 확장할 수 있는 훌륭한 다양한 방법을 제공한다.

11장에서는 잡의 어느 부분에 병목현상이 존재하는지 알아낼 목적으로 잡을 프로파일링하는 방법을 살펴봤다. 그런 다음 스프링 배치가 확장을 위해 제공하는 다섯 가지 방법(병렬 스텝, 다중 스레드 스텝, 비동기 아이템 처리, 원격 청킹, 파티셔닝)의 예를 살펴봤다.

12장

클라우드 네이티브 배치

배치 처리는 오래전부터 사용돼왔다. 컴퓨터를 사용한 자동화가 시작된 이래 데이터를 수집하고, 프로세스를 실행하고, 그로부터 결과물을 생성하는 것 등이 배치 처리를 기반으로 말이다. 기업이 IT 환경을 클라우드 환경으로 전환함에 따라 배치 처리도 클라우드 환경으로 전환하는 것은 어찌 보면 당연한 일이다.

하지만 애플리케이션을 클라우드나 '클라우드 네이티브cloud native'에 맞게 준비한다는 것은 무엇일까? 스프링 배치 애플리케이션을 클라우드에서도 그대로 적용할 수 있을까? 아마 아닐 것이다. 기존 애플리케이션이 클라우드 환경에서 '동작'한다고 하더라도, 클라우드 환경에서 애플리케이션을 실행할 때에는 추가적으로 고려해야 할 문제가 있다. 이러한 문제를 해결하는 데 도움이 될 수 있도록 '12요소 애플리케이션twelve factor application'이라는 개념이 명시적으로 고안됐다. 12요소 애플리케이션은 클라우드에서 애플리케이션 실행에 관련된 추가적인 문제를 해결해 주는 방법론이다.

스프링 클라우드 프로젝트Spring Cloud Project는 스프링 부트Spring Boot를 기반으로 클라우드 네이티브 개발을 지원하는 스프링 프로젝트 포트폴리오의 하나다.

12요소 애플리케이션과 관련된 서킷 브레이커, 서비스 검색, 구성 관리 및 잡Job 오케스트레이션 등의 기능이 제공된다. 이 가운데 모르는 것이 있다고 해도 걱정하지 않아도 된다. 12

장에서 그 내용을 살펴볼 것이다.

12장에서는 전통적인 스프링 부트 기반 스프링 배치 애플리케이션을 클라우드 네이티브 애플리케이션으로 전환하는 매우 간단한 스프링 배치 애플리케이션을 반복해서 살펴본다. 애플리케이션을 반복해서 살펴볼 때마다 클라우드 네이티브 기능을 활용하기 위해 새로운 기능을 추가해 스프링 클라우드의 기능을 활용하는 애플리케이션을 만들어 나갈 것이다.

구체적으로 다음 내용을 살펴본다.

- 12요소 애플리케이션에 어떤 테넌트^{tenants}가 있는지, 배치 처리에 어떻게 적용되는지 살펴본다.
- 클라우드 네이티브 애플리케이션으로 마이그레이션하는 매우 간단한 스프링 배치 애플리케이션을 살펴본다
- 서킷 브레이커 패턴을 적용해, 결함이 있는 REST API와 연동하는 배치 애플리케이션에 복원력^{resiliency}을 추가한다.
- 그런 다음 스프링 클라우드 컨피그 서버^{Spring Cloud Config Server}와 스프링 클라우드 유레카^{Spring Cloud Eureka}를 사용해 구성 정보를 외부화한다.
- 마지막으로 스프링 클라우드 데이터 플로우^{Spring Cloud Data Flow}를 사용해 배치 잡을 관리한다.

세부 사항을 살펴보기 전에 12요소 애플리케이션이 무엇인지 먼저 살펴본다.

12요소 애플리케이션

12요소 애플리케이션의 개념은 헤로쿠^{Heroku1}와의 클라우드 컴퓨팅 작업에서 나오게 됐다. 12요소 애플리케이션의 목표는 서비스 형태로 애플리케이션을 개발할 수 있는 패턴을 개발하는 것이다.

---

1 최초의 클라우드 플랫폼 가운데 하나로 웹 애플리케이션 배치 모델로 사용되는 여러 프로그래밍 언어를 지원하는 클라우드 PaaS 플랫폼이다. 2010년 세일즈포스닷컴에 인수됐다. - 옮긴이

12가지 요소[2]는 다음과 같다.

1. 코드베이스^{Codebase}: 버전 관리되는 하나의 코드베이스와 다양한 배포
2. 의존성^{Dependencies}: 명시적으로 선언되고 분리되는 의존성
3. 구성^{Config}: 환경^{environment}에 구성 정보 저장
4. 백엔드 서비스$^{Backing\ services}$: 백엔드 서비스를 연결된 리소스로 취급
5. 빌드^{Build}, 릴리스^{Release}, 실행^{Run}: 철저하게 분리된 빌드와 실행 단계
6. 프로세스^{Processes}: 애플리케이션을 하나 이상의 무상태^{stateless} 프로세스로 실행
7. 포트 바인딩$^{Port\ binding}$: 포트 바인딩을 사용해 서비스 공개
8. 동시성^{Concurrency}: 프로세스 모델을 사용한 확장
9. 폐기 기능^{Disposability}: 빠른 시작과 정상적인 종료$^{graceful\ shutdown}$를 통한 안정성 극대화
10. 개발/운영 환경 일치$^{Dev/Prod\ Parity}$: 개발, 스테이징, 운영 환경을 최대한 비슷하게 유지
11. 로그^{Logs}: 로그를 이벤트 스트림으로 취급
12. 관리자 프로세스$^{Admin\ Process}$: 관리자 및 관리 작업을 일회성 프로세스로 실행

12요소 애플리케이션의 각 항목을 살펴보고, 각 항목이 실제로 무엇을 의미하는지 정의한 후, 각 항목이 배치 처리에 어떻게 적용되는지 살펴본다.

코드베이스

애플리케이션의 코드베이스[3]는 하나의 버전 관리 저장소에 통합돼야 한다. 코드베이스를 여러 저장소로 분리해야 하는 경우에는 애플리케이션이 아니라, 분산 시스템으로 봐야 한다. 12요소 애플리케이션은 분산 시스템을 구성하지만 각 애플리케이션은 스스로 동작하고 독립적이다. 이 책에서 대부분은 배치 처리 관점에서 볼 때, 하나의 애플리케이션이 하나의 배치 잡인 모델을 채택하고 있다. 하지만 레거시 환경에서는 여러 개의 배치 잡을 포함하는 모놀리식 WAR나 EAR 파일인 코드베이스를 드물지 않게 볼 수 있다. 클라우드 네이티브 환경

---

2 https://12factor.net/

3 코드베이스는 특정 시스템, 애플리케이션, 컴포넌트 등을 빌드할 때 사용되는 소스 코드의 집합이며 일반적으로 버전관리 시스템의 저장소에 저장된다. – 옮긴이

에서는 이를 여러 애플리케이션으로 나누고 싶을 것이다.

의존성

의존성은 자바 개발에 있어서 한 부분을 차지한다. 지금까지 모든 예제에서는 메이븐^{Maven}이나 그레이들^{Gradle}과 같은 빌드 시스템을 사용해 스프링 부트 uber-jar 애플리케이션에 필요한 의존성을 포함시켜 다운로드했다. 이 모델은 12요소 애플리케이션의 고유한 요구 사항이다. 외부에 의존하는 애플리케이션을 원하지 않기 때문에, 모든 의존성은 특정 메커니즘을 통해 애플리케이션 내에 캡슐화돼야 한다. 스프링 부트가 이를 처리한다.

구성

12요소 애플리케이션에서 구성^{Config}은 코드와 분리돼야 한다. 왜 그래야 할까? 동일한 아티팩트^{artifact}가 여러 환경에서 동작할 것이므로 환경에 독립적이어야 하기 때문이다. 스프링이 프로파일^{profile}과 같은 기능을 통해서 특정 환경에 의존하지 않도록 구성할 수 있는 메커니즘을 제공하지만, 해당 모델은 환경 변수나 중앙 집중식 구성 서버^{configuration server}를 사용하는 것만큼 명확하게 확장되지는 않는다. 배치 환경에서는 jobRepository용 데이터베이스 또는 입출력에 사용할 다른 시스템에 대한 접속과 관련된 구성 등 구성해야 할 것들이 많으며, 스프링 배치 애플리케이션은 이 원칙에 맞게 반영돼야 한다.

백엔드 서비스

애플리케이션이 네트워크를 통해 이용하는 모든 서비스를 말한다. RDBMS, SMTP 서버, S3, 서드 파티 API 등이 될 수 있다. 이 테넌트의 핵심은, 구성돼 있는 URL 또는 기타 로케이터^{locator}를 통해서 해당 서비스를 참조할 수 있어야 한다는 것이다. 즉 코드 내에서 특정 서비스 인스턴스에 직접적으로 의존성을 가지면 안된다. 예를 들어 클라우드에서 로컬 MySQL을 사용하든 Amazon RDS를 사용하든 코드가 변경되지 않아야 하고 URL, 사용자 이름, 비밀번호 등의 구성 정보만 변경해야 된다. 이를 배치 애플리케이션 관점에서 생각해 보면, 애플리케이션을 개발할 때 코드와 구성을 분리해 구축하는 것을 의미한다. 다행히도 스프링 부트에서 좋은 개발 방법을 사용한다는 것은 이미 이러한 방법이 적용하고 있다는 것을 말한다.

빌드, 릴리스, 실행

12요소 테넌트는 애플리케이션 빌드, 릴리스 및 실행 프로세스를 엄격하게 구분한다. 애플리케이션 빌드는 애플리케이션 코드를 컴파일하고 테스트하는 것이다. 아티팩트를 릴리스하는 것은 아티팩트를 만드는 것뿐만 아니라 해당 버전에 대한 고유 식별자unique identifier를 제공하고 수정할 수 없는 장소(예를 들어 메이븐 저장소)에 저장하는 것이다. 애플리케이션 실행은 릴리스된 아티팩트를 가져와서 시스템 환경에서 실행하는 것이다. 스프링 배치를 사용하면 젠킨스Jenkins나 콩코스Concourse와 같은 CI 시스템continuous integration system을 설정해 빌드 파이프 라인을 실행할 수 있다. 여기에서 스피내커Spinnaker와 같은 도구는 매우 강력한 방식으로 빌드를 실행하고 릴리스 관리를 할 수 있으며 배포에 실패한 경우 롤백과 같은 기능을 제공한다.

프로세스

12요소 애플리케이션은 상태를 저장하지 않으며 아무것도 공유하지 않는다. 이는 애플리케이션을 실행할 때 로컬 파일 시스템이나 메모리에 있는 어떠한 기존 데이터도 고려하지 않을 것이라는 것을 말한다. 웹 환경에서 이 테넌트에 반하는 전형적인 예는 고정sticky 세션이 필요한 애플리케이션을 구축하는 것이다. 고정 세션을 사용하도록 설계하면, 어떠한 요청이 있은 이후에 그다음 요청이 있기까지 메모리에 데이터를 유지할 것이며, 이렇게 상태를 저장하고 있다는 것은 확장성이 떨어진다는 것을 의미한다. 배치의 세계에서 스프링 배치는 처음부터 상태를 갖지 않도록 설계됐다. 하지만 이미 알고 있듯이, 일반적으로 배치 잡은 상태를 가지고 있다. 배치 잡은 재시작할 수 있으며 ExecutionContext에 상태를 가질 수가 있다. 이것은 모두 사실이며, 상태는 클라우드 친화적인 관계형 데이터베이스 jobRepository에 저장된다. 적절히 설계된 배치 잡을 특정 노드에서 실행하다가 실패하면, 동일한 데이터베이스를 사용하는 jobRepository에 접속해 이전 상태를 알아올 수도 있고 전혀 이전 정보를 사용하지 않고 다른 노드에서 재시작할 수도 있다.

포트 바인딩

12요소 애플리케이션은 애플리케이션을 서비스로 노출하기 위해 어떤 종류의 서버를 런타임에 추가할 필요가 없다. 런타임이 포함돼 있으며 설계된 기능을 실행하는 데 필요한 경우 포트 자체에 바인딩Port Binding된다. 예를 들어 12요소 애플리케이션이 아닌 경우에는, WAR 파일을 톰캣Tomcat에 배포할 것이다. 12요소 애플리케이션에서는 완전히 독립적이므로 톰캣은 스프링 부트에서처럼 애플리케이션에 내장된다. 일반적인 스프링 배치나 배치 잡을 생각해보면, 배치 잡이 정의에 따라 독립적으로 수행된다는 점을 고려할 때 자체적으로 포함돼 있다는 점은 그리 큰 문제는 아니다. 즉 스프링에서는 스프링 배치 잡이 다양한 이유로 포트를 오픈해 외부에 공개하는 시나리오를 처리하는 기능을 제공한다.

동시성

12요소 애플리케이션은 프로세스를 수평적으로 확장할 수 있어야 한다. 그렇다고 해서 스레드 사용을 금지하거나 권장하지 않는다는 의미는 아니다. JVM이 내부에서 사용하는 스레드는 애플리케이션을 확장하는 데 유용한 도구이며, 적절한 시나리오상에서 사용될 것이다. 하지만 JVM 하나만으로는 명확한 한계를 가지고 있으므로 인스턴스를 여러 개로 늘려 사용해 확장할 수 있어야 한다. 11장에서 논의했듯이, JVM 내의 스레드를 통해 또는 원격 청킹이나 원격 파티셔닝을 사용해 외부에서 스프링 배치 애플리케이션을 확장할 수 있으며, 두 가지 모두 스프링 배치가 동시성Concurrency 모델에 얼마나 잘 맞는지 보여주는 예다.

폐기 가능

레거시 환경에서 프로세스의 동작이 멈춘다는 것은 공포스러운 일이다. 항상 동작해야 하고 고객에게 영향을 미치는 환경에서 서비스를 유지해야 해야 하는 것이 애플리케이션의 의무이므로, 이러한 상황은 개발자의 등골을 오싹하게 한다. 하지만 클라우드 네이티브 환경에서는 프로세스를 일회용으로 사용한다. 사전 통보 없이 중지했다가 재시작할 수 있으며 이와 같이 설계해야 한다. 프로세스는 가능한 한 빨리 시작하고 중지 요청을 받으면 정상적으로 종료돼야 한다. 스프링 배치는 당연히 이와 같은 사상을 지원한다. jobRepository와 연동해 필요에 따라 종료하고 재시작할 수 있다. 하지만 프로세스는 여전히 상태를 가지고 있으며 재시작 시 상태를 복원할 수 있어야 한다. 스프링 배치는 재시작시 이미 처리된 레코드를 건너뛰는 것과 같은 작업을 수행해 이를 최적화한다.

개발/운영 환경 일치

클라우드의 목표 중 하나는 서버 랙 설치나 데이터베이스 프로비저닝과 같은 작업에 드는 시간 지연을 없애 비즈니스 민첩성을 제공하는 것이다. 비즈니스 관점에서 속도는 클라우드의 핵심 원동력이다. 이러한 신속함을 제공하려는 궁극적인 목표는 지속적인 배포다. 분기에 한 번 또는 한 달에 한 번 배포했던 것을 하루에 여러 번 운영 환경에 배포할 수 있게 된다. 이는 환경이 동일할 때 가능하다. MySQL 사용해 개발 중인 애플리케이션을 Oracle 운영 환경으로 배포한다면 기존에 발견되지 않았던 문제가 발생할 수 있다. 이처럼 환경 간의 차이로 인해 발생되는 문제를 최소화하는 것이 매우 중요하다. 스프링 배치가 이러한 비기능 요구 사항을 해결해주는 것은 아니지만, 환경을 동일하게 맞추면 릴리스 및 배포 과정이 훨씬 더 원활해진다.

로그

앞서 프로세스가 일회용으로 사용되고 상태를 가지고 있으면 안 된다고 설명했다. 여기에는 로그 파일도 포함된다. 클라우드 네이티브 환경의 애플리케이션은 이상적으로는 모든 로그 출력을 표준 출력에 기록해, 개발자가 터미널에서 작업할 때 사용하거나 스플렁크^{Splunk}나 관련 시스템과 같은 로그 수집 시스템을 통해 로그를 사용할 수 있다. 이를 통해 시스템 내에서 발생하는 상황을 더 잘 이해하고 인스턴스를 통합할 수 있다. 스프링은 모든 주요 자바 로깅 프레임워크와 잘 통합되며, 이와 같은 요구 사항도 잘 처리한다.

관리자 프로세스

데이터베이스 마이그레이션과 같은 관리 작업은 일회성 작업으로 실행해야 한다. 12요소 애플리케이션의 이 테넌트에 대한 재미있는 점은 배치 처리가 이러한 일회성 관리 작업이 되는 경우가 드물지 않다는 것이다.

지금까지 클라우드 네이티브 애플리케이션 개발에 필요한 12가지 요소를 살펴봤다. 그렇다면 전략적인 관점에서 스프링 배치애플리케이션에 어떻게 적용해야 할까? 다음 절에서는 기본 애플리케이션인 스프링 배치 애플리케이션을 클라우드 네이티브 애플리케이션으로 전환하는 방법을 살펴본다.

간단한 배치 잡

12장의 나머지 부분에서는 간단한 스프링 배치 애플리케이션을 스프링의 기능을 사용해 클라우드 네이티브 애플리케이션으로 발전시킬 것이다. 이 배치 잡 예제는 의도적으로 단순하게 만들었다. 도메인 모델에 중점을 두는 대신, 반복적으로 기능을 추가하는 데 중점을 두고 싶었기 때문이다. 이런 이유로 아마존^{Amazon}의 S3에서 로컬 디렉터리로 파일을 다운로드하는 단일 스텝의 배치 잡을 사용하는데, 이 잡은 각 파일을 한 줄씩 읽고 REST API를 호출해 데이터를 보강한 다음 그 결과를 데이터베이스에 저장한다.

배치 작업을 만들기 전에 스프링 이니셜라이저$^{Spring\ Intializr}$에서 프로젝트를 생성한다. 명확하게 필요한 의존성을 비롯해 해당 의존성에게 필요한 보이지 않은 의존성도 추가할 것이다. batch, jdbc, mysql 의존성이 추가된 프로젝트로 시작할 수 있다. 그리고 아마존 S3 스토어와 연동할 수 있도록 AWS에 대한 의존성도 추가할 것이다. 그밖의 의존성은 새로운 기능을 추가할 때 추가할 것이다. 예제에서 사용할 기본 애플리케이션에서는 기본 의존성만으로 충분하다.

스프링 배치 잡을 살펴보기 위해 메인 클래스부터 시작하겠다. 예제 12-1은 이 책의 다른 모든 예제에서 사용한 일반적인 스프링 부트의 메인 클래스다.

▼ 예제12-1 CloudNativeBatchApplication.java

```
...
@EnableBatchProcessing
@SpringBootApplication
public class CloudNativeBatchApplication {

    public static void main(String[] args) {
        SpringApplication.run(CloudNativeBatchApplication.class, args);
    }
}
```

이 클래스는 @EnableBatchProcessing과 @SpringBootApplication이라는 두 개의 애너테이션으로 시작한다. @EnableBatchProcessing 애너테이션은 모든 스프링 배치 인프라 스트럭처를 부트스트랩하며, @SpringBootApplication 애너테이션은 클래스패스classpath를 스캔하고 자동구성autoconfiguration을 부트스트랩한다. 클래스의 main 메서드는 단순히 스프링 부트가 클래스패스를 스캔해 구성을 찾는 시작 위치를 지정한다. 나머지 구성은 다른 구성 클래스에 있다.

다음으로 JobConfiguration 클래스를 살펴본다. 이 클래스는 스프링 배치 잡을 실행하는 데 필요한 모든 컴포넌트의 모든 구성 정보를 포함하고 있다. 예제 12-2는 JobConfiguration 클래스의 코드다.

▼ 예제 12-2 JobConfiguration.java

```
...
@Configuration
public class JobConfiguration {

    @Autowired
    private StepBuilderFactory stepBuilderFactory;

    @Autowired
    private JobBuilderFactory jobBuilderFactory;

    @Bean
    public DownloadingJobExecutionListener downloadingStepExecutionListener() {
```

```java
        return new DownloadingJobExecutionListener();
}


@Bean
@StepScope
public MultiResourceItemReader reader(
        @Value("#{jobExecutionContext['localFiles']}") String paths) throws Exception {

        System.out.println(">> paths = " + paths);
        MultiResourceItemReader<Foo> reader = new MultiResourceItemReader<>();

        reader.setName("multiReader");
        reader.setDelegate(delegate());

        String [] parsedPaths = paths.split(",");
        System.out.println(">>parsedPaths = " + parsedPaths.length);
        List<Resource> resources = new ArrayList<>(parsedPaths.length);

        for (String parsedPath : parsedPaths) {
                Resource resource = new FileSystemResource(parsedPath);
                System.out.println(">> resource = " + resource.getURI());
                resources.add(resource);
        }
        reader.setResources(resources.toArray(new Resource[resources.size()]));

        return reader;
}


@Bean
@StepScope
public FlatFileItemReader<Foo> delegate() throws Exception {
        FlatFileItemReader<Foo> reader = new FlatFileItemReaderBuilder<Foo>()
                        .name("fooReader")
                        .delimited()
                        .names(new String[] {"first", "second", "third"})
                        .targetType(Foo.class)
                        .build();

        return reader;
}
```

```
    @Bean
    @StepScope
    public EnrichmentProcessor processor() {
        return new EnrichmentProcessor();
    }

    @Bean
    public JdbcBatchItemWriter<Foo> writer(DataSource dataSource) {
        return new JdbcBatchItemWriterBuilder<Foo>()
                        .dataSource(dataSource)
                        .beanMapped()
                        .sql("INSERT INTO FOO VALUES (:first, :second, :third,
                        :message)")
                        .build();
    }

    @Bean
    public Step load() throws Exception {
        return this.stepBuilderFactory.get("load")
                        .<Foo, Foo>chunk(20)
                        .reader(reader(null))
                        .processor(processor())
                        .writer(writer(null))
                        .build();
    }

    @Bean
    public Job job(JobExecutionListener jobExecutionListener) throws Exception {
        return this.jobBuilderFactory.get("s3jdbc")
                        .listener(jobExecutionListener)
                        .start(load())
                        .build();
    }

    @Bean
    public RestTemplate restTemplate() {
        return new RestTemplate();
    }
}
```

이 예제는 코드가 조금 많지만 대부분은 익숙할 것이다. 맨 윗줄부터 살펴보자. @Configuration 애너테이션을 적용하고 클래스를 정의한 후, 두 개의 필드를 자동와이어링한다. 이 두 필드는 스텝과 잡을 생성하는 데 사용되는 빌더 클래스다.

JobConfiguration 클래스의 첫 번째 빈 정의는 DownloadingJobExecutionListener에 대한 정의이다. 이것은 조금 후에 구현할 JobExecutionListener 구현체이며, 데이터베이스로 적재할 파일을 S3에서 다운로드하는 역할을 한다. 리스너의 beforeJob 메서드는 다운로드를 수행하는 메서드다. 이와 같이 설계해 12요소 애플리케이션의 프로세스 테넌트를 준수한다. 잡이 실패하고 클라우드의 새 노드 또는 컨테이너에서 잡이 다시 시작되면 beforeJob 메서드가 실행되고 파일을 다시 다운로드한다.

다중 파일을 처리할 것이므로 다음으로 정의하는 빈은 MultiResourceItemReader이다. 이 팩토리 메서드에서는 앞서 정의한 리스너가 다운로드하는 파일의 저장 디렉터리를 바라보고, MultiResourceItemReader가 해당 디렉터리에 존재하는 모든 파일을 읽어들이도록 구성한다. 이 메서드는 @StepScope 애너테이션을 적용해 스텝 스코프로 사용되는 것을 알 수 있다. 이는 해당 메서드 내에서 파일 목록을 가져와 처리할 수 있도록, 리스너가 다운로드한 파일 목록을 잡의 ExecutionContext에 저장하기 때문이다.

MultiResourceItemReader는 읽기 작업을 처리하는 동안 실제 읽기 처리를 담당하는 위임 리더인 또 다른 ItemReader가 필요하다. 구성 파일에 선언된 다음 빈인 delegate라는 이름의 빈이 바로 그 위임 리더이다. 이 팩토리 메서드는 각 레코드마다 3개의 값을 갖는 CSV 파일을 읽도록 구성된 FlatFileItemReader를 제공한다. 각 레코드의 값은 'first', 'second', 'third'로 명명돼 있다. 이들 각각의 값은 스프링이 자동으로 호출하기 위해 setFirst(int value), setSecond(int value), setThird(String value) 메서드를 가지고 있는 Foo라는 도메인 객체에 매핑된다.

리더를 정의했으니 이제 REST API를 호출하는 ItemProcessor를 정의한다. ItemProcessor를 위한 이 팩토리 메서드는 단순히 EnrichmentItemProcessor의 인스턴스를 새로 생성해 반환한다. 이 커스텀 ItemProcessor는 나중에 설명하겠지만 호출 횟수를 반환하는 REST API를 호출하기만 한다. 다음으로 EnrichmentItemProcessor는 message라는 필드에 결괏

값을 설정한다.

스텝의 마지막 컴포넌트는 ItemWriter이다. ItemProcessor로 처리된 아이템의 쓰기 작업에 JdbcBatchItemWriter를 사용한다. 해당 ItemWriter를 생성하는 빌더를 통해 DataSource를 구성하고, beanMapped() 메서드 호출해 BeanPropertyItemSqlParameterSourceProvider를 사용하도록 하며, SQL insert문을 제공하고, build 메서드를 호출한다.

이것이 load라는 이름으로 선언된 스텝에 필요한 모든 컴포넌트다. 이제 스텝을 빌드하기 위해 자동와이어링된 StepBuilderFactory를 사용해 StepBuilder를 가져온다. 그리고 스텝이 청크 기반으로 동작하도록 구성하고, 앞서 구성한 MultiResourceItemReader, EnrichmentItemProcessor, JdbcBatchItemWriter를 전달한다. 그러면 데이터를 불러오는 데 사용할 스텝이 구성된다.

스텝을 사용하려면 잡을 구성해야 한다. 자동와이어링된 JobBuilderFactory를 사용해 다음과 같이 구성한다. 먼저, 잡의 JobExecutionListener로 DownloadingJobExecutionListener가 사용되도록 구성한다. 그리고 잡이 load 스텝으로 시작되도록 구성한다. 마지막으로 빌더의 build 메서드를 호출한다.

이 클래스의 마지막 빈은 필요하지 않은 것처럼 보일 수 있다. RestTemplate 빈을 명시적으로 구성한다. 스프링 부트는 적절한 스타터를 사용해 컨텍스트에 해당 빈을 자동으로 추가한다. 추후 이 배치 잡에 반복적으로 기능을 추가할 때 해당 컴포넌트를 커스터마이징할 예정이지만 지금은 명시적으로 구성한다.

이것이 JobConfiguration 클래스의 전체 코드다. 이 잡을 위해 만든 두 개의 커스텀 클래스인 DownloadingJobExecutionListener와 EnrichmentProcessor를 확인할 수 있다. 먼저 DownloadingJobExecutionListner를 살펴보겠다. DownloadingJobExecutionListener에서는 스프링 AWS 프로젝트의 S3 리소스 기능을 사용해 이미 구성한 S3 버킷에 저장된 리소스를 검색하고, beforeJob 메서드 내에서 해당 리소스를 다운로드한다. 예제 12-3은 이 리스너의 코드다.

```java
...
public class DownloadingJobExecutionListener extends JobExecutionListenerSupport {

    @Autowired
    private ResourcePatternResolver resourcePatternResolver;

    @Value("${job.resource-path}")
    private String path;

    @Override
    public void beforeJob(JobExecution jobExecution) {

        try {
            Resource[] resources =
                this.resourcePatternResolver.getResources(this.path);

            StringBuilder paths = new StringBuilder();

            for (Resource resource : resources) {

                File file = File.createTempFile("input", ".csv");

                StreamUtils.copy(resource.getInputStream(),
                                    new FileOutputStream(file));

                paths.append(file.getAbsolutePath() + ",");
                System.out.println(">> downloaded file : " +file.getAbsolutePath());
            }

            jobExecution.getExecutionContext()
                            .put("localFiles",
                            paths.substring(0, paths.length() - 1));
        }
        catch (IOException e) {
            e.printStackTrace();
        }
    }
}
```

622

DownloadingJobExecutionListener는 JobExecutionListenerSupport를 상속하고 있으며, 이 JobExecutionListenerSupport는 JobExecutionListener의 no-op 구현을 제공해 관심 있는 메서드만 재정의할 수 있게 해준다. 이 예제 구현 시 beforeJob 메서드만 구현하면 된다. 해당 메서드에서는 job.resource-path라는 애플리케이션 파라미터를 통해 구성한 S3 버킷에 있는 모든 리소스 목록을 가져온다. 리소스(파일)의 배열을 얻은 후에는 각각 파일에 대해 임시 파일을 생성한 다음 스프링의 StreamUtils를 사용해 다운로드한 각 파일의 절대 경로를 저장해 파일을 다운로드한다. 모든 파일이 다운로드되면 다운로드한 파일 경로 목록이 잡의 ExecutionContext에 localFiles 키와 함께 저장된다.

클라우드 네이티브 환경에서 이 잡을 실행할 때마다 리스너가 다시 실행돼 필요한 각 파일을 다시 다운로드한다는 것이 핵심이다. 또한 이전 잡 ExecutionContext에 있는 파일 목록을 덮어쓰기 때문에, 잡이 새로운 컨테이너에서 실행된다면 이전 실행 시 다운로드해서 더 이상 존재하지 않을 수도 있는 파일을 읽으려 하는 일을 방지할 수 있다.

이 예제 잡의 마지막 코드는 EnrichmentProcessor이다. 이 프로세서는 JobConfiguration에서 정의한 RestTemplate을 사용해 REST API로 단순한 GET 호출을 수행한다. 예제 12-4는 EnrichmentProcessor의 코드다.

▼ 예제 12-4 EnrichmentProcessor.java

```
...
public class EnrichmentProcessor implements ItemProcessor<Foo, Foo> {

    @Autowired
    private RestTemplate restTemplate;

    @Override
    public Foo process(Foo foo) throws Exception {
        ResponseEntity<String> responseEntity =
                this.restTemplate.exchange(
                        "http://localhost:8080/enrich",
                        HttpMethod.GET,
                        null,
                        String.class);
        foo.setMessage(responseEntity.getBody());
```

```
        return foo;
    }
}
```

restTemplate를 사용해서 호출한 후 응답받은 결과는 해당 아이템 내에 저장된다. 이 예제에서 응답 결과는 'Enriched X'라고 표시된다. 여기서 X는 REST API의 컨트롤러가 호출된 횟수다.

잡의 모든 코드가 정의됐으므로, 이제 잡에 약간의 구성만 하면 된다. 먼저 스프링 부트의 application.yml을 사용해 애플리케이션을 구성한다. 예제 12-5는 이 애플리케이션에 필요한 application.yml의 예다.

▼ 예제 12-5 application.yml

```
spring:
    datasource:
            driverClassName: org.mariadb.jdbc.Driver
            url: jdbc:mysql://localhost:3306/cloud_native_batch
            username: 'root'
            password: 'password'
            schema: schema-mysql.sql
job:
        resource-path: s3://def-guide-spring-batch/inputs/*.csv
cloud:
    aws:
            credentials:
                accessKey: 'OPAR802SSRDI9NIGDBWA'
                secretKey: 'SDKEjF9IqN0IjTKIJVaE0G9UwI+=DOEFTjOkS2B4'
            region:
            static: us-east-1
            auto: false
```

노트　데이터베이스 URL, 사용자 이름, 비밀번호, job.resource-path, AWS 자격증명(credentials), 리전(region)을 예제 실행 환경에 맞게 구성해야 한다. 위의 예제는 샘플로 제공되는 값이며, 실제 환경에 맞게 수정해서 사용해야 한다.

application.yml은 스프링 부트에 필요한 일반적인 값인 DataSource 및 그와 관련된 값을 구성하는 것부터 시작한다. 유일하게 추가해야 하는 부분은 Foo 아이템의 데이터베이스 테이블을 가리키는 스키마 값이다. 데이터베이스 관련 정보를 구성한 이후에는 입력 파일이 위치한 AWS의 S3 버킷을 가리키도록 job.resource-path를 구성한다. 마지막 구성 항목은 AWS 자격증명과 리전 구성이다. cloud.aws.region.auto는 중요한 값이다. AWS에서 코드를 실행할 때 스프링은 코드가 실행되는 리전과 동일한 리전을 자동으로 구성해서 사용한다. 예를 들어 USEast1 리전에서 코드를 실행한다면 스프링은 S3 리전도 동일한 리전이 되도록 자동으로 구성한다. 예제 코드는 AWS에서 실행되도록 구성되지 않았으므로, 리전이 자동으로 구성되도록 하는 대신 리전을 명시적으로 지정해 구성한다.

여기까지가 배치 잡에 관한 설명이다. 하지만 지금 컴파일해 실행하려고 하면 예외가 발생한다. EnrichmentProcessor가 호출하는 REST API는 다루지 않았기 때문이다.

우리가 구축할 REST API는 스프링 이니셜라이저를 통해 생성된 웹 모듈이다. 프로젝트를 다운로드하고 IDE로 불러온 이후에는 컨트롤러 클래스 하나만 추가하면 된다. 예제 12-6은 해당 컨트롤러의 코드다.

▼ 예제 12-6 EnrichmentController.java

```
...
@RestController
public class EnrichmentController {

    private int count = 0;

    @GetMapping("/enrich")
    public String enrich() {
        this.count++;

        return String.format("Enriched %s", this.count);
    }
}
```

이 컨트롤러에는 @RestController 애너테이션이 적용돼 있어, 메서드가 반환한 String 값이 원시 형태 그대로 클라이언트에게 반환된다. 유일한 필드는 컨트롤러가 얼마나 많이 호출되는지 추적하는 데 사용되는 카운터다.[4] enrich 메서드가 /enrich라는 URL과 매핑되도록, enrich 메서드에 @GetMapping 애너테이션을 적용한다. enrich 메서드는 카운터를 증가시키고 형식에 맞게 메시지를 포매팅해 호출자에게 반환하는 일만 수행한다.

REST API와 잡을 빌드하고 실행하면 S3에 저장된 모든 데이터를 가져와 데이터베이스에 성공적으로 적재했다는 것을 확인할 수 있다. 이 잡과 REST API는 12장의 나머지 부분에서 반복하는 내용에 대한 기준이 된다.

12장에서는 클라우드 네이티브 애플리케이션의 구축에 대해 설명하지만 특정 클라우드 환경에서는 실행하지 않을 것이다. 이 글을 쓰는 시점에 시장에 나와있는 다양한 옵션이 많고, 현 시점에서 확실한 승자가 없는 점을 감안할 때, 특정 클라우드 제공업체에 배포하는 문제는 배제할 것이다. 그렇다고 해도 12장의 모든 내용은 클라우드에 종속적이지 않으며 모든 주요 클라우드 제공업체(CloudFoundry, Kubernetes, Google Cloud Platform, Amazon Web Services 등)에서 실행할 수 있다.

스프링 배치에서 살펴볼 첫 번째 클라우드 네이티브 기능은 클라우드 네이티브 웹 애플리케이션에서 사용되는 일반적인 기능인 서킷 브레이커이다.

서킷 브레이커

배치 처리의 흥미로운 내용 가운데 하나는 매우 효율적이라는 것이다. API 호출을 많이 수행해야 하는 경우 배치 잡은 이를 효율적으로 수행할 수 있다. 큐에서 메시지를 읽어야 하는 경우 배치 처리는 성능을 향상시키는 방법으로 알려져 있다. 데이터베이스에 쓰기 작업을 수행하는 것도 마찬가지다. 이 외에도 다양한 효율적인 배치 사례가 있다. 하지만 이러한 배치 처리의 효율성으로 인해 문제가 발생할 수 있다.

---

4 예제를 단순하게 작성하기 위해 예제에서 사용하는 int는 스레드 안정성 문제를 고려하지 않는다.

REST API가 과부하가 걸렸다고 가정해보자. 배치 처리 시에 무자비하게 반복해서 호출하는 것이 의미가 있을까? 아인슈타인은 똑같은 일을 반복하면서 다른 결과를 기대하는 것을 광기라고 정의했다. 하지만 이는 틀림없이 일어날 수 있는 일이다.

그 대신 또 다른 요청을 하기 전에, API의 과부하 상태가 해소될 때까지 기다려주는 기회를 준다면 어떨까? 넷플릭스^{Netflix}는 하이스트릭스^{Hystrix}라는 프레임워크를 통해 마이크로서비스 아키텍처에서 이 기술을 대중화했다. 아이디어는 단순하다. 먼저 서킷 브레이커^{Circuit Breaker}로 감쌀 메서드를 식별한다. 그리고 해당 메서드에서 발생한 예외 건수가 임곗값을 초과하면 서킷 브레이커가 해당 메서드에 대한 호출을 중지하고 대체 메서드로 트래픽을 라우팅한다. 이 대체 메서드는 일반적으로 원래 메서드의 처리 방식과 다른 방식으로 처리한다. 예를 들어 REST API가 반환하는 값 대신 기본값을 반환한다. 서킷 브레이커는 특정 알고리즘을 기반으로 다시 원래 메서드로 트래픽을 되돌려 다시 정상인 상태로 되돌아왔는지 테스트한다. 그러면 서킷 브레이커는 재설정되고 트래픽은 원래 메서드가 호출되도록 정상적으로 복원된다.

넷플릭스는 이후에 하이스트릭스를 더 이상 사용하지 않고 resilience4j로 대체했지만 스프링 배치는 서킷 브레이커 패턴을 구현하기 위해 실제로 어느 쪽도 필요하지 않다. 스프링 배치는 스프링 리트라이^{Spring Retry}라는 라이브러리에 의존한다. 잘 알려지지 않은 이 라이브러리는 실제로 스프링 포트폴리오 전체에서 많이 사용된다. 스프링 배치 내의 스텝에 내결함성^{fault tolerent} 기능을 제공한다. 하지만 여기서는 최신 버전에 추가된 기본 서킷 브레이커 기능을 사용할 것이다.

제공되는 예제는 다음과 같이 동작한다. REST API는 무작위로 예외를 반환하도록 구성된다. 서킷 브레이커를 통해 `EnrichmentProcessor.process` 메서드를 래핑하고, 대체 메서드를 통해 아이템의 message 필드를 "error"로 설정할 것이다.

스프링 배치의 내결함성 기능을 사용하는 대신 왜 서킷 브레이커를 사용해야 하는지 궁금할 것이다. 이 예제에서 내결함성 스텝을 사용하는 대신 인스턴스 내에서 서킷 브레이커를 사용하는 두 가지 이유가 있다. 첫 번째는 성능이다. 11장에서 설명했던 것처럼 스프링 배치에서 어떤 처리 작업이 재시도되면 프레임워크는 트랜잭션을 롤백하고, 커밋 카운트를 1로 설정한 후, 자체 트랜잭션에서 각 아이템을 대상으로 처리 작업을 재시도한다. 이것은 매우 성능을 저하시키는 작업일 수 있다. 아이템에 오류가 발생했음을 표시하고 나중에 재실행할 수 있다면, 오류를 처리하는 데 훨씬 더 효율적인 메커니즘이 될 것이다. 두 번째 이유는 사용사례 때문이다. 스프링 배치를 사용하면 아이템에 대한 처리를 재시도할 수 있지만 문제가되는 코드에 대한 부하를 줄일 수 있는 기능을 제공하지 않는다. 스프링 배치에서는 서비스를 복구하는 데 시간이 필요한 경우, 이를 처리할 수 있는 좋은 기능을 제공하지 않는다. 스프링 리트라이의 서킷 브레이커를 살펴보자.

스프링 리트라이가 제공하는 서킷 브레이커의 핵심 구성 요소는 두 개의 애너테이션이다. 놀랍게도 첫 번째는 @CircuitBreaker 애너테이션이다. 이 메서드 레벨 애너테이션은 서킷 브레이커에서 무언가를 래핑해야 함을 나타낸다. 기본적으로 서킷 브레이커는 세 가지 타입으로 구성된 예외(기본적으로 모든 예외)가 메서드 내에서 5초 이내에 발생할 때까지는 닫혀 있다. 서킷 브레이커는 한 번 트립^{trip}되면 기본적으로 20초 동안 열린 상태로 유지하다가 기본경로를 다시 시도한다. 이 모든 것은 표 12-1과 같이 애너테이션의 파라미터를 통해 구성할수 있다.

▼ 표 12-1 CircuitBreaker 애트리뷰트

이름	설명	기본값
value	재시도하는 예외 배열	비어 있음(모든 예외)
include	포함할 예외 배열	비어 있음(exclude 속성도 빈 값인 경우 모든 예외)
exclude	제외할 예외 배열. 예를 들어 예외의 특정 하위 클래스를 제외하는 데 유용하다.	비어 있음(include 속성도 빈 값인 경우 모든 예외)
maxAttempts	서킷 브레이커를 열기 전 최대 시도 횟수(첫 번째 오류 포함)	3
label	서킷 브레이커를 리포팅하기 위한 고유 태그	애너테이션이 선언된 메서드 시그니처
resetTimeout	기존 경로로 다시 시도할 때까지의 밀리초	20000(20초)
openTimeout	서킷 브레이커를 이동하기 전에 maxAttempts가 발생해야 하는 주기	5000

스프링 리트라이가 사용하는 다른 애너테이션은 @Recover 애너테이션이다. 이 메서드 레벨

애너테이션은 재시도 가능한 메서드가 실패하거나 서킷 브레이커가 플립^{flip}될 때 호출하는 메서드임을 나타낸다. @Recover 애너테이션이 적용된 메서드는, 이와 연관된 @CircuitBreaker 애너테이션이 적용된 메서드와 동일한 메서드 시그니처^{signature}를 가지고 있어야 한다.

ItemProcessor에 서킷 브레이커 기능을 추가하기 위한 마지막 퍼즐의 조각은 @EnableRetry 애너테이션이다. 이 애너테이션은 재시도 가능한 메서드 호출을 프록시하기 위한 스프링 메커니즘을 부트스트랩한다. 이 @EnableRetry 애너테이션을 @EnableBatchProcessing과 함께 메인 클래스에 추가함으로써 필요한 기반을 갖추게 된다. 예제 12-7은 수정된 코드다.

▼ 예제 12-7 서킷브레이커를 적용한 EnrichmentProcessor

```
...
public class EnrichmentProcessor implements ItemProcessor<Foo, Foo> {

    @Autowired
    private RestTemplate restTemplate;

    @Recover
    public Foo fallback(Foo foo) {
        foo.setMessage("error");
        return foo;
    }

    @CircuitBreaker(maxAttempts = 1)
    @Override
    public Foo process(Foo foo) {
        ResponseEntity<String> responseEntity =
            this.restTemplate.exchange(
                "http://localhost:8080/enrich",
                HttpMethod.GET,
                null,
                String.class);
        foo.setMessage(responseEntity.getBody());

        return foo;
    }
}
```

예제 12-6과 원본 버전과의 두 가지 차이점은 process 메서드에 @CircuitBreaker 애너테이션을 적용했고, @Recover 애너테이션을 적용한 fallback 메서드를 추가했다는 점이다. fallback 메서드는 process 메서드와 동일한 메서드 시그니처를 갖는다. 하지만 원격 호출을 하는 대신 기본 메시지를 제공한다. process 메서드의 @CircuitBreaker 애너테이션은 기본으로 5초 내에 한 번의 시도 후 트립되고 20초 후에 재설정되도록 구성돼 있다.

이 구성을 테스트하기 위해 EnrichmentController를 변경해 약 50%의 확률로 예외를 발생시킬 것이다. 이것으로 시스템의 약점을 시뮬레이션해 서킷 브레이커를 동작하게 할 것이다. 예제 12-8은 수정된 컨트롤러의 코드다.

▼ 예제 12-8 임의 예외를 발생하도록 수정된 EnrichmentController

```
...
@RestController
public class EnrichmentController {

    private int count = 0;

    @GetMapping("/enrich")
    public String enrich() {
        if(Math.random() > .5) {
            throw new RuntimeException("I screwed up");
        }
        else {
            this.count++;

            return String.format("Enriched %s", this.count);
        }
    }
}
```

예제 12-8과 같이 컨트롤러를 수정하고 잡을 다시 실행하면 이번에는 "Enriched X"라는 메시지와 함께 불러온 레코드를 확인할 수 있다. 이때 X는 예외를 발생시키지 않고 컨트롤러가 호출된 횟수이다. 하지만 일부 메시지에는 "error"도 표시된다. 데이터베이스의 오류 메시지 수와 REST 애플리케이션의 로그에 있는 스택 트레이스stack traces 수를 비교하면, 스택 트레이스보다 더 많은 오류 메시지가 있음을 알 수 있다. 이는 REST API 호출을 시도하는 대신 서킷 브레이커가 동작되고 **fallback** 메서드가 호출됐다는 것을 확인시켜준다.

이제 애플리케이션에 복원력^{resiliency}을 추가했으므로 애플리케이션 구성을 외부화하는 작업을 수행한다. 두 가지 방법으로 수행할 것이며, 첫 번째는 스프링 클라우드^{Spring Cloud}의 구성 서버^{Config Server}를 사용하고, 두 번째는 유레카^{Eureka}에서 제공하는 서비스 검색을 사용할 것이다. 다음 절에서 애플리케이션 구성을 외부화할 수 있는 메커니즘을 살펴본다.

구성 외부화

이 책의 현재 시점까지 모든 스프링 부트 애플리케이션을 구성할 때 application.properties 또는 application.yml을 사용했다. 하지만 이는 구성이 jar 파일의 애플리케이션과 함께 번들로 제공되기 때문에, 환경이 변화될 때 쉽게 변경할 수 없다는 점에서 클라우드 네이티브 환경에서 문제가 된다. 또한 지금까지의 접근 방식은 특정 공용^{public} 저장소에 공개되는 이 아티팩트 내에 보안에 민감한 비밀 정보(아마존 자격증명뿐만 아니라 데이터베이스의 사용자 이름 및 비밀번호)가 평문 형태로 저장돼 있다는 점에서 보안 문제도 있다.

더 나은 방법이 필요하다. 스프링 클라우드 프로젝트에서 해당 방법을 제공하고 있다. 이 절에서는 구성을 외부화하기^{Externalizing Configuration} 위한 두 가지 메커니즘을 살펴본다. 첫 번째는 스프링 클라우드 컨피그 서버^{Spring Cloud Config Server}를 사용해 현재 application.yml 파일에 저장하고 있는 값을 제공하고 보호하는 것이다. 이때 스프링 클라우드 CLI에서 제공하는 암호화 도구를 사용해 보호할 것이다. 마지막으로는 URL, 포트, 또는 그밖의 값을 하드 코딩하거나 애플리케이션에 직접 구성하는 대신 서비스 바인딩을 사용해 배치 잡이 REST API를 찾아서 연결할 수 있도록 할 것이다.

스프링 클라우드 컨피그

스프링 클라우드 컨피그^{Spring Cloud Config}는 깃^{git} 저장소 또는 데이터베이스 백엔드에 저장된 구성을 제공하기 위한 구성 서버다. 애플리케이션은 내부에서 스프링 클라우드 컨피그 클라이언트를 사용해 구성을 가져온다. 이 클라이언트는 컨피그 서버를 호출해 구성 프로퍼티를 가져온 후, 스프링 Environment에 해당 값을 입력하고 모든 일반적인 프로퍼티를 주입해 스프링 부트가 application.yml을 사용할 때 정상적으로 동작하게 한다.

애플리케이션에서 이 기능을 사용하려면 두 가지 작업을 수행해야 한다. 첫 번째는 애플리케이션에 클라이언트를 포함시키는 것이다. 이것은 spring-cloud-starter-config에 대한 의존성을 POM.xml에 추가함으로써 이뤄진다. 예제 12-9는 필요한 의존성 설정이다.

▼ 예제12-9 스프링 클라우드 컨피그 클라이언트 의존성

```
...
<dependency>
        <groupId>org.springframework.cloud</groupId>
        <artifactId>spring-cloud-starter-config</artifactId>
</dependency>
...
```

이 의존성을 추가한 후에 변경해야 할 또 다른 사항은 application.yml 파일 내의 애플리케이션 구성을 컨피그 서버 클라이언트에 필요한 구성으로 변경하는 것이다. 모든 것을 로컬 환경에서 실행한다면 spring.application.name과 spring.cloud.config.failFast라는 두 가지 프로퍼티만 구성하면 된다. 첫 번째 프로퍼티인 spring.application.name은 클라이언트가 서버에 올바른 구성을 요청하기 위해 사용한다. 이 프로퍼티의 값을 cloud-native-batch로 지정한다. 스프링 클라우드 컨피그는 프로파일 등을 포함한 프로퍼티를 기반으로 하는 스프링의 모든 일반적인 기능을 지원하지만 이는 이 책의 범위를 벗어난다. 여기서 구성할 또 다른 프로퍼티인 spring.cloud.config.failFast는 애플리케이션이 컨피그 서버에서 구성을 검색할 수 없는 경우에 클라이언트에게 예외를 발생시켜 애플리케이션이 시작되지 않도록 한다. 기본적으로 클라이언트는 구성 서버에서 구성을 검색할 수 없는 경우 이를 무시하고 로컬 환경의 구성을 사용한다. 하지만 이번 예제에서는 컨피그 서버에서 구성을 읽어오는지 확실하게 확인해야 한다. 배치 애플리케이션에 이 두 가지 프로퍼티를 구성하면 다른 모든 구성을 삭제해도 된다.

클라이언트 측이 구성됐으므로 컨피그 서버에 구성을 제공해야 한다. 컨피그 서버를 실행하

는 가장 쉬운 방법은 스프링 클라우드 CLI를 사용하는 것이다.[5] 이 CLI는 단일 명령어로 다양한 스프링 클라우드 서버 구성 요소를 시작하는 기능과 값 암호화와 같은 유용한 유틸리티를 제공한다. 프로젝트 홈페이지에서 설치 가이드를 제공하고 있다.

스프링 클라우드 CLI가 머신에 설치되면 컨피그 서버에 관한 구성을 해야 한다. 구성을 저장하는 메커니즘으로 git 저장소를 사용한다. 컨피그 서버가 우리의 git 저장소를 사용하도록 하려면, git을 사용한다는 점과 git 저장소 위치를 알려줘야 한다. ~/.spring-cloud에 있는 configserver.yml 파일에 이를 구성한다. 예제 12-10은 configserver.yml의 내용이다.

▼ 예제 12-10 configserver.yml

```
spring:
  profiles:
    active: git
  cloud:
    config:
      server:
        git:
          uri: file:///Users/mminella/.spring-cloud/config/
```

예제 12-10의 구성을 사용해 ~/.spring-cloud/config 디렉터리에 git 저장소를 추가할 수 있다. 여기에 구성이 저장된다. 먼저 이전 application.yml 파일을 해당 디렉터리에 복사하고 새로운 git 저장소에 git init, git add, git commit 명령어를 사용해 커밋을 한다. 이때 공격자가 이 파일을 손에 넣는 것에 대해 걱정할 필요가 없도록 이 파일의 비밀을 보호하고 싶을 수 있다. 이를 위해 스프링 클라우드 CLI의 암호화 기능을 사용할 것이다.

스프링 클라우드 CLI의 암호화 기능은 키 또는 파일(예를 들어 RSA 공개 키)을 사용해 String 문자열을 암호화한다. 여기서는 코드를 단순하게 유지하기 위해 String 문자열 키를 사용한다. 예제 12-11은 스프링의 암호화 유틸리티를 사용한 결과다.

▼ 예제 12-11 암호화 유틸리티 사용

---

5 https://cloud.spring.io/spring-cloud-cli/

```
→config git:(master) ✗ spring encrypt mysecret --key foo
ea48c11ca890b7cb7ffb37de912c4603d97be9d9b1ec05c7dbd3d2183a1da8ee
→config git:(master) ✗ spring decrypt --key foo
ea48c11ca890b7cb7ffb37de912c4603d97be9d9b1ec05c7dbd3d2183a1da8ee
```

이 방법을 사용하면 보안이 필요한 모든 값을 암호화하고 암호화된 값을 컨피그 서버에서 제공하는 구성 파일에 붙여넣을 수 있다. 보안이 필요한 값의 앞 부분에 {cipher}라는 문자열이 붙인 후에, 전체 값을 작은 따옴표로 묶은 후 파일에 기록한다. 예제 12-12는 암호화된 값을 포함하고 있는 전체 cloud-native-batch.yml 파일이다.

▼ 예제 12-12 cloud-native-batch.yml

```
spring:
  datasource:
    driverClassName: org.mariadb.jdbc.Driver
    url: jdbc:mysql://localhost:3306/cloud_native_batch
    username: '{cipher}19775a12b552cd22e1530f745a7b842c90d903e60f8a934b072c21454321de17'
    password: '{cipher}abcdefa44d2db148cd788507068e770fa7b64c4d1980ef6ab86cdefabc118def'
    schema: schema-mysql.sql
  batch:
    initalizr:
      enabled: false
job:
  resource-path: s3://def-guide-spring-batch/inputs/*.csv
cloud:
  aws:
    credentials:
      accessKey: '{cipher}a7201398734bcd468f5efab785c2b6714042d62844e93f4a436bc4fd2e95fa4bcd
        26e8fab459c99807d2ef08a212018b'
      secretKey: '{cipher}40a1bc039598defa78b3129c878afa0d36e1ea55f4849c1c7b92e809416737
        de05dc45b7eafce3c2bc184811f514e2a9ad5f0a8bb3e503282158b577d27937'
    region:
      static: us-east-1
      auto: false
```

구성 파일을 생성하고 컨피그 서버가 올바른 위치를 가리키면, 이제 컨피그 서버를 시작한 후 해당 서버를 사용하는 배치 잡을 테스트할 수 있다. java -jar rest-service/target/

634

rest-service-0.0.1-SNAPSHOT.jar와 같은 이전에 사용한 일반적인 스프링 부트 명령어를 사용해 REST API를 시작한다. REST API가 실행되면 spring cloud configserver 명령어로 컨피그 서버를 시작할 수 있다. 그러면 컨피그 서버가 시작되고 방금 깃 저장소에서 커밋한 구성 파일을 가리키게 된다. 컨피그 서버가 실행되면 배치 잡을 시작할 수 있다. 이렇게 변경하더라도 잡의 동작은 동일하므로 잡 출력에 차이가 발생하지 않는다. 유일한 차이점은 잡 구성을 가져오는 메커니즘이다.

구성을 외부화하는 두 번째 방법은 유레카를 통한 서비스 바인딩을 사용해 배치 잡을 REST API에 연결하는 것이다. 다음 절에서 어떻게 동작하는지 살펴본다.

유레카를 사용한 서비스 바인딩

구성을 외부화하는 또 다른 방법은 서비스 바인딩을 사용하는 것이다. 스프링 클라우드 넷플릭스에는 넷플릭스의 오픈소스 이니셔티브에서 제공하는 서비스 검색 도구인 유레카의 구현체가 포함돼 있다. 유레카는 다른 서비스에서 동적으로 검색될 수 있도록 서비스를 등록하는 기능을 제공한다. 다른 서비스에서 서비스를 검색할 수 있게 해주는 클라이언트도 있다. 이 절에서는 유레카를 통해 서비스를 검색해, 명시적으로 잡을 구성하지 않고도 배치 잡이 REST API에 연결되게 하는 방법을 살펴본다.

서비스 검색 활성화는 이전 절에서 다뤘던 클라우드 컨피그와 유사한 방식으로 동작한다. 유레카는 클라이언트와 서버를 갖고 있다. 애플리케이션은 서버에 등록돼 서비스로 검색될 수 있게 식별된다. 예제 REST API를 검색 가능하도록 등록할 것이다. 그런 다음 배치 잡은 시작할 때 유레카부터 REST API와 통신하는 방법에 대한 정보를 얻는다. 잡에 제공해야 할 것은 유레카가 어디 있는지, 어떤 서비스와 통신을 해야 하는지 뿐이며, 유레카가 나머지 구성을 처리한다. 이를 위해 몇 줄의 코드만 변경하면 된다.

필요한 새로운 의존성을 확인해보자. 유레카는 클라우드 컨피그와 마찬가지로 클라이언트 컴포넌트와 서버 컴포넌트를 가지고 있다. REST API와 배치 잡에 클라이언트 의존성을 포함시켜야 한다. 추가해야 하는 의존성은 예제 12-13과 같다.

```
...
<dependency>
        <groupId>org.springframework.cloud</groupId>
        <artifactId>spring-cloud-starter-eureka</artifactId>
</dependency>
...
```

의존성을 배치 잡과 REST API에 모두에 추가했으니, 이제 각각 적절한 구성을 할 것이다. 먼저, 시작할 때 유레카에 등록될 수 있도록 REST API를 구성한다. 그렇게 하기 위해 두 가지 작은 변화를 더할 것이다. 첫 번째로 예제 12-14와 같이 @EnableDiscoveryClient 애너테이션을 메인 클래스에 추가할 것이다.

▼ 예제 12-14 @EnableDiscoveryClient 애너테이션 추가

```
...
@EnableDiscoveryClient
@SpringBootApplication
public class RestServiceApplication {

        public static void main(String[] args) {
                SpringApplication.run(RestServiceApplication.class, args);
        }
}
```

이 새로운 애너테이션이 추가되면 REST API는 로컬 호스트의 유레카에 자동으로 등록된다. 운영 환경에서 표준 프로퍼티를 통해 원격 인스턴스를 구성할 수 있고, 심지어 스프링 클라우드 컨피그를 사용해 위치를 지정할 수도 있다.

REST API에 필요한 최종 변경 사항은 프로젝트에 boostrap.yml 파일을 추가해야 한다는 것이다. 이 파일은 application.yml 파일과 동일한 형식을 가지고 있지만 약간의 차이가 있다. ApplicationContext가 로드될 때 application.yml을 읽어들인다. 하지만 이 시점은 일부 스프링 클라우드 기능 입장에서 너무 늦은 시점일 수도 있다. 그래서 스프링 클라우드는 ApplicationContext의 상위 컨텍스트 역할을 하는 부트스트랩 ApplicationContext를 생성해 동작한다. bootstrap.yml을 읽어들이는 것은 이 부트스트랩 컨텍스트다. 이 사용 사례

에서는 bootstrap.yml에 애플리케이션 이름을 구성해야 한다. 이 이름은 애플리케이션이 유레카에 등록할 이름이다. 예제 12-15는 REST API의 bootstrap.yml이다.

▼ 예제 12-15 bootstrap.yml

```
spring:
  application:
    name: rest-service
```

이렇게 변경하면 REST API를 유레카를 통해 사용할 수 있게 된다. 이제 배치 잡을 변경해보자. 유레카에서 제공하는 구성을 통해 REST API를 사용하기 위해서는 배치 잡에 네 가지 변경 작업이 필요하다. 첫 번째는 클라이언트 의존성을 추가하는 것이다. 이것은 예제 12-13에서 제공된 것과 동일한 의존성이다.

의존성을 추가했으니, 이제 메인 클래스를 변경하자. 여기에서도 @EnableDiscoveryClient 애너테이션을 추가하지만 약간 수정을 한다. REST API를 유레카에 서비스로 등록하기를 원했지만, 하나의 잡으로 등록하려는 것이 아니고 다른 서비스의 구성 상세 정보를 얻으려고 한 것이다. 이 때문에 예제 12-16과 같이 애너테이션의 autoRegister 값을 false로 설정한다.

▼ 예제 12-16 CloudNativeBatchApplication

```
@EnableRetry
@EnableBatchProcessing
@SpringBootApplication
@EnableDiscoveryClient(autoRegister = false)
public class CloudNativeBatchApplication {

    public static void main(String[] args) {
        SpringApplication.run(CloudNativeBatchApplication.class, args);
    }
}
```

배치 애플리케이션 내에서 유레카 클라이언트를 활성화한 후에는 그것을 사용할 수 있도록 RestTemplate을 구성해야 한다. 이것은 @LoadBalanced라는 애너테이션을 적용해 구성할 수 있다. RestTemplate의 빈 정의에 추가된 이 애너테이션은 RestTemplate을 자동구성

autoconfigures해 클라이언트 측의 부하 분산 등 유레카를 통해 제공되는 구성을 사용할 수 있게 해준다. 예제 12-17은 이 애너테이션이 적용된 RestTemplate의 변경된 빈 정의이다.

▼ 예제 12-17 @LoadBalanced 애너테이션이 적용된 RestTemplate

```
...
@Bean
@LoadBalanced
public RestTemplate restTemplate() {
    return new RestTemplate();
}
...
```

배치 잡에 적용해야 하는 최종 변경 사항은 실제로 REST API 서비스를 이름으로 참조하는 것이다. EnrichmentProcessor의 이전 예제에서는 REST API의 호스트와 포트를 코드에서 직접 지정했다. 호스트 이름을 모를 수 있으므로 이것은 분명히 클라우드 환경에는 이상적이지 않다. 유레카를 사용하면 서비스 이름만 지정하면 되며, 그 밖의 나머지는 스프링 클라우드가 알아서 처리한다는 장점이 있다. 변경한 EnrichmentProcessor는 호스트와 포트대신 서비스 이름(bootstrap.yml에 지정된 rest-service)을 호출한다. 예제 12-18은 변경한 EnrichmentProcessor이다.

▼ 예제 12-18 EnrichmentProcessor

```
...
public class EnrichmentProcessor implements ItemProcessor<Foo, Foo> {

    @Autowired
    privateRestTemplaterestTemplate;

    @Recover
    public Foo fallback(Foo foo) {
        foo.setMessage("error");
        return foo;
    }

    @CircuitBreaker
    @Override
```

```
    public Foo process(Foo foo) {
        ResponseEntity<String> responseEntity = this.restTemplate.exchange(
                    "http://rest-service/enrich",
                    HttpMethod.GET,
                    null,
                    String.class);
        foo.setMessage(responseEntity.getBody());

        return foo;
    }
}
```

이것이 전부다. 이제 이러한 컴포넌트를 실행하려면 스프링 클라우드 컨피그와 마찬가지로 유레카를 로컬 환경에서 시작해야 한다. 이를 수행하기 위해 스프링 클라우드 CLI 및 spring cloud eureka 명령어를 사용할 수 있다. 컨피그 서버와 유레카를 동시에 시작하려는 경우에는 spring cloud configserver eureka 명령어를 사용해 시작 작업을 단순화할 수 있으며, 두 서버 모두 로컬 환경에서 시작된다.

유레카가 실행되면 로그에 제공된 URL(기본값은 http://localhost:8761)을 통해 웹 대시보드로 이동해 등록된 서비스를 확인할 수 있다. 최초 기동 시점에는 아무것도 등록돼 있지 않다. 유레카가 동작하고 있는 상태에서 REST API를 시작한 후, 유레카 대시보드를 통해 해당 서비스 등록 여부를 모니터링할 수 있다. 그림 12-1은 REST API가 유레카에 등록되면 표시되는 내용이다.

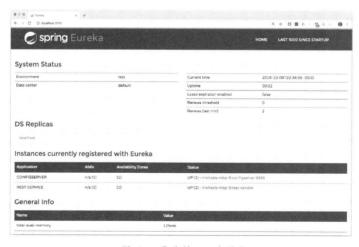

▲ 그림 12-1 유레카(Eureka) 대시보드

컨피그 서버도 기본적으로 유레카에 등록된다. REST API의 상태 URL을 클릭하면 스프링 부트의 /info 엔드포인트에 아무것도 구성돼 있지 않아 흰 배경 화면의 오류 페이지가 표시된다. 하지만 마지막에 URL을 /info 대신 /enrich로 변경하면 API의 호출 결과가 표시된다.

마지막 단계는 잡을 실행하는 것이다. 지금까지 수행한 것과 같은 자바 명령어를 사용한다. 잡 실행 결과를 확인해보면 이전 예제 잡을 실행했을 때와 동일한 동작을 수행한 것을 확인할 수 있다.

구성을 외부화하는 것은 클라우드 네이티브 처리를 새로운 동적 환경에 탄력적으로 대응할 수 있도록 하는 가장 중요한 부분 중 하나다. 하지만 클라우드의 동적인 특성을 고려할 때 오케스트레이션 메커니즘은 이들과 호환돼야 한다. 다음 절에서는 클라우드 네이티브 배치 처리의 오케스트레이션 부분을 처리하는 다른 스프링 클라우드 프로젝트를 살펴본다.

배치 처리 오케스트레이션

스프링 배치에서 오케스트레이션과 관련된 부분은 설계되지 않았다. 프레임워크 내에서 특정 시간에 배치 잡을 시작하기 위한 스케줄러나 그 외의 메커니즘은 없다. 프레임워크는 이러한 책임을 다른 메커니즘에 위임해 기업에 가장 적합한 오케스트레이션 도구와 통합할 수 있도록 한다. 스프링 배치는 Control-M과 같은 대규모 엔터프라이즈 스케줄러이든 크론 cron처럼 간단한 것이든 관계없이 실행할 수 있다.

그렇게 말하더라도 스프링 포트폴리오에는 데이터 처리 애플리케이션을 오케스트레이션하는 도구를 가지고 있다. 이 도구는 스프링 클라우드 데이터 플로우Spring Cloud Data Flow이다. 커스텀 애플리케이션을 구축하는 데 사용하는 프레임워크와 라이브러리로 구성된 대부분의 스프링 포트폴리오와 달리, 스프링 클라우드 데이터 플로우는 스트리밍이나 태스크task 기반 워크로드를 위해 애플리케이션을 오케스트레이션하는 데 사용하는 완전하게 개발된 도구이다.

책 전체를 스프링 클라우드 데이터 플로우 생태계에 대해서 쓸 수도 있다.[6] 여기서는 배치 처리와 관련된 아주 작은 하위 절만 다룰 것이다. 자세한 내용에 대해서는 해당 주제에 관한 책, 온라인 문서 및 강연을 찾아보는 것을 추천한다. 먼저 스프링 클라우드 데이터 플로우가 무엇인지를 살펴본다.

유레카를 사용한 서비스 바인딩

스프링 클라우드 데이터 플로우는 오케스트레이션 도구라는 것이 핵심이다. 지금까지 스프링 부트 uber-jar를 사용해 스프링 배치 잡을 실행하려면 명령행에서 java -jar, jar 파일 이름과 잡을 실행하는 데 필요한 파라미터를 입력했고, 개발 시에는 잘 동작했다. 가끔은 즉시 (ad hoc) 잡을 실행해도 문제가 없다고 생각할 수도 있다. 하지만 클라우드 환경에서는 어떨까? 애플리케이션이 클라우드에 어떻게 배포될까? 올바른 파라미터를 사용해 어떻게 시작할까? 배치 잡을 어떻게 모니터링을 할까? 배치 잡 간의 의존성을 어떻게 관리할까?

이 모든 것은 스프링 클라우드 데이터 플로우가 해결하는 사용 사례다. 스프링 클라우드 데이터 플로우는 사용 중인 플랫폼에서 배치 잡을 시작하는 서버 애플리케이션이다. 스프링 클라우드 데이터 플로우 서버는 클라우드 파운드리, 쿠버네티스 및 로컬 환경에서 사용할 수 있도록 제공된다. 각각은 적절한 플랫폼에서 배치 잡을 배포하고 시작할 수 있다.

스프링 클라우드 데이터 플로우는 지정된 플랫폼에서 배치 잡을 배포하고 시작하는 서버 역할을 하는 스프링 부트 애플리케이션으로 구성된다. 대화형 셸 또는 웹 기반 사용자 인터페이스를 통해 해당 서버와 연동한다. 두 가지 모두 직접 사용할 수 있는 REST API를 통해 서버와 통신한다. 그림 12-2는 스프링 클라우드 데이터 플로우를 사용할 때 관련된 아키텍처 다이어그램이다.

---

6   사실 펠리페 구티에레즈(Felipe Gutierrez)의 스프링 클라우드 데이터 플로우 책을 기다리고 있다.

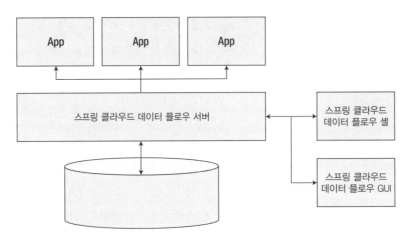

▲ 그림 12-2 스프링 클라우드 데이터 플로우 아키텍처

스프링 클라우드 데이터 플로우에서는 모든 것이 스프링 부트 기반이라는 점에 유의해야 한다. 서버도 스프링 부트 애플리케이션이고, 셸도 스프링 부트 애플리케이션이며, 스프링 클라우드 데이터 플로우가 배포하는 애플리케이션도 모두 일반적으로 스프링 부트 애플리케이션이다.

데이터 플로우를 사용하려면 다운로드해야 한다. wget 명령어를 통해 서버와 셸을 다운로드하자.

```
wget https://repo.spring.io/milestone/org/springframework/cloud/spring-cloud-dataflow-
server-local/1.7.4.RELEASE/ spring-cloud-dataflow-server-local-1.7.4.RELEASE.jar
wget https://repo.spring.io/milestone/org/springframework/cloud/spring-cloud-dataflow-
shell/1.7.4.RELEASE/spring-cloud-dataflow-shell-1.7.4.RELEASE.jar
```

이들 jar 파일을 다운로드한 후에 스프링 배치 jobRepository를 구성해야 한다. 다행히 데이터 플로우 서버에는 스프링 클라우드 컨피그 클라이언트가 미리 구성돼 있으며, 배치 잡에 이미 구성한 것과 동일한 jobRepository 관련 값을 사용한다. 이것은 매우 중요하다. 스프링 클라우드 데이터 플로우를 통해 유용한 모니터링 정보를 얻으려면, 배치 잡이 바라보는 jobRepository 테이블을 동일하게 바라보고 있어야 하기 때문이다.

이전 절의 예제를 다루면서 컨피그 서버를 이미 실행했으므로 java -jar spring-cloud-

`dataflow-server-local-1.7.4.RELEASE.jar` 명령어를 사용해 데이터 플로우 서버를 시작하기만 하면 된다. 그러면 데이터 플로우 서버가 시작되고 이전에 구성한 데이터베이스를 가리키게 된다. 서버가 가동되면 웹 기반 사용자 인터페이스나 대화형 셸을 통해 서버에 연결할 수 있다.

먼저 셸을 사용해 시작한다. 셸을 실행하려면 `java -jar spring-clouddataflow-shell-1.7.4.RELEASE.jar` 명령어를 실행하면 된다. 기본적으로 로컬에서 실행되는 스프링 클라우드 데이터 플로우 서버에 자동으로 연결한다. 일단 실행되면 프롬프트가 나타난다. 대화형 셸에서 무엇을 해야 할지 모르겠다면 Tab 키를 눌러 가이드를 확인한다.

앞서 살펴봤듯이 스프링 클라우드 데이터 플로우는 애플리케이션 오케스트레이션을 담당한다. 데이터 플로우가 애플리케이션을 오케스트레이션하려면 비트가 어디에 있는지 알아야 한다. 이를 알리기 위해 데이터 플로우에 실행 파일의 이름과 좌표를 제공해 애플리케이션을 등록한다. 이 실행 파일은 어딘가에 있는 jar 파일(메이븐 저장소, http를 통한 호스팅 등) 또는 레지스트리의 도커Docker 이미지(Dockerhub 등)일 수 있다. 이 예에서는 데이터 플로우에 애플리케이션을 등록하기 위해 지금까지 만든 jar 파일의 메이븐 좌표를 지정한다. 이를 위해 `app register` 명령어를 사용한다. 여기에는 애플리케이션에 부여한 이름인 name, 애플리케이션 유형(소스, 프로세서, 싱크 또는 태스크)인 type, 실행 파일의 위치를 지정하는 URI의 세 가지 아규먼트가 필요하다. 이 예에서는 로컬의 메이븐 저장소에 편리하게 배포할 수 있으므로 메이븐 좌표를 사용해 애플리케이션을 등록할 것이다. 따라서 우리가 사용할 명령어는 `app register --name fileImport --type task -uri "maven://io.spring.cloud-native-batch:batch-job:0.0.1-SNAPSHOT"`이다. 애플리케이션 목록에서 해당 명령어를 수행하면 fileImport 태스크가 추가된 것을 확인할 수 있다.

일단 애플리케이션이 등록되면 태스크 정의task definition를 만들어야 한다. 태스크 정의는 태스크를 시작하기 위한 템플릿이며, 태스크 이름과 태스크를 실행하기 위해 설정해야 하는 프로퍼티의 조합이다. 태스크 정의는 일반 UNIX 셸과 유사한 파이프와 필터 구문을 사용하므로 매우 친숙하게 느껴질 것이다. 태스크 정의도 셸을 사용해 생성한다. 이를 위해 `create myFileImport --definition "fileImport"` 명령어를 사용한다. fileImport 태스크에 설정해야 하는 파라미터가 있는 경우에는 "fileImport --foo=bar"와 같은 형식으로 정의해서 구성할 수 있다. 하지만 컨피그 서버를 사용해 구성을 가져올 것이므로 정의가 크게 단순화된다.

스프링 클라우드 데이터 플로우를 사용해 잡을 시작하도록 구성하는 데 필요한 마지막 단계는 잡 시작 방법을 결정하는 것이다. 이와 관련된 가능한 몇 가지 메커니즘이 있다. 셸, GUI 또는 REST API를 통해 요청 시 태스크를 시작할 수 있다. 태스크를 지원하는 플랫폼에서 스프링 클라우드 데이터 플로우를 실행하는 경우에는 실행할 태스크를 스케줄링할 수 있다. 또는 (예를 들어 파일 다운로드 등) 특정 상황이 발생할 때 태스크를 시작할 스트림을 정의하는 이벤트 기반 접근 방식을 사용할 수도 있다. 이 예제에서는 태스크를 시작하기만 하면 되며, 셸을 사용해 태스크를 시작한다. 태스크를 시작하기 위한 명령어는 `task launch myFile Import`이다. 런타임에 추가하고자 하는 명령행 아규먼트가 있는 경우에는 `--arguments` 파라미터(`task launch myFileImport -arguements --foo=bar`)와 `-propeties` 파라미터를 통해 추가할 수 있다.

잡이 실행 중일 때, `jobRepository`의 데이터를 통해 잡을 모니터링할 수 있다. 셸, REST API 또는 GUI를 사용해 이 작업을 수행할 수 있지만, GUI를 사용하면 더 잘 확인할 수 있으므로 여기서는 GUI로 살펴본다. GUI로 이동하려면 브라우저를 열고 http://localhost:9393/dashboard로 이동한다. 왼쪽에는 스프링 클라우드 데이터 플로우의 다양한 기능을 사용할 수 있는 탭이 있다. Apps 탭에서는 시스템에 등록된 모든 애플리케이션 목록을 볼 수 있으며 더 많은 애플리케이션을 등록할 수 있다. Runtime 탭에서는 스프링 클라우드 데이터 플로우를 통해 배포된 모든 실행 중인 애플리케이션의 상태를 볼 수 있다. Streams 탭에서는 스프링 클라우드 스트림^{Spring Cloud Stream}을 기반으로 메시지 기반 마이크로 서비스를 스트림으로 정의하고 실행할 수 있다. Tasks 탭에서는 태스크를 정의하고 실행할 수 있을 뿐만 아니라 스프링 클라우드 태스크^{Spring Cloud Task}가 사용하는 태스크 리포지터리^{Task Repository}를 볼 수 있다. Jobs 탭은 스프링 배치의 `jobRepository`를 검색할 수 있는 Task 탭의 확장이다. Analytics 탭에서는 스프링 클라우드 데이터 플로우에 내장된 분석 기능을 사용해 기본적인 시각화를 수행한다. 마지막으로, Audit Record 탭에서는 스프링 클라우드 데이터 플로우가 보안 및 규정 준수 사용 사례에 제공하는 감사 흐름을 확인할 수 있다.

우선 Tasks 탭으로 이동해보자. Tasks 탭에는 Task와 Executions라는 두 개의 추가 탭이 있다. Task 탭에서는 모든 태스크 정의 목록을 볼 수 있으며, 태스크의 정의 생성, 시작, 예약 및 삭제를 할 수 있다. 하지만 이미 셸에서 태스크를 실행했으므로 Executions 탭으로 이동한다. 이 탭에서는 태스크 리포지터리에 저장돼 있는 모든 태스크 실행 목록을 확인할 수 있다. 태스크 실행 목록을 확인해 보면 조금 전에 실행한 myFileImport 태스크 항목이 보일 것이다. 그림 12-3은 태스크 실행 데이터를 볼 수 있는 대시보드 화면이다.

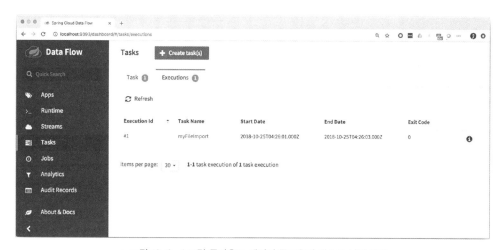

▲ 그림 12-3 스프링 클라우드 데이터 플로우의 태스크 실행 화면

대시보드 내에서 태스크 이름, 시작 및 종료 시간, 실행된 태스크의 종료 코드를 확인할 수 있다. #1(태스크의 실행 ID)을 클릭하면 전달된 아규먼트, 외부 실행 ID(기본 시스템 ID), 태스크에 배치 잡과 그 실행 ID에 대한 링크가 포함된 경우 원래 목록에 있는 데이터를 포함해 실행에 대한 세부 정보를 확인할 수 있다. 잡이 실행되는 동안 예외가 발생하면 이 화면의 Exit Message 필드에 스택 트레이스가 표시된다. 그림 12-4는 태스크 실행의 세부 사항을 보여준다.

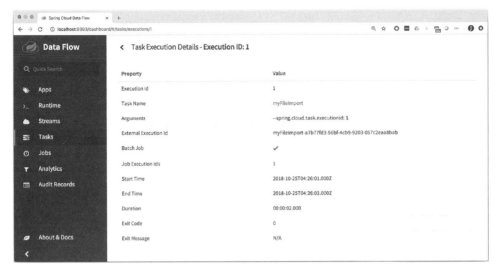

▲ 그림 12-4 스프링 클라우드 데이터 플로우의 태스크 실행 상세 화면

태스크 실행뿐만 아니라 배치 잡에서 무슨 일이 일어났는지에 대해서도 궁금해할 수 있다. 두 가지 방법 중 하나를 사용해 알아낼 수 있다. 왼쪽의 Jobs 탭을 클릭하거나, 이미 보고 있던 태스크 실행의 상세 페이지 화면에서 잡 실행 ID 링크를 클릭하면 잡 실행의 상세 페이지로 바로 이동할 수 있다. 잡 실행 상세 페이지에서는 BATCH_JOB_EXECUTION 테이블에 표시되는 모든 필드와 잡 파라미터가 표시된다. 또한 이 잡 실행 내에서 실행된 각 스텝의 요약 정보도 포함돼 있다. 그림 12-5는 예상되는 내용을 보여준다.

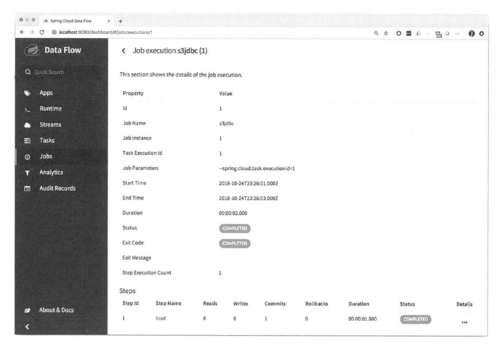

▲ 그림 12-5 스프링 클라우드 데이터 플로우의 잡 실행 상세 화면

배치 잡을 모니터링할 때 마지막으로 관심을 갖는 페이지는 스텝 실행 상세 페이지다. 화면
맨 아래에 있는 스텝 이름 아래의 load 링크를 클릭하면 스텝 실행 및 관련 스텝 실행 컨텍
스트의 모든 상세 정보가 표시된다. 그림 12-6은 스텝 실행 상세 정보 페이지다.

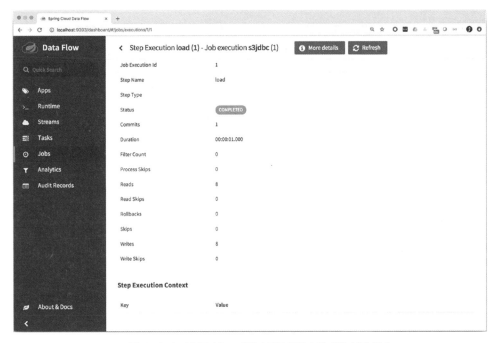

▲ 그림 12-6 스프링 클라우드 데이터 플로우의 스텝 실행 상세 화면

스프링 클라우드 데이터 플로우는 클라우드 플랫폼에서 배치 작업을 관리하고 모니터링하는 강력한 솔루션을 제공한다. 이것은 배치 처리의 클라우드 네이티브 스토리의 중요한 부분이다.

요약

클라우드가 대유행을 하고 있지만, 현 시점에서 개발과 관련해 배치 처리는 다른 분야에 비해 매력적이지 않을 수도 있다. 하지만 12장에서 살펴본 것처럼 최신 클라우드 플랫폼에서 배치 애플리케이션을 실행할 수 있을 뿐만 아니라 실질적인 장점을 제공한다. 13장에서 배치 애플리케이션 테스트와 관련된 내용을 알아본다.

13장

배치 처리 테스트하기

테스트는 프로그래밍할 때 개발자가 가장 좋아하는 작업이다. 인생에서 경험할 수 있는 대부분의 일이 그렇듯이, 일단 테스트도 잘하게 되면 재미있어진다. 테스트를 하면 생산성을 높일 수 있고, 새로운 것을 시도할 수 있는 안전망을 제공한다. 또한 프로그래밍 방식 테스트는 새로운 기술을 시도해볼 수 있는 테스트베드를 제공한다(대부분의 기업은 개발자가 테스트 환경에서 새로운 것을 시도할 때 크게 신경 쓰지 않지만 운영 환경 코드에 적용하려고 시도하면 크게 신경 쓴다). 이전의 10개의 장에서는 코드가 제대로 동작하는지 증명하는 기능 없이 코드를 작성했다. 13장에서는 코드를 다양한 방식으로 테스트하는 방법을 살펴보는데, 이로써 코드가 설계했던 대로 동작함을 증명할 수 있을 뿐만 아니라 코드 변경 시에 안전망을 마련할 수 있다.

13장에서는 다음 주제를 다룬다.

- **JUnit과 Mockito를 사용한 단위 테스트**^{Unit Test}: JUnit과 Mockito 프레임워크와 관련해 개략적으로 알아보는 것부터 시작한다. 13장의 후반부에서 JUnit의 기본 기능을 약간 살펴보기는 하겠지만, 스프링이 가지고 있는 테스트의 개념은 JUnit 규칙^{JUnit conventions}에 기반을 두고 있으므로 JUnit 및 Mockito 프레임워크와 관련된 내용을 이해해두면 더 고급 테스트 방식을 이해하는 데 도움이 된다. 13장에서는 배치 처리에 사용되도록 개발된 컴포넌트를 목^{mock} 객체 프레임워크인 Mockito를 사용해 단위 테

스트하는 방법을 알아본다.

- **스프링 배치의 유틸리티를 사용한 통합 테스트**^{Integration Test}: 배치 처리는 특화된 도메인 이며 실행과 관련된 다양한 요구 사항을 갖고 있다. 이 절에서는 스프링 배치가 제공 하는 일부 도구를 사용해 배치 처리를 테스트하는 방법을 알아본다.

가장 기본이 되는 테스트인 단위 테스트부터 살펴보자.

JUnit과 Mockito를 사용한 단위 테스트

단위 테스트는 가장 작성하기 쉽고, 가장 가치 있는 테스트이면서도 가장 간과되는 유형의 테스트다. 이 책의 예제를 개발할 때는 여러 가지 이유로 테스트 주도^{test-driven} 개발 방식을 사용하지 않았지만, 실무에서 개발할 때는 사용하는 것이 좋다. 이 방법은 개발하는 소프트 웨어의 품질뿐만 아니라 개별 개발자와 팀 전체의 생산성을 향상시키는 검증된 방법으로, 테스트 코드는 개발자가 만들어내는 가장 가치 있는 일 중 하나다. 이 절에서는 배치 처리용으로 개발한 컴포넌트를 JUnit과 Mockito를 사용해 단위 테스트하는 방법을 살펴본다.

단위 테스트란 무엇일까? 격리된 단일 컴포넌트를 반복 가능한 방식으로 수행하는 테스트 다. 이 정의를 구체화해, 배치 개발에 어떻게 단위 테스트를 적용할 수 있는지 알아보자.

- **단일 테스트**: 단 하나를 테스트한다. 단위 테스트의 목적은 애플리케이션의 최소 컴포 넌트를 테스트하는 것이다. 일반적으로 단위 테스트의 범위는 하나의 메서드다.
- **격리**: 의존성은 시스템을 테스트하는 데 혼란을 줄 수 있다. 그럼에도 모든 시스템에 는 의존성을 가지고 있다. 단위 테스트의 목표는 이러한 각 의존성의 통합을 테스트 하는 것이 아니라, 개별 컴포넌트의 동작 방식을 테스트하는 것이다.
- **반복 가능한 방식**: 브라우저를 띄워 애플리케이션을 매번 반복 클릭하는 것은 번거롭 고 어려운 일이다. 매번 다른 데이터를 입력할 수도 있고, 약간씩 다른 순서로 버튼을 클릭할 수도 있다. 단위 테스트는 동일한 시나리오를 반복해서 수행할 수 있어야 한 다. 그럼으로써 시스템 변경 시 회귀 테스트^{regression-test}에 사용할 수 있다.

반복 가능한 방식으로 컴포넌트의 격리된 테스트를 실행할 때 사용할 수 있는 프레임워크에는 JUnit, Mockito, 스프링 프레임워크가 있다. 처음에 언급한 두 개의 프레임워크는 코드의 단위 테스트를 만드는 데 유용하며, 그밖에 다양한 목적에 사용할 수 있는 유용한 프레임워크다. 스프링 테스트 유틸리티는 서로 다른 레이어의 통합이나, 심지어 애플리케이션의 시작부터 끝까지(서비스나 스프링 배치 컴포넌트에서부터 데이터베이스나 그 이후 단계까지) 잡의 실행을 테스트하는 등 좀 더 광범위한 문제를 테스트하는 데 도움이 된다.

JUnit

자바로 된 프레임워크를 테스트하는 최적의 표준으로 여겨지는 JUnit은, 표준화된 방식으로 자바 클래스의 단위 테스트를 할 수 있는 기능을 제공하는 간단한 프레임워크다. 프레임워크를 사용해 작업할 때 대부분은 IDE를 통해 빌드를 수행하는데, 메이븐^{Maven}과 대부분의 자바 IDE는 별도의 추가 구성 없이도 JUnit 지원 기능을 내장하고 있다. JUnit과 같은 테스트 프레임워크는 많은 책에서 다루고 있을 정도로 중요한 주제이므로, 13장에서도 관련 개념을 빠르게 살펴보겠다. 이 절에서는 JUnit이 무엇인지와 가장 일반적으로 사용되는 기능을 살펴본다.

이 책을 쓰는 현재 JUnit의 최신 버전은 JUnit 5.2.0[1]이다. 버전이 올라가면서 기능 개선과 버그 수정이 이뤄졌다. JUnit 4에서 JUnit 5으로 버전이 올라갈 때 많은 부분이 변경됐으며, 테스트 케이스를 작성하는 데 사용되는 API가 대대적으로 개선됐다. 그런데 테스트 케이스란 무엇일까? 잠시 뒤로 물러서서 JUnit 테스트가 어떻게 구성돼 있는지 알아보자.

JUnit 생명주기

JUnit 테스트는 테스트 케이스라고 부른다. 이 테스트 케이스의 목적은 클래스 레벨에서 특정한 기능성을 테스트하는 것이다. 일반적으로 각 클래스별로 하나 이상의 테스트 케이스를 만든다. 테스트 케이스는 JUnit이 실행시킬 수 있도록 JUnit 애너테이션을 적용한 자바 클래스일 뿐이다. 테스트 케이스에는 테스트를 실행하는 메서드는 물론, 각 테스트 또는 테스트

---

1   이 책을 번역하는 시점에 최신 버전은 5.7.0이다. – 옮긴이

그룹 실행 전에 전제 조건을 설정하거나 실행 이후 사후 정리할 수 있는 메서드가 제공된다. 예제 13-1은 매우 기본적인 JUnit 테스트 케이스다.

▼ 예제 13-1 기본적인 JUnit 테스트 케이스

```
package com.apress.springbatch.chapter13;

import org.junit.jupiter.api.Test;
import static org.junit.jupiter.api.Assertions.*;

public class StringTest {

    @Test
    public void testStringEquals() {
        String michael = "Michael";
        String michael2 = michael;
        String michael3 = new String("Michael");
        String michael4 = "Michael";

        assertTrue(michael == michael2);
        assertFalse(michael == michael3);
        assertTrue(michael.equals(michael2));
        assertTrue(michael.equals(michael3));
        assertTrue(michael == michael4);
        assertTrue(michael.equals(michael4));
    }
}
```

예제 13-1의 단위 테스트의 내용에 특별한 건 없다. 이 예제는 문자열을 비교할 때 ==를 사용하는 것과 .equals 메서드를 사용하는 것의 결과가 동일하지 않다는 것을 증명하는 것이 전부다. 그러나 이 테스트의 여러 다른 부분을 살펴보자. 먼저 JUnit 테스트는 일반적인 자바 객체이다. 특정 클래스를 상속할 필요는 없으며, JUnit이 클래스에게 강제하는 유일한 요구 사항은 생성자가 아규먼트^{Argument}를 갖지 않아야 한다는 것이다.

각 테스트는 하나 이상(이 테스트 케이스의 경우 하나)의 테스트 메서드를 갖는다. 각 테스트 메서드는 public이고, void이며, 아규먼트를 가지고 있지 않아야 한다. 해당 메서드가 JUnit이 실행해야 하는 테스트 메서드임을 나타내려면 @Test 애너테이션을 적용한다. JUnit은 주어진 테스트를 실행하는 동안에 @Test 애너테이션이 적용된 각 메서드를 한 번만 실행한다.

StringTest 예제의 마지막 부분은 테스트 메서드 내에서 사용한 assert 메서드이다. 테스트 메서드는 간단한 흐름으로 수행된다. 먼저 이 테스트에 필요한 조건을 설정하고, 테스트를 실행한 이후에, JUnit의 assert 메서드를 사용해 유효성 검증^{validation}을 수행한다. org. junit.Assert 클래스의 메서드는 주어진 테스트 시나리오 결과의 유효성을 검증할 때 사용한다. 예제 13-1의 StringTest 테스트 케이스 내에서는 String 객체의 .equals 메서드를 호출해 문자열의 내용이 같은지, ==를 사용해 두 문자열이 동일한 객체인지 검증하는 유효성 검증을 수행한다.

이 테스트만으로도 도움이 되긴 하지만, JUnit을 사용할 때 알아야 할 몇 가지 유용한 애너테이션이 있다. 먼저 알아볼 두 가지 애너테이션은 JUnit 테스트 생명주기와 관련이 있다. JUnit을 사용하면 테스트 실행 전 전제 조건을 설정하거나 실행 후 정리 작업을 수행할 수 있도록, 각 테스트 메서드의 이전과 이후에 실행할 메서드를 구성할 수 있다. 각 테스트 메서드 실행 이전에 특정 메서드를 실행하려면 @BeforeEach 애너테이션을 사용한다. @AfterEach는 각 테스트 메서드 실행 이후에 해당 메서드를 실행해야 한다는 것을 나타낸다. 다른 테스트 메서드와 마찬가지로 @BeforeEach 및 @AfterEach를 적용하는 메서드는 public이고, void 타입이어야 하며, 아규먼트를 가지지 않아야 한다. 일반적으로 @BeforeEach가 적용된 메서드를 사용해 테스트할 객체의 새 인스턴스를 생성함으로써, 이전 테스트 수행 결과가 이후 테스트에 영향을 미치지 않도록 한다. 그림 13-1은 @BeforeEach, @Test, @AfterEach 애너테이션을 사용했을 때 JUnit 테스트 케이스의 생명주기를 보여준다.

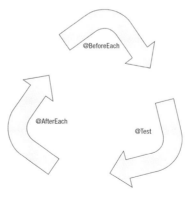

▲ 그림 13-1 JUnit 생명주기

그림 13-1에서 볼 수 있듯이, JUnit은 테스트 케이스 내에 @Test 애너테이션이 적용된 모든 테스트 메서드의 실행이 모두 완료될 때까지 앞서 언급한 세 종류의 메서드를 순서대로 실행한다. 예제 13-2는 이 세 가지 종류의 애너테이션을 적용한 테스트 케이스다.

▼ 예제 13-2 Foo 클래스의 테스트

```
...
public class FooTest {

    private Foo fooInstance;

    @BeforeEach
    public void setUp() {
        fooInstance = new Foo();
    }

    @Test
    public void testBar() {
        String results = fooInstance.bar();

        assertNotNull("Results were null", results);
        assertEquals("The test was not a success", "success", results);
    }

    @AfterEach
    public void tearDown() {
        fooInstance.close();
    }
}
```

JUnit는 앞서 살펴본 애너테이션과 유사한 다양한 애너테이션을 제공하는데, @BeforeAll은 테스트 클래스 내의 어떠한 테스트 메서드도 실행되기 전에 단 한 번만 실행돼야 할 경우에 사용하고, @Ignore는 실행하지 않고 지나갈 테스트 메서드와 클래스를 나타낼 때 사용하며, @RunWith는 테스트 케이스를 실행하는 클래스를 JUnit이 제공하는 클래스가 아닌 다른 클래스로 지정하고 싶을 때 사용한다. 이런 내용은 이 책의 범위를 벗어나므로 상세히 다루지는 않는다. 이 절의 목표는 배치 프로세스를 테스트하는 데 필요한 도구를 제공하는 것이다.

JUnit의 Assert 클래스가 제공하는 assert 메서드와 함께 @BeforeEach, @Test, @AfterEach 애너테이션만 사용하더라도 필요한 대부분의 시나리오를 테스트할 수 있다.

그러나 여기에는 작은 함정이 있다. 앞서 단위 테스트의 정의에 따르면 단위 테스트는 격리된 컴포넌트를 독립적으로 수행하는 테스트이다. 어떤 기능이 JDBC와 데이터베이스를 이용한다면, JUnit을 사용해 DAO를 어떻게 테스트할 수 있을까? 스프링 배치 컴포넌트를 파라미터로 사용해야 하는 ItemStream 관련 테스트는 어떻게 수행할 수 있을까? 목^{Mock} 객체가 이러한 물음에 답할 수 있으며, 다음 절에서 자세히 알아본다.

목(Mock) 객체

앞서 테스트한 String 객체처럼 의존성이 없는 소프트웨어를 작성하는 것은 매우 쉽지만, 대부분의 시스템은 복잡하다. 배치 잡이 수십 개 이상의 클래스를 필요로 할 수 있으며 애플리케이션 서버, 메시징 미들웨어, 데이터베이스 등과 같은 외부 시스템에 의존할 수도 있다. 이러한 모든 가변적인 영역은 관리하기 어려우며 상호작용을 할 때 단위 테스트의 범위를 벗어난다. 예를 들어 여러 ItemProcessor 중 하나의 비즈니스 로직을 테스트하려고 할 때, 스프링 배치가 데이터베이스에 컨텍스트를 잘 저장하는지 테스트해야 할까? 그 일은 단위 테스트의 범위를 벗어난다. 그렇다고 테스트가 불가능 하다고 오해하면 안 된다. 당연히 테스트해야 하며 13장의 뒷부분에서 관련 내용을 살펴볼 것이다. 그러나 비즈니스 로직을 테스트할 목적이라면 해당 로직이 운영 시스템과 상호작용하는 다양한 의존성을 모두 테스트할 필요는 없다. 목 객체를 사용해 테스트 환경에서 필요한 이러한 의존성을 대체하고, 외부 의존성의 영향 없이 비즈니스 로직을 실행한다.

노트 스텁(Stub)은 목 객체가 아니다. 스텁은 테스트에서 사용되는 하드코딩된 구현체로, 런타임(실행) 시에 필요한 동작을 정의할 수 있는 목 객체가 재사용 가능한 구조인 경우에 사용된다.

잠시 시간을 내서 '목 객체는 스텁이 아니다'라고 외쳐보자. 스텁은 애플리케이션의 다양한 부분을 대체하기 위해 작성하는 구현체다. 스텁에는 실행 중 특정 동작을 모킹^{mocking}하도록 하드 코딩된 로직이 포함돼 있다. 개발 프로젝트 내에서 스텁을 어떤 명칭으로 부르던 간에

그것은 목 객체가 아니다!

목 객체는 어떻게 동작할까? 대부분의 목 객체 프레임워크가 채택한 접근 방식에는 2가지가 있다. 하나는 프록시 기반 방식이고, 다른 하나는 클래스 재매핑class remapping 방식이다. 프록시 기반 목 객체가 가장 인기 많고 가장 사용하기 쉬우므로 먼저 살펴본다.

프록시 객체는 실제 객체를 대신하는 객체이다. 프록시 기반 목 객체는, 프록시 객체를 사용해 코드가 의존하는 실제 객체를 모킹한다. 목 프레임워크를 사용해 프록시 객체를 만든 후, 해당 프록시 객체를 필요로 하는 객체에게 수정자setter 또는 생성자를 사용해 세팅한다. 이는 프록시 객체를 사용해 모킹하는 방식의 본질적인 문제를 드러낸다. 외부 수단을 통해 의존성을 설정할 수 있어야 한다는 것이다. 즉, new MyObject()를 호출해 생성된 객체를 모킹할 수 없으므로, 메서드 내에서 new MyObject()를 호출하면 안 된다.[2] 이런 점 때문에 스프링과 같은 의존성 주입Dependency Injection 프레임워크가 선택되기도 한다. 이러한 의존성 주입 프레임워크들은 어떤 코드도 수정하지 않고 프록시 객체를 주입할 수 있게 해준다.

모킹의 두 번째 형태는 클래스 로더 내의 클래스 파일을 재매핑remap하는 것이다. 모킹 프레임워크인 JMockit이 이런 방식을 사용해 목 객체 관련 기능을 제공한다. 이 개념은 java.lang.instrument.Instrumentation 인터페이스에서 왔다. 개발자는 클래스 로더에게 로딩되는 클래스 파일에 대한 참조를 재매핑하도록 지시한다. MyDependency.class라는 파일 명을 가진 MyDependency 클래스가 있지만, 해당 클래스 대신에 해당 클래스를 모킹한 MyMock 클래스를 사용하기를 원한다고 가정해보자. 이러한 유형의 목 객체를 사용하면 실제로 클래스 로더 내의 MyDependency에서 MyMock.class로의 참조를 재매핑한다. 이렇게 하면 new 연산자를 사용해 만든 객체를 모킹할 수 있다. 이 접근 방식은 말 그대로 어떤 구현체도 클래스 로더에 주입할 수 있기 때문에 프록시 객체proxy-object 접근 방식보다 더 강력한 기능을 제공하지만, 모든 기능을 사용하기 위해 필요한 클래스 로더에 대해 이해하는 것이 더 어려울 수 있다.

Mockito는 널리 사용되는 프록시 기반의 목 객체 프레임워크로, 표현 구문expressive syntax과

---

2   이것이 100% 사실인 것만은 아니다. PowerMock을 사용하면 new 연산자를 모킹할 수 있다. PowerMock에 대한 자세한 내용은 http://code.google.com/p/powermock/을 참고하라.

함께 많은 유연성을 제공한다. Mockito를 사용하면 비교적 쉽게 이해할 수 있는 단위 테스트를 만들 수 있다. 한번 살펴보자.

Mockito

Mockito를 사용하면 확인이 필요한 동작을 모킹해, 중요한 동작만 검증할 수 있게 해준다. 이 절에서는 Mockito의 일부 기능을 살펴보고 이를 사용해 스프링 배치 컴포넌트를 테스트한다.

JUnit과 Mockito는 spring-boot-starter-test 의존성에 포함돼 있으므로, 스프링 이니셜라이저에서 프로젝트를 만들 때부터 테스트를 할 때까지 아무 추가 작업도 할 필요가 없다.

Mockito의 동작 방식을 이해하기 위해, 10장에서 거래명세서 잡용으로 개발했던 클래스 중 하나를 살펴보자. 고객 정보가 존재하는지 여부를 검증하려고 만들었던 `CustomerItemValidator`가 외부 `JdbcTemplate`을 의존하는 목 객체를 사용할 주요 대상이다. 기억을 되살릴 목적으로 예제 13-3은 해당 `Validator`의 코드를 보여준다.

▼ 예제 13-3 CustomerItemValidator 예제

```
...
@Component
public class CustomerItemValidator implements Validator<CustomerUpdate> {

    private final NamedParameterJdbcTemplate jdbcTemplate;

    public static final String FIND_CUSTOMER =
            "SELECT COUNT(*) FROM CUSTOMER WHERE customer_id = :id";

    public CustomerItemValidator(NamedParameterJdbcTemplate template) {
        this.jdbcTemplate = template;
    }

    @Override
    public void validate(CustomerUpdate customer)
            throws ValidationException {
```

```
                Map<String, Long> parameterMap =
                        Collections.singletonMap("id", customer.getCustomerId());

                Long count =
                        jdbcTemplate.queryForObject(FIND_CUSTOMER,parameterMap,Long.class);

                if(count == 0) {
                        throw new ValidationException(
                                String.format("Customer id %s was not able to be found",
                                        customer.getCustomerId()));
                }
        }
}
```

이 클래스에서 테스트할 메서드는 validate()이다. 이 메서드에는 NamedParameterJdbc
Template 타입의 인스턴스인 외부 의존성 하나가 필요하다. 이 메서드를 테스트하는 두 가
지 테스트 메서드가 있는데, 하나는 고객 정보를 찾은 경우이고 다른 하나는 그렇지 않은 경
우를 테스트한다.

이 테스트를 시작할 수 있도록, 먼저 테스트 케이스 클래스와 @BeforeEach 애너테이션을 적
용한 메서드를 만들어 나중에 이를 사용할 수 있게 하자. 예제 13-4는 @BeforeEach 애너테
이션을 적용한 setUp 메서드 및 두 개의 클래스 애트리뷰트를 가진 테스트 케이스를 보여
준다.

▼ 예제 13-4 CustomerStatementReaderTest 예제

```
...
public class CustomerItemValidatorTests {

    @Mock
    private NamedParameterJdbcTemplate template;

    private CustomerItemValidator validator;

    @BeforeEach
    public void setUp() {
        MockitoAnnotations.initMocks(this);
```

```
            this.validator = new CustomerItemValidator(this.template);
    }
...
}
```

테스트 클래스의 두 개의 애트리뷰트 중 하나는 테스트 클래스 내부에서 생성되는 Customer ItemValidator 클래스이고, 다른 하나는 의존성 주입을 받는 NamedParameterJdbcTemplate 클래스다. @Mock 애너테이션을 사용해서 Mockito가 NamedParameterJdbcTemplate의 목을 생성하도록 지시한다. 테스트가 실행되면 Mockito는 테스트에 사용할 각 프록시를 만든다.

setUp 메서드에서는 두 가지 작업을 수행한다. 먼저 Mockito의 MockitoAnnotations. initMocks 메서드를 사용해 목을 초기화한다. 해당 메서드는 사용자가 목 객체로 사용할 모든 객체를 초기화한다. 이러한 방법은 향후 필요한 목 객체를 빠르고 쉽게 만들 수 있게 해준다.

setup 메서드에서 수행할 다음 작업은 테스트 대상 클래스의 새 인스턴스를 생성하는 것이다. setup 메서드 내에서 테스트 대상 클래스를 생성함으로써, 각 테스트 메서드에서 테스트 대상 클래스의 인스턴스를 사용할 때 항상 초기화된 상태로 사용할 수 있도록 보장한다. 이렇게 하면 테스트 메서드 수행 중에 만들어진 테스트 객체의 상태가 다른 테스트 메서드 수행 시에 영향을 주지 않는다. CustomerItemValidator를 생성한 후에는 스프링이 애플리케이션을 부트스트랩 할 때와 동일한 방법으로 목 객체를 주입한다.

이로써 테스트 대상 객체의 새 인스턴스와 데이터베이스뿐만 아니라 스프링 배치 프레임워크에 대한 의존성을 만족하는 새로운 목 객체 집합을 갖게 됐으니, 이제 테스트 메서드를 작성해보자. 쿼리를 수행했을 때 고객 정보가 존재하는 상황을 테스트하는 테스트 메서드가 어떤 것인지는 쉽게 알 수 있다. 예제 13-5는 해당 테스트 메서드다.

▼ 예제 13-5 testValidCustomer() 메서드 예제

```
...
@Test
public void testValidCustomer() {

    // given
    CustomerUpdate customer = new CustomerUpdate(5L);
```

```
// when
ArgumentCaptor<Map<String, Long>> parameterMap =
            ArgumentCaptor.forClass(Map.class);
when(this.template.queryForObject(eq(CustomerItemValidator.FIND_CUSTOMER),
                                parameterMap.capture(),
                                eq(Long.class)))
    .thenReturn(2L);

this.validator.validate(customer);

// then
assertEquals(5L, (long) parameterMap.getValue().get("id"));
}
...
```

이 테스트는 //given, //when, //then 주석이 포함된 행동 주도 설계^{behavior driven design} 스타일[3]로 작성됐다. 어떠한 입력이 주어지고, 어떠한 조치가 발생하면, 어떠한 결과가 나와야한다. 이 예제에서의 상황에 대입해보면 ID가 5인 CustomerUpdate 객체가 주어지고, 유효성 검증기를 실행했을 때, 예외가 발생하지 않아야 한다.

코드는 이보다 약간 더 복잡하다. when 구문에서는 Mockito의 기능을 사용해서 목에 전달되는 값을 잡아낸다. 이 예제의 경우, NamedParameterJdbcTemplate에 전달되는 Map에 담긴 데이터를 캡처^{capture}하므로, 목에 전달하는 파라미터가 예상하는 값과 동일한지 확인해볼 수 있다. 예제에서는 NamedParameterJdbcTemplate의 queryForObject 메서드가 호출될 때 파라미터로 FIND_CUSTOMER, Map(추후 분석에 사용할 수 있도록 캡처링됨), Long 클래스가 전달되면 2를 반환하도록 목에게 알려준다. 테스트 시에 정확한 파라미터가 목에게 전달되면 Mockito는 2를 반환한다. 다른 파라미터 배열을 전달하면서 해당 메서드를 호출하면 null이 반환되며(null은 객체의 기본값) 테스트가 실패한다. 유효성 검증기 내부에서는 해당 값이 0인지 유효성 검사를 수행하는데, Mockito가 2를 반환하므로 예외를 던지지 않는다.

두 번째 테스트 메서드는 실제로 첫 번째와 거의 동일하다. 가장 큰 차이점은 고객 정보가 존

---

3   https://dannorth.net/introducing-bdd/

재하지 않을 때 테스트 코드에서 예외가 발생할 것을 예상해 조건을 만든다는 점이다. 예제 13-6은 testInvalidCustomer 메서드의 코드다.

▼ 예제 13-6 testInvalidCustomer 예제

```
...
@Test
public void testInvalidCustomer() {

    // given

    CustomerUpdate customerUpdate = new CustomerUpdate(5L);

    // when

    ArgumentCaptor<Map<String, Long>> parameterMap =
                ArgumentCaptor.forClass(Map.class);
    when(this.template.queryForObject(eq(CustomerItemValidator.FIND_CUSTOMER),
                            parameterMap.capture(),
                            eq(Long.class)))
        .thenReturn(0L);

    Throwable exception = assertThrows(ValidationException.class,
                    () -> this.validator.validate(customerUpdate));

    // then

    assertEquals("Customer id 5 was not able to be found",
            exception.getMessage());
}
...
```

testInvalidCustomer 메서드는 JUnit 5의 또 다른 새로운 기능인 assertThrows 메서드를 보여준다. 이전 버전의 JUnit을 사용할 때는 예외와 관련된 어서션^{assertion}을 다양한 방식 (JUnit 규칙을 사용하거나 개발자가 직접 예외를 잡아내는 등)으로 처리해야 했다. JUnit 5를 사용하면 org.junit.jupiter.api.Assertions.assertThrows 메서드를 사용해서 발생하는 예외 유형이 올바른지 확인할 수 있다. 이 메서드는 테스트 대상 코드를 실행하는 예외와 클로저

클래스를 가져온다. 예외가 발생하지 않거나 잘못된 유형의 예외가 발생하면 해당 어서션이 실패한다. 예외 유형이 올바르면 해당 예외가 통과되고 반환된다. 해당 부분에서, 개발자는 해당 예외의 오류 메시지가 테스트의 //then 절에서 예상되는 메시지인 것을 확인할 수 있다.

이 두 가지 테스트는 코드베이스의 다른 부분에 영향을 주는 일 없이, 클래스의 동작을 안정적으로 검증하며 리팩터링할 수 있게 해준다. 단위 테스트는 시스템을 견고하게 만드는 기반이 된다. 단위 테스트는 비즈니스 로직을 두려움 없이 변경을 할 수 있게 해줄 뿐만 아니라, 코드를 간결하게 유지하게 해주며, 시스템의 실행 가능한 문서로서의 역할을 한다. 하지만 단위 테스트는 단지 보기만을 위한 기반이 아닌 시스템 구축에 필요한 기반이다. 다음 절에서 더 확장된 테스트 기능을 알아보자.

스프링 클래스를 사용해 통합 테스트하기

앞 절에서는 단위 테스트가 무엇인지와 이를 사용하면 좋은 점을 알아봤다. 그러나 단위 테스트가 아무리 유용하더라도 제약이 있다. 통합 테스트는 애플리케이션을 부트스트랩하고 동일한 의존성(이전 예제에서는 의존성의 영향을 제거하려고 매우 노력했다)을 사용해 실행함으로써 자동화 테스트를 한 단계 더 끌어올린다. 이 절에서는 스프링의 통합 테스트 기능을 사용해 다양한 스프링 빈, 데이터베이스, 배치 리소스 간의 상호작용을 테스트하는 방법을 살펴본다.

스프링을 사용해 통합 테스트하기

통합 테스트는 서로 다른 여러 컴포넌트 간의 상호작용이 정상적으로 수행되는지 테스트하는 것이다. DAO가 올바르게 연결돼 있으며, 하이버네이트 매핑이 정확해서 원하는 데이터를 저장할 수 있는가? 개발자가 작성한 서비스가 지정된 팩토리에서 올바른 빈을 찾아내는가? 이러한 사례는 물론 그 밖의 사례들도 통합 테스트를 작성함으로써 테스트할 수 있다. 그러나 모든 인프라가 마련돼 있지 않은 상태에서 테스트를 수행하려는 어떤 곳에서든지 해당 인프라를 사용하려면 어떻게 해야 할까? 다행히도 인프라를 모두 마련할 필요는 없다.

코어 스프링의 통합 테스트 기능을 사용해 통합 테스트를 수행하는 두 가지 주요 사용 사례는 다음과 같다. 첫 번째는 데이터베이스와의 상호작용을 테스트하는 것이고 두 번째는 스프링 빈과의 상호작용(서비스가 올바르게 연결돼 있는가 등)을 테스트하는 것이다. 이런 테스트를 수행하기 위해, 앞서 단위 테스트에서 모킹한 NamedParameterJdbcTemplate(CustomerItemValidator)을 살펴보자. 이번에는 스프링이 CustomerItemValidator를 연결하고, 인메모리 HSQLDB 인스턴스를 데이터베이스로 사용함으로써 언제 어디서나 테스트를 실행할 수 있다. HSQLDB는 100% 자바로 구현된 데이터베이스로, 인스턴스를 스풀링하기에 가볍기 때문에 통합 테스트에 적합하다. 먼저 테스트 환경을 구성하는 방법을 알아보자.

테스팅 환경 구성하기

테스트 실행 시 외부 리소스 요구 사항(특정 데이터베이스 서버 등)에 영향을 받지 않으려면 구성해야 할 몇 가지가 있다. 특히 인메모리 HSQLDB 인스턴스를 생성하도록 데이터베이스 테스트 구성을 해야 한다. 그렇게 하려면 애플리케이션에 HSQLDB 데이터베이스 드라이버가 포함되도록 POM 파일을 수정해야 한다. 예제 13-7에서 추가해야 하는 의존성 구성을 확인할 수 있다.

▼ 예제 13-7 HSQLDB 데이터베이스 드라이버 의존성

```
...
<dependency>
        <groupId>org.hsqldb</groupId>
        <artifactId>hsqldb</artifactId>
        <scope>test</scope>
</dependency>
...
```

이처럼 해당 의존성을 추가하면 통합 테스트를 작성할 수 있다. 스프링 부트는 통합 테스트 코드를 쉽게 작성할 수 있도록 몇 가지 기능을 제공한다. 사실 어떠한 목 객체도 정의할 필요가 없으므로, 통합 테스트를 작성하는 데 필요한 코드는 단위 테스트를 작성하는 데 필요한

코드보다 짧다.

먼저 테스트 클래스에 @ExtendWith(SpringExtension.class) 애너테이션을 적용한다. 이 것은 @RunWith(SpringRunner.class)에 해당하는 JUnit 5의 애너테이션이다. 이 애너테이션을 사용하면 테스트 시에 스프링이 제공하는 모든 장점을 이용할 수 있다. 이번 예제에서는 스프링 부트의 자동구성^{autoconfiguration} 기능을 사용해 데이터베이스를 생성하고, 초기 데이터를 로딩한다. 스프링 부트를 사용할 때 대부분 그렇듯이 매우 쉽고 @JdbcTest라는 단하나의 애너테이션만 필요하다. 이 애너테이션은 인메모리 데이터베이스를 생성하고, 스프링 부트가 일반적으로 사용하는 데이터를 초기화 스크립트를 실행함으로써 초기 데이터를 적재할 것이다.

스프링 부트가 데이터베이스를 자동으로 생성하고 데이터를 적재하고 나면, 개발자는 데이터 소스^{DataSource}를 자동와이어링 하기만 하면 된다. 예제 13-8은 클래스 수준에 애너테이션을 적용해 초기 클래스 정의를 하고 DataSource를 자동와이어링한 모습을 보여준다.

▼ 예제 13-8 CustomerItemValidatorIntegrationTests 예제

```
@ExtendWith(SpringExtension.class)
@JdbcTest
public class CustomerItemValidatorIntegrationTests {

    @Autowired
    private DataSource dataSource;

    private CustomerItemValidator customerItemValidator;
...
}
```

DataSource를 가져올 수 있게 됐다면, 이제는 유효성 검증기^{validator}를 생성하도록 setUp 메서드를 구성한다. 예제 13-9는 setUp 메서드다.

▼ 예제 13-9 CustomerItemValidatorIntegrationTests의 Setup 메서드

```
...
@BeforeEach
```

```
public void setUp() {
    NamedParameterJdbcTemplate template =
            new NamedParameterJdbcTemplate(this.dataSource);
    this.customerItemValidator = new CustomerItemValidator(template);
}
...
```

유효성 검증기를 생성했으니, 드디어 테스트를 작성해볼 수 있다. 그러나 값을 임의로 만들어 내야 했던 단위 테스트와는 다르게 단지 호출만 하고 그 결과를 확인하면 된다. 예제 13-10 은 단위 테스트에서 수행했던 여러 기능과 동일한 기능을 가진 여러 통합 테스트 예제다.

▼ 예제 13-10 CustomerItemValidatorIntegrationTests의 여러 테스트

```
...
@Test
public void testNoCustomers() {
    CustomerUpdate customerUpdate = new CustomerUpdate(-5L);

    ValidationException exception =
            assertThrows(ValidationException.class,
                    () -> this.customerItemValidator.validate(customerUpdate));

    assertEquals("Customer id -5 was not able to be found",
            exception.getMessage());
}

@Test
public void testCustomers() {
    CustomerUpdate customerUpdate = new CustomerUpdate(5L);
    this.customerItemValidator.validate(customerUpdate);
}
...
```

고객 정보가 데이터베이스에 없는 경우를 테스트하기 위해, 테스트 데이터에 포함돼 있지 않은 ID로 CustomerUpdate 객체를 생성한다. 그런 다음에 발생된 예외를 잡아내 단위 테스트 에서와 같이 결과를 확인할 수 있다. 고객 정보를 찾은 후에 유효성 검증을 수행하는 테스트 에서는, 테스트 데이터에 존재하는 ID로 CustomerUpdate 객체를 생성한 후에 유효성 검증

기를 호출한다. 예외가 발생하지 않으면 테스트가 통과된다.

CustomerItemValidatorIntegrationTests에서 볼 수 있는 것과 같은 통합 테스트는 시스템 개발 시 매우 유용하게 사용할 수 있다. 어떤 것들이 서로 올바르게 연결돼 있는지, SQL이 올바른지, 시스템 컴포넌트 간의 작업 순서가 올바른지 여부를 판별하는 능력은 복잡한 시스템을 다룰 때 높은 수준의 보안성을 제공한다.

스프링 배치를 사용한 마지막 테스트는 스프링 배치 컴포넌트 자체를 테스트하는 것이다. 스프링이 제공하는 도구를 사용해 ItemReader, 스텝, 심지어는 전체 잡을 테스트할 수 있다. 13장의 마지막 절에서는 어떻게 이러한 컴포넌트를 사용해 배치 처리의 부분들을 테스트할 수 있는지 살펴본다.

스프링 배치 테스트하기

견고한 배치 잡을 수행할 때 DAO나 서비스와 같은 컴포넌트를 테스트할 수 있는 기능이 반드시 필요한데, 스프링 배치 프레임워크를 사용하면 견고한 테스트 스위트를 개발하는 코드에 추가적인 기능을 적용할 수 있다. 이 절에서는 커스텀 스코프나 스프링 배치 스텝, 심지어 온전한 잡에 의존하는 컴포넌트와 같은 스프링 배치 특화 컴포넌트의 테스트 방법을 살펴본다.

잡과 스텝 스코프 빈 테스트하기

이 책의 많은 예제에서 볼 수 있듯이, 스프링 빈과 관련해 스프링 배치가 정의한 스텝 스코프와 잡 스코프는 매우 유용한 도구이다. 그러나 스텝 스코프를 사용하는 컴포넌트의 통합 테스트를 작성할 때 문제가 발생한다. 스텝 스코프 바깥에서 해당 컴포넌트를 실행할 때 의존성 문제는 어떻게 해결할 수 있을까? 이 절에서는 스프링 배치가 제공하는 두 가지 방법으로 스텝 스코프에서 실행되고 있는 스프링 빈을 시뮬레이션해본다.

책의 앞 부분에서, 스프링 배치가 잡이나 스텝의 컨텍스트로부터 런타임 값을 가져와 다른 빈에 주입하도록 스텝 스코프를 사용하는 방법을 살펴봤다. 앞선 예제에서는 입력/출력 파일 이름의 주입이나 특정 데이터베이스 쿼리에 대한 크라이테리아^{criteria}가 포함된다. 이럴 때 스프링 배치는 JobExecution이나 StepExecution에서 해당 값을 얻어온다. 만약 잡 내에서 해당 스텝을 실행하지 않는다면 어떠한 JobExecution이나 StepExecution도 가질 수 없다. 스프링 배치는 스텝 내에서 해당 Execution을 에뮬레이트하는 두 가지 방법을 제공함으로써 값을 주입할 수 있게 해준다. 첫 번째 방법은 TestExecutionListener를 사용하는 방법이다.

TestExecutionListener는 테스트 메서드 실행 전후에 수행돼야 하는 일을 정의하는 스프링 API이다. JUnit의 @BeforeEach와 @AfterEach 애너테이션보다 더 재사용 가능한 스프링의 TestExecutionListener를 사용하면, 테스트 케이스의 모든 메서드에 원하는 동작을 더욱 재사용 가능한 방식으로 삽입할 수 있다. 스프링은 TestExecutionListener 인터페이스의 유용한 세 가지 구현체(DependencyInjectionTestExecutionListener, DirtiesContextTestExecutionListener, TransactionalTestExecutionListener)를 제공하며, 스프링 배치도 원하는 처리를 위해 두 가지 구현체(StepScopeTestExecutionListener, JobScopeTestExecutionListener)를 제공한다. 둘 다 동일한 기능을 수행하는데, 일반적으로 StepScopeTestExecutionListener를 더 많이 사용하므로 이 절의 나머지 부분에는 StepScopeTestExecutionListener를 사용할 것이다.

StepScopeTestExecutionListener는 필요한 두 가지 기능을 제공한다. 먼저 테스트 케이스에서 팩토리 메서드를 사용해 StepExecution을 가져오고, 반환된 컨텍스트를 현재 테스트 메서드의 컨텍스트로 사용한다. 두 번째로, 각 테스트 메서드가 실행되는 동안 스텝 컨텍스트^{StepContext}를 제공한다. 그림 13-2는 StepScopeTestExecutionListener를 사용해 실행되는 테스트 흐름을 보여준다.

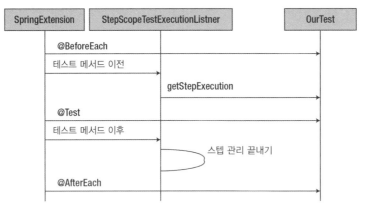

▲ 그림 13-2 StepScopeTestExecutionListener를 사용한 테스트 실행

보다시피 테스트 케이스에 작성한 팩토리 메서드인 getStepExecution()는 새로운 Step Execution을 가져오기 위해 각 테스트 메서드 전에 호출된다. 만약에 팩토리 메서드가 없다면 스프링 배치는 기본적으로 제공되는 StepExecution을 사용한다.

이를 테스트하려면 읽을 파일의 위치를 잡 파라미터(jobParameters)에서 가져오도록 Flat FileItemReader를 구성하자. 이때 사용하는 리더는 고객 정보 갱신 파일을 읽는 예제 애플리케이션의 리더이다. 기억을 더듬어보면 스텝 스코프가 지정돼 있었고 잡 파라미터를 사용해 읽어들일 파일의 위치를 제공했다. 예제 13-11은 해당 리더의 구성이다.

▼ 예제 13-11 ImportJobConfiguration의 customerUpdateItemReader 메서드

```
...
@Bean
@StepScope
public FlatFileItemReader<CustomerUpdate> customerUpdateItemReader(
        @Value("#{jobParameters['customerUpdateFile']}") Resource inputFile)
        throws Exception {

    return new FlatFileItemReaderBuilder<CustomerUpdate>()
            .name("customerUpdateItemReader")
            .resource(inputFile)
            .lineTokenizer(customerUpdatesLineTokenizer())
            .fieldSetMapper(customerUpdateFieldSetMapper())
            .build();
```

```
}
...
```

이 예제에서는 세 종류의 레코드 형식에 맞게 각각 한 줄씩 기록돼 있는(총 세 개의 레코드로 구성됨) 테스트 파일을 리더를 사용해 읽는다. 리더가 파일 내 각 레코드를 올바른 유형으로 반환하는지 테스트해 확인한다. 예제 13-12는 테스트 파일의 내용을 보여주는 예다.

▼ 예제 13-12 customerUpdateFile.csv 테스트 파일

```
2,5,,,Montgomery,Alabama,36134
3,5,,,,316-510-9138,2
1,5,Rozelle,Heda,Farnill
```

예제 13-11에 정의된 `customerUpdateItemReader`에는 추가적인 의존성이 필요하지만, 구성과 관련해 걱정할 필요는 없다. 실제로 이 테스트에서는 애플리케이션의 구성을 그대로 사용할 것이다. 이러한 방법은 모든 컴포넌트가 예상대로 함께 잘 동작하는지 가장 정확하게 테스트하는 방법이다. 이때 테스트에 약간의 인프라스트럭처가 필요한데, 다음 테스트 코드를 살펴보면서 필요한 인프라스트럭처를 어떻게 구성하면 되는지 알아보자. 예제 13-13에 필요한 내용을 볼 수 있다.

▼ 예제 13-13 FlatFileItemReaderTests의 인프라스트럭처 구성

```
...
@ExtendWith(SpringExtension.class)
@ContextConfiguration(classes = {ImportJobConfiguration.class,
                                 CustomerItemValidator.class,
                                 AccountItemProcessor.class})
@JdbcTest
@EnableBatchProcessing
@SpringBatchTest
public class FlatFileItemReaderTests {

    @Autowired
    private FlatFileItemReader<CustomerUpdate> customerUpdateItemReader;
...
}
```

예제 13-13의 첫 번째 애너테이션은 통합 테스트에서 사용했으므로 익숙할 것이다. @Extend
With(SpringExtension.class)를 통해서 스프링의 우수한 기능을 사용할 수 있다. 또한 이
테스트에서 @JdbcTest 애너테이션을 다시 사용하고 있다. 단위 테스트에서 생성한 데이터
베이스를 사용하지는 않지만, 애플리케이션 구성을 재활용하고 있고 데이터베이스가 필요
하므로 데이터베이스를 제공해야 한다. 다음으로 확인할 애너테이션은 @ContextConfi
guration이다. 이 애너테이션은 애플리케이션 컨텍스트(ApplicationContext)를 만드는 클래
스(XML 구성을 사용한다면 리소스)를 지정하는 곳이다. 이 예제에서는 세 개의 클래스를 지정했
다. ImportJobConfiguration 클래스에는 @Configuration 애너테이션이 적용돼 있으며, 해
당 클래스에서 모든 @Bean 스타일의 구성이 이뤄진다. 또한 ImportJobConfiguration 내에
구성한 빈이 사용하는 또 다른 두 개의 서로 다른 컴포넌트가 정의돼 있다. 하나는
CustomerItemValidator이고 다른 하나는 AccountItemProcessor이다. 이 두 클래스는 둘
다 @Component 애너테이션이 적용돼 있으므로 제공하는 클래스 배열에도 포함돼야 한다.

테스트에 관해 지금까지 살펴봤던 모든 애너테이션은 스프링 프레임워크나 스프링 부트 애
너테이션이었다. 마지막 두 개의 애너테이션은 스프링 배치가 제공하는 애너테이션이다. 첫
번째는 이 책에서 다루는 모든 예제에서 사용하는 @EnableBatchProcessing 애너테이션이
다. 애플리케이션에서 해당 구성을 재활용하고 있으므로 ApplicationContext에는 잡과 여
러 스텝이 포함될 것이다(하지만 실행되지 않으므로 걱정하지 않아도 된다). 스프링 배치는
JobRepository와 연결돼야 하므로 해당 애너테이션을 사용한다.

마지막 애너테이션은 스프링 배치 4.1에서 새롭게 제공됐던 애너테이션인 @SpringBatch
Test이다. 이 애너테이션은 ApplicationContext에 자동으로 테스트할 수 있는 많은 유틸리
티를 제공한다. 특히 다음 네 개의 빈을 추가한다.

- 잡이나 스텝을 실행하는 JobLauncherTestUtils 인스턴스
- JobRepository에서 JobExecutions를 생성하는 데 사용하는 JobRepositoryTest
  Utils
- 스텝 스코프와 잡 스코프 빈을 테스트할 수 있는 StepScopeTestExecutionListener와
  JobScopeTextExecutionListner

이번 예제에서 마지막 빈이 흥미로운 이유는 리더를 스텝 스코프로 지정했기 때문이다. StepScopeTestExecutionListener를 사용해 스텝 스코프 의존성을 처리하려면, 필요한 항목으로 채워진 StepExecution을 제공하는 메서드를 작성해야 한다. 이 예제에서 테스트 대상 리더는 읽을 파일을 가리키는 customerUpdateFile이라는 잡 파라미터를 전달받아야 한다. 이 팩토리 메서드를 예제 13-14에서 볼 수 있다.

▼ 예제 13-14 FlatFileItemReaderTests의 getStepExecution 메서드

```
...
public StepExecution getStepExecution() {
    JobParameters jobParameters = new JobParametersBuilder()
                .addString("customerUpdateFile", "classpath:customerUpdateFile.csv")
                .toJobParameters();

    return MetaDataInstanceFactory.createStepExecution(jobParameters);
}
...
```

예제 13-14의 getStepExecution 메서드는 매우 간단하다. customerUpdateFile이라는 파라미터가 테스트용 입력 파일인 customerFile.csv 파일을 가리키도록 JobParameters 객체를 생성하는 것부터 시작한다. 그런 다음 MetaDataInstanceFactory를 사용해 StepExecution을 생성한다. MetaDataInstanceFactory는 StepExecution와 JobExecution 인스턴스를 생성하는 유틸리티 클래스다. MetaDataInstanceFactory에서 가져온 결과인 StepExecution나 JobExecution이 JobRepository에 저장되지 않는다는 점에서 JobRepositoryTestUtils와 다르다.

StepExecution 팩토리 메서드를 만들었다면 이제 테스트를 작성하기만 하면 된다. 스프링 배치의 정상적인 동작에 크게 의존하고 있으므로 테스트는 그다지 복잡하지 않다. 테스트에 주입된 리더의 open 메서드를 호출한 다음에, 테스트 파일에서 세 개의 레코드를 읽어서 올바른 유형을 반환하는지 검증한다. 예제 13-15는 테스트 내용을 보여준다.

```
...
@Test
public void testTypeConversion() throws Exception {
    this.customerUpdateItemReader.open(new ExecutionContext());

    assertTrue(this.customerUpdateItemReader.read() instanceof CustomerAddressUpdate);
    assertTrue(this.customerUpdateItemReader.read() instanceof CustomerContactUpdate);
    assertTrue(this.customerUpdateItemReader.read() instanceof CustomerNameUpdate);
}
...
```

애플리케이션의 구성을 그대로 사용하는 특성을 가진 통합 테스트는 커스텀 `ItemReader`나 `ItemWriter`와 같은 개발자가 직접 개발한 컴포넌트나 그와 관련된 컴포넌트를 테스트하는 데 매우 유용하다. 그러나 이 예제에서 볼 수 있듯이 스프링 배치가 제공하는 컴포넌트를 테스트하는 일은 크게 유용하지는 않다. 스프링 배치가 제공하는 컴포넌트는 관련된 넓은 테스트 커버리지를 가지고 있으므로 안심해도 된다. 그러니 개발자가 개발한 부분인 전체 스텝을 실행해 배치 잡을 테스트하는 것이 더 유용할 것이다. 다음 절에서 이와 관련해 스프링 배치가 제공하는 도구를 살펴본다.

스텝 테스트하기

12장에서 살펴본 바와 같이 잡은 여러 스텝으로 구성된다. 각 스텝은 다른 스텝에 미치는 영향을 최소화하면서 실행할 수 있는 독립적인 기능이다. 배치 잡과 스텝은 본질적으로 다른 개념이며, 테스트는 주로 스텝에 관해 이뤄진다. 이 절에서는 스프링 배치 스텝을 전체적으로 테스트하는 방법을 살펴본다.

이전 절의 스텝 스코프 기반의 예제에서는 파일을 읽는 잡의 `ItemReader`를 테스트했다. 그러나 이제는 스텝의 측면에서 테스트하는 방법을 살펴본다. 이 테스트에서는 `ItemReader`가 사용되는 스텝의 실행을 테스트할 것이다. 스텝을 실행한 후(예상할 수 있듯이 파일을 읽어 데이터베이스에 데이터를 갱신함), 그 결과를 보고 정확하게 실행됐는지 유효성 검증을 할 것이다.

먼저 테스트를 할 수 있도록 인프라스트럭처의 초기 구성을 할 것이다. 예제 13-16은 이 테스트의 인프라스트럭처가 스텝 스코프 테스트에 포함됐던 인프라스트럭처와 매우 유사하다는 것을 보여준다.

▼ 예제 13-16 ImportCustomerUpdatesTests의 인프라스트럭처

```
...
@ExtendWith(SpringExtension.class)
@JdbcTest
@ContextConfiguration(classes = {ImportJobConfiguration.class,
                                 CustomerItemValidator.class,
                                 AccountItemProcessor.class,
                                 BatchAutoConfiguration.class})
@SpringBatchTest
@Transactional(propagation = Propagation.NOT_SUPPORTED)
public class ImportCustomerUpdatesTests {

    @Autowired
    private JobLauncherTestUtils jobLauncherTestUtils;

    @Autowired
    private DataSource dataSource;

    private JdbcOperations jdbcTemplate;

    @BeforeEach
    public void setUp() {
        this.jdbcTemplate = new JdbcTemplate(this.dataSource);
    }
...
}
```

이 테스트의 시작 부분에 적용된 애너테이션은 스텝 스코프 테스트에 적용했던 애너테이션과 일치한다.

- @ExtendWith(SpringExtension.class): JUnit 5가 제공하는 스프링의 우수한 기능을 사용할 수 있게 한다.
- @JdbcTest: 데이터베이스 테스트를 할 때 사용할 수 있는 테스트 관련 기능(인메모리

데이터베이스 테스트 등)을 제공한다.

- @ContextConfiguration: ApplicationContext를 빌드하는 데 필요한 클래스를 제 공한다.
- @SpringBatchTest: 스프링 배치 잡을 테스트하는 데 사용할 수 있는 유틸리티를 제 공한다. 이 예제에서 관심 있는 유틸리티는 JobLauncherTestUtils이다.
- @Transactional(propagation=Propagation.NOT_SUPPORTED): 기본적으로 @Jdbc Test는 각 테스트 메서드를 하나의 트랜잭션으로 래핑하고 메서드 실행 완료 시 롤백 한다. 일반적인 단위 테스트 시나리오에서는 이치에 맞다. 그러나 이 예제에서는 스 프링 배치가 트랜잭션을 관리하면서 다른 트랜잭션으로 래핑하면 실제로 오류가 발 생한다. 이 애너테이션은 @JdbcTest 애너테이션의 트랜잭션 기능이 동작하지 않게 비활성화한다.

이러한 애너테이션을 적용하면 필요한 것들을 자동와이어링할 수 있다. 이 예제에서는 JobLauncherTestUtils와 DataSource이 자동와이어링된다. 제공된 DataSource를 사용해 JdbcTemplate을 생성하는 setUp() 메서드를 작성할 수 있다. 생성한 JdbcTemplate는 스텝 의 실행 결과의 유효성 검증을 수행하는 테스트 내에서 사용할 것이다.

다음으로 이 테스트에서 사용할 초기 데이터를 살펴보자. 표 13-1은 각 데이터베이스 필드 및 테스트를 실행하기 전의 값과 실행한 후에 예상되는 값을 보여준다.

▼ 표 13-1 테스트 값

데이터베이스 칼럼 이름	초깃값	예상값
customer_id	5	5
first_name	Danette	Rozelle
middle_name	null	Heda
last_name	Langelay	Farnill
address1	36 Ronald Regan Terrace	36 Ronald Regan Terrace
address2	P.O. Box 33	P.O. Box 33
city	Gaithersburg	Montgomery

state	Maryland	Alabama
postal_code	99790	36134
ssn	832-86-3661	832-86-3661
email_address	tlangelay4@mac.com	tlangelay4@mac.com
home_phone	240-906-7652	240-906-7652
cell_phone	907-709-2649	907-709-2649
work_phone	null	316-510-9138
notification_pref	3	2

초기 데이터는 데이터베이스에 존재하며, 이미 스크립트를 이용해 로드된 상태다. 최종 값
은 예제 13-17의 문자열이 담긴 파일 입력을 읽어들여 테스트를 실행한 결과다.

▼ 예제 13-17 입력 파일

```
2,5,,,Montgomery,Alabama,36134
3,5,,,,316-510-9138,2
1,5,Rozelle,Heda,Farnill
```

입력과 출력이 정해졌으니, 이제 테스트 메서드를 작성해볼 수 있다. 놀랍게도 메서드 내 코
드의 대부분은 실제로 데이터베이스에 결과를 질의하는 데 필요한 코드다. 스텝을 실행하는
데 필요한 잡 파라미터를 정의하고 테스트 메서드를 시작하자. 이 예제에서 사용하는 잡 파
라미터는 마지막 테스트에서 사용한 것과 동일하다. 파라미터가 정의되면 jobLauncher
TestUtils.launchStep("importCustomerUpdates", jobParameters);를 호출해 스텝을 실
행할 수 있다. 이 호출은 importCustomerUpdates라는 스텝을 찾고 잡 파라미터를 제공해 실
행한다. 테스트의 마지막 부분은 데이터베이스의 데이터가 예상 값과 같은지를 확인하는 것
이다. JdbcTemplate을 사용해 쿼리를 실행하고 결과를 Map에 매핑한 다음 각 값이 예상 값
과 같은지 확인한다. 예제 13-18은 전체 테스트 메서드다.

▼ 예제 13-18 ImportCustomerUpdatesTests의 test 메서드

```
...
@Test
```

```java
public void test() {
    JobParameters jobParameters = new JobParametersBuilder()
                .addString("customerUpdateFile", "classpath:customerFile.csv")
                .toJobParameters();

    JobExecution jobExecution =
        this.jobLauncherTestUtils.launchStep("importCustomerUpdates",
                                                            jobParameters);

    assertEquals(BatchStatus.COMPLETED,
                            jobExecution.getStatus());

    List<Map<String, String>> results =
        this.jdbcTemplate.query("select * from customer where customer_id = 5",
                                            (rs, rowNum) -> {

        Map<String, String> item = new HashMap<>();
        item.put("customer_id", rs.getString("customer_id"));
        item.put("first_name", rs.getString("first_name"));
        item.put("middle_name", rs.getString("middle_name"));
        item.put("last_name", rs.getString("last_name"));
        item.put("address1", rs.getString("address1"));
        item.put("address2", rs.getString("address2"));
        item.put("city", rs.getString("city"));
        item.put("state", rs.getString("state"));
        item.put("postal_code", rs.getString("postal_code"));
        item.put("ssn", rs.getString("ssn"));
        item.put("email_address", rs.getString("email_address"));
        item.put("home_phone", rs.getString("home_phone"));
        item.put("cell_phone", rs.getString("cell_phone"));
        item.put("work_phone", rs.getString("work_phone"));
        item.put("notification_pref", rs.getString("notification_pref"));
        return item;
    });

    Map<String, String> result = results.get(0);
    assertEquals("5", result.get("customer_id"));
    assertEquals("Rozelle", result.get("first_name"));
    assertEquals("Heda", result.get("middle_name"));
    assertEquals("Farnill", result.get("last_name"));
    assertEquals("36 Ronald Regan Terrace", result.get("address1"));
    assertEquals("P.O. Box 33", result.get("address2"));
```

```
        assertEquals("Montgomery", result.get("city"));
        assertEquals("Alabama", result.get("state"));
        assertEquals("36134", result.get("postal_code"));
        assertEquals("832-86-3661", result.get("ssn"));
        assertEquals("tlangelay4@mac.com", result.get("email_address"));
        assertEquals("240-906-7652", result.get("home_phone"));
        assertEquals("907-709-2649", result.get("cell_phone"));
        assertEquals("316-510-9138", result.get("work_phone"));
        assertEquals("2", result.get("notification_pref"));
    }
}
```

이제 남아 있는 유일한 테스트는 전체 잡을 테스트 하는 것이다. 다음 절에서는 실제 기능 테스트를 하면서 배치 잡을 처음부터 끝까지 테스트한다.

잡 테스트하기

전체 잡을 테스트하는 일은 어려울 수 있다. 앞에서 살펴본 것처럼 일부 잡은 매우 복잡할 수 있으며, 초기 구성이 쉽지 않을 수도 있다. 그러나 잡 실행과 결과 검증을 자동화할 수 있다는 장점은 무시할 수 없다. 따라서 가능할 때마다 이 예제 수준의 테스트를 만들어 자동화하는 것이 좋다. 이 절에서는 테스트 목적으로 JobLauncherTestUtils를 사용해 전체 잡을 실행하는 방법을 살펴본다. 곧 알게 되겠지만 실제로 스텝별로 실행하는 것과 매우 유사하다.

이번 테스트에서는 거래명세서 잡보다 테스트하기가 더 쉬운 잡을 사용한다. 이 경우에는 아이템 목록에서 아이템을 읽고 System.out에 쓰는 단일 스텝을 가진 잡을 사용한다. 멋진 잡은 아니지만 잡 자체가 아닌 잡 테스트 측면에 집중할 수 있다.

다른 모든 통합 테스트에서 했던 것과 동일한 방식으로 인프라스트럭처를 사용해 테스트를 작성한다. 이 테스트 역시 다른 통합 테스트에서 사용했던 것과 동일한 인프라스트럭처를 사용한다. 예제 13-19에서 사용하는 애너테이션을 볼 수 있다.

▼ 예제 13-19 JobTests의 인프라스트럭처

```
...
@ExtendWith(SpringExtension.class)
```

```
@SpringBatchTest
@ContextConfiguration(classes = {JobTests.BatchConfiguration.class,
BatchAutoConfiguration.class})
public class JobTests {

        @Autowired
        private JobLauncherTestUtils jobLauncherTestUtils;
...
```

해당 애너테이션을 적용해 인프라스트럭처를 포함시키고 **JobLauncherTestUtils**를 테스트
클래스에 주입한 상태에서 잡을 정의해야 한다. 이 예제에서는 테스트 케이스 내부의 정적
클래스 내에 정의할 것이다. 예제 13-20은 잡 코드다.

▼ 예제 13-20 테스트 잡

```
...
@Configuration
@EnableBatchProcessing
public static class BatchConfiguration {

        @Autowired
        private JobBuilderFactory jobBuilderFactory;

        @Autowired
        private StepBuilderFactory stepBuilderFactory;

        @Bean
        public ListItemReader<String> itemReader() {
                return new ListItemReader<>(Arrays.asList("foo", "bar", "baz"));
        }

        @Bean
        public ItemWriter<String> itemWriter() {
                return (list -> {
                        list.forEach(System.out::println);
                });
        }

        @Bean
```

```
        public Step step1() {
                return this.stepBuilderFactory.get("step1")
                                .<String, String>chunk(10)
                                .reader(itemReader())
                                .writer(itemWriter())
                                .build();
        }

        @Bean
        public Job job() {
                return this.jobBuilderFactory.get("job")
                                .start(step1())
                                .build();
        }

        @Bean
        public DataSource dataSource() {
                return new EmbeddedDatabaseBuilder().build();
        }
}
...
```

예제 13-20에 너무 복잡한 내용은 없을 것이다. 이 책 전반에 걸쳐 스텝과 잡을 만드는 데 사용했던 것과 동일한 빌더를 사용하는 기본 스프링 구성 클래스이다. ItemReader는 스프링 배치가 제공하는 ListItemReader를 사용하며, read 메서드가 호출될 때 foo, bar, baz 값을 반환한다. ItemWriter는 각 아이템의 쓰기 작업을 System.out.println에 위임해 각 아이템을 표준 출력으로 출력하는 람다이다. 스텝(앞서 정의한 리더와 라이터를 사용하며, 청크 크기가 10인 청크 기반의 스텝)을 정의하고 해당 스텝만 포함하도록 잡을 구성해 구성을 완료한다.

퍼즐의 마지막 부분은 이 잡을 테스트하는 것이다. JobLauncherTestUtils를 사용해 잡을 구동하자. 이 예제에서는 잡 파라미터가 없으므로 JobLauncherTestUtils.launchJob() 메서드를 사용해 실행할 수 있다. 컨텍스트에 하나의 잡만 존재하므로 사용할 잡을 지정할 필요가 없이 자동와이어링된다. 이 메서드를 호출하면 BatchStatus가 완료됐는지 검증할 수 있는 JobExecution이 반환된다. 또한 StepExecution을 검사함으로써, BatchStatus가 COMPLETED 인지의 여부 및 읽고 기록한 아이템 개수의 유효성 검증도 할 수 있다. 예제 13-21은 테스트 메서드 코드다.

▼ 예제 13-21 JobTests의 test 메서드

```
...
@Test
public void test() throws Exception {
    JobExecution jobExecution =
            this.jobLauncherTestUtils.launchJob();

    assertEquals(BatchStatus.COMPLETED,
        jobExecution.getStatus());

    StepExecution stepExecution =
            jobExecution.getStepExecutions().iterator().next();

    assertEquals(BatchStatus.COMPLETED, stepExecution.getStatus());
    assertEquals(3, stepExecution.getReadCount());
    assertEquals(3, stepExecution.getWriteCount());
}
...
```

요약

13장에서는 시스템의 모든 컴포넌트의 단일 메서드를 테스트하는 단위 테스트부터, 프로그래밍 방식으로 배치 잡을 실행하는 방법에 이르기까지 배치 프로그래머가 접할 수 있는 대부분의 테스트 시나리오를 다뤘다. 단위 테스트에 사용할 수 있는 JUnit 테스트 프레임워크와 Mockito 목 객체 프레임워크의 개요부터 시작해서, 트랜잭션 내에서 실행하는 테스트를 포함해 스프링이 제공하는 클래스와 애너테이션을 사용하는 통합 테스트를 살펴봤다. 마지막으로 스텝 스코프로 정의된 컴포넌트를 테스트하는 방법, 잡의 개별 스텝을 테스트하는 방법, 전체 잡의 실행을 테스트하는 방법과 같이 스프링 배치의 특화된 테스트도 살펴봤다.

스프링배치 완벽가이드 2/e

클라우드 환경에서 활용하는 모던 배치 처리

발 행 | 2021년 4월 30일

지은이 | 마이클 미넬라
옮긴이 | 서경석 · 김성윤 · 이승룡

펴낸이 | 권 성 준
편집장 | 황 영 주
편 집 | 김 진 아
　　　　임 지 원
디자인 | 윤 서 빈

에이콘출판주식회사
서울특별시 양천구 국회대로 287 (목동)
전화 02-2653-7600, 팩스 02-2653-0433
www.acornpub.co.kr / editor@acornpub.co.kr

한국어판 ⓒ 에이콘출판주식회사, 2021, Printed in Korea.
ISBN 979-11-6175-516-8
http://www.acornpub.co.kr/book/definitive-spring-batch

책값은 뒤표지에 있습니다.